Novalis

Werke in zwei Bänden

Band 2

Könemann

Könemann Verlagsgesellschaft mbH
Bonner Straße 126, D-50968 Köln

Herausgegeben von Rolf Toman
Herstellungsleiter: Detlev Schaper
Covergestaltung: Peter Feierabend
Satz: HEVO GmbH, Dortmund
Printed in Hungary
ISBN 3-89508-206-6

Inhalt

Fragmente

Apologie von Friedrich Schiller

(Fragment)

Man hat fast überall über das vortreffliche Gedicht des Herrn Rats Schiller »Die Götter Griechenlands« Weh und Ach geschrien, ihn für einen Atheisten und ich weiß nicht für was alles erklärt und voll heiligen Eifers ihn geradezu der Hölle übergeben. Kluge und unparteiische Köpfe haben größtenteils darüber mit mehr Gerechtigkeit geurteilt, doch keiner außer Wieland, der einen Wink davon im deutschen Merkure gab, hat sich öffentlich erklärt, um die Frömmler und andre enthusiastische Köpfe, die vielleicht ein heiliger Enthusiasmus schnell übereilte, zu beschämen.

Ob ich mich gleich nicht zu den klugen Köpfen rechne, so schmeichle ich mir doch wenigstens unparteiisch zu sein, indem ich weder den Dichter kenne, noch Atheist, Naturalist, Deist, Neolog oder strenger Orthodoxe bin, überhaupt zu keiner Sekte zähle. Ich glaube also wohl etwas Recht zu haben, einen Mann, den Deutschland unter seine ersten Köpfe zählt, den wenigen, die meine Pièce lesen, in einem andern Lichte zu weisen, das nach meiner innigsten Überzeugung das wahre ist, in dem er betrachtet zu werden verdient. Graf Stollberg, ein Mann, den ich wegen seines Dichtergenies verehre, scheint mir selbst das Gedicht aus einem falschen Gesichtspunkte angesehn zu haben, wie auch Herr von Kleist im deutschen Merkure; ob ich gleich den Gedichten dieser beiden Herrn als Poesie alle Gerechtigkeit widerfahren lasse.

....

Dialogen

1

A. Der neue Meßkatalog?

B. Noch naß von der Presse.

A. Welche Last Buchstaben – welche ungeheure Abgabe von der Zeit!

B. Du scheinst zu den Omaristen zu gehören – wenn es erlaubt ist, euch nach dem Konsequentesten unter euch zu benennen.

A. Du willst doch nicht den Lobredner dieser Bücherseuche machen?

B. Warum den Lobredner? – Aber ich freue mich im Ernst über die jährliche Zunahme dieses Handlungsartikels – bei dem die Exportation nur Ehre, aber die Importation baren Gewinn bringt. Es sind doch bei uns mehr wahre, gediegene Gedanken in Umlauf als bei unsren Nachbarn zusammengenommen; die Entdeckung dieser mächtigen Minen in Deutschland, die mehr als Potosi und Brasilien sind, und die wahrhaftig eine größere Revolution machen und machen werden, als die Entdeckung von Amerika, fällt in die Mitte dieses Jahrhunderts. Wie haben wir nicht seitdem schon an wissenschaftlicher Gewinnung, Aufbereitung und glänzender und nutzbarer Bearbeitung zugenommen! Wir holen jetzt überall die rohen Erze oder die schönen Formen zusammen – schmelzen jene um und wissen diese nachzuahmen und zu übertreffen.

Und du willst, daß wir alles zuschütten und zu der rohen Armut unsrer Väter zurückkehren sollen! Ist es nicht wenigstens eine Veranlassung zur Tätigkeit? und ist nicht jede Tätigkeit lobenswert?

A. So läßt sich nichts dagegen einwenden, aber nun laß uns doch die große Kunst und das edle Metall näher beleuchten.

B. Die Argumente gegen das Ganze aus der Gebrechlichkeit

und den Mängeln des Einzelnen laß ich nicht gelten. So etwas will im ganzen angesehn sein.

A. Ein Ganzes aus elenden Gliedern ist selbst ein elendes, oder vielmehr gar kein Ganzes. Ja, wenn es ein planmäßiger Fortschritt wäre! wenn jedes Buch irgendwo eine Lücke ausfüllte – und so jede Messe gleichsam ein systematisches Glied in der Bildungskette wäre! So wäre eine jede Messe eine notwendige Periode, und so entstände aus zweckmäßigen Fortschritten endlich ein vollendeter Weg zur idealischen Bildung. – Ein solcher systematischer Katalog – wie viel kleiner an Volum, und wie viel größer an Gewicht!

B. Es geht dir und vielen, wie den Juden. Sie hoffen ewig auf den Messias, und dieser ist schon längst da. Glaubst du denn, daß das Menschenschicksal oder, wenn du willst, die Natur der Menschheit erst nötig hat, unsre Hörsäle zu frequentieren, um zu erfahren, was ein System ist? Mir scheint es, als wenn unsre Systematiker noch bei ihr in die Schule gehn könnten. Die Zufälle sind die einzelnen Tatsachen; die Zusammenstellung der Zufälle, ihr Zusammentreffen ist nicht wieder Zufall, sondern Gesetz – Erfolg der tiefsinnigsten, planmäßigsten Weisheit. Es ist kein Buch im Meßkatalog, das nicht seine Frucht getragen hat, und hätt es auch nur den Boden gedüngt, auf dem es wuchs. Wir glauben viele Tautologien zu finden. Dort, wo sie entstanden, belebten sie doch diese und jene Ideen vorzüglich. Sie sind nur für das Ganze, für uns Tautologien; der schlechteste Roman hat wenigstens den Freunden und Freundinnen des Verfassers ein Vergnügen gewährt. Armselige Predigten und Erbauungsbücher haben ihr Publikum, ihre Anhänger und wirken in typographischer Rüstung mit zehnfacher Energie auf ihre Hörer und Leser – und so durchaus.

A. Du scheinst die nachteiligen Folgen des Lesens und den ungeheuren Kostenaufwand auf diesen Artikel des modernen Luxus ganz zu vergessen.

B. O Lieber! – Ist nicht das Geld zum Beleben da? Warum soll es nun nicht auch diesem Bedürfnis unsrer Natur dienen, den Sinn für Gedanken beseelen und befriedigen? In Ansehung der nachteiligen Folgen, so bitt ich dich nur um ein augenblickliches ernstes Nachdenken, weil ein solcher Einwurf von dir mich beinah ärgert.

A. Ich weiß, wo du hin willst, und ich wünsche in der Tat nicht die echten Philister-Bedenklichkeiten zu den meinigen zu machen, indeß hast du nicht oft selbst genug über dein Bücherlesen geklagt? hast du nicht oft von der fatalen Gewöhnung an die gedruckte Natur gesprochen?

B. Es kann sein, daß meine Klagen der Art Anlaß zu Mißverständnissen geben könnten; aber, abgerechnet, daß es gewöhnlich nur Äußerungen mißmutiger Augenblicke sind, wo man nicht allgemein, sondern wie die Leidenschaft und Laune einseitig spricht, so hab ich mich damit mehr über die unvermeidliche Schwäche unsrer Natur, ihren Gewöhnungs- und Verwöhnungshang, und nicht im Grunde über die Chifferwelt beschwert. Diese kann nichts dafür, daß wir am Ende nur noch Bücher, aber keine Dinge mehr sehn und unsre fünf leiblichen Sinne beinah so gut wie nicht mehr haben. Warum haften wir uns so einzig, wie kümmerliches Moos, an den Druckerstock?

A. Wenn das aber so fortgeht, so wird man am Ende keine ganze Wissenschaft mehr studieren können. So ungeheuer wächst der Umfang der Literatur.

B. Glaube das nicht. Übung macht den Meister, und auch im Bücherlesen. Du lernst dich bald auf deine Leute verstehn. Man hat oft nicht zwei Seiten dem Autor zugehört, so weiß man schon, wen man vor sich hat. Oft ist der Titel selbst physiognomisch lesbar genug. Auch die Vorrede ist ein subtiler Büchermesser. Die Klügern lassen deshalb jetzt diesen verräterischen Inhaltsanzeiger gewöhnlich weg, und die Bequemen tun es, weil eine gute Vorrede schwerer ist, wie das Buch – denn, wie der junge Revolutionär Lessing sich ausdrückte, so ist die Vorrede Wurzel und Quadrat des Buchs zugleich, und ich füge hinzu, mithin nichts anders, als die echte Rezension desselben.

Die Zitaten- und Kommentar-Manier der ältern Philologen, was war sie, als ein Kind der Armut an Büchern und des Überflusses an literairischem Geist?

A. Ich weiß aber nicht, mir sind der vortrefflichen Bücher selbst zu viel. Wie lange bring ich nicht bei Einem guten Buche zu, oder vielmehr, jedes gute Buch wird mir zum Vehikel lebenslänglicher Beschäftigung – zum Gegenstand eines nie sich erschöpfenden Genusses. Warum schränkst du dich denn nur auf wenig gute und geistvolle Menschen ein? Ist es nicht aus demselben Grunde? Wir sind nun einmal so eingeschränkt, daß wir nur weniges ganz genießen können! Und ist es nicht am Ende besser, Einen schönen Gegenstand sich durchaus zuzueignen, als an hunderten vorbeizustreichen, überall zu nippen, und so mit vielen, oft sich widersprechenden, halben Genüssen zeitig genug sich die Sinne abzustumpfen, ohne etwas dabei auf ewig gewonnen zu haben?

B. Du sprichst wie ein Religios. Leider triffst du einen Pantheisten in mir, dem die unermeßliche Welt gerade weit genug ist. Ich schränke mich auf wenig gute und geistvolle Menschen ein – weil ich muß. Wo hab ich denn mehr? So mit Büchern. Die Büchermacherei wird mir noch bei weitem nicht gehörig ins Große getrieben. Wenn ich das Glück hätte, Vater zu sein – Kinder könnt ich nicht genug haben, nicht etwa zehn bis zwölf, hundert wenigstens.

A. Nicht auch Frauen, Vielhaber?

B. Nein, nur E i n e , im vollen Ernste.

A. Welche bizarre Inkonsequenz!

B. Nicht bizarrer und nicht mehr Inkonsequenz, als nur E i n e n G e i s t in mir, und nicht hundert. So wie mein Geist sich in hundert und millionen Geister verwandeln soll, so meine Frau in so viel Weiber, als es gibt. Jeder Mensch ist ohne Maß veränderlich Wie mit den Kindern, so mit den Büchern. Ich möchte eine ganze Büchersammlung aus allen Kunst- und Wissenschaftsarten, als Werk meines Geistes, vor mir sehn. Und so mit allem. Wilhelm Meisters Lehrjahre haben wir jetzt allein. Wir sollten so viel Lehrjahre, in demselben Geist geschrieben, besitzen, als nur möglich wären – die sämtlichen Lehrjahre aller Menschen, die je gelebt hätten.

A. Jetzt höre auf. Mir schwindelt schon. Morgen mehr. Dann bin ich wieder imstande, einige Gläser von deinem Lieblingswein mit dir zu trinken.

2

A. Hast du heute Lust mir deine Ideen über die Schriftstellerei, und sonst, weiter mitzuteilen, – ich hoffe einen lebhaften paradoxen Stoß ertragen zu können – und wenn du mich in Schwung bringst, so helfe ich dir vielleicht. Du weißt, wenn der Träge nur erst in Bewegung ist, so ist er auch desto unaufhaltsamer und kühner.

B. Natürlich, je schwerer ein Ding Kraft äußert, desto mehr Kraft kann es aufnehmen – und mit dieser Bemerkung ständen wir vor der deutschen Literatur, – die die Wahrheit derselben auffallend bestätigt. Ihre Kapazität ist ungeheuer. Es dürfte ihr kein empfindlicher Vorwurf sein, daß sie nicht leicht zu Filigranarbeiten zu benutzen sei. Indes ist doch das nicht zu leugnen, daß sie in Masse den alten Heerhaufen ihres Volks gleicht, die im Kampfe von Mann zu Mann wohl zehn römische Heere besiegt haben würden; aber freilich in Masse, durch Gesammeltheit, Zucht, gut verbundne, leichte Bewegung und Übersicht der schicklichen Situation leicht zu werfen waren.

A. Glaubst du, daß ihre Geschwindigkeit und Kraft noch im Zunehmen, oder doch wenigstens noch im Zeitraum der gleichförmig beschleunigten Bewegung ist?

B. Im Zunehmen allerdings – und zwar so, daß sich ihr Kern immer mehr von der lockern Materie, die ihn umgab und seine Bewegung aufhielt, scheidet und säubert. Bei einem Wesen, wie eine Literatur, findet der Fall statt, daß die Kraft, die ihm den Stoß gab, bei vordringender Kraft in dem Verhältnis wächst, als seine Geschwindigkeit zunimmt, und daß sich also seine Kapazität ebenso vermehrt. Du siehst, daß es hier auf eine Unendlichkeit abgesehn ist. Es sind zwei veränderliche Faktoren, die im wachsenden Wechselverhältnis stehn, und deren Produkt hyperbolisch fortschreitet. Um aber das Bild deutlicher zu machen, müssen wir uns erinnern, daß wir nicht mit einer Größenbewegung und Ausdehnung, sondern mit einer veredelnden Variation (Verschiedenung) von Beschaffenheiten, deren Inbegriff wir Natur nennen, zu tun haben. Den einen jener veränderlichen Faktoren wollen wir die Sinnfähigkeit – Organibilität – Belebungsfähigkeit nennen, worin denn zugleich die Variabilität mitbegriffen ist. Der andre sei uns die Energie, Ordnung und Mannichfaltigkeit der erregenden Potenzen. Denke dir beide in Wechselzunahme durchaus und schließe dann auf die Produktenreihe. Mit der Einfachheit wächst der Reichtum, mit der Harmonie die Volltönigkeit, die Selbst- und Vollständigkeit des Gliedes mit der des Ganzen: innre Vereinigung mit äußerer Verschiedenheit.

A. So treffend und schmeichelhaft auch dies Bild der Geschichte unserer Schriftwelt sein kann, so ist es mir doch noch zu unverständlich, zu gelehrt. Ich verstehe es nur so obenhin, indeß mag das gut sein, – und ich bitte dich statt einer unerklärbaren Erklärung lieber die ewige Schneelinie zu verlassen, und so plan als möglich mit mir über einige Erscheinungen am Fuße des Berges und aus dem Pflanzenstriche zu reden. Hier bist du den Göttern nicht so nah, und ich habe keine Orakelsprache zu befürchten. – – –

3

A. Das Leben ist sehr kurz.

B. Mir kommt es sehr lang vor.

A. Es ist kurz, wo es lang, und lang, wo es kurz sein sollte.

B. Wer lebt denn? Sind Sie es nicht, der bei dem Unangenehmen verweilt und bei dem Angenehmen vorbeifliegt? –

A. Das ist eben das Schlimme, daß ich mich hierin nicht ändern kann; so wenig, als Sie. Das Angenehme befördert unsre Kraft – das Unangenehme hemmt sie.

B. Nun und Sie merken doch hier Unvollständigkeit?

A. Leider nur zu lebhaft.

B. Wer heißt Sie dieser Indikation nicht folgen?

A. Was für einer Indikation?

B. Daß Sie das, was Sie wünschen, nicht erwarten, sondern aufsuchen sollen. Merken Sie nicht, daß Sie an sich selbst verwiesen werden?

A. Zur Geduld, das weiß ich schon lange.

B. Nicht auch zur Hülfe?

A. Der Kranke läßt den Arzt rufen, weil er sich nicht helfen kann.

B. Wenn nun aber der Arzt gerade zur Arznei dem Kranken Anstrengung seines Verstandes vorschreibt? Wer sich selbst fehlt, kann nur dadurch geheilt werden, daß man ihm sich selbst verschreibt.

A. Vergessen sie nicht, daß wir von der Länge und Kürze des Lebens ausgingen.

B. Die Anwendung ist kurz und leicht, wie der frohe Genuß – und lang und mühsam, wie Duldung. In jener Rücksicht geb ich sie Ihnen. – In dieser bleibt sie Ihnen selbst überlassen. Mäßigen sie das allzuschnelle Strömen der Kraft in der Freude durch N a c h d e n k e n. Beschleunigen sie den trägen Fortschritt durch regelmäßige Tätigkeit.

A. Am Ende ist Ihr Rezept doch nicht das, was ich suche. Sie verordnen eine Mixtur durch Verdünnung. Halb nehm ichs mit Dank an.

B. Lieber, Sie sind kein Chymist, sonst würden Sie wissen, daß durch echte Mischung ein D r i t t e s entsteht, was Beides zugleich, und mehr als Beides einzeln ist.

4

A. Sie haben doch Recht gehabt. Unsre Unterhaltung hat mich auf ein interessantes Resultat geführt.

B. Nun ist die Reihe des Belehrtwerdens an mir. Ein Wechsel, den allein echter Umgang gewährt.

A. Sie haben mir einen Weg durch die Zweifel über den Wert der Lust gebahnt. Ich begreife nun, daß unsre ursprüngliche Existenz, wenn ich mich so ausdrücken darf, Lust ist. Die Zeit entsteht mit der Unlust. Daher alle Unlust so lang und alle Lust so kurz. Absolute Lust ist e w i g – außer aller Zeit. Relative Lust mehr oder weniger Ein ungeteilter Moment.

B. Sie begeistern mich – nur wenig Schritte noch und wir stehn auf der Höhe der innern Welt.

A. Ich weiß, welche Schritte Sie meinen. Unlust ist, wie die Zeit, endlich. Alles Endliche entsteht aus Unlust. So unser Leben.

B. Ich löse Sie ab – und fahre fort. Das Endliche ist endlich. – Was bleibt? Absolute Lust, Ewigkeit, unbedingtes Leben. Und was haben wir in der Zeit zu tun, deren Zweck Selbstb e w u ß t - sein der Unendlichkeit ist?

A. Vorausgesetzt, daß sie einen Zweck hat, denn man könnte wohl fragen, ob nicht Zwecklosigkeit gerade die Illusion charakterisiert?

B. Auch das – indeß was sollen wir zu bewirken suchen? Verwandlung der Unlust in Lust und mit ihr der Zeit in Ewigkeit durch eigenmächtige Absonderung und Erhebung des Geistes, des Bewußtseins der Illusion als solcher. Ja, Lieber, und hier an den Säulen des Herkules lassen Sie uns umarmen, im Genuß der Überzeugung, daß es bei uns steht, das Leben wie eine schöne, genialische Täuschung, wie ein herrliches Schauspiel zu betrachten, daß wir schon hier im Geist in absoluter Lust und Ewigkeit sein können, und daß gerade die alte Klage, daß alles vergänglich sei, der fröhlichste aller Gedanken werden kann und soll.

A. Diese Ansicht des Lebens, als zeitliche Illusion, als Drama, möge uns zur andern Natur werden. Wie schnell werden dann trübe Stunden vorüberfliegen, und wie reizend wird uns nicht so die Vergänglichkeit vorkommen.

5

A. Bester Freund, schaffen Sie mir doch einen deutlichen, proberechten Begriff von den Fürsten. Ich grüble nun schon lange, aber die verzweifelten Fürsten stehn mir nicht. Sie verschwinden unter dem Fokus meiner Aufmerksamkeit. Sie müssen nicht feuer- und lichtbeständig sein. Ist ein Begriff vom Fürsten etwa ein Rahmen um ein Bild der egyptischen Finsternis?

B. Ein glücklicher Genius hat Sie gerade zu mir geführt. Ein günstiger Zufall hat mich dieses große Geheimnis gelehrt, das sich freilich, wie jedes Geheimnis, paradox genug hören läßt:

Fürsten sind Nullen, – sie gelten an sich nichts, aber mit Zahlen,
Die sie beliebig erhöhn, neben sich, gelten sie viel.

A. Am Ende, Lieber, was sollen alle diese Hypothesen? Eine einzige wahrhaft beobachtete Tatsache ist doch mehr wert, als die glänzendste Hypothese. Das Hypothesieren ist eine risquante Spielerei. Es wird am Ende leidenschaftlicher Hang zur Unwahrheit, – und vielleicht hat nichts den besten Köpfen und den Wissenschaften mehr geschadet, als diese Renommisterei des fantastischen Verstandes. Diese szientifische Unzucht stumpft den Sinn für Wahrheit gänzlich ab und entwöhnt von strenger Beobachtung, welche doch allein die Basis aller Erweiterung und Entdeckung ist.

B. Hypothesen sind Netze, nur der wird fangen, der auswirft.
Ist nicht Amerika selbst durch Hypothese gefunden?
Hoch und vor allen lebe die Hypothese, nur sie bleibt
Ewig neu, so oft sie auch schon sich selber besiegte.

Und nun in Prosa die Nutzanwendung. Der Skeptiker, mein Freund, hat so wenig, wie der gemeine Empirismus, das Mindeste zu Erweiterung der Wissenschaft getan. – Der Skeptiker verleidet höchstens den Hypothetikern den Ort, wo sie stehn, macht ihnen den Boden schwanken; eine sonderbare Art, Fortschritte zustande zu bringen. Wenigstens ein sehr indirektes Verdienst. Der echte Hypothetiker ist kein andrer, als der Erfinder, dem vor seiner Erfindung oft schon dunkel das entdeckte Land vor Augen schwebt – der mit dem dunkeln Bilde über der Beobachtung, dem Versuch schwebt – und nur durch freie Vergleichung – durch mannichfache Berührung und Reibung seiner Ideen mit der Erfahrung, endlich die Idee trifft, die sich negativ zur positiven Erfahrung verhält, daß beide dann auf immer zusammenhängen – und ein neues himmlisches Licht die zur Welt gekommene Kraft umstrahle.

6
Die Naturlehre

Doppelte Wege: vom Einzelnen, vom Ganzen; von innen, von außen. Naturgenie. Mathematik. Goethe. Schelling. Ritter. Die pneumatische Chemie. Das Mittelalter. Naturroman. Vortrag der Physik. Werner. Experimentieren. Ob der Naturlehre eine wahre Einheit zu Grunde liegt.

A. Höre du, es ist einmal Mode, von der Natur ein vernünftig Wort zu reden – wir müssen auch unsern Beitrag liefern. Nun – was wirds, – fange doch an mir zu antworten.

B. Ich besinne mich schon lange auf einen recht natürlichen Anfang unsers Gesprächs – ich presse meinen natürlichen Verstand, aber der ist vertrocknet, und hat nicht ein bißchen Saft mehr.

A. Wer weiß, welcher Gelehrte ihn ohne dein Wissen als ein herrliches Exemplar zwischen die Blätter seines Herbariums gepreßt hat.

B. Ich bin doch neugierig, unter welche Klasse er ihn gebracht hat.

A. Vermutlich unter die Klasse der Kryptogamisten, denn von Blüten und Früchten ist keine Spur wahrzunehmen.

B. Weißt du wohl, daß die Natur uns schon begeistert, wir sind da unvermerkt in die Natur hineingeraten. Du gehörst zu den Realisten, oder auf deutsch – du bist ein grober Kerl.

A. Du hast ein wahres Wort gesprochen – ein Wort der Weihe über mich. Ich habe große Anlagen, ein Priester der Natur zu werden.

B. Meinst du, weil wir dich einen Bauchpfaffen nennen und die Natur eigentlich nichts als ein großer Bauch ist?

A. Auch wahr – aber die wahre Anlage besteht in der Grobheit; denn sieh, die Natur ist ganz ungeheuer grob – und wer sie recht kennen lernen will, der muß sie grob anfassen. Auf einen groben Klotz gehört ein grober Keil. Dies Sprüchwort ist für die Naturlehre gemacht, denn sie soll ja hier durch den Verstand gespalten werden.

B. Da müssen unsre Vorfahren rechte Meisterkenner der Natur gewesen sein, denn nur in Deutschland ist die eigentliche Grobheit entdeckt und kultiviert worden.

A. Sie paßte recht für unsern Boden – drum sieht es auch jetzt recht kahl bei uns aus, da man diese Nationalpflanze vernachlässigt und recht heillos mit diesem Reichtum umgegangen ist. Nur beim gemeinen Mann gedeiht sie noch, und darum ist auch dem die Natur noch grün. Den Vornehmen hat sie längst den Rücken gekehrt und wird ewig den feinen Leuten bereitwillig genug zeigen, wo sie sitzt.

B. Die Definition der Natur hab' ich nun als Resultat unsers Gesprächs: Sie ist der Inbegriff aller Grobheit.

A. Daraus lassen sich alle Naturgesetze ableiten, daß sie unaufhörlich grob ist ohne abzusetzen und immer gröber wird – und keine Grobheit die gröbste ist – *lex continuitatis*. Daß sie gern gerade zugeht und nicht viel Umstände macht – *lex parsimoniae*.

Ja, und noch eine Menge unbekannter Gesetze entwickeln sich aus diesem fruchtbaren Begriffe. Aber eben weil wir Philosophen sind, brauchen wir uns um die Ausführung nicht zu bekümmern. Wir haben das Prinzip, und damit gut – den gemeinen Köpfen bleibt jene überlassen.

B. Aber sage mir nur, woher kömmts, daß die Natur so verzweifelt selten ist. Die Kunst ist eigentlich das Gewöhnliche.

A. Ja selten muß sie sein, denn da sie sich verständlich genug macht, und gern mit ihrer Natur herausplatzt, so müßte sie weit mehr verstanden sein.

Wer von so übertriebener Künstlichkeit der Kunst besessen ist, der hält eben ihre Grobheit für Kunst, und so wird sie freilich überall mißverstanden.

Man wird wahrlich auch zur Natur geboren – und wer recht viel Natur in sich hat – dem ist das alles so natürlich; und was ist davon zu sprechen? Wer davon spricht, der ist ein Stümper ohne Kraft und Saft, denn wovon man spricht, das hat man nicht; das ist ein Axiom.

B. Drum laß uns auch aufhören, davon zu reden, denn sonst geht unsere Natur durch die Lappen.

A. Du hast Recht, da hätt' uns bald die Mode einen Streich gespielt – und uns hinterlistig aus unsrer Natur vertrieben. Laß uns auf den Keller gehn – dort ist die Natur zu Hause, daß wir wieder recht natürlich werden.

B. Nur hüte dich dort vom Weine zu reden – denn wovon man spricht, das hat man nicht.

A. Wahr, darum sprichst du auch immer vom Verstande –

B. Wenn du von kurzen Ohren sprichst.

Monologen

1

Es ist eigentlich um das Sprechen und Schreiben eine närrische Sache; das rechte Gespräch ist ein bloßes Wortspiel. Der lächerliche Irrtum ist nur zu bewundern, daß die Leute meinen – sie sprächen um der Dinge willen. Gerade das Eigentümliche der Sprache, daß sie sich bloß um sich selbst bekümmert, weiß keiner. Darum ist sie ein so wunderbares und fruchtbares Geheimnis, – daß wenn einer bloß spricht, um zu sprechen, er gerade die herrlichsten, originellsten Wahrheiten ausspricht. Will er aber von etwas Bestimmten sprechen, so läßt ihn die launige Sprache das lächerlichste und verkehrteste Zeug sagen. Daraus entsteht auch der Haß, den so manche ernsthafte Leute gegen die Sprache haben. Sie merken ihren Mutwillen, merken aber nicht, daß das verächtliche Schwatzen die unendlich ernsthafte Seite der Sprache ist. Wenn man den Leuten nur begreiflich machen könnte, daß es mit der Sprache wie mit den mathematischen Formeln sei – Sie machen eine Welt für sich aus – Sie spielen nur mit sich selbst, drücken nichts als ihre wunderbare Natur aus, und eben darum sind sie so ausdrucksvoll – eben darum spiegelt sich in ihnen das seltsame Verhältnisspiel der Dinge. Nur durch ihre Freiheit sind sie Glieder der Natur, und nur in ihren freien Bewegungen äußert sich die Weltseele und macht sie zu einem zarten Maßstab und Grundriß der Dinge. So ist es auch mit der Sprache – wer ein feines Gefühl ihrer Applikatur, ihres Takts, ihres musikalischen Geistes hat, wer in sich das zarte Wirken ihrer innern Natur vernimmt und danach seine Zunge oder seine Hand bewegt, der wird ein Prophet sein, dagegen wer es wohl weiß, aber nicht Ohr und Sinn genug für sie hat, Wahrheiten wie diese schreiben, aber von der Sprache selbst zum besten gehalten und von den Menschen, wie Kassandra von den Trojanern, verspottet werden wird. Wenn ich damit das Wesen und Amt der Poesie auf das deutlichste angegeben zu haben glaube, so weiß ich doch, daß es kein Mensch verstehn kann, und ich ganz was albernes gesagt habe, weil ich es habe sagen wollen, und so keine Poesie zustande kommt. Wie, wenn ich aber reden müßte? und dieser Sprachtrieb zu sprechen das Kennzeichen der Eingebung der Sprache, der Wirksamkeit der Sprache in mir wäre? und mein Wille nur auch alles wollte, was ich müßte, so könnte dies ja am Ende ohne mein Wissen und Glauben Poesie sein und ein Geheimnis der Sprache verständlich machen? und so wär ich ein berufener Schriftsteller, denn ein Schriftsteller ist wohl nur ein Sprachbegeisterter? –

2
(Fragment)

Von unsrer Wiege an verfolgen uns Vorurteile, Schwachheiten und Mängel, die uns das Drückende des Lebens in seiner ganzen Schwere fühlen lassen. Alle unsre Wünsche bleiben unerfüllt, unsre Pläne scheitern, unsre schönsten Hoffnungen, unsre blühendsten Aussichten verschwinden. Oft schein ich mir allein in der Welt zu sein, und um mich herum und in mir selbst scheinen mir nur Plaggöttinnen zu hausen, die mir das Vergnügen, das mir oft so herrlich, so wonnevoll meine Phantasie bildet, verscheuchen. Die traurigste Lage ist es gewiß, und ich weiß es aus einer leider jugendlichen Erfahrung: sich unterdrückt, mißhandelt und von Eigensinn und Laune gefesselt zu sehn, ohne Freund in dem Labyrinth trauriger Ideen und Gegenstände herumzuirren, seine Wißbegierde, das Drängen und Streben nach Ruhm und Belohnung gehemmt und gehindert und in elende, drückende menschliche, bürgerliche Verhältnisse sich gespannt zu sehn – Skeptizismus an allem, trauriger Menschenhaß muß unmittelbar daraus entstehen. – – – Die schönsten Jahre der Menschheit, die herrliche Jugend, wo nur Grazien und Blumen sich an unsre Phantasie drängen, wo ein gewisses, unaussprechbares Gefühl von Unsterblichkeit, ewiger Dauer uns vergöttert, können sie in dieser Lage genossen und gefühlt werden? Unglücklicher, dem dies Schicksal zu teil ward – bin ich der Unglückliche? – Höhere Jugend, höhere Freuden – »Himmlische Luft, Freiheit, Freiheit! – die Welt hienieden ist ein Gefängnis.«

Predigtfragment

An dem ersten Ostertag

Eine Rede von Fridrich
Exordium

Überwunden hat der Herr den Tod,
Des Menschen Sohn und Gott
Ist auferstanden,
Ein Sieger auferstanden.

Nein, entweiht von keiner Sünde nicht,
Trug er des Herrn Gericht,
Daß wir von Sünden
Erlöst, Gott wiederfinden.

Heil, Verwerfung, Tod und Leben ist
Dein Werk, Gott Jesu Christ,
Du willst das Leben
Den Überwindern geben. Halleluja.

Man ist schon zu sehr gewöhnt, feierliche Handlungen und besonders die der Religion, gleichgültig zu übersehen und sie nur in Absicht des äußerlichen Prunkes zu beurteilen. Man freut sich gewöhnlich auf diese Tage, nur um da ein müßiges Leben zu führen und sich da mit Lustbarkeiten zu vergnügen. Freilich setzte Gott oder die Obrigkeit diese Tage ein, um die Menschen da ruhn und zu sich selbst kommen zu lassen, aber dies war nicht die einzige Ursache, sondern man wollte auch ihnen bessre Gelegenheit dadurch geben, über die Wichtigkeit eines solchen Tages in Absicht ihrer selbst und der gesamten Menschheit nachzudenken. Laßt uns wenigstens jetzt eine Stunde dazu anwenden, über diesen Tag nachzudenken und einige wichtige Wahrheiten zu überlegen.

Doch wollen wir vorher singen: Liebster Jesu wir sind hier usw. usw.

(Vater unser. – Evangelium)

Die Christenheit oder Europa

Ein Fragment

(Geschrieben im Jahre 1799)

Es waren schöne, glänzende Zeiten, wo Europa ein christliches Land war, wo Eine Christenheit diesen menschlich gestalteten Weltteil bewohnte; Ein großes gemeinschaftliches Interesse verband die entlegensten Provinzen dieses weiten geistlichen Reichs. – Ohne große weltliche Besitztümer lenkte und vereinigte Ein Oberhaupt die großen politischen Kräfte. – Eine zahlreiche Zunft, zu der jedermann den Zutritt hatte, stand unmittelbar unter demselben und vollführte seine Winke und strebte mit Eifer seine wohltätige Macht zu befestigen. Jedes Glied dieser Gesellschaft wurde allenthalben geehrt, und wenn die gemeinen Leute Trost oder Hülfe, Schutz oder Rat bei ihm suchten und gerne dafür seine mannichfaltigen Bedürfnisse reichlich versorgten, so fand es auch bei den Mächtigeren Schutz, Ansehn und Gehör, und alle pflegten diese auserwählten, mit wunderbaren Kräften ausgerüsteten Männer, wie Kinder des Himmels, deren Gegenwart und Zuneigung mannichfachen Segen verbreitete. Kindliches Zutrauen knüpfte die Menschen an ihre Verkündigungen. – Wie heiter konnte jedermann sein irdisches Tagewerk vollbringen, da ihm durch diese heilige Menschen eine sichere Zukunft bereitet, und jeder Fehltritt durch sie vergeben, jede mißfarbige Stelle des Lebens durch sie ausgelöscht und geklärt wurde. Sie waren die erfahrnen Steuerleute auf dem großen unbekannten Meere, in deren Obhut man alle Stürme geringschätzen und zuversichtlich auf eine sichre Gelangung und Landung an der Küste der eigentlichen vaterländischen Welt rechnen durfte.

Die wildesten, gefräßigsten Neigungen mußten der Ehrfurcht und dem Gehorsam gegen ihre Worte weichen. Friede ging von ihnen aus. – Sie predigten nichts als Liebe zu der heiligen, wunderschönen Frau der Christenheit, die, mit göttlichen Kräften versehen, jeden Gläubigen aus den schrecklichsten Gefahren zu retten bereit war. Sie erzählten von längst verstorbenen himmlischen Menschen, die durch Anhänglichkeit und Treue an jene selige Mutter und ihr himmlisches, freundliches Kind die Versuchung der irdischen Welt bestanden, zu göttlichen Ehren gelangt und nun schützende, wohltätige Mächte ihrer lebenden Brüder, willige Helfer in der Not, Vertreter menschlicher Gebrechen und wirksame Freunde der Menschheit am himmlischen Throne geworden waren. Mit welcher Heiterkeit verließ man die schönen Versammlungen in den geheimnisvollen Kirchen, die mit ermunternden Bildern geschmückt, mit süßen Düften erfüllt und von heiliger erhebender Musik belebt waren. In ihnen wurden die geweihten Reste ehemaliger gottesfürchtiger Menschen dankbar in köstlichen Behältnissen aufbewahrt. Und an ihnen offenbarte sich die göttliche Güte und Allmacht, die mächtige Wohltätigkeit dieser glücklichen Frommen, durch herrliche Wunder und Zeichen. So bewahren liebende Seelen Locken oder Schriftzüge ihrer verstorbenen Geliebten und nähren die süße Glut damit, bis an den wiedervereinigenden Tod. Man sammelte mit inniger Sorgfalt überall, was diesen geliebten Seelen angehört hatte, und jeder pries sich glücklich, der eine so tröstliche Reliquie erhalten oder nur berühren konnte. Hin und wieder schien sich die himmlische Gnade vorzüglich auf ein seltsames Bild oder einen Grabhügel niedergelassen zu haben. Dorthin strömten aus allen Gegenden Menschen mit schönen Gaben und brachten himmlische Gegengeschenke: Frieden der Seele und Gesundheit des Leibes, zurück. Emsig suchte diese mächtige, friedenstiftende Gesellschaft alle Menschen dieses schönen Glaubens teilhaftig zu machen und sandte ihre Genossen in alle Weltteile, um überall das Evangelium des Lebens zu verkündigen und das Himmelreich zum einzigen Reiche auf dieser Welt zu machen. Mit Recht widersetzte sich das weise Oberhaupt der Kirche frechen Ausbildungen menschlicher Anlagen auf Kosten des heiligen Sinns, und unzeitigen gefährlichen Entdeckungen im Gebiete des Wissens. So wehrte er den kühnen Denkern öffentlich zu behaupten, daß die Erde ein unbedeutender Wandelstern sei, denn er wußte wohl, daß die Menschen mit der Achtung für ihren Wohnsitz und ihr irdisches Vaterland auch die Achtung vor der himmlischen Heimat und ihrem Geschlecht verlieren, und das eingeschränkte Wissen dem unendlichen Glauben vorziehn und sich gewöhnen würden, alles Große und Wunderwürdige zu verachten und als tote Gesetzwirkung zu betrachten. An seinem Hofe versammelten sich alle klugen und ehrwürdigen Menschen aus Europa. Alle Schätze flossen dahin, das zerstörte Jerusalem hatte sich gerächt, und Rom selbst war Jerusalem, die heilige Residenz der göttlichen Regierung auf Erden geworden. Fürsten legten ihre Streitigkeiten dem Vater der Christenheit vor, willig ihm ihre Kronen und ihre Herrlichkeit zu Füßen, ja sie achteten es sich zum Ruhm, als Mitglieder dieser hohen Zunft, den Abend ihres Lebens in göttlichen Betrachtungen zwischen einsamen Klostermauern zu beschließen. Wie wohltätig, wie angemessen der innern Natur der Menschen, diese Regierung, diese Einrichtung war, zeigte das gewaltige Emporstreben aller andern menschlichen Kräfte, die harmonische Entwickelung aller Anlagen; die ungeheure Höhe, die einzelne Menschen in allen Fächern der Wissenschaften des Lebens und der Künste erreichten, und der überall blühende Handelsverkehr mit geistigen und irdischen Waren, in dem Umkreis von Europa und bis in das fernste Indien hinaus.

Das waren die schönen wesentlichen Züge der echtkatholischen oder echtchristlichen Zeiten. Noch war die Menschheit für dieses herrliche Reich nicht reif, nicht gebildet genug. Es war eine erste Liebe, die im Drucke des Geschäftlebens entschlummerte, deren Andenken durch eigennützige Sorgen verdrängt, und deren Band nachher als Trug und Wahn ausgeschrien und nach spätern Erfahrungen beurteilt, – auf immer von einem großen Teil der Europäer zerrissen wurde. Diese innere große Spaltung, die zerstörende Kriege begleiteten, war ein merkwürdiges Zeichen der Schädlichkeit der Kultur für den Sinn des Unsichtbaren, wenigstens einer temporellen Schädlichkeit der Kultur einer gewissen Stufe. Vernichtet kann jener unsterbliche Sinn nicht werden, aber getrübt, gelähmt, von andern Sinnen verdrängt. – Eine längere Gemeinschaft der Menschen vermindert die Neigungen, den Glauben an ihr Geschlecht, und gewöhnt sie, ihr ganzes Dichten und Trachten den Mitteln des Wohlbefindens allein zuzuwenden, die Bedürfnisse und die Künste ihrer Befriedigung werden verwickelter, der habsüchtige Mensch hat soviel Zeit nötig sich mit ihnen bekannt zu machen und Fertigkeiten in ihnen sich zu erwerben, daß keine Zeit zum stillen Sammeln des Gemüts, zur aufmerksamen Betrachtung der innern Welt übrig bleibt. – In Kollisionsfällen scheint ihm das gegenwärtige Interesse näher zu liegen, und so fällt die schöne Blüte seiner Jugend, Glauben und Liebe, ab, und macht den derbern Früchten, Wissen und Haben, Platz. Man gedenkt des Frühlings im Spätherbst wie eines kindischen Traums und hofft mit kindischer Einfalt, die vollen Speicher sollen auf immer aushalten. Eine gewisse Einsamkeit scheint dem Gedeihen der höhern Sinne notwendig zu sein, und daher muß ein zu ausgebreiteter Umgang der Menschen mit einander manchen heiligen Keim ersticken und die Götter, die den unruhigen Tumult zerstreuender Gesellschaften und die Verhandlungen kleinlicher Angelegenheiten fliehen, verscheuchen. Überdem haben wir ja mit Zeiten und Perioden zu tun, und ist diesen eine Oszillation, ein Wechsel entgegengesetzter Bewegungen nicht wesentlich? und ist diesen eine beschränkte Dauer nicht eigentümlich, ein Wachstum und ein Abnehmen nicht ihre Natur? aber auch eine Auferstehung, eine Verjüngung, in neuer, tüchtiger Gestalt, nicht auch von ihnen mit Gewißheit zu erwarten? Fortschreitende, immer mehr sich vergrößernde Evolutionen sind der Stoff der Geschichte. Was jetzt nicht die Vollendung erreicht, wird sie bei einem künftigen Versuch erreichen, oder bei einem abermaligen; vergänglich ist nichts was die Geschichte ergriff, aus unzähligen Verwandlungen geht es in immer reiferen Gestalten erneuet wieder hervor. Einmal war doch das Christentum mit voller Macht und Herrlichkeit erschienen, bis zu einer neuen Welt-Inspiration herrschte seine Ruine, sein Buchstabe mit immer zunehmender Ohnmacht und Verspottung. Unendliche Trägheit lag schwer auf der sicher gewordenen Zunft der Geistlichkeit. Sie war stehn geblieben im Gefühl ihres Ansehns und ihrer Bequemlichkeit, während die Laien ihr unter den Händen Erfahrung und Gelehrsamkeit entwandt und mächtige Schritte auf dem Wege der Bildung vorausgetan hatten. In der Vergessenheit ihres eigentlichen Amts, die Ersten unter den Menschen an Geist, Einsicht und Bildung zu sein, waren ihnen die niedrigen Begierden zu Kopf gewachsen, und die Gemeinheit und Niedrigkeit ihrer Denkungsart wurde durch ihre Kleidung und ihren Beruf noch widerlicher. So fielen Achtung und Zutrauen, die Stützen dieses und jedes Reichs, allmählich weg, und damit war jene Zunft vernichtet, und die eigentliche Herrschaft Roms hatte lange vor der gewaltsamen Insurrektion stillschweigend aufgehört. Nur kluge, also auch nur zeitliche, Maßregeln hielten den Leichnam der Verfassung noch zusammen, und bewahrten ihn vor zu schleuniger Auflösung, wohin denn z. B. die Abschaffung der Priesterehe vorzüglich gehörte. Eine Maßregel, die analog angewandt auch dem ähnlichen Soldatenstand eine fürchterliche Konsistenz verleihen und sein Leben noch lange fristen könnte. Was war natürlicher, als daß endlich ein feuerfangender Kopf öffentlichen Aufstand gegen den despotischen Buchstaben der ehemaligen Verfassung predigte, und mit um so größerm Glück, da er selbst Zunftgenosse war.

Mit Recht nannten sich die Insurgenten Protestanten, denn sie protestierten feierlich gegen jede Anmaßung einer unbequemen und unrechtmäßig scheinenden Gewalt über das Gewissen. Sie nahmen ihr stillschweigend abgegebenes Recht auf Religions-Untersuchung, -Bestimmung und -Wahl als vakant wieder einstweilen an sich zurück. Sie stellten auch eine Menge richtiger Grundsätze auf, führten eine Menge löblicher Dinge ein, und schafften eine Menge verderblicher Satzungen ab; aber sie vergaßen das notwendige Resultat ihres Prozesses, trennten das Untrennbare, teilten die unteilbare Kirche und rissen sich frevelnd aus dem allgemeinen christlichen Verein, durch welchen und in welchem allein die echte, dauernde Wiedergeburt möglich war. Der Zustand religiöser Anarchie darf nur verübergehend sein, denn der notwendige Grund, eine Zahl Menschen lediglich diesem hohen Berufe zu widmen, und diese Zahl Menschen unabhängig von der irdischen Gewalt in Rücksicht dieser Angelegenheiten zu machen, bleibt in fortdauernder Wirksamkeit und Gültigkeit. – Die Errichtung der Konsistorien und die Beibehaltung einer Art Geistlichkeit half diesem Bedürfnisse nicht ab, und war kein zureichender Ersatz. Unglücklicherweise hatten sich die Fürsten in diese Spaltung gemischt, und viele benutzten diese Streitigkeiten zur Befestigung und Erweiterung ihrer landesherrlichen Gewalt und Einkünfte. Sie waren froh jenes hohen Einflusses überhoben zu sein und nahmen die neuen Konsistorien nun unter ihre landesväterliche Beschützung und Leitung. Sie waren eifrigst besorgt die gänzliche Vereinigung der protestantischen Kirchen zu hindern, und so wurde die Religion irreligiöserweise in Staatsgrenzen eingeschlossen, und damit der Grund zur allmählichen Untergrabung des religiösen kosmopolitischen Interesse gelegt. So verlor die Religion ihren großen politischen friedestiftenden Einfluß, ihre eigentümliche Rolle des vereinigenden, individualisierenden Prinzips, der Christenheit. Der Religionsfriede ward nach ganz fehlerhaften und religionswidrigen Grundsätzen abgeschlossen, und durch die Fortsetzung des sogenannten Protestantismus etwas durchaus Widersprechendes – eine Revolutions-Regierung permanent erklärt.

Indes liegt dem Protestantismus bei weitem nicht bloß jener reine Begriff zum Grunde, sondern Luther behandelte das Christentum überhaupt willkürlich, verkannte seinen Geist, und führte einen andern Buchstaben und eine andere Religion ein, nämlich die heilige Allgemeingültigkeit der Bibel, und damit wurde leider eine andere höchst fremde irdische Wissenschaft in die Religionsangelegenheit gemischt – die Philologie – deren auszehrender Einfluß von da an unverkennbar wird. Er wurde selbst aus dunkelm Gefühl dieses Fehlgriffs bei einem großen Teil der Protestanten zum Rang eines Evangelisten erhoben und seine Übersetzung kanonisiert.

Dem religiösen Sinn war diese Wahl höchst verderblich, da nichts seine Irritabilität so vernichtet, wie der Buchstabe. Im ehemaligen Zustande hatte dieser bei dem großen Umfange, der Geschmeidigkeit und dem reichhaltigen Stoff des katholischen Glaubens, sowie der Esoterisierung der Bibel und der heiligen Gewalt der Konzilien und des geistlichen Oberhaupts, nie so schädlich werden können; jetzt aber wurden diese Gegenmittel vernichtet, die absolute Popularität der Bibel behauptet, und nun drückte der dürftige Inhalt, der rohe, abstrakte Entwurf der Religion in diesen Büchern desto merklicher, und erschwerte dem heiligen Geiste die freie Belebung, Eindringung und Offenbarung unendlich.

Daher zeigt uns auch die Geschichte des Protestantismus keine herrlichen, großen Erscheinungen der Überirdischen mehr, nur sein Anfang glänzt durch ein vorübergehendes Feuer des Himmels, bald nachher ist schon die Vertrocknung des heiligen Sinns bemerklich; das Weltliche hat die Oberhand gewonnen, der Kunstsinn leidet sympathetisch mit, nur selten, daß hie und da ein gediegener, ewiger Lebensfunke hervorspringt, und eine kleine Gemeinde sich assimiliert. Er verlischt und die Gemeinde fließt wieder auseinander und schwimmt mit dem Strome fort. So Zinzendorf, Jakob Böhme und mehrere. Die Moderatisten behalten die Oberhand, und die Zeit nähert sich einer gänzlichen Atonie der höhern Organe, der Periode des praktischen Unglaubens. Mit der Reformation war's um die Christenheit getan. Von nun an war keine mehr vorhanden. Katholiken und Protestanten oder Reformierte standen in sektirischer Abgeschnittenheit weiter voneinander, als von Mohammedanern und Heiden. Die übriggebliebenen katholischen Staaten vegetierten fort, nicht ohne den schädlichen Einfluß der benachbarten protestantischen Staaten unmerklich zu fühlen. Die neuere Politik entstand erst in diesem Zeitpunkt, und einzelne mächtige Staaten suchten den vakanten Universalstuhl, in einen Thron verwandelt, in Besitz zu nehmen.

Den meisten Fürsten schien es eine Erniedrigung sich nach einem ohnmächtigen Geistlichen zu genieren. – Sie fühlten zum erstenmal das Gewicht ihrer körperlichen Kraft auf Erden, sahen die himmlischen Mächte untätig bei Verletzung ihrer Repräsentanten, und suchten nun allgemach ohne Aufsehn vor den noch eifrig päpstlich gesinnten Untertanen das lästige römische Joch abzuwerfen und sich unabhängig auf Erden zu machen. – Ihr unruhiges Gewissen beruhigten kluge Seelsorger, die nichts dabei verloren, daß ihre geistlichen Kinder die Disposition über das Kirchenvermögen sich anmaßten.

Zum Glück für die alte Verfassung tat sich jetzt ein neu entstandener Orden hervor, auf welchen der sterbende Geist der Hierarchie seine letzten Gaben ausgegossen zu haben schien, der mit neuer Kraft das Alte zurüstete und mit wunderbarer Einsicht und Beharrlichkeit, klüger als je vorher geschehen, sich des päpstlichen Reichs und seiner mächtigern Regeneration annahm. Noch war keine solche Gesellschaft in der Weltgeschichte anzutreffen gewesen. Mit größerer Sicherheit des Erfolgs hatte selbst der alte römische Senat nicht Pläne zur Welteroberung entworfen. Mit größerem Verstand war an die Ausführung einer größeren Idee noch nicht gedacht worden. Ewig wird diese Gesellschaft ein Muster aller Gesellschaften sein, die eine organische Sehnsucht nach unendlicher Verbreitung und ewiger Dauer fühlen, – aber auch ewig ein Beweis, daß die unbewachte Zeit allein die klügsten Unternehmungen vereitelt, und der natürliche Wachstum des ganzen Geschlechts unaufhaltsam den künstlichen Wachstum eines Teils unterdrückt. Alles einzelne für sich hat ein eigenes Maß von Fähigkeit, nur die Kapazität des Geschlechts ist unermeßlich. Alle Pläne müssen fehlschlagen, die nicht auf alle Anlagen des Geschlechts vollständig angelegte Pläne sind. Noch merkwürdiger wird diese Gesellschaft, als Mutter der sogenannten geheimen Gesellschaften, eines jetzt noch unreifen, aber gewiß wichtigen geschichtlichen Keims. Einen gefährlichern Nebenbuhler konnte der neue Lutheranismus, nicht Protestantismus, gewiß nicht erhalten. Alle Zauber des katholischen Glaubens wurden unter seiner Hand noch kräftiger, die Schätze der Wissenschaften flossen in seine Zelle zurück. Was in Europa verloren war, suchten sie in den andern Weltteilen, in dem fernsten Abend und Morgen, vielfach wieder zu gewinnen, und die apostolische Würde und Beruf sich zuzueignen und geltend zu machen. Auch sie blieben in den Bemühungen nach Popularität nicht zurück, und wußten wohl wieviel Luther seinen demagogischen Künsten, seinem Studium des gemeinen Volks zu verdanken gehabt hatte. Überall legten sie Schulen an, drangen in die Beichtstühle, bestiegen die Katheder und beschäftigten die Pressen, wurden Dichter und Weltweise, Minister und Märtyrer, und blieben in der ungeheuren Ausdehnung von Amerika über Europa nach China in dem wunderbarsten Einverständnis der Tat und der Lehre. Aus ihren Schulen rekrutierten sie mit weiser Auswahl ihren Orden. Gegen die Lutheraner predigten sie mit zerstörendem Eifer und suchten die grausamste Vertilgung dieser Ketzer, als eigentlicher Genossen des Teufels, zur dringendsten Pflicht der katholischen Christenheit zu machen. Ihnen allein hatten die katholischen Staaten und insonderheit der päpstliche Stuhl ihr langes Überleben der Reformation zu danken gehabt, und wer weiß, wie alt die Welt noch aussehn würde, wenn nicht schwache Obere, Eifersucht der Fürsten und andern geistlichen Orden, Hofintriguen und andere sonderbare Umstände ihren kühnen Lauf unterbrochen und mit ihnen diese letzte Schutzwehr der katholischen Verfassung beinah vernichtet hätten. Jetzt schläft er, dieser furchtbare Orden, in armseliger Gestalt an den Grenzen von Europa, vielleicht daß er von daher sich, wie das Volk das ihn beschützt, mit neuer Gewalt einst über seine alte Heimat, vielleicht unter anderm Namen, verbreitet.

Die Reformation war ein Zeichen der Zeit gewesen. Sie war

für ganz Europa bedeutend, wenn sie gleich nur im wahrhaft freien Deutschland öffentlich ausgebrochen war. Die guten Köpfe aller Nationen waren heimlich mündig geworden, und lehnten sich im täuschenden Gefühl ihres Berufs um desto dreister gegen verjährten Zwang auf. Aus Instinkt ist der Gelehrte Feind der Geistlichkeit nach alter Verfassung; der gelehrte und der geistliche Stand müssen Vertilgungskriege führen, wenn sie getrennt sind; denn sie streiten um Eine Stelle. Diese Trennung tat sich immer mehr hervor, und die Gelehrten gewannen desto mehr Feld, je mehr sich die Geschichte der europäischen Menschheit dem Zeitraum der triumphierenden Gelehrsamkeit näherte, und Wissen und Glauben in eine entschiedenere Opposition traten. Im Glauben suchte man den Grund der allgemeinen Stockung, und durch das durchdringende Wissen hoffte man sie zu heben. Überall litt der heilige Sinn unter den mannichfachen Verfolgungen seiner bisherigen Art, seiner zeitigen Personalität. Das Resultat der modernen Denkungsart nannte man Philosophie, und rechnete alles dazu, was dem Alten entgegen war, vorzüglich also jeden Einfall gegen die Religion. Der anfängliche Personalhaß gegen den katholischen Glauben ging allmählich in Haß gegen die Bibel, gegen den christlichen Glauben und endlich gar gegen die Religion über. Noch mehr – der Religionshaß dehnte sich sehr natürlich und folgerecht auf alle Gegenstände des Enthusiasmus aus, verketzerte Phantasie und Gefühl, Sittlichkeit und Kunstliebe, Zukunft und Vorzeit, setzte den Menschen in der Reihe der Naturwesen mit Not oben an, und machte die unendliche schöpferische Musik des Weltalls zum einförmigen Klappern einer ungeheuren Mühle, die vom Strom des Zufalls getrieben und auf ihm schwimmend, eine Mühle an sich, ohne Baumeister und Müller, und eigentlich ein echtes Perpetuum mobile, eine sich selbst mahlende Mühle sei.

E i n Enthusiasmus ward großmütig dem armen Menschengeschlechte übrig gelassen und als Prüfstein der höchsten Bildung jedem Aktionär derselben unentbehrlich gemacht – der Enthusiasmus für diese herrliche, großartige Philosophie und insbesondere für ihre Priester und ihre Mystagogen. Frankreich war so glücklich der Schoß und der Sitz dieses neuen Glaubens zu werden, der aus lauter Wissen zusammen geklebt war. So verschrieen die Poesie in dieser neuen Kirche war, so gab es doch einige Poeten darunter, die des Effekts wegen noch des alten Schmucks und des alten Lichtes sich bedienten, aber dabei in Gefahr kamen, das neue Weltsystem mit altem Feuer zu entzünden. Klügere Mitglieder wußten jedoch die schon warmgewordenen Zuhörer sogleich wieder mit kaltem Wasser zu begießen. Die Mitglieder waren rastlos beschäftigt, die Natur, den Erdboden, die menschliche Seele und die Wissenschaften von der Poesie zu säubern, – jede Spur des Heiligen zu vertilgen, das Andenken an alle erhebende Vorfälle und Menschen durch Sarkasmen zu verleiden, und die Welt alles bunten Schmucks zu entkleiden. Das Licht war wegen seines mathematischen Gehorsams und seiner Frechheit ihr Liebling geworden. Sie freuten sich, daß es sich eher zerbrechen ließ, als daß es mit Farben gespielt hätte, und so benannten sie nach ihm ihr großes Geschäft Aufklärung. In Deutschland betrieb man dieses Geschäft gründlicher, man reformierte das Erziehungswesen, man suchte der alten Religion einen neuern, vernünftigern, gemeinern Sinn zu geben, indem man alles Wunderbare und Geheimnisvolle sorgfältig von ihr abwusch; alle Gelehrsamkeit ward aufgeboten um die Zuflucht zur Geschichte abzuschneiden, indem man die Geschichte zu einem häuslichen und bürgerlichen Sitten- und Familien-Gemälde zu veredeln sich bemühte. – Gott wurde zum müßigen Zuschauer des großen rührenden Schauspiels, das die Gelehrten aufführten, gemacht, welcher am Ende die Dichter und Spieler feierlich bewirten und bewundern sollte. Das gemeine Volk wurde recht mit Vorliebe aufgeklärt, und zu jenem gebildeten Enthusiasmus erzogen, und so entstand eine neue europäische Zunft: die Philanthropen und Aufklärer. Schade daß die Natur so wunderbar und unbegreiflich, so poetisch und unendlich blieb, allen Bemühungen sie zu modernisieren zum Trotz. Duckte sich ja irgendwo ein alter

Aberglaube an eine höhere Welt und sonst auf, so wurde gleich von allen Seiten Lärm geblasen, und wo möglich der gefährliche Funke durch Philosophie und Witz in der Asche erstickt; dennoch war Toleranz das Losungswort der Gebildeten, und besonders in Frankreich gleichbedeutend mit Philosophie. Höchst merkwürdig ist diese Geschichte des modernen Unglaubens, und der Schlüssel zu allen ungeheuren Phänomenen der neuern Zeit. Erst in diesem Jahrhundert und besonders in seiner letzten Hälfte beginnt sie und wächst in kurzer Zeit zu einer unübersehlichen Größe und Mannichfaltigkeit; eine zweite Reformation, eine umfassendere und eigentümlichere war unvermeidlich, und mußte das Land zuerst treffen, das am meisten modernisiert war, und am längsten aus Mangel an Freiheit in asthenischem Zustande gelegen hatte. Längst hätte sich das überirdische Feuer Luft gemacht und die klugen Aufklärungspläne vereitelt, wenn nicht weltlicher Druck und Einfluß denselben zu Statten gekommen wären. In dem Augenblick aber, wo ein Zwiespalt unter den Gelehrten und Regierungen, unter den Feinden der Religion und ihrer ganzen Genossenschaft entstand, mußte sie wieder als drittes tonangebendes vermittelndes Glied hervortreten, und diesen Hervortritt muß nun jeder Freund derselben anerkennen und verkündigen, wenn er noch nicht merklich genug sein sollte. Daß die Zeit der Auferstehung gekommen ist, und grade die Begebenheiten, die gegen ihre Belebung gerichtet zu sein schienen und ihren Untergang zu vollenden drohten, die günstigsten Zeichen ihrer Regeneration geworden sind, dieses kann einem historischen Gemüte gar nicht zweifelhaft bleiben. Wahrhafte Anarchie ist das Zeugungselement der Religion. Aus der Vernichtung alles Positiven hebt sie ihr glorreiches Haupt als neue Weltstifterin empor. Wie von selbst steigt der Mensch gen Himmel auf, wenn ihn nichts mehr bindet, die höhern Organe treten von selbst aus der allgemeinen gleichförmigen Mischung und vollständigen Auflösung aller menschlichen Anlagen und Kräfte als der Urkern der irdischen Gestaltung zuerst heraus. Der Geist Gottes schwebt über den Wassern und ein himmlisches Eiland wird als Wohnstätte der neuen Menschen, als Stromgebiet des ewigen Lebens zuerst sichtbar über den zurückströmenden Wogen.

Ruhig und unbefangen betrachte der echte Beobachter die neuen staatsumwälzenden Zeiten. Kommt ihm der Staatsumwälzer nicht wie Sisyphus vor? Jetzt hat er die Spitze des Gleichgewichts erreicht, und schon rollt die mächtige Last auf der andern Seite wieder herunter. Sie wird nie oben bleiben, wenn nicht eine Anziehung gegen den Himmel sie auf der Höhe schwebend erhält. Alle eure Stützen sind zu schwach, wenn euer Staat die Tendenz nach der Erde behält. Aber knüpft ihn durch eine höhere Sehnsucht an die Höhen des Himmels, gebt ihm eine Beziehung aufs Weltall, dann habt ihr eine nie ermüdende Feder in ihm und werdet eure Bemühungen reichlich belohnt sehn. An die Geschichte verweise ich euch, forscht in ihrem belehrenden Zusammenhang nach ähnlichen Zeitpunkten und lernt den Zauberstab der Analogie gebrauchen.

Soll die Revolution die französische bleiben, wie die Reformation die lutherische war? Soll der Protestantismus abermals widernatürlicherweise als revolutionäre Regierung fixiert werden? Sollen Buchstaben Buchstaben Platz machen? Sucht ihr den Keim des Verderbens auch in der alten Einrichtung, dem alten Geiste? und glaubt euch auf eine bessere Einrichtung, einen bessern Geist zu verstehn? O! daß der Geist der Geister euch erfüllte, und ihr abließet von diesem törichten Bestreben, die Geschichte und die Menschheit zu modeln und eure Richtung ihr zu geben. Ist sie nicht selbstständig, nicht eigenmächtig, so gut wie unendlich liebenswert und weissagend? Sie zu studieren, ihr nachzugehn, von ihr zu lernen, mit ihr gleichen Schritt zu halten, gläubig ihren Verheißungen und Winken zu folgen – daran denkt keiner.

In Frankreich* hat man viel für die Religion getan, indem man ihr das Bürgerrecht genommen und ihr bloß das Recht der Haus-

* *In diesen Zusammenhang gehört das folgende Fragment:* Frankreich verficht einen weltlichen Protestantismus. Sollten auch weltliche Jesuiten nun entstehn, und die Geschichte der letzten Jahrhunderte erneuert werden?

genossenschaft gelassen hat, und zwar nicht in Einer Person, sondern in allen ihren unzähligen individuellen Gestalten. Als eine fremde, unscheinbare Waise muß sie erst die Herzen wieder gewinnen und schon überall geliebt sein, ehe sie wieder öffentlich angebetet und in weltliche Dinge zur freundschaftlichen Beratung und Stimmung der Gemüter gemischt wird. Historisch merkwürdig bleibt der Versuch jener großen eisernen Maske, die unter dem Namen Robespierre in der Religion den Mittelpunkt und die Kraft der Republik suchte; auch der Kaltsinn, womit die Theophilanthropie, dieser Mystizismus der neuern Aufklärung, aufgenommen worden ist; auch die neuen Eroberungen der Jesuiten; auch die Näherung ans Morgenland durch die neuern politischen Verhältnisse.

Von den übrigen europäischen Ländern, außer Deutschland, läßt sich nur prophezeien, daß mit dem F r i e d e n ein neues höheres religiöses Leben in ihnen zu pulsieren [beginnen] und bald alles andere weltliche Interesse verschlingen wird. In Deutschland hingegen kann man schon mit voller Gewißheit die Spuren einer neuen Welt aufzeigen. Deutschland geht einen langsamen aber sichern Gang vor den übrigen europäischen Ländern voraus. Während diese durch Krieg, Spekulation und Parteigeist beschäftigt sind, bildet sich der Deutsche mit allem Fleiß zum Genossen einer höhern Epoche der Kultur, und dieser Vorschritt muß ihm ein großes Übergewicht über die andern im Lauf der Zeit geben. In Wissenschaften und Künsten wird man eine gewaltige Gährung gewahr. Unendlich viel Geist wird entwickelt. Aus neuen, frischen Fundgruben wird gefördert. – Nie waren die Wissenschaften in besseren Händen und erregten wenigstens größere Erwartungen; die verschiedensten Seiten der Gegenstände werden ausgespürt, nichts wird ungerüttelt, unbeurteilt, undurchsucht gelassen. Alles wird bearbeitet; die Schriftsteller werden eigentümlicher und gewaltiger, jedes alte Denkmal der Geschichte, jede Kunst, jede Wissenschaft findet Freunde und wird mit neuer Liebe umarmt und fruchtbar gemacht. Eine Vielseitigkeit ohnegleіchen, eine wunderbare Tiefe, eine glänzende Politur, vielumfassende Kenntnisse und eine reiche, kräftige Phantasie findet man hie und da, und oft kühn gepaart. Eine gewaltige Ahndung der schöpferischen Willkür, der Grenzenlosigkeit, der unendlichen Mannichfaltigkeit, der heiligen Eigentümlichkeit und der Allfähigkeit der innern Menschheit scheint überall rege zu werden. Aus dem Morgentraum der unbehülflichen Kindheit erwacht, übt ein Teil des Geschlechts seine ersten Kräfte an Schlangen, die seine Wiege umschlingen und den Gebrauch seiner Gliedmaßen ihm benehmen wollen. Noch sind alles nur Andeutungen, unzusammenhängend und roh, aber sie verraten dem historischen Auge eine universelle Individualität, eine neue Geschichte, eine neue Menschheit, die süßeste Umarmung einer jungen überraschten Kirche und eines liebenden Gottes und das innige Empfängnis eines neuen Messias in ihren tausend Gliedern zugleich. Wer fühlt sich nicht mit süßer Scham guter Hoffnung? Das Neugeborne wird das Abbild seines Vaters, eine neue goldne Zeit mit dunkeln, unendlichen Augen, eine prophetische, wundertätige und wundenheilende, tröstende und ewiges Leben entzündende Zeit sein – eine große Versöhnungszeit, ein Heiland, der wie ein echter Genius unter den Menschen einheimisch, nur geglaubt, nicht gesehen werden, und unter zahllosen Gestalten den Gläubigen sichtbar, als Brot und Wein verzehrt, als Geliebte umarmt, als Luft geatmet, als Wort und Gesang vernommen und mit himmlischer Wollust als Tod unter den höchsten Schmerzen der Liebe in das Innre des verbrausenden Leibes aufgenommen wird.

Jetzt stehn wir hoch genug, um auch jenen oberwähnten, vorhergegangenen Zeiten freundlich zuzulächeln und auch in jenen wunderlichen Torheiten merkwürdige Kristallisationen des historischen Stoffs zu erkennen. Dankbar wollen wir jenen Gelehrten und Philosophen die Hände drücken; denn dieser Wahn mußte zum Besten der Nachkommen erschöpft, und die wissenschaftliche Ansicht der Dinge geltend gemacht werden. Reizender und farbiger steht die Poesie wie ein geschmücktes Indien dem kalten, toten Spitzbergen jenes Stubenverstandes gegenüber. Damit Indien in der Mitte der Erdballs so warm und herrlich sei, muß ein kaltes, starres Meer, tote Klippen, Nebel statt des gestirnvollen Himmels und eine lange Nacht die beiden Enden unwirtbar machen. Die tiefe Bedeutung der Mechanik lag schwer auf diesen Anachoreten in den Wüsten des Verstandes; das Reizende der ersten Einsicht überwältigte sie, das Alte rächte sich an ihnen, sie opferten dem ersten Selbstbewußtsein das Heiligste und Schönste der Welt mit wunderbarer Verleugnung und waren die ersten, die wieder die Heiligkeit der Natur, die Unendlichkeit der Kunst, die Notwendigkeit des Wissens, die Achtung des Weltlichen und die Allgegenwart des wahrhaft Geschichtlichen durch die Tat anerkannten und verkündigten und einer höhern, allgemeinern und furchtbarern Gespensterherrschaft, als sie selbst glaubten, ein Ende machten.

Erst durch genauere Kenntnis der Religion wird man jene fürchterlichen Erzeugnisse eines Religionsschlafs, jene Träume und Deliria des heiligen Organs besser beurteilen und dann erst die Wichtigkeit jenes Geschenks recht einsehn lernen. Wo keine Götter sind, walten Gespenster, und die eigentliche Entstehungszeit der europäischen Gespenster, die auch ihre Gestalt ziemlich vollständig erklärt, ist die Periode des Übergangs der griechischen Götterlehre in das Christentum. Also kommt auch, ihr Philanthropen und Enzyklopädisten, in die friedenstiftende Loge und empfangt den Bruderkuß, streift das graue Netz ab und schaut mit junger Liebe die Wunderherrlichkeit der Natur, der Geschichte und der Menschheit an. Zu einem Bruder will ich euch führen, der soll mit euch reden, daß euch die Herzen aufgehn, und ihr eure abgestorbene, geliebte Ahnung mit neuem Leibe bekleidet, wieder umfaßt und erkennt, was euch vorschwebte und was der schwerfällige, irdische Verstand freilich euch nicht haschen konnte.

Dieser Bruder ist der Herzschlag der neuen Zeit, wer ihn gefühlt hat, zweifelt nicht mehr an ihrem Kommen und tritt mit süßem Stolz auf seine Zeitgenossenschaft auch aus dem Haufen hervor zu der neuen Schar der Jünger. Er hat einen neuen Schleier für die Heilige gemacht, der ihren himmlischen Gliederbau anschmiegend verrät und doch sie züchtiger als ein andrer verhüllt. – Der Schleier ist für die Jungfrau, was der Geist für den Leib ist, ihr unentbehrliches Organ, dessen Falten die Buchstaben ihrer süßen Verkündigung sind; das unendliche Faltenspiel ist eine Chiffernmusik, denn die Sprache ist der Jungfrau zu hölzern und zu frech, nur zum Gesang öffnen sich ihre Lippen. Mir ist er nichts als der feierliche Ruf zu einer neuen Urversammlung, der gewaltige Flügelschlag eines vorüberziehenden englischen Herolds. Es sind die ersten Wehen, setze sich jeder in Bereitschaft zur Geburt!

Das Höchste in der Physik ist jetzt vorhanden, und wir können nun leichter die wissenschaftliche Zunft übersehn. Die Hülfsbedürftigkeit der äußern Wissenschaften ward in der letzten Zeit immer sichtbarer, je bekannter wir mit ihnen wurden. Die Natur fing an immer dürftiger auszusehn, und wir sahen deutlicher, gewöhnt an den Glanz unserer Entdeckungen, daß es nur ein geborgtes Licht war, und daß wir mit den bekannten Werkzeugen und den bekannten Methoden nicht das Wesentliche, das Gesuchte finden und konstruieren würden. Jeder Forscher mußte sich gestehn, daß eine Wissenschaft nichts ohne die andere sei, und so entstanden Mystifikationsversuche der Wissenschaften, und das wunderliche Wesen der Philosophie flog jetzt als rein dargestelltes wissenschaftliches Element zu einer symmetrischen Grundfigur der Wissenschaften an. Andere brachten die konkreten Wissenschaften in neue Verhältnisse, beförderten einen lebhaften Verkehr derselben untereinander und suchten ihre naturhistorische Klassifikation aufs reine zu bringen. So währt es fort und es ist leicht zu ermessen, wie günstig dieser Umgang mit der äußern und innern Welt, der höhern Bildung des Verstandes, der Kenntnis der erstern und der Erregung und Kultur der letztern sein muß, und wie unter diesen Umständen die Witterung sich klären und der alte Himmel und mit ihm die Sehnsucht nach ihm, die lebendige Astronomie, wieder zum Vorschein kommen muß.

Nun wollen wir uns zu dem politischen Schauspiel unsrer Zeit wenden. Alte und neue Welt sind im Kampf begriffen, die Mangelhaftigkeit und Bedürftigkeit der bisherigen Staatseinrichtungen sind in furchtbaren Phänomenen offenbar geworden. Wie wenn auch hier wie in den Wissenschaften eine nähere und mannichfaltigere Konnexion und Berührung der europäischen Staaten zunächst der historische Zweck des Krieges wäre, wenn eine neue Regung des bisher schlummernden Europa ins Spiel käme, wenn Europa wieder erwachen wollte, wenn ein Staat der Staaten, eine politische Wissenschaftslehre uns bevorstände! Sollte etwa die Hierarchie, diese symmetrische Grundfigur der Staaten, das Prinzip des Staatenvereins als intellektuale Anschauung des politischen Ichs sein? Es ist unmöglich, daß weltliche Kräfte sich selbst ins Gleichgewicht setzen, ein drittes Element, das weltlich und überirdisch zugleich ist, kann allein diese Aufgabe lösen. Unter den streitenden Mächten kann kein Friede geschlossen werden, aller Friede ist nur Illusion, nur Waffenstillstand; auf dem Standpunkt der Kabinetter, des gemeinen Bewußtseins ist keine Vereinigung denkbar. Beide Teile haben große, notwendige Ansprüche und müssen sie machen, getrieben vom Geiste der Welt und der Menschheit. Beide sind unvertilgbare Mächte der Menschenbrust: hier die Andacht zum Altertum, die Anhänglichkeit an die geschichtliche Verfassung, die Liebe zu den Denkmalen der Altväter und der alten glorreichen Staatsfamilie und Freude des Gehorsams; dort das entzückende Gefühl der Freiheit, die unbedingte Erwartung mächtiger Wirkungskreise, die Lust am Neuen und Jungen, die zwanglose Berührung mit allen Staatsgenossen, der Stolz auf menschliche Allgemeingültigkeit, die Freude am persönlichen Recht und am Eigentum des Ganzen und das kraftvolle Bürgergefühl. Keine hoffe die andre zu vernichten, alle Eroberungen wollen hier nichts sagen, denn die innerste Hauptstadt jedes Reichs liegt nicht hinter Erdwällen und läßt sich nicht erstürmen.

Wer weiß, ob des Kriegs genug ist, aber er wird nie aufhören, wenn man nicht den Palmenzweig ergreift, den allein eine geistliche Macht darreichen kann. Es wird solange Blut über Europa strömen, bis die Nationen ihren fürchterlichen Wahnsinn gewahr werden, der sie im Kreise herumtreibt und von heiliger Musik getroffen und besänftigt, zu ehemaligen Altären in bunter Vermischung treten, Werke des Friedens vornehmen und ein großes Liebesmahl als Friedensfest auf den rauchenden Wahlstätten mit heißen Tränen gefeiert wird. Nur die Religion kann Europa wieder aufwecken und die Völker sichern und die Christenheit mit neuer Herrlichkeit sichtbar auf Erden in ihr altes, friedenstiftendes Amt installieren.

Haben die Nationen alles vom Menschen – nur nicht sein Herz? – sein heiliges Organ? Werden sie nicht Freunde, wie diese, an den Särgen ihrer Lieben, vergessen sie nicht alles Feindliche, wenn das göttliche Mitleid zu ihnen spricht – und E i n Unglück, E i n Jammer, E i n Gefühl ihre Augen mit Tränen füllte? Ergreift sie nicht Aufopferung und Hingebung mit Allgewalt, und sehnen sie sich nicht, Freunde und Bundesgenossen zu sein?

Wo ist jener alte, liebe, alleinseligmachende Glaube an die Regierung Gottes auf Erden, wo ist jenes himmlische Zutrauen der Menschen zueinander, jene süße Andacht bei den Ergießungen eines gottbegeisterten Gemüts, jener allesumarmende Geist der Christenheit?

Das Christentum ist dreifacher Gestalt. Eine ist als Zeugungselement der Religion, als Freude an aller Religion. Eine als Mittlertum überhaupt, als Glauben an die Allfähigkeit alles Irdischen, Wein und Brot des ewigen Lebens zu sein. Eine als Glauben an Christus, seine Mutter und die Heiligen. Wählt, welche ihr wollt; wählt alle drei, es ist gleichviel, ihr werdet damit Christen und Mitglieder einer einzigen, ewigen, unaussprechlichen Gemeinde.

Angewandtes, lebendiggewordnes Christentum war der alte

katholische Glaube, die letzte dieser Gestalten. Seine Allgegenwart im Leben, seine Liebe zur Kunst, seine tiefe Humanität, die Unverbrüchlichkeit seiner Ehen, seine menschenfreundliche Mitteilsamkeit, seine Freude an Armut, Gehorsam und Treue machen ihn als echte Religion unverkennbar und enthalten die Grundzüge seiner Verfassung.

Er ist gereinigt durch den Strom der Zeiten; in inniger unteilbarer Verbindung mit den beiden andern Gestalten des Christentums wird er ewig diesen Erdboden beglücken.

Seine zufällige Form ist so gut wie vernichtet, das alte Papsttum liegt im Grabe, und Rom ist zum zweitenmal eine Ruine geworden. Soll der Protestantismus nicht endlich aufhören und einer neuen, dauerhaftern Kirche Platz machen?

Die andern Weltteile warten auf Europas Versöhnung und Auferstehung, um sich anzuschließen und Mitbürger des Himmelreichs zu werden. Sollte es nicht in Europa bald eine Menge wahrhaft heiliger Gemüter wieder geben, sollten nicht alle wahrhafte Religionsverwandte voll Sehnsucht werden, den Himmel auf Erden zu erblicken? und gern zusammentreten und heilige Chöre anstimmen?

Die Christenheit muß wieder lebendig und wirksam werden und sich wieder eine sichtbare Kirche ohne Rücksicht auf Landesgrenzen bilden, die alle nach dem Überirdischen durstige Seelen in ihren Schoß aufnimmt und gern Vermittlerin der alten und neuen Welt wird.

Sie muß das alte Füllhorn des Segens wieder über die Völker ausgießen. Aus dem heiligen Schoße eines ehrwürdigen europäischen Konziliums wird die Christenheit aufstehn, und das Geschäft der Religionserweckung nach einem allumfassenden, göttlichen Plane betrieben werden. Keiner wird dann mehr protestieren gegen christlichen und weltlichen Zwang, denn das Wesen der Kirche wird echte Freiheit sein, und alle nötigen Reformen werden unter der Leitung derselben als friedliche und förmliche Staatsprozesse betrieben werden.

Wann und wann eher? darnach ist nicht zu fragen. Nur Geduld, sie wird, sie muß kommen die heilige Zeit des ewigen Friedens, wo das neue Jerusalem die Hauptstadt der Welt sein wird; und bis dahin seid heiter und mutig in den Gefahren der Zeit, Genossen meines Glaubens, verkündigt mit Wort und Tat das göttliche Evangelium und bleibt dem wahrhaften, unendlichen Glauben treu bis in den Tod.

Journale und Tagebücher

1
Reisejournal

Gutes Mutes entfloh ich am 15. April früh um acht Uhr mit meinem Hofmeister, Herrn Zachariä, und dem Bedienten David unserm dumpfen Musensitz in einer leichten Chaise mit zwei Pferden Extrapost. Unser sämtliches Reisegerät schloß ein Mantelsack in sich, den der Bediente nach Gelegenheit mit aufs Pferd nehmen sollte, eine Unmöglichkeit, die wir erst zu spät einsahen, indem für jeden von uns ein vollkommner Paradeanzug und desgleichen mehr die Last ziemlich beträchtlich machte. Um 11 waren wir in dem angenehmen Wörlitz, dessen Garten auch jetzt, da noch kein grünender Baum seine mit Blättern und Blüten bekleideten Zweige in den blauen Wasserspiegel tauchte, durch seine in- und ausländischen toten Hölzer melancholisch schönen Spaziergang bildete. Wir benutzten diese interessanten Gartenpartien und besahen die nunmehr großenteils fertige Anlage und den Stein, eine sich aus dem See erhebende Felsmasse, die aus ungeheuren sächsischen und anhältischen Feldsteinen zusammengesetzt ist und die verschiedenartigsten Dinge in sich vereinigt, als z. B. mehrere irreguläre über den See gesprengte, finstere Gewölbe (vielleicht eine Nachahmung der Fingals Höhle); die Ruinen eines Amphitheaters; eine Bergspitze, deren Erleuchtung sie als einen feuerspeienden Berg darstellt; einen Wasserfall; mehrere im Felsen angebrachte Zimmer; und auf einem besondern Felsen, an einen zerfallenen Turm gelehnt, ein in römischem Geschmack gebautes und möbliertes Haus. Die ganze Idee ist originell und unstreitig etwas bizarr, und läßt sich vielleicht am besten als Ausführung eines von Wieland in einem seiner Gedichte erfundenen Feenschlosses erklären; eine Mutmaßung, die ich von einem guten Freund habe. Nachdem wir im neuen Gasthof ganz gut zu Mittag gespeist hatten, fuhren wir auf der schönen Chaussee, die durch kleine Eichenwäldchen, Wiesen, Dörfer und Felder in angenehmer Abwechselung hinläuft, nach Dessau, wo wir im Ring abtraten. In Gesellschaft mit noch einem früher angekommenen Wittenberger gingen wir bei dem schönsten Sommer, der den Winter des Vormittags abgelöst hatte, auf den Gottes Akker, der vor dem Köthner Tor, und das Georgium, das vor dem Aakner Tor liegt. Ersterem ist statt des ängstlichen und düstern, welches diesen Plätzen sonst so oft eigen ist, ein Gepräge heiterer Ruhe gegeben worden, welches für Fremde, die sich für dies stille Plätzchen ein Stündchen abmüßigten, so gut als für Einheimische, die vielleicht mit sanfterer Wehmut hier einen entschlafenen Freund betrauern, äußerst wohltätig ist. Ein in edlem, einfachem Stil gebautes Portal, in dessen Nischen Genien ihre Fackeln auslöschen, führt auf einen geräumigen Platz, auf dem vier grüne Felder durch breite Sandwege abgeteilt werden, welche sich in der Mitte zu einem runden Platz vereinigen, den Akazien und andere untermischte Bäume umschließen, die auch die einzelnen Abteilungen hie und da begrenzen. Diese Grasplätze bedecken die Gräber ärmerer Leute, über welchen ein länglichter Grashügel grünt, und das ganze Viereck umschließt eine etwa 5 1/2 Fuß hohe Mauer von Ziegelsteinen, welche die vordere Seite der Reihen von Gewölben ausmacht, die rings um den Platz hinlaufen und deren jedes nur für einen, doch manche auch für zwei Särge der reicheren Bewohner Dessaus Raum hat. Die Eingänge sind niedrige viereckige Öffnungen, welche dicht aneinander stehn, und wenn ein Gewölbe besetzt ist, zugemauert werden. – Das Georgium ist eine englische Garten-Anlage, die dem Prinz Hans Georg, Bruder des Fürsten, gehört, dessen Sommerwohnung in einem anmutigen Teil des Gartens zwischen wilden Partien und frischen Grasplätzen steht, und so wie mehrere im Garten zerstreut liegende Häuschen, einfach und doch architektonisch schön gebaut, geschmackvoll möbliert und mit seinen Kupferstichen ausgehängt. Der Garten ist groß und erstreckt sich bis nach der eine Stunde von Dessau fließenden Elbe hin, die Natur ist in den einzelnen Partien zuweilen noch glücklicher als in Wörlitz nachgeahmt und das Ganze gewinnt besonders durch einen mit hineingezogenen Eichenwald. Unter die Verzierungen gehört besonders eine kolossalische Statue des Fürsten; eine Diana; ein steinerner auf acht (korinthischen) Säulen ruhender Tempel; ein über die durch den Garten laufende Straße gebautes Portal und einige nachgemachte Ruinen, besonders die an ein Wasser anstoßenden. Als wir wieder in die Stadt kamen, besahen wir auf der Kavalier-Straße die Parforcehunde, der Wärter ließ einige siebzig aus einem der Ställe in den Hof, wo sie uns mit einem gräßlichen Hungergeheul begrüßten. Es sind hier lauter Hatzhunde, stark, aber doch schlank gebaut; ein jeder hat seinen eignen Namen: vor kurzem waren sie durch einige achtzig von Bernburg verstärkt worden, wo der Fürst die kostspielige Parforcejagd abgeschafft hat. Die großen Jagdhunde sind, so wie ich mich erinnere, auf die Dessauischen Dörfer verteilt. Unser Gesellschafter ritt nun nach Hause, und wir gingen mit einem andern Wittenberger, der eigentlich hier zu Hause ist, in die Reit- und Jagdställe, welche rechts vom alten fürstlichen Schloß vor einem großen grünen Platz zwei Fassaden bilden, die sich nicht als Ställe ankündigen und zwischen denen der Eingang zu einem geräumigen Hof ist, den die Bahn und die Ställe einschließen; einen Teil der Außenseite dieser Ställe deckt eine wilde Partie, die seitwärts am Rasenplatz hinläuft, und ein anderer Teil liegt an einer Gasse der Stadt. Die Ställe sind hoch und nicht zu hell und die Stände geräumig; die Zahl der Pferde ist einige achtzig, von denen der größere Teil Parforcepferde sind, die freilich meistens mehr leicht als schön gebaut sind; unter den fürstlichen Reitpferden sind einige schöne Tiere, und drei Beschäler zeichnen sich sehr aus. Die Bahn ist geräumig aber nicht sehr hoch und eben nicht besonders hell, die Verschalung ist hoch und die Logen für Damens der Tür gegenüber gut angebracht; zwischen den Fenstern ist ringsherum in großen Haut-Reliefs die Geschichte der Reitkunst von ihrer ersten Kindheit an vorgestellt. Ich ging noch alleine mit unserm Gesellschafter etwas in der Stadt herum, und dann speisten wir in unserm Gasthof in einer ganz angenehmen und ziemlich ansehnlichen Gesellschaft. An dem bekannten Oberamtmann Fromm aus Fehrbellin machte ich hier eine interessante Bekanntschaft, da er mit vielem Scharfsinn und Kenntnissen Witz und Laune verbindet: viel Vergnügen machte mir die Beobachtung eines preußischen Kriegs- (oder Stall-) Rats, Herrn Landvoß, einer Kreatur von Lindenau, der von Berlin an den Rhein zur Armee ging und uns hier mit großer Autorität, zum Abdrucken schön, vorpolitisierte, so gut wie nur Ehren-Schirach nach Beendigung der politischen Begebenheiten dieselben der Welt vorprophezeien kann. Eine Posse muß ich hier noch erzählen, weil sie einen Zug von diesem Weltmann verrät, wofür er sich hielt und wie man sie oft findet. Herr Fromm hatte absichtlich bei Tische erzählt, wie er die Leipziger Meßkaufleute, wenn sie von ihren großen Gewinnen im Spiel prahlen, damit abführe, daß er von seinen Gewinnsten von 10 bis 20 000 Talern spreche; nach Tische ward eine Partie Billard vorgeschlagen. Herr Landvoß, den man aufforderte, entschuldigte sich, er habe zwei Jahre nicht gespielt, wolle aber versuchen; Herr Fromm sagte, ich habe zwanzig Jahre nicht gespielt, und spielte nicht. Mein Kriegsrat merkte nichts, ging hin und verlor, soviel ich mich erinnere, sein Geldchen; Fromm und ich sahen zu und zuletzt spielt dieser noch eine Partie, wobei seine Geschicklichkeit uns alle in Verwunderung setzte, ob er gleich die Partie endlich verlor. – Ich freute mich, an einigen Dessauern in der Gesellschaft die erneute Bemerkung machen zu können, wie zufrieden sie mit ihrem Fürsten sind. Das Dessausche Ländchen ist unter ihm in der Tat eines der glücklichsten; er sucht auf alle Weise das Glück und den Wohlstand seiner Untertanen zu befördern und versteht die Kunst, durch gut angebrachte Freigebigkeit und Veranlassung zum Verdienst für den gemeinen Mann, wie für den Handwerker, Künstler und Handelsmann ihrem allgemeinen und Privatwohl in der Tat beförderlich zu sein, eine Sache, die in seinem kleinen Lande wohl angeht. Dies zeigen seine kleinen Landhäuser; dies zeigen seine Gärten, von denen der

Wörlitzer in der teuren Zeit angelegt, und mit denen er sein Land noch immer fort verschönert; seine neue Anlage in Wörlitz, seine Chausseen, Pappel- und Obst-Alleen, die überall die Wege angenehm machen, und noch so vieles andere, was ihm zu gleicher Zeit Beschäftigung und Vergnügen gibt. Überall führt er selbst die Oberaufsicht, wozu er viel Anlage hat, und dabei ist er gütig gegen jedermann; auch Fremde machen davon häufige Erfahrung, und wer einmal präsentiert ist, braucht sich an keine strenge Etikette zu binden, wie man sonst an kleinen Höfen findet. Die Einkünfte seines Landes vertut er nicht unnütz, denn sein Hof ist eben nicht groß, und Festins, auf denen in einem Abend oft viel Geld versplittert wird, kommen selten vor: er liebt mehr ländliche Feste; sein Militär kostet ihn auch wenig, vermutlich weniger als alle andern Anhaltschen Häuser, die ganze Kompagnien halten, wo er nur wenige Jäger hat, die wenigstens von öffentlichen Posten nur die beiden vor der Mühle und vor dem Schloß zu besetzen haben, und in ihren grün und roten Röckchen und langen weißtuchenen Beinkleidern recht artig aussehn. Nur die Parforcejagd macht in Absicht auf die Pikörs, die vielen Pferde usw. eine unnütze Ausgabe und nimmt dem Fürsten viel Zeit weg: indes gibt sie doch mehreren Menschen Brot und dem Landmann Gelegenheit Haber und Heu abzusetzen, wenn das fürstliche nicht reicht. Über Wildschaden habe ich auch nie sehr klagen hören; der Bauer darf seine Felder schützen und in der Schonzeit werden von Dessau aus Jäger in die Gegend um Wörlitz kommandiert, welche das Wild vom Getreide verjagen. Die Ökonomie ist hier überall sehr gut beschaffen, man sieht nichts als reiche Felder und Wiesen, viel Rocken und besonders Rübsen und eine Menge Obst. Die Brache ist im Dessauischen ganz abgeschafft, da der gute Boden jährlich des Landmanns Mühn mit Wucher belohnen kann. Zuweilen muntert der Fürst durch Austeilung von Grundstücken zum Landbau auf; dies tat er z. B. dies Jahr in Wörlitz, unter der Bedingung, daß jeder sein neues Feld mit Hecken von einem gewissen Gesträuch einfassen sollte; auch ein paar Juden wurden hier mit bedacht. – Was die Landes-Kollegia betrifft, so bin ich nicht hinlänglich unterrichtet: meines Wissens sitzen aber dieselben Personen in den beiden Kollegien, welche die wichtigsten Sachen besorgen: der Kammer für das Finanzwesen und der Regierung für die Justiz; diese versammeln sich in einem artigen Gebäude an dem Markt in Dessau.

Den 16. früh um fünf Uhr fuhren wir mit Preußischer Extrapost von Dessau ab und blieben bis hinter Stift Mosigkau auf der Köthner Chaussee, die in einer Allee von Kirsch- und Pflaumenbäumen durch schön bestellte Felder, aber auch einige Sandebenen hinläuft. Mosigkau ist ein ansehnliches Dessauisches Dorf mit einem ganz gut gebauten fürstlichen Schloß, welches zu einer Stiftswohnung für einige Fräuleins eingerichtet ist. Wir passierten noch einige Köthnische Dörfer, in deren einem wir etwas anhielten: es war ganz ansehnlich, hatte eine gut gebaute, massive Kirche, und ich freute mich zu hören, wie zufrieden die Leute mit ihrem Fürsten und den geringen zu entrichtenden Abgaben waren. Der ganze Strich, den wir im Köthenschen und bis nach Bernburg bereisten, bestand aus ganz gut bestellten Feldern, deren Boden aber um ein gut Teil zu fest und lehmicht ist, so daß weder Pflug noch Egge die Erdklöße zu bändigen vermag. Rokken wird viel gebaut; Wiesewachs fanden wir sehr wenig. Bei Bernburg fiel mir der Rapsbau auf, der einen sehr festen Boden zu erfordern scheint. Der Raps ist eine Art Rübsen mit breiten Blättern, sein Samen gibt ein gutes Öl; hier schien er gut zu gedeihen. Um 1/2 11 waren wir in Bernburg, wo eben Markttag war. Wir gingen auf den eben nicht beträchtlichen Markt in der Altstadt auf dem Schloßberg; unter dem jungen Frauenzimmer fielen mir viele edle Profile auf. Dieser Teil der Stadt wird durch die ziemlich breite Saale, auf der ein schönes Wehr und eine gut angelegte große Mühle angebracht ist, von der Neustadt getrennt und ist schlechter als diese gebaut; man findet in Bernburg mitunter gute Gebäude, zwischen denen aber auch viel schlechte Häuser stehn. Die Regierung an dem Tor, das nach München Nienburg führt, zeichnet sich vorteilhaft aus. Eine Kirche auf dem Schloßberg ist simpel, modern und gut gebaut, aber schlecht unterhalten; die Hauptkirche in dem jenseitigen Teil der Stadt ist ein in seiner Art schönes gotisches Gebäude und hat ganz gute Glasmalerei; das Rathaus ist gar nicht auszeichnend. Über die Saale führt eine feste Brücke von Holz, die aber auf Pfeilern von Quaderstücken ruht und zu der von der einen Seite eine Art von Tor oder Triumphbogen führt, der sich von weitem ganz gut präsentiert, dessen architektonische Verzierungen und Statuen aber eben keine Meisterstücke sind. In diesem Gebäude liegt eine Wache, und man gibt hier Brückengeld ab. Das Bernburgsche Militär besteht nur aus dreißig Mann, die aber fast lauter schlanke, gut dressierte und auf preußischem Fuß sehr nett montierte Leute sind, sie zeichnen sich vor allen Anhältschen Soldaten vorteilhaft aus, denn die Zerbster sind meist klein und ganz schlecht dressiert, und die Köthner zwar meist schöne Leute, die aber sich nicht recht reinlich halten. Zu Blankenburg, wo der Fürst von Bernburg residiert, hält er noch eine Kompagnie Dragoner, deren Zustand mir unbekannt ist. Das Bernburger Schloß, auf der Spitze des Schloßberges, ist ein äußerst weitläuftiges, unregelmäßiges gotisches Gebäude, das einen weiten Hof einschließt und auf der einen Seite von einem breiten und tiefen Graben umgeben ist, auf der andern Seite fließt in schauderhafter Tiefe die breite und reißende Saale. Zwischen den Schloßmauern und diesem Abgrund ist ein wilder Spaziergang angelegt, von dessen Höhe man Stadt und Land, eine schöne, fruchtbare Ebene, die sich in hundert Krümmungen daher windende Saale und an ihren Ufern die schönsten Wälder fernhin übersieht. Die vielen Zimmer des Schlosses, die wir diesmal nicht besahen, sind zum Teil kostbar, aber sehr altmodisch möbliert und sind meist unbequem angelegt; Pracht und etwas gar zu große Simplizität wechseln zuweilen sonderbar; so hat z. B. die junge Prinzessin ein kostbares Visitenzimmer, und weit davon entlegen, eine ordinäre, schmale, weißgetünchte Schlafkammer mit einem Fenster mit runden

Scheiben, und in einem der großen Zimmer steht ein alter, geschmacklos gearbeiteter aber kostbarer Schrank, der auf 3000 Taler geschätzt wird; er ward mir vor einigen Jahren als eine Rarität gezeigt, brauchbar ist er eigentlich nicht. Die Aussichten aus den Zimmern sind überaus schön: hinter dem Schloß ist ein weitläuftiger französischer Garten und an dessen Ende ein einigermaßen modernes Sommerhaus, dessen erstes Geschoß der Orangeriesaal ausmacht, dessen Außenseite mit Säulen verziert ist. Am Eingang des Schlosses ist die Hauptwache; der Posten hier vorm Gewehr und an der Brücke sind die einzigen Schildwachen; die kleine Wachtparade ist auf dem großen Schloßplatz, wo der Feldwebel seine Mannschaft, die ganz gut einexerziert ist, lange genug herumkommandiert. Nachdem wir uns die Stadt etwas angesehn und auf der Post selbst das Nötige bestellt hatten, speisten wir ganz gut in der goldnen Kugel in der großen Billardstube, wo wir die einzigen waren: der Gasthof ist mittelmäßig gut. Von 1 bis 4 Uhr fuhren wir durch schön bestelltes und gutes, nicht mehr so übermäßig festes Land nach Aschersleben, besahen uns diese große, fast durchgängig schlecht gebaute, aber bevölkerte und nahrhafte Landstadt und den großen grünen Schützenplatz mit einigen passablen Häusern vor der Stadt und tranken dann bei der Postmeisterin, deren Tochter höchst gesprächig war, Kaffee. Die hiesigen Fries-Fabrikanten setzen viele Leute in Nahrung, und das schöne weimarische Kürassier-Regiment, das fast ganz oder großenteils hier liegt, gibt auch zu vielem Erwerb Anlaß; jetzt steht es am Rhein gegen die Franzosen und selbst sein Depot hat nachkommen müssen, da es wegen seiner Bravour überall gebraucht wird: man sahe keinen einzigen Mann davon in der Stadt. Der Herzog von Weimar wendet viel auf dies Regiment, und man wird bei der Reiterei auch wenige Feldregimenter finden, die durchgängig an Offiziers und Gemeinen so schöne und große Leute hätten; ich sahe sie mit Verwunderung, als das Regiment vor einigen Jahren in meiner Nachbarschaft in Quartier lag. Selbst das Leib-Kürassier-Regiment darf sich in betreff der Leute mit ihm nicht messen, wenngleich seine Pferde und seine Fertigkeit im Manövrieren vielleicht vorzüglicher ist. Ich freute mich hier und späterhin in noch mehreren preußischen Städten beim gemeinen Mann soviel Liebe zu ihren Garnisonen und soviel Teilnahme an ihrem Schicksal zu finden, da wir Sachsen gewöhnlich die preußischen Untertanen wegen ihrer starken Garnisonen bedauern, da sie ihm doch Nahrung verschaffen und einen gewissen männlichen Geist mitteilen. Die hiesigen Häuser sind großenteils von Fachwerk, und bei großen Gebäuden ragen ein, zwei Obergeschosse, auf die Balkenköpfe gestützt, über die unteren hervor; dies sieht gefährlich aus und würde es auch sein, wenn wir mit unserm schwachen Holz nachahmen wollten, was unsre Vorfahren mit den stärksten Stämmen bauten; die Gassen sind unreinlich. Die Hauptkirche ist groß, in gotischer Bauart und fest gebaut. Eine alte hohe Mauer mit massiven viereckigten Türmen mit langen pyramidalischen Schieferdächern, die auch über die Tore gebaut sind, laufen um die Stadt her. Diese Art der Befestigung ist hinlänglich für die alte Art des Angriffs mit Steinwerfen aus großen Maschinen, und zum Schießen mit Bolzen sind die Türme und die Brustwehren, die den Schützen vor dem feindlichen Geschoß sichern, recht brauchbar, aber jetzt wäre es wohl der Frage wert, ob man nicht wenigstens die Höhe um die Hälfte verringern könnte, um die schönen Steine zu benutzen; denn nur leichte Truppen werden von diesen Mauern abgehalten, wogegen ein Bataillon reguläre Truppen mit ein paar Zwölfpfündern in die wankenden Mauern bald eine Bresche schösse und den Ort besetzte, wenn man ihm die Tore verschließen wollte. Alle Städte in diesen flachen Gegenden, große und kleine, sind auf diese Art befestigt und bekommen dadurch ein sehr rauhes Ansehn. – Man baut jetzt hier zum Teil mit kleinen Ziegeln, welche die armen Leute selbst zu streichen scheinen und sie dann auf der Gasse usw. bloß an der Luft und Sonne trocknen. – Die Sprache des gemeinen Mannes ist hier schon platt, klingt aber fein und angenehm.

Von 1/2 6 bis 11 Uhr fuhren wir in einer Kurier-Kalesche auf dem Stroh hingestreckt nach Halberstadt; bei wütendem Sturm, der Ströme von Staub über uns und die Felder in der Gegend hergoß, und dann in Regen und endlich, als es ganz finster ward, einem heftigen Schneegestöber. Wir hielten in Hoym, einem schönen Schaumburgschen Flecken, und dann, als wir die angeschwollne Bode passiert waren, in Ditfurt, einem gleichfalls Schaumburgschen Ort an. Ditfurt liegt sehr romantisch, dahinter drängt sich der Weg durch eine lange Schlucht. Übrigens ging's das Land allmählich aufwärts, der Boden war gut, auch die Feldbestellung. In Halberstadt traten wir im König von Polen ab und bekamen eine kleine Stube hinten hinaus, wo ich, nachdem ich einen Expressen mit einem Brief nach Wernigerode abgefertigt hatte, vortrefflich schlief. Wir hatten in achtzehn Stunden zwölf Meilen gemacht: in dem ganzen Strich, den wir passiert waren, hat man Winterung, Sömmerung und Brache.

(Den 17ten.) Erst um acht Uhr standen wir am folgenden Morgen auf, bezogen eine große tapezierte Stube vornheraus, und gingen dann auf die Spiegelberge, eine halb englische, halb französische Anlage auf einem Berg, der sich mitten in schönen Fruchtfeldern erhebt und auf einer Seite mit mehreren Hügeln zusammenhängt. Einige wilde Partien, leider noch ohne alles Grün; ein nachgeahmter Felsen, der zugleich einen Pavillon auf der Bergspitze formierte, von dem man auf die Ebene, die Stadt und die Ortschaften umher eine schöne Aussicht hatte; eine unterirdische Einsiedelei, die aus mehreren gewölbten Grotten bestand, und das große, 1800 Oxhoft haltende Faß in einem Kreuzgewölbe waren die hiesigen Merkwürdigkeiten. Ein Tannenwäldchen, in dem eine feierliche Stille herrschte, muß in heißen Tagen seiner Kühlung wegen sehr angenehm sein; dicht dabei steht ein offner Pavillon, in welchem der Körper des Domdechants v. Spiegel, der diesen Garten anlegte, in einem hölzernen Sarge aufbewahrt wird: er verlangte einen schwarz-marmornen Sarg, sein Sohn hat es aber bisher dabei bewenden lassen. Dieser wendet wenig auf diese für Halberstadt wohltätige Anlage, welche daher in Verfall kommt; er selbst hält sich auf seinen etwas entlegenen Gütern auf. Die Kluse, zwei nicht weit von eben erwähntem Garten entlegene Sandsteinfelsen, die sich auf zwei pyramidalisch in die Höhe steigenden Hügeln erhebt, hat ihren Namen von einer in den oberen Teil des einen Felsens gearbeiteten Grotte, die sehr geräumig ist, und mehreren Höhlen, hat auch aus ihren Öffnungen eine ganz artige Aussicht auf die Ebene gewährt, die man auch von der *platte forme* auf dem Felsen hat. Es sind außerdem mehrere kleinere Grotten in den beträchtlich großen Felsen, die in horizontalen Schichten aufeinander liegen: die Hügel liegen in einer Kette von mehreren Sandbergen, die aber alle nicht mit Gesträuch, sondern mit Gras und Heidekraut bewachsen oder kahle Sandberge sind, auf denen hie und da seitwärts eine Felsenecke hervorsieht. Zwischen den Hügeln bildet sich ein krummes Tal, in welches von dem größten Felsen herab ein Sturz von Felsstücken in einer Unordnung daliegt, als hätte sie ein Erdbeben daher geschüttet. Auf dem Rückweg nach der Stadt bedeckte uns ein Schloßenwetter mit Eis; wir trockneten uns in der großen Wirtsstube, aßen ganz gut zu Mittag und besahen den Dom, der zwar gotisch aber mit einer Simplizität und einem so edlen Stil gebaut ist, wie ich noch in keiner gotischen Kirche fand; daher hätte ich gern das Jahrhundert erfahren, in welchem sie gebaut ist. Die Werkstücken sind von einem gelblichen Sandstein, der fast wie poliert aussieht: das Kolossalische des Magdeburger Doms ist freilich hier nicht, aber die Höhe der Wölbung mag doch auch 50 bis 60 Ellen betragen; wie gewöhnlich stehn an der einen Giebelseite zwei große viereckigte Türme, die aber hier sehr gut und einfach verziert sind; inwendig teilen zwei Reihen auf gotische Art zusammengebundener Säulen die Kirche in das eigentliche Schiff und zwei breite Seitengänge, und tragen nebst den Kirchwänden die dreifache Wölbung. Nach hinten zu ist das nach allen Seiten zugebaute und nur oben offne Chor zum Absingen der Horen. Die Glasmalerei ist ganz merkwürdig. – Ein Gang nach dem reichen Dominikanessenkloster St. Burchardi, das vor der Stadt mitten in einem schönen und weitläuftigen Wirtschaftshof liegt, war vergeblich. Das Barfüßer- oder Franziskanerkloster in der Stadt zeigte uns ein freundlicher alter Vater, von dem wir zugleich manches Merkwürdige über ihre Verfassung erfuhren, z. B. von den Seminarien, wo ein Teil der *fratrum*, der nachmals ordiniert wird, Theologie studiert, eine Einrichtung, die auch in diesem Kloster war, und ferner von den Missionarien, welche aus den ansehnlichen Klöstern in *partes infidelium* geschickt werden und dort (in bürgerlicher Kleidung) Proselyten zu machen suchen. Er ließ uns dies zwar nur halb merken und sprach eigentlich nur von denen, die im stillen ihren Glaubensgenossen die *sacra* administrieren, ich habe aber zur Bestätigung dieser Nachricht *à la* Nicolai späterhin manches gehört. – Das hiesige Kloster, ein schönes Gebäude *en quarré* von schönen Werkstücken, die ziemlich einfache und helle gotische Kirche, deren Innres bloß die schlechten Statuen der Apostel u. dgl. m. verunstalten, liegt seitwärts an. Der Kreuzgang, an dem die Zellen liegen, ist breit und hell, und der Gang, der im untern Geschoß um den viereckichten Hof herumgeht, ist so gut als vier Säle. In Zellen kamen wir nicht, weil eben Gebet in der Kirche, und also keiner von den 26 Mönchen in seiner Wohnung war; soviel ich weiß, macht ein Strohlager, ein Stuhl und ein Tischgen die ganze Möblierung aus; wer nicht zum Seminario gehört, muß von einer tödlichen Langeweile gedrückt werden. – Es sind in Halberstadt sieben Klöster, vier Mönchs- und drei Nonnenklöster, die Zahl der Kirchen von verschiedenen Religionsverwandten ist beträchtlich. Die Stadt ist groß genug, hat aber mit recht artigen Gebäuden auch sehr alte untermischt; auf dem Domplatz findet man unter den Kurien der Domherrn ganz gute Häuser, z. B. die des Domdechanten Graf von Wernigerode. Das hiesige Volk hat etwas kurzes und determiniertes. – Das Vorfahren unsrer Extrapost verhinderte uns, um fünf Uhr zum 70jährigen Domherrn Gleim zu gehn, der jeden Besuchenden gern sieht und mit Höflichkeit aufnimmt. Wir fuhren bei jämmerlicher Kälte und durch schon hüglichte Gegenden, auf denen man zuerst wieder Holz sieht, welches in dem ganzen Strich von Dessau bis hieher mangelt, nach Wernigerode, wo wir um acht ankamen. Meine Tanten empfingen uns sehr liebreich in ihrer ganz artig möblierten Wohnung auf dem Schloßberg, die aus fünf Zimmern und drei bis vier Kammern besteht, hatten ein feines Abendessen für uns anrichten lassen und wiesen uns ein Logis von zwei Zimmern und einer Kammer an, vor deren Fenstern das Gebirge sich in einiger Ferne amphitheatralisch erhob. Da wir uns hier gewissermaßen häuslich niedergelassen hatten, schliefen wir noch einmal so gut als sonst. Meine Tanten, die mir ungemein viel Liebe bezeigten, hatten uns herrlich besorgt. Am 18ten (4) verging der Vormittag mit Journalschreiben, Frisieren und Anziehen: an Ausgehn war wegen heftigem Schnee und Regen nicht zu denken. Gegen zwölf fuhren wir mit meinen Tanten aufs Schloß, wohin wir, da der Graf verreist war, von der Gräfin zur Tafel geladen waren, die aus zwanzig Kuverts bestand: der Saal war ganz artig und die Tafel gut serviert. Nach Tische blieben wir bis gegen Abend bei der gräflichen Familie, welche aus der Gräfin, ihrer Schwester, vier beinahe erwachsenen Komtessen, noch zwei Damens und den zwei noch unerwachsenen Söhnen besteht, die aber keinmal in diesem Zirkel erschienen. Eine gewisse Herzlichkeit und ein äußerst zuvorkommendes Wesen machte diese Gesellschaft überaus angenehm und liebenswürdig und das Betragen, welches gegeneinander beobachtet wurde, gab mir, besonders als in den folgenden Tagen auch der Graf in diesem Kreis war, das Ideal einer glücklichen und zufriedenen Familie. Das Schloß, das auf einem hohen und steilen Berg liegt, wird durch die Aussichten aus seinen Zimmern, die heitere Luft, welche daselbst herrscht und den es zum Teil umgebenden Lustwald ein anmutiger Wohnort; denn um dieser Schönheiten willen kann man wohl die Unbequemlichkeiten des Herauf- und Herunterfahrens oder Gehens und die Rauheit der Luft vergessen.

Man mag sich stellen an welches Fenster man will, die in den Hof abgerechnet, so findet man fast immer eine reizende und romantische Aussicht vor sich. Auf der einen Seite breitet sich das friedliche Wernigerode am Fuß des Schloßbergs aus, und hinter demselben laufen aufwärts nach dem Gebirge einige sich bald verengende, bald erweiternde Täler hin, in deren Mitte die Renne, wie ein nachlässig auf einen Tisch gelegter Silberfaden, sich daherschlängelt. Im schönsten Grün zerstreute Ortschaften wechseln mit dunkelm Schwarzholz und frischen Saatfeldern in diesen schönen Tälern, an deren Seiten sich anfangs ein fruchtbares Land fernhin erstreckt, bis sie sich endlich in waldichten Hügeln verlieren, hinter denen sich immer höher und in immer schwächerem, erbleichtem Blau das Harzgebirge erhebt. Auf einer andern Seite sieht man tief unter sich in den Kessel eines unregelmäßigen Tales, das dennoch durch das sanfteste Grün, welches seinen Boden überzieht und durch einen mit Laubholz aller Art bewachsenen Berg, dessen Seiten sich bald senkrecht an dem Abgrund erheben, bald in allmählichem Abhang sich in das Tal verlieren, einen anmutigen Anblick gewährt. Zwischen schroffen Felswänden drängt sich auf einer andern Seite ein anderes, mit einem Grund von wollüstigen Kräutern, auf denen üppiges Gesträuch in die Höhe wuchert, [das] sich in schön gerundeten Krümmungen durch angenehm belaubte Hügel daherwindet. Immer rauher und immer wilder werden hinter dieser Szene die Vorgebirge des Harzes, welche finstrer Kiefernwald deckt; bis endlich eine sich amphitheatralisch erhebende Bergkette den Schauplatz umschließt und in ihrer Mitte aus ferner Bläue der Brocken sein weißes Haupt kolossalisch gen Himmel streckt. Nächst diesen schönen Aussichten müssen die artig geordneten, geschmackvoll möblierten und mit Landschaftszeichnungen und Kupfern ausgehängten Zimmer und eine Bibliothek von etwa 40 000 Bänden den Aufenthalt auf diesem alten, unregelmäßig gebauten Schloß, das sich in der Ferne wie eine rauhe aufgetürmte Felsmasse präsentiert, sehr angenehm machen. Die Bibliothek ist gut geordnet und hat einen eignen Bibliothekar an Herrn Bentzler, einem arbeitsamen Mann; 200 Taler die jährlich zur Vermehrung derselben ausgesetzt sind, langen freilich bei weitem nicht hin, um in allen gelehrten Fächern das nötige anzuschaffen. Für Theologie sind viele schöne, alte Werke, viel für Kirchen- und für Staatengeschichte, auch manche juristische Fächer sind gut besetzt, aber für allgemeine Weltgeschichte ist wenig da. Ein paar schöne Ausgaben von Voltaire und Rousseau, ein Koran, ein Hans Sachs, die Altertümer von Pompeji und Lavaters Physiognomik, die ich mir in mein Logis geben ließ, schienen die Merkwürdigkeiten zu sein, auf die man die Fremden am meisten aufmerksam macht. Es ist wohltätig vom Grafen, daß er in die Stadt und besonders die Stadtschule, die ganz gut eingerichtet sein soll, Bücher zu verborgen erlaubt hat. Merkwürdig ist die Maschine, welche die nach dem Alphabet geordneten Folianten des Bücherkatalogs trägt; sie könnte in großen Bibliotheken mit Nutzen nachgeahmt werden: sie besteht in folgendem Mechanismus. Eine eiserne Horizontalwelle mit einem Drilling liegt an beiden Enden auf einem Gestelle auf und macht den Mittelpunkt von zwei nahe beieinander angebrachten vertikalen eisernen Kreuzen aus, die eine Höhe von etwa fünf Schuhen im Diameter haben und deren jedes von einem eisernen Reifen umgeben wird. Der Drilling greift in sechs vertikale in der Rundung um ihn angebrachte eiserne Stirnräder. In einer Entfernung von etwa sechs Schuhen ist ein ähnlicher Mechanismus angebracht, und beide Räderwerke sind durch sechs Horizontalbretter verbunden, die an den schmalen Enden in Zapfen ausgehn, welche in das Zentrum der sechs Stirnräder so eingelegt sind, daß sie beweglich bleiben: auf diesen Brettern nun liegen die aufgeschlagenen Folianten. Der Nutzen besteht darin, daß, sowie man an einem von den Reifen dreht, der an der Welle des Kreuzes angebrachte Drilling gleichfalls gedreht wird und durch seine mittelst einer eisernen Stange bewirkte Verbindung mit dem Drilling des andern Räderwerks bei dieser ein gleiches veranlaßt. Beide Drillinge setzen nun die sie umgebenden sechs Stirnräder in Bewegung, wodurch denn auch die in dem Zentro dieser Räder ruhenden Bretter im Kreis herumbewegt werden und die Peripherie des Zirkels beschreiben, an welchem die Zentra der Stirnräder Punkte sind; so daß man das Brett vor sich bekommt, auf welchem der Foliant liegt, den man sucht. Die Bretter bleiben dabei vermöge ihrer Schwere und vermöge der Schwere der Bücher horizontal, weil sie in dem Zentro der Stirnräder beweglich sind. – Auf der hiesigen Bibliothek sind zwei solche Maschinen.

Abends aßen wir wieder mit meinen Tanten alleine, bei denen wir ganz als Hauseinwohner und mit einer Liebe behandelt wurden, die mir den hiesigen Aufenthalt überaus versüßte und mir meine Tanten, die ich vorher wenig gekannt hatte, erst recht lieb machte. Den 19ten früh ging ich zum regierenden Herrn, der eben aus Halberstadt angekommen war, aufs Schloß und fand an ihm einen sehr leutseligen Mann, der bei vieler Würde äußerst freundschaftlich gegen mich war. Wir gingen dann mit meiner zweiten Tante in die Orangerie, einen großen und hohen Saal, dessen Orangenbäume verkauft worden sind; an den Seiten stehn in Gewächshäusern manche merkwürdige Pflanzen, und zugleich ist hier eine sehr einfache Einrichtung um den Tannensamen aus den Tannzapfen zu gewinnen. In einiger Erhöhung von der Erde sind auf einem Gerüste Leisten, etwa zwei Zoll jede von der andern, genagelt; auf diese schüttet man die Tannzapfen, läßt sie ruhn bis die Hitze des Gewächshauses sie zum Aufspringen gebracht hat, wobei sie auch sehr mürbe werden, dann arbeitet man sie mit einem Rechen durcheinander, wodurch veranlaßt wird, daß die Samen mit ihren blätterartigen Flügeln zwischen den Leisten hindurch auf den flachen Boden fallen. – Mittags speisten wir in Gesellschaft einer verwitweten Frau von Aderkast und ihrer Nièce, zwei Bewohnerinnen des nämlichen Gartenhauses, bei meinen Tanten, und dann ritten wir auf herrschaftlichen Pferden mit einem Reitknecht des Grafen nach Ilseburg, eine Meile von Wernigerode. Mir hatte der Graf sein Leibpferd Mylord, einen großen und schönen Braunen gegeben. Auf dem Weg nach Ilseburg kamen wir durch viel fruchtbaren doch etwas zu lehmichten Boden und eine Fläche, die seitwärts an den waldigen Vorgebirgen des Harzes hinläuft, in welche sich zuweilen ganz artige Aussichten eröffnen. Vor Ilseburg kommt man durch einen schönen Eichenwald und passiert die Ilse, deren klares Wasser sich reißend zwischen buschichten Ufern, durch deren helles Grün hie und da ein Bauerhof durchscheint, und zwischen Felsenstücken hindurchdrängt. Der Ort selbst ist beträchtlich groß und war für mich wegen seiner Eisenwerke merkwürdig. Ein höflicher, und wie es schien, wegen seiner Kenntnisse geschätzter Mann führte mich herum in Gesellschaft dreier Forstjunker: von Landwüst, den ich schon nebst seinem Vater, dem hiesigen Oberforstmeister, auf dem Wernigeroder Schloß hatte kennen lernen, von Malorti aus dem Hannöverschen und von Löwenklau. Wir besahen die Rösthaufen, die sämtlich freiliegen und mit Holz angezündet werden; das P u c h e n unter dem großen Hammer; die S c h l i c h e, die nach Beschaffenheit des Eisensteins mit viel oder wenig Kalk und Schlacken beschickt in Vorrat lag, und die beiden h o h e n Ö f e n, die meist nur wechselweise gehn. Sie bekommen ihr Wasser von einem Arm der Ilse, und wenn dieser nicht hinreicht aus einem großen und schönen Hammerteich, an dessen Ufern man ganz artige Aussichten antrifft. An dem Arm der Ilse war eine doppelte Schlackenwäsche, deren jede aus einem Wasserrad und Daumenwelle besteht, die drei oder vier Stampfer hebt, welche in einem Kasten die durch einen Hüttenjungen untergeschobenen Schlacken zerstapfen; worauf das Wasser, das man in Rennen stark oder schwach vom Wasserrad auf den Kasten laufen läßt, die leichteren Teile wegnimmt, während die schwereren sich setzen und mit Schaufeln herausgehoben werden. Merkwürdig war mir das F o r m e n m a c h e n für den hohen Ofen, weil ich es zum erstenmal sah: Ein besonders angestellter Formenmacher arbeitete alleweile noch an den Formen zu den … usw. bei der Feuermaschine, welche inskünftige statt der Windmühlen das Wasser auf die preußischen Gradierwerke bei Halle pumpen wird. Die Form wird von Lehm gemacht und besteht aus dem Kern oder dem Körper, welcher den inneren Raum des zu gießenden Gefäßes pp. füllen soll, und dem Mantel oder der äußeren Lehmwand, welche aus zwei Stücken besteht und den zu gießenden Körper von außen umgeben soll: zwischen beiden bleibt der leere Raum, in welchen durch ein in dem oberen Teil des Mantels angebrachtes Loch das in Fluß gebrachte Eisen gegossen wird. Die Hüttenwerke bestehn aus drei Frischfeuern, zwei Zainhämmern und einer Drahthütte. In dem Stab- und dem Zainhammer, den wir besahen, fiel mir nichts besonderes auf, als daß das … Eisen sehr geschmeidig war, wodurch es sehr geschickt wird, in der Drahthütte gezogen zu werden.

2
Tagebuchblatt

Ich ritt heute früh sehr heiter von hier weg. Lützen-Sömmern hatt ich bald erreicht. Anstatt geradezu auf Kreyßen (Greussen) loszureiten, verirrte ich mich nach Gangloff-Sömmern. Der Umweg ist nicht bedeutend, und 5 Minuten vor 9 Uhr zeigte mir ein Mann das Grüninger Schloß von fern. Ich ritt brav zu. Noch vor 1/4 auf 10 Uhr ritt ich durchs Wasser und war mit Leib und Seele in Grüningen. Mein Leib traf vielmehr meine Seele schon dort. Im Dorfe, dicht am Torweg zu der Wirtschaft hielt ich – band mein Roß an das Grüninger Halseisen – das Haus, vor dem ich hielt, war sicher die Frohnveste. Ich frug nach jemand, der einen Brief aufs Schluß trüge. Eine junge Frau fand sich – den Leuten schien ich verdächtig. Sie lachten für sich und erzählten mir: der Herr sei nicht zu Haus. Ich trug der Überbringerin auf, zu sagen: der Brief sei von Tennstedt und der Bote sei sogleich wieder zurückgekehrt – tausend Komplimente und Empfehlungen noch. Sie ging darauf fort, und ein anderes junges Weib sagte zu mir: es sollte wohl ein Geheimnis sein, und mochte mich halb und halb für den halten, der ich wirklich war, für einen Verehrer einer der Damen auf dem Schlosse. Ich hinterließ ihr noch, im Fall, daß nach mir gefragt würde, den Auftrag: ich sei sogleich wieder zum Spazierritt nach Tennstedt geritten. Ich schlich mich langsam zum Dorf hinaus, jenseits des Wassers sah ich das gelbe Schloß sehnsuchtsvoll an – und trabte von dannen. Alle zehn Minuten hielt ich und sah mich um. Die Gegend ist mir so lebendig geworden, ich wollte sie im Kopfe zeichnen. Auf dem Rückwege traf ich die rechte Straße und erblickte bis vor Lützen-Sömmern noch Grüningen. Ich bin fest überzeugt, daß man es mit Fernröhren eine halbe Stunde von hier noch muß sehen können. Trotz des vielen Haltens, des sanften Trabs und des schlechten Wegs hin und wieder bin ich noch nicht 7/4 Stunden zurückgeritten.

Um 1/4 auf 8 Uhr ritt ich hier weg, verirrte mich um 20 Minuten und war doch 5 Minuten nach 12 wieder hier und hielt mich doch in Grüningen über 1/4 Stunde auf. Im Sommer, bei gutem Weg und einem raschen Pferde getrau ich mir bequem in 9/4 Stunden hin und her zu reiten. Zu Fuß geh ich hin in 7/4 Stunden. Den Baum vor Lützen-Sömmern und dicht über Lützen-Sömmern sieht man Grüningen schon mit bloßen Augen. Meinen Weg hab ich in einen Riß gebracht.

3
Klarisse

Ihre Frühreife. Sie wünscht allen zu gefallen. Ihr Gehorsam und ihre Furcht vor dem Vater. Ihre Dezenz und doch ihre unschuldige Treuherzigkeit. Ihr Steifsinn und ihre Schmiegsamkeit gegen Leute, die sie einmal schätzt, oder die sie fürchtet. Ihr Betragen in der Krankheit. Ihre Launen. Wovon spricht sie gern? Artigkeit gegen Fremde. Wohltätigkeit. Hang zum kindischen Spiel. Anhänglichkeit an Weiber. Ihre Urteile. Gesinnungen. Anzug. Tanz. Geschäftigkeit im Hause. Liebe zu ihren Geschwistern. Musikalisches Gehör. Ihre Lieblinge. Geschmack. Religiosität. Freier Lebensgenuß. Liest sie gern. Hang zu weiblichen Arbeiten. Sie will nichts sein. Sie ist etwas. Ihr Gesicht – ihre Figur – ihr Leben, ihre Gesundheit – ihre politische Lage. Ihre Bewegungen. Ihre Sprache. Ihre Hand. Sie macht nicht viel aus Poesie. Ihr Betragen gegen andre, gegen mich. Offenheit. Sie scheint noch nicht zu eigentlichem Reflektieren gekommen zu sein. Kam ich doch auch erst in einer gewissen Periode dazu. Mit wem ist Sie zeitlebens umgegangen. Wo ist Sie gewesen. Was ißt Sie gern. Ihr Betragen gegen mich. Ihr Schreck für der Ehe. Ich muß Sie recht nach ihren Eigenheiten fragen. – So auch die M[utter]. Ihre Art sich zu freuen – zu betrüben. Was ihr am meisten von Menschen und Sachen gefallen. Ist ihr Temperament erwacht? Was Sie zur Justen gesagt hat. Ihr Tabaksrauchen. Ihre Anhänglichkeit an die Mutter, als Kind. Die Anekdote mit Selmnitz – von Bratern[?]. Ihre Dreistigkeit gegen den Vater. Ihre Konfirmation. Sie hat von der *Ma chère* einmal Schläge gekriegt. *Je reviens.* Ihre Gespensterfurcht. Ihre Wirtschaftlichkeit. Heynemann. Drei Reiter ritten ums Tor herum. Wie sie der Dieb hat halten wollen. Gesicht bei Zoten. Talent nachzumachen. Ihre Wohltätigkeit. Urteile über Sie. Sie ist mäßig – wohltätig. Sie ist irritabel – sensibel. Ihr Hang gebildet zu sein. Ihr Abscheu für dem Vexieren, dem Geträtsche; ihre Achtsamkeit auf fremde Urteile. Ihr Beobachtungsgeist. Kinderliebe. Ordnungsgeist. Herrschsucht. Ihre Sorgfalt und Passion für das Schickliche. – Sie will haben, daß ich überall gefalle. Sie hats übelgenommen, daß ich mich zu früh an die Eltern gewandt habe, und es mir zu bald und zu allgemein merken lassen. Sie hört gern erzählen. Sie will sich nicht durch meine Liebe genieren lassen. Meine Liebe drückt sie oft. Sie ist kalt durchgehends. – (Ungeheure Verstellungsgabe, Verbergungsgabe der Weiber überhaupt. Ihr feiner Bemerkungsgeist. Ihr richtiger Takt.) – (Alle Weiber haben das, was Schlegel an der schönen Seele tadelt.) Sie sind vollendeter, als wir. F r e i e r als wir. Gewöhnlich sind wir besser. Sie e r k e n n e n besser, als wir. Ihre Natur scheint unsre Kunst – unsre Natur ihre Kunst zu sein. Sie sind geborne Künstlerinnen. Sie individualisieren, wir universalisieren. Sie glaubt an kein künftiges Leben, aber an die Seelenwanderung. Schlegel interessiert sie. Sie kann zu große Aufmerksamkeit nicht leiden und nimmt doch Vernachlässigung übel. Sie fürchtet sich so für Spinnen und Mäusen. Sie will mich immer vergnügt. Die Wunde soll ich nicht sehn. Sie läßt sich nicht duzen. Ihr H auf der Wange. Lieblingsessen – Kräutersuppe – Rindfleisch und Bohnen – Aal. Sie trinkt gern Wein. Sieht gern etwas, liebt die Komödie. Sie denkt mehr über andre, als über sich nach.

4

Journal

Tennstedt, den 18ten April [1797],
den 31sten †

18. 31. Dienstag. 3ten Osterfeiertag.

Früh sinnliche Regungen. Mancherlei Gedanken über Sie und über mich. Phil[osophie]. Ziemlich heiter und leicht. Der Zielgedanke stand ziemlich fest. Gefühl von Schwäche – aber Extension und Progression. Moritz. Bei Tisch und nachher heiter und gesprächig. Just spielte das Lied: »Sing, o Lied! und Zitterspiel.« Im Wilhelm Meister fiel mir eine passende Stelle aus dem vierten Buche – ein Selbstgespräch Meister – auf. Nachher ging ich herauf und schrieb an den Erinnerungen. Recht aufgelegt zum Denken und Arbeiten war ich nicht; scheine es überhaupt Nachmittags nicht zu sein – vielleicht hindert mich auch die Gesellschaft. – Alle Gesellschaft, wo ich nur gebe, bekömmt mir nicht.

19. 32.

Früh mancherlei wegen des Entschlusses – gewankt und geschwankt – dann Phil[osophie]. Mittags heiter, – um 2 hinauf – Phil[osophie]. Nachher meine älteren Bemerkungen durchgegangen, dann spazieren. Abends noch die ältern Br[iefe] absolviert. Ein Brief von Karolinen – ein wenig gerührt – ein Gedicht von Landvoigt – Frauen nach Gr[üningen]. Ich zeigte der Kreisamtmännin S[ophiens] Porträt. Wir sprachen viel von ihr. Im Ganzen den Tag heiter und ruhig.

20. 33.

Heute viel an S[ophie] gedacht. Früh nicht recht aufgelegt, – gegen Mittag besser. Nachmittag wieder so, – nicht recht heiter, – aber gefühlvoller, als sonst. *Con amore* hab ich jedoch an den Erinnerungen geschrieben. Abends las ich ältere Briefe von mir an die Justen. Spät ward ich aufgeräumt, doch befand ich mich nicht wohl. Im Ganzen hab ich jedoch heute manch Gutes gedacht. Früh schrieb ich an den Hauptmann und gratulierte Karolinchen in Gr[üningen] zu ihrem Geburtstage.

21. 34.

Früh sinnliche Fantasien. Dann ziemlich philosophisch, Rokkenthiens kamen. Ich blieb den ganzen Tag in einer gleichgültigen, mithin für die Gesellsch[aft] ziemlich aufgelegten Stimmung. Ich fühlte mich zuweilen nicht ganz wohl. Im Meister las ich Nachmittags unten einiges, wobei mir manches Interessante über meine bisherige Bildung einfiel. An S[ophie] hab ich oft, – aber nicht mit Innigkeit gedacht, an E[rasmus] kalt. Auch heute hab ich zuviel gegessen.

22. 35. Vacat.

23. 36.

Heute früh viel vernünftiger, als gestern. Viel gutes niedergeschrieben. Nach Tisch Kaffee im Garten. Recht windstill einmal in mir. Oft an S[ophie] und den Entschluß gedacht. Abends in Youngs Nachtgedanken geblättert. Viel über Meister nachgedacht. Sonst in der gewöhnlichen Gesellschaftsstimmung.

Im Ganzen bin ich heute viel besser mit mir zufrieden, als gestern.

24. 37.

Der Kopf war mir zwar nicht recht heiter, aber doch hatt ich früh eine selige Stunde. Meine Phantasie war zwar zuweilen ein wenig lüstern, doch war ich heute ziemlich gut. Nachmittags war der Kopf hell. Meister beschäftigte mich den ganzen Tag. Meine Liebe zu Sophien erschien mir in einem neuen Lichte. Abends sprach ich wieder viel freilich – doch dachte ich einmal dazwischen an meine Vorsätze darüber. Der Entschluß stand recht mutig. Sophie wirds immer besser geben. Ich muß nur immer noch mehr in ihr leben. Nur in ihrem Andenken ist mir wahrhaft wohl.

25. 38.

Heute männlich und wohl. Früh nichts als Meister. Viel an Sophie gedacht, – mutig und frei. Unten zwar viel gesprochen, aber doch einigemal besonnen. Abends einen lebhaften Eindruck ihres Todes. Im Ganzen kann ich heute ziemlich zufrieden sein. Mein Kopf war hell, und ich fühlte mich vorzüglich fest und männlich.

26. 39.

Früh einiges über Meister. Nachher exzerpiert. Nachmittags im Amte gearbeitet. Im Ganzen kann ich zufrieden sein – ich habe zwar mit Rührung nicht an Sie gedacht, ich bin fast lustig gewesen; aber doch gewissermaßen ihrer nicht unwert – ich habe zuweilen männlich an Sie gedacht. Den Morgen hatt ich die fatale, drückende, bängliche Empfindung des eintretenden Schnupfens. Der Entschluß stand fest. Mit der Mäßigkeit und der Geschwätzigkeit hinkte es.

27. 40.

Früh Meister – Hell und besonders poetisch einmal gedacht. Nachmittags Akten gelesen, dann zum Doktor: eine lange Konversation über meine Gesundheit, meine Zwecke, meine Ansicht des Lebens – er wollte mich bekehren – den Abend munter, viel von Politik geschwatzt. Der Gedanke an meine S[ophie] und Erasmus ward einmal recht lebendig. Übrigens wars heute recht gut. Ich muß immer noch männlicher mit mir umgehn, mir was zutrauen, nicht kindisch zagen und weich tun und mich verziehn. Schmerz und Weh muß ich besser ertragen lernen.

28. 41.

Heute früh lebhafte Sehnsucht. Nachher Meister. Nachmitt[ag] Bericht. Brief von Karl. Gut und männlich – lebhafte Erinnerungen. Meistern muß ich vollenden. Vollenden muß ich noch lernen – mit Einer Sache aufs reine kommen.

29. 42.

Meister. Ältere Bemerkungen. Nach Tisch alte alchymistische Papiere durchgeblättert. Dann kam Anton. Wir gingen in den neugekauften Garten. Bis abends sehr munter. – Ein Gedicht auf den Gartenkauf. Sonst recht gut. Abends etwas zu lebhaft gestritten während des Essens. Herzliche Erinnerungen zuweilen.

30. 43–4. Mai. 47.

Sonntag war ich recht gut. Bericht und Meister. Nach Tisch kriegt ich Briefe von Hause – von Zillbach, Hubertsburg und Manteuffeln. Ich bat den Herrn Kreisamtmann mir das Geld zu verschaffen – dann ging ich nach Gr[üningen]. Unterwegs war ich heiter und gedankenvoll. Ich traf bloß die Danscour. – Sie kamen aber bald von Klingen. Die Nacht schlief ich unruhig. Den folgenden Tag regnete es beständig. Früh weint ich sehr. Nach Tisch wieder. Den ganzen Tag war ich ganz ihrem Andenken heilig. Den 2. Mai schenkten mir die guten Eltern die Tasse, den Beutel und das Flakon, was Söphchen ihren letzten Geburtstag erhielt. Ich war sehr gerührt, dann ging ich zu ihrem Grabe und steckte die Blumen darauf, die ich tags vorher von der guten Kreisamtmännin erhalten hatte. Mittags hatten sie eine große Brezel backen lassen.

Nach Tisch ritt ich nach Tennstedt. Der Tag blieb gut und eingedenk. Gestern, den 3. Mai tat ich nicht viel. Nachmittags schrieb ich vier Briefe an Schlegel, Woltmann, Manteuffel und Slevoigt nach Zillbach. Die beiden ersten schickte ich nach Jena mit einem Boten, den ich abends abfertigte. Abends erhielt ich einen Brief von Kommerstedt. Spät sprach ich sehr lustig mit der

Kr[eisamtmännin], weshalb ich auch abends meine Lieblingsbilder nur in der Ferne sah und meine Lieblingsideen nicht mit Wärme fassen konnte.

Heute früh lebhaft an S[ophie] gedacht. – Der Entschluß ward etwas düster angesehen. Dann Meister. Dann den Brief an Slevoigt auf die Post getragen. Bei Tisch einmal mit Ruhe und Besonnenheit geredet, dann oben Varia und über Meister geschrieben. Auf dem Spaziergange viel gesprochen über Berichte, Geschäftsgang bei den Salinen. Miltiz und seine Geschichte. Nachher wieder oben gearbeitet. Dann kam Rüling, und ich erhielt Briefe von Vater und Karolinen. Bei Tisch sehr heiter. Rüling mußte von Stolberg erzählen. Gustchen Brandes, zu der wir nachher gehen wollten, war nicht zu Hause. Ich hatte viel gegessen. Dann sprach ich einiges mit Zedtwiz. Nachher allgemeines Gespräch, bis ich hinauf ging. Jetzt schein ich ebenfalls kalt und *zu sehr in der Stimmung des Alltagslebens zu sein*. Die Gesellschaft will mir noch gar nicht bekommen. Strebe nur nach der höheren permanenten Reflexion und ihrer Stimmung. O, daß ich so wenig in der Höhe bleiben kann.

5. 48.

Früh, wie gewöhnlich, an Sie gedacht. Nachher über Kritik. Dann Meister. Nach Tisch *heftig* gekannegießert. Meister. Spazierengegangen – heiter und vernünftig unterwegs gedacht, besonders über die Goethesche Bemerkung, daß man so selten die rechten Mittel zu seinen Zwecken kennt und wählt, so selten den rechten Weg einschlägt. Ich scheine jetzt fester und gründlicher werden zu wollen. Abends *viel* gegessen – mit der Frau Kr[eisamtmännin] über Carolinchen gesprochen. Spät recht lebhaft Söphchens Bild vor mir gehabt, *en profil* neben mir auf dem Kanapee, im grünen Halstuch, in charakteristischen Situationen in Kleidern fällt sie mir am leichtesten ein. Abends überhaupt *recht innig an Sie gedacht*. Ich habe Ursach heute mit allem zufrieden zu sein. Gott hat mich bisher liebevoll geführt – er wirds gewiß auch ferner tun.

6. 49.

Meister. Nachmittags heitres Denken. Briefe an Vater und Karoline. Briefe von Woltmann und Schlegel nebst Büchern. Abends vorgelesen aus dem Journal Deutschland – sehr hell und frei gestimmt.

Ich kann mit meiner Treue, mit meinem Andenken zufrieden sein. So vergnügt, wie gestern abend legt ich mich aber nicht zu Bette – ich war unruhiger.

7. 50.

Heute früh las ich in den Novitäten. Dann exzerpierte ich aus Meister und schrieb einiges Gedachte auf. Ich ging nachmittags in die Kirche. Nachher disputierte ich mit dem Kreisamtmann über seine und meine Religion – heftig, aber doch kalt, besonnen und genau. Mosal kam. Ich ging spazieren, dachte viel und präzis. Schrieb es zu Hause auf und ging zu Gustchen. Da ward mir recht wohl. Sie bezeigte sich ganz zutraulich gegen mich. Wir klagten einander, ich suchte sie etwas zu beruhigen. Es ist eine Freude, jemanden ganz offen gegen sich zu sehn. Das Unglück bringt die Menschen einander immer näher. Viel an Sophie hab ich heute nicht gedacht, doch einigemal, besonders in der Kirche mit wahrer Andacht. Früh war ich etwas sinnlich, auch fand ich eine sonderbare Furcht in mir vor dem Gefährlichkrankwerden. Sie schien wenigstens da zu sein. Ich muß mich noch immer nicht ganz an meinen Entschluß gewöhnen können. So fest er zu sein scheint, so macht mich doch das zuweilen argwöhnisch, daß er in so unerreichbarer Ferne vor mir liegt, mir so fremd vorkömmt.

8–9–10. 53. Grüningen.

Von vorgestern weiß ich nicht viel. – Es war aber wie gewöhnlich. Gestern früh fuhr ich mit Kr[eis] A[mtmann] hieher. Nachmittags tat ich etwas – ich übersetzte aus Horaz – sehr lebhaft war meine Erinnerung nicht. Heute nahm ich abzuführen ein – früh nichts getan, als übersetzt. Mir war recht wohl. Nach Tisch hatt ich noch einen schönen Spaziergang im Garten – das Wetter war herrlich – eine lebhafte Erinnerung an Sie – dann arbeitete ich noch ein wenig – ging spazieren – pflückte Blumen und hin an Ihr Grab. Mir war sehr wohl – ich war zwar kalt, aber doch weinte ich. Der Abend war sehr schön. Ich saß eine Zeit auf ihrem Grabe. Sie läuteten Feierabend. Ich ging nachher zurück – schrieb oben einige Reflexionen auf – es ging zu Tisch. – Nach Tisch ward ich wieder sehr bewegt – ich weinte heftig auf dem Platze; ich sprach mit der *Ma Chère*. Abends mit dem Hauptmann über dies und jenes.

Früh war der Entsch[luß] sehr fern – abends desto näher.

11. 54.

Früh Philosophica. Es war ein schöner Morgen. – Nach Tisch schlief ich – Gewitter standen am Himmel – es ward trübe und stürmisch. – Ich sprach wieder mit der *Ma Chère* – gerührt, wie gestern. Nachher hellte sich der Himmel wieder auf – ich schrieb an Meisters Kritik. – Ging mit Gedanken an Meister und verwandte Gegenstände im schönsten Wetter spazieren – pflückte Blumen – streute sie aufs Grab – ich war innig mit ihr – diese halbe Stunde war ich sehr glücklich, sehr ruhig – sehr von ihrem Andenken belebt. Abends war ich recht heiter und genoß den schönen Abend lange auf dem Platz in Gesellschaft.

12. 55.

Die Lüsternheit war von früh bis nachmittags rege. Ich schrieb mancherlei auf – las einige Briefe von der Thümmeln – fing eine Antwort auf eine darin befindliche Stelle an, – schlief nach Tisch – ging zum Kaffee, wie gewöhnlich hinunter – dann hinauf – und bald spazieren. Das Wetter war herrlich und mein Kopf sehr gut gestimmt. Wie ich nach Haus kam – erfuhr ich, daß Selmnitzens vor dem Dorfe wären – ich ging zu ihnen hinaus. – Nachher an mein liebes Grab – wo ich bis um 7 blieb – und recht innig für mich war, ohne jedoch zu weinen. Zu Hause hatt ich in einem Gespräch mit der *Ma Chère* einige Rührungen. Dann kam der Vater – wir aßen und gingen zu Bett.

13. 56.

Früh um 5 Uhr stand ich auf. Es war sehr schön Wetter. Der Morgen verging, ohne daß ich viel tat. Der Hauptmann Rockenthien und seine Schwägerin und Kinder kamen. Ich kriegte einen Brief von Schlegel mit dem ersten Teil der neuen Shakespeareschen Übersetzungen. Nach Tisch ging ich spazieren – dann Kaffee – das Wetter trübte sich, erst Gewitter, dann wolkig und stürmisch – sehr lüstern – ich fing an in Shakespeare zu lesen, ich las mich recht hinein. Abends ging ich zu Sophien. Dort war ich unbeschreiblich freudig. Aufblitzende Enthusiasmus-Momente. Das Grab blies ich wie Staub vor mir hin. Jahrhunderte waren wie Momente, ihre Nähe war fühlbar, ich glaubte, sie solle immer vortreten. Wie ich nach Hause kam, hatte ich einige Rührungen im Gespräch mit *Ma Chère.* Sonst war ich den ganzen Tag sehr vergnügt. Niebekker war nachmittags da. Abends hatte ich noch einige gute Ideen. Shakespeare gab mir viel zu denken.

14–15. 57–58.

Beide Tage stand ich sehr früh auf. Getan habe ich sonst nichts. Viel Lüsternheit. Den ersten Tag kam die Mandelsloh früh – ich ging in die Kirche – dort war mir sehr wohl. Nachmittags kamen mehrere Offiziers. Abends konnt ich nur spät zu meiner Ruhestätte kommen. – Es gingen soviel Leute hin. Anton kam auch und blieb bis gestern abend da. Gestern früh ging ich nach Ottenhausen – sprach mit Römer. Nachmittags mit Anton. Nach Tisch sprach ich wieder mit der *Ma Chère* mit der gewöhnlichen Rührung. Es war beide Tage viel Lärm und Getümmel im Haus.

Gestern abend war ich am Grabe und hatte einige wilde Freudenmomente. Mandelsloh kam abends – ritt aber bald wieder weg. Wir saßen in der großen Stube in uns gekehrt – wir sangen leise die Melodie: Wie sie so sanft ruhn. Abends ging alles bald zu Bett, und ich unterhielt mich noch mit der Mandelsloh allein von S[ophie] und von mir. Der Entschluß kam diese Tage oft zur Sprache. Meine Mutter, Vater und die Methode machen mir noch zu schaffen. An S. ist oft gedacht worden; doch fehlt es noch immer nicht an leichtsinnigen Gedanken.

16–59.

Heute früh ging die Mandelsloh weg. Sie, ihn, Anton und Römer seh ich nun wohl nicht wieder. Alles fuhr nach Günstedt – der Tag war schön. – Früh schwatzt ich mit dem Vater und seinem Bruder. Um 12 Uhr fuhren diese weg. Ich dämmerte einen Moment. Nachher las ich in Shakespeare, trank Kaffee – dann ging ich in die liebe Bilderkammer, schloß den Schrank auf, besah die Sachen meiner S[ophie], las meine Briefe und ihren Briefvorrat überhaupt. Nachher war ich ganz bei ihr. Ich ging in den Garten spazieren, holte Milch – fand Fergusons Moralphilosophie, las auf dem Kirchhof, wo ich auch meine Milch trank – dann ging ich wieder spazieren – dann zum Grabe zurück. – Nun kam der Vater, ich zog mich an, die Prinzeß von Sondershausen kam mit den übrigen von Günstedt zurück – ich war bei Tisch sehr lustig und aufgeräumt.

Der Tag war sehr schön – der Abend nicht nach meinem Kopf – der Entschluß erhielt aber neues Leben, neue Festigkeit.

17. 18. 60. 61.

Gestern hab ich nichts getan. Die Prinzeß blieb bis nachmittags. Niebekkers und die Larischen kamen. Den Tag über in freier Luft. Abends spazieren und am gewöhnlichen Platze. Der Mittag war vorzüglich schön. Unter den Linden wurde gegessen bei Musik und Nachtigallschlag. Ich war sehr vergnügt bis gegen

Abend. Des Entschlusses ward freudig gedacht – S. sehr oft. Auf dem Grabe ziemlich innig. Ich habe ein wenig zu viel raisonniert, so auch heute – besonders nach alter Sitte auf gewisse Leute losgezogen. Heute war ich, mehr als gewöhnlich, ängstlich beim Gedanken an S(ophie) – den ganzen Tag sehr warm – und schläfrig. Ich wollte viel tun – es ging aber nicht. Rockenthien *Sen.* reiste früh weg. Der Kopf war mit alledem heiter – nur gegen abend, wie gestern, Kopfschmerzen. Gegen Abend auf dem Spaziergange und vorher, auf der Stube, dachte ich einiges Gute. Am Grabe war ich nicht gerührt – der Entschluß war lebhaft.

Ich muß nur immermehr um Ihretwillen leben – für Sie bin ich nur – für mich und keinen andern nicht. Sie ist das Höchste, das Einzige. Wenn ich nur in jedem Augenblicke ihrer wert sein könnte. – Meine Hauptaufgabe sollte sein, alles in Beziehung auf ihre Idee zu bringen.

19. 62.

Heute früh etwas Kolick. Früh tat ich wenig. Ich störte mit dem Hauptmann in alten Akten. Ich fand mich sehr schläfrig. Nach Tisch sprach ich mit der Thümmeln – dann gedämmert – drüben in der Kinderstube beim Kaffee über divinatorische Anlagen mit der Thümmeln geschwatzt. Selmnitzens kamen – ich schrieb oben einiges auf. Auf dem Spaziergange faßte ich einige deutliche Ideen. Am Grabe war ich nachdenkend – aber meistens ungerührt. Seit einigen Tagen ängstigen mich diese Erinnerungen wieder – ich fühle mich unaussprechlich einsam in gewissen Momenten – so entsetzlichen Jammer in dem, was mir begegnet ist. Beim Grabe fiel mir ein, daß ich durch meinen Tod der Menschheit eine solche Treue bis in den Tod vorführe. Ich mache ihr gleichsam eine solche Liebe möglich.

20. 63.

Der Vater fuhr heute mit der Diurnale [?Diemmeln?] nach Sondershausen. Ich tat wenig – war viel schläfrig. Früh sprach ich lange an dem mit Rosen bepflanzten Grabe mit Karolinchen. Dann las ich noch einmal. –

Die Aufsätze im Niethammerschen Journal las ich mit Nachdenken. Nachmittags vermochte ich auch hell zu denken. Es war sehr heiß, wie gestern. Auf dem Grabe dachte ich manches, ohne eigentlich gerührt zu sein. – Aber ich habe diesen Abend, sowie den ganzen Tag, wieder die Bangigkeit ihres Todes – das Einsame meiner Lage – das Entsetzliche ihres Verlustes gefühlt.

Ohne sie ist für mich n i c h t s in der Welt – Eigentlich sollt ich auf nichts mehr einen Wert legen.

21. 64.

Früh etwas aus Fichte extrahiert – ein wenig weit die Lüsternheit getrieben. Nachmittags fuhr die Mutter zur Kindtaufe mit Karolinchen nach Weißensee. Friederike Niebekker war da. Ich war innerlich tätig, ging sehr lange den Gang vor meiner Tür auf und ab – schrieb auf – Die Mamsell kam, ich sprach weitläufig mit ihr von mir. Dann ging ich zum Grabe, wo ich viel nachdachte und unbeschreibliche Ruhe empfand. Der Entschluß ward sehr beraisonniert. Abends waren wir recht heiter. Günther belustigte uns – dann ging ich ein wenig allein spazieren und sang, ganz in S. Andenken verloren.

Tennstedt. 22. 65.

Früh packt ich ein, ging noch einmal zum guten Grabe und fuhr nachher mit den Rockenthienschen Kindern, die nach Langensalze gingen, nach Tennstedt. Ich fand dort viele Neuigkeiten, erhielt einen Brief von meiner Schwester. Die Leischingen war eben auch angekommen. Nach Tisch las ich Literatur-Zeitungen – literairischen Anzeiger mit vielem Interesse. Wir gingen in recht hübschem Wetter spazieren. Ich sprach unterwegs mancherlei mit dem Kreisamtmann über literairische Gegenstände. Mein Kopf war sehr gut gestimmt. Ich sprach besser, als gewöhnlich und tat helle Blicke. Abends sprachen wir noch viel, besonders von meinem Vater. Spät fühlt ich mich S[ophiens] wegen unruhig. Doch schlief ich bald ein. Jemehr der sinnliche Schmerz nachläßt, destomehr wächst die geistige Trauer, desto höher steigt eine Art von ruhiger Verzweiflung. Die Welt wird immer fremder. Die Dinge um mich her immer gleichgültiger. Desto h e l l e r wird es jetzt u m mich und i n mir.

Bei meinem Entschluß darf ich nur nicht zu vernünfteln anfangen. Jeder Vernunftgrund, jede Vorspiegelung des Herzens ist schon Zweifel, Schwanken und U n t r e u e .

23. 66.

Heute früh war ich fleißig – dann ging ich spazieren – nach Tisch las ich Einiges, dann ging ich mit den beiden Mädchen nach Kutzleben. Es war herrliches Wetter, kühl, himmelblau, kristallhell. Ich war sehr fröhlicher Laune. Auf dem Rückwege dacht ich viel über Meister nach. Zu Hause schrieb ich, wie gewöhnlich, in Hast und Ungeduld zwei Briefe, an Vater und Karoline. Abends ging ich müde zu Bett. Früh holt ich ein Dispensatorium.

Über den Entschluß muß ich nicht mehr räsonnieren – und wie ich mich zum bestimmten Denken nötige, durch Streben und gewisse Mittel auch bestimmte Stimmungen nach Willkür in mir zu erregen suchen. So muß ich arbeiten können, wenn ich will – so muß ich mich mit anfänglicher Anstrengung in einen gewissen Zustand zu versetzen lernen.

24. 67.

Gestern früh war ich sehr fleißig – dann ging ich spazieren. Nach Tisch schlief ich – dann ging ich spazieren. – Der Pachter Jäger kam und unterhielt uns ein Stündchen – dann schrieb ich Briefe – nach Jena, aber nicht mit Glück. Abends war ich vergnügt. Rührungen fielen gar nicht vor – doch hab ich, wie gewöhnlich, viel an Sie gedacht.

25. 68.

Etwas träge stand ich auf, nachher aber war ich sehr aufgelegt zum Denken – ich durchlas Hülsen, der mir außerordentlich gefiel. Der Kreisamtmann kam herauf – ich sagte ihm von meinen Betrachtungen über den französischen Krieg – wie gewöhnlich hastig und verworren. Wir gingen spazieren. Der Tag war ungemein schön wieder. Nachmittags las ich im Asmus, wo mir manches gefiel – ging träg spazieren, schlief zu Hause, – überließ mich gänzlich der Lüsternheit – schrieb Briefe ohne Geist und befand mich in einem Zustand von Unzufriedenheit und Zweifelsucht.

Ich muß schlechterdings suchen mein bessres Selbst im Wechsel der Lebensszenen, in den Veränderungen des Gemüts behaupten zu lernen – Unaufhörliches Denken an mich selbst und das was ich erfahre und tue. Ich ging noch einmal spazieren, dachte mich unterwegs durch meine Grillen durch, fand zu Hause einen Brief von meinem Vater und war im Kränzchen abends recht vernünftig und munter.

26. 69.

Früh Fichtes Naturrecht. – Dann einen Bericht gemacht. Den Boten nach Jena abgefertigt. Nach der Mittagsruh wieder Fichte. – Zu Gustchen – spazieren – viel gutes gedacht. Zu Hause traf ich Karolinchen krank. Sie besserte sich bald. Ich schwatzte abend viel von Chymie und Mathematik durcheinander. An S. hab ich fleißig gedacht – besonders ist mir lebhaft geworden, daß mich die schönsten wissenschaftlichen und andern Aussichten nicht auf der Welt zurückhalten müssen. Mein Tod soll Beweis meines Gefühls für das Höchste sein, echte Aufopferung – nicht Flucht – nicht Notmittel. Auch hab ich bemerkt, daß es offenbar meine Bestimmung ist – ich soll hier nichts erreichen – ich soll mich in der Blüte von allem trennen – Erst zuletzt das Beste im Wohlbekannten kennen lernen – So auch mich selbst. Ich lerne mich jetzt erst kennen und genießen – eben darum soll ich fort.

27. 70.

Heute früh hab ich recht meine Freude an Hülsen gehabt, den ich gelesen und extrahiert. Es war mir unbeschreiblich wohl mit ihm und durch ihn. Nachmittags hab ich in der Laube gesessen und in Fichtes Nat[ur] R[echt] gelesen. Ich habe sehr viel gutes dabei gedacht, besonders über Moral. Dann ging ich wieder mit dem Kr[eis] A(mtmann) spazieren – und abends nach Tisch noch einmal. Ich habe heute einigemal an Sie gedacht – aber von weitem – nicht wie gewöhnlich.

28. 71.

Der ganze Tag war sehr glücklich. Es war der letzte Tag in Tennstedt. Ich war den ganzen Tag heiter, gegen Abend sehr heiter und früh sehr geschäftig und ergiebig – auch ohne Begierde – kalt und leidenschaftlos – dennoch voll treuen Andenkens an meine Auserwählte.

29. 30. 72–73.

Gestern früh reiste der Kreisamtmann nach Stolberg. Ich arbeitete einige Stunden – packte ein – erhielt einen Brief von Schlegel und Woltmann – dann ging ich hinunter, las in der römischen Geschichte und schied nachmittags um 1/2 4 Uhr von Tennstedt. Ich ging in Gedanken herüber. Zwischen dem Schlagbaum und Grüningen hatte ich die Freude den eigentlichen Begriff vom Fichtischen Ich zu finden. Den Tag über war ich sehr lüstern – Eine Stimmung, die mich auch bis auf heute verfolgte. Den heutigen Morgen verbrachte ich ziemlich schläfrig – doch konnte ich einiges denken und im Hülsen lesen.

Mittags erhielt ich einen Boten und Brief von meinem Vater – ich setzte meine Abreise auf den Donnerstag fest. Zugleich kam ein älterer Brief nebst dem Dritten Hefte von Nieth[ammers] Journal von Schlegel. Nachmittags gings mit dem Schreiben und Denken besser – auch war die Begierde weg. Abends, wie ich zur geliebten Ruhestatt ging, war das Denken drückend geworden.

Dies zerstreute mich auch und verhinderte mich am stillen, traurigen Genuß ihres Todes. Der Entschluß stand fest. Von Ende sprach mit mir heute über die Schwierigkeit der Untersuchung, ob jemand an Pflanzengiften gestorben sei. Unfruchtbar war der Tag nicht – aber empfindungslos.

31., 1. Junius 2. Junius 74. 75. 76.

Den letzten Tag in Gr[üningen] war ich früh fleißig. Der Hauptmann kam herauf – wir sprachen von allerhand. – Nachmittags ging ich, nach einigen Studien, bald spazieren. Das Wetter war schön und ich heiter. Ich begegnete dem Magister, mit dem ich bis Topfstedt ging. Auf dem Rückwege fand ich Leute bei dem Grabe. Ich ging also nach Hause – packte ein – sprach nach Tisch noch mit der *Ma Chère* und Karolinchen von der ewig-guten. Nachher ging ich ins stille Land. Da bin ich noch einmal, ohnerachtet es sich im Anfang nicht so anließ, recht gerührt, recht innig bei ihr gewesen. Ich habe meinen Entschluß noch einmal beschworen – dann ging ich weg und zu Bett. Früh, gestern, fuhr der Hauptmann bis Artern mit mir – ich war recht aufgeräumt im schönen Wetter. In Sachsenburg begegneten wir Leuten, die einen ersoffenen Mann getragen brachten. In Artern aßen wir bei Semlers. Ich führte den Hauptmann herum, und dann trennten wir uns. Unterwegs hab ich viel gedacht. In Eisleben sah ich Mindermann einen Augenblick – auch George und Wilke. In Wiederstedt fand ich alle munter und wohl und vergnügt. Mit innigem Gebet an S. schlief ich ein. Heute stand ich sehr früh auf, mein Vater fuhr nach Klosterrode. Die Komtesse war sehr krank. Ich war früh sehr fleißig. Dann schwatzte ich einige Stunden mit der Mutter und den Schwestern, zog mich an, las ein Paket Akten vom Vater durch – ging in die Gärten mit Karolinen spazieren – und schwatzte erst mit der Mutter, dann mit Landvoigt bis zu Tisch. Die beiden Offiziers, die ich heute erwartete, kamen nicht. Nach der Sieste las ich, ging nachher mit Landvoigt zum Pastor, wo wir einige Stunden recht ruhig und angenehm zubrachten. Der Vater kam – die Komtesse befand sich besser. Mit dem Vater blieb ich den Rest des Abends in mannichfaltigen Gesprächen zusammen. Von Karl und dem alten Brachmann fand ich Briefe.

Im Ganzen hab ich die frohe Hoffnung in meiner Seele, daß ich leichter abkommen werde, als ich denke. Die Menschen scheinen einander unentbehrlicher, als sie sind. Meine M[utter] genießt mich wenig – so auch mein Vater. Meine Geschwister, nämlich die beiden älteren, werden mich vermissen lernen. Kurz, mein Verschwinden wird keinen solchen Eindruck machen, als ich befürchtete.

3. 4. 5. 77. 78. 79.

Früh fuhr mein Vater weg, dann war ich fleißig – Bek und Karoline verschwatzten mir einige Stunden – dann ging ich ein wenig spazieren und bis zu Tisch mit Bek in der Wirtschaft herum. Nach Tisch kam Elten ein wenig – ich ging herum – las, schrieb, und abends mit Landvoigt spazieren. – Gestern wollte mir's den ganzen Tag nicht recht gelingen. Ich war fast den ganzen Vormittag in freier Luft. Der Nachmittag ging auch in vergeblichen Anstrengungen hin. – Ich fing an zu zweifeln, zu zweifeln ohne Ende. Abends ging ich mit Karolinen ein wenig zum Pastor. Heute früh hatt ich Kopfschmerzen. Die Zweifel dauerten fort – ich tat sehr wenig – war sehr begehrlich. Heute Nachmittag ist es etwas besser.

Das Wetter ist seit geistern Nachm[ittag] kalt und feucht – einigemal hab ich mich mit Landvoigt im Gespräch vergessen. *Sonst bin ich fast immer ruhig und gelassen im Äußern gewesen.* An S. hab ich oft gewöhnlich gedacht. Der Entschluß steht fest. Heute gegen Abend und nach dem Essen hab ich mich ganz ruhig verhalten und gelassen und besonnen dem Pastor zugehört, und mit ihm gesprochen.

6. 80.

Heute früh war der Inspektor Senf da; fuhr aber gleich wieder weg. Ich bin den ganzen Tag fleißig und aufgelegt gewesen. Abends hatt' ich im Garten eine süße, heitre, höchstlebhafte Erinnerungsstunde.

Wer den Schmerz flieht, will nicht mehr lieben. Der Liebende muß die Lücke ewig fühlen, die Wunde stets offen erhalten. Gott erhalte mir immer diesen unbeschreiblichen lieben Schmerz, die wehmütige Erinnerung, diese mutige Sehnsucht, den männlichen Entschluß und den felsenfesten G l a u b e n . Ohne meine Sophie bin ich gar nichts, mit ihr alles.

Abends war ich bei Beks – ruhig und vergnügt.

7. 81.

Heute war ich mit meinen älteren Papieren beschäftigt – mein Kopf war hell. Nach Tisch kamen die Eltern und Sidonie von Gnadau zurück. Nachher ging ich ein wenig spazieren. – Abends war ich beim Vater und ganz spät ging ich, nachdem ich vorher eine sehr enthusiastische Viertelstunde der Erinnerung und Sehnsucht zugebracht, zu dem Pastor ein wenig hin. An Erasmus dacht ich mit Rührung, wie der Vater von ihm erzählte.

8. 82.

Heute früh antizipierte ich die Erinnerungsstunde. – Gelesen und geschrieben hab ich wenig. – An Karlen schickt ich einen Brief. Den ganzen Tag bin ich mit dem Vater umhergegangen. Mein Entschluß hat recht fest gestanden. Er wird nur noch zuweilen beräsonniert.

9. 83.

Der ganze Tag ist heute im Holze und auf dem Felde zugebracht worden. Die lüsterne Phantasie des Morgens veranlaßte nachmittags eine Explosion. Ich hatte vormittags Kopfschmerzen, nachmittags war ich desto munterer – auch abends sehr zum Denken aufgelegt. Bei Tisch schwatzt und erzählt ich einmal sehr viel – *more consueto.* Das einzige Gute fand ich heute – die Idee der unaussprechlichen Einsamkeit, die mich seit S. Tode umgibt – mit ihr ist für mich die ganze Welt ausgestorben. – Ich gehöre seitdem nicht mehr hierher.

10. 84.

Früh in Eisleben – heiter und hell. – Wir kamen zu Tisch wieder. Unterwegs hab ich meinem Vater viel von den Grüningischen erzählt. Nachmittags war ich sehr gut gestimmt – sehr ruhig und geistig. Ich schrieb manches auf und blieb bei meinen ältern Papieren bis abends. Nach Tisch war ich beim Vater. Der Republikanismus ist wieder recht lebendig in mir erwacht. An meine S. hab ich nur flüchtig gedacht.

11. 85.

Mindermann war heute von Eisleben hier. Bek war den ganzen Morgen auf meiner Stube. Nur früh und nachmittags beim Kaffee hab ich etwas geschrieben und gelesen. Abends hab ich einige lebhafte Erinnerungen gehabt. Auf den Herbst freu ich mich ungeduldig. Gegen Ängstlichkeit i. e. gegen willkührliche Wahnbegriffe muß ich auf meiner Hut sein. Fröhlich, wie ein junger Dichter, will ich sterben.

12. 13. 86. 87.

Gestern war Nimrodt da. Beide Tage habe ich nichts getan und wenig gedacht. Ich bin beständig mit dem Vater gewesen. Recht lebhaft hab ich beide Tage mich nach Einsamkeit und baldigem Fortkommen gesehnt.

Sie ist gestorben, so sterb ich auch, die Welt ist öde.

Selbst meine philosophischen Studien sollen mich nicht mehr stören. In tiefer, heitrer Ruh will ich den Augenblick erwarten, der mich ruft.

14. 88.

Wer Sie ausschließt, schließt mich aus. *Das Engagement war nicht für diese Welt.* Ich soll hier nicht vollendet werden. – Alle Anlagen sollen nur berührt und rege sein. Der ganze Tag verging mit Nichtstun. – Ich fühlte mich entsetzlich träg und zu nichts nütze. Indisposition des Körpers – Veränderliches Wetter – Lebensart – Gesellschaft – Müßiggang – Zu wenig Beschäftigung mit Ihr sind die Ursachen meiner Unlust.

15. 89.

Auch heute fühl ich diese Trägheit und Unlust – Mein Vater fuhr heute früh weg – Nur nachdem ich vor Tisch wieder geschlafen hatte, fühlt ich mich einmal wieder in meinen alten Empfindungen und Erinnerungen lebendig.

Ohne Sie, was hab ich? Nie mag ich den Augenblick vergessen, wo ich früh um 9 Uhr, den 21. März, Antons Brief las und die entsetzlichen Worte: »unsere verewigte Sophie« und nachher im Briefe des Kreisamtmanns – »unsre verklärte Freundin«. Gott im Himmel – wie kann ich nur oft lau und kalt sein.

Tagebuch

Vom 16ten bis zum 29sten Junius.

Den 16ten fühlt ich mich entsetzlich träge und unlustig – so auch den 17ten früh – hier erwachte jedoch plötzlich, nach einer Befriedigung einer fantastischen Lust, *Vis et Robur.* Ich beschloß künftig häufige körperliche Anstrengungen und Hut für Trägheit. Demzufolge ging ich noch denselben Tag nachmittags im stürmischheitern Wetter mit Landvoigt nach Ballenstedt. Wir besuchten Nimrodt. Unterwegs sprach ich viel mit Landvoigt über Schlegel und über mich selbst. Den andern Morgen um 1/2 5 Uhr gingen wir mit schon ziemlich müden Beinen unter Sonnenschein nach Thale. Der schöne Weg ward mir ziemlich sauer. Nach einer kurzen Ruh und Erquickung bestiegen wir den herrlichen Roßtrapp. Der Herunterweg machte mich fertig. Nach dem Mittagsmahl fuhren wir nach Ballenstedt zurück und brachten einen prächtigen Abend im Garten zu. Den andern Tag gingen wir nach Wiederstedt zurück. Wir sprachen viel von Philosophie. Ich wußte gut mir zu helfen und sprach recht leidlich. Von Quenstedt, wo der Pastor und seine Frau zu uns stießen, ward mir das Gehn sehr schwer und der Hals tat mir von vielem Reden weh. Nachmittags hatt ich mich aber in Wiederstedt wieder so erholt, daß ich denselben recht angenehm gesellig im Garten zubrachte.

Den Dienstag gingen die Kinder mit Landvoigt weg. Dienstag und Mittwoch hab ich müßig und ohne viel zu denken hingebracht. Ich habe nichts getan, als die Endorfschen Akten gelesen. Mit Elten hab ich mich viel unerhalten und bin überhaupt sehr aufgeräumt gewesen und habe die Gesellschaft belustigt. So auch auf der ganzen Retourreise. Mittwoch Nachmittag hab ich ein Stündchen mit Elten über meine Situation gesprochen. Donnerstag Nachmittag sind wir in schönem Wetter nach Köthen gereist – wo ich mir von dem dortigen Buchhändler das Kampanertal und den Mückenalmanach holte. Freitag früh kamen wir im Regenwetter nach Dessau. Nachmittags hellte sich aber der Himmel auf, und wir fuhren am köstlichsten Abend in Wörlitz ein. Auch der Sonnabend war schön. – Den Tag vollendeten wir die den ersten Abend gleich angefangene Ansicht des Gartens. Der Fürst fuhr mit Gesellschaft und Musik nachmittags auf den Gondeln. Sonntags sahen wir das Schloß, das gotische Haus, und fuhren abends im himmlischen Wetter mit dem Kriegsrat von Viereck und seiner Frau auf der Gondel. Karoline war die ganzen Tage über krank. Ich las das Kampanertal mit vieler Freude diese Tage. Poland hatte mir von Weißenfels einen Brief von Schl[egel] mitgebracht, der wieder meine philosophierende Kraft in Tätigkeit setzte. Den Montag, wo wir nach Halle fuhren, und unterwegs in Dessau Georgium besahen, hatt ich zuweilen einen hellen Gedanken. Dienstag Mittag kamen wir wieder hier wohlbehalten an. Das Kanapee, worauf mein seliger Bruder soviel gelitten hat, affizierte mich sehr. Den Nachmittag kramte ich auf und fand mich Abend hell, denkend. Gestern früh schrieb ich philosophische Gedanken von Wert auf, las in Schellings Briefen über Dogm[atismus] und Kritiz[ismus], fuhr mit meinem Vater nach Köthen, schrieb nachmittags an Karl, ging zu Severin und abends mit Hamlett zu Bette. Heute früh las ich in Schellings Ich, in Schlegels Griechen, und machte die Rechnung für den Vater. Nach Tisch las ich wieder in den Griechen, ging spazieren, und phantasierte mir, was ich wohl beginnen würde, wenn ich Kurfürst von Sachsen wäre. Zu Hause machte ich mich an den Meßkatalog – versuchte eine Übersicht desselben. Müde von dieser Beschäftigung ging ich abermals aus – das Wetter war herrlich – und machte literairische Pläne. Besonders gefiel mir die Idee eines Journals unter dem Titel: Beiträge zur wissenschaftlichen Geschichte der Menschheit. Historisch philosophische Übersichten, wie z. B. mein Plan der Bearbeitung des Meßkatalogs, reizen mich sehr und dünken mir sehr nützlich. Mein Kopf war diesen Abend sehr hell. Ich fühle mich überhaupt um manchen Schritt vorgerückt. Auch mein Gedächtnis, meine Beobachtungsgabe und mein Ausdruck gewinnt. Meine Besonnenheit muß aber noch sehr steigen. Es gibt noch unendliche Lakunen. Mein Entschluß steht ganz unwandelbar. Seit der Reise nach dem Roßtrapp bin ich wieder ziemlich mit mir zufrieden. – Es muß aber immer besser werden. Besonnenheit und Ruhe ist die Hauptsache. Laß vorzüglich auch die Aufmerksamkeit auf gefälliges und vorsichtiges Betragen gegen den Vater nicht aus der Acht – hüte dich im Umgang mit Schlegeln, übe dich unaufhörlich in besonnener Wirksamkeit, habe Söfchen stets vor Augen – vergiß nicht die Kürze von drei Monaten – übernimm dich nicht – *Sei mäßig* – und überlaß dich nicht zu sehr deinem Hange *zu vexieren und zu belustigen. Jetzt schickt es sich doch nicht mehr recht für dich – wenigstens sehr mit Maß. Christus und Sophie.*

30sten Junius 104.

Gestern Abend im Bett erinnerte ich mich lebhaft an Sophie. Heute fuhren wir nach Dürrenberg. Nachmittags blättert ich in Schellings Ich und ging nachher spazieren – kam mit vielen Gedanken nach Hause – schrieb auf – und verplauderte den Rest des Abends mit den Eltern auf Karolinens Stube.

1sten Julius 105.

Ich las früh in Schelling. Dann schrieb ich mit ziemlich stumpfen Sinnen an den Kr[eis] A[mtmann]. Nach Tisch vollendete ich den Brief und einen nach Grüningen. Dann ging ich spazieren – der Abend war einer der schönsten, die es gibt. Ich hatte einige Ideen über Ästhetik, nur war mein Kopf zu stumpf sie auszudenken. Abends schrieb ich an Schlegel. An S. denk ich recht oft – Selten gerührt – aber doch innig. Es scheint mir aber, als sollt ich meinen Erinnerungen doch noch mehr Zeit und Nachdenken widmen und mehr äußerlich in Ihrem Andenken leben.

Zuviel gegessen habe ich heut wieder. O! ohne Sitten werd ich meines bessern Selbst nicht gewiß.

2ten Julius 106–6ten Julius 110.

Sonntag früh Schelling. Dann Rechnung für den Vater. Nachmittags nach Merkendorf – Abends Bösen getroffen – Schellings Ideen erhalten – Montag früh nach Dürrenberg. Nachmittags kam Böse zu mir – dann kamen Schlegel und Langermann. Seitdem ist viel geschwatzt, polemisiert, gescherzt und radotiert worden, bis auf den heutigen Tag. Mich ruiniert diese Lebensart gänzlich. Mittwoch hätt ich recht für mich genießen können, als den Tag der ersten Operation. Dienstag hat mir Langermann viel Gutes vom Kirschlorbeerwasser erzählt. Heute früh ein ernsthaftes Gespräch über den Selbstmord mit Langermann. Nachmittags nach G o s e c k gefahren.

Ich will nach Kösen, um allein zu sein. Sie bleibt immer mein einziges Gut. Menschen passen sich nicht mehr für mich, so wie ich nicht mehr unter die Menschen passe.

14ten April 1799 [vielmehr: 9ten August 1797].

Vor dreiundzwanzig Jahren betratst du, guter seliger Erasmus, zuerst den rauhen Pfad, der dich bis hierher geführt hat. Heute, zum erstenmal seitdem, geht dieser Tag ungefeiert vorüber und statt der ehemaligen Glückwünsche drängt sich ein banger Seufzer hervor. Du bist aus unserer Mitte geschieden, und wir haben nichts von dir mehr übrig als das Andenken an dein Leiden. Zur Verpflanzung in ein besser Land wählt man gern Pflanzen aus stiefmütterlichem Boden. Sauer ist dir deine Wallfahrt geworden. Schwer waren die letzten Schritte. Nun ists vorüber. Du blühst unter freundlicherm Himmel, und wir rennen und sehnen uns nach dem alten Gefährten und fühlen so drückend das Blei an unsern Füßen.

Den 15ten April 1800.

Süße Wehmut ist der eigentliche Charakter einer echten Liebe – das Element der Sehnsucht und Vereinigung.

Es gibt so manche Blumen auf dieser Welt, die überirdischen Ursprungs sind, die in diesem Klima nicht gedeihen und eigentlich Herolde, rufende Boten eines bessern Daseins sind. Unter diese Blumen gehört vorzüglich Religion und Liebe.

Das höchste Glück ist seine Geliebten gut und tugendhaft zu wissen. Die höchste Sorge ist die Sorge für ihren Edelsinn.

Aufmerksamkeit auf Gott und Achtsamkeit auf jene Momente, wo der Strahl einer himmlischen Überzeugung und Beruhigung in unsre Seelen einbricht, ist das Wohltätigste, was man für sich und seine Lieben haben kann.

Den 16ten April.

Die Fröhlichkeit löst allmählich alle Bande. Daher schickt sie sich nicht für die Jahre und Stände, wo die Erhaltung und Befestigung jener Bande eine heilige, höhere Pflicht wird. Eheleute dürfen nicht mehr jenen jugendlichen Festen beiwohnen. Ein milder Ernst ist ihre nötige Stimmung, und eine klare Besonnenheit, eine Hütung ewiger Verhältnisse ihr Beruf.

Wem es einmal klar geworden ist, daß die Welt Gottes Reich ist, wen einmal die große Überzeugung mit unendlicher Fülle durchdrang, der geht getrost des Lebens dunklen Pfad und sieht mit tiefer, göttlicher Ruhe in die Stürme und Gefahren desselben hinein.

Den 17ten April.

Ein schuldloses Herz, und Bewußtsein eines guten Willens und einer lobenswerten Tätigkeit steht unter allen beruhigenden Mitteln oben an.

Den 23sten April.

Wo schläft ein Kind wohl sicherer, als in der Kammer seines Vaters.

Den 25sten Junius 1800.

Heftige Gewitter und andre Unterbrechungen des bürgerlichen Lebens sind poetische Irruptionen und Heilkräfte des einschlummernden Lebensgenusses.

Den 22sten Julius.

Es gibt unendlich viel unbekanntes Unglück, aber es gibt auch gewiß unendlich viel unbekannte Wohltaten Gottes.

Die äußern Umstände machen schlechterdings nicht unser eigentliches Glück oder Unglück aus, sondern sie sind nur die willkürlichen Sprachzeichen eines unbekannten innern Geistes, dessen Dasein oder Entfernung jene Nüancen bestimmt. Der wahre glückliche oder unglückliche Zustand ist schlechthin unbestimmbar und i n d i v i d u e l l. Jede Stunde, wo man von Unglück reden hört, ist eine Erbauungsstunde.

Den 27sten Julius.

Ich will nicht klagen mehr, ich will mich froh erheben
Und wohl zufrieden sein mit meinem Lebenslauf
Ein einzger Augenblick, wo Gott sich mir gegeben,
Wiegt jahrelange Leiden auf.

Wenn man recht fleißig an die unendliche Unsicherheit der menschlichen Glücksgüter denkt, so muß man endlich gleichgültig und mutig werden.

Alle Ängstlichkeit kommt vom Teufel. Der Mut und die Freudigkeit ist von Gott.

Was ist eine ängstliche Stunde, eine peinvolle Nacht, ein trüber Monat gegen die lange, glückliche Ewigkeit.

Ist denn J[ulie] glücklicher und sichrer mit mir, als mit Gott?

Nur Glauben, Herr, und Zuversicht,
So fürcht ich mich für mich und die Geliebte nicht.

Die Zukunft ist nicht für den Kranken – nur der Blick des Gesunden kann sich dreist in ihre wunderlichen Wogen verlieren. Unglück ist der Beruf zu Gott. Heilig kann man nur durch Unglück werden, daher sich auch die alten Heiligen selbst in Unglück stürzten.

Wo Sophie und Erasmus wachen, kann ich wohl ruhig sein.

Laß uns unsern Herrn im Himmel loben,
Glauben kommt und Heiterkeit von oben.

Alles, was wir Zufall nennen, ist von Gott.

Mußte nicht Christus seine Mutter auch unendlich leiden sehn? O! er weiß, wie einem zumute ist, wenn man seine Geliebten leiden sieht, weil wir leiden.

Du hast so viele Lieben um dich und genießest so wenig ihre Liebe.

Die Liebe sollte eigentlich der wahre Trost und Lebensgenuß eines echten Christen sein.

Wenn nur körperliche Unruhe nicht immer Seelenunruhe würde! Auf den Körper läßt sich nicht immer würken; aber in der Seele sollte man sich die Herrschaft mit Gottes Hülfe zu erwerben suchen, um recht ruhig zu sein.

Ist die Seele ruhig, so wird auch der Körper bald beruhigt.

Man sollte sich schämen, wenn man es nicht mit den Gedanken dahin bringen könnte, zu denken, was man wollte. Bitte Gott um seinen Beistand, daß er dir die ängstlichen Gedanken verjagen helfe. Lerne nur erst einen ängstlichen Gedanken auch gleich als solchen kennen. Mit innigem Gebet und festem Vorsatz ist vieles möglich. Sobald du ängstlich wirst und traurige, bängliche Vorstellungen sich dir aufdringen, fange an, recht herzlich zu beten. Gelingts die ersten Male nicht, so gelingts gewiß mit der Zeit.

Hat man Gott im Herzen, so grübelt man nicht. Man hat nur Eine große, erhebende Empfindung in seiner Seele. Aus dem göttlichen Gesichtspunkte gibt's keine Wolken – da ist nur Ein Glanz, Eine Herrlichkeit. Der Mann ist anders, als das Kind. Mannsein kommt von Gott. Die Alten waren immer fröhlich. Was nicht gleich helfen will, hilft nach gerade. Nur nicht den Mut und den Glauben verloren. Stelle dir vor, du seist ein Fremder und müßtest dich trösten – Würdest du da nicht oft sagen – Herr, sein Sie kein Kind! Die Bänglichkeit geht vorüber – Ein Mann und Christ muß auch Bangigkeit geduldig ertragen. Heißt das Christentum, so kleinmütig zu sein? Habt Ihr denn nicht einen Funken Stolz und Scham in Eurem Herzen? Schämt Euch, großer Mensch, vor Euch selbst. Hat Euch darum der liebe Gott so harte Prüfungen zugeschickt, daß Ihr gleich verzagen müßt? Es wird besser, und statt kindlich dankbar zu sein, bangt Ihr wie ein Weib.

Wer eine reizbare Seele hat, bei dem weckt ganz natürlich die Gegenwart Eines Unglücks die ganze Schar des andern Unglücks auf, und nun gehts im Sturm und Zittern alles bunt durcheinander, ohne Verstand und Überlegung.

Den 1sten September.

Heute hatte ich einen äußerst gesegneten Tag. Nur früh einige leise Anwandlungen von Ängstlichkeit. Nachher den ganzen Tag unaussprechlich ruhig, stark, mutig, frei und gelassen. Ich habe Gott recht herzlich gedankt. Ach! um meiner guten Julie willen; auch wegen meiner andern Lieben. Ich sehe schon tausend Früchte dieser trüben Stunden. Die Liebe der Meinigen und andrer guter Menschen, die Pflichten gegen Kranke und Notleidende, das hohe Glück der innern Gesundheit und Ruhe, die innigere Anhänglichkeit an Gott und Jesus, der Trost eines unbescholtenen Lebenswandels und eines sanften, gutmütigen Bezeugens gegen andere Menschen – alles ist mir klarer, deutlicher und kräftiger geworden. Auch über die Natur der Angst und die Mittel, sie wenigstens zu mäßigen, habe ich einige wohltätige Erfahrungen gemacht. Sobald eine b e s t i m m t e Empfindung kommt, ist die Angst weg. Die Angst ist ein Schwanken, eine Ungewißheit, meist körperlich. Der Gesunde ist immer ruhig, selbst unter den schlimmsten Umständen.

Am 6ten September.

Wenn man sich nur immer recht lebhaft sagen könnte, daß die Angst meist körperlich ist. Mein Magen hat mir lediglich vorgestern und gestern die trüben und unruhigen Stunden verursacht. Heute früh währte es nur eine Weile. Sobald ich den Magen gestärkt, ward ich unbeschreiblich ruhig und heiter, und habe so bis jetzt zugebracht. Die Welt wird dann in einem Augenblick anders. Selbst das Traurigste erscheint mild, und man findet wieder an allem Behagen – an Arbeiten, Gehn, Sitzen, Gesellschaft etc. Alle Hoffnungen erwachen; der Nebel verschwindet, und der innigste Dank gegen Gott erfüllt uns auf das Wohltätigste. Ruhe ist der wahre Zustand des Menschen. Für den Ruhigen ist jede äußre Lage erträglich, und selbst angenehm. Es ist nicht das fatale Treiben zu spüren, und selbst Langeweile erträgt sich leicht. Dem Ruhigen ist alles leicht und bequem. Alle Vorstellungen, alle Gedanken an Religion werden kräftig und erfreulich, und die wahrhaft himmlische Luft der Tätigkeit erwacht mit Kraft.

Ich kann noch lange Blut auswerfen – aber wird das helfen, daß ich mich jedesmal von neuem ängstige? Angst schadet – Mut stärkt. So ein Zufall verliert sich nicht gleich. Des Herrn Wille geschehe – nicht der meinige. Ich muß darauf gefaßt sein und denken, es wird sich schon nach gerade verlieren. Hat es der Rektor doch zwei Jahre gehabt. Geduld und Ergebung in den Willen Gottes sind die besten Hülfsmittel. Auch diese Läuterung soll ich empfahen. Gott weiß die Zeit der Krankheit, denn jegliche Krankheit hat ihre Zeit. Fein kindlich, das ist das Beste. Es ist nichts schwerer; als mit sich selbst Geduld haben – seine eigne Schwachheit zu tragen. Gott hilft zu allem.

Lehrjahre der höhern Lebenskunst, Studien der Gemütsbildung.

Den 8ten Oktober 1800.

Der Unruhe und Angst zu widerstehn, dazu gehört die höchste Geduld. Es ist aber auch das beste Hülfsmittel dagegen.

Allemal folgt die höchste Ruhe auf unruhige Momente. Nachgiebigkeit gegen ängstliche Wünsche vermehrt die Disposition. Trotz und absichtliche Hingebung sind sehr heilsam.

Heute war ich sehr heiter und behaglich. Ich habe mit Lust und gut gearbeitet. Es entstand geistige Wärme, und die männlichste Entschlossenheit erfüllte mich.

Ganz spät abends drohte ein Anfall. Ich war sehr ängstlich.

Den 9ten Okt[ober].

Heute früh war ich zwar etwas ängstlich. Indes hab ich doch fleißig gearbeitet und mich nicht stören lassen. Morgen kann wieder das Blut in Ruhe und die alte Behaglichkeit hergestellt sein. Ich will mich möglichst immer weniger stören lassen in meinen Geschäften – geduldig auf bessre Zeiten warten und die kränklichen

Schwachheiten und Ängstlichkeiten abschaffen, z. B. die Angst nach Gesellschaft.

O! daß ich Märtyrersinn hätte?

Wähl ich nicht alle meine Schicksale seit Ewigkeiten selbst? Jeder trübe Gedanke ist ein irdischer, vorübergehender Gedanke der Angst.

Jede trübe Stimmung ist Illusion.

Die Ängstlichkeit dauerte bis abends um fünf Uhr. Nachher ward ich äußerst heiter, wozu besonders der genehmigte Plan kam, gleich nach Siebeneichen reisen zu dürfen, der mich sehr belebte. Ganz spät kam eine Beängstigung, wahrscheinlich von Blähungen, die bald abgingen, und ich vermochte durch innige religiöse Vorstellungen das fatale Erschrecken zu vermeiden. Die Stunden nach dem Aufstehen und die nach Tische sind vorzüglich Ängstlichkeiten günstig.

Den 16ten Oktob[er].

Seither hab ich mich sehr wohl befunden und keinen Anfall von Ängstlichkeit gehabt. Dies beweist deutlich, daß alle Ängstlichkeit ganz unabhängig von äußern Umständen ist.

Am besten ist es, wenn man den Sinn hat, alles Geschehene mit freudigem Herzen wie eine Wohltat Gottes hinzunehmen. Durch Gebet erlangt man alles. Gebet ist eine universale Arznei.

Jetzt vor der Hand hab ich auf zwei Fälle zu denken, 1. auf den Fall, daß ich heirate, 2. daß ich nicht heirate. Ich werde, wenn ich erst mit Weigel gesprochen habe, umständlich an Röschlaub schreiben, Opium und Mandelwasser anschaffen. – *ad 1)* gibt sich alles von selbst. Dann hab ich nur um Entschlossenheit und Pflichtgefühl zu bitten, und auf Arbeit und Zerstreuung zu denken. *ad 2)* muß ich mich mit Lektüre versehn. Als 1. *Script. rer. Germ.* 2. Sächsische Geschichte. 3. Gibbon. 4. Thucydides. 5. Livius. 6. Tacitus. Sallust. 7. Schmidts Geschichte der Deutschen. Bei unserm Hofmeister las ich die lat[einischen] Geschichtsbücher, und er kann mir Gesellschaft leisten und vorlesen. *Bodé* aus Humens franz. Geschichte von England, die in Schlöben ist, oder sonst französische Bücher. Ich mache mich mit dem Superintendenten und dem neuen Direktor bekannt – sehe mehrere Leute als Bösen, Zentschen, Schaufuß, Schlegels, in Burgw., Wirker usw. Wird es schlimmer, so verreis' ich nach Leipzig, Bamberg oder Jena. Sonst reis' ich viel mit dem Vater, und bin fleißig in der Mathem[atik] usw. Wenn ich nicht heirate, will ich nach Reichenhall und Klagenfurt.

5

Urtöne meiner Empfindung

Bei mir grenzt Einfalt und Natur so nahe an Größe und Hochempfindung, daß die größte Naivetät in der Sprache des innern, geistigen Gefühls, der reinste aber kunstloseste, einfachste Klang des gerührten Organs meine Seele, ich nehme dies unbedeutende, kalte Wort in dem heiligen, hohen Sinne, der auch in der sinnlichen Benennung dieser Unaussprechlichen, Unbenennbaren weben sollte, erhebt und beseligt. Es werde Licht, und es ward, die Seele, die das empfand, aus deren sinnlichem Sprachorgan diese herzerhebende, gleichsam anschauliche, sichtbare Schöpfung hervorklang, muß den höchsten Sinn, daß süßeste Umfassen der alllebendigen, allschaffenden Gottheit gehabt haben, und wohl jedem, der dieses besitzt: Du weiß, Bester, wie meine Seele sich zu diesen Vorstellungen hinneigt, wie ganz drinn versunken sie so selig schwärmt.

Fragmente

1

Blütenstaub

Freunde, der Boden ist arm, wir müssen reichlichen Samen
Ausstreun, daß uns doch nur mäßige Ernten gedeihn.

1. Wir suchen überall das Unbedingte, und finden immer nur Dinge.

2. Die Bezeichnung durch Töne und Striche ist eine bewundernswürdige Abstraktion. Vier Buchstaben bezeichnen mir Gott; einige Striche eine Million Dinge. Wie leicht wird hier die Handhabung des Universums, wie anschaulich die Konzentrizität der Geisterwelt! Die Sprachlehre ist die Dynamik des Geisterreichs. Ein Kommandowort bewegt Armeen; das Wort Freiheit Nationen.

3. Der Weltstaat ist der Körper, den die schöne Welt, die gesellige Welt, beseelt. Er ist ihr notwendiges Organ.

4. Lehrjahre sind für den poetischen, akademische Jahre für den philosophischen Jünger. Akademie sollte ein durchaus philosophisches Institut sein: nur Eine Fakultät; die ganze Einrichtung zur Erregung und zweckmäßigen Übung der Denkkraft organisiert.

5. Lehrjahre im vorzüglichen Sinn sind die Lehrjahre der Kunst zu leben. Durch planmäßig geordnete Versuche lernt man ihre Grundsätze kennen und erhält die Fertigkeit nach ihnen beliebig zu verfahren.

6. Ganz begreifen werden wir uns nie, aber wir werden und können uns weit mehr, als begreifen.

7. Gewisse Hemmungen gleichen den Griffen eines Flötenspielers, der um verschiedene Töne hervorzubringen, bald diese bald jene Öffnung zuhält, und willkürliche Verkettungen stummer und tönender Öffnungen zu machen scheint.

8. Der Unterschied zwischen Wahn und Wahrheit liegt in der Differenz ihrer Lebensfunktionen. Der Wahn lebt von der Wahr-

heit; die Wahrheit hat ihr Leben in sich. Man vernichtet den Wahn, wie man Krankheiten vernichtet, und der Wahn ist also nichts, als logische Entzündung oder Verlöschung, Schwärmerei oder Philisterei. Jene hinterläßt gewöhnlich einen scheinbaren Mangel an Denkkraft, der durch nichts zu heben ist, als eine abnehmende Reihe von Inzitamenten, Zwangsmitteln. Diese geht oft in eine trügliche Lebhaftigkeit über, deren gefährliche Revolutionssymptome nur durch eine zunehmende Reihe gewaltsamer Mittel vertrieben werden können. Beide Dispositionen können nur durch chronische, streng befolgte Kuren verändert werden.

9. Unser sämtliches Wahrnehmungsvermögen gleicht dem Auge. Die Objekte müssen durch entgegengesetzte Media durch, um richtig auf der Pupille zu erscheinen.

10. Die Erfahrung ist die Probe des Rationalen, und so umgekehrt. Die Unzulänglichkeit der bloßen Theorie in der Anwendung, über die der Praktiker oft kommentiert, findet sich gegenseitig in der rationalen Anwendung der bloßen Erfahrung, und wird von den echten Philosophen, jedoch mit Selbstbescheidung der Notwendigkeit dieses Erfolgs, vernehmlich genug bemerkt. Der Praktiker verwirft deshalb die bloße Theorie ganz, ohne zu ahnden, wie problematisch die Beantwortung der Frage sein dürfte: »Ob die Theorie für die Anwendung, oder die Anwendung um der Theorie willen sei?«

11. Das Höchste ist das Verständlichste, das Nächste, das Unentbehrlichste.*

12. Wunder stehn mit naturgesetzlichen Wirkungen in Wechsel: sie beschränken einander gegenseitig, und machen zusammen ein Ganzes aus. Sie sind vereinigt, indem sie sich gegenseitig aufheben. Kein Wunder ohne Naturbegebenheit und umgekehrt.

13. Die Natur ist Feindin ewiger Besitzungen. Sie zerstört nach festen Gesetzen alle Zeichen des Eigentums, vertilgt alle Merk-

* *In der Handschrift folgen die Worte:* Nur durch Unbekanntschaft mit uns selbst, Entwöhnung von uns selbst, entsteht hier eine Unbegreiflichkeit, die selbst unbegreiflich ist.

male der Formation. Allen Geschlechtern gehört die Erde; jedes hat Anspruch auf alles. Die frühern dürfen diesem Primogeniturzufalle keinen Vorzug verdanken. – Das Eigentumsrecht erlischt zu bestimmten Zeiten. Die Amelioration und Deterioration steht unter unabänderlichen Bedingungen. Wenn aber der Körper ein Eigentum ist, wodurch ich nur die Rechte eines aktiven Erdenbürgers erwerbe, so kann ich durch den Verlust dieses Eigentums nicht mich selbst einbüßen. Ich verliere nichts, als die Stelle in dieser Fürstenschule, und trete in eine höhere Korporation, wohin mir meine geliebten Mitschüler nachfolgen.

14. Leben ist der Anfang des Todes. Das Leben ist um des Todes willen. Der Tod ist Endigung und Anfang zugleich, Scheidung und nähere Selbstverbindung zugleich. Durch den Tod wird die Reduktion vollendet.

*15. Auch die Philosophie hat ihre Blüten. Das sind die Gedanken, von denen man immer nicht weiß, ob man sie schön oder witzig nennen soll.

16. Die Phantasie setzt die künftige Welt entweder in die Höhe, oder in die Tiefe, oder in der Metempsychose zu uns. Wir träumen von Reisen durch das Weltall: ist denn das Weltall nicht in uns? Die Tiefen unsers Geistes kennen wir nicht. – Nach Innen geht der geheimnisvolle Weg. In uns, oder nirgends ist die Ewigkeit mit ihren Welten, die Vergangenheit und Zukunft. Die Außenwelt ist die Schattenwelt, sie wirft ihren Schatten in das Lichtreich. Jetzt scheint es uns freilich innerlich so dunkel, einsam, gestaltlos, aber wie ganz anders wird es uns dünken, wenn diese Verfinsterung vorbei, und der Schattenkörper hinweggerückt ist. Wir werden mehr genießen als je, denn unser Geist hat entbehrt.

17. Darwin macht die Bemerkung, daß wir weniger vom Lichte beim Erwachen geblendet werden, wenn wir von sichtbaren Gegenständen geträumt haben. Wohl also denen, die hier schon

* *Die klein gedruckten Fragmente rühren von Friedrich Schlegel her.*

vom Sehn träumten! Sie werden früher die Glorie jener Welt ertragen können.

18. Wie kann ein Mensch Sinn für etwas haben, wenn er nicht den Keim davon in sich hat? Was ich verstehn soll, muß sich in mir organisch entwickeln; und was ich zu lernen scheine, ist nur Nahrung, Inzitament des Organismus.

19. Der Sitz der Seele ist da, wo sich Innenwelt und Außenwelt berühren. Wo sie sich durchdringen, ist er in jedem Punkte der Durchdringung.

20. Wenn man in der Mitteilung der Gedanken zwischen absolutem Verstehen und absolutem Nichtverstehen abwechselt, so darf das schon eine philosophische Freundschaft genannt werden. Geht es uns doch mit uns selbst nicht besser. Und ist das Leben eines denkenden Menschen wohl etwas andres als eine feste innere Symphilosophie?

21. Genie ist das Vermögen von eingebildeten Gegenständen, wie von wirklichen zu handeln, und sie auch wie diese zu behandeln. Das Talent darzustellen, genau zu beobachten, zweckmäßig die Beobachtung zu beschreiben, ist also vom Genie verschieden. Ohne dieses Talent sieht man nur halb, und ist nur ein halbes Genie; man kann genialische Anlage haben, die in Ermangelung jenes Talents nie zur Entwickelung kommt.

22. Das willkürlichste Vorurteil ist, daß dem Menschen das Vermögen außer sich zu sein, mit Bewußtsein jenseits der Sinne zu sein, versagt sei. Der Mensch vermag in jedem Augenblicke ein übersinnliches Wesen zu sein. Ohne dies wäre er nicht Weltbürger, er wäre ein Tier. Freilich ist die Besonnenheit, Sichselbstfindung, in diesem Zustande sehr schwer, da er so unaufhörlich, so notwendig mit dem Wechsel unsrer übrigen Zustände verbunden ist. Je mehr wir uns aber dieses Zustandes bewußt zu sein vermögen, desto lebendiger, mächtiger, zwingender ist die Überzeugung, die daraus entsteht; der Glaube an echte Offenbarungen des Geistes. Es ist kein Schauen, Hören, Fühlen; es ist aus allen dreien zusammengesetzt, mehr als alles dreies: eine Empfindung unmittelbarer Gewißheit, eine Ansicht meines wahrhaftesten, eigensten Lebens. Die Gedanken verwandeln sich in Geset-

ze, die Wünsche in Erfüllungen. Für den Schwachen ist das Faktum dieses Moments ein Glaubensartikel. Auffallend wird die Erscheinung besonders beim Anblick mancher menschlichen Gestalten und Gesichter, vorzüglich bei der Erblickung mancher Augen, mancher Mienen, mancher Bewegungen, beim Hören gewisser Worte, beim Lesen gewisser Stellen, bei gewissen Hinsichten auf Leben, Welt und Schicksal. Sehr viele Zufälle, manche Naturereignisse, besonders Jahrs- und Tageszeiten, liefern uns solche Erfahrungen. Gewisse Stimmungen sind vorzüglich solchen Offenbarungen günstig. Die meisten sind augenblicklich, wenige verweilend, die wenigsten bleibend. Hier ist viel Unterschied zwischen den Menschen. Einer hat mehr Offenbarungsfähigkeit, als der andere. Einer hat mehr Sinn, der andere mehr Verstand für dieselbe. Der letzte wird immer in ihrem sanften Lichte bleiben, wenn der erste nur abwechselnde Erleuchtungen, aber hellere und mannigfaltigere hat. Dieses Vermögen ist ebenfalls krankheitsfähig, die entweder Überfluß an Sinn und Mangel an Verstand, oder Überfluß an Verstand und Mangel an Sinn bezeichnet.

23. Scham ist wohl ein Gefühl der Profanation. Freundschaft, Liebe und Pietät sollten geheimnisvoll behandelt werden. Man sollte nur in seltnen, vertrauten Momenten davon reden, sich stillschweigend darüber einverstehen. Vieles ist zu zart um gedacht, noch mehres um besprochen zu werden.

24. Selbstentäußerung ist die Quelle aller Erniedrigung, sowie im Gegenteil der Grund aller echten Erhebung. Der erste Schritt wird Blick nach Innen, absondernde Beschauung unsers Selbst. Wer hier stehn bleibt, gerät nur halb. Der zweite Schritt muß wirksamer Blick nach Außen, selbsttätige, gehaltne Beobachtung der Außenwelt sein.

25. Derjenige wird nie als Darsteller etwas vorzügliches leisten, der nichts weiter darstellen mag, als seine Erfahrungen, seine Lieblingsgegenstände, der es nicht über sich gewinnen kann, auch einen ganz fremden, ihm ganz uninteressanten Gegenstand,

mit Fleiß zu studieren und mit Muße darzustellen. Der Darsteller muß alles darstellen können und wollen. Dadurch entsteht der große Stil der Darstellung, den man mit Recht an Goethe so sehr bewundert.

26. Hat man nun einmal die Liebhaberei fürs Absolute und kann nicht davon lassen: so bleibt einem kein Ausweg, als sich selbst immer zu widersprechen, und entgegengesetzte Extreme zu verbinden. Um den Satz des Widerspruchs ist es doch unvermeidlich geschehen, und man hat nur die Wahl, ob man sich dabei leidend verhalten will, oder ob man die Notwendigkeit durch Anerkennung zur freien Handlung adeln will.

27. Eine merkwürdige Eigenheit Goethes bemerkt man in seinen Verknüpfungen kleiner, unbedeutender Vorfälle mit wichtigern Begebenheiten. Er scheint keine andre Absicht dabei zu hegen, als die Einbildungskraft auf eine poetische Weise mit einem mysteriösen Spiel zu beschäftigen. Auch hier ist der sonderbare Genius der Natur auf die Spur gekommen, und hat ihr einen artigen Kunstgriff abgemerkt. Das gewöhnliche Leben ist voll ähnlicher Zufälle. Sie machen ein Spiel aus, das wie alles Spiel auf Überraschung und Täuschung hinausläuft.

Mehre Sagen des gemeinen Lebens beruhn auf einer Bemerkung dieses verkehrten Zusammenhangs. So z. B. bedeuten böse Träume Glück; totsagen langes Leben; ein Hase, der übern Weg läuft, Unglück. Fast der ganze Aberglaube des gemeinen Volks beruht auf Deutungen dieses Spiels.

28. Die höchste Aufgabe der Bildung ist, sich seines transzendentalen Selbst zu bemächtigen, das Ich seines Ichs zugleich zu sein. Um so weniger befremdlich ist der Mangel an vollständigem Sinn und Verstand für andre. Ohne vollendetes Selbstverständnis wird man nie andere wahrhaft verstehn lernen.

29. Humor ist eine willkürlich angenommene Manier. Das Willkürliche ist das Pikante daran. Humor ist Resultat einer freien Vermischung des Bedingten und Unbedingten. Durch Humor wird das eigentümlich Bedingte allgemein interessant, und erhält objektiven Wert. Wo Phantasie und Urteilskraft sich berühren, entsteht Witz; wo sich Vernunft und Willkür paaren, Humor.

Persiflage gehört zum Humor, ist aber um einen Grad geringer: sie ist nicht mehr rein artistisch, und viel beschränkter. Was Fr. Schlegel so scharf als Ironie charakterisiert, ist meinem Bedünken nach nichts anders als die Folge, der Charakter der Besonnenheit, der wahrhaften Gegenwart des Geistes. Schlegels Ironie scheint mir echter Humor zu sein. Mehre Namen sind einer Idee vorteilhaft.

30. Das Unbedeutende, Gemeine, Rohe, Häßliche, Ungesittete, wird durch Witz allein gesellschaftfähig. Es ist gleichsam nur um des Witzes willen: seine Zweckbestimmung ist der Witz.

31. Um das Gemeine, wenn man nicht selbst gemein ist, mit der Kraft und mit der Leichtigkeit zu behandeln, aus der die Anmut entspringt, muß man nichts sonderbarer finden als das Gemeine, und Sinn fürs Sonderbare haben, viel darin suchen und ahnden. Auf die Art kann auch wohl ein Mensch, der in ganz andern Sphären lebt, gewöhnliche Naturen so befriedigen, daß sie gar kein Arg aus ihm haben, und ihn für nichts weiter halten, als was sie unter sich liebenswürdig nennen.

32. Wir sind auf einer Mission: zur Bildung der Erde sind wir berufen.

33. Wenn uns ein Geist erschiene, so würden wir uns sogleich unsrer eignen Geistigkeit bemächtigen: wir würden inspiriert sein durch uns und den Geist zugleich. Ohne Inspiration keine Geistererscheinung. Inspiration ist Erscheinung und Gegenerscheinung, Zueignung und Mitteilung zugleich.

34. Der Mensch lebt, wirkt nur in der Idee fort, durch die Erinnerung an sein Dasein. Vor der Hand gibt's kein anderes Mittel der Geisterwirkungen auf dieser Welt. Daher ist es Pflicht an die Verstorbenen zu denken. Es ist der einzige Weg in Gemeinschaft mit ihnen zu bleiben. Gott selbst ist auf keine andere Weise bei uns wirksam als durch den Glauben.

35. Interesse ist Teilnahme an dem Leiden und der Tätigkeit eines Wesens. Mich interessiert etwas, wenn es mich zur Teilnahme zu erregen weiß. Kein Interesse ist interessanter, als was man an sich selbst nimmt; so wie der Grund einer merkwürdigen Freundschaft und Liebe die Teilnahme ist, zu der mich ein

Mensch reizt, der mit sich selbst beschäftigt ist, der mich durch seine Mitteilung gleichsam einladet, an seinem Geschäfte teilzunehmen.

36. Wer den Witz erfunden haben mag? Jede zur Besinnung gebrachte Eigenschaft, Handlungsweise unsers Geistes ist im eigentlichsten Sinn eine neuentdeckte Welt.

37. Der Geist erscheint immer nur in fremder, luftiger Gestalt.

38. Jetzt regt sich nur hie und da Geist: wann wird der Geist sich im Ganzen regen? wann wird die Menschheit in Masse sich selbst zu besinnen anfangen?

39. Der Mensch besteht in der Wahrheit. Gibt er die Wahrheit preis, so gibt er sich selbst preis. Wer die Wahrheit verrät, verrät sich selbst. Es ist hier nicht die Rede vom Lügen, sondern vom Handeln gegen Überzeugung.

40. In heitern Seelen gibt's keinen Witz. Witz zeigt ein gestörtes Gleichgewicht an: er ist die Folge der Störung und zugleich das Mittel der Herstellung. Den stärksten Witz hat die Leidenschaft. Der Zustand der Auflösung aller Verhältnisse, die Verzweiflung oder das geistige Sterben ist am fürchterlichsten witzig.

41. Von einem liebenswerten Gegenstande können wir nicht genug hören, nicht genug sprechen. Wir freuen uns über jedes neue, treffende, verherrlichende Wort. Es liegt nicht an uns, daß er nicht Gegenstand aller Gegenstände wird.

42. Wir halten einen leblosen Stoff wegen seiner Beziehungen, seiner Formen fest. Wir lieben den Stoff, insofern er zu einem geliebten Wesen gehört, seine Spur trägt, oder Ähnlichkeit mit ihm hat.

43. Ein echter Klub ist eine Mischung von Institut und Gesellschaft. Er hat einen Zweck, wie das Institut; aber keinen bestimmten, sondern einen unbestimmten, freien: Humanität überhaupt. Aller Zweck ist ernsthaft; die Gesellschaft ist durchaus fröhlich.

44. Die Gegenstände der gesellschaftlichen Unterhaltung sind nichts, als Mittel der Belebung. Dies bestimmt ihre Wahl, ihren

Wechsel, ihre Behandlung. Die Gesellschaft ist nichts, als gemeinschaftliches Leben: eine unteilbare denkende und fühlende Person. Jeder Mensch ist eine kleine Gesellschaft.

45. In sich zurückgehn, bedeutet bei uns, von der Außenwelt abstrahieren. Bei den Geistern heißt analogisch das irdische Leben eine innere Betrachtung, ein in sich Hineingehn, ein immanentes Wirken. So entspringt das irdische Leben aus einer ursprünglichen Reflexion, einem primitiven Hineingehn, Sammeln in sich selbst, das so frei ist, als unsre Reflexion. Umgekehrt entspringt das geistige Leben in dieser Welt aus einem Durchbrechen jener primitiven Reflexion. Der Geist entfaltet sich wiederum, geht aus sich selbst wieder heraus, hebt zum Teil jene Reflexion wieder auf, und in diesem Moment sagt er zum erstenmal Ich. Man sieht hier, wie relativ das Herausgehn und Hineingehn ist. Was wir Hineingehn nennen, ist eigentlich Herausgehn, eine Wiederannahme der anfänglichen Gestalt.

46. Ob sich nicht etwas für die neuerdings so sehr gemißhandelten Alltagsmenschen sagen ließe? Gehört nicht zur beharrlichen Mittelmäßigkeit die meiste Kraft? und soll der Mensch mehr als einer aus dem *Popolo* sein?

47. Wo echter Hang zum Nachdenken, nicht bloß zum Denken dieses oder jenes Gedankens, herrschend ist, da ist auch Progressivität. Sehr viele Gelehrte besitzen diesen Hang nicht. Sie haben schließen und folgern gelernt, wie ein Schuster das Schuhmachen, ohne je auf den Einfall zu geraten, oder sich zu bemühen, den Grund der Gedanken zu finden. Dennoch liegt das Heil auf keinem andern Wege. Bei vielen währt dieser Hang nur eine Zeitlang. Er wächst und nimmt ab, sehr oft mit den Jahren, oft mit dem Fund eines Systems, das sie nur suchten, um der Mühe des Nachdenkens ferner überhoben zu sein.

48. Irrtum und Vorurteil sind Lasten, indirekt reizende Mittel für den Selbsttätigen, jeder Last Gewachsenen. Für den Schwachen sind sie positiv schwächende Mittel.

49. Das Volk ist eine Idee. Wir sollen ein Volk werden. Ein

vollkommener Mensch ist ein kleines Volk. Echte Popularität ist das höchste Ziel des Menschen.

50. Jede Stufe der Bildung fängt mit Kindheit an. Daher ist der am meisten gebildete, irdische Mensch dem Kinde so ähnlich.

51. Jeder geliebte Gegenstand ist der Mittelpunkt eines Paradieses.

52. Das Interessante ist, was mich, nicht um mein selbst willen, sondern nur als Mittel, als Glied, in Bewegung setzt. Das Klassische stört mich gar nicht; es affiziert mich nur indirekt durch mich selbst. Es ist nicht für mich da, als klassisch, wenn ich es nicht setze, als ein solches, das mich nicht affizieren würde, wenn ich mich nicht selbst zur Hervorbringung desselben für mich bestimmte, anregte; wenn ich nicht ein Stück von mir selbst losrisse, und diesen Keim sich auf eine eigentümliche Weise vor meinen Augen entwickeln ließe. Eine Entwickelung, die oft nur einen Moment bedarf, und mit der sinnlichen Wahrnehmung des Objekts zusammenfällt, so daß ich ein Objekt vor mir sehe, in welchem das gemeine Objekt und das Ideal, wechselseitig durchdrungen, nur Ein wunderbares Individuum bilden.

53. Formeln für Kunstindividuen finden, durch die sie im eigentlichsten Sinn erst verstanden werden, macht das Geschäft des artistischen Kritikers aus, dessen Arbeiten die Geschichte der Kunst vorbereiten.

54. Je verworrener ein Mensch ist, man nennt die Verworrenen oft Dummköpfe, desto mehr kann durch fleißiges Selbststudium aus ihm werden; dahingegen die geordneten Köpfe trachten müssen, wahre Gelehrte, gründliche Enzyklopädisten zu werden. Die Verwornen haben im Anfang mit mächtigen Hindernissen zu kämpfen, sie dringen nur langsam ein, sie lernen mit Mühe arbeiten: dann aber sind sie auch Herren und Meister auf immer. Der Geordnete kommt geschwind hinein, aber auch geschwind heraus. Er erreicht bald die zweite Stufe: aber da bleibt er auch gewöhnlich stehn. Ihm werden die letzten Schritte beschwerlich, und selten kann er es über sich gewinnen, schon bei einem gewis-

sen Grade von Meisterschaft sich wieder in den Zustand eines Anfängers zu versetzen. Verworrenheit deutet auf Überfluß an Kraft und Vermögen, aber mangelhafte Verhältnisse; Bestimmtheit auf richtige Verhältnisse, aber sparsames Vermögen und Kraft. Daher ist der Verworrne so progressiv, so perfektibel, dahingegen der Ordentliche so früh als Philister aufhört. Ordnung und Bestimmtheit allein ist nicht Deutlichkeit. Durch Selbstbearbeitung kommt der Verworrene zu jener himmlischen Durchsichtigkeit, zu jener Selbsterleuchtung, die der Geordnete so selten erreicht. Das wahre Genie verbindet diese Extreme. Es teilt die Geschwindigkeit mit dem letzten und die Fülle mit dem ersten.

55. Das Individuum interessiert nur, daher ist alles Klassische nicht individuell.

56. Der wahre Brief ist seiner Natur nach poetisch.

57. Witz, als Prinzip der Verwandtschaften, ist zugleich das *menstruum universale.* Witzige Vermischungen sind z. B. Jude und Kosmopolit, Kindheit und Weisheit, Räuberei und Edelmut, Tugend und Hetärie, Überfluß und Mangel an Urteilskraft in der Naivetät und so fort ins Unendliche.

58. Der Mensch erscheint am würdigsten, wenn sein erster Eindruck der Eindruck eines absolut witzigen Einfalls ist: nämlich Geist und bestimmtes Individuum zugleich zu sein. Einen jeden vorzüglichen Menschen muß gleichsam ein Geist zu durchschweben scheinen, der die sichtbare Erscheinung idealisch parodiert. Bei manchen Menschen ist es als ob dieser Geist der sichtbaren Erscheinung ein Gesicht schnitte.

59. Gesellschaftstrieb ist Organisationstrieb. Durch diese geistige Assimilation entsteht oft aus gemeinen Bestandteilen eine gute Gesellschaft um einen geistvollen Menschen her.

60. Das Interessante ist die Materie, die sich um die Schönheit bewegt. Wo Geist und Schönheit ist, häuft sich in konzentrischen Schwingungen das beste aller Naturen.

61. Der Deutsche ist lange das Hänschen gewesen. Er dürfte

aber wohl bald der Hans aller Hänse werden. Es geht ihm, wie es vielen dummen Kindern gehn soll: er wird leben und klug sein, wenn seine frühklugen Geschwister längst vermodert sind und er nun allein Herr im Hause ist.

62. Das beste an den Wissenschaften ist ihr philosophisches Ingrediens, wie das Leben am organischen Körper. Man dephilosophiere die Wissenschaften: was bleibt übrig? Erde, Luft und Wasser.

63. Menschheit ist eine humoristische Rolle.

64. Unsere alte Nationalität war, wie mich dünkt, echt römisch. Natürlich, weil wir auf eben dem Wege wie die Römer entstanden; und so wäre der Name Römisches Reich wahrlich ein artiger, sinnreicher Zufall. Deutschland ist Rom, als Land. Ein Land ist ein großer Ort mit seinen Gärten. Das Kapitol ließe sich vielleicht nach dem Gänsegeschrei vor den Galliern bestimmen. Die instinktartige Universalpolitik und Tendenz der Römer liegt auch im Deutschen Volk. Das Beste, was die Franzosen in der Revolution gewonnen haben, ist eine Portion Deutschheit.

65. Gerichtshöfe, Theater, Hof, Kirche, Regierung, öffentliche Zusammenkünfte, Akademien, Kollegien usw. sind gleichsam die speziellen, innern Organe des mystischen Staatsindividuums.

66. Alle Zufälle unsers Lebens sind Materialien, aus denen wir machen können, was wir wollen. Wer viel Geist hat, macht viel aus seinem Leben. Jede Bekanntschaft, jeder Vorfall, wäre für den durchaus Geistigen erstes Glied einer unendlichen Reihe, Anfang eines unendlichen Romans.

67. Der edle Kaufmannsgeist, der echte Großhandel, hat nur im Mittelalter und besonders zur Zeit der deutschen Hanse geblüht. Die Medicis, die Fugger waren Kaufleute, wie sie sein sollten. Unsere Kaufleute im Ganzen, die größten nicht ausgenommen, sind nichts als Krämer.

68. Eine Übersetzung ist entweder grammatisch, oder verändernd, oder mythisch. Mythische Übersetzungen sind Übersetzungen im höchsten Stil. Sie stellen den reinen, vollendeten Cha-

rakter des individuellen Kunstwerks dar. Sie geben uns nicht das wirkliche Kunstwerk, sondern das Ideal desselben. Noch existiert, wie ich glaube, kein ganzes Muster derselben. Im Geist mancher Kritiken und Beschreibungen von Kunstwerken trifft man aber helle Spuren davon. Es gehört ein Kopf dazu, in dem sich poetischer Geist und philosophischer Geist in ihrer ganzen Fülle durchdrungen haben. Die griechische Mythologie ist zum Teil eine solche Übersetzung einer Nationalreligion. Auch die moderne Madonna ist ein solcher Mythus.

Grammatische Übersetzungen sind die Übersetzungen im gewöhnlichen Sinn. Sie erfordern sehr viel Gelehrsamkeit, aber nur diskursive Fähigkeiten.

Zu den verändernden Übersetzungen gehört, wenn sie echt sein sollen, der höchste poetische Geist. Sie fallen leicht ins Travestieren, wie Bürgers Homer in Jamben, Popens Homer, die französischen Übersetzungen insgesamt. Der wahre Übersetzer dieser Art muß in der Tat der Künstler selbst sein, und die Idee des Ganzen beliebig so oder so geben können. Er muß der Dichter des Dichters sein und ihn also nach seiner und des Dichters eigner Idee z u g l e i c h reden lassen können. In einem ähnlichen Verhältnisse steht der Genius der Menschheit mit jedem einzelnen Menschen.

Nicht bloß Bücher, alles kann auf diese drei Arten übersetzt werden.

69. Im höchsten Schmerz tritt zuweilen eine Paralysis der Empfindsamkeit ein. Die Seele zersetzt sich. Daher der tödliche Frost, die freie Denkkraft, der schmetternde unaufhörliche Witz dieser Art von Verzweiflung. Keine Neigung ist mehr vorhanden; der Mensch steht wie eine verderbliche Macht allein. Unverbunden mit der übrigen Welt verzehrt er sich allmählig selbst und ist seinem Prinzip nach Misanthrop und Misotheos.

70. Unsere Sprache ist entweder mechanisch, atomistisch, oder dynamisch. Die echt poetische Sprache soll aber organisch, le-

bendig sein. Wie oft fühlt man die Armut an Worten, um mehre Ideen mit Einem Schlage zu treffen.

71. Dichter und Priester waren im Anfang Eins, und nur spätere Zeiten haben sie getrennt. Der echte Dichter ist aber immer Priester, so wie der echte Priester immer Dichter geblieben. Und sollte nicht die Zukunft den alten Zustand der Dinge wieder herbeiführen?

72. Schriften sind die Gedanken des Staats, die Archive sein Gedächtnis.

73. Je mehr sich unsere Sinne verfeinern, desto fähiger werden sie zur Unterscheidung der Individuen. Der höchste Sinn wäre die höchste Empfänglichkeit für eigentümliche Natur. Ihm entspräche das Talent der Fixierung des Individuums, dessen Fertigkeit und Energie relativ ist. Wenn der Wille sich in Beziehung auf diesen Sinn äußert, so entstehn die Leidenschaften für oder gegen Individualitäten: Liebe und Haß. Die Meisterschaft im Spiel seiner eignen Rolle verdankt man der Richtung dieses Sinns auf sich selbst bei herrschender Vernunft.

74. Nichts ist zur wahren Religiosität unentbehrlicher als ein Mittelglied, das uns mit der Gottheit verbindet. Unmittelbar kann der Mensch schlechterdings nicht mit derselben in Verhältnis stehn. In der Wahl dieses Mittelglieds muß der Mensch durchaus frei sein. Der mindeste Zwang hierin schadet seiner Religion. Die Wahl ist charakteristisch, und es werden mithin die gebildeten Menschen ziemlich gleiche Mittelglieder wählen, dahingegen der Ungebildete gewöhnlich durch Zufall hier bestimmt werden wird. Da aber so wenig Menschen einer freien Wahl überhaupt fähig sind, so werden manche Mittelglieder allgemeiner werden; sei es durch Zufall, durch Assoziation, oder ihre besondre Schicklichkeit dazu. Auf diese Art entstehn Landesreligionen. Je selbständiger der Mensch wird, desto mehr vermindert sich die Quantität des Mittelglieds, die Qualität verfeinert sich, und seine Verhältnisse zu demselben werden mannigfaltiger und gebildeter: Fetische, Gestirne, Tiere, Helden, Götzen, Götter, Ein Gott-

mensch. Man sieht bald, wie relativ diese Wahlen sind, und wird unvermerkt auf die Idee getrieben, daß das Wesen der Religion wohl nicht von der Beschaffenheit des Mittlers abhänge, sondern lediglich in der Ansicht desselben, in den Verhältnissen zu ihm bestehe.

Es ist ein Götzendienst im weitern Sinn, wenn ich diesen Mittler in der Tat für Gott selbst ansehe. Es ist Irreligion, wenn ich gar keinen Mittler annehme; und insofern ist Aberglaube oder Götzendienst und Unglaube oder Theismus, den man auch ältern Judaism nennen kann, beides Irreligion. Hingegen ist Atheism nur Negation aller Religion überhaupt, und hat also gar nichts mit der Religion zu schaffen. Wahre Religion ist, die jenen Mittler als Mittler annimmt, ihn gleichsam für das Organ der Gottheit hält, für ihre sinnliche Erscheinung. In dieser Hinsicht erhielten die Juden zur Zeit der Babylonischen Gefangenschaft eine echt religiöse Tendenz, eine religiöse Hoffnung, einen Glauben an eine künftige Religion, der sie auf eine wunderbare Weise von Grund aus umwandelte, und sie in der merkwürdigsten Beständigkeit bis auf unsre Zeiten erhielt.

Die wahre Religion scheint aber bei einer näheren Betrachtung abermals antinomisch geteilt in Pantheismus und Monotheismus. Ich bediene mich hier einer Lizenz, indem ich Pantheism nicht im gewöhnlichen Sinn nehme, sondern darunter die Idee verstehe, daß alles Organ der Gottheit, Mittler sein könne, indem ich es dazu erhebe: so wie Monotheism im Gegenteil den Glauben bezeichnet, daß es nur Ein solches Organ in der Welt für uns gebe, das allein der Idee eines Mittlers angemessen sei, und wodurch Gott allein sich vernehmen lasse, welches ich also zu wählen durch mich selbst genötigt werde: denn ohnedem würde der Monotheism nicht wahre Religion sein.

So unverträglich auch beide zu sein scheinen, so läßt sich doch ihre Vereinigung bewerkstelligen, wenn man den monotheistischen Mittler zum Mittler der Mittelwelt des Pantheism macht, und diese gleichsam durch ihn zentriert, so daß beide einander jedoch auf verschiedene Weise notwendig machen.

Das Gebet oder der religiöse Gedanke besteht also aus einer dreifach aufsteigenden, unteilbaren Abstraktion oder Setzung. Jeder Gegenstand kann dem Religiösen ein Tempel im Sinn der Auguren sein. Der Geist dieses Tempels ist der allgegenwärtige Hohepriester, der monotheistische Mittler, welcher allein im unmittelbaren Verhältnisse mit der Gottheit steht.

75. Die Basis aller ewigen Verbindung ist eine absolute Tendenz nach allen Richtungen. Darauf beruht die Macht der Hierarchie, der echten Maçonnerie, und des unsichtbaren Bundes echter Denker. Hierin liegt die Möglichkeit einer Universalrepublik, welche die Römer bis zu den Kaisern zu realisieren begonnen hatten. Zuerst verließ August diese Basis, und Hadrian zerstörte sie ganz.

76. Fast immer hat man den Anführer, den ersten Beamten des Staats, mit dem Repräsentanten des Genius der Menschheit vermengt, der zur Einheit der Gesellschaft oder des Volks gehört. Im Staat ist alles Schauhandlung, das Leben des Volks ist Schauspiel; mithin muß auch der Geist des Volks sichtbar sein. Dieser sichtbare Geist kommt entweder, wie im tausendjährigen Reiche, ohne unser Zutun, oder er wird einstimmig durch ein lautes oder stilles Einverständnis gewählt.*

Es ist eine unwidersprechliche Tatsache, daß die meisten Fürsten nicht eigentlich Fürsten, sondern gewöhnlich mehr oder minder eine Art von Repräsentanten des Genius ihrer Zeit waren, und die Regierung mehrenteils, wie billig, in subalternen Händen sich befand.

---

* *In der Handschrift folgt:*
Es gibt viel interessante hieher gehörige Züge aus der Geschichte, z. B.: In Indien ist an einigen Orten Feldherr und Priester getrennt gewesen, und der Feldherr hat die zweite Rolle gespielt.
Der Priester muß uns nicht irre machen.
Es folgt Fragment Nr. 71.

Ein vollkommner Repräsentant des Genius der Menschheit dürfte leicht der echte Priester und der Dichter κατ' εξοχην sein.

77. Unser Alltagsleben besteht aus lauter erhaltenden, immer wiederkehrenden Verrichtungen. Dieser Zirkel von Gewohnheiten ist nur Mittel zu einem Hauptmittel, unserm irdischen Dasein überhaupt, das aus mannichfaltigen Arten zu existieren gemischt ist.

Philister leben nur ein Alltagsleben. Das Hauptmittel scheint ihr einziger Zweck zu sein. Sie tun das alles um des irdischen Lebens willen; wie es scheint und nach ihren eignen Äußerungen scheinen muß. Poesie mischen sie nur zur Notdurft unter, weil sie nun einmal an eine gewisse Unterbrechung ihres täglichen Laufs gewöhnt sind. In der Regel erfolgt diese Unterbrechung alle sieben Tage, und könnte ein poetisches Septanfieber heißen. Sonntags ruht die Arbeit, sie leben ein bißchen besser als gewöhnlich und dieser Sonntagsrausch endigt sich mit einem etwas tiefern Schlafe als sonst; daher auch Montags alles noch einen raschern Gang hat. Ihre *parties de plaisir* müssen konventionell, gewöhnlich, modisch sein, aber auch ihr Vergnügen verarbeiten sie, wie alles, mühsam und förmlich.

Den höchsten Grad seines poetischen Daseins erreicht der Philister bei einer Reise, Hochzeit, Kindtaufe und in der Kirche. Hier werden seine kühnsten Wünsche befriedigt und oft übertroffen.

Ihre sogenannte Religion wirkt bloß wie ein Opiat: reizend, betäubend, Schmerzen aus Schwäche stillend. Ihre Früh- und Abendgebete sind ihnen, wie Frühstück und Abendbrot, notwendig. Sie können's nicht mehr lassen. Der derbe Philister stellt sich die Freuden des Himmels unter dem Bilde einer Kirmes, einer Hochzeit, einer Reise oder eines Balls vor: der sublimierte macht aus dem Himmel eine prächtige Kirche mit schöner Musik, vielem Gepränge, mit Stühlen für das gemeine Volk parterre, und Kapellen und Emporkirchen für die Vornehmern.

Die schlechtesten unter ihnen sind die revolutionären Philister, wozu auch der Hefen der fortgehenden Köpfe, die habsüchtige Rasse gehört.

Grober Eigennutz ist das notwendige Resultat armseliger Beschränktheit. Die gegenwärtige Sensation ist die lebhafteste, die höchste eines Jämmerlings. Über diese kennt er nichts höheres. Kein Wunder, daß der durch die äußern Verhältnisse *par force* dressierte Verstand nur der listige Sklav eines solchen stumpfen Herrn ist, und nur für dessen Lüste sinnt und sorgt.

78. In den ersten Zeiten der Entdeckung der Urteilskraft war jedes neue Urteil ein Fund. Der Wert dieses Fundes stieg, je anwendbarer, je fruchtbarer dieses Urteil war. Zu Sentenzen, die uns jetzt sehr gemein vorkommen, gehörte damals noch ein ungewöhnlicher Grad von Leben des Verstandes. Man mußte Genie und Scharfsinn aufbieten, um mittelst des neuen Werkzeugs neue Verhältnisse zu finden. Die Anwendung desselben auf die eigentümlichsten, interessantesten und allgemeinsten Seiten der Menschheit mußte vorzügliche Bewunderung erregen und die Aufmerksamkeit aller guten Köpfe auf sich ziehn. So entstanden die gnomischen Massen, die man zu allen Zeiten und bei allen Völkern so hoch geschätzt hat. Es wäre leicht möglich, daß unsere jetzigen genialischen Entdeckungen im Laufe der Zeiten ein ähnliches Schicksal träfe. Es könnte leicht eine Zeit kommen, wo das alles so gemein wäre, wie jetzt Sittensprüche, und neue, erhabenere Entdeckungen den rastlosen Geist der Menschen beschäftigten.

79. Ein Gesetz ist, seinem Begriffe nach, wirksam. Ein unwirksames Gesetz ist kein Gesetz. Gesetz ist ein kausaler Begriff, Mischung von Kraft und Gedanken. Daher ist man sich nie eines Gesetzes, als solchen, bewußt. Insofern man an ein Gesetz denkt, ist es nur ein Satz, d. h. ein Gedanke mit einem Vermögen verbunden. Ein widerstehender, ein beharrlicher Gedanke ist ein strebender Gedanke und vermittelt das Gesetz und den bloßen Gedanken.

80. Eine allzugroße Dienstfertigkeit der Organe würde dem ir-

dischen Dasein gefährlich sein. Der Geist in seinem jetzigen Zustande würde eine zerstörende Anwendung davon machen. Eine gewisse Schwere des Organs hindert ihn an allzu willkürlicher Tätigkeit, und reizt ihn zu einer regelmäßigen Mitwirkung, wie sie sich für die irdische Welt schickt. Es ist unvollkommener Zustand desselben, daß ihn diese Mitwirkung so ausschließlich an diese Welt bindet. Daher ist sie ihrem Prinzip nach terminiert.

81. Die Rechtslehre entspricht der Physiologie, die Moral der Psychologie. Die Vernunftgesetzte der Rechts- und Sittenlehre in Naturgesetze verwandelt, geben die Grundsätze der Physiologie und Psychologie.

82. Flucht des Gemeingeistes ist Tod.

83. In den meisten Religionssystemen werden wir als Glieder der Gottheit betrachtet, die, wenn sie nicht den Impulsionen des Ganzen gehorchen, wenn sie auch nicht absichtlich gegen die Gesetze des Ganzen agieren, sondern nur ihren eignen Gang gehn und nicht Glieder sein wollen, von der Gottheit ärztlich behandelt, und entweder schmerzhaft geheilt, oder gar abgeschnitten werden.

84. Jede spezifische Inzitation verrät einen spezifischen Sinn. Je neuer sie ist, desto plumper, aber desto stärker; je bestimmter, je ausgebildeter, mannichfacher sie wird, desto schwächer. So erregte der erste Gedanke an Gott eine gewaltsame Emotion im ganzen Individuum; so die erste Idee von Philosophie, von Menschheit, Weltall usw.

85. Innigste Gemeinschaft aller Kenntnisse, szientifische Republik, ist der hohe Zweck der Gelehrten.

86. Sollte nicht die Distanz einer besondern Wissenschaft von der allgemeinen, und so der Rang der Wissenschaften untereinander, nach der Zahl ihrer Grundsätze zu rechnen sein? Je weniger Grundsätze, desto höher die Wissenschaft.

87. Man versteht das Künstliche gewöhnlich besser, als das Natürliche. Es gehört mehr Geist zum Einfachen, als zum Komplizierten, aber weniger Talent.

88. Werkzeuge armieren den Menschen. Man kann wohl sagen, der Mensch versteht eine Welt hervorzubringen, es mangelt ihm nur am gehörigen Apparat, an der verhältnismäßigen Armatur seiner Sinneswerkzeuge. Der Anfang ist da. So liegt das Prinzip eines Kriegsschiffes in der Idee des Schiffbaumeisters, der durch Menschenhaufen und gehörige Werkzeuge und Materialien diesen Gedanken zu verkörpern vermag, indem er durch alles dieses sich gleichsam zu einer ungeheuren Maschine macht. So erforderte die Idee eines Augenblicks oft ungeheure Organe, ungeheure Massen von Materien, und der Mensch ist also, wo nicht *actu*, doch *potentia* Schöpfer.

89. In jeder Berührung entsteht eine Substanz, deren Wirkung so lange, als die Berührung dauert. Dies ist der Grund aller synthetischen Modifikationen des Individuums. Es gibt aber einseitige und wechselseitige Berührungen. Jene begründen diese.

90. Je unwissender man von Natur ist, desto mehr Kapazität für das Wissen. Jede neue Erkenntnis macht einen viel tiefern, lebendigern Eindruck. Man bemerkt dieses deutlich beim Eintritt in eine Wissenschaft. Daher verliert man durch zu vieles Studieren an Kapazität. Es ist eine der ersten Unwissenheit entgegengesetzte Unwissenheit. Jene ist Unwissenheit aus Mangel, diese aus Überfluß der Erkenntnisse. Letztere pflegt die Symptome des Skeptizismus zu haben. Es ist aber ein unechter Skeptizismus, aus indirekter Schwäche unsers Erkenntnisvermögens. Man ist nicht imstande die Masse zu durchdringen, und sie in bestimmter Gestalt vollkommen zu beleben: die plastische Kraft reicht nicht zu. So wird der Erfindungsgeist junger Köpfe und der Schwärmer, sowie der glückliche Griff des geistvollen Anfängers oder Laien leicht erklärbar.

91. Welten bauen genügt dem tiefer dringenden Sinn nicht:
Aber ein liebendes Herz sättigt den strebenden Geist.

92. Wir stehen in Verhältnissen mit allen Teilen des Universums, sowie mit Zukunft und Vorzeit. Es hängt nur von der Richtung und Dauer unsrer Aufmerksamkeit ab, welches Ver-

hältnis wir vorzüglich ausbilden wollen, welches für uns vorzüglich wichtig und wirksam werden soll. Eine echte Methodik dieses Verfahrens dürfte nichts weniger, als jene längstgewünschte Erfindungskunst sein; es dürfte wohl mehr noch, als diese sein. Der Mensch verfährt stündlich nach ihren Gesetzen und die Möglichkeit dieselben durch genialische Selbstbeobachtung zu finden ist unzweifelhaft.

93. Der Geschichtschreiber organisiert historische Wesen. Die Data der Geschichte sind die Masse, der der Geschichtschreiber Form gibt, durch Belebung. Mithin steht auch die Geschichte unter den Grundsätzen der Belebung und Organisation überhaupt, und bevor nicht diese Grundsätze da sind, gibt es auch keine echten historischen Kunstgebilde, sondern nichts als hie und da Spuren zufälliger Belebungen, wo unwillkürliches Genie gewaltet hat.

94. Beinah alles Genie war bisher einseitig, Resultat einer krankhaften Konstitution. Die eine Klasse hatte zuviel äußern, die andere zu viel innern Sinn. Selten gelang der Natur ein Gleichgewicht zwischen beiden, eine vollendete genialische Konstitution. Durch Zufälle entstand oft eine vollkommene Proportion, aber nie konnte diese von Dauer sein, weil sie nicht durch den Geist aufgefaßt und fixiert ward: es blieb bei glücklichen Augenblicken. Das erste Genie, das sich selbst durchdrang, fand hier den typischen Keim einer unermeßlichen Welt; es machte eine Entdeckung, die die merkwürdigste in der Weltgeschichte sein mußte, denn es beginnt damit eine ganz neue Epoche der Menschheit, und auf dieser Stufe wird erst wahre Geschichte aller Art möglich: denn der Weg, der bisher zurückgelegt wurde, macht nun ein eignes, durchaus erklärbares Ganzes aus. Jene Stelle außer der Welt ist gegeben, und Archimedes kann nun sein Versprechen erfüllen.

95. Vor der Abstraktion ist alles eins, aber eins wie das Chaos; nach der Abstraktion ist wieder alles vereinigt, aber diese Vereinigung ist eine freie Verbindung selbständiger, selbstbestimmter

Wesen. Aus einem Haufen ist eine Gesellschaft geworden, das Chaos ist in eine mannichfaltige Welt verwandelt.

96. Wenn die Welt gleichsam ein Niederschlag aus der Menschennatur ist, so ist die Götterwelt eine Sublimation derselben. Beide geschehen *uno actu.* Keine Präzipitation ohne Sublimation. Was dort an Agilität verloren geht, wird hier gewonnen.

97. Wo Kinder sind, da ist ein goldnes Zeitalter.

98. Sicherheit vor sich selbst und den unsichtbaren Mächten war die Basis der bisherigen geistlichen Staaten.

99. Der Gang der Approximation ist aus zunehmenden Progressen und Regressen zusammengesetzt. Beide retardieren, beide beschleunigen, beide führen zum Ziel. So scheint sich im Roman der Dichter bald dem Ziel zu nähern, bald wieder zu entfernen, und nie ist es näher, als wenn es am entferntesten zu sein scheint.

100. Ein Verbrecher kann sich über Unrecht nicht beklagen, wenn man ihn hart und unmenschlich behandelt. Sein Verbrechen war ein Eintritt ins Reich der Gewalt, der Tyrannei. Maß und Proportion gibt es nicht in dieser Welt, daher darf ihn die Unverhältnismäßigkeit der Gegenwirkung nicht befremden.

101. Die Fabellehre enthält die Geschichte der urbildlichen Welt, sie begreift Vorzeit, Gegenwart und Zukunft.

102. Wenn der Geist heiligt, so ist jedes echte Buch Bibel. Aber nur selten wird ein Buch um des Buchs willen geschrieben, und wenn Geist gleich edlem Metall ist, so sind die meisten Bücher Ephraimiten. Freilich muß jedes nützliche Buch wenigstens stark legiert sein. Rein ist das edle Metall in Handel und Wandel nicht zu gebrauchen. Vielen wahren Büchern geht es wie den Goldklumpen in Irland. Sie dienen lange Jahre nur als Gewichte.

103. Manche Bücher sind länger als sie scheinen. Sie haben in der Tat kein Ende. Die Langeweile, die sie erregen, ist wahrhaft absolut und unendlich. Musterhafte Beispiele dieser Art haben die Herren Heydenreich, Jacob, Abicht und Pölitz aufgestellt.

Hier ist ein Stock, den jeder mit seinen Bekannten der Art vergrößern kann.

104. Es sind viele antirevolutionäre Bücher für die Revolution geschrieben worden. Burke hat aber ein revolutionäres Buch gegen die Revolution geschrieben.

105. Die meisten Beobachter der Revolution, besonders die Klugen und Vornehmen, haben sie für eine lebensgefährliche und ansteckende Krankheit erklärt. Sie sind bei den Symptomen stehn geblieben und haben diese auf eine mannichfaltige Weise unter einander geworfen und ausgelegt. Manche haben es für ein bloß lokales Übel gehalten. Die genievollsten Gegner drangen auf Kastration. Sie merkten wohl, daß diese angebliche Krankheit nichts als Krise der eintretenden Pubertät sei.

106. Wie wünschenswert ist es nicht, Zeitgenoß eines wahrhaft großen Mannes zu sein! Die jetzige Majorität der kultivierten Deutschen ist dieser Meinung nicht. Sie ist fein genug, um alles Große wegzuleugnen, und befolgt das Planierungssystem. Wenn das Kopernikanische System nur nicht so fest stände, so würde es ihnen sehr bequem sein, Sonne und Gestirn wieder zu Irrwischen und die Erde zum Universum zu machen. Daher wird Goethe, der jetzt der wahre Statthalter des poetischen Geistes auf Erden ist, so gemein als möglich behandelt und schnöde angesehn, wenn er die Erwartungen des gewöhnlichen Zeitvertreibs nicht befriedigt, und sie einen Augenblick in Verlegenheit gegen sich selbst setzt. Ein interessantes Symptom dieser direkten Schwäche der Seele ist die Aufnahme, welche Herrmann und Dorothea im allgemeinen gefunden hat.

107. Die Geognosten glauben, daß der physische Schwerpunkt unter Fez und Marokko liege. Goethe als Anthropognost meint im Meister, der intellektuelle Schwerpunkt liege unter der Deutschen Nation.

108. Menschen zu beschreiben ist deswegen bis jetzt unmöglich gewesen, weil man nicht gewußt hat, was ein Mensch ist.

Wenn man erst wissen wird, was ein Mensch ist, so wird man auch Individuen wahrhaft genetisch beschreiben können.

109. Nichts ist poetischer, als Erinnerung und Ahndung oder Vorstellung der Zukunft. Die Vorstellungen der Vorzeit* ziehn uns zum Sterben, zum Verfliegen an. Die Vorstellungen der Zukunft treiben uns zum Beleben, zum Verkörpern, zur assimilierenden Wirksamkeit. Daher ist alle Erinnerung wehmütig, alle Ahndung freudig. Jene mäßigt die allzugroße Lebhaftigkeit, diese erhebt ein zu schwaches Leben. Die gewöhnliche Gegenwart verknüpft Vergangenheit und Zukunft durch Beschränkung. Es entsteht Kontiguität, durch Erstarrung Krystallisation. Es gibt aber eine geistige Gegenwart, die beide durch Auflösung identifiziert, und diese Mischung ist das Element, die Atmosphäre des Dichters.**

110. Die Menschenwelt ist das gemeinschaftliche Organ der Götter. Poesie vereinigt sie, wie uns.

111. Schlechthin ruhig erscheint, was in Rücksicht der Außenwelt schlechthin unbeweglich ist. So mannichfach es sich auch verändern mag, so bleibt es doch in Beziehung auf die Außenwelt immer in Ruhe. Dieser Satz bezieht sich auf alle Selbstmodifikationen. Daher erscheint das Schöne so ruhig. Alles Schöne ist ein selbsterleuchtetes, vollendetes Individuum.

112. Jede Menschengestalt belebt einen individuellen Keim im Betrachtenden. Dadurch wird diese Anschauung unendlich, sie ist mit dem Gefühl einer unerschöpflichen Kraft verbunden, und darum so absolut belebend. Indem wir uns selbst betrachten, beleben wir uns selbst.

Ohne diese sichtbare und fühlbare Unsterblichkeit würden wir nicht wahrhaft denken können.

---

* *Das Fragment eines Gedichtentwurfes, im Tone der Hymnen an die Nacht, lautet:* Sanft und groß ist der Vorzeit Gang: Ein heiliger Schleier deckt sie für den Ungeweihten; aber dessen Seele das Schicksal aus dem sanften Rieseln des Quell erschuf, sieht sie in göttlicher Schöne mit dem magischen Spiegel.

** *In der Handschrift folgt:* Nicht-Geist ist Stoff.

Diese wahrnehmbare Unzulänglichkeit des irdischen Körpergebildes zum Ausdruck und Organ des inwohnenden Geistes, ist der unbestimmte, treibende Gedanke, der die Basis aller echten Gedanken wird, der Anlaß zur Evolution der Intelligenz, dasjenige, was uns zur Annahme einer intelligiblen Welt und einer unendlichen Reihe von Ausdrücken und Organen jedes Geistes, deren Exponent oder Wurzel seine Individualität ist, nötigt.

113. Je bornierter ein System ist, desto mehr wird es den Weltklugen gefallen. So hat das System der Materialisten, die Lehre des Helvetius und auch Locke den meisten Beifall unter dieser Klasse erhalten. So wird Kant jetzt noch immer mehr Anhänger als Fichte finden.

114. Die Kunst Bücher zu schreiben ist noch nicht erfunden. Sie ist aber auf dem Punkt erfunden zu werden. Fragmente dieser Art sind literarische Sämereien. Es mag freilich manches taube Körnchen darunter sein: indessen, wenn nur einiges aufgeht!

Paralipomena zum Blütenstaub

1
Aus dem zweiten Stück des Athenäums

115. Wenn der Mensch nicht weiter kommen kann, so hilft er sich mit einem Machtspruche, oder einer Machthandlung, – einem raschen Entschluß.

116. Wer sucht, wird zweifeln. Das Genie sagt aber so dreist und sicher, was es in sich vorgehn sieht, weil es nicht in seiner Darstellung und also auch die Darstellung nicht in ihm befangen ist, sondern seine Betrachtung und das Betrachtete frei zusammen zu stimmen, zu Einem Werke frei sich zu vereinigen scheinen.

Wenn wir von der Außenwelt sprechen, wenn wir wirkliche Gegenstände schildern, so verfahren wir wie das Genie.

Ohne Genialität existierten wir alle überhaupt nicht. Genie ist zu allem nötig. Was man aber gewöhnlich Genie nennt, ist Genie des Genies.

117. Der Geist führt einen ewigen Selbstbeweis.

118. Der transzendentale Gesichtspunkt für dieses Leben erwartet uns. Dort wird es uns erst recht bedeutend werden.

119. Das Leben eines wahrhaft kanonischen Menschen muß durchgehends symbolisch sein. Wäre unter dieser Voraussetzung nicht jeder Tod ein Versöhnungstod? Mehr oder weniger, versteht sich; und ließen sich nicht mehre höchst merkwürdige Folgerungen daraus ziehn?

120. Nur dann zeig ich, daß ich einen Schriftsteller verstanden habe, wenn ich in seinem Geiste handeln kann; wenn ich ihn, ohne seine Individualität zu schmälern, übersetzen und mannichfach verändern kann.

121. Wir sind dem Aufwachen nah, wenn wir träumen, daß wir träumen.

122. Echt geselliger Witz ist ohne Knall. Es gibt eine Art desselben, die nur magisches Farbenspiel in höhern Sphären ist.

123. Geistvoll ist das, worin sich der Geist unaufhörlich offenbart, wenigstens oft von neuem, in veränderter Gestalt wiedererscheint; nicht bloß etwa nur Einmal, so zu Anfang, wie bei vielen philosophischen Systemen.

124. Deutsche gibt es überall. Germanität ist so wenig, wie Romanität, Gräzität oder Britannität auf einen besondern Staat eingeschränkt; es sind allgemeine Menschencharaktere, die nur hie und da vorzüglich allgemein geworden sind. Deutschheit ist echte Popularität, und darum ein Ideal.

125. Der Tod ist eine Selbstbesiegung, – die, wie alle Selbstüberwindung, eine neue, leichtere Existenz verschafft.

126. Brauchen wir zum Gewöhnlichen und Gemeinen vielleicht deswegen soviel Kraft und Anstrengung, weil für den eigentlichen Menschen nichts ungewöhnlicher, nichts ungemeiner ist, als armselige Gewöhnlichkeit?

127. Genialischer Scharfsinn ist scharfsinniger Gebrauch des Scharfsinns.

2
Aus der Handschrift

128. Schlegels Schriften sind lyrische Philosopheme. Sein Forster und Lessing sind vorzügliche Minus Poesien und ähneln den Pindarischen Hymnen. Der lyrische Prosaist wird logische Epigramme schreiben. Ist er ganz lebenstrunken, so werden es Dithyramben sein, die man freilich als Dithyramben genießen und beurteilen muß. Halb berauscht kann ein Kunstwerk sein: Im ganzen Rausche zerfließt das Kunstwerk. Aus dem Menschen wird ein Tier. Der Charakter des Tiers ist dithyrambisch. Das Tier ist ein übersättigtes Leben, die Pflanze ein mangelhaftes Leben, der Mensch ein freies Leben.

129. Hemsterhuis ist sehr oft logischer Homeride.

130. Goethens Philosopheme sind echt episch.

131. Jedes Individuum ist der Mittelpunkt eines Emanationssystems.

132. Unsre Bücher sind ein unförmliches Papiergeld, das die Gelehrten in Kurs bringen. Diese Papiermünzliebhaberei der modernen Welt ist der Boden, auf dem sie, oft in Einer Nacht, emporschießen.

133. In sehr vielen Schriften ist das Raisonnement des Autors, oder diejenige Masse, worauf die Tatsachen und Erfahrungen geklebt sind, ein Zusammenfluß der merkwürdigsten psychischen Phänomene – äußerst lehrreich für den Anthropognosten – voller Spuren asthenischer Anlagen und indirekter Entzündungen.

134. Rezensenten sind literarische Polizeibeamten. Ärzte gehören zu den Polizeibeamten. Daher sollte es kritische Journale geben, die die Autoren kunstmäßig medizinisch und chirurgisch behandelten, und nicht bloß die Krankheit aufspürten und mit Schadenfreude bekannt machten. Die bisherigen Kurmethoden waren größestenteils barbarisch.

Echte Polizei ist nicht bloß defensiv und polemisch gegen das vorhandne Übel, sondern sie sucht die kränkliche Anlage zu verbessern.

135. Die Allg. Lit. Zeitung gehört zu den Personen, die aus Anhänglichkeit an die Güter dieses Lebens nur das Leben solang als möglich zu erhalten suchen. Hufelands Makrobiotik ist von der Expedition der Allg. Lit. Zeit. schon früher in Ausübung gebracht worden. Im Anfang debauchierte sie mit neuen Ideen. Eine schwächliche Konstitution hatte sie von jeher. Der lange Gebrauch der Kantischen Begriffe hat ihr vielen Schaden getan. Nun ist sie behutsamer geworden und sucht nun durch Fastenspeise, seltnen Gebrauch spirituöser Mittel und Bequemung nach den Einflüssen der Witterung, nach Hufelands belobtem Prinzip der Mediokrität, sich den goldnen Traum des irdischen Daseins solange als möglich zu verlängern.

136. Wer Fragmente dieser Art beim Worte halten will, der

mag ein ehrenfester Mann sein – nur soll er sich nicht für einen Dichter ausgeben. Muß man denn immer bedächtig sein? Wer zu alt zum Schwärmen ist, vermeide doch jugendliche Zusammenkünfte. Jetzt sind literärische Saturnalien. Je bunteres Leben, desto besser.

137. Wo die Majorität entscheidet, herrscht die Kraft über die Form, umgekehrt, wo die Minorität die Oberhand hat.

Kühnheit kann man den theoretischen Politikern nicht vorwerfen. Keinem ist noch eingefallen zu versuchen, ob nicht Monarchie und Demokratie schlechterdings als Elemente eines wahren Universalstaats vereinigt werden müßten und könnten.

Eine wahre Demokratie ist ein absoluter Minus-Staat. Eine wahre Monarchie ist ein absoluter Plus-Staat. Die Konstitution der Monarchie ist der Charakter des Regenten. Ihre Garantie ist sein Wille. Demokratie, im gewöhnlichen Sinn, ist im Grunde von der Monarchie nicht verschieden, nur daß hier der Monarch eine Masse von Köpfen ist. Echte Demokratie ist Protestantismus – politischer Naturstand, wie der Protestantism im engern Sinn religiöser Naturstand.

Die gemäßigte Regierungsform ist halber Staat und halber Naturstand; es ist eine künstliche, sehr zerbrechliche Maschine, daher allen genialischen Köpfen höchst zuwider, aber das Steckenpferd unsrer Zeit. Ließe sich diese Maschine in ein lebendiges, autonomes Wesen verwandeln, so wäre das große Problem gelöst. Naturwillkür und Kunstzwang durchdringen sich, wenn man sie in Geist auflöst. Der Geist macht beides flüssig. Der Geist ist jederzeit poetisch. Der poetische Staat ist der wahrhafte, vollkommne Staat.

Ein sehr geistvoller Staat wird von selbst poetisch sein. Je mehr Geist und geistiger Verkehr im Staate ist, desto mehr wird er sich dem poetischen nähern, desto freudiger wird jeder darin aus Liebe zu dem schönen, großen Individuo, seine Ansprüche beschränken und die nötigen Aufopferungen machen wollen, desto weniger wird der Staat es bedürfen, desto ähnlicher wird der

Geist des Staats dem Geiste eines einzelnen musterhaften Menschen sein, der nur ein einziges Gesetz auf immer ausgesprochen hat: Sei so gut und poetisch als möglich.

138. Der wahre Leser muß der erweiterte Autor sein. Er ist die höhere Instanz, die die Sache von der niedern Instanz schon vorgearbeitet erhält. Das Gefühl vermittelst dessen der Autor die Materialien seiner Schrift geschieden hat, scheidet beim Lesen wieder das Rohe und Gebildete des Buchs, und wenn der Leser das Buch nach seiner Idee bearbeiten würde, so würde ein zweiter Leser noch mehr läutern, und so wird dadurch, daß die bearbeitete Masse immer wieder in frischtätige Gefäße kömmt, die Masse endlich wesentlicher Bestandteil, Glied des wirksamen Geistes.

Durch unparteiisches Wiederlesen seines Buches kann der Autor es selbst läutern. Bei fremden geht gewöhnlich das Eigentümliche mit verloren, weil die Gabe so selten ist, völlig in eine fremde Idee hineinzugehn. Oft selbst beim Autor. Es ist kein Merkmal größerer Bildung und größerer Kräfte, daß man über ein Buch richtigen Tadel fällt. Bei neuen Eindrücken ist die größere Schärfe des Sinns ganz natürlich.

2

Glauben und Liebe
oder
der König und die Königin

Vorrede

1. Wenn man mit wenigen in einer großen, gemischten Gesellschaft etwas heimliches reden will, und man sitzt nicht neben einander, so muß man in einer besondern Sprache reden. Diese besondre Sprache kann entweder eine dem Ton nach, oder den Bildern nach fremde Sprache sein. Dies letztere wird eine Tropen- und Rätselsprache sein.

2. Viele haben gemeint, man solle von zarten, mißbrauchbaren Gegenständen eine gelehrte Sprache führen, z. B. lateinisch von Dingen der Art schreiben. Es käme auf einen Versuch an, ob man nicht in der gewöhnlichen Landessprache so sprechen könnte, daß es nur der verstehn könnte, der es verstehn sollte. Jedes wahre Geheimnis muß die Profanen von selbst ausschließen. Wer es versteht, ist von selbst, mit Recht, Eingeweihter.

3. Der mystische Ausdruck ist ein Gedankenreiz mehr. Alle Wahrheit ist uralt. Der Reiz der Neuheit liegt nur in den Variationen des Ausdrucks. Je kontrastierender die Erscheinung, desto größer die Freude des Wiedererkennens.

4. Was man liebt, findet man überall, und sieht überall Ähnlichkeiten. Je größer die Liebe, desto weiter und mannichfaltiger diese ähnliche Welt. Meine Geliebte ist die Abbreviatur des Universums, das Universum die Elongatur meiner Geliebten. Dem Freunde der Wissenschaften bieten sie alle Blumen und Souvenirs für seine Geliebte.

5. Aber woher die ernsten, mystisch-politischen Philosopheme? Ein Begeisterter äußert sein höheres Leben in allen seinen Funktionen; also philosophiert er auch, und zwar lebhafter als gewöhnlich, poetischer. Auch dieser tiefe Ton gehört in

die Symphonie seiner Kräfte und Organe. Gewinnt aber nicht das Allgemeine durch individuelle, das Individuelle durch allgemeine Beziehungen?

6. Laßt die Libellen ziehn; unschuldige F r e m d l i n g e sind es,
Folgen dem Doppelgestirn froh, mit Geschenken, hieher.

1. Ein blühendes Land ist doch wohl ein königlicheres Kunstwerk als ein Park. Ein geschmackvoller Park ist eine englische Erfindung. Ein Land, das Herz und Geist befriedigt, dürfte eine deutsche Erfindung werden; und der Erfinder wäre doch wohl der König aller Erfinder.

2. Der beste unter den ehemaligen französischen Monarchen hatte sich vorgesetzt, seine Untertanen so wohlhabend zu machen, daß jeder alle Sonntage ein Huhn mit Reis auf seinen Tisch bringen könnte. Würde nicht die Regierung aber vorzuziehn sein, unter welcher der Bauer lieber ein Stück verschimmelt Brod äße, als Braten in einer andern, und Gott für das Glück herzlich dankte, in diesem Lande geboren zu sein?

3. Wenn ich morgen Fürst würde, so bät ich zuerst den König um einen Eudiometer wie den seinigen. Kein Instrument ist einem Fürsten nötiger. Auch wurde ich, wie er, die Lebenslust für meinen Staat mehr aus blühenden Pflanzungen, als aus Salpeter zu ziehen suchen.

4. Gold und Silber sind das Blut des Staats. Häufungen des Bluts am Herzen und im Kopfe verraten Schwäche in beiden. Je stärker das Herz ist, desto lebhafter und freigebiger treibt es das Blut nach den äußern Teilen. Warm und belebt ist jedes Glied, und rasch und mächtig strömt das Blut nach dem Herzen zurück.

5. Ein einstürzender Thron ist, wie ein fallender Berg, der die Ebene zerschmettert und da ein totes Meer hinterläßt, wo sonst ein fruchtbares Land und lustige Wohnstätte war.

6. Macht nur die Berge gleich, das Meer wird es euch Dank wissen. Das Meer ist das Element von Freiheit und Gleichheit.

Indes warnt es, auf Lager von Schwefelkies zu treten; sonst ist der Vulkan da und mit ihm der Keim eines neuen Kontinents.

7. Die mephitischen Dünste der moralischen Welt verhalten sich anders, wie ihre Namensvettern in der Natur. Jene steigen gern in die Höhe, da diese am Boden hängen bleiben. Für die Höhenbewohner ist kein besseres Mittel dagegen, als Blumen und Sonnenschein. Beides hat sich nur selten auf Höhen zusammen getroffen. Auf einer der höchsten moralischen Erdhöhen kann man aber jetzt die reinste Luft genießen und eine Lilie an der Sonne sehn.

8. Es war kein Wunder, wenn die Bergspitzen meistenteils nur auf die Täler herabdonnerten und die Fluren verwüsteten. Böse Wolken zogen sich meist um sie her, und verbargen ihnen ihre Abkunft vom Lande; dann erschien ihnen die Ebene nur wie ein dunkler Abgrund, über welchen sie die Wolken zu tragen schienen, oder wie ein empörtes Meer, da doch nichts eigentlich gegen sie empört war, und sie allmählich abstumpfte und herunterwusch, als die anhänglich scheinenden Wolken.

9. Ein wahrhaftes Königspaar ist für den ganzen Menschen, was eine Konstitution für den bloßen Verstand ist. Man kann sich für eine Konstitution nur, wie für einen Buchstaben interessieren. Ist das Zeichen nicht ein schönes Bild, oder ein Gesang, so ist Anhänglichkeit an Zeichen die verkehrteste aller Neigungen. – Was ist ein Gesetz, wenn es nicht Ausdruck des Willens einer geliebten, achtungswerten Person ist? Bedarf der mystische Souverain nicht, wie jede Idee, eines Symbols, und welches Symbol ist würdiger und passender, als ein liebenswürdiger, trefflicher Mensch? Die Kürze des Ausdrucks ist doch wohl etwas wert, und ist nicht ein Mensch ein kürzerer, schönerer Ausdruck eines Geistes als ein Kollegium? Wer recht viel Geist hat, den hemmen Schranken und Unterschiede nicht; sie reizen ihn vielmehr. Nur der Geistlose fühlt Last und Hemmung. Übrigens ist auch ein geborner König besser, als ein gemachter. Der beste Mensch wird eine solche Erhebung nicht ohne Alteration ertragen können. Wer so gebo-

ren ist, dem schwindelt nicht, den überreizt auch eine solche Lage nicht. Und ist denn am Ende nicht die Geburt die primitive Wahl? Die müssen sich nicht lebendig in sich gefühlt haben, die die Freiheit dieser Wahl, die Einmütigkeit bei derselben bezweifeln.

Wer hier mit seinen historischen Erfahrungen angezogen kömmt, weiß gar nicht, wovon ich rede, und auf welchem Standpunkt ich rede; dem sprech ich arabisch, und er tut am besten, seines Wegs zu gehn und sich nicht unter Zuhörer zu mischen, deren Idiom und Landesart ihm durchaus fremd ist.

10. Meinethalben mag jetzt der Buchstabe an der Zeit sein. Es ist kein großes Lob für die Zeit, daß sie so weit von der Natur entfernt, so sinnlos für Familienleben, so abgeneigt der schönsten poetischen Gesellschaftsform ist. Wie würden unsre Kosmopoliten erstaunen, wenn ihnen die Zeit des ewigen Friedens erschiene und sie die höchste, gebildetste Menschheit in monarchischer Form erblickten? Zerstäubt wird dann der papierne Kitt sein, der jetzt die Menschen zusammenkleistert, und der Geist wird die Gespenster, die statt seiner in Buchstaben erschienen und von Federn und Pressen zerstückelt ausgingen, verscheuchen, und alle Menschen wie ein paar Liebende zusammenschmelzen.

11. Der König ist das gediegene Lebensprinzip des Staats; ganz dasselbe, was die Sonne im Planetensystem ist. Zunächst um das Lebensprinzip her, erzeugt sich mithin das höchste Leben im Staate, die Lichtatmosphäre. Mehr oder weniger vererzt ist es in jedem Staatsbürger. Die Äußerungen des Staatsbürgers in der Nähe des Königs werden daher glänzend, und so poetisch als möglich, oder Ausdruck der höchsten Belebung sein. Da nun in der höchsten Belebung der Geist zugleich am wirksamsten ist, die Wirkungen des Geistes Reflexionen sind, die Reflexion aber, ihrem Wesen nach, bildend ist, mit der höchsten Belebung also die schöne, oder vollkommene Reflexion verknüpft ist, so wird auch der Ausdruck des Staatsbürgers in der Nähe des Königs Ausdruck der höchsten, zurückgehaltenen Kraftfülle, Ausdruck

der lebhaftesten Regungen, beherrscht durch die achtungsvollste Besonnenheit, ein unter Regeln zu bringendes Betragen sein. Ohne Etikette kann kein Hof bestehn. Es gibt aber eine natürliche Etikette, die schöne, und eine erkünstelte, modische, die häßliche. Herstellung der erstern wird also keine unwichtige Sorge des denkenden Königs sein, da sie einen bedeutenden Einfluß auf den Geschmack und die Liebe für die monarchische Form hat.

12. Jeder Staatsbürger ist Staatsbeamter. Seine Einkünfte hat er nur als solcher. Man hat sehr unrecht, den König den ersten Beamten des Staats zu nennen. Der König ist kein Staatsbürger, mithin auch kein Staatsbeamter. Das ist eben das Unterscheidende der Monarchie, daß sie auf dem Glauben an einen Höhergebornen Menschen, auf der freiwilligen Annahme eines Idealmenschen, beruht. Unter meines Gleichen kann ich mir keinen Obern wählen; auf einen, der mit mir in der gleichen Lage befangen ist, nichts übertragen. Die Monarchie ist deswegen echtes System, weil sie an einen absoluten Mittelpunkt geknüpft ist; an ein Wesen, was zur Menschheit, aber nicht zum Staate gehört. Der König ist ein zum irdischen Fatum erhobener Mensch. Diese Dichtung drängt sich dem Menschen notwendig auf. Sie befriedigt allein eine höhere Sehnsucht seiner Natur. Alle Menschen sollen thronfähig werden. Das Erziehungsmittel zu diesem fernen Ziel ist ein König. Er assimiliert sich allmählich die Masse seiner Untertanen. Jeder ist entsprossen aus einem uralten Königsstamm. Aber wie wenige tragen noch das Gepräge dieser Abkunft?

13. Ein großer Fehler unserer Staaten ist es, daß man den Staat zu wenig sieht. Ueberall sollte der Staat sichtbar, jeder Mensch als Bürger charakterisiert sein. Ließen sich nicht Abzeichen und Uniformen durchaus einführen? Wer so etwas für geringfügig hält, kennt eine wesentliche Eigentümlichkeit unsrer Natur nicht.

14. Ein Regent kann für die Erhaltung seines Staats in den jetzigen Zeiten gewiß nicht zweckmäßiger sorgen, als wenn er ihn vielmöglichst zu individualisieren sucht.

15. Die alte Hypothese, daß die Kometen die Revolutionsfackeln des Weltsystems wären, gilt gewiß für eine andere Art von Kometen, die periodisch das geistige Weltsystem revolutionieren und verjüngen. Der geistige Astronom bemerkt längst den Einfluß eines solchen Kometen auf einen beträchtlichen Teil des geistigen Planeten, den wir die Menschheit nennen. Mächtige Überschwemmungen, Veränderungen der Klimate, Schwankungen des Schwerpunkts, allgemeine Tendenz zum Zerfließen, sonderbare Meteore sind die Symptome dieser heftigen Inzitation, deren Folge den Inhalt eines neuen Weltalters ausmachen wird. So nötig es vielleicht ist, daß in gewissen Perioden alles in Fluß gebracht wird, um neue, notwendige Mischungen hervorzubringen, und eine neue, reinere Krystallisation zu veranlassen, so unentbehrlich ist es jedoch ebenfalls diese Krisis zu mildern und die totale Zerfließung zu behindern, damit ein Stock übrig bleibe, ein Kern, an den die neue Masse anschieße, und in neuen schönen Formen sich um ihn her bilde. Das Feste ziehe sich also immer fester zusammen, damit der überflüssige Wärmestoff vermindert werde, und man spare kein Mittel, um das Zerweichen der Knochen, das Zerlaufen der typischen Faser zu verhindern.

Würde es nicht Unsinn sein, eine Krisis permanent zu machen, und zu glauben, der Fieberzustand sei der echte, gesunde Zustand, an dessen Erhaltung dem Menschen alles gelegen sein müßte? Wer möchte übrigens an seiner Notwendigkeit, an seiner wohltätigen Wirksamkeit zweifeln.

16. Es wird eine Zeit kommen und das bald, wo man allgemein überzeugt sein wird, daß kein König ohne Republik, und keine Republik ohne König bestehn könne, daß beide so unteilbar sind, wie Körper und Seele, und daß ein König ohne Republik, und eine Republik ohne König nur Worte ohne Bedeutung sind. Daher entstand mit einer echten Republik immer ein König zugleich, und mit einem echten König eine Republik zugleich. Der echte König wird Republik, die echte Republik König sein.

17. Diejenigen, die in unsern Tagen gegen Fürsten, als solche,

deklamieren, und nirgends Heil statuieren, als in der neuen, französischen Manier, auch die Republik nur unter der repräsentativen Form erkennen, und apodiktisch behaupten, daß nur da Republik sei, wo es Primär- und Wahlversammlungen, Direktorium und Räte, Munizipalitäten und Freiheitsbäume gäbe, die sind armselbige Philister, leer an Geist und arm an Herzen, Buchstäbler, die ihre Seichtigkeit und innerliche Blöße hinter den bunten Fahnen der triumphierenden Mode, unter der imposanten Maske des Kosmopolitismus zu verstecken suchen, und die Gegner, wie die Obskuranten, verdienen, damit der Frosch- und Mäusekrieg vollkommen versinnlicht werde.

18. Wird nicht der König schon durch das innige Gefühl Ihres Werts zum König?

19. Was bei andern Fürsten der erste Tag war, wird hier der Lebenstag des Königs sein. Die Regierungszeit der meisten ist nur der erste Tag. Der erste Tag ist das Leben dieser Ephemeren. Dann sterben sie, und mit ihren Reliquien wird nun mannichfacher Mißbrauch getrieben. So sind die meisten sogenannten Regierungen *Interregna*; die Fürsten nur das rote, heilige Wachs, welches die Befehle sanktioniert.

20. Was sind Orden? Irwische oder Sternschnuppen. Ein Ordensband sollte eine Milchstraße sein, gewöhnlich ist es nur ein Regenbogen, eine Einfassung des Ungewitters. Ein Brief, ein Bild der Königin; das wären Orden, Auszeichnungen der höchsten Art; Auszeichnungen, die zu den ausgezeichnetsten Taten entzündeten. Auch verdienstvolle Hausfrauen sollten ähnliche Ehrenzeichen bekommen.

21. Die Königin hat zwar keinen politischen, aber einen häuslichen Wirkungskreis im großen. Vorzüglich kommt ihr die Erziehung ihres Geschlechts, die Aufsicht über die Kinder des ersten Alters, über die Sitten im Hause, die Verpflegung der Hausarmen und Kranken, besonders der von ihrem Geschlechte, die geschmackvolle Verzierung des Hauses, die Anordnung der Familienfeste, und die Einrichtung des Hoflebens von rechtswegen zu.

Sie sollte ihre eigne Kanzlei haben, und ihr Mann wäre ihr erster Minister, mit dem sie alles überlegte. Zur Erziehung ihres Geschlechts würde Abschaffung der ausdrücklichen Anstalten seiner Korruption gehören. Sollte der Königin nicht beim Eintritt in eine Stadt schaudern, wo die tiefste Herabwürdigung ihres Geschlechts ein öffentliches Gewerbe ist? Die härtesten Strafen würden für diese echten Seelenverkäufer nicht zu hart sein. Ein Mord ist weit schuldloser. Die gepriesene Sicherheit, die dadurch beabsichtigt wird, ist eine sonderbare Begünstigung der Brutalität. So wenig sich die Regierung in Privatangelegenheiten mischen dürfte, so sollte sie doch jede Beschwerde, jedes öffentliche Skandal, jede Anzeige oder Klage eines entehrten Gegenstandes auf das strengste untersuchen. Wem steht das Schutzrecht des beleidigten Geschlechts mehr zu als der Königin? Sie muß für den Aufenthalt in einer Stadt erröten, die Asyle und Bildungsinstitute der Verworfenheit in sich befaßt.

Ihr Beispiel wird übrigens unendlich viel wirken. Die glücklichen Ehen werden immer häufiger und die Häuslichkeit mehr als Mode werden. Sie wird zugleich echtes Muster des weiblichen Anzugs sein. Der Anzug ist gewiß ein sehr richtiger Ethometer. Er hat leider in Berlin immer auf einem sehr niedrigen Punkte gestanden, oft unter Null. Was könnte nicht die Gesellschaft der Königin auf die jungen Weiber und Mädchen in Berlin würken? Es wäre an sich schon eine ehrenvolle Distinktion und würde die öffentliche Meinung notwendig wieder sittlich stimmen; und am Ende ist doch die öffentliche Meinung das kräftigste *Restaurations-* und Bildungsmittel der Sitten.

22. Von der öffentlichen Gesinnung hängt das Betragen des Staats ab. Veredlung dieser Gesinnung ist die einzige Basis der echten Staatsreform. Der König und die Königin können und müssen als solche das Prinzip der öffentlichen Gesinnung sein. Dort gibt es keine Monarchie mehr, wo der König und die Intelligenz des Staats nicht mehr identisch sind. Daher war der König von Frankreich schon lange vor der Revolution dethronisiert,

und so die meisten Fürsten Europas. Es würde ein sehr gefährliches Symptom des Neupreußischen Staats sein, wenn man zu stumpf für die wohltätigen Einflüsse des Königs und der Königin wäre, wenn es in der Tat an Sinn für dieses klassische Menschenpaar gebräche. Das muß sich in kurzem offenbaren. Wirken diese Genien nichts, so ist die vollkommene Auflösung der modernen Welt gewiß, und die himmlische Erscheinung ist nichts als das Aufblitzen der verfliegenden Lebenskraft, die Sphärenmusik eines Sterbenden, die sichtbare Ahndung einer bessern Welt, die edlern Generationen bevorsteht.

23. Der Hof ist eigentlich das große Muster einer Haushaltung. Nach ihm bilden sich die großen Haushaltungen des Staats, nach diesen die kleinern, und so herunter. Wie mächtig könnte nicht eine Hofreform wirken! Der König soll nicht frugal, wie ein Landmann, oder ein begüterter Privatmann sein; aber es gibt auch eine königliche Frugalität, und diese scheint der König zu kennen. Der Hof soll das klassische Privatleben im Großen sein. Die Hausfrau ist die Feder des Hauswesens. So die Königin die Feder des Hofs. Der Mann furniert, die Frau ordnet und richtet ein. Ein frivoles Hauswesen ist meistenteils die Schuld der Frau. Daß die Königin durchaus antifrivole ist, weiß jedermann. Daher begreife ich nicht, wie sie das Hofleben, wie es ist, ertragen kann. Auch ihrem Geschmack, der so innig eins mit ihrem Herzen ist, muß die fade Monotonie desselben unerträglich auffallen.

Das Schauspiel und Konzert, und hin und wieder die Zimmerverzierungen ausgenommen, trifft man fast keine Spur von Geschmack im gewöhnlichen europäischen Hofleben, und auch jene Ausnahmen, wie oft sind sie geschmacklos, wie oft werden sie nicht geschmacklos genossen. Wie äußerst mannichfaltig könnte es aber sein? Ein geistvoller *Maitre des Plaisirs* könnte, geleitet vom Geschmack der Königin, aus dem Hofe ein irdisches Paradies machen, könnte das einfache Thema des Lebensgenusses durch unerschöpfliche Variationen führen, und uns so die Gegenstände der allgemeinen Anbetung in einer immer neuen, immer reizenden Umgebung erblicken lassen. Welches Gefühl aber ist himmlischer, als das, seine Geliebten im wahrhaftesten Lebensgenusse begriffen zu wissen.

24. Jede gebildete Frau und jede sorgfältige Mutter sollte das Bild der Königin, in ihrem oder ihrer Töchter Wohnzimmer haben: Welche schöne kräftige Erinnerung an das Urbild, das jede zu erreichen sich vorgesetzt hätte. Ähnlichkeit mit der Königin würde der Charakterzug der Neupreußischen Frauen, ihr Nationalzug. Ein liebenswürdiges Wesen unter tausendfachen Gestalten. Mit jeder Trauung ließe sich leicht eine bedeutungsvolle Huldigungszeremonie der Königin einführen; und so sollte man mit dem König und der Königin das gewöhnliche Leben veredeln, wie sonst die Alten es mit ihren Göttern taten. Dort entstand echte Religiosität durch diese unaufhörliche Mischung der Götterwelt in das Leben. So könnte hier durch diese beständige Verwebung des königlichen Paars in das häusliche und öffentliche Leben echter Patriotism entstehen.

25. Die Gruppe von Schadow sollte die gute Gesellschaft in Berlin zu erhalten suchen, eine Loge der sittlichen Grazie stiften und sie in dem Versammlungssaale aufstellen. Diese Loge könnte eine Bildungsanstalt der jungen weiblichen Welt aus den kultiviertern Ständen sein, und der Königsdienst wäre dann, was der Gottesdienst auf eine ähnliche Weise sein sollte, echte Auszeichnung und Belohnung der trefflichsten ihres Geschlechts.

26. Sonst mußte man sich vor den Höfen, wie vor einem ansteckenden Orte, mit Weib und Kindern flüchten. An einen Hof wird man sich jetzt vor der allgemeinen Sittenverderbnis, wie auf eine glückliche Insel, zurückziehen können. Um eine treffliche Frau zu finden, mußte ein behutsamer junger Mann sonst in die entlegenern Provinzen, wenigstens in die gänzlich von Stadt und Hof entfernten Familien gehn; künftig wird man, wie es nach dem ursprünglichen Begriff sein sollte, an Hof, als zum Sammelplatz des Besten und Schönsten gehn, und sich glücklich preisen können, eine Frau aus der Hand der Königin zu empfangen.

27. Dieser König ist der Erste König von Preußen. Er setzt sich alle Tage die Krone selbst auf, und zu seiner Anerkennung bedarf es keiner Negotiationen.

28. Der König und die Königin beschützen die Monarchie mehr, als 200,000 Mann.

29. Nichts ist erquickender als von unsern Wünschen zu reden, wenn sie schon in Erfüllung gehn.

30. Kein Staat ist mehr als Fabrik verwaltet worden, als Preußen, seit Friedrich Wilhelm des Ersten Tode. So nötig vielleicht eine solche maschinistische Administration zur physischen Gesundheit, Stärkung und Gewandtheit des Staats sein mag, so geht doch der Staat, wenn er bloß auf diese Art behandelt wird, im wesentlichen darüber zu Grunde. Das Prinzip des alten berühmten Systems ist, jeden durch Eigennutz an den Staat zu binden. Die klugen Politiker hatten das Ideal eines Staats vor sich, wo das Interesse des Staats, eigennützig, wie das Interesse der Untertanen, so künstlich jedoch mit demselben verknüpft wäre, daß beide einander wechselseitig beförderten.

An diese politische Quadratur des Zirkels ist sehr viel Mühe gewandt worden: aber der rohe Eigennutz scheint durchaus unermeßlich, antisystematisch zu sein. Er hat sich durchaus nicht beschränken lassen, was doch die Natur jeder Staatseinrichtung notwendig erfordert. Indes ist durch diese förmliche Aufnahme des gemeinen Egoismus, als Prinzip, ein ungeheurer Schade geschehn und der Keim der Revolution unserer Tage liegt nirgends, als hier.

Mit wachsender Kultur mußten die Bedürfnisse mannichfacher werden, und der Wert der Mittel ihrer Befriedigung umsomehr steigen, je weiter die moralische Gesinnung hinter allen diesen Erfindungen des Luxus, hinter allen Raffinements des Lebensgenusses und der Bequemlichkeit zurückgeblieben war. Die Sinnlichkeit hatte zu schnell ungeheures Feld gewonnen. In eben dem Verhältnisse, als die Menschen auf dieser Seite ihre Natur ausbildeten, und sich in der vielfachsten Tätigkeit und dem behaglichsten Selbstgefühl verloren, mußte ihnen die andere Seite unscheinbar, eng und fern vorkommen. Hier meinten sie nun den rechten Weg ihrer Bestimmung eingeschlagen zu haben, hieher alle Kräfte verwenden zu müssen. So wurde grober Eigennutz zur Leidenschaft, und zugleich seine Maxime zum Resultat des höchsten Verstandes; und dies machte die Leidenschaft so gefährlich und unüberwindlich. Wie herrlich wär es, wenn der jetzige König sich wahrhaft überzeugte, daß man auf diesem Wege nur das flüchtige Glück eines Spielers machen könne, das von einer so veränderlichen Größe bestimmt wird, als die Imbezillität, und der Mangel an Routine und Finesse seiner Mitspieler. Durch Betrogenwerden lernt man Betrügen und wie bald ändert sich da nicht das Blatt, und der Meister wird Schüler seines Schülers. Ein dauerhaftes Glück macht nur der rechtliche Mann und der rechtliche Staat. Was helfen mir alle Reichtümer, wenn sie sich bei mir nur aufhalten, um frische Pferde zu nehmen und schneller ihre Reise um die Welt zurückzulegen? Uneigennützige Liebe im Herzen und ihre Maxime im Kopf, das ist die alleinige, ewige Basis aller wahrhaften, unzertrennlichen Verbindung, und was ist die Staatsverbindung anders, als eine Ehe?

31. Ein König muß, wie ein Vater, keine Vorliebe zeigen. Er sollte nicht bloß militärische Gesellschafter und Adjutanten haben. Warum nicht auch zivilistische? Wenn er sich in seinen militärischen Adjutanten fähige Generale bildet, warum will er sich nicht auf ähnliche Weise fähige Präsidenten und Minister bilden? Bei ihm laufen alle Fäden der Regierung zusammen. Nur von dort aus läßt sich das ganze Triebwerk des Staats überblicken. Dort allein lernt man im Großen den Staat und sein Detail ansehn. Zu Direktorialposten kann man sich nirgends so bilden, als im Kabinett, wo die Staatsweisheit des ganzen Landes sich konzentriert, wo man jede Sache durchaus bearbeitet erhält, und von wo aus man den Gang der Geschäfte bis in seine kleinsten Adern verfolgen kann. Hier allein würde jener eingeschränkte Geist verschwinden, jener Pedantismus der Geschäftsmänner, der sie auf

ihre Bemühungen einen einzigen, auf ihre Vorschläge einen infallliblen Wert legen läßt, der sie alle Dinge nach ihrem Wirkungskreise, nach ihrer Gesichtssphäre beurteilen macht und die höhere Instanzen oft selbst zu einseitigen ungleichen Partialschritten verleitet. Dieses kleinstädtische Wesen ist überall sichtbar und verhindert am meisten echten Republikanismus, allgemeine Teilnahme am ganzen Staate, innige Berührung und Harmonie aller Staatsglieder. Der König sollte noch mehr militärische und zivilistische Adjutanten haben. Wie jene die höchste militärische Schule im Staate, so bildeten diese die höchste praktisch-politische Akademie im Staate. Eine Stelle in beiden würde schon Auszeichnung und Anfeuerung genug sein. Für den König würde diese abwechselnde Gesellschaft der trefflichsten jungen Männer seines Landes höchst angenehm und vorteilhaft sein. Für diese jungen Männer aber wären diese Lehrjahre das glänzendste Fest ihres Lebens, der Anlaß einer lebenslänglichen Begeisterung. Persönliche Liebe schlösse sie auf ewig an ihren Souverän, und der König hätte die schönste Gelegenheit seine Diener genau kennen zu lernen, zu wählen und persönlich zu achten und zu lieben. Die edle Simplizität des königlichen Privatlebens, das Bild dieses glücklichen, innig verbundenen Paars, würde den wohltätigsten Einfluß auf die sittliche Bildung dieses Kerns der preußischen Jugend haben, und so würde dem König am leichtesten der angeborne Wunsch seines Herzens gewährt, der wahrhafte Reformator und Restaurator seiner Nation und seiner Zeit zu werden.

32. Einem König sollte nichts mehr am Herzen liegen als so vielseitig, so unterrichtet, orientiert und vorurteilsfrei, kurz so vollständiger Mensch zu sein und zu bleiben, als möglich. Kein Mensch hat mehr Mittel in Händen sich auf eine leichte Art diesen höchsten Stil der Menschheit zu eigen zu machen, als ein König. Durch Umgang und Fortlernen kann er sich immer jung erhalten. Ein alter König macht einen Staat so grämlich, als er selbst ist. Wie bequem könnte sich der König nicht die Bekanntschaft mit den wissenschaftlichen Fortschritten der Menschheit ma-

chen. Er hat schon gelehrte Akademien. Wenn er sich nun von diesen vollständige, genaue und präzise Berichte über den vormaligen und gegenwärtigen Zustand der Literatur überhaupt – terminliche Berichte über die wissenwürdigsten Vorfälle in allem, was den Menschen als solchen interessiert – Auszüge aus den vorzüglichsten Büchern, und Bemerkungen über dieselben, Hinweisungen auf diejenigen Produkte der schönen Kunst, die eigne Betrachtung und Genießung verdienten, endlich Vorschläge zur Beförderung wissenschaftlicher Kultur der Untertanen, zur Aufnahme und Unterstützung hoffnungsvoller bedeutender Unternehmungen, und armer vielversprechender Gelehrten, und zur Ausfüllung szientifischer Lücken und Entwicklung neuer literarische Keime, einforderte, und allenfalls Korrelationen veranstaltete, so würde dies ihn instand setzen, seinen Staat unter andern Staaten, seine Nation in der Menschheit und sich selbst im Großen zu übersehen, und hier in der Tat sich zu einem königlichen Menschen zu bilden. Der Mühe einer ungeheuren Lektüre überhoben, genösse er die Früchte der europäischen Studien im Extrakte, und würde in kurzem durch fleißiges Überdenken dieses geläuterten und inspissierten Stoffs neue mächtige Kräfte seines Geistes hervorgebrochen und sich in einem reinern Elemente, auf der Höhe des Zeitalters erblicken. Wie divinatorisch würde sein Blick, wie geschärft sein Urteil, wie erhaben seine Gesinnung werden!

33. Ein wahrhafter Fürst ist der Künstler der Künstler. Das ist, der Direktor der Künstler. Jeder Mensch sollte Künstler sein. Alles kann zur schönen Kunst werden. Der Stoff des Fürsten sind die Künstler; sein Wille ist sein Meißel: er erzieht, stellt und weist die Künstler an, weil er nur das Bild im Ganzen aus dem rechten Standpunkte übersieht, weil ihm nur die große Idee, die durch vereinigte Kräfte und Ideen dargestellt, exekutiert werden soll, vollkommen gegenwärtig ist. Der Regent führt ein unendlich mannichfaches Schauspiel auf, wo Bühne und Parterre, Schauspieler und Zuschauer Eins sind, und er selbst Poet, Direktor und

Held des Stücks zugleich ist. Wie entzückend, wenn, wie bei dem König, die Direktrice zugleich die Geliebte des Helden, die Heldin des Stücks ist, wenn man selbst die Muse in ihr erblickt, die den Poeten mit heiliger Glut erfüllt, und zu sanften, himmlischen Weisen sein Saitenspiel stimmt.

34. In unsern Zeiten haben sich wahre Wunder der Transsubstantiation ereignet. Verwandelt sich nicht ein Hof in eine Familie, ein Thron in ein Heiligtum, eine königliche Vermählung in einen ewigen Herzensbund?

35. Wenn die Taube Gesellschafterin und Liebling des Adlers wird, so ist die goldene Zeit in der Nähe oder gar schon da, wenn auch noch nicht öffentlich anerkannt und allgemein verbreitet.

36. Wer den ewigen Frieden jetzt sehn und lieb gewinnen will, der reise nach Berlin und sehe die Königin. Dort kann sich jeder anschaulich überzeugen, daß der ewige Friede herzliche Rechtlichkeit über alles liebt, und nur durch diese sich auf ewig fesseln läßt.

37. Was ich mir vor allem wünschte? das will ich euch sagen: eine geistvolle Darstellung der Kinder- und Jugendjahre der Königin. Gewiß im eigentlichsten Sinn weibliche Lehrjahre. Vielleicht nichts anders als Nataliens Lehrjahre. Mir kommt Natalie wie das zufällige Porträt der Königin vor. Ideale müssen sich gleichen.

Paralipomena zu Glauben und Liebe

38. Der Grund aller Verkehrtheit in Gesinnungen und Meinungen ist – Verwechselung des Zwecks mit dem Mittel.

39. Genau haben die meisten Revolutionisten gewiß nicht gewußt, was sie wollten – Form, oder Unform.

40. Revolutionen beweisen eher gegen die wahre Energie einer Nation. Es gibt eine Energie aus Kränklichkeit und Schwäche – die gewaltsamer wirkt, als die wahre – aber leider mit noch tieferer Schwäche aufhört.

41. Wenn man von einer Nation urteilt, so beurteilt man meistens nur den vorzüglich sichtbaren, den frappanten Teil der Nation.

42. Kein Argument ist der alten Regierung nachteiliger, als dasjenige, was man aus der disproportionellen Stärke der Glieder des Staats, die in einer Revolution zum Vorschein kommt, ziehen kann. Seine Verwaltung muß höchst fehlerhaft gewesen sein, daß viele Teile fehlerhaft werden konnten und eine so hartnäckige Schwäche überall einwurzelte.

43. Je schwächer ein Teil ist, desto mehr zu Unordnungen und Entzündungen geneigt.

44. Was sind Sklaven? Völlig geschwächte, komprimierte Menschen. Was sind Sultane? Durch heftige Reizungen inzitierte Sklaven. Wie endigen Sultane und Sklaven? Gewaltsam. – Jene leicht als Sklaven, diese leicht als Sultane, d. h. phrenitisch, hirnwütig. Wie können Sklaven kuriert werden? Durch sehr behutsame Freilassungen und Aufklärungen. Man muß sie wie Erfrorne behandeln. Sultane? Auf die Art, wie Dionysius und Krösus kuriert wurden. Mit Schrecken, Fasten und Klosterzwang angefangen und allmählich mit Stärkungsmitteln gestiegen. Sultane und Sklaven sind das Extrem. Es gibt noch viel Mittelklassen bis zum König und dem echten Zyniker – der Klasse der vollkommensten Gesundheit. Terroristen und Hofschranzen gehören so ziemlich

in die nächste Klasse nach Sultanen und Sklaven – und gehen so ineinander über, wie diese. Beides sind die Repräsentanten der beiden Krankheitsformen einer sehr schwachen Konstitution.

45. Die gesundeste Konstitution unter einem Maximum von Reizen repräsentiert der König, – dieselbe unter einem Minimum von Reizen – der echte Zyniker. Je gleicher beide sind, je leichter und unveränderter sie ihre Rollen verwechseln könnten, destomehr nähert sich ihre Konstitution dem Ideal der vollkommenen Konstitution. Je unabhängiger also der König von seinem Thron lebt, destomehr ist er König.

46. Alle Reize sind relativ – sind Größen – bis auf einen, der ist absolut – und mehr als Größe.

47. Die vollkommenste Konstitution entsteht durch Inzitation und absolute Verbindung mit diesem Reize. Durch ihn kann sie alle übrige entbehren – denn er wirkt anfänglich stärker im Verhältnis, daß die relativen Reize abnehmen, und umgekehrt. Hat er sie aber einmal ganz durchdrungen, so wird sie völlig indifferent gegen die relativen Reize. Dieser Reiz ist – absolute Liebe.

Ein Zyniker und ein König ohne sie, sind nur Titulaturen.

Jede Verbesserung unvollkommener Konstitutionen läuft darauf hinaus, daß man sie der Liebe fähiger macht.

48. Der beste Staat besteht aus Indifferentisten dieser Art.

49. In unvollkommenen Staaten sind sie auch die besten Staatsbürger. Sie nehmen an allem Guten teil, lachen über die Alfanzereien ihrer Zeitgenossen im stillen, und enthalten sich von allem Übel. Sie ändern nicht, weil sie wissen, daß jede Änderung der Art und unter diesen Umständen nur ein neuer Irrtum ist, und das Beste nicht von außen kommen kann. Sie lassen alles in seinen Würden, und so wie sie keinen genieren – so geniert auch sie keiner, und sind überall willkommen.

50. Der jetzige Streit über die Regierungsformen ist ein Streit über den Vorzug des reifen Alters, oder der blühenden Jugend.

Republik ist das *Fluidum deferens* der Jugend. Wo junge Leute sind, ist Republik.

Mit der Verheiratung ändert sich das System. Der Verheiratete verlangt Ordnung, Sicherheit und Ruhe – er wünscht, als Familie, in Einer Familie zu leben – in einem regelmäßigen Hauswesen – er sucht eine echte Monarchie.

51. Ein Fürst ohne Familiengeist ist kein Monarch.

52. Aber wozu ein einziger, unbeschränkter Hausvater? Welcher Willkür ist man da nicht ausgesetzt?

In allen relativen Verhältnissen ist das Individuum einmal für allemal der Willkür ausgesetzt – und wenn ich in eine Wüste ginge – ist da nicht mein wesentliches Interesse der Willkür meiner Individualität noch ausgesetzt? das Individuum, als solches, steht seiner Natur nach unter dem Z u f a l l. In der vollkommenen Demokratie steh ich unter sehr vielen, in repräsentativer Demokratie unter wenigern, in der Monarchie unter Einem willkürlichen Schicksale.

53. Aber fordert nicht die Vernunft, daß jeder sein eigener Gesetzgeber sei? Nur seinen eigenen Gesetzen soll der Mensch gehorchen.

Wenn Solon und Lykurg wahre, allgemeine Gesetze, Gesetze der Menschheit gegeben haben, – woher nahmen sie dieselben? – Hoffentlich aus dem Gefühl ihrer Menschheit und seiner Beobachtung. Wenn ich ein Mensch bin, wie sie, woher nehme ich meine Gesetze? Doch wohl aus derselben Quelle – und bin ich, wenn ich dann nach Solons und Lykurgs Gesetzen lebe, der Vernunft untreu? Jedes wahre Gesetz ist mein Gesetz – sagen und aufstellen mag es, wer es will. Dieses Sagen und Aufstellen aber, oder die Beobachtung des ursprünglichen Gefühls und ihre Darstellung muß doch nicht so leicht sein, – sonst würden wir ja keiner besondern geschriebenen Gesetze bedürfen? Es muß also wohl eine Kunst sein? So auch das Gesetz anzuwenden, scheint in der Tat eine langwierige Übung und Schärfung der Urteilskraft vorauszusetzen. Wodurch entstanden Stände und Zünfte? – aus

Mangel an Zeit und Kräften des einzelnen. Jeder Mensch konnte bisher nicht alle Künste und Wissenschaften lernen und zugleich treiben – sich nicht alles in allem sein. Die Arbeiten und Künste wurden verteilt. Nicht auch die Regierungskunst? Der allgemeinen Forderung der Vernunft zufolge sollten auch alle Menschen Ärzte, Dichter, und so fort, sein. Bei den übrigen Künsten ist es übrigens schon größtenteils hergebracht, daß sich da die Menschen darüber bescheiden – nur Regierungskunst und Philosophie – dazu glaubt jeder gehöre nur Dreistigkeit, und jeder vermißt sich, als Kenner, davon zu sprechen, und Prätensionen auf ihre Praxis und Virtuosität zu machen.

54. Aber die Vortrefflichkeit der repräsentativen Demokratie ist doch unleugbar. Ein natürlicher, musterhafter Mensch ist ein Dichtertraum. Mithin, was bleibt übrig – Komposition eines künstlichen. Die vortrefflichsten Menschen der Nation ergänzen einander – in dieser Gesellschaft entzündet sich ein reiner Geist der Gesellschaft. Ihre Dekrete sind seine Emanationen – und der idealische Regent ist realisiert.

Zuerst zieh ich die vortrefflichsten Menschen der Nation und die Entzündung des reinen Geistes in Zweifel. Auf die sehr widersprechende Erfahrung will ich mich nicht einmal berufen. Es liegt am Tage, daß sich aus toten Stoffen kein lebendiger Körper – aus ungerechten, eigennützigen und einseitigen Menschen kein gerechter, uneigennütziger und liberaler Mensch zusammensetzen läßt. Freilich ist das eben ein Irrtum einer einseitigen Majorität, und es wird noch lange Zeit vergehn, eh man sich von dieser simpeln Wahrheit allgemein überzeugen wird. Eine so beschaffene Majorität wird nicht die Vortrefflichsten, sondern im Durchschnitt nur die Borniertesten und die Weltklügsten wählen. Unter den Borniertesten versteh ich solche, bei denen Mittelmäßigkeit zur fertigen Natur geworden ist, die klassischen Muster des großen Haufens. Unter den Weltklügsten – die geschicktesten Kurmacher des großen Haufens. Hier wird sich kein Geist entzünden – am wenigsten ein reiner – Ein großer Mechanismus wird sich bilden – ein Schlendrian – den nur die Intrigue zuweilen durchbricht. Die Zügel der Regierung werden zwischen den Buchstaben und mannichfaltigen Parteimachern hin- und herschwanken. Die Despotie eines einzelnen hat denn doch vor dieser Despotie noch den Vorzug, daß man wenigstens dort an Zeit und Schuhen erspart – wenn man mit der Regierung zu tun hat – und jene doch mit offnen Karten spielt, da man hier nicht immer gleich weiß, bei wem gerade den Tag die Regierung anzutreffen ist – und welche Wege die vorteilhaftesten dahin einzuschlagen sind.

Wenn der Repräsentant schon durch die Höhe, auf die er gehoben wird – reifer und geläuterter werden soll, wie viel mehr der einzelne Regent? Wären die Menschen schon das, was sie sein sollten und werden können – so würden alle Regierungsformen einerlei sein – die Menschheit würde überall einerlei regiert, überall nach den ursprünglichen Gesetzen der Menschheit. Dann aber würde man am ersten die s c h ö n s t e, p o e t i s c h e, die natürlichste Form wählen – Familienform – Monarchie, – mehrere Herrn – mehrere Familien – Ein Herr – Eine Familie!

55. Jetzt scheint die vollkommene Demokratie und die Monarchie in einer unauflöslichen Antinomie begriffen zu sein – der Vorteil der einen durch einen entgegengesetzten Vorteil der andern aufgewogen zu werden. Das junge Volk steht auf der Seite der erstern, gesetztere Hausväter auf der Seite der zweiten. Absolute Verschiedenheit der Neigungen scheint diese Trennung zu veranlassen. Einer liebt Veränderungen – der andre nicht. Vielleicht lieben wir alle in gewissen Jahren Revolutionen, freie Konkurrenz, Wettkämpfe und dergleichen demokratische Erscheinungen. Aber diese Jahre gehn bei den meisten vorüber – und wir fühlen uns von einer friedlicheren Welt angezogen, wo eine Zentralsonne den Reigen führt und man lieber Planet wird, als einen zerstörenden Kampf um den Vortanz mitkämpft. Man sei also nur wenigstens politisch, wie religiös, tolerant – man nehme nur die Möglichkeit an, daß auch ein vernünftiges Wesen anders

inklinieren könne als wir. Diese Toleranz führt, wie mich dünkt, allmählich zur erhabenen Überzeugung von der Relativität jeder positiven Form – und der wahrhaften Unabhängigkeit eines reifen Geistes von jeder individuellen Form, die ihm nichts als notwendiges Werkzeug ist. Die Zeit muß kommen, wo politischer Entheism und Pantheism als notwendige Wechselglieder aufs innigste verbunden sein werden.

3

Fragmente vermischten Inhalts

(aus den Schlegel-Tieckischen Ausgaben)*

I

1. Alles, was man denken kann, denkt selbst: ist ein Denkproblem. <Geheimnis wirft die Gedanken zurück. Gedanken-Leiter und Isolatoren.>

2. Die abstrakten Wörter sind die Gasarten unter den Wörtern – das Unsichtbare <– die abstrakten Kräfte.>

3. Der echte Gewinst bei Fichte und Kant ist in der Methode, in der Regularisation des Genies.

<Die genialischen Einfälle und Methoden sind hier gleichsam exhauriert und in ein System gebracht.

Die Resultate waren einzeln fast vollständig schon da, aber der Geist des Systems, der kritische, fehlte, und ohne diesen war der ganze Besitz ungewiß und unbrauchbar. Durch die zweckmäßige Reunion der Glieder, durch Kritizismus, Vereinprozeß von Sinn und Willen, wird der Geist fixiert.

(Der Unterschied zwischen Ding und Begriff entsteht durch Beziehung auf Gesamt- und Privatwillen.)>

4. Aus Fichtes Voraussetzung der Logik und seiner Annahme Eines allgemeingeltenden Gedankens folgt seine ganze Philosophie notwendig. Angewandte Logik ist die Wissenschaftslehre – weiter nichts. Die Philosophie fängt mit so einer Armseligkeit, einem trivialen Gedanken an – das gehört zu ihrem Wesen. Mit einem Hauch fängt sie an. Die Wissenschaftslehre ist nichts, als ein Beweis der Realität der Logik, – ihrer Zusammenstimmung mit der übrigen Natur, und völlig der Mathematik analog in Rücksicht ihrer Entdeckungen und Berichtigungen – und dessen,

* *Der in schrägen Klammern enthaltene Text fehlt in diesen Ausgaben und ist der handschriftliche.*

was sie leisten kann. <Le Sage hat mit der Mathematik etwas ähnliches geleistet.>

5. <(Geistlehre.)> Der Geist ist die sanktionierende, aussprechende, rechtskräftig machende Macht. Das sprechende Glied ist das klügste, und dünkt sichs zu sein. So der Geist.

6. Der Wissenstrieb ist aus Geheimnis und Wissen wunderbar gemischt oder zusammengesetzt.

7. Die gewöhnliche Logik ist die Grammatik der höhern Sprache oder des Denkens. Sie enthält bloß die Verhältnisse der Begriffe untereinander, die Mechanik des Denkens, die reine Physiologie der Begriffe. Die logischen Begriffe verhalten sich aber zueinander, wie die Worte ohne Gedanken.

Die Logik beschäftigt sich bloß mit dem toten Körper der Denklehre.

Die Metaphysik ist die reine Dynamik des Denkens. Sie handelt von den ursprünglichen Denkkräften. Sie beschäftigt sich mit der bloßen Seele der Denklehre. Die metaphysischen Begriffe verhalten sich zueinander, wie Gedanken ohne Worte. Oft wunderte man sich über die beharrliche Unvollendung beider Wissenschaften. Jede trieb ihr Wesen für sich, und überall fehlte es. Es wollte nie recht in jeder passen. Gleich von Anfang suchte man sie zu vereinigen, da alles in ihnen auf Verwandtschaft deutete. Aber jeder Versuch mißlang, da eine von beiden immer dabei litt und ihren wesentlichen Charakter einbüßte. Es blieb bei metaphysischer Logik und logischer Metaphysik, aber keine war, was sie sein sollte. Der Physiologie und Psychologie, der Mechanik und Chymie gings nicht besser. In der letzten Hälfte dieses Jahrhunderts entstand hier eine neue, heftigere Entzündung, als je – die feindlichen Massen türmten sich stärker, als zeither, gegeneinander auf, die Gärung war übermäßig, es erfolgten mächtige Explosionen. Jetzt behaupten einige, es habe sich irgendwo eine wahrhafte Durchdringung eräugnet, es sei ein Keim der Vereinigung entstanden, der allmählich wachsen und alles zu Einer, unteilbaren Gestalt assimilieren würde. Dieses Prinzip des ewigen

Friedens dringe unwiderstehlich nach allen Seiten, und bald werde nur Eine Wissenschaft und Ein Geist, wie Ein Prophet und Ein Gott, sein.

8. Der rohe, diskursive Denker ist der Scholastiker. Der echte Scholastiker ist ein mystischer Subtilist. Aus logischen Atomen baut er sein Weltall – er vernichtet alle lebendige Natur, um ein Gedankenkunststück an ihre Stelle zu setzen. Sein Ziel ist ein unendliches Automat. Ihm entgegengesetzt ist der rohe, intuitive Dichter. Er ist ein mystischer Makrolog. Er haßt Regel und feste Gestalt. Ein wildes, gewalttätiges Leben herrscht in der Natur – alles ist belebt. Kein Gesetz – Willkür und Wunder überall. Er ist bloß dynamisch.

So regt sich der philosophische Geist zuerst in völlig getrennten Massen.

Auf der zweiten Stufe der Kultur fangen sich an diese Massen zu berühren – mannichfaltig genug; so wie in der Vereinigung unendlicher Extreme überhaupt das Endliche, Beschränkte entsteht, so entstehn nun auch hier Eklektiker ohne Zahl. Die Zeit der Mißverständnisse beginnt. Der Beschränkteste ist auf dieser Stufe der Bedeutendste, der reinste Philosoph der zweiten Stufe. Diese Klasse ist ganz auf die wirkliche, gegenwärtige Welt, im strengsten Sinne, eingeschränkt. Die Philosophen der ersten Klasse sehn mit Verachtung auf diese zweite herab. Sie sagen, sie sei alles nur ein bißchen und mithin nichts. Sie halten ihre Ansichten für Folgen der Schwäche, für Inkonsequentismus. Gegenteils stimmt die zweite Klasse in der Bemitleidung der ersten überein, der sie die absurdeste Schwärmerei, bis zum Wahnwitz, schuld geben.

Wenn von einer Seite Scholastiker und Alchymisten gänzlich gespalten, hingegen die Eklektiker eins zu sein scheinen, so ist doch auf dem Revers alles gerade umgekehrt. Jene sind im wesentlichen indirekte Eines Sinns, nämlich über die absolute Unabhängigkeit und unendliche Tendenz der Meditation. Sie gehn beide vom Absoluten aus; dagegen die Bornierten im wesentlichen mit sich selbst uneins und nur im Abgeleiteten übereinstimmend sind. Jene sind unendlich, aber einförmig – diese beschränkt, aber mannichfaltig. Jene haben das Genie, diese das Talent. Jene die Ideen, diese die Handgriffe. Jene sind Köpfe ohne Hände, diese Hände ohne Köpfe. Die dritte Stufe ersteigt der Künstler, der Werkzeug und Genie zugleich ist. Er findet, daß jene ursprüngliche Trennung der absoluten philosophischen Tätigkeiten eine tiefer liegende Trennung seines eignen Wesens sei, deren Bestehn auf der Möglichkeit ihrer Vermittelung, ihrer Verbindung beruht. Er findet, daß so heterogen auch diese Tätigkeiten sind, sich doch ein Vermögen in ihm vorfinde, von einer zur andern überzugehn, nach Gefallen seine Polarität zu verändern. Er entdeckt also in ihnen notwendige Glieder seines Geistes; er merkt, daß beide in einem gemeinsamen Prinzip vereinigt sein müssen. Er schließt daraus, daß der Eklektizismus nichts, als das Resultat des unvollständigen, mangelhaften Gebrauchs dieses Vermögens sei. Es wird ihm mehr als wahrscheinlich, daß der Grund dieser Unvollständigkeit die Schwäche der produktiven Imagination sei, die es nicht vermöge, sich im Moment des Übergehns von einem Gliede zum andern schwebend zu erhalten und anzuschauen. Die vollständige Darstellung des durch diese Handlung zum Bewußtsein erhobenen echt geistigen Lebens ist die *Philosophie* κατ’ εξοχιν. Hier entsteht jene *lebendige* Reflexion, die sich bei sorgfältiger Pflege nachher zu einem unendlich gestalteten geistigen Universo von selbst ausdehnt – der Kern und der Keim einer alles befassenden Organisation. Es ist der Anfang einer wahrhaften *Selbstdurchdringung des Geistes*, die nie endigt.

9. Sophisten sind Leute, die, aufmerksam auf die Schwächen der Philosophen und die Kunstfehler, dieselben zu ihrem Vorteil oder überhaupt zu gewissen unphilosophischen, unwürdigen Zwecken zu benutzen suchen <– oft die Philosophie selber.> Diese haben also eigentlich nichts mit der Philosophie zu tun. Sind sie aus Grundsatz unphilosophisch, so sind sie als Feinde der Philosophie zu betrachten und wie Feinde zu behandeln. Die gefähr-

lichste Klasse derselben sind die Skeptiker aus reinem Haß der Philosophie. Die übrigen Skeptiker sind zum Teil sehr achtungswert. Sie sind die Vorläufer der dritten Periode. Sie haben echt philosophische Unterscheidungsgabe, und es fehlt ihnen nur an geistiger Potenz. Sie haben die gehörige Kapazität, aber nicht die selbstinzitierende Kraft. Sie fühlen das Unzulängliche der bisherigen Systeme – keins vivifiziert sie ganz. Sie haben echten Geschmack, aber es mangelt die nötige Energie der produktiven Imagination. Sie müssen polemisch sein. Alle Eklektiker sind Skeptiker im Grunde. Je mehr sie umfassen, desto skeptischer; diese letztere Bemerkung wird durch die Tatsache bestätigt, daß die größtesten und besten zeitherigen Gelehrten am Ende ihres Lebens am wenigsten zu wissen bekannten.

10. Philosophieren ist dephlegmatisieren, vivifizieren. Man hat bisher in der Untersuchung der Philosophie die Philosophie erst tot geschlagen und dann zergliedert und aufgelöst. Man glaubte, die Bestandteile des *caput mortuum* wären die Bestandteile der Philosophie. Aber immer schlug jeder Versuch der Reduktion oder der Wiederzusammensetzung fehl. Erst in den neuesten Zeiten hat man die Philosophie lebendig zu beobachten angefangen, und es könnte wohl kommen, daß man so die Kunst erhielte, Philosophien zu machen.

11. Das Kriterium der Anwendbarkeit ist das Merkmal der logischen Nützlichkeit. Logische Philister und logische Künstler. Ein andres Kriterium der Art ist das Merkmal der Mitteilbarkeit. Die Philosophie muß sich lernen lassen, heißt das Axiom. Noch ein solches Kriterium schließt das Axiom in sich: die Philosophie muß nichts Antikonventionelles enthalten. Sie muß z. B. mit der herrschenden Religion, den herrschenden Sitten, den herrschenden Meinungen usw. übereinkommen. <Sonst taugt sie nichts.> Ein ähnliches Axiom verlangt: die Philosophie darf schlechterdings nicht die Grenzen der sinnlichen Erkenntnis überschreiten. Ein anderes: sie darf sich nicht mit der Poesie gemein machen. Noch ein anderes: sie muß nicht *à la por-*

tée von gewöhnlichen Menschen sein, eine eigne Sprache führen, bloß in Hörsälen zu Hause sein. Nein, sagt ein andres: umgekehrt, sie muß amüsant, beim Handwerker und Bauer zu Hause, recht gemein, recht bequem, immer bei der Hand, zu allem zu brauchen, kurz, ein Mephistopheles sein; keine Religion haben, über die Moralisten die Achsel zucken, zu allem Ja sagen und noch dazu ein recht umständliches Ja, von allem etwas verstehn usw. So prägt jeder in seine Bestellung den liebsten Wunsch seines Herzens, die Forderungen seiner Natur, seinen eignen Charakter, und man braucht nur jemandes Philosophie zu wissen, um ihn hinlänglich kennen zu lernen.

Manche verändern ihre Philosophie wie ihre Dienstboten und Wünsche. Am Ende fangen sie das ganze Geschlecht an zu hassen und wählen zum letztenmal, aber auf immer. <Ob sie sich dann gerade in der richtigen Stimmung eines Wählers befinden, will ich hier nicht entscheiden.> Kurz, sie glauben nun von der Philosophie los zu sein, und sind mehr als je in den Händen dieses Dämons, der sie nun gut füttert und pflegt, um sie zu einem schmackhaften Bissen für sich zuzurichten. Eine andre gutmütige Herde bleibt für diese Anfechtungen bewahrt. Sie wagen es nie, diesen Proteus zu fassen und festzuhalten, weil sie ihn ignorieren. Die Klügern darunter meinen, Proteus sei eine Fabel müßiger Köpfe, – sie haben ihn nie gesehn und empfunden, und leugnen ihn frischweg – desto bessere Untertanen sind sie für ihn. <Sie dienen ihm treu, weil sie ihn nicht kennen, und glauben das müsse so sein, und jede Frage nach dem Grunde sei abgeschmackt und wahnwitzig.

Jedes von den vorstehenden Axiomen hat sein Gegenaxiom, wenn es auch nicht ausdrücklich bemerkt ist – und sollten selbst Fichte und Kant von diesen vor- und unphilosophischen Meinungen über die Philosophie ganz frei sein? Ganz vorurteilsfrei etwas zu betrachten und zu beurteilen (klassifizieren) ist eine der seltensten, schwierigsten logischen Tugenden. Sobald man jedoch etwas mithinzubringt, ist die Reinigkeit des Produkts befleckt, und man erhält aus dem Prozesse ein mehr oder weniger mit fremden Teilen verunreinigtes, durch fremde Formen defiguriertes, durch fremdartige Zwecke von seinem ursprünglichen Zweck abgewendetes Produkt (und Formeln).>

12. Der echte philosophische Akt ist Selbsttötung; dies ist der reale Anfang aller Philosophie, dahin geht alles Bedürfnis des philosophischen Jüngers, und nur dieser Akt entspricht allen Bedingungen und Merkmalen der transzendenten Handlung.

<Weitere Ausführung dieses höchst interessanten Gedankens.>

13. Die Philosophie ist, wie alle synthetische Wissenschaft,wie die Mathematik, willkürlich. Sie ist eine ideale, selbsterfundene Methode, das Innre zu beobachten, zu ordnen usw.

<Auch kann die Philosophie die unerreichbare Wissenschaft *kat exochin,* das wissenschaftliche Ideal sein?>

14. <Über Philosophie. Mystizism der Philosophie wie jedes x.> Fichtes Ausführung seiner Idee ist wohl der beste Beweis des Idealism. Was ich will, das kann ich. Bei dem Menschen ist kein Ding unmöglich.

15. Die Philosophie ist eine Selbstscheidungs- und Verbindungskunst, eine Selbstspezifikations- und Generationskunst.

16. Die Analysis ist die Divinations- oder die Erfindungskunst auf Regeln gebracht. <Ihre mögliche Ausbreitung und Vervollkommnung.>

17. Alle Ideen sind verwandt. Das *air de famille* nennt man Analogie. Durch Vergleichung mehrerer Kinder würde man die Elternindividuen divinieren können. Jede Familie entsteht aus zwei Prinzipien, die Eins sind – durch ihre und wider ihre Natur zugleich. Jede Familie ist eine Anlage zu einer unendlichen, individuellen Menschheit.

18. Die Philosophie ist von Grund aus antihistorisch. Sie geht vom Zukünftigen und Notwendigen nach dem Wirklichen, sie ist die Wissenschaft des allgemeinen Divinationssinns. Sie erklärt die Vergangenheit aus der Zukunft, welches bei der Geschichte

umgekehrt der Fall ist. <(Sie betrachtet alles isoliert, im N a t u r - s t a n d e , unverbunden.)>

19. Synthetische Gedanken sind assoziierende Gedanken. Ihre Betrachtung führt auf die natürlichen Affinitäten – und Sippschaften der Gedanken. Gedanken müssen doch im Reiche der Gedanken wohl am besten Bescheid wissen. <Idealism ist die Lehre von den Kräften oder Gasarten.>

20. Der Sinn der Sokratie ist, daß die Philosophie überall oder nirgends sei, und daß man mit leichter Mühe am ersten besten sich überall orientieren und das finden könne, was man suche. Sokratie ist die Kunst, von jedem gegebenen Orte aus den Stand der Wahrheit zu finden, und so die Verhältnisse des Gegebenen zur Wahrheit genau zu bestimmen.

21. Die Philosophie ist eigentlich Heimweh, ein Trieb überall zu Hause zu sein.

22. Aller wirklicher Anfang ist ein zweiter Moment. Alles was da ist, erscheint, ist und erscheint nur unter einer Voraussetzung: sein individueller Grund, sein absolutes Selbst geht ihm voraus, muß wenigstens vor ihm gedacht werden. <Ich muß allem etwas Absolutes vorausdenken, voraussetzen – nicht auch nachdenken, nachsetzen? (Vorurteil, Vorsatz, Vorempfindung, Vorbild, Vorphantasie, Projekt.)

Eine Sache ist oder wird, wie ich sie setze, voraussetze. So Selbstbegrenzung und alles.>

23. <(Philosophie.)> Der Anfang des Ich ist bloß idealisch. Wenn es angefangen hätte, so hätte es so anfangen müssen. Der Anfang ist schon ein späterer Begriff, der Anfang entsteht später als das Ich; darum kann das Ich nicht angefangen haben. Wir sehen daraus, daß wir hier im Gebiet der Kunst sind, aber diese künstliche Supposition ist die Grundlage einer echten Wissenschaft, die allemal aus künstlichen Faktis entspringt. <Das Ich soll konstruiert werden. Der Philosoph bereitet, schafft künstliche Elemente und geht so an die Konstruktion. Die Naturgeschichte des Ich ist dieses nicht – Ich ist kein Naturprodukt, keine Natur,

kein historisches Wesen, sondern ein anarchistisches, eine Kunst, ein Kunstwerk. Die Naturgeschichte des Menschen ist die andre Hälfte. Die Ichlehre und Menschengeschichte, oder Natur und Kunst, werden in einer höhern Wissenschaft (der moralischen Bildungslehre) vereinigt und wechselseitig vollendet. (Natur und Kunst werden durch Moralität gegenseitig armiert ins Unendliche.)>

24. Ich = Nicht-Ich: höchster Satz aller Wissenschaft und Kunst.

25. Eigentlich ist der Kritizism (die Erschöpfungs-Methode, welche die Umkehrungs-Methode mit begreift) diejenige Lehre, die uns beim Studium der Natur auf uns selbst, auf innre Beobachtung und Versuche, und beim Studium unsrer Selbst auf die Außenwelt, auf äußre Beobachtungen und Versuche verweist: philosophisch betrachtet die fruchtbarste aller Indikationen.

Sie läßt uns die Natur oder Außenwelt als ein menschliches Wesen ahnden, sie zeigt, daß wir alles nur so verstehn können und sollen, wie wir uns selbst und unsre Geliebten, uns und euch, verstehn.

<Wir erblicken uns im System als Glied, mithin in auf- und absteigender Linie, vom unendlich Kleinen bis zum unendlich Großen, Menschen von unendlichen Variationen.

Wir verstehn natürlich alles Fremde nur durch Selbstfremdmachung, Selbstveränderung, Selbstbeobachtung.> – Jetzt sehn wir die wahren Bande der Verknüpfung von Subjekt und Objekt; sehn, daß es auch eine Außenwelt in uns gibt, die mit unserm Innern in einer analogen Verbindung, wie die Außenwelt außer uns mit unserm Äußern, und jene und diese so verbunden sind, wie unser Innres und Äußres. Daß wir also nur durch Gedanken das Innre und die Seele der Natur vernehmen können, wie nur durch Sensationen das Äußre und die Körper der Natur.

<Nun erscheint die sogenannte Transzendentalphilosophie, die Zurückweisung ans Subjekt, der Idealism und die Kategorien,

der Zusammenhang zwischen Objekt und Vorstellung in einem ganz neuen Lichte.

Demonstration, warum etwas zur äußern und innern Natur gehört – Demonstrabilität jeder Existenz und ihrer Modifikation.>

26. Philosophism ist ein höheres Analogon des Organism. Der Organism wird durch den Philosophism komplettiert, und umgekehrt. Beide symbolisieren sich einander.

<Wer weiß, was philosophieren ist, weiß auch was Leben ist, und umgekehrt. – Arten und Grade des Philosophismus.>

27. <An sich selbst ist alle Philosophie und Weisheit Idealism – Gedankenreich.>

Die wahre Philosophie ist durchaus realistischer Idealism – oder Spinozism. Sie beruht auf höherm Glauben. Glauben ist vom Idealism unabtrennlich.

28. Fichtes Nicht-Ich ist die Einheit aller Reize, das schlechthin reizende, und eben darum eine assimilierte – ewig unbekannte. Nur Leben reizt, und nur Leben kann nicht genossen werden.

29. Wahrhafte Darstellung des Irrtums ist indirekte Darstellung der Wahrheit. Wahrhafte Darstellung der Wahrheit ist allein wahrhaft. Wahrhafte Darstellung des Irrtums ist zum Teil selbst Irrtum. Entgegengesetzte irrige Darstellung des Irrtums gibt Wahrheit.

30. Um eine Wahrheit recht kennen zu lernen, muß man sie auch polemisiert haben. <(Großartige Methode.) Lob – Tadel – Endliches Resultat.>

31. Unwahrheit hat von einem höhern Gesichtspunkte noch eine viel schlimmere Seite, als die gewöhnliche. Sie ist der Grund einer falschen Welt, Grund einer unauflöslichen Kette von Verirrungen und Verwicklungen. Unwahrheit ist die Quelle alles Bösen und Üblen. <(Absolutes Setzen des Falschen. Ewiger Irrtum.) Eine Unwahrheit gebiert unzählige. Eine absolut gesetzte Unwahrheit ist so unendlich schwer auszurotten.>

32. Die freie Generationsmethode der Wahrheit kann noch

sehr erweitert und simplifiziert, überhaupt verbessert werden. – <Da ist nun diese echte Experimentierkunst – die Wissenschaft des tätigen Empirismus. (Aus der Tradition ist Lehre geworden.) (Alle Lehre bezieht sich auf Kunst – Praxis.)>

Man muß die Wahrheit überall vergegenwärtigen, überall repräsentieren <(im tätigen, produzierenden Sinn)> können.

33. Es gibt keine Philosophie *in concreto*. Philosophie ist wie der Stein der Weisen, die Quadratur des Zirkels usw. eine bloße notwendige Aufgabe der Szientifiker, das Ideal der Wissenschaft überhaupt. Daher Fichtens Wissenschaftslehre nichts als die Beschreibung dieses Ideals. Es gibt, als konkrete Wissenschaften, nur Mathematik und Physik. Philosophie ist die Intelligenz selbst; vollendete Philosophie ist vollendete Intelligenz.

34. Die Idee der Philosophie ist eine mysteriöse Tradition. Philosophie ist überhaupt die Aufgabe zu wissen.

Es ist eine unbestimmte Wissenschaft der Wissenschaften, ein Mystizism des Wissenstriebes überhaupt; gleichsam der Geist der Wissenschaften, mithin undarstellbar, als im Bilde oder in der Anwendung, – in der vollkommnen Darstellung einer speziellen Wissenschaft.

Nun hängen alle Wissenschaften zusammen – also wird die Philosophie nie vollendet. Erst im vollständigen System aller Wissenschaften wird die Philosophie recht sichtbar sein.

<Aus dieser mystischen Beschaffenheit der Philosophie ist es erklärbar, warum jeder in der Philosophie etwas anderes sucht und warum die wahre Philosophie nie dargestellt werden konnte.>

35. <Fichtens Ich ist die Vernunft. Sein Gott und Spinozas Gott haben große Ähnlichkeit. Gott ist die übersinnliche Welt, rein – wir sind ein unreiner Teil derselben.>

Wir denken uns Gott persönlich, wie wir uns selbst persönlich denken. Gott ist gerade so persönlich und individuell, wie wir – denn unser sogenanntes Ich ist nicht unser wahres Ich, sondern nur sein Abglanz <(*vid.* Goethens Fragment aus Faust).>

36. Es gibt gewisse Dichtungen in uns, die einen ganz andern Charakter als die übrigen zu haben scheinen, denn sie sind vom Gefühle der Notwendigkeit begleitet, und doch ist schlechterdings kein äußrer Grund zu ihnen vorhanden. Es dünkt dem Menschen, als sei er in einem Gespräch begriffen, und irgend ein unbekanntes, geistiges Wesen veranlasse ihn auf eine wunderbare Weise zur Entwickelung der evidentesten Gedanken. Dieses Wesen muß ein höheres Wesen sein, weil es sich mit ihm auf eine Art in Beziehung setzt, die keinem an Erscheinungen gebundenen Wesen möglich ist. Es muß ein homogenes Wesen sein, weil es ihn wie ein geistiges Wesen behandelt und ihn nur zur seltensten Selbsttätigkeit auffordert. Dieses Ich hōherer Art verhält sich zum Menschen, wie der Mensch zur Natur, oder der Weise zum Kinde. Der Mensch sehnt sich ihm gleich zu werden, wie er das Nicht-Ich sich gleich zu machen sucht.

Dartun läßt sich dieses Faktum nicht. Jeder muß es selbst erfahren. Es ist ein Faktum höherer Art, das nur der höhere Mensch antreffen wird. Die Menschen sollen aber streben, es in sich zu veranlassen. <Die Wissenschaft, die hierdurch entsteht, ist die höhere Wissenschaftslehre. Der praktische Teil enthält die Selbsterziehung des Ich, um jener Mitteilung fähig zu werden, der theoretische Teil die Merkmale der echten Mitteilung. Die Ritus (?) gehören zur Erziehung.

Bei Fichte enthält der theoretische Teil die Merkmale einer echten Vorstellung, der praktische die Erziehung und Bildung des Nicht-Ich, um eines wahren Einflusses, einer wahren Gemeinschaft mit dem Ich fähig zu werden; mithin auch die prarallele Selbstbildung des Ich.

Moralität gehört also in beide Welten; hier als Zweck, dort als Mittel – und ist das Band, was beide verknüpft.>

Philosophieren ist eine Selbstbesprechung obiger Art, eine eigentliche Selbstoffenbarung, Erregung des wirklichen Ich durch das idealische Ich. Philosophieren ist der Grund aller andern Offenbarungen. Der Entschluß zu philosophieren ist eine Aufforderung an das wirkliche Ich, daß es sich besinnen, erwachen und Geist sein solle. Ohne Philosophie keine echte Moralität, und ohne Moralität keine Philosophie.

37. Jede Aufmerksamkeit auf Ein Objekt, oder jede bestimmte Richtung, welches eins ist, bringt ein reales Verhältnis hervor, denn mit dieser Unterscheidung empfinden wir zugleich die nun zu präponderieren anfangende Anziehungskraft jenes Objekts, oder die individuelle Strebekraft, welche, indem wir uns ihr überlassen und ihre Empfindung nicht wieder verlieren, sondern sie fest im Auge behalten, uns glücklich zu dem ersehnten Ziel unsers Verlangens bringt.

Echtes Gesamtphilosophieren ist also ein gemeinschaftlicher Zug nach einer geliebten Welt, bei welchem man sich wechselseitig im vordersten Posten ablöst, auf dem die meiste Anstrengung gegen das antagonistische Element, worin man fliegt, vonnöten ist. Man folgt der Sonne, und reißt sich von der Stelle los, die nach Gesetzen der Umschwingung unsers Weltkörpers auf eine Zeitlang in kalte Nacht und Nebel gehüllt wird. (Sterben ist ein echt philosophischer Akt.)

38. In jedem System, Gedankenindividuo, das nun ein Aggregat oder Produkt usw. sein kann, ist Eine Idee, Eine Bemerkung, oder mehrere vorzüglich gediehn und haben die andern erstickt, oder sind allein übrig geblieben. Im geistigen Natursystem muß man sie überall zusammen suchen, jedem seinen eigentümlichen Boden, Klima, seine beste Pflege, seine eigentümliche Nachbarschaft geben, um ein Ideenparadies zu bilden: dies ist das echte System. (Das Paradies ist das Ideal des Erdbodens. Merkwürdige Frage vom Sitz des Paradieses [Sitz der Seele]. <(Ein Kunstkenner soll in Beziehung auf die Naturkräfte usw. das sein, was ein botanischer und englischer Garten [Nachahmung des Paradieses] in Beziehung auf den Erdboden und seine Produkte ist: ein verjüngter, konzentrierter, potenzierter Erdboden.)>

Das Paradies ist gleichsam über die ganze Erde verstreut, und daher so unkenntlich usw. geworden. Seine zerstreuten Züge sollen vereinigt, sein Skelett soll ausgefüllt werden. Regeneration des Paradieses.

39. Zur Welt suchen wir den Entwurf: dieser Entwurf sind wir selbst. Was sind wir? Personifizierte, allmächtige Punkte. Die Ausführung, als Bild des Entwurfs, muß ihm aber auch in der Freitätigkeit und Selbstbeziehung gleich sein und umgekehrt. Das Leben oder das Wesen des Geistes besteht also in Zeugung, Gebärung und Erziehung seines Gleichen. Nur insofern der Mensch also mit sich selbst eine glückliche Ehe führt und eine schöne Familie ausmacht, ist er überhaupt ehe- und familienfähig.

40. Man muß sich nie gestehen, daß man sich selbst liebt. Das Geheimnis dieses Geständnisses ist das Lebensprinzip der allein wahren und ewigen Liebe. Der erste Kuß in diesem Verständnisse ist das Prinzip der Philosophie, der Ursprung einer neuen Welt, der Anfang der absoluten Zeitrechnung, die Vollziehung eines unendlich wachsenden Selbstbundes.

Wem gefiele nicht eine Philosophie, deren Keim ein erster Kuß ist?

Liebe popularisiert die Personalität, sie macht Individualitäten mitteilbar und verständlich. <(Liebesverständnis.)>

II

41. Alles, was dem sich bildenden Menschen noch schwer dünkt, da sollt er nachgerade seine Kräfte daran versuchen, um es heben und mit großer Leichtigkeit und Geschicklichkeit heben und bewegen zu können. Dadurch gewinnt er es lieb. Was einem Mühe kostet, das hat man lieb.

42. Der Idealism ist nichts als echter Empirism.

43. Die höhere Philosophie behandelt die Ehe von Natur und Geist.

44. Die Philosophie kann kein Brod backen, aber sie kann uns Gott, Freiheit und Unsterblichkeit verschaffen. Welche ist nun praktischer: Philosophie oder Ökonomie? (Verschaffen ist machen; machen drückt nichts anders aus.)

45. Wir wissen etwas nur, insofern wir es ausdrücken, *i. e.* machen können. Je fertiger und mannichfacher wir etwas produzieren, ausführen können, desto besser wissen wir es. Wir wissen es vollkommen, wenn wir es überall und auf alle Art mitteilen, erregen können, einen individuellen Ausdruck in jedem Organ desselben bewirken können.

46. Eine Definition ist ein realer oder generierender Name. Ein gewöhnlicher Name ist nur eine Nota. – *Schemhamphorasch,* Name des Namens. Die reale Definition ist ein Zauberwort. Jede Idee hat eine Skale von Namen; der oberste ist absolut und unnennbar. Die Namen werden nach der Mitte zu gemeiner und gehn endlich in antithetische Namen über, von denen der höchste wieder namenlos ist.

47. <Platos Ideen: Bewohner der Denkkraft, des innern Himmels.>

Jede Hineinsteigung, Blick ins Innre, ist zugleich Aufsteigung, Himmelfahrt, Blick nach dem wahrhaften Äußern.

<(Beziehung auf ein Fragment im Blütenstaub.)>

48. Sinn ist ein Werkzeug, ein Mittel. Ein absoluter Sinn wäre Mittel und Zweck zugleich. So ist jedes Ding das Mittel selbst, es kennen zu lernen, es zu erfahren oder auf dasselbe zu wirken. Um also eine Sache vollständig zu empfinden und kennen zu lernen, müßte ich sie zu meinem Sinn und Gegenstand zugleich machen, ich müßte sie beleben, sie zum absoluten Sinn, nach der vorherigen Bedeutung, machen.

Wenn ich nun dies aber nicht vollständig könnte oder wollte, so müßt ich mir einen Teil derselben, und zwar einen individuellen, ihr ganz eigentümlichen Teil, ein Glied, zum Sinn machen. Was entstände nun hier? Ich bekäme eine zugleich mittelbare und unmittelbare, repräsentative und nicht repräsentative, vollkommne und unvollkommne, eigne und nicht eigne, kurz antithetisch-synthetische Erkenntnis und Erfahrung von dem Dinge. Das Glied oder der Sinn würde zugleich Glied und Nicht-Glied sein, weil ich es durch meine Belebung auf gewisse Weise vom Ganzen abgesondert hätte.

Nenne ich das ganze Ding Welt, so würde ich ein integrantes Glied der Welt in mir, und das übrige außer mir haben. Ich würde mir in theoretischer Hinsicht, in Rücksicht dieses Sinns, als abhängig, und unter dem Einflusse der Welt erscheinen.

Ich würde mich ferner, in betreff dieses Sinns, zu einer Mitwirkung als Mitglied genötigt sehn; denn sonst würde ich meine Absicht bei der Belebung nur unvollständig erreichen. Ich würde meinen Sinn oder Körper, teils durch sich selbst, teils durch die Idee des Ganzen – durch seinen Geist –, die Weltseele, bestimmt finden, und zwar beides als unzertrennlich vereinigt, so daß man genau weder das eine noch das andre ausschließend sagen könnte. Mein Körper würde mir nicht spezifisch vom Ganzen verschieden, sondern nur als eine Variation desselben vorkommen. Meine Erkenntnis des Ganzen würde also den Charakter der Analogie haben – diese würde sich aber auf das innigste und unmittelbarste auf die direkte und absolute Erkenntnis des Gliedes beziehn. Beide zusammen machten zusammen eine antithetisch-synthetische Erkenntnis aus. Sie wäre unmittelbar, und mittelst des Unmittelbaren mittelbar, real und symbolisch zugleich. Alle Analogie ist symbolisch. – Ich finde meinen Körper durch sich und die Weltseele zugleich bestimmt und wirksam. Mein Körper ist ein kleines Ganzes, und hat also auch eine besondre Seele; denn ich nenne Seele, wodurch alles zu Einem Ganzen wird, das individuelle Prinzip. – – Was die Belebung des besondern Gliedes betrifft, so finde ich mich in dieser Hinsicht bloß durch mich selbst, und zwar mittelbar durch die allgemeine Belebung bestimmt. Die Belebung selbst aber betreffend, so ist sie nichts anders, als eine Zueignung, eine Identifikation. Ich kann etwas nur erfahren, insofern ich es in mir aufnehme; es ist also eine Alienation meiner selbst, und eine Zueignung oder Verwandlung einer andern Substanz in die meinige zugleich; das neue Produkt ist von den beiden Faktoren verschieden, es ist aus beiden gemischt.

Ich vernehme nun jede Veränderung der zugeeigneten Substanz als die meinige und eine fremde zugleich; als die meinige, insofern ich sie überhaupt vernehme; als eine fremde, inwiefern ich sie so oder so bestimmt vernehme. Jeder Aktion in jenem entspricht eine gleichzeitige Aktion in mir, die Aktion des Vernehmens. Jeder Beschaffenheit dort entspricht eine vernehmende Erkenntnisbeschaffenheit in mir. Ich unterscheide so viel Erkenntniskräfte in mir, als es wirkende Kräfte dort gibt. Hier entstehn eben die sonderbaren Widersprüche in uns, über uns selbst. Wir würden ohne diese Beseelung keine solchen Unterscheidungen in uns machen. So entstehn nur diese Kräfte in uns mittelst dieser Beseelung.

Ich selbst weiß mich, wie ich mich will, und will mich, wie ich mich weiß – weil ich meinen Willen will, weil ich absolut will. In mir ist also Wissen und Willen vollkommen vereinigt.

Indem ich meinen Willen, meine Tat, besonders noch vernehmen will, merke ich, daß ich auch einen Willen haben, etwas tun kann, ohne daß ich darum weiß; ferner, daß ich etwas wissen kann und weiß, ohne daß ich es gewollt habe.

49. <Individuelle Urform: Charakter meines urprünglichen Willens. Charakter, aus Instinkt – Charakter, aus Grundsätzen. Je abhängiger vom Zufall und von Umständen – desto weniger bestimmten, ausgebildeten, angewandten Willen. Je mehr dies, je unabhängiger dort.

Kunst allmächtig zu werden -> Kunst unsern Willen total zu realisieren. Wir müssen den Körper, wie die Seele in unsre Gewalt bekommen. Der Körper ist das Werkzeug zur Bildung und Modifikation der Welt. Wir müssen also unsern Körper zum allfähigen Organ auszubilden suchen. Modifikation unsers Werkzeugs ist Modifikation der Welt.

50. Sonderbar, daß das Innre der Menschen bisher nur so dürftig betrachtet und so geistlos behandelt worden ist. Die sogenannte Psychologie gehört auch zu den Larven, die die Stellen im Heiligtum eingenommen haben, wo echte Götterbilder stehn sollten.

Wie wenig hat man noch die Physik für das Gemüt, und das Gemüt für die Außenwelt benutzt. Verstand, Phantasie, Vernunft, das sind die dürftigen Fachwerke des Universums in uns. Von ihren wunderbaren Vermischungen, Gestaltungen, Übergängen kein Wort. Keinem fiel es ein, noch neue, ungenannte Kräfte aufzusuchen, – ihren geselligen Verhältnissen nachzuspüren. Wer weiß, welche wunderbare Vereinigungen, welche wunderbare Generationen uns noch im Innern bevorstehn.

51. Wir haben zwei Systeme von Sinnen, die, so verschieden sie auch erscheinen, doch auf das innigste miteinander verwebt sind. Ein System heißt der Körper, eins die Seele. Jenes steht in der Abhängigkeit von äußern Reizen, deren Inbegriff wir die Natur, oder die äußre Welt nennen. Dieses steht ursprünglich in der Abhängigkeit eines Inbegriffs innerer Reize, den wir den Geist nennen, oder die Geisterwelt. Gewöhnlich steht dieses letztere System in einem Assoziationsnexus mit dem andern System, und wird von diesem affiziert. Dennoch sind häufige Spuren eines umgekehrten Verhältnisses anzutreffen, und man bemerkt bald, daß beide Systeme eigentlich in einem vollkommnen Wechselverhältnisse stehn sollten, in welchem jedes von seiner Welt affiziert, einen Einklang, keinen Einton bildete. Kurz, beide Welten, sowie beide Systeme sollen eine freie Harmonie, keine Disharmonie oder Monotonie bilden. Der Übergang von Monotonie zur Harmonie wird freilich durch Disharmonie gehn – und nur am Ende wird eine Harmonie entstehn. In der Periode der Magie dient der Körper der Seele, oder der Geisterwelt. – <(Wahnsinn-Schwärmerei.)>

52. Ist unser Körper selbst nichts, als eine gemeinschaftliche Zentralwirkung unsrer Sinne, haben wir Herrschaft über die Sinne, vermögen wir sie beliebig in Tätigkeit zu versetzen, sie gemeinschaftlich zu zentrieren, so hängts ja nur von uns ab – uns einen Körper zu geben, welchen wir wollen.

Ja, sind unsre Sinne nichts anders, als Modifikationen des Denkorgans, des absoluten Elements, so werden wir mit der

Herrschaft über dieses Element auch unsre Sinne nach Gefallen modifizieren und dirigieren können.

Der Maler hat so einigermaßen schon das Auge, der Musiker das Ohr, der Poet die Einbildungskraft, das Sprachorgan und die Empfindung oder vielmehr schon mehrere Organe zugleich, deren Wirkungen er vereinigt auf das Sprachorgan oder auf die Hand hinleitet, (der Philosoph das absolute Organ) in seiner Gewalt, und wirkt durch sie beliebig, stellt durch sie beliebig Geisterwelt dar. Genie ist nichts als Geist in diesem tätigen Gebrauch der Organe. Bisher haben wir nur einzelnes Genie gehabt, der Geist soll aber total Genie werden.

<Fichte hat nur eine einzelne Idee erst auf diese Art zu realisieren angefangen: die Idee eines Denksystems. Wer also dieser Idee teilhaftig werden will, muß es ihm nachmachen, versteht sich durch Selbsttätigkeit nach dieser Idee. In der Idee muß das vollständige Gesetz ihrer Auflösung liegen.>

53. Auf dieselbe Art, <wie wir unser Denkorgan in beliebige Bewegung setzen, seine Bewegung beliebig modifizieren, dieselbe und ihre Produkte beobachten und mannichfaltig ausdrücken – auf dieselbe Art,> wie wir die Bewegungen des Denkorgans zur Sprache bringen, wie wir sie in Geberden äußern, in Handlungen ausprägen, wie wir uns überhaupt willkürlich bewegen und aufhalten, unsre Bewegungen vereinigen und vereinzeln, auf eben dieselbe Art müssen wir auch die innern Organe unsers Körpers bewegen, hemmen, vereinigen und vereinzeln *lernen*. Unser ganzer Körper ist schlechterdings fähig, vom Geist in beliebige Bewegung gesetzt zu werden. Die Wirkungen der Furcht, des Schreckens, der Traurigkeit, des Zorns, des Neides, der Scham, der Freude, der Phantasie usw. sind Indikationen genug. Überdem aber hat man genugsam Beispiele von Menschen, die eine willkürliche Herrschaft über einzelne, gewöhnlich der Willkür entzogene Teile ihres Körpers erlangt haben. Dann wird jeder sein eigner Arzt sein, und sich ein vollständiges, sichres und genaues Gefühl seines Körpers erwerben können, dann wird der

Mensch erst wahrhaft unabhängig von der Natur, vielleicht imstande sogar sein, verlorne Glieder zu restaurieren, sich bloß durch seinen Willen zu töten und dadurch erst wahre Aufschlüsse über Körper, Seele, Welt, Leben, Tod und Geisterwelt zu erlangen. Es wird vielleicht nur von ihm dann abhängen, einen Stoff zu beseelen. Er wird seine Sinne zwingen, ihm die Gestalt zu produzieren, die er verlangt, und im eigentlichsten Sinne in seiner Welt leben können. Dann wird er vermögend sein, sich von seinem Körper zu trennen, wenn er es für gut findet; er wird sehn, hören und fühlen, was, wie und in welcher Verbindung er will.

<Fichte hat den tätigen Gebrauch des Denkorgans gelehrt – und entdeckt. Hat Fichte etwa die Gesetze des tätigen Gebrauchs der Organe überhaupt entdeckt? Intellektuale Anschauung ist nichts anders.>

54. Die Herrnhuter annihilieren ihre Vernunft, die Empfindsamen ihren Verstand, die Leute von Verstand ihr Herz. Kein Akt ist gewöhnlicher in uns, als der Annihilisationsakt. Ebenso gewöhnlich ist der Positionsakt. Wir setzen und nehmen etwas willkürlich so an, weil wir es wollen. Nicht aus bewußtem Eigensinn, denn hier wird wirklich mit Hinsicht auf unsern Willen etwas festgesetzt, sondern aus instinktartigem Eigensinn, der ebenfalls in der Trägheit, so sonderbar es auch scheint, seinen Grund hat. Es ist ein äußerst bequemes Verfahren, sich aller Mühe des Forschens zu überheben, und allem innern und äußern Streit und Zwiespalt ein Ende zu machen. Es ist eine Art von Zauberei, durch die wir die Welt umher nach unsrer Bequemlichkeit und Laune bestellen.

<Beide Handlungen sind verwandt und werden meistens zusammen angetroffen. Es entsteht aber dadurch lauter Mißklang, und der Mensch, der auf diese Weise zu verfahren pflegt, befindet sich im Zustand der mehr oder minder ausgebildeten Wildheit.>

55.<Vermögen, Fertigkeit, nach Belieben Empfindungen hervorzubringen.> (Glaube ist eine solche Willkür, Empfindungen hervorzubringen, verbunden mit dem Bewußtsein der absoluten Realität des Empfundnen.)

Wenn wir blind, taub und fühllos wären, unsre Seele hingegen vollkommen offen, unser Geist jetzige äußere Welt, so würde die innere Welt mit uns in dem Verhältnisse stehn, wie jetzt die äußere Welt, und wer weiß, ob wir einen Unterschied gewahr würden, wenn wir beide Zustände vergleichen könnten. Wir würden so manches fühlen, wofür uns nur der Sinn fehlte, z. B. Licht, Schall usw. Wir würden nur Veränderungen hervorbringen können, die Gedanken ähnlich wären, und wir würden ein Bestreben fühlen, uns jene Sinne zu verschaffen, die wir jetzt äußre Sinne nennen. Wer weiß, ob wir nicht nachgerade durch mannichfache Bestrebungen Augen, Ohren usw. hervorbringen könnten, weil dann unser Körper so in unsrer Gewalt stände, so einen Teil unsrer innern Welt ausmachte, als jetzt unsre Seele. Unser Körper dürfte ebenfalls nicht so absolut sinnlos sein, so wenig wie unsre Seele jetzt. Wer weiß, ob er nicht insofern nur sinnlos schiene, weil er einen Teil unsres Selbst ausmachte, und die innere Selbstscheidung, wodurch der Körper erst sehend, hörend und fühlend für unser Bewußtsein würde – unbeschadet des Fortgangs und der Einwirkung unsrer übrigen Welt – jene Operation, wodurch wir uns auf mannichfaltige Art selbst vernähmen, sehr schwierig wäre. Hier würde auch ein absolut praktisches und empirisches Ich entstehn.

<Dies noch weiter fortgesetzt. Wir würden in jenem Zustande schon darum sinnlos scheinen, weil die Seele die überwiegende, alle Aufmerksamkeit in Erregbarkeit an sich ziehende Potenz wäre, so wie wir schon jetzt oft nicht sehn, hören, fühlen, wenn unsre Seele lebhaft beschäftigt ist – und unsre Aufmerksamkeit allein an sich gezogen hat und so *vice versa.*

Willkür und Zufall sind die Elemente der Harmonie. Willkürliche und zufällige Welt. In beiden Zuständen dasselbe Verhältnis.

Wunderwelt und Naturwelt.

Geisterreich und wirkliche Welt.

Freier Wechsel dieser beiden Zustände. Willkür und Zufall Eins. Wunder und gesetzmäßige Wirkung. Natur und Geist = Gott.

Zwei Individuen in beiden Zuständen Eins.>

56. Durch Glauben armiert oder verstärkt man seine Kraft, seine Reizbarkeit. (Sollte Reizbarkeit nichts als fortdauernde Aktion, gespannte, permanente, sich selbst erhaltende Kraft sein?) Das Phänomen der Reizbarkeit ist Krampf. Alle Kraftäußerung ist instantant – vorüberschwimmend. Bleibende Kraft ist Stoff. Alle Kraft erscheint nur im Übergehn.

57. Wir sollen nicht bloß Menschen, wir sollen auch mehr als Menschen sein. Oder Mensch ist überhaupt soviel als Universum. Es ist nichts Bestimmtes. Es kann und soll etwas Bestimmtes und Unbestimmtes zugleich sein.

58. Alles, was der Mensch macht, ist ein Mensch; oder (*quod idem est*) ein Bestandteil des Menschen, ein menschliches Wesen.

59. <(Zukunftslehre des Lebens.)> Unser Leben ist kein Traum, aber es soll und wird vielleicht einer werden.

60. Der Traum belehrt uns auf eine merkwürdige Weise von der Leichtigkeit unsrer Seele, in jedes Objekt einzudringen, sich in jedes sogleich zu verwandeln.

61. Der Busen ist die in Geheimnisstand erhobne Brust – die moralisierte Brust. <Ferner Bemerkungen dieser Art.> So z. B. ist ein gestorbner Mensch ein in absoluten Geheimniszustand erhobner Mensch.

62. Das Äußre ist ein in Geheimniszustand erhobnes Innre. (Vielleicht auch umgekehrt.) <Das Organ ist das Integral und Differential dieser entgegengesetzten unendlichen Geheimnisse, zugleich aber das homogeneïsierende Prinzip, das wechselseitig realisierende Prinzip, das Maß beider oder ihre Funktion überhaupt. Man kann es auch das potenzierende Prinzip nennen, insofern Geheimnis der Dignitätszustand ist; relative Dignität, relatives Geheimnis. Das Organ ist das Trennende, Verbergende, Verhüllende, Isolierende. Die Mittelbarkeit verstärkt die Unmit-

telbarkeit auf der andern Seite. Je vollkommner auf Einer Seite isoliert, desto vollkommner auf der andern verbunden, desto harmonischer. (Indem sich die Organe berühren, harmonieren die Seelen.) (Ohne Trennung keine Verbindung; Berührung ist Trennung und Verbindung zugleich.)>

63. Es ist gewiß, daß eine Meinung sehr viel gewinnt, sobald ich weiß, daß irgend jemand davon überzeugt ist, sie wahrhaft annimmt. Freilich muß es auf eine Art sein, deren Ursache nicht gleich in die Augen fällt. Die Autorität hat Gewicht, denn sie macht eine Meinung mystisch, reizend. Geheimnisse sind Armaturen, Kondensatoren des Divinations-, des Erkenntnisvermögens.

64. Eine wahrhafte Liebe zu einer leblosen Sache ist wohl denkbar, auch zu Pflanzen, Tieren, zur Natur – ja, zu sich selbst. Wenn der Mensch erst ein wahrhaft innerliches Du hat, so entsteht ein höchst geistiger und sinnlicher Umgang, und die heftigste Leidenschaft ist möglich. Genie ist vielleicht nichts, als Resultat eines solchen innern Plurals. Die Geheimnisse dieses Umgangs sind noch sehr unbeleuchtet.

65. Wünsche und Begehrungen sind Flügel. Es gibt Wünsche und Begehrungen, die so wenig dem Zustande unsers irdischen Lebens angemessen sind, daß wir sicher auf einen Zustand schließen können, wo sie zu mächtigen Schwingen werden, auf ein Element, das sie heben wird, und Inseln, wo sie sich niederlassen können.

66. Sollte es nicht ein Vermögen in uns geben, was dieselbe Rolle hier spielte, wie die Veste außer uns, der Äther, jene unsichtbar sichtbare Materie, der Stein der Weisen, der überall und nirgends, alles und nichts ist? Instinkt oder Genie heißen wir sie, sie ist überall v o r h e r. Sie ist die Fülle der Zukunft, die Zeitenfülle überhaupt – in der Zeit, was der Stein der Weisen im Raum ist: Vernunft, Phantasie, Verstand und Sinn <(Bedeutung 3-5 Sinne)> sind nur ihre einzelnen Funktionen.

67. Genie ist gleichsam Seele der Seele; es ist ein Verhältnis

zwischen Seele und Geist. Man kann das Substrat oder Schema des Genies füglich I d o l nennen; das Idol ist ein Analogon des Menschen.

68. Mit Instinkt hat der Mensch angefangen, mit Instinkt soll der Mensch endigen. Instinkt ist das Genie im Paradiese, vor der Periode der Selbstabsonderung (Selbsterkenntnis). (Soll der Mensch sich selbzweien, und nicht allein das, sondern auch selbdreien? usw.)

69. Was ist die Natur? Ein enzyklopädischer, systematischer Index, oder Plan unsers Geistes. Warum wollen wir uns mit dem bloßen Verzeichnis unsrer Schätze begnügen? Laßt sie uns selbst besehn, und sie mannichfaltig bearbeiten und benutzen.

Das Fatum, das uns drückt, ist die Trägheit unsers Geistes. Durch Erweiterung und Bildung unsrer Tätigkeit werden wir uns selbst in das Fatum verwandeln.

Alles scheint auf uns hereinzuströmen, weil wir nicht herausströmen. Wir sind negativ, weil wir wollen, – je positiver wir werden, desto negativer wird die Welt um uns her – bis am Ende keine Negation mehr sein wird, sondern wir alles in allem sind.

Gott will Götter.

70. Die Geisterwelt ist uns in der Tat schon aufgeschlossen, sie ist immer offenbar. Würden wir plötzlich so elastisch, als es nötig wäre, so sähen wir uns mitten unter ihr. Heilmethode des jetzigen mangelhaften Zustandes. Ehemals durch Fasten und moralische Reinigungen, jetzt vielleicht durch die stärkende Methode.

71. Alles, was wir erfahren, ist eine Mitteilung. So ist die Welt in der Tat eine Mitteilung, Offenbarung des Geistes. Die Zeit ist nicht mehr, wo der Geist Gottes verständlich war. Der Sinn der Welt ist verloren gegangen. Wir sind beim Buchstaben stehn geblieben. Wir haben das Erscheinende über der Erscheinung verloren. <Formularwesen.>

Ehemals war alles Geistererscheinung, jetzt sehn wir nichts als tote Wiederholung, die wir nicht verstehn. Die Bedeutung der

Hieroglyphe fehlt. Wir leben noch von der Frucht besserer Zeiten.

72. (Personenlehre.) Eine echt synthetische Person ist eine Person, die mehrere Personen zugleich ist, ein Genius. Jede Person ist der Keim zu einem unendlichen Genius. Sie vermag, in mehrere Personen zerteilt, doch auch Eine zu sein. Die echte Analyse der Person als solcher bringt Personen hervor; die Person kann nur in Personen sich vereinzeln, sich zerteilen und zerfetzen. Eine Person ist eine Harmonie, keine Mischung, keine Bewegung, keine Substanz, wie die Seele. Geist und Person sind Eins. (Kraft ist Ursache.)

<Jede persönliche Äußerung gehört einer bestimmten Person an. Alle Äußerungen der Person gehören zur unbestimmten Universalpersonalität und zu einer oder mehreren bestimmten Personalitäten zugleich. (Z. B. eine Äußerung als Mensch, Bürger, Familienvater und Schriftsteller zugleich.)>

73. Wenn ihr die Gedanken nicht mittelbar (und zufällig) vernehmbar machen könnt, so macht doch umgekehrt die äußern Dinge unmittelbar (und unwillkürlich) vernehmbar, – welches ebensoviel ist, als wenn ihr die Gedanken nicht zu äußern Dingen machen könnt, so macht die äußern Dinge zu Gedanken. Könnt ihr einen Gedanken nicht zur selbständigen, sich von euch absondernden und nun euch fremd, d. h. äußerlich vorkommenden Seele machen, so verfahrt umgekehrt mit den äußerlichen Dingen und verwandelt sie in Gedanken.

Beide Operationen sind idealistisch. Wer sie beide vollkommen in seiner Gewalt hat, ist der magische Idealist. Sollte nicht die Vollkommenheit jeder von beiden Operationen von der andern abhängig sein?

<(Das Nicht-Ich ist die uranfängliche Absonderung, Zeugung im Großen. Medizinische Folgen dieser Absonderung. Erziehung des Nicht-Ichs. Ein Freund erzieht den andern für sich.) (In einem geistvollen Menschen bildet sich mit jeder neuen Erscheinung ein neuer Sinn, ein neues Werkzeug, dem auf eigne Weise

geschmeichelt und das auf eigne Weise beleidigt werden kann.) (Eine neue Art des Wohlgefallens und Mißfallens.)>

74. Alle Überzeugung ist unabhängig von der Naturwahrheit. Sie bezieht sich auf die magische, oder die Wunderwahrheit. Von der Naturwahrheit kann man nur überzeugt werden, insofern sie Wunderwahrheit wird. Aller Beweis fußt auf Überzeugung, und ist mithin nur ein Notbehelf im Zustand des Mangels an durchgängiger Wunderwahrheit. Alle Naturwahrheiten beruhen demnach ebenfalls auf Wunderwahrheit.

75. Das beste am Brownischen System ist die erstaunende Zuversicht, mit der Brown sein System als allgemeingeltend hinstellt. – Es muß und soll so sein, die Erfahrung und Natur mag sagen was sie will. Darin liegt denn doch das Wesentliche jedes Systems, seine wirklich geltende Kraft. Das Brownische System wird dadurch zum echten System für die Brownianer. Dagegen läßt sich mit Grunde nichts mehr einwenden. Je größer der Magus, desto willkürlicher sein Verfahren, sein Spruch, seine Mittel. Jeder tut nach seiner eignen Art Wunder.

76. Wer mit dem Meißel malen, musizieren usw., kurz zaubern könnte, bedürfte des Meißels nicht; der Meißel wär ein Überfluß. <Übrigens könnte ein Zauberstab auch ein indirektes Werkzeug sein.>

77. Alle Bezauberung geschieht durch partielle Identifikation mit dem Bezauberten – den ich so zwingen kann, eine Sache so zu sehn, zu glauben, zu fühlen, wie ich will.

78. Der Zauberer ist Poet. Der Prophet ist zum Zauberer, wie der Mann von Geschmack zum Dichter.

79. Vielleicht kann man mittelst eines dem Schachspiel ähnlichen Spiels Gedankenkonstruktionen zustande bringen. Das ehemalige logische Disputierspiel glich ganz einem Brettspiel.

80. <(Magie.) Sympathie des Zeichens mit dem Bezeichneten. (Eine der Grundideen der Kabbalistik.)>

Die Magie ist von Philosophie usw. ganz verschieden und bildet eine Welt, eine Wissenschaft, eine Kunst für sich.

<Magische Astronomie, Grammatik, Philosophie, Religion, Chymie usw.

Wechselrepräsentationslehre des Universums. Emanationslehre (personifizierte Emanation).

In der Magie dienen die Geister. Beschauliches Leben. Plato nennt die Magie des Zoroaster einen Dienst der Götter. Theurgie. Der Weise. Mittler zwischen Gott und Menschen, mit denen sich der Weise vereinigen müßte. Klassifikationssystem der Dämonen. Amulette, Talismane, Beschwörungen. Kalenderreligion der Egypter.>

81. <Schmerz muß Täuschung sein.> Alle Erfahrung ist Magie, nur magisch erklärbar. <Verminderung und Konzentration der Erfahrung, Verminderung und Konzentration der Spekulation.> Der Empirism endigt mit einer einzigen Idee, wie der Rationalism mit einer einzigen Erfahrung anfängt. <(Empirischer Idealism und Realism. Rationeller Realism und Idealism.)>

82. Der tätige Gebrauch der Organe ist nichts, als magisches, wundertätiges Denken, oder willkürlicher Gebrauch der Körperwelt; denn Wille ist nichts, als magisches, kräftiges Denkvermögen.

83. Vielleicht ist Denken eine zu schnelle, zu ungeheure Kraft, um wirksam zu sein; oder die Dinge sind zu gute Leiter (oder Nichtleiter?) der Denkkraft.

84. <(Magie.)> Der physische Magus weiß die Natur zu beleben und willkürlich, wie seinen Leib, zu behandeln.

85. Wer rechten Sinn für den Zufall hat, der kann alles Zufällige zur Bestimmung eines unbekannten Zufalls benutzen – er kann das Schicksal mit gleichem Glück in den Stellungen der Gestirne, als in Sandkörnern, Vogelflug und Figuren suchen.

86. Sollte ein König, der zugleich moralisches Genie ist, nicht von selbst unsterblich sein? – Allmähliche Vermehrung des innern Reizes ist die Hauptsorge des Künstlers der Unsterblichkeit. Mit welchem Recht kann man hier nicht sagen, auch darin haben die Dichter auf eine sonderbare Weise wahrgesagt, daß die Musen

allein Unsterblichkeit geben. Dadurch tritt der Stand eines Gelehrten in eine höhere Region.

87. Über sogenannte gefährliche Gedanken. Nähern sich etwa manche Gedanken der magischen Grenze? Werden manche *ipso facto* wahr?

<Abstumpfung und Kultur des Gedankensinns durch Lesen, Hören, Denken, Schreiben. (Geist, nach Fichte, ein Extensum der Zeit nach.)>

88. Der größeste Zauberer würde der sein, der sich zugleich so bezaubern könnte, daß ihm seine Zaubereien wie fremde, selbstmächtige Erscheinungen vorkämen. Könnte das nicht mit uns der Fall sein?

III

89. Die Natur ist das Ideal. Das wahre Ideal ist möglich, wirklich und notwendig zugleich.

90. Die Physik ist nichts als die Lehre von der Phantasie.

91. Die Natur ist eine versteinerte Zauberstadt.

92. Unsre neueren Physiker arbeiten ins Große, sprechen vom Bau des Universums, und darüber wird nichts fertig, kein wahrer Schritt getan. Entweder zaubern – oder handwerksmäßig, mit Nachdenken und Geist arbeiten.

93. Untersuchung der Frage, ob sich nicht die Natur mit wachsender Kultur wesentlich verändert hat?

94. Ist die Natur immer gesetzmäßig gewesen, und wird sie immer gesetzmäßig bleiben? <(Alle sogenannten sinnliche, reale Begriffe sind synthetisch. – Gebrauch der Tropen.)>

95. Man kann sagen, daß die Natur oder die Außenwelt über dem Menschen in Rücksicht auf Organisation sei; man kann sagen, daß sie unter ihm, und er das höchste Wesen sei.

Sie scheint einem weit höhern Ganzen anzugehören. Ihr Wille, Verstand und Phantasie scheinen sich zu den unsrigen zu verhalten, wie unser Körper zu ihrem Körper.

96. Über die Natur als einen geschlossnen Körper, als einen Baum; woran wir die Blütenknospen sind.

97. (Naturen sind solche Wesen, bei denen das Ganze den Gliedern dient, bei denen die Glieder Zwecke an sich sind – die Glieder selbständig. Personen hingegen solche, wo das umgekehrte Verhältnis stattfindet. Wo beide wechselseitig sich nezessitieren und jedes oder vielmehr keins Zweck an sich ist, diese sind Mittelwesen zwischen Natur und Person. Dies sind die Extreme, die durch verschiedene Mittelglieder zusammenhängen.)

98. Die Welt ist Resultat eines unendlichen Einverständnisses, und unsre eigne innere Pluralität ist der Grund der Weltanschauung.

99. Überall wird eine Kraft oder Aktion *(quod idem est)* transitorisch sichtbar, die durchaus verbreitet, unter gewissen eintretenden Bedingungen (Berührungen) sich zu offenbaren, wirksam zu werden scheint. Diese mystische Kraft scheint die Kraft der Lust und Unlust zu sein, deren begeisternde Wirkungen wir so ausgezeichnet in den wollüstigen Empfindungen zu bemerken glauben.

100. Jeder Körper, der eine Eigenschaft besitzt (sollte jede Eigenschaft ein durch das System, durch das Individuum gebundener Stoff usw. sein?) hat auch eine Grenze dieser Eigenschaft, einen Eigenschaftspunkt, wo sie sensibel wird, wo sie entsteht, erscheint. Die Eigenschaft ist das weibliche Prinzip, das Subjekt; der Reiz ist das männliche Prinzip, das Objekt.

<So hat ein jeder verbrennliche Körper einen Brennpunkt, wegen seiner Brennlichkeit, der schmelzbare Körper einen Schmelzpunkt, der Reizbare einen Reizpunkt, der Bewegliche einen Bewegpunkt. Die Ichheit hat ihren Grenzpunkt, ihren Ichpunkt. Man könnte auch diese Punkte zuweilen die Saturationspunkte nennen, ohnerachtet die Saturationspunkte wohl sonst noch von diesen Punkten verschieden sein dürften. Die Indifferenzpunkte sind wieder verschieden.>

101. Alle Anziehung geschieht durch Reiz. Alles zieht uns an, was uns erregt.

<Die Magnetnadel würde sich nicht nach Norden richten, wenn sie ihre Pole vereinigen könnte. Direktion jeder ungeschlossnen, schwebenden Kette.>

102. Alles Wirksame, Wirkliche, Sensible ist schon subaltern: Resultat einer Antithese, einer Zersetzung. Das Echte, Wahrhafte ist nicht sensibel. Subjekt und Objekt sind also auch schon Antithesen.

103. Trieb und Raum haben viel Ähnlichkeit. Jeder Körper ist ein ausgefüllter Trieb.

104. <Der Begriff von Kausalität bezieht sich auf eine reelle Zeiterfüllung, indem in dem gegenwärtigen Momente ein spezifischer Gegenstand gedacht wird, der sich auf den Gegenstand des gegenwärtigen Moments, wie sein Moment zu diesem Momente verhält. Im Zweckbegriffe wird dem gegenwärtigen Momente (Gegenstand) ein veranlassender, folgender (Gegenstand oder) Moment zugedacht. Das Mittel ist im gegenwärtigen Momente – die Substanz ist auch im gegenwärtigen Momente; sie ist eine personifizierte, figierte Gegenwart.>

Ein Raumerfüllungsindividuum ist ein Körper. Ein Zeiterfüllungsindividuum eine Seele. <(Zeiterfüllungsgesetze.) Jenes macht Raum, dies Zeit.

Zeit ist innerer Raum. – Raum ist äußere Zeit. (Synthesis derselben.) Zeitfiguren usw. Raum und Zeit entstehn zugleich.

Die Kraft der zeitlichen Individuen wird durch den Raum, die Kraft der räumlichen Individuen durch die Zeit (Dauer) gemessen.

Jeder Körper hat seine Zeit – jede Zeit hat ihren Körper. Zeitkonstruktionen (Zeittriangel, Zeitfiguristik, Zeitstereometrie, Zeittrigonometrie.)>

105. Der Raum, als Niederschlag aus der Zeit – als notwendige Folge der Zeit.

106. So wie die Natur und Individualität jedes Fossils durch

die Natur und Individualität seines Planeten, dessen Natur und Individualität durch die seines Systems, dessen Natur und Individualität durch die seiner Milchstraße, und so fort, bestimmt ist; so verhält es sich auch mit dem Menschen, wenn wir unter Menschheit das Vernunftprodukt oder Wesen im Weltganzen verstehn; die Natur und Individualität der Menschheit dieses Planeten ist durch die seines Systems, und so fort, bestimmt. Wir sind nur in dieser Welt diese beschränkten Wesen, – doch nicht für immer beschränkt.

107. <Sollte die Flamme galvanische Aktion sein? Vielleicht wieder Produkt ihrer Produkte.>

Echte Produkte müssen das Produzierende wieder produzieren. Aus dem Erzeugten entsteht wieder das Erzeugen.

108. Reproduktionskraft ist organische Elastizität.

109. Gefühl ist gebildete (organisierte) Bewegung. <Zum Gefühle gehört hier jeder Affekt der äußern Sinne.> Empfindung ist das dem Verstande assimilierte Gefühl.

<Empfindungen, Gefühle und Gedanken sind wohl Exkremente?>

110. Wir nennen den Körper tot, der bloßer Leiter der Sollizitation ist, den die Sollizitation nicht weckt. Der absolute Nichtleiter der Sollizitation ist wieder tot zu nennen. So sehn wir, daß das sensible Leben an sich ein Halbzustand ist, worin wir die Körper unvollkommene Leiter der Sollizitation nennen können. Wir entdecken hier zugleich den Unterschied zwischen Leben und Tod, daß es ein absolut positives und negatives Leben, die beide nicht sensibel sind, gibt; daß Leben und Tod relative Begriffe sind.

Leben mit menschlicher, tierischer und Pflanzenorganisation ist etwas höheres, so wie gewöhnlicher Tod Trennungsprozeß von Leben und Organisation. Leben ohne Organisation, und Organisation ohne Leben sind etwas sehr geringes und anderes. Ihre höhere Einheit, die beide bestimmt und beide wechselseitig potenziert, beiden höhere Bedeutung gibt: auf die kömmts an.

111. Leben ist, wie Licht, der Erhöhung und Schwächung und

der graduellen Negation fähig. Bricht es sich auch wie dieses in F a r b e n ? Der Nutritionsprozeß ist nicht Ursache, sondern Folge des Lebens.

112. <(Physik.)> Licht, Symbol und Agens der Reinheit. Wo das Licht nichts zu tun findet, weder etwas zu trennen noch zu verbinden, da fährts durch. Was nicht getrennt und verbunden werden kann, ist rein, einfach. <(Anwendung auf Elektrizitätsleiter, Nichtleiter und Halbleiter.)>

113. Jeder durchsichtige Körper ist in einem höhern Zustande – er scheint eine Art des Bewußtseins zu haben.

114. Die spezifische Schwere der Erde ist beinah die des Diamants. Es ist also sehr wahrscheinlich, daß die Erde ein Diamant innerlich ist, – welches auch aus andern Gründen sehr wahrscheinlich ist.

115. Das Tier lebt im Tiere, in der Luft. – Die Pflanze ist ein Halbtier, daher sie zum Teil in der Erde, der großen Pflanze, zum Teil in der Luft lebt. – Die Erde ist das große Nahrungsmittel der Luft. Die Luft ist ein Brachmane. – Die Verbindung des Stickstoffs und Oxygene in der Luft ist durchaus animalisch, nicht bloß chemisch.

116. Das Leben der Pflanzen ist, gegen das Leben der Tiere gehalten, ein unaufhörliches Empfangen und Gebären, und letzteres gegen dieses ein unaufhörliches Essen und Befruchten. Wie das Weib das höchste sichtbare Nahrungsmittel ist, das den Übergang vom Körper zur Seele macht, so sind auch die Geschlechtsteile die höchsten äußern Organe, die den Übergang von sichtbaren zu unsichtbaren Organen machen.

117. Die Bäume scheinen unter allen Pflanzen die edelsten, weil ihre unzähligen Individuen so sehr mittelbar nur noch an der Erde hängen, und gleichsam schon Pflanzen auf Pflanzen sind.

118. Die Natur hat Witz, Humor, Phantasie usw. Naturkarrikaturen unter den Tieren, den Pflanzen. Im Tierreiche war die Natur am witzigsten, durchaus humoristisch. <Äsopische Fabel.> –

Die Stein- und Pflanzennatur trägt mehr das Gepräge der Phantasie. In der Menschenwelt zeigt sich die vernünftige Natur, mit Phantasie und Witz geschmückt. <Malerei der Natur, ihre Baukunst, ihre Skulptur, ihre Musik. Der Bach und die unbeseelte Natur spricht größtenteils Prosa, nur der Wind ist zuweilen musikalisch. Ihre Mathematik; Geometrie im Krystall; in der Astronomie ihre Mechanik. Ihre Akustik. Grotesken und Arabesken der Natur, ihre Quodlibets. Sonderbare Eindrücke eines französischen Gartens. Ihre Kontraste mit der Kunst. Ihre Ironie und Bespottung der Kunst. Ihre Dekorationen, ihre Opern. Die Natur als Geognostin, Mineralogin, Philosophin, Chymistin usw.>

119. Toleranz und Kosmopolitism der Blumen. Streben nach individueller Alleinherrschaft der Tiere.

120. Vernunftlosigkeit gehört mit in den Charakter des Tiers. Sichtbare Unvernunft negativer Charakter des Tierkörpers; Charakter des Menschenkörpers sichtbare Vernünftigkeit.

<Der positive Charakter des Tierkörpers bestimmt den negativen Charakter der Pflanze und so bis zum Fossil.

Hindeutung der chemischen Analyse auf die künstlichere Generation der Pflanzen- und Tierwelt.

Durch die Vernunft erhalten die innern Fähigkeiten, die Seele, eine ganz andre Bedeutung. Die Seele und die innern Fähigkeiten des Tiers sind durch die niedrigere Einheit schon ganz anders modifiziert. Vielleicht ist Nutzen sein Höchstes. Mit der Pflanze und dem Fossil verhält es sich ebenso.>

121. Der Mensch ist diejenige Substanz, die die ganze Natur unendlichfach bricht, *i. e.* polarisiert. Die Welt, des Menschen Welt, ist so mannichfach, als er mannichfach ist. Die Welt der Tiere ist schon viel ärmer und so herunter.

122. Die Denkorgane sind die Weltzeugungs-, die Naturgeschlechtsteile.

123. Die Himmelskörper machen ein viertes Reich aus, unter den Steinen.

124. Der Himmel ist die Seele des Sternsystems, und dieses sein Körper.

125. Alles angenehme Gefühl ist Friktion; alles angenehme Gefühl reizt die Seele zur positiven Mitwirkung.

126. Wer bei der Erklärung des Organism keine Rücksicht auf die Seele nimmt und das geheimnisvolle Band zwischen ihr und dem Körper, der wird nicht weit kommen. Leben ist vielleicht nichts anders, als das Resultat dieser Vereinigung – die Aktion dieser Berührung.

127. <(Physik.)> Sollte jede Umarmung zugleich die Umarmung des ganzen Paars, als Einer Natur mit Einer Kunst (Einem Geiste) sein, und das Kind das vereinigte Produkt der doppelten Umarmung?

Sollten die Pflanzen etwa die Produkte der weiblichen Natur und des männlichen Geistes, und die Tiere die Produkte der männlichen Natur und des weiblichen Geistes sein? Die Pflanzen etwa die Mädchen, die Tiere die Jungen der Natur?

<Oder sind die Keime Produkte der Wurzelgeneration, Pflanzen der Generation^{2} (in 2. Potenz), Tiere der Generation^{3}, und Menschen der Generation ^{n} oder $^{\infty}$?>

128. <(Menschenlehre.)> Ein Kind ist eine sichtbar gewordne Liebe. – Wir selbst sind ein sichtbar gewordner Keim der Liebe zwischen Natur und Geist oder Kunst.

129. <(Physiologische Sinnenlehre.)> Sprechen und hören ist befruchten und empfangen. <(Scham – Scheu vor Kundwerdung.) Symbolisch religiöse Mimik, Sittenmimik, Grüßen. Was bedeutet z. B. Enthüllung.

Synthesis von Mann und Weib. (Grund der Gastfreundschaft der Alten – Abendmahl; gemeinschaftliches Essen und Trinken ist eine Art Vereinigung, ein Generationsakt.)<

130. Anschaun ist ein elastischer Genuß. Das Bedürfnis eines Gegenstandes ist schon Resultat einer Berührung *in distans.* <(Anfang der Negation, der Heterogeneïsierung.

Die *fuga vacui* ist nichts, als eine Anziehung des Leeren und des Vollen. Alle *fuga vacui* ist relativ, nur bis zu einem gewissen Punkt wirksam. Sie hat wie alle Anziehung und Saturation einen Terminus *ad quem*.)>

131. Die Menschheit ist der höhere Sinn unsers Planeten, der Nerv, der dieses Glied mit der obern Welt verknüpft, das Auge, was er gen Himmel hebt.

132. Der Geist strebt den Reiz zu absorbieren. Ihn reizt das Fremdartige, Verwandlung des Fremden in ein Eignes, Zueignung, ist also das unaufhörliche Geschäft des Geistes. Einst soll kein Reiz und nichts Fremdes mehr sein – der Geist soll sich selbst fremd und reizend sein, oder absichtlich machen können. Jetzt ist der Geist aus Instinkt Geist – ein Naturgeist; er soll ein Vernunftgeist, aus Besonnenheit und durch Kunst Geist sein.

<(Natur soll Kunst und Kunst zweite Natur werden.)>

133. Der menschliche Geist kann die äußern Symptome und ihre Kompositionen *approximando* nachmachen; er muß also Analogie mit den Bestandteilen und Naturkräften haben. <Schlüsse daraus. (Ausgeführte, vergleichende Betrachtung der Natur und Kunst und Folgerungen aus der vergleichenden Wissenschaft von beiden.)>

134. So wie nichts frei, so kann auch nichts gezwungen sein, als der Geist. Nur ein Geist kann wozu gezwungen werden. Was sich also zwingen läßt, ist Geist, insofern es sich zwingen läßt.

135. Leben ist eine Krankheit des Geistes, ein leidenschaftliches Tun.

136. Dem Geiste ist Ruhe eigentümlich.

137. Das Schwere rührt vom Geiste her.

138. <Sonderbar, daß man bisher so wenig auf das Phänomen acht gegeben hat, daß durch das Zerfließen die spezifische Schwere zunimmt.>

Mit der Welt entsteht die Begierde: ein Hang zum Zerfließen, oder die Schwere.

<Seltsame Ausführung eines Gleichnisses – z. B. die Liebe ist süß, also kommt ihr alles zu, was dem Zucker zukommt.>

139. Luftvernichtung ist Herstellung des Reichs Gottes.

140. Körper, Seele und Geist sind die Elemente der Welt – wie Epos, Lyra und Drama die des Gedichts.

141. <(Philosophie.)> Freiheit und Unsterblichkeit gehört wie Raum und Zeit zusammen; wie Welt und Ewigkeit gleichsam Raum und Zeit ausfüllen, so füllt Allmacht und Allgegenwart jene beiden Sphären. Gott ist die Sphäre der Tugend. (Zur Allmacht gehört Allwissenheit.)

142. Die Seele ist ein konsonierter Körper. Vokale hießen bei den Hebräern Buchstabenseelen.

143. Wie der Körper mit der Welt in Verbindung steht, so die Seele mit dem Geiste. Beide Bahnen laufen vom Menschen aus, und endigen in Gott. Beide Weltumsegler begegnen sich in korrespondierenden Punkten ihrer Bahn. Beide müssen auf Mittel denken, trotz der Entfernung beisammen zu bleiben, und zugleich gemeinschaftlich beide Reisen zu machen.

144. Wenn Gott Mensch werden konnte, kann er auch Stein, Pflanze, Tier und Element werden, und vielleicht gibt es auf diese Art eine fortwährende Erlösung in der Natur.

145. Zum Experimentieren gehört Naturgenie, d. i. wunderartige Fähigkeit, den Sinn der Natur zu treffen, und in ihrem Geiste zu handeln. Der echte Beobachter ist Künstler; er ahnt das Bedeutende, und weiß aus dem seltsamen, vorüberstreichenden Gemisch von Erscheinungen die wichtigen heraus zu fühlen.

146. Eine ganz eigne Liebe und Kindlichkeit gehört, nebst dem deutlichsten Verstande und dem ruhigsten Sinn, zum Studium der Natur. Wenn erst eine ganze Nation Leidenschaft für die Natur empfäht, und hier ein neues Band unter den Bürgern geknüpft wird, jeder Ort seine Naturforscher und Laboratorien hat, dann wird man erst Fortschritte auf dieser kolossalischen Bahn machen, die mit ihr im Verhältnis stehn.

147. Wir leben eigentlich in einem Tiere als parasitische Tiere. Die Konstitution dieses Tiers bestimmt die unsrige, *et vice versa.* Die Bedingungsverhältnisse der atmosphärischen Bestandteile

sind vielleicht sehr mit den Bedingungsverhältnissen derselben Bestandteile im organischen Körper übereinstimmend.

148. Die atmosphärische Luft ist kristallinischer Beschaffenheit.

149. Es kann oft regnen, ohne daß ein Tropfen herunter kömmt.

Bei heftigem Wind sind die Tropfen klein, wegen der schnellen Verdunstung. Dicke Tropfen zeugen von einer gänzlichen Sättigung der Luft, oder von ihrer wenigen Verschluckungsfähigkeit, oder von dem Dasein eines niederschlagenden Mittels in großer Menge: daher die gemeine Meinung eines starken, darauf folgenden Regens.

Wind befördert die Kapazität der Luft für das Wasser – befördert die Verdunstung; daher kein Regen zur selben Zeit. Kälte vermehrt auch die Kapazität der Luft, daher man oft sagt, es sei zu kalt, um zu regnen.

<Die Verkühlung macht wohl überhaupt weniger den Dunst in der Vorlage zu Dampf, weil zu wenig Luft da ist zur Aufnahme.>

150. <(Chymie.)> Sollte man nicht Gärung der Verbrennung entgegen setzen können: positive und negative Flamme? <Ist Hydrogen vielleicht ein gasartiges Metall (bunte Farben in Morästen) – Wasser also ein flüssiger Metallkelch? Eis ein Metallglas durch Kälte. Das Hydrogen ist auch das Pigment der Pflanzen.

Der Kohlenstoff ist dann vielleicht der Gärungs-, der Reduktionsstoff – dem Brennbaren wird das Gärbare entgegengesetzt. Schwefel ist wohl Öl, kristallisiertes, oder auch Metall. Positiv brennbar, negativ brennbar. (Feuer: positive Kombustion; Gärung: negative Kombustion; Feuer der Nutritions-, Gärung der Sekretionsprozeß. Zeugungsprozeß vielleicht beides zugleich). Was ist, statt des Lichts, bei der Gärung? (Positives – negatives Licht vielleicht.)>

151. Sollten die ätherischen Öle die Pflanzenseelen sein, und darin auch der Unterschied der Weine usw. liegen?

152. Galvanism zwischen zwei bis drei und mehreren Menschen, vermittelst der Metalle.

153. Sieht man etwa jeden Körper nur so weit, als er sich selbst sieht, und man sich selbst sieht?

<In allen Prädikaten, in denen wir das Fossil sehn, sieht es uns wieder. (Schluß auf den Glauben.)>

154. Das Licht ist unstreitig galvanisches Produkt. Bei ihm ist offenbar *actio in distans*. Die Luft ist Leiter dieser Aktion. Spiegelnde Körper sind Nichtleiter leitender Flächen.

155. <(Geistige Physik.)> Unser Denken ist schlechterdings nur eine Galvanisation, eine Berührung des irdischen Geistes, der geistigen Atmosphäre, durch einen himmlischen, außerirdischen Geist. Alles Denken usw. ist also an sich schon eine Sympraxis im höhern Sinn. Die Denklehre entspricht der Meteorologie.

156. Alle Aktionen, selbst die des Denkens, werden auf die *actio in distans* zurückgeführt werden.

157. Seele und Körper wirken galvanisch auf einander, wenigstens auf eine analoge Art, deren Gesetze aber in einer höhern Region liegen.

158. Der Geist galvanisiert die Seele mittelst der gröbern Sinne; seine Selbsttätigkeit ist Galvanism, Selbstberührung *en trois*.

159. Wenn unser körperliches Leben ein Verbrennen ist, so ist wohl auch unser geistiges Leben eine Kombustion (oder ist dies gerade umgekehrt?). Der Tod also vielleicht eine Veränderung der Kapazität.

160. Die Seele desoxydiert.

Daher manche Langeweile und selbst körperliche Schwäche und Zittern von dem Empfinden (Denken), oder bei gestörtem Empfinden (Denken). Sollte Denken oxydieren, Empfinden desoxydieren?

161. Wenn alles Anschießen, Festwerden und Verdichten mit Wärme verbunden – und jede Verflüchtigung, Zerrinnung und Verdünnung von Kälte begleitet ist, so macht das Lernen und Lieben im eigentlichen Sinne warm, und das Müßiggehn und die

Absonderung kalt, und es lassen sich überhaupt manche Phänomene der Seele hieraus erklären.

162. Ritters Ansicht der Entstehung und Verschwindung der Stoffe gibt auch Licht über den Tod. – Wer weiß, wo wir in dem Augenblick anschießen, in dem wir hier verschwinden. – Muß denn auf allen Weltkörpern einerlei Art der Erzeugung sein? Der Einfluß der Sonne macht es wohl wahrscheinlich, daß es die Sonne sein könnte, wo wir wieder abgesetzt werden.

163. Sollte die Seele ebenfalls ein künstliches oder zufälliges Produkt sein? Auch der Sitz der Seele ist willkürlich oder zufällig? <(Seelenkonstruktionslehre.)>

164. <Wie man aus den Symptomen den Sitz der Leidenschaft finden kann? Rationelle und medizinische Mimik. Zufällige, willkürliche und wesentliche Symptome. Klassifikation der Leidenschaften; Theorie ihrer äußern Symptome.

Der Sitz der Seele ist bald hier, bald da, bald an mehreren Orten zugleich; er ist veränderlich, und so auch der Sitz ihrer Hauptglieder, die man durch die Hauptleidenschaften kennen lernt.

165. Schmerz und Angst bezeichnen die träumenden Glieder der Seele. Körperliche Lust und Unlust sind Traumprodukte. Die Seele ist nur zum Teil wach. Wo sie träumt, wie z. B. in den unwillkürlichen Organen (wohin in gewisser Hinsicht der ganze Körper gehört), da empfindet sie Lust und Unlust. Schmerz und Kitzel sind Sensationen der gebundnen Seele.

166. Schlaf ist ein vermischter Zustand des Körpers und der Seele. Im Schlafe ist Körper und Seele chymisch verbunden. Im Schlafe ist die Seele durch den Körper gleichmäßig verteilt; der Mensch ist neutralisiert. Wachen ist ein geteilter, polarischer Zustand; im Wachen ist die Seele punktiert, lokalisiert.

Schlaf ist Seelenverdauung: der Körper verdaut die Seele. (Entziehung des Seelenreizes.) Wachen ist Einwirkungsstand des Seelenreizes: der Körper genießt die Seele. Im Schlafe sind die Bande des Systems locker; im Wachen angezogen.

167. Der Trieb unsrer Elemente geht auf Desoxydation. Das Leben ist eine erzwungne Oxydation.

168. Tierische Natur der Flamme.

169. <Sollte die Flamme, der Funken usw. in ein neues Reich gehören, das vom Pflanzen-, Tier- und Menschenreich verschieden wäre? (Lebendige Prozesse.)>

Vier Arten von Flammen: 1) diejenigen, deren Exkremente die anorganischen Naturen sind; 2) deren Exkremente Pflanzen; 3) deren Exkremente Tiere; 4) deren Exkremente Menschen sind. Je höher die Flamme, je künstlicher, desto komplizierter, gebildeter das Exkrement. Alles Fressen ist ein Assimilationsprozeß, Verbindungs-, Generationsprozeß. Die Flamme ist das gefräßige κατ’ εξοχην.

<Die Gärungen, auch die Exkremente haben noch Flammennatur. Sie fressen auch noch, wie z. B. die rostenden Metalle.>

170. Wasser ist eine nasse Flamme. <(Probe mit dem Diamant und dem Honigstein bei galvanischen Versuchen. Sollte der Brennpunkt keinen Einfluß auf Exzitation und Leiter haben?)>

171. Je lebhafter das zu Fressende widersteht, desto lebhafter wird die Flamme des Genußmoments sein. Anwendung aufs Oxygen. <(Notzucht ist der stärkste Genuß.)> Das Weib ist unser Oxygen.

172. Traurigkeit ist Symptom, Stimmung der Sekretion. Freude Symptom des Genusses, der Nutrition. <(Die Arterien betreiben den Nutritions-, die Venen den Sekretionsprozeß.)>

173. Sollte Kälte wirklich die Muskeln stärken, so müßte Witz und Scherz und Leichtsinn auch wohl die geistigen Muskeln stärken und erfrischen? und so wäre die Vermischung des Lustigen und Ernsthaften – die Verwebung des Lächerlichen mit dem Heiligen vielleicht eine sehr wohltätige und heilsame Verbindung.

174. <Das Lächerliche ist nicht beißend. Lachen ist ein Krampf. Die Ursache des Lachens muß also von einer plötzlichen Entladung der gespannten Aufmerksamkeit – durch einen Kontrast entstehn. Ähnlichkeit mit dem elektrischen Funken.

Der echte Komiker muß ernsthaft und wichtig aussehn, wenn er eine Posse macht. (Ironie, Parodie, Travestie.) Die Verkleidung ist ein Hauptbestandteil des Lächerlichen. (Wortspiele. Lächerliche Fragen und Antworten. Anekdoten. Szenen. Shakespeare. Die Italiener. Aristophanes. Witz der gemeinen Leute. Karikaturen. Hogarth. Lichtenberg.) Aus vielem Lachen und Witzeln kann aber auch Hypochondrie entstehn. Lachen bekömmt sthenischen Konstitutionen vorzüglich gut. Alles, was die Aufmerksamkeit erregt und nicht befriedigt, ist lächerlich. Nur das plötzliche Abspannen der Aufmerksamkeit ist aber die eigentlich lachen machende Operation.> Das Weinen ist eine sthenische Krisis; das Rührende ist das Gegenteil des Lächerlichen. Das Rührende fängt mit Abspannung an – und spannt plötzlich; das Rührende oder das Eindringende dringt schnell ein, eh man Zeit hat sich zu fassen. Es ist eine Übersättigung, Weichwerden, Zerfließen, Schmelzen. Jenes ist ein Absonderungs- dies ein Einschluckungsprozeß; jenes ein Flüchtigwerden (daher die Kälte des Lächerlichen), dies ist ein Gerinnen, ein Starrwerden; daher die Wärme. Das Weinen und Lachen mit ihren Modifikationen gehören so zum Seelenleben, wie essen und sezernieren zum körperlichen Leben. Weinen macht das arterielle System, das Lachen das venöse System.

175. Klarer Verstand, mit warmer Phantasie verschwistert, ist die echte, Gesundheit bringende Seelenkost. Der Verstand tut lauter vorhergesehene, bestimmte Schritte.

176. Ist denken auch absondern? Dann ist vielleicht empfinden fressen. Selbstdenken ist vielleicht ein Lebensprozeß; Freß- und Absonderungsprozeß zugleich, Denken und Empfinden zugleich.

177. Der Baum kann nur zur blühenden Flamme, der Mensch zur sprechenden, das Tier zur wandelnden Flamme werden.

178. 1. Sinn und Kraft sind in einer bestimmten Sphäre polar. Was jenen erhöht, vermindert diese, und was diese vermehrt, stumpft jenen ab.

2. Der ganze menschliche Körper besteht aus Sinn und Kraft und ihren Organen: Nerv und Muskel.

3. <Nerv ist das chemische, elektrische und galvanische Agens. Muskel das mechanische, magnetische und hyypermagnetische Agens.

4. Es gibt mineralische, vegetabilische, animalische: Chymie, Mechanik, Kalorik, Magnetism, Elektrizität.

Galvanism ist vielleicht nichts als tierische Elektrizität. Was der Galvanism zur Elektrizität ist, ist der tierische Magnetism zum Magnetism.

5. Alles was den Nerv begünstigt, schadet der Muskel, und umgekehrt. Oxydation ist für den Muskel, Desoxydation für den Nerven.

6. Es gibt mehr Muskel- als Nervenkrankheiten.

7. Es gibt auch gemeinschaftliche Leiden. Dafür sind die Neutralsubstanzen.>

179. <(Medizin.)> Der Mensch muß nicht allein an stärkere Reize, sondern auch an schnellere Abwechselungen gewöhnt werden. Diese beiden Gesichtspunkte gehören in die Kunstlehre der Unsterblichkeit.

180. <Je einfacher, isolierter, ermangelnder, desto reizbarer für das Eine, was übrig bleibt. Anwendung auf die Elemente. Das Einfache hat absolute Reizbarkeit für den einen übrig bleibenden Reiz.>

Je mannichfacher, desto schwächere Reizbarkeit für jeden einzelnen Reiz. Anwendung auf Physik. Es soll aber einst höchste Mannichfaltigkeit und höchste Energie vereinigt sein. Anwendung auf Physik. Der höchste Reiz verlangt die geringste Reizbarkeit, so wie die höchste Reizbarkeit den geringsten Reiz verlangt. Jedes Individuum hat sein bestimmtes Maß oder Gesundheitsverhältnis; unter oder über diesem Maß sind seine Krankheiten. Das wäre das vollkommen gesunde Individuum, dessen Gesundheitssphäre auch die Sphäre der Kräfte mit inbegriffe, so wie dasjenige Volk am gebildetsten sein würde, dessen

Prosa, Rede, Gespräch die ganze Sphäre der Poesie und des Gesanges mit einschlösse, wo kein Unterschied zwischen Poesie und Prosa wäre.

181. <Reizbarkeit und Sensibilität stehn in ähnlichen Verhältnissen als Seele und Körper, oder Geist und Mensch oder Welt. Die Welt ist der Makroanthropos. Es ist ein Weltgeist, wie es eine Weltseele gibt. Die Seele soll Geist, der Körper Welt werden. Die Welt ist noch nicht fertig, so wenig wie der Weltgeist; aus Einem Gott soll ein Allgott werden, aus Einer Welt ein Weltall. Gemeine Physik – höhere Physik. Der Mensch ist gemeine Prosa, er soll höhere Prosa, allumfassende Prosa werden. Bildung des Geistes ist Mitbildung des Weltgeistes – und also Religion. Der Geist wird aber durch die Seele gebildet, denn die Seele ist nichts als gebundener, gehemmter, konsonierter Geist. Universalschranke, die alle Schranken übersteigen hilft, die alle Schranken in unsre Gewalt gibt, wie Oxygen und *Menstrum universale* usw. Die Antiphlogistiker machen das Oxygen zum Stein der Weisen. Bildung der Seele ist also Mitbildung der Weltseele, und also indirekt religiöse Pflicht. (Kinderreligion, Kindermoral.)

Je einfacher die Gesetze, je schwieriger in der Anwendung. Simplifikation ist also nicht zur Beförderung der Trägheit, sondern, wie der Staat usw., Mittel zur Erweckung der höchsten, kompliziertesten Tätigkeit, höchster Reiz. Der höchste Grundsatz würde die höchste Tätigkeit erwecken und notwendig machen.

Viel innrer Reiz, viel Sensibilität. Viel äußerer Reiz, viel Reizbarkeit. Es ist eben schlimm genug, daß zeither ein Wechsel der Opposition hier stattfand, und äußerer und innrer Reiz, Sensibilität und Reizbarkeit, Diskant und Baß sich gegenseitig aufhoben, so daß mit der Zunahme des äußern Reizes der innre abnahm, und so auch mit der Sensibilität und Reizbarkeit. Unvollkommne Medizin ist, wie unvollkommne Politik, mit unvollkommenen wirklichen, gegenwärtigen Zuständen notwendig verbunden. (Streit zwischen Praxis und Theorie.) Aber es ist nötig, daß szientifische Ideale aufgestellt werden, als notwendige Basen und Anfänge einer künftigen Verbesserung des Gegenstandes und der Kunst. (Anfang und Ende sind beides Enden.)

Wenn sich die höchste Reizbarkeit in heftigen Bewegungen und Spannungen offenbart, so offenbart sich hingegen die höchste Sensibilität in unmerklichen Spannungen und Bewegungen. Reizbarkeit zeigt sich durch große Veränderungen und Wirkungen, Sensibilität durch kleine; unendliche Reizbarkeit durch unendlich große, unendliche Sensibilität durch unendlich kleine Veränderungen.

Synthesis von Seele und Körper, und Reizbarkeit und Sensibilität. Sie gehn natürlich jetzt schon in einander durch Indifferenzsphären über; unendliche Erweiterung dieser Indifferenzsphären, Realisierung, Ausfüllung der Null ist das schwierige Problem der Künstler der Unsterblichkeit. Die Indifferenzsphäre ist das Maß der Konstitution.>

Willkürliche Glieder sind Sinne im strengern Sinn. Vermehrung der Sinne und Ausbildung der Sinne gehört mit zu der Hauptaufgabe der Verbesserung des Menschengeschlechts, der Graderhöhung der Menschheit. Wir sahen vorhin, daß Bildung und Vermehrung der Seele das wichtigste und erste Unternehmen ist. Äußere Reize haben wir schon in unsrer Hand, und mit ihnen die Reizbarkeit; es kommt nun vorzüglich auf Vermehrung und Bildung der Sensibilität, und zwar auf die Weise an, daß die Reizbarkeit und der äußre Reiz nicht dabei leiden, nicht dabei vernachlässigt werden, denn sonst webt man ein sehr zerreißbares Gewebe, <und ein Gewebe der Penelope; man animiert (säuert) den Körper, ohne an seine Erneuerung (Erneuerung der Basis, Zulegung von Brennmaterialien) zu denken. Der Geist ist das Oxygen des Körpers, die Seele ist die eindringende Basis des Oxygenes. Leben ist ein Feuerprozeß. Je reiner der Geist ist, desto heller und feuriger das Leben, die Säuerung oder Animierung. Der organische Stoff ist animierbar wie brennbar. (Entzündung ohne Feuer, durch Friktion. Anwendung auf Leben.) Je

besser der organische Stoff, desto vollkommner die Animierung, desto totaler die Animation (die Verbrennung). Vollkommner organischer (brennbarer) Stoff. Es gibt keinen absolut höchsten Grad der Säuerung, so wenig wie der Animation. Die Konzentration (Oxygenation) ist unendlicher Grade fähig.> Die Sinne im strengern Sinn sind viel animierter, wie die übrigen Organe; der übrige Körper soll ihnen nachfolgen, und sie sollen zugleich mehr animiert werden, und so ins Unendliche. Der übrige Körper soll auch immer willkürlicher werden, wie sie. Vielleicht entsteht jetzt aus der Disproportion der Sinne und des übrigen Körpers die Notwendigkeit des Schlafs. Der Schlaf muß die Folgen der übermäßigen Reizung der Sinne für den übrigen Körper wieder gut machen. <Verbannung des Schlafs. (Unwillkürlich – instinktartig.)> Der Schlaf ist nur den Planeten-Bewohnern eigen. Einst wird der Mensch beständig zugleich schlafen und wachen. Der größeste Teil unsers Körpers, unsrer Menschheit selbst schläft noch tiefen Schlummer.

182. Die Sinne sind an den Tieren, was Blätter und Blüten an den Pflanzen sind. Die Blüten sind Allegorien des Bewußtseins oder des Kopfs. Eine höhere Fortpflanzung ist der Zweck dieser höheren Blüte, eine höhere Erhaltung: bei den Menschen ist es das Organ der Unsterblichkeit, einer progressiven Fortpflanzung der Personalität.

183. Unsre Sinne sind höhere Tiere. Aus ihnen entsteht ein noch höherer Animalismus.

184. Nerven sind höhere Wurzeln der Sinne.

185. Das Ideal einer vollkommnen Gesundheit ist bloß wissenschaftlich interessant. Krankheit gehört zur Individualisierung. Es gilt hier, und auch bei den menschlichen Gemütern just, was in der bildenden Kunst von dem Doryphorus oder Canon gilt.

<Dies Gesetz gilt durchgehends auch in der Musik, Baukunst, Meublierungskunst usw.>

186. Krankheiten zeichnen den Menschen vor den Tieren und

Pflanzen aus. Zum Leiden ist der Mensch geboren. Je hilfloser, desto empfänglicher für Moral und Religion.

187. Vergänglichkeit, Gebrechlichkeit ist der Charakter der mit Geist verbundenen Natur. Er zeugt von der Tätigkeit und Universalität, von der erhabnen Personalität des Geistes.

188. Alles ist von selbst ewig. Die Sterblichkeit und Wandelbarkeit ist gerade ein Vorzug höherer Naturen. Ewigkeit ist ein Zeichen *(sit venia verbis)* geistloser Wesen. Synthesis von Ewigkeit und Zeitlichkeit.

189. Es hat von jeher nur Eine Krankheit, mithin auch nur Eine Universal-Arzenei gegeben. Mit der Sensibilität und ihren Organen, den Nerven, tritt Krankheit in die Natur. Es ist damit Freiheit, Willkür in die Natur gebracht, und damit Sünde, Verstoß gegen den Willen der Natur, die Ursache alles Übels. Es gibt nur Muskelkrankheiten, die aus Nervendespotism entstehn. Der sittliche Mensch muß auch eine freie Natur haben, eine gegenstrebende, eine zu erziehende, eine eigentümliche Natur. <Ist das tierische Leben ein phlogistischer Prozeß, so sind alle Krankheiten antiphlogistische Prozesse, Störungen des Brennens. Ihre Mannichfaltigkeit zeugt gerade von ihrer Personalentstehung. Krankheit ist Zwist der Organe. Die allgemeine muß fast immer örtlich werden, so wie die örtliche notwendig in allgemeine übergeht.>

190. Krankheiten, besonders langwierige, sind Lehrjahre der Lebenskunst und der Gemütsbildung. Man muß sie durch tägliche Bemerkungen zu benutzen suchen. Ist denn nicht das Leben des gebildeten Menschen eine beständige Aufforderung zum Lernen? Der gebildete Mensch lebt durchaus für die Zukunft. Sein Leben ist Kampf; seine Erhaltung und sein Zweck Wissenschaft und Kunst.

Je mehr man lernt, nicht mehr in Augenblicken, sondern in Jahren usw. zu leben, desto edler wird man. Die hastige Unruh, das kleinliche Treiben des Geistes, geht in große, ruhige, einfache und vielumfassende Tätigkeit über, und die herrliche Geduld findet sich ein. Immer triumphierender wird Religion und Sittlichkeit, diese Grundvesten unsers Daseins.

Jede Bedrängnis der Natur ist eine Erinnerung höherer Heimat, einer höhern, verwandtern Natur.

191. <Universale Vorstellung des Christentums.>

Liebe ist durchaus Krankheit: daher die wunderbare Bedeutung des Christentums.

192. Auch die Inokulation des Todes wird in einer künftigen allgemeinen Therapie nicht fehlen; so wie manche Krankheiten unter den Erziehungs-Methoden stehn, und von den Pädagogen dazu die Heilkunde requiriert werden wird.

193. Die Seele ist unter allen Giften das stärkste. Sie ist der durchdringendste, diffusibelste Reiz. Alle Seelenwirkungen sind daher bei Lokal-Übeln und entzündlichen Krankheiten höchst schädlich.

<Ein Lokalübel läßt sich oft nicht anders kurieren, als durch Erregung einer allgemeinen Krankheit und umgekehrt. Kur einer Kur durch die andre.>

194. Jede Krankheit ist ein musikalisches Problem, die Heilung eine musikalische Auflösung. Je kürzer und dennoch vollständiger die Auflösung, desto größer das musikalische Talent des Arztes.

<Krankheiten lassen mannichfaltige Auflösungen zu. Die Wahl der zweckmäßigsten bestimmt das Talent des Arztes.

Inokulation des Alters. – Über die Inokulation, die in allem Betracht höchst merkwürdig ist.

Sollte es wirklich Humoralkrankheiten geben, so gut wie Nervenkrankheiten und diese nosologische Klassifikation die Querspeichen im medizinischen Rade bilden – den Nord- und Südpol?

Die Brownische Einteilung ist die allgemeine, diese ist die spezifische.

Es gibt Humoralsthenien und -Asthenien und Nervensthenien

und -Asthenien. Die Humoralsthenie hat indirekte Asthenie der Gefäße usw. zur Folge.>

195. <Verfolgung der Idee>: Krankheit durch Krankheiten zu kurieren.

196. Jedes spezifische Organ, z. B. Leber, Gallenblase, Nieren, Magen, Drüsen usw., erhält zuvörderst sich selbst, bereitet sich selbst. Seine Absonderungen hängen von diesem eigentümlichen Nahrungsprozesse ab. Jedes dieser Gefäße ist eine lebendige Konkretion eines spezifischen Grades der Mischung seiner Bestandteile. <Jede isolierte Komposition sucht sich zu verewigen, jeder Prozeß ist fortwährend in bezug auf die sogenannte Trägheit der Materie (Trägheit-Selbstheit). Seine Resultate vereinen sich zu eigentümlichen Zeugungsgefäßen für denselben, zu spezifischen Organen. Die Verhältnisse dieser Organe zueinander. Ihre Anzahl und Qualität beruht auf der ersten Anlage der gesamten Organisation, zu der sie gehören; auf dieser ihre Verhältnisse.>

197. Polypen, wild Fleisch, Krebs, Brand, sind vollkommne Schmarotzertiere (oder Tierpflanzen), sie wachsen, sie werden erzeugt, sie zeugen, sie haben ihre Organisation, sie sezernieren, sie essen.

198. Je geistvoller, gebildeter ein Mensch ist, desto persönlicher sind seine Glieder, z. B. seine Augen, seine Hand, seine Finger usw. <Anwendung auf Antiken, Physiognomik; die sonderbare Meinung, daß jedes Glied seinen spezifischen Beitrag zur Zeugung eines Menschen geben müsse.>

199. <(Poetische Physiologie.)> Unsre Lippen haben oft viel Ähnlichkeit mit den beiden Irrlichtern im Märchen. Die Augen sind das höhere Geschwisterpaar der Lippen, sie schließen und öffnen eine heiligere Grotte als den Mund. Die Ohren sind die Schlange, die das begierig verschluckt, was die Irrlichter fallen lassen. Mund und Augen haben eine ähnliche Form. Die Wimpern sind die Lippen, der Apfel die Zunge und der Gaum, und der Stern die Kehle. Die Nase ist die Stirn des Mundes, und die Stirn

die Nase der Augen. Jedes Auge hat sein Kinn am Wangenknochen.

200. Es gibt nur Einen Tempel in der Welt, und das ist der menschliche Körper. Nichts ist heiliger, als diese hohe Gestalt. Das Bücken vor Menschen ist eine Huldigung dieser Offenbarung im Fleisch. <(Göttliche Verehrung des Lingam, des Busens, der Statuen.)> Man berührt den Himmel, wenn man einen Menschenleib betastet.

201. Der Mensch ist eine Sonne, seine Sinne sind seine Planeten.

202. Der Mensch hat immer symbolische Philosophie seines Wesens in seinen Werken und in seinem Tun und Lassen ausgedrückt. Er verkündigt sich und sein Evangelium der Natur. Er ist der Messias der Natur. <Die Antiken sind zugleich Produkte der Zukunft und der Vorzeit – Goethe betrachtet die Natur wie eine Antike; Charakter der Antike, der Epigrammen; die Antiken sind aus einer andern Welt, sie sind wie vom Himmel gefallen. Etwas über die Madonna. Zum Schluß einige Gedichte. Die Betrachtung der Antiken muß gelehrt (physisch) und poetisch sein. Gibt es eine Zentral-Antike oder einen Universalgeist der Antiken? Mystischer Sinn für Gestalten. Die Antiken berühren nicht einen, sondern alle Sinne, die ganze Menschheit.>

203. Die Hand wird beim Maler Sitz eines Instinkts, so auch beim Musiker, der Fuß beim Tänzer, das Gesicht beim Schauspieler und so fort.

204. Wie der Maler mit ganz andern Augen, als der gemeine Mensch, die sichtbaren Gegenstände sieht – so erfährt auch der Dichter die Begebenheiten der äußren und innern Welt auf eine sehr verschiedne Weise vom gewöhnlichen Menschen. Nirgends aber ist es auffallender, daß es nur der Geist ist, der die Gegenstände, die Veränderungen des Stoffs poetisiert, und daß das Schöne, der Gegenstand der Kunst, uns nicht gegeben wird, oder in den Erscheinungen schon fertig liegt – als in der Musik. Alle Töne, die die Natur hervorbringt, sind rauh und geistlos – nur

der musikalischen Seele dünkt oft das Rauschen des Waldes, das Pfeifen des Windes, der Gesang der Nachtigall, das Plätschern des Bachs melodisch und bedeutsam. Der Musiker nimmt das Wesen seiner Kunst aus sich – auch nicht der leiseste Verdacht von Nachahmung kann ihn treffen. Dem Maler scheint die sichtbare Natur überall vorzuarbeiten, durchaus sein unerreichbares Muster zu sein. Eigentlich ist aber die Kunst des Malers so unabhängig, so ganz *a priori* entstanden, als die Kunst des Musikers. Der Maler bedient sich nur einer unendlich schwereren Zeichensprache als der Musiker; der Maler malt eigentlich mit dem Auge. Seine Kunst ist die Kunst, regelmäßig und schön zu sehn. Sehn ist hier ganz aktiv, durchaus bildende Tätigkeit. Sein Bild ist nur seine Chiffer, sein Ausdruck, sein Werkzeug der Reproduktion. Man vergleiche mit dieser künstlichen Chiffer die Note. Die mannichfaltige Bewegung der Finger, der Füße und des Mundes dürfte der Musiker noch eher dem Bilde des Malers entgegenstellen. Der Musiker hört eigentlich auch aktive. Er hört heraus. Freilich ist dieser umgekehrte Gebrauch der Sinne den meisten ein Geheimnis, aber jeder Künstler wird es sich mehr oder minder deutlich bewußt sein. Fast jeder Mensch ist in geringem Grad schon Künstler. Er sieht in der Tat heraus und nicht herein. Er fühlt heraus und nicht herein. Der Hauptunterschied ist der: der Künstler hat den Keim des selbstbildenden Lebens in seinen Organen belebt, die Reizbarkeit derselben für den Geist erhöht, und ist mithin imstande, Ideen nach Belieben, ohne äußre Sollizitation, durch sie herauszuströmen, sie als Werkzeuge zu beliebigen Modifikationen der wirklichen Welt zu gebrauchen; dahingegen sie beim Nicht-Künstler nur durch Hinzutritt einer äußren Sollizitation ansprechen, und der Geist, wie die träge Materie, unter den Grundgesetzen der Mechanik (daß alle Veränderungen eine äußre Ursache voraussetzen, und Wirkung und Gegenwirkung einander jederzeit gleich sein müssen) zu stehn, oder sich diesem Zwang zu unterwerfen scheint. Tröstlich ist es wenigstens zu wissen, daß dieses mechanische Verhalten dem Geiste unnatürlich, und, wie alle geistige Unnatur, zeitlich sei.

<Gänzlich richtet sich indes auch bei dem gemeinsten Menschen der Geist nach den Gesetzen der Mechanik nicht; und es wäre daher auch bei jedem möglich, diese höhere Anlage und Fähigkeit des Organs auszubilden. Um aber auf die Unterschiede der Malerei und Musik zurückzukommen, so ist gleich das auffallend, daß bei der Musik Chiffer, Werkzeug und Stoff getrennt, bei der Malerei aber Eins sind und eben deshalb bei ihr jedes *in abstracto* so unvollkommen erscheint. Soviel, dünkt mich, werde daraus gewiß, daß die Malerei bei weitem schwieriger als die Musik sei. Daß sie eine Stufe gleichsam dem Heiligtume des Geistes näher, und daher, wenn ich so sagen darf, edler als die Musik sei, ließe sich wohl gerade aus dem gewöhnlichen enkomischen Argumente der Lobredner der Musik folgern, daß die Musik viel stärkere und allgemeinere Wirkung tue. Diese physische Größe dürfte nicht der Maßstab der intellektuellen Höhe der Künste sein, und eher kontraindizieren. Musik kennen und haben schon die Tiere; von Malerei haben sie aber keine Idee. Die schönste Gegend, das reizendste Bild werden sie eigentlich nicht sehn. Ein gemalter Gegenstand aus dem Kreise ihrer Bekanntschaft betrügt sie nur. Aber, als Bild, haben sie keine Empfindung davon.

Ein guter Schauspieler ist in der Tat ein plastisches und poetisches Instrument. Eine Oper, ein Ballett sind in der Tat plastisch poetische Konzerte, gemeinschaftliche Kunstwerke mehrerer plastischer Instrumente. (Tätiger Sinn des Gefühls. Poesie.)

(Durchdringung von Plastik und Musik – nicht bloß Vermittelung.)>

205. Sollten die Gebärden wirklich grammatisch, symbolisch, oder ausdrucksvoll sein? Ich glaube nicht, daß sie es sein sollen, aber sie werden es sein, wenn sie natürlich im idealischen Sinne, Produkte der idealischen Assoziation der innern und äußern Gliedmaßen sind. Sie gehören zum Ressort der Tanzkunst.

206. <Antiken. Die Madonna. (Der Mensch ist ein sich selbst

gegebenes, historisches Individuum. Graduelle Menschheit. Wenn die Menschheit die höchste Stufe erreicht hat, so offenbart und schließt das höhere von selbst sich an.) Ansicht der Geschichte der Menschheit: der Haufen – die Nationen – die Gesellschaften – die einzelnen Menschen. Erhebung der Mechanik. Fichtes intellektuelle Chemie. Die Chemie ist der leidenschaftliche Boden. Die Chemie ist die roheste und erste Formation. (Gemäldebeschreibungen usw. Über Landschaftsmalerei, und Malerei gegen Skulptur überhaupt.) (Alles muß sich zugleich quadrieren und nicht quadrieren lassen. Der Nutzen, der Gebrauch ist unendlich graduell, so die Messung.) Landschaften – Oberflächen – Strukturen – Architektonische. Höhlenlandschaften. Atmosphären-, Wolkenlandschaften. Die ganze Landschaft soll Ein Individuum bilden; Vegetation und unorganische Natur – flüssige, feste, männliche, weibliche. Geognostische Landschaften. Natur-Variationen. Müssen nicht Skulptur und Malerei symbolisch sein? (Die Gemälde-Galerie ist eine Vorratskammer indirekter Reize aller Art für den Dichter.) (Notwendigkeit aller Kunstwerke.)> Jedes Kunstwerk hat ein Ideal *a priori*, eine Notwendigkeit bei sich, da zu sein. <Hierdurch wird erst eine echte Kritik der Maler möglich. (Madonnen Suite. Heroen Suite. Suite weiser Männer. Genien Suite. Götter Suite. Menschen Suite.)>

207. Man sollte plastische Kunstwerke nie ohne Musik sehn, musikalische Kunstwerke hingegen nur in schön dekorierten Sälen hören. <Poetische Kunstwerke aber nie ohne beides zugleich genießen. Daher wirkt Poesie im schönen Schauspielhause, oder in geschmackvollen Kirchen so außerordentlich. In jeder guten Gesellschaft sollte pausenweise Musik gehört werden. Die gefühlte Notwendigkeit der plastischen Dekorationen zur echten Geselligkeit hat die Visitenzimmer hervorgebracht. Das bessre Essen, die Gesellschaftsspiele, der zierlichere Anzug, der Tanz, und selbst das gewähltere, freiere, allgemeinere Gespräch entstanden durch dieses Gefühl des höhern Lebens in Gesellschaft

und der dadurch erfolgenden Mischung alles Schönen und Belebenden zu mannichfaltigen Gesamtwirkungen.>

208. <(Encyklopädistik.)> Die Skulptur und die Musik sind sich, als entgegengesetzte Härten, gegenüber. Die Malerei macht schon den Übergang. Die Skulptur ist das gebildete Starre. Die Musik das gebildete Flüssige. <(Masken der alten Schauspieler.)>

209. Besondere Arten von Seelen und Geistern, die Bäume, Landschaften, Steine, Gemälde bewohnen. Eine Landschaft muß man als Dryade und Oreade ansehn. Eine Landschaft soll man fühlen, wie einen Körper. Jede Landschaft ist ein idealischer Körper für eine besondre Art des Geistes. <(Das Sonett.) (Der Witz.) (Sinn fürs Altertum, durch die Antiken geweckt.)>

210. Es sind nicht die bunten Farben, die lustigen Töne und die warme Luft, die uns im Frühling so begeistern. Es ist der stille, weissagende Geist unendlicher Hoffnungen, ein Vorgefühl vieler frohen Tage, des gedeihlichen Daseins so mannichfaltiger Naturen, die Ahndung höherer, ewiger Blüten und Früchte, und die dunkle Sympathie mit der gesellig sich entfaltenden Welt.

211. Jede künstliche Gestalt, jeder erfundene Charakter hat mehr oder weniger Leben, und Ansprüche und Hoffnungen des Lebens. Die Galerien sind Schlafkammern der zukünftigen Welt. Der Historiker, der Philosoph und der Künstler der zukünftigen Welt ist hier einheimisch; er bildet sich hier und er lebt für diese Welt. Wer unglücklich in der jetztigen Welt ist, wer nicht findet was er sucht, der gehe in die Bücher- und Künstlerwelt, in die Natur, diese ewige Antike und Moderne zugleich, und lebe in dieser *Ecclesia pressa* der bessern Welt. Eine Geliebte und einen Freund, ein Vaterland und einen Gott findet er hier gewiß. Sie schlummern, aber weissagenden, vielbedeutenden Schlummer. Einst kommt die Zeit, wo jeder Eingeweihte der bessern Welt, wie Pygmalion, seine um sich geschaffne und versammelte Welt mit der Glorie einer höhern Morgenröte erwachen, und seine lange Treue und Liebe erwidern sieht.

212. <(Ewige Menschenlehre.)> Jungfrau ist ein ewiges, weibli-

ches Kind. <Was entspricht der Jungfrau bei uns Männern?> Ein Mädchen, die nicht mehr wahrhaftes Kind ist, ist nicht mehr Jungfrau. (Nicht alle Kinder sind Kinder.)

213. <Der Mittelpunkt ist ein Konsonant, so wie die Peripherie des Universums.>

Die Betrachtung der Welt fängt im unendlichen, absoluten Diskant, im Mittelpunkt an, und steigt die Skala herunter; die Betrachtung unsrer selbst fängt mit dem unendlichen, absoluten Baß an, der Peripherie, und steigt die Skala aufwärts. Absolute Vereinigung des Basses und Diskants. Dies ist die Systole und Diastole des göttlichen Lebens.

214. Die Natur ist eine Äolsharfe, ein musikalisches Instrument, dessen Töne wieder Tasten höherer Saiten in uns sind.

215. <(Chemische Musik; vom Ton usw).> Unsre Seele muß Luft sein, weil sie von Musik weiß und daran Gefallen hat. Ton ist Luftsubstanz, Luftseele, die fortpflanzende Luftbewegung ist eine Affektion der Luft durch den Ton. Im Ohre entsteht der Ton von neuem.

216. Jedes Instrument ist ein eigentümlich im Großen konsoniertes Tonsystem. Moll-Instrumente, Dur-Instrumente; jedes hat seinen eignen Grund-Vokal. Die menschliche Stimme ist gleichsam das Prinzip und Ideal der Instrumental-Musik.

Klingt überhaupt eigentlich der Körper oder die Luft? Ist nicht das elastische Fluidum der Vokal, und der Körper der Konsonant? die Luft die Sonne, und die Körper die Planeten? jenes die erste Stimme, diese die zweite?

217. Alle Methode ist Rhythmus; hat man den Rhythmus der Welt weg, so hat man auch die Welt weg. Jeder Mensch hat seinen individuellen Rhythmus. – Die Algeber ist die Poesie. Rhythmischer Sinn ist Genie. –

<Fichte hat nichts als den Rhythmus der Philosophie entdeckt und verbalakustisch ausgedrückt.

Reizbarkeit ist echt rhythmische Natur. Das individuelle Verhältnis der Reizbarkeit und des Reizes ist der Rhythmus der individuellen Gesundheit. Ist dieses Verhältnis fehlerhaft, so wird der fehlerhafte Rhythmus gesundheitswidrige Figurationen, Katenationen usw. hervorbringen. Musikalische Natur der Fieber. Lokalkrankheiten. Gicht. Chymischer Rhythmus. Die Lehre von den Assoziationen. (Reale, schaffende Musik.)>

218. Über die allgemeine *n* Sprache der Musik. Der Geist wird frei, unbestimmt angeregt; das tut ihm so wohl, das dünkt ihm so bekannt, so vaterländisch, er ist auf diese kurzen Augenblicke in seiner indischen Heimat. Alles Liebe und Gute, Zukunft und Vergangenheit regt sich in ihm, Hoffnung und Sehnsucht. <Verse, bestimmt durch die Musik zu sprechen.)> Unsre Sprache war zu Anfang viel musikalischer, und hat sich nur nach gerade so prosaisiert, so enttönt. Es ist jetzt mehr Schallen geworden, Laut, wenn man dieses schöne Wort so erniedrigen will. Sie muß wieder Gesang werden. Die Konsonanten verwandeln den Ton in Schall.

219. Die Konsonanten sind die Fingersetzungen, und ihre Folge und Abwechselung gehört zur Applikatur. Die Vokale sind die tönenden Saiten oder Luftstäbe. Die Lunge ist der bewegte Bogen. Die mehreren Saiten auf einem Instrument sind nur zur Bequemlichkeit, es sind Abbreviaturen. <Es ist eigentlich nur Eine Saite. Die Orgeln sind Nachahmungen der Saiteninstrumente. Über den charakterisierenden Ton der Saite; der Grund dieser Individualität; Masse, Länge, Dicke usw. Über die Mittönungen. Tonreihe jedes Saitenstrichs. Dauer des Strichs, Ansatzpunkt des Bogens. Steg. Bau des Instruments. Harmonika. Euphon. Über den Glockenton. Theorie des Harmonikaspielens. Die tastierende Harmonika. Warum die Wellen und Ströme des Wassers nicht tönen? Akustizität der Luft. Schwingungen einer mit Elektrizität geladenen Glocke.>

220. Die Dialekte und Pronunziationen werden durch Konsonanten und Vokale im Großen gebildet. Lippensprache, Gaum, Kehle, Zunge, Zähne, Nase usw. Manche Sprache wird aus dem *e, u, o* usw. gesprochen. So hat jeder Mensch seinen Hauptvokal

(*vid.* Schocher). Es ist damit wie in der Musik: so hat jedes musikalische Stück seinen Grundton, auch sein Thema. <Moll und Dur.>

221. Nicht jedes Wort ist ein vollkommnes Wort. Die Worte sind teils Vokale, teils Konsonanten, geltende und mitgeltende Worte. <Anwendung auf Wissenschaftskonstruktionen.

Substantielle (Vokal) Sätze und Wissenschaften, akzidentelle (Konsonant) Sätze und Wissenschaften.

Man will nicht bloß den Satz, oder das Urteil, sondern auch die Akten dazu.>

222. Was man nicht direkt zerlegen kann, muß man indirekt oder idealisch zu zerlegen, *i. e.* zur Sprache zu bringen suchen; dann zerlegt man die Erscheinung, den Ausdruck, und findet so die Bestandteile und ihr Verhältnis. <Verraten z. B. nicht tierische Stoffe ihre nähern Bestandteile mittelst des Galvanism usw.?>

223. Die Seele strebt bei jedem Begriffe nach einem genetisch-intuitiven Worte <(Formel)>, daher ihr Etymologisieren. Sie versteht einen Begriff, wenn sie ihn fertig machen und auf alle Weise behandeln kann: zu Geist und zu Materie machen. Das Universalisieren oder Philosophistisieren eines spezifischen Begriffs oder Bildes ist nichts als ein Ätherisieren, ein Verluftigen, Vergeisten eines Spezifikums oder Individuums. Es gibt auch einen entgegengesetzten Prozeß. <(Expressive: richtig fortpflanzende Worte.)>

224. Sprache in der zweiten Potenz, z. B. Fabel, ist Ausdruck eines ganzen Gedankens, und gehört in die Hieroglyphistik der zweiten Potenz, in die Ton- und Schriftbildersprache[2]. Sie hat poetische Verdienste und ist nicht rhetorisch, subaltern, wenn sie ein vollkommener Ausdruck, wenn sie euphonisch, richtig und präzis ist, wenn sie gleichsam ein Ausdruck, mit um des Ausdrucks willen ist, wenn sie wenigstens nicht als Mittel erscheint, sondern an sich selbst eine vollkommene Produktion des höhern Sprachvermögens ist.

<(Sprache im eigentlichen Sinn ist Funktion eines Werkzeugs

als solchen. Jedes Werkzeug drückt, prägt die Idee seines Dirigenten aus.)>

Dient ein Organ einem andern, so ist es, sozusagen, seine Zunge, seine Kehle, sein Mund. Das Werkzeug, was dem Geiste am willigsten dient, am leichtesten mannichfacher Modifikationen fähig ist, wird vorzüglich sein Sprachwerkzeug: daher Mund- und Fingersprache.

225. Der Ton scheint nichts als eine gebrochne Bewegung in dem Sinn, wie die Farbe gebrochnes Licht ist, zu sein.

<Der Tanz ist auf das Engste mit der Musik verbunden und gleichsam ihre andre Hälfte. Ton verbindet sich gleichsam von selbst mit Bewegung.

Farbe ist gleichsam ein Neutralzustand der Stoffe und des Lichts – ein Bestreben, Licht zu werden, des Stoffs – und ein entgegengesetztes Bestreben des Lichts.

Sollte alle Qualität ein gebrochner Zustand in der obigen Bedeutung sein?

Lust an der Mannichfaltigkeit der Bewegungen.

Sollten die Kristallisationsformen – eine gebrochne Schwerkraft sein?

Einfluß der Mischung auf die Figurenbildung.

Könnten nicht die Kristallformen elektrischen Ursprungs sein?

Bewegungsspiel – Freude an mannichfaltigen Bewegungen. Tanzspiel. Maschinenspiel. Elektrischer Tanz.

226. Stimmungen, unbestimmte Empfindungen, nicht bestimmte Empfindungen und Gefühle machen glücklich. Man wird sich wohl befinden, wenn man keinen besondern Trieb, keine bestimmte Gedanken- und Empfindungsreihe in sich bemerkt. Dieser Zustand ist wie das Licht ebenfalls nur heller oder dunkler. Spezifische Gedanken und Empfindungen sind seine Konsonanten. Man nennt es Bewußtsein. Vom vollkommensten Bewußtsein läßt sich [sagen], daß es sich alles und nichts bewußt ist. Es ist Gesang, bloße Modulation der Stimmungen – wie

dieser der Vokale oder Töne. Die innere Selbstsprache kann dunkel, schwer und barbarisch – und griechisch und italienisch sein – desto vollkommner, je mehr sie sich dem Gesange nähert. Der Ausdruck: er versteht sich selbst nicht, erscheint hier in einem neuen Lichte. Bildung der Sprache des Bewußtseins, Vervollkommnung des Ausdrucks, Fertigkeit, sich mit sich selbst zu besprechen. Unser Denken ist also eine Zweisprache, unser Empfinden Sympathie.

227. Was ist der Mensch? Ein vollkommner Trope des Geistes. Alle echte Mitteilung ist also sinnbildsam – und sind also nicht Liebkosungen echte Mitteilungen?

228. Alle Menschen sind Variationen Eines vollständigen Individuums, d. h. Einer Ehe. Ein Variationen-Akkord ist eine Familie, wozu jede innig verbundene Gesellschaft zu rechnen ist. <Wenn eine so einfache Variation, wie Natalie und die schöne Seele schon ein so tiefes Wohlgefühl erregt, wie unendlich muß das Wohlgefühl dessen sein, der das Ganze in seiner mächtigen Symphonie vernimmt?>

229. Ein Lichtstrahl bricht sich noch in etwas ganz anderes, als in Farben. Wenigstens ist der Lichtstrahl einer Beseelung fähig, wo sich dann die Seele in Seelenfarben bricht. Wem fällt nicht der Blick der Geliebten ein?

230. Alle geistige Berührung gleicht der Berührung eines Zauberstabs. Alles kann zum Zauberwerkzeug werden. Wem aber die Wirkungen einer solchen Berührung so fabelhaft, wem die Wirkungen eines Zauberspruchs so wunderbar vorkommen, der erinnre sich doch nur an die erste Berührung der Hand seiner Geliebten, an ihren ersten, bedeutenden Blick, wo der Zauberstab der abgebrochne Lichtstrahl ist, an den ersten Kuß, an das erste Wort der Liebe, – und frage sich, ob der Bann und Zauber dieser Momente nicht auch fabelhaft und wundersam, unauflöslich und ewig ist?

231. Das A u g e n s p i e l gestattet einen äußerst mannichfaltigen Ausdruck. Die übrigen Gesichtsgebärden, oder Mienen, sind

nur die Konsonanten zu den Augenvokalen. Physiognomie ist also die Gebärdensprache des Gesichts. Er hat viel Physiognomie, heißt: sein Gesicht ist ein fertiges, treffendes und idealisierendes Sprachorgan. Die Frauen haben vorzüglich eine idealisierende Physiognomie. Sie vermögen die *Empfindungen* nicht bloß wahr, sondern auch reizend und schön, idealisch auszudrücken. Langer Umgang lehrt einen die Gesichtssprache verstehn. Die vollkommenste Physiognomie muß allgemein und absolut *verständlich* sein. Man könnte die Augen ein Lichtklavier nennen. Das Auge drückt sich auf eine ähnliche Weise, wie die Kehle, durch höhere und tiefere Töne (die Vokale), durch schwächere und stärkere Leuchtungen aus. Sollten die Farben nicht die Lichtkonsonanten sein?

232. Bücher sind eine moderne Gattung historischer Wesen, aber eine höchstbedeutende. Sie sind vielleicht an die Stelle der Traditionen getreten.

233. Die strenge Methode ist bloß Studium, sollte nicht gedruckt werden; man sollte nur in freiem, ungebundenem Stil fürs Publikum schreiben, und nur die strenge Demonstration, die systematische Ausarbeitung dabei liegen haben. <Man muß nicht ungewiß usw., ängstlich usw. schreiben – verworren, rundlich, sondern bestimmt, klar, fest, mit apodiktischen, stillschweigenden Voraussetzungen. Ein festbestimmter Mensch macht eben auch einen wohltätigen und entscheidenden und bleibenden Ausdruck. (Der wissenschaftliche Stil liebt die fremden Worte, eben darum nicht publizistisch.)>

234. Es wird eine schöne Zeit sein, wenn man nichts mehr lesen wird als die schöne Komposition, als die literärischen Kunstwerke. Alle andre Bücher sind Mittel und werden vergessen, wenn sie keine tauglichen Mittel mehr sind, und dies können die Bücher nicht lange bleiben.

235. So sonderbar, als es manchem scheinen möchte, ist doch nichts wahrer, als daß es nur die Behandlung, das Äußre, die Melodie des Stils ist, welche zur Lektüre uns hinzieht, und uns an

dieses oder jenes Buch fesselt. Wilhelm Meisters Lehrjahre sind ein mächtiger Beweis dieser Magie des Vortrags, dieser eindringenden Schmeichelei einer glatten, gefälligen, einfachen und doch mannichfaltigen Sprache. Wer diese Anmut des Sprechens besitzt, kann uns das Unbedeutendste erzählen, und wir werden uns angezogen und unterhalten finden; diese geistige Einheit ist die wahre Seele eines Buchs, wodurch uns dasselbe persönlich und wirksam vorkommt. <Es gibt einseitige und vielseitige – eigentümliche und gemeinsame Seelen – zu den letztern scheint die Seele in Wilhelm Meisters Lehrjahren zu gehören, die man vorzüglich die Seele der guten Gesellschaft nennen möchte.>

236. Goethe ist ganz praktischer Dichter. Er ist in seinen Werken, was der Engländer in seinen Waren ist: höchst einfach, nett, bequem und dauerhaft. Er hat in der deutschen Literatur das getan, was Wedgwood in der englischen Kunstwelt getan hat. Er hat, wie die Engländer, einen natürlich ökonomischen, und einen durch Verstand erworbenen edeln Geschmack. Beides verträgt sich sehr gut, und hat eine nahe Verwandtschaft, in chemischem Sinn. In seinen physikalischen Studien wird es recht klar, daß es seine Neigung ist, eher etwas Unbedeutendes ganz fertig zu machen, ihm die höchste Politur und Bequemlichkeit zu geben, als eine Welt anzufangen und etwas zu tun, wovon man voraus wissen kann, daß man es nicht vollkommen ausführen wird, daß es gewiß ungeschickt bleibt, und daß man es nie darin zu einer meisterhaften Fertigkeit bringt. <Auch in diesem Felde wählt er einen romantischen oder sonst artig verschlungnen Gegenstand.

Seine Betrachtungen des Lichts, der Verwandlung der Pflanzen und der Insekten sind Bestätigungen und zugleich die überzeugendsten Beweise, daß auch der vollkommne Lehrvortrag in das Gebiet des Künstlers gehört. Auch dürfte man im gewissen Sinn mit Recht behaupten, daß Goethe der erste Physiker seiner Zeit sei – und in der Tat Epoche in der Geschichte der Physik mache. Vom Umfang der Kenntnisse kann hier nicht die Rede sein, so wenig auch Entdeckungen den Rang des Naturforschers bestimmen dürften. Hier kommt es darauf an, ob man die Natur wie ein Künstler die Antike betrachtet – denn ist die Natur etwas anders, als eine lebende Antike? Natur und Natureinsicht entstehn zugleich, wie Antike und Antikenkenntnis; denn man irrt sehr, wenn man glaubt, daß es Antiken gibt. Erst jetzt fängt die Antike an zu entstehn. Sie wird unter den Augen und der Seele des Künstlers. Die Reste des Altertums sind nur die spezifischen Reize zur Bildung der Antike. Nicht mit Händen wird die Antike gemacht. Der Geist bringt sie durch das Auge hervor – und der gehaune Stein ist nur der Körper, der erst durch sie Bedeutung erhält, und zur Erscheinung derselben wird. Wie der Physiker Goethe sich zu den übrigen Physikern verhält, so der Dichter zu den übrigen Dichtern. An Umfang, Mannichfaltigkeit und Tiefsinn wird er hie und da übertroffen; aber an Bildungskunst, wer dürfte sich ihm gleich stellen? Bei ihm ist alles Tat – wie bei andern alles Tendenz nur ist. Er macht wirklich etwas, während andre nur etwas möglich oder notwendig machen. Notwendige und mögliche Schöpfer sind wir alle – aber wie wenig wirkliche. Der Philosoph der Schule würde dies vielleicht aktiven Empirismus nennen. Wir wollen uns begnügen, Goethens Künstlertalent zu betrachten und noch einen Blick auf seinen Verstand werfen. An ihm kann man die Gabe, zu abstrahieren, in einem neuen Lichte kennen lernen. Er abstrahiert mit einer seltnen Genauigkeit, aber nie ohne das Objekt zugleich zu konstruieren, dem die Abstraktion entspricht. Dies ist nichts als angewandte Philosophie – und so fänden wir ihn am Ende zu unserm nicht geringen Erstaunen auch als anwendenden, praktischen Philosophen, wie denn jeder echte Künstler von jeher nichts anders war. Auch der reine Philosoph wird praktisch sein, wenngleich der anwendende Philosoph sich nicht mit reiner Philosophie abzugeben braucht – denn dies ist eine Kunst für sich. (Goethens Meister.) Der Sitz der eigentlichen Kunst ist lediglich im Verstande. Dieser konstruiert nach einem eigentümlichen Begriffe. Phantasie, Witz und Urteilskraft werden nur von ihm requiriert. So ist Wilhelm

Meister ganz ein Kunstprodukt – ein Werk des Verstandes. Aus diesem Gesichtspunkt sieht man manche sehr mittelmäßige Werke im Kunstsaal – hingegen die meisten vortrefflich geachteten Schriften davon ausgeschlossen. Die Italiener und Spanier haben bei weitem häufigeres Kunsttalent als wir. Auch selbst den Franzosen fehlt's nicht daran – die Engländer haben schon weit weniger und ähneln hierin uns, die ebenfalls äußerst selten Kunsttalent besitzen – wenngleich unter allen Nationen am reichhaltigsten und besten mit jenen Fähigkeiten versehen sind, die der Verstand bei seinen Werken anstellt. Dieser Überfluß an Kunstrequisiten macht freilich die wenigen Künstler unter uns so einzig – so hervorragend, und wir können sichre Rechnung machen, daß unter uns die herrlichsten Kunstwerke entstehn werden, denn in energischer Universalität kann keine Nation gegen uns auftreten. Wenn ich die neuesten Freunde der Literatur des Altertums recht verstehe, so haben sie mit ihrer Forderung, die klassischen Schriftsteller nachzuahmen, nichts anders im Sinn, als uns zu Künstlern zu bilden – Kunsttalent in uns zu erwecken. Keine moderne Nation hat den Kunstverstand in so hohem Grad gehabt, als die Alten. Alles ist bei ihnen Kunstwerk – aber vielleicht dürfte man nicht zuviel sagen, wenn man annähme, daß sie es erst für uns sind, oder werden können. Der klassischen Literatur geht es wie der Antike; sie ist uns eigentlich nicht gegeben – sie ist nicht vorhanden –, sondern sie soll von uns erst hervorgebracht werden. Durch fleißiges und geistvolles Studium der Alten entsteht erst eine klassische Literatur für uns – die die Alten selbst nicht hatten. Die Alten würden sich eine umgekehrte Aufgabe nehmen müssen – denn der bloße Künstler ist ein einseitiger, beschränkter Mensch. An Strenge steht Goethe wohl den Alten nach – aber er übertrifft sie an Gehalt – welches Verdienst jedoch nicht das seinige ist. Sein Meister kommt ihnen nah genug – denn wie sehr ist er Roman schlechtweg, ohne Beiwort – und wie viel ist das in dieser Zeit!

Goethe wird und muß übertroffen werden, – aber nur wie die

Alten übertroffen werden können, an Gehalt und Kraft, an Mannichfaltigkeit und Tiefsinn – als Künstler eigentlich nicht, oder doch nur um sehr wenig, denn seine Richtigkeit und Strenge ist vielleicht schon musterhafter als es scheint.>

237. Wilhelm Meisters Lehrjahre sind gewissermaßen durchaus *prosaisch* und modern. Das Romantische geht darin zugrunde, auch die Naturpoesie, das Wunderbare. Er handelt bloß von gewöhnlichen menschlichen Dingen, die Natur und der Mystizism sind ganz vergessen. Es ist eine poetisierte bürgerliche und häusliche Geschichte. Das Wunderbare darin wird ausdrücklich als Poesie und Schwärmerei behandelt. Künstlerischer Atheismus ist der Geist des Buchs. Sehr viel Ökonomie; mit prosaischem, wohlfeilem Stoff ein poetischer Effekt erreicht.

<Meistern geht es wie den Goldmachern – sie suchen viel und finden zufällig indirekt mehr.

Sonderbar, daß ihm seine Zukunft, in seiner Lage, unter dem Bilde des Theaters erschien. Wilhelm soll ökonomisch werden durch die *ökonomische Familie*, in die er kommt.>

238. <Gegen Wilhelm Meisters Lehrjahre. Es ist im Grunde ein fatales und albernes Buch – so pretentiös und pretiös –> undichterisch im höchsten Grade, was den Geist betrifft, so poetisch auch die Darstellung ist. <Es ist eine Satyre auf die Poesie, Religion usw. Aus Stroh und Hobelspänen ein wohlschmeckendes Gericht, ein Götterbild zusammengesetzt. Hinten wird alles Farce.> Die ökonomische Natur ist die wahre, übrigbleibende.

<Goethe hat auf alle Fälle einen widerstrebenden Stoff behandelt. Poetische Maschinerie.

Friedrich verdrängt Meister von der Philine und drängt ihn zur Natalie hin.> Die Bekenntnisse sind eine Beruhigung des Lesers – nach dem Feuer, Wahnsinn und wilden Erscheinungen der ersten Hälfte des dritten Teils.

<Das viele Intrigieren und Schwatzen und Repräsentieren am Schluß des vierten Buchs verrät das vornehme Schloß und das Weiberregiment – und erregt eine ärgerliche Peinlichkeit.>

Der Abbé ist ein fataler Kerl, dessen geheime Oberaufsicht lästig und lächerlich wird. Der Turm in Lotharios Schlosse ist ein großer Widerspruch mit demselben.

<Die Freude, daß es nun aus ist, empfindet man am Schlusse im vollen Maße.

Das Ganze ist ein nobilitierter Roman.

Wilhelm Meisters Lehrjahre, oder die Wallfahrt nach dem Adelsdiplom.>

Wilhelm Meister ist eigentlich ein Candide, gegen die Poesie gerichtet.

Die Poesie ist der Arlequino in der ganzen Farce. Im Grunde kommt der Adel dadurch schlecht weg, daß er ihn zur Poesie rechnet, und die Poesie, daß er sie vom Adel repräsentieren läßt.

Er macht die Musen zu Komödiantinnen, <anstatt die Komödiantinnen zu Musen zu machen.> Es ist ordentlich tragisch, daß er den Shakespeare in diese Gesellschaft bringt.

<Aventuriers, Komödianten, Maitressen, Krämer und Philister sind die Bestandteile des Romans. Wer ihn recht zu Herzen nimmt, liest keinen Roman mehr.>

Der Held retardiert das Eindringen des Evangeliums der Ökonomie. <Marionettentheater im Anfange. Der Schluß ist wie die letzten Stunden im Park der schönen Lili.>

239. Klopstocks Werke scheinen größestenteils freie Übersetzungen und Bearbeitungen eines unbekannten Dichters durch einen sehr talentvollen, aber unpoetischen Philologen zu sein.

240. Schlegels übersehn, indem sie von der Absichtlichkeit und Künstlichkeit der Shakespeareschen Werke reden, daß die Kunst zur Natur gehört, und gleichsam die sich selbst beschauende, sich selbst nachahmende, sich selbst bildende Natur ist. Die Kunst einer gut entwickelten Natur ist freilich von der Künstelei des Verstandes, des bloß räsonierenden Geistes himmelweit verschieden. Shakespeare war kein Kalkulator, kein Gelehrter, er war eine mächtige, buntkräftige Seele, deren Erfindungen und Werke, wie Erzeugnisse der Natur, das Gepräge des denkenden Geistes tra-

gen und in denen auch der letzte scharfsinnige Beobachter noch neue Übereinstimmungen mit dem unendlichen Gliederbau des Weltalls, Begegnungen mit spätern Ideen, Verwandtschaften mit den höhern Kräften und Sinnen der Menschenheit finden wird. Sie sind sinnbildlich und vieldeutig, einfach und unerschöpflich, wie jene (die Erzeugnisse der Natur), und es dürfte nichts sinnloseres von ihnen gesagt werden können, als daß sie Kunstwerke in jener eingeschränkten, mechanischen Bedeutung des Wortes seien.

241. In Shakespeares historischen Stücken ist durchgehends Kampf der Poesie mit der Unpoesie. Das Gemeine erscheint witzig und ausgelassen, wenn das Große steif und traurig usw. erscheint. Das niedrige Leben wird durchgehends dem höhern entgegengestellt, oft tragisch, oft parodisch, oft des Kontrasts wegen. Geschichte, was dem Dichter Geschichte heißt, wird in diesen Stücken dargestellt. Geschichte in Gespräch aufgelöst. Just das Gegenteil der wahren Geschichte und doch Geschichte, wie sie sein soll – weissagend und synchronistisch. Alles Dramatische gleicht einer Romanze. Klar, einfach, seltsam, ein echt poetisches Spiel, ohne eigentliche Zwecke.

<Große Romanzen in Gesprächen. Große und kleine Gegenstände poetisch vereinigt.>

242. In einer wahren Rede spielt man alle Rollen, <geht durch alle Charaktere durch, durch alle Zustände, nur> um zu überraschen, um den Gegenstand von einer neuen Seite zu betrachten, um den Zuhörer plötzlich zu illudieren, oder auch zu überzeugen. Eine Rede ist ein äußerst lebhaftes und geistreiches, abwechselndes Tableau der innern Betrachtung eines Gegenstandes. Bald frägt der Redner, bald antwortet er; dann spricht er und dialogiert, dann erzählt er, dann scheint er den Gegenstand zu vergessen, um plötzlich zu ihm zurückzukommen; dann stellt er sich überzeugt, um desto hinterlistiger zu schaden, dann einfältig, gerührt, mutig – er wendet sich zu seinen Kindern, er tut, als ob alles vorbei und beschlossen wäre; bald spricht er mit Bauern,

bald mit diesem, bald mit jenem, selbst mit leblosen Gegenständen.

Kurz, eine Rede ist ein monologes Drama. Es gibt bloß offne, gerade Redner – die schwülstigen Redner sind garnichts wert. Die echte Rede ist im Stil des hohen Lustspiels, nur einzeln mit großer Poesie verwebt, sonst recht klare, einfache Prosa des gemeinen Lebens, <Dialogen-Stil. Der Redner muß jeden Ton annehmen können.>

243. An schlechten und mittelmäßigen Schriftstellern ließe sich noch mancher schöne Kranz verdienen. Man hat bisher fast lauter Schlechtes und Mittelmäßiges über dieselben – und doch würde eine Philosophie des Schlechten, Mittelmäßigen und Gemeinen von der höchsten Wichtigkeit sein.

244. Jedes Buch, was der Mensch mit oder ohne Absicht, als solcher geschrieben hat, was also nicht sowohl Buch, als geschriebene Gedanken- und Charakteräußerung ist, kann so mannichfaltig beurteilt werden, als der Mensch selbst. Hier ist kein Künstler, sondern der echte Menschenkenner kompetent; es gehört nicht für ein artistisches, sondern für ein anthropologisches Forum. So einseitig und unbillig, so arbiträr und inhuman Menschen beurteilt werden, ebenso auch diese Art Schriften. Es gibt so wenig reifen Sinn für universelle Humanität – daß man sich auch über die Kritiken dieser Schriften nicht wundern darf. Gerade das Beste wird am leichtesten übersehen; auch hier findet der Kenner, für den der Mensch erst eigentlich vorhanden ist, unter dessen Augen er wird, unzählbare Nuancen, Harmonien und Gelungenheiten; nur er weiß sie zu apprezieren und bewundert vielleicht in einer sehr mittelmäßig oder gar schlecht scheinenden Schrift seine seltne Kombination und Ausbildung menschlicher Anlagen, die herrliche Naturkunst eines Geistes, der sich ihm in einer barbarischen Form offenbart, weil er nur das Talent des schriftlichen Ausdrucks nicht besaß, oder vernachlässigte.

245. Journale sind eigentlich schon gemeinschaftliche Bücher. Das Schreiben in Gesellschaft ist ein interessantes Symptom – das

noch eine große Ausbildung der Schriftstellerei ahnen läßt. Man wird vielleicht einmal in Masse schreiben, denken und handeln. Ganze Gemeinden, selbst Nationen werden Ein Werk unternehmen.

246. Die Bücherwelt ist in der Tat nur die Karikatur der wirklichen Welt. Beide entspringen aus derselben Quelle. Jene aber erscheint in einem freiern, beweglicheren Medio. Daher sind dort alle Farben greller, weniger Mitteltinten, die Bewegungen lebhafter, die Umrisse daher frappanter, der Ausdruck hyperbolisch. Jene erscheint nur fragmentarisch, diese ganz. Daher ist jene poetischer, geistvoller, interessanter, malerischer, aber auch unwahrer, unphilosophischer, unsittlicher. Die meisten Menschen, die meisten Gelehrten mitgerechnet, haben auch nur eine Buchansicht, eine fragmentarische Ansicht der wirklichen Welt, und dann leidet sie unter den nämlichen Gebrechen und genießt aber auch die nämlichen Vorteile, als die Bücherwelt. Viele Bücher sind auch nichts als Darstellungen solcher einzelnen, fragmentarischen Ansichten der wirklichen Welt. – <Mehr über das Verhältnis der Buchwelt (Literarwelt) zur wirklichen Welt.>

247. Die meisten Schriftsteller sind zugleich ihre *Leser*, indem sie schreiben, und daher entstehn in den Werken so viele Spuren des Lesers, so viele kritische Rücksichten, so manches, was dem Leser zukömmt und nicht dem Schriftsteller. Gedankenstriche – großgedruckte Worte – herausgehobene Stellen – alles dies gehört in das Gebiet des Lesers. Der Leser setzt den *Akzent* willkürlich; er macht eigentlich aus einem Buche, was er will. <(Schlegels Behandlung Meisters.) (Ist nicht jeder Leser ein Philolog?)> Es gibt kein allgemeingeltendes Lesen, im gewöhnlichen Sinn. Lesen ist eine freie Operation. Wie ich und was ich lesen soll, kann mir keiner vorschreiben.

<(Soll nicht der Schriftsteller Philolog bis in die unendliche Potenz zugleich – oder gar nicht Philolog sein? Der letztere hat literärische Unschuld.)>

248. Die meisten wissen selbst nicht, wie interessant sie wirk-

lich sind, was sie wirklich für interessante Dinge sagen. Eine echte Darstellung ihrer selbst, eine Aufzeichnung und Beurteilung ihrer Reden würde sie über sich selbst in <das höchste> Erstaunen setzen, und ihnen in sich selbst eine durchaus neue Welt entdecken helfen.

249. Ein Autodidaktos hat, bei allen Lücken und Unvollkommenheiten seines Wissens, die aus der Art seines Studierens notwendig entstehn, dennoch den großen Vorteil, daß jede neue Idee, die er sich zu eigen macht, sogleich in die Gemeinschaft seiner Kenntnisse und Ideen tritt, und sich mit dem Ganzen auf das innigste vermischt, welches dann Gelegenheit zu originellen Verbindungen und mannichfaltigen neuen Entdeckungen gibt.

250. Die Schriftsteller sind so einseitig, wie alle Künstler Einer Art – und nur noch hartnäckiger. Unter den Schriftstellern von Profession gibt es gerade <auffallend> wenig liberale Menschen, besonders, wenn sie gar keine andre Subsistenz als ihre Schriftstellerei haben. <Von Schriftstellerei leben ist ein selbst für echte Geistesbildung und Freiheit höchst gewagtes Unternehmen.>

251. <*(Ars litteraria.)*> Alles, was ein Gelehrter tut, sagt, spricht, leidet, hört usw., muß ein artistisches, technisches, wissenschaftliches Produkt, oder eine solche Operation sein. Er spricht in Epigrammen, er agiert in einem Schauspiele, er ist Dialogist, er trägt Abhandlungen und Wissenschaften vor, er erzählt Anekdoten, Geschichte, Märchen, Romane, er empfindet poetisch; wenn er zeichnet, so zeichnet er als Künstler, so als Musiker; sein Leben ist ein Roman, so sieht und hört er auch alles, so liest er.

Kurz, der echte Gelehrte ist der vollständig gebildete Mensch, der allem, was er berührt und tut, eine wissenschaftliche, idealische, <synkritistische> Form gibt.

252. Eine Idee ist desto gediegener, individueller und reizender, je mannichfaltigere Gedanken, Welten und Stimmungen sich in ihr kreuzen, berühren. Wenn ein Werk mehrere Veranlassungen, mehrere Bedeutungen, mehrfaches Interesse,

mehrere Seiten überhaupt, mehrere Arten verstanden und geliebt zu werden hat, so ist es gewiß höchst interessant – ein echter Ausfluß der *Persönlichkeit*. Wie sich die höchsten und gemeinsten Menschen, die höchst- und gemeinverständlichsten, gewissermaßen gleichen, so auch mit den Büchern. Vielleicht gleicht das höchste Buch einem Abc-Buch. Überhaupt ist es mit den Büchern und mit allem, so wie mit den Menschen. Der Mensch ist eine Analogienquelle für das Weltall.

253. In manchen ältern Schriften klopft ein geheimnisvoller Pulsschlag und bezeichnet die Berührungsstelle mit der unsichtbaren Welt, ein Lebendigwerden. <Goethe soll der Liturg dieser Physik werden – er versteht vollkommen den Dienst im Tempel. Leibnizens Theodizee ist immer ein herrlicher Versuch in diesem Felde gewesen. Etwas ähnliches wird die künftige Physik, aber freilich in einem höhern Stile. Wenn man bisher in der sogenannten Physikotheologie nur statt Bewunderung ein ander Wort gesetzt hätte.>

254. Ein Genie muß durch genialische Berührungen der mannichfaltigsten Art versucht und erregt und gebildet werden; daher jeder Mensch, in Ermangelung lebendiger Genies, mit genialischen Produkten. (Jedes Produkt eines Genies ist selbst Genie.)

255. Eine Wissenschaft gewinnt durch Fressen, durch Assimilieren andrer Wissenschaften usw. So die Mathematik, z. B. durch den gefressenen Begriff des Unendlichen.

256. <Ein Objekt vollständig betrachten, heißt es zum Mittelpunkt meiner Tätigkeit machen. Die Lehre von den bloßen Objekten ist wie die Lehre von den Weltkörpern überhaupt durchaus mathematisch, und daher ist auch diese geistige Astronomie so einfach. Die Astronomie ist die reale Algeber der Physik; die Astronomie kann man auch die Metaphysik der Natur nennen.>

Metaphysik und Astronomie sind Eine Wissenschaft. Die Sonne ist in der Astronomie, was Gott in der Metaphysik ist. Freiheit und Unsterblichkeit sind wie Licht und Wärme.

Gott, Freiheit und Unsterblichkeit werden einst die Basen der geistigen Physik ebenso werden, wie Sonne, Licht und Wärme die der irdischen Physik.

257. Jede Wissenschaft hat ihren Gott, der zugleich ihr Ziel ist. So lebt eigentlich die Mechanik vom *Perpetuo mobili* und sucht zu gleicher Zeit als ihr höchstes Problem ein *Perpetuum mobile* zu konstruieren; so die Chymie mit dem *Menstruo universali* und dem geistigen Stoffe, oder dem Stein der Weisen; die Philosophie sucht ein erstes und einziges Prinzip; der Mathematiker die Quadratur des Zirkels und eine Prinzipalgleichung; der Mensch – Gott; der Mediziner ein Lebenselixier, eine Verjüngungs-Essenz und vollkommenes Gefühl und Handhabung des Körpers; der Politiker einen vollkommnen Staat, ewigen Frieden, freien Staat. (Jede immer getäuschte und immer erneuerte Erwartung deutet auf ein Kapitel in der Zukunftslehre hin. <(*vid.* mein erstes Fragment im »Blütenstaub«.)

Über die Hindernisse der Auflösung jeder dieser Aufgaben. (Approximationsprinzipe. Hierzu gehört auch das absolute Ich.)

Es liegt nur an der mangelhaften Natur, an den unvollkommnen Verhältnissen der gewählten Konstruktionselemente der Gegenstände dieser Aufgaben (Elemente sind Akzidenzen), daß sie nicht gelöst werden. Die Aufgaben sind theoretisch wahr und identische (pleonastische) Sätze, so z. B. *perpetuum mobile*, ewiges Leben, gemeßner Zirkel. Philosophie dieser Aufgaben.>

258. Es ist eine falsche Idee, daß man Langeweile haben würde, wenn man alles wüßte. Jede überwundne Last befördert die Leichtigkeit der Lebensfunktionen, und läßt eine Kraft übrig, die nachher zu etwas anderm <übrig> bleibt. Es ist mit dem Wissen, wie mit dem Sehn, – je mehr man sieht, desto besser und angenehmer ist es. <Ist man übler dran, weil man sieht?

Unwissenheit und Blindheit sind analog. (Farben des Wissens.)>

259. Es ist nicht das Wissen allein, was uns glücklich macht, es ist die Qualität des Wissens, die subjektive Beschaffenheit des

Wissens. Vollkommnes Wissen ist Überzeugung; und sie ist's, die uns glücklich macht und befriedigt. Totes – lebendiges Wissen.

260. Am Ende beruht die Begreiflichkeit eines Phänomens auf Glauben und Willen. Mache ich ein Geheimnis aus einer Erscheinung, so ist es für mich eins. Es ist damit wie mit den Schranken.

261. Eine Idee verliert außerordentlich, wenn ich ihr den Stempel *meiner* Erfindung aufdrücke und sie zu einer Patentidee mache.

262. Der vollendete Mensch muß gleichsam zugleich an mehreren Orten und in mehreren Menschen leben – ihm müssen beständig ein weiter Kreis und mannichfache Begebenheiten gegenwärtig sein. Hier bildet sich dann die wahre, großartige Gegenwart des Geistes, die den Menschen zum eigentlichen Weltbürger macht und ihn in jedem Augenblicke seines Lebens durch die wohltätigsten Assoziationen reizt, stärkt, und in die helle Stimmung einer besonnenen Tätigkeit versetzt.

263. Alle Leidenschaften endigen sich wie ein Trauerspiel. Alles Einseitige endigt sich mit Tod; so die Philosophie der Empfindung, die Philosophie der Phantasie, die Philosophie des Gedankens. Alles Leben endigt sich mit Alter und Tod. Alle Poesie hat einen tragischen Zug. Echtem Scherz liegt Ernst zum Grunde: tragische Wirkung der Farce, des Marionettenspiels, des buntesten Lebens, des Gemeinen, Trivialen.

264. Deutlich wird etwas nur durch Repräsentation. Man versteht eine Sache am leichtesten, wenn man sie repräsentiert sieht. So versteht man das Ich nur, insofern es vom Nicht-Ich repräsentiert wird. Das Nicht-Ich ist das Symbol des Ich, und dient nur zum Selbstverständnis des Ich. So versteht man das Nicht-Ich umgekehrt nur, insofern es vom Ich repräsentiert wird, und dieses sein Symbol wird. In Hinsicht auf die Mathematik läßt sich diese Bemerkung so anwenden, daß die Mathematik, um verständlich zu sein, repräsentiert werden muß. Eine Wissenschaft läßt sich nur durch eine andere wahrhaft repräsentieren. Die pädagogischen Anfangsgründe der Mathematik müssen daher sym-

bolisch und analogisch sein. Eine bekannte Wissenschaft muß zum Gleichnis für die Mathematik dienen, und diese Grundgleichung muß das Prinzip der Darstellung der Mathematik werden. So wie die Anthropologie die Basis der Menschengeschichte, so ist die Physik der Mathematik die Basis der Geschichte der Mathematik. Die Physik überhaupt ist die ursprüngliche eigentliche Geschichte; die gewöhnlich sogenannte Geschichte ist nur abgeleitete Geschichte. (Gott selbst ist nur durch Repräsentation verständlich.)

265. <Der ganze Staat läuft auf Repräsentation hinaus.>

Die ganze Repräsentation beruht auf einem Gegenwärtigmachen des nicht Gegenwärtigen, und so fort. (Wunderkraft der Fiktion.) Mein Glauben und Liebe beruht auf repräsentativem Glauben. So die Annahme: der ewige Friede ist schon da; Gott ist unter uns; hier ist Amerika oder nirgends; das goldne Zeitalter ist hier; wir sind Zauberer; wir sind moralisch usf.

266. Alle historische Wissenschaft strebt mathematisch zu werden. Die mathematische Kraft ist die ordnende Kraft. Jede mathematische Wissenschaft strebt wieder philosophisch zu werden, animiert oder rationalisiert zu werden – dann poetisch, endlich moralisch, zuletzt religiös.

267. Mit dem bloßen Stoff den Anfang in der Philosophie der Wissenschaften zu machen, ist eben so einseitig und antinomisch und unkritisch, als mit der bloßen Bewegung anzufangen. Mit dem Menschen anzufangen ist schon kritischer; mit dem idealischen Menschen, d. h. mit dem Genius anzufangen, noch kritischer; mit Gott anzufangen ein Maximum der Kritik. Man sagt nicht ohne Bedeutung, um die Schwierigkeit eines Unternehmens anzuzeigen: das Unternehmen ist kritisch. Die Kritik ist also gefährlich und mühsam. <Die erste und höchste kritische Operation ist die gefährlichste und mühsamste, nachgehends fängt's an, immer besser zu werden.

Der kritische Prozeß besteht aus drei Operationen und Produkten, wovon eine die thetische, die zweite die antithetische, die dritte die synthetische heißt. Kritizismus ist also gleichsam der Mechanism des Szientifikers. (Über die Sukzession: Denker und Beobachter.)

(Sollte der simultane Denker und Beobachter teils der thetische, teils der synthetische Denker und Beobachter sein, *i. e.* der Naturmensch und der gebildete Mensch? Der sukzessive Denker ist der Gelehrte in gewissem Sinn – und der antithetische Denker und Beobachter. Tun zerfällt gleichsam in Denken und Beobachten, daher ist der Zustand des abwechselnden Denkens und Beobachtens der gelehrte Zustand. Ein Einfall ist ein synthetischer Gedanke. Was zugleich Gedanke und Beobachtung ist, ist ein kritischer, im engern Sinn, genialischer Keim. Seine Entwicklung durch mehrere solche Keime. Der Naturmensch wird doppelt, ein Gelehrter und ein gemeiner Mann. (Theoretiker und Praktiker im gewöhnlichen Sinn.) Der Keim des gebildeten Menschen ist der genialische Keim, die genialische Konstitution. Die Bildung des Genies hat wieder drei Perioden: die thetische, antithetische und synthetische.

(a. Der genialische Denker fängt mit Behauptungen an, rückt zur Polemik gegen sich and andre fort und endigt mit einem System der Behauptungen.)

Der Naturmensch fängt mit unzusammenhängenden Tatsachen und Erfahrungen an, geht zu antithetischen Beziehungen und Erfahrungen fort, und endigt mit einer Theorie seiner Erfahrungen, gerade da, wo der genialische Denker anfängt, dessen Behauptungen nichts als unzusammenhängende, kritische Prinzipien sind. Der genialische Denker behandelt die vorige Sphäre, daher sammelt er Beobachtungen über den Naturmenschen, über den gemeinen Mann und Gelehrten und über den systematisierenden Gelehrten. Zweitens bezieht er diese Summe von Beobachtungen aufeinander, antinomisiert sie, drittens systematisiert sie. Dies kommt mit der vorigen Beschreibung *sub a.* ganz überein. Eine ähnliche Stufenfolge, sowie ein ähnlicher Gang findet im Naturstande statt. Hier ist Kind, junger Mensch, erwachsener

Mensch. Der letztere verbindet die thetische Sphäre des Kindes mit der antithetischen Sphäre des jungen Menschen.

Das Kind betrachtet die Natur und vorzüglich die Tiere. Es wird ein kluges, starkes Kind oder ein ruhiger, einfacher, handelnder und glaubender Jüngling; Erneuerung der Kinderspiele.

Der reflektierende Mensch der zweiten Sphäre betrachtet (beurteilt) den bloßen erwachsenen Menschen, der Theoretiker und Praktiker beurteilt den bloß angewandten erwachsenen Menschen, der Systematiker beurteilt den Naturmenschen und den Theoretiker und Praktiker, kritisiert sie. Der geniale Mensch beurteilt den bloßen Systematiker. In der zweiten, antithetischen Periode beurteilt der geniale Theoretiker und Praktiker den angewandten Systematiker, in der dritten beurteilt der gebildete genialische Mensch den bloßen Systematiker und den angewandten Systematiker und kritisiert sie.

Die Übergänge dieser Klassen. Wie wird z. B. der Systematiker zum genialen Menschen? Durch Selbstbeurteilung. Der gebildete Mensch durchläuft alle diese Klassen und ist der höchste synthetische Grad des Kindes.

Anfang mit der Theologie oder Geniologie. Immer höhere Kritik. Methode fortzuschreiten.

Die Philosophie der Wissenschaften hat ebenfalls drei Perioden. Die thetische der Selbstreflexion der Wissenschaft, die andre der entgegengesetzten, antinomischen Selbstbeurteilung der Wissenschaft und die synkritische Selbstreflexion und Selbstbeurteilung zugleich.

Der Gegenstand der Philosophie der Wissenschaften im ganzen sind die einzelnen Philosophien der einzelnen Wissenschaft.

Wenn nur Ein Mensch wäre, so könnte man nur im Singulari sprechen, da es aber viele Menschen gibt, so entsteht also eine Reihe noch höherer Einheiten, die historischen. Allgemeinen historischen – speziell historischen.

Das Schema des Idealmenschen und seiner Wissenschaft ist

gleichsam das Hauptschema aller wissenschaftlichen und praktischen und artistischen Kritik.

Der Künstler ist die Synthese des Theoretikers und Praktikers.

Es ist ein Zufall, ob der Mensch vom Naturmenschen an theoretisch oder praktisch beginnt.

Der Zweck der Pädagogik geht mit auf die Verkürzung des kritischen Ganges. Sie sucht die drei hauptkritischen Perioden ineinander zu verweben, so daß das Kind und der Naturmensch und der genialische Denker zusammenfallen – so der ideale und reale junge Mensch, der gemeine Mensch und Gelehrte oder Theorie und Praktik – und der geniale Theoretiker und Praktiker – und so auch der Erwachsene – der Systematiker und der gebildete Mensch. Gleichsam eine dreifach ineinander eingreifende Intrige.

(Philosophie.) Die letzte Klasse vervollkommnet die Produkte der übrigen Klassen.

Versuch eines vollständigen Lehrbuchs des Synkritizismus oder Versuch eines Instruments zum ewigen Frieden (im Reiche des Wissens).>

268. Das Wahre und Echte scheint, als wenn es so sein müßte, und nicht anders sein könnte. (Seine Simplizität, kindliche Naivität, Leichtigkeit, Bequemlichkeit, Notwendigkeit, Unbedeutendheit.)

Sucht nach Originalität ist gelehrter, grober Egoism. Wer nicht jeden fremden Gedanken wie einen seinigen, und einen eigentümlichen wie einen fremden Gedanken behandelt, ist kein echter Gelehrter.

Das Hervorbringen neuer Ideen kann unnützer Luxus werden: es ist ein aktives Sammeln; die Bearbeitung des Gesammelten ist schon ein höherer Grad der Tätigkeit. Für den echten Gelehrten gibt es nichts Eigentümliches und nichts Fremdes. Alles ist ihm fremd und eigentümlich zugleich. (Dem philosophischen Körper ist der Körper selbst fremd und eigen, Reiz und Reizbarkeit zugleich. (Der Gelehrte weiß das Fremde sich zuzueignen und das Eigne fremd zu machen.) (Lernen und Lehren, Beobachten und Darstellen, Essen und Absondern.)

Höheres Streben nach höherer Originalität. Auch in der gelehrten Welt muß man lieben und wählen, um selbst existieren und sich selbst genießen zu können.

269. Doppelte Universalität jeder wahrhaften Wissenschaft. Eine (Wissenschaft) entsteht, wenn ich alle andern Wissenschaften zur Ausbildung der besondern benutze; die andre, wenn ich sie zur Universalwissenschaft mache und sie selbst unter sich ordne, alle andern Wissenschaften als ihre Modifikationen betrachte. Den ersten Versuch der letztern Art hat Fichte mit der Philosophie unternommen. Er soll in allen Wissenschaften unternommen werden.

270. <(Mathematik.)> Am Ende ist die ganze Mathematik <gar keine besondre Wissenschaft, sondern nur ein allgemein wissenschaftliches Werkzeug – ein schönes Werkzeug ist eine *Contradictio in adjecto.* Sie ist vielleicht nichts als> die exoterisierte zu einem äußern Objekt und Organ gemachte Seelenkraft des Verstandes, ein realisierter und objektivierter Verstand. Sollte dieses vielleicht mit mehreren, und vielleicht allen Seelenkräften der Fall sein, – daß sie durch unsre Bemühungen äußerliche Werkzeuge werden sollen? Alles soll aus uns heraus und sichtbar werden, unsre Seele soll repräsentabel werden. Das System der Wissenschaften soll symbolischer Körper (Organ-System) unsers Innern werden. Unser Geist soll sinnlich wahrnehmbare Maschine werden, nicht in uns, aber außer uns.

<Über den Idealism *vid.* Spinoza von Humboldt zitiert. Dieses hängt sehr mit dem vorigen zusammen.> Eine sinnlich wahrnehmbare, zur Maschine gewordene Einbildungskraft ist die Welt. Die Einbildungskraft ist am leichtesten und ersten zur Welt gekommen, oder geworden, die Vernunft vielleicht zuletzt. – <(Über diese Herausbildung und geistige Sekretion.) (Entwicklung unserer Natur. Erste Zeugung, zweite, dritte, usw., kumulative.)>

271. Der Akt des sich selbst Überspringens ist überall der höchste, der Urpunkt, die Genesis des Lebens. So ist die Flamme nichts, als ein solcher Akt. So hebt alle Philosophie da an, wo der Philosophierende sich selbst philosophiert, d. h. zugleich verzehrt <(bestimmt, sättigt)> und wieder erneuert <(nicht bestimmt, frei läßt).> Die Geschichte dieses Prozesses ist die Philosophie. So hebt alle lebendige Moralität damit an, daß ich aus Tugend gegen die Tugend handle; damit beginnt das Leben der Tugend, durch welches vielleicht die Kapazität ins Unendliche zunimmt, ohne je eine Grenze, d. i. die Bedingung der Möglichkeit ihres Lebens zu verlieren.

272. Alles Leben ist ein überschwenglicher Erneuerungs-Prozeß, der nur von der Seite den Schein eines Vernichtungs-Prozesses hat. Das Präzipitat des Lebens ist ein Lebendiges, Lebensfähiges. Wie sich Wärme zur Flamme verhält, so x zum Leben.

<Der eine Faktor ist ein Lebendiges (Erregbares), der andere Leben (Reiz). x ist subalterner; noch unter der Grenze befindliches Leben, besser, unvollkommne Wirkung des Lebens.) Das Produkt ist Leben. Beide Faktoren sind relativ und veränderlich. Daraus entsteht eine Reihe von Leben. Leben überhaupt wirkt in allem. Nur heißt dasjenige, dessen Erregung die Grenze nicht erreicht, tot, tote Natur. x ist die Erregung und das Erregende der toten Natur.

Die Kapazität der Materie (Oxygen, organischer Stoff) ist unterschieden – daher es eine Leiter des Lebens gibt. Vielleicht hat die Pflanze ein einfaches, das Tier ein zweifaches, der Mensch ein dreifaches Leben usw.

Das Wesentliche des Lebens ist das unaufhörliche, gleichförmige Strömen von z durch y. Z gibt im Durchgehn neue Energie der Kapazität, neue Repulsivenergie gegen das äußre z.

Z überwältigt $y + z$, entzündet es, bloß durch Übermacht des Z gegen z. Aber gerade in dem Augenblick der Überwältigung, dem Moment u verliert Z an $y + z$ etwas – es geht etwas von ihm hinüber – und so dauert das Leben von $y + z$ durch den immer erneuten Kampf und Sieg – durch den verlängerten Moment *u* fort.>

273. Hätten wir auch eine Phantastik, wie eine Logik, so wäre die Erfindungskunst – erfunden. Zur Phantastik gehört auch die Ästhetik gewissermaßen, wie die Vernunftlehre zur Logik.

274. Sittlichkeit und Philosophie sind Künste. Erstere ist die Kunst, unter den Motiven zu Handlungen einer sittlichen Idee, einer Kunstidee *a priori*, gemäß zu wählen und auf diese Art in alle Handlungen einen großen, tiefen Sinn zu legen – dem Leben eine höhere Bedeutung zu geben, und so die Masse innerer und äußerer Handlungen (innere sind die Gesinnungen und Entschließungen) kunstmäßig zu einem idealischen Ganzen zu ordnen und zu vereinigen. Die andre ist die Kunst, auf eine ähnliche Art mit den Gedanken zu verfahren, unter den Gedanken zu wählen – die Kunst, unsre gesamten Vorstellungen nach einer absoluten, künstlerischen Idee zu produzieren und ein Weltsystem, *a priori*, aus den Tiefen unsers Geistes heraus zu denken, das Denkorgan aktiv, zur Darstellung einer rein intelligiblen Welt zu gebrauchen. <(Kunst, Philosoph zu werden, ist die Methodik; Kunst, sittlicher Mensch zu werden, die Asketik.)>

Eigentlich wird in allen echten Künsten Eine Idee, Ein Geist realisiert – von innen heraus produziert – die Geisterwelt. Für das Auge ist es die sichtbare Welt *a priori*, für das Ohr die hörbare Welt *a priori*, für das sittliche Organ die sittliche Welt *a priori*, für das Denkorgan die denkbare Welt *a priori*, und so weiter. Alle diese Welten sind nur verschiedene Ausdrücke verschiedner Werkzeuge Eines Geistes und Einer Welt.

275. Was ist Mystizismus? Was muß mystisch <(geheimnisvoll)> behandelt werden? Religion, Liebe, Natur, Staat. – Alles Auserwählte bezieht sich auf Mystizism. Wenn alle Menschen ein paar Liebende wären, so fiele der Unterschied zwischen Mystizism und Nichtmystizism weg.

IV

276. Auch der Zufall ist nicht unergründlich, er hat seine Regelmäßigkeit.

277. Die allgemeinen Ausdrücke der scholastischen Philosophie haben sehr viel Ähnlichkeit mit den Zahlen – daher ihr mystischer Gebrauch, ihre Personifikation, ihr musikalischer Genuß, ihre unendlichfache Kombination.

Alles aus nichts erschaffne Reale, wie z. B. die Zahlen und die abstrakten Ausdrücke – hat eine wunderbare Verwandtschaft mit Dingen einer andern Welt, mit unendlichen Reihen sonderbarer Kombinationen und Verhältnissen, gleichsam mit einer <mathematischen und abstrakten Welt an sich, mit einer> poetischen, mathematischen und abstrakten Welt.

278. Die Scholastiker verwandelten alle Dinge in Abstrakta. Schade, daß sie nicht zugleich in Beziehung auf diese Operation die entgegengesetzte versuchten und über dieses Verfahren nachdachten oder Schlüsse daraus zogen. <(Das Nachdenken verwandelt alles in System oder Reihengewebe.)>

279. Wären wir nicht von Grund aus mathematisch, so nähmen wir gar keine Unterschiede usw. wahr.

280. <Der Kalkül von den veränderlichen Größen ist eine Art von Mechanik, Konfigurations- oder Kommotionslehre.>

Die Mathematik ist echte Wissenschaft, weil sie gemachte Kenntnisse enthält, Produkte geistiger Selbsttätigkeit, weil sie methodisch genialisiert.

Sie ist Kunst, weil sie genialisches Verfahren in Regeln gebracht hat, weil sie lehrt Genie zu sein, weil sie die Natur durch Vernunft ersetzt.

Die höhere Mathematik beschäftigt sich mit dem Geiste der Größen, mit ihrem politischen Prinzip, mit der Größenwelt.

281. Das Höchste und Reinste ist das Gemeinste, das Verständlichste; daher ist die Elementargeometrie höher, als die höhere Geometrie. Je schwieriger und verwickelter eine Wissenschaft wird, desto abgeleiteter, unreiner und vermischter ist sie.

<Die sogenannten physikomathematischen Wissenschaften sind, wie Neutralsalze oder andre chemische Verbindungen, Mischungen von Physik und Mathematik, die eine neue Natur angenommen haben – die man in einem andern Sinn höhere Natur nennen kann.

Jenes ist das Elementarhöchste, dies das Gemischthöchste.

Doppelte Wege, von letzterm zu jenem oder umgekehrt.

Definitionen sind äußre (Merkmalsverzeichnungen) oder innere (Elementenverzeichnungen) oder gemischte. Es sind Konstruktionsformeln. Indirekte Definitionen sind Rezepte. Zu den Rezepten gehören die Experimentalvorschriften oder Beschreibungen. (Positive und negative Definitionen.)

Lehrsätze müssen etwas Neues aussagen, etwas, was nicht in der Definition (Bezeichnung der eigentümlichen Natur) begriffen ist. Sie müssen, nach der Kunstsprache, synthetisch sein. (Zusätze, Erklärungen, Auslegungen, Anwendungen.)

Die allzugroße Deutlichkeit oder Wiederholung derselben Wahrheit, die neuen Aussagen desselben Themas mit veränderten Worten, sind schuld an der scheinbaren Dunkelheit und Schwierigkeit für den Lehrling. Der strengere, wissenschaftliche Gang würde hier der leichtere sein. – Bessere Thesen (Definitionen) würden eine Menge Sätze überflüssig machen.

Ein Beweis ist eine indirekte Konstruktion, ein mathematisches Experiment, ein Rezept.

Die (meisten) mathematischen Sätze gleichen alle dem Satz $a = a$. Jeder mathematische Satz ist eine Gleichung.

Die Perspektive gehört in die mathematische Phänomenologie.

Es ist in analogischer Hinsicht merkwürdig, daß man bei Auflösungen von Gleichungen eine – und + Wurzel bekömmt und erst aus der Vergleichung mit den Datis bestimmen kann, welche Wurzel in dem Falle gilt.

Die Verhältnisse der drei Rechnungsarten 1) + und – 2) x und: 3) a^n und $\sqrt{}$ versteh ich recht gut; wie verhält sich aber das Differentiieren und Integrieren und das Verwandeln in Reihen und Reduzieren der Reihen dazu? Das Logarythmisieren ist ein Appendix zu Nr. 3. Die Bruchlogarythmen sind, wie die Bruchexponenten, nur Approximationen zu Rationallogarythmen und Exponenten.

Die Primzahlen sind nur irrational in Beziehung auf andre Zahlensysteme, z. B. gegen das System von 2. 3. usw.

Der Schachkalkül.

Unendliche Größen sind werdende Größen, Approximationen an Größen. Eine Größe ist etwas Bestimmtes. Aber alle Nichtgrößen – alle unbestimmten lassen sich den bestimmten nähern, den Größen nähern. Etwas ist nur relativ Größe und Nichtgröße. Es ist nur in Beziehung auf andre Größen und Nichtgrößen eins von beiden.

Es gibt also nur verschiedne Arten von Größen, die in Beziehung auf einander nie ganz vereinigt, aber relativ, zur Notdurft, vereinigt, in Eine Gattung gebracht oder gegeneinander bestimmt werden können.

Der Begriff Größe drückt das Verhältnis zu einem gemeinschaftlichen Begriff oder Ganzen, zu einer Einheit, wenn man will, aus. Der Anteil am gemeinschaftlichen Begriff bestimmt die Größe. Dieser gemeinschaftliche Begriff mag nun Zahl oder Kraft, oder Ausdehnung, oder Richtung, oder Stoff, oder Lage – oder Helligkeit oder sonst des etwas sein.

Die Mathematik bestimmt den Unterschied im Gemeinschaftlichen, die Ungleichheiten im Gleichen. Sie unterscheidet in Beziehung auf das gemeinschaftliche Merkmal.

Und die Mathematik bestimmt auch (setzt) die Ähnlichkeiten, die Gemeinheiten im eigentümlichen Merkmal. Dort macht sie Unterschiede, hier hebt sie Unterschiede auf. Dort individualisiert sie, hier republikanisiert sie. Dort teilt sie das Gemeinsame, hier macht sie das Eigentümliche gemein. Dort verteilt sie den Staat an die Einzelnen, hier die Einzelnen an den Staat. Wenn jenes Zerteilung des Einfachen, so ist dieses Union des Vielfachen. Jenes Differentation, dies Integration.

(Das Äußre ist das Gemeinsame. Das Innre das Eigentümliche; die Integration ist sehr viel schwerer als die Differentation. In Beziehung auf Physik und Philosophie.)

Die Wissenschaft, die beides in Kontakt setzt und verbindet: aus dem Gemeinsamen aufs Eigentümliche und umgekehrt, und so auch beim Äußern und Innern schließen lehrt, diese Wissenschaft ist die verbindende und höhere.

Wenn jene erste die quantitative, die zweite die qualitative Mathematik ist, so ist die dritte die relative Mathematik, die in Gliedersystemen und Einem Universalsystem erscheint. (Kategorien. Fichtes Wissenschaftslehre.)

Begriff von Faktor, Quotient, Summe, Differenz, Potenz, Wurzel, Logarythm, Funktion, Reihe usw. Bruch – Exponent.

So wenig die bloße Länge der Grenze die Größe des eingeschlossnen Raums bestimmt, ebensowenig umgekehrt. Hab ich das Gesetz der Näherung, so kenn ich auch die Natur der unendlichen Größe.

Jede Größe kann durch eine Reihe ausgedrückt werden. Ist die Reihe geschlossen, bestimmt, so ist die Größe bestimmt; ist die Reihe unendlich, so ist's auch die Größe. Jede Größe ist ein Aggregat, ein Teilbares, eine Reihe, Kette; eine schlechthin einfache Größe gibt's nicht.

Je kleiner der Zirkelausschnittbogen, desto mehr nähert er sich der geraden Linie; ein unendlich kleiner Bogen ist eine gerade Linie. Hier kann man dann den Pythagoräischen Lehrsatz anwenden.

Auch die Irregel ist gesetzmäßig wie die Kurven. Unterschied zwischen Rat(ional) und Irrat(ional).

3 in eine Reihe verwandelt 2 + 1/2 + 1/4 + 1/8 + 1/16 usw. Diese Reihe läßt sich noch sehr verändern.

In der reinen Algebra kommen keine Zahlen vor.

So wie sich andre Größen finden lassen, so müssen sich auch Formeln berechnen lassen: Formelnerfindungskunst. (Instrumenten-Erfindungskunst.) Vielleicht will dies die kombinatorische Analysis tun? Dann wäre sie sehr hoch.

Die kombinatorische Analysis der Physik wäre die indirekte Erfindungskunst, die Baco gesucht hat.>

282. Die ganze Mathematik ist eigentlich eine Gleichung im großen für die andern Wissenschaften.

Was ihr die Logarythmen sind, das ist sie den andern Wissenschaften.

Der Begriff der Mathematik ist der Begriff der Wissenschaft überhaupt.

Alle Wissenschaften sollen daher Mathematik werden.

Die jetzige Mathematik ist wenig mehr, als ein speziell empirisches Organon.

Sie ist eine Substitution zur bequemeren Reduktion, ein Hülfsmittel des Denkens.

Ihre vollständige Anwendbarkeit ist ein notwendiges Postulat ihres Begriffs.

Sie ist der vollgültige Zeuge des Natur-Idealism.

Der innige Zusammenhang, die Sympathie des Weltalls, ist ihre Basis.

Zahlen sind wie Zeichen und Worte, Erscheinungen, Repräsentationen *katexochin.*

Ihre Verhältnisse sind Weltverhältnisse. Die reine Mathematik ist die Anschauung des Verstandes, als Universum.

Wunder, als widernatürliche Fakta, sind amathematisch, aber es gibt kein Wunder in diesem Sinn, und was man so nennt, ist gerade durch Mathematik begreiflich, denn der Mathematik ist nichts wunderbar.

Echte Mathematik ist das eigentliche Element des Magiers.

In der Musik erscheint sie förmlich als Offenbarung, als schaffender Idealism.

Hier legitimiert sie sich als himmlische Gesandtin, *kat anthropon.*

Aller Genuß ist musikalisch, mithin mathematisch.

Das höchste Leben ist Mathematik.

Es kann Mathematiker der ersten Größe geben, die nicht rechnen können.

Man kann ein großer Rechner sein, ohne die Mathematik zu ahnden.

Der echte Mathematiker ist Enthusiast *per se.* Ohne Enthusiasmus keine Mathematik.

Das Leben der Götter ist Mathematik.

Alle göttliche Gesandten müssen Mathematiker sein.

Reine Mathematik ist Religion.

Zur Mathematik gelangt man nur durch eine Theophanie.

Die Mathematiker sind die einzig Glücklichen. Der Mathematiker weiß alles. Er könnte es, wenn er es nicht wüßte.

Alle Tätigkeit hört auf, wenn das Wissen eintritt. Der Zustand des Wissens ist Eudämonie, selige Ruhe der Beschauung, himmlischer Quietism.

Im Morgenlande ist die echte Mathematik zu Hause. In Europa ist sie zur bloßen Technik ausgeartet.

Wer ein mathematisches Buch nicht mit Andacht ergreift, und es wie Gottes Wort liest, der versteht es nicht.

Jede Linie ist eine Weltaxe.

Eine Formel ist ein mathematisches Rezept.

Die Zahlen sind die Droguen.

Die Arithmetik ihre Pharmazie.

Die höhere Mathematik enthält am Ende nur Abkürzungsmethoden.

283. <Simplizität des Zirkels; seine leichte Konstruktion. Übergänge der Kegelschnitte in einander. Entstehung aus Gleichungen gerader, entgegengesetzter Linien. Philosophie des Punkts; seine Entstehung.> Alle krummen Linien entstehn nur durch sich selbst, wie Leben nur durch Leben entsteht.

284. <Wunderbarkeit der Mathematik.> Sie ist ein schriftliches Instrument, was noch unendlicher Perfektion fähig ist, ein

Hauptbeweis der Sympathie und Identität der Natur und des Gemüts.

<Webstühle ein Zeichen.

Gemalte Instrumente.>

285. Es ist sehr wahrscheinlich, daß in der Natur auch eine wunderbare Zahlenmystik stattfinde. Auch in der Geschichte. Ist nicht alles voll Bedeutung, Symmetrie, Anspielung und seltsamem Zusammenhang? Kann sich Gott nicht auch in der Mathematik offenbaren, wie in jeder andern Wissenschaft?

<Die Qualitäten oder Eigentümlichkeiten können z. B. durch gewisse Zeiten, Verhältnisse, Volumina, Umrisse und Intentitäten bestimmt und mit ihnen wesentlich assoziiert sein.>

V

286. Republik und Monarchie werden durch eine Unionsakte <vollkommen> vereinigt. Es muß mehrere notwendige Stufen von Staaten geben, die aber durch eine Union vereinigt sein müssen. <Sonst hat man das römische Recht für ein römisches Spezifikum angesehn und so vieles. Der Prozeß ist der Generationsprozeß des Urteils, des Rechts; etwas, wie ein Beweis. (Der allgemeine Prozeß.)>

287. Alles Ausgezeichnete verdient den Ostrazism. Es ist gut, wenn es ihn sich selbst gibt. Alles Absolute muß aus der Welt hinaus <ostrazieren.> In der Welt muß man mit der Welt leben. Man lebt nur, wenn man im Sinne der Menschen lebt, mit denen man lebt. Alles Gute in der Welt kommt von innen her (und also ihr von außen), aber es blitzt nur hindurch. Das Ausgezeichnete bringt die Welt weiter, aber es muß auch bald fort.

288. Der Mensch hat den Staat zum Polster der Trägheit zu machen gesucht, und doch soll der Staat gerade das Gegenteil sein: er ist eine Armatur der gespannten Tätigkeit; sein Zweck ist, den Menschen absolut mächtig, und nicht absolut schwach, nicht zum trägsten, sondern zum tätigsten Wesen zu machen. Der Staat überhebt den Menschen keiner Mühe, sondern er vermehrt

seine Mühseligkeiten vielmehr ins Unendliche; freilich nicht, ohne seine Kraft ins Unendliche zu vermehren. Der Weg zur Ruhe geht nur durch <den Tempel> (das Gebiet) der allumfassenden Tätigkeit.

289. Der vollkommene Bürger lebt ganz im Staate; er hat kein Eigentum außer dem Staate. Das Völkerrecht ist der Anfang zur universellen Gesetzgebung, zum universellen Staate. <(Über Allicancen, Friedensschlüsse, Traktate, Unionen, Garantien.)>

290. Der Staat ist immer instinktmäßig nach der relativen Einsicht und Kenntnis der menschlichen Natur eingeteilt worden; der Staat ist immer ein Makroanthropos gewesen: die Zünfte = die Glieder und einzelnen Kräfte, die Stände = die Vermögen. Der Adel war das sittliche Vermögen, die Priester das religiöse Vermögen, die Gelehrten die Intelligenz, der König der Wille. Allegorischer Mensch.

291. Der Staat wird zu wenig bei uns v e r k ü n d i g t. Es sollte Staatsverkündiger, Prediger des Patriotism geben. Jetzt sind die meisten Staatsgenossen auf einem sehr gemeinen, dem feindlichen sehr nahe kommenden Fuße mit ihm.

292. Die Lehre vom Mittler leidet Anwendung auf die Politik. Auch hier sind der Monarch oder die Regierungsbeamten Staats-Repräsentanten, Staatsmittler. <Was dort gilt, gilt hier. Hier ist der physiologische Satz umgekehrt.> Je geistvoller und lebendiger die Glieder sind, desto lebendiger, persönlicher ist der Staat. Aus jedem echten Staatsbürger leuchtet der Genius des Staats hervor, so wie in einer religiösen Gemeinschaft ein persönlicher Gott gleichsam in tausend Gestalten sich offenbart. Der Staat und Gott, so wie jedes geistige Wesen, erscheint nicht einzeln, sondern in tausend mannichfaltigen Gestalten; nur pantheistisch erscheint Gott g a n z, und nur im Pantheismus ist Gott g a n z, überall, in jedem einzelnen. So ist für das große Ich das gewöhnliche Ich und das gewöhnliche Du nur Supplemente. Jedes Du ist ein Supplement zum großen Ich. Wir sind gar nicht Ich, wir können und sollen aber Ich werden. Wir sind Keime zum Ich-Wer-

den. Wir sollen alles in ein Du, in ein zweites Ich verwandeln; nur dadurch erheben wir uns selbst zum großen Ich, das eins und alles zugleich ist.

293. Aus Ökonomie gibt es nur Einen König. Müßten wir nicht haushälterisch zu Werke gehn, so wären wir alle Könige.

294. Die Ehe ist für die Politik, was der Hebel für die Maschinenlehre. Der Staat besteht nicht aus einzelnen Menschen, sondern aus Paaren und Gesellschaften. Die Stände der Ehe sind die Stände des Staats: Frau und Mann. Die Frau ist der sogenannte ungebildete Teil.

<Es gibt ein Ideal dieses Standes; Rousseau sah es ausschließend in seiner Apologie des Naturmenschen. Rousseaus Philosophemen sind überhaupt weibliche Philosophie oder Theorie der Weiblichkeit – Ansichten aus dem weiblichen Gesichtspunkte. Jetzt ist die Frau Skalvin geworden.>

295. <Philosophie der Akzise.> Nie ist die Bevölkerung zu groß. Die zweckmäßige, systematische Beschäftigung der Menschenmasse ist das Hauptproblem des Politikers. <Stehendes Militär.> Kein Stand wird übersetzt, ohne daß nicht ein anderer Mangel leidet. Je mehr Abgaben, je mehr Staatsbedürfnisse, desto vollkommener der Staat. Keine Abgabe soll sein, die nicht ein Gewinn für die einzelnen ist. Wieviel mehr müßte ein Mensch außerm Staate anwenden, um sich Sicherheit, Recht, gute Wege usw. zu verschaffen! Nur wer nicht im Staate lebt, in dem Sinne, wie man in seiner Geliebten lebt, wird sich über Abgaben beschweren. Abgaben ist der höchste Vorteil. Die Abgaben kann man als Besoldung des Staats, d. i. eines sehr mächtigen, sehr gerechten, sehr klugen und sehr amüsanten Menschen betrachten. – Das Bedürfnis eines Staats ist das dringendste Bedürfnis eines Menschen. Um Mensch zu werden und zu bleiben, bedarf er eines Staats. Der Staat hat natürlich Rechte und Pflichten, wie der einzelne Mensch. Ein Mensch ohne Staat ist ein Wilder. Alle Kultur entspringt aus den Verhältnissen eines Menschen mit dem Staate. Je gebildeter, desto mehr Glied eines gebildeten Staats. Es

gibt wilde <Staaten, es gibt> gesittete Staaten, moralische und unmoralische, genialische und Philisterstaaten. <Erziehung und Bildung des Staats.> Staaten erziehen sich selbst, oder werden erzogen von andern Staaten.

<Benutzung des Geldes. Mehr Stellen im Staate. Besoldungssystem. Mit einem Kontrakt muß man auch in der Seele des Gegners zufrieden sein können.

Allgemein europäische Gebrechen. Waren die gelehrten Stände nicht sonst zu gut bezahlt?>

296. Aus der Polarisierung der Stände mußte am Ende eine große Welt entstehn, sowie ein Pöbel. Der Haß des Gemeinen führt zum Vornehmen, denn nur dies ist dem Gemeinen entgegengesetzt. <Verbindung des Vornehmen und Gemeinen> – man muß als gebildeter Mensch beides sein können, wenn und wie man will. <So muß man als gebildeter Mensch überhaupt Körper und Seele, reizbar und sensibel nach Belieben sein können.>

297. <Sind alle Exkremente befruchtende Potenzen? *vid.* den Mist. Unterschied zwischen Tier- und Pflanzendünger. Menschenkeime gedeihn auch schneller und üppiger, wenn sie durch h ö h e r n Mist befruchtet werden.>

Wie wir den Pflanzenboden düngen, so düngen uns die Pflanzen den Luftboden. Die Pflanzen sind Erdenkinder, wir Kinder des Äthers. <(Erde für starr, Äther für flüssig.)> Die Lunge ist eigentlich unser Wurzelkern; wir leben, wenn wir atmen, und fangen unser Leben mit Atmen an. – (Kinder des Himmels freiten die Töchter der Erde.)

Wir fressen die Pflanze, und sie gedeihen in unserm Moder. Was uns das Fressen ist, das ist den Pflanzen die Befruchtung. Empfangen ist das weibliche Genießen, Verzehren das männliche. (Ein Säufer ist einer liederlichen Frau zu vergleichen.) Das Befruchten ist die Folge des Essens, es ist die umgekehrte Operation; dem Befruchten steht das Gebären, wie dem Essen das Empfangen entgegen. Der Mann ist gewissermaßen auch Weib, sowie das Weib Mann. Entsteht etwa hieraus die verschiedne Schamhaftigkeit?

<(Religionsgeschichte.) Vorstellung der Gottheit als eines verzehrenden und befruchtenden Wesens.

Nonnen. Bei Mönchen haben widernatürliche Laster daraus entstehn müssen.>

298. Es gibt gar kein eigentliches Unglück in der Welt. Glück und Unglück stehn in beständiger Wage. Jedes Unglück ist gleichsam das Hindernis eines Stroms, der nach überwundenem Hindernis nur desto mächtiger durchbricht. Nirgends auffallender, als beim Mißwachs in der Ökonomie.

299. An Gedanken interessiert uns entweder der Inhalt, die neue, frappante, richtige Funktion, oder ihre Entstehung, ihre Geschichte, ihre Verhältnisse, ihre mannichfaltige Stellung, ihre mannichfaltige Anwendung, ihr Nutzen, ihre verschiednen Formationen. So läßt sich ein sehr trivialer Gedanke sehr interessant bearbeiten. Ein sehr weitläuftiges Unternehmen der Art kann sehr interessant sein, ohnerachtet das Resultat eine Armseligkeit ist; hier ist die Methode, der Gang, der Prozeß das Interessante und Angenehme. Je reifer man ist, desto mehr wird man Interesse an Produktionen der letztern Art haben. Das Neue interessiert weniger, weil man sieht, daß sich aus dem alten so viel machen läßt. Kurz, man verliert die Lust am Mannichfaltigen, je mehr man Sinn für die Unendlichkeit des einzelnen bekömmt. Man lernt das mit Einem Instrument machen, wozu andre hunderte nötig haben, und interessiert sich überhaupt mehr für das Ausführen, als für das Erfinden.

300. Das Essen ist nur ein akzentuiertes Leben. Essen, Trinken und Atmen entspricht der dreifachen Abteilung der Körper in feste, flüssige und luftige. Der ganze Körper atmet, nur die Lippen essen und trinken; gerade das Organ, was in mannichfachen Tönen das wieder aussondert, was der Geist bereitet und durch die übrigen Sinne empfangen hat. Die Lippen sind für die Geselligkeit so viel: wie sehr verdienen sie den Kuß. Jede sanfte, weiche

Erhöhung ist ein symbolischer Wunsch der Berührung. So ladet uns alles in der Natur figürlich und bescheiden zu seinem Genuß ein, und so dürfte die ganze Natur wohl weiblich, Jungfrau und Mutter zugleich sein.

301. Durch das Eigentum wird der Besitz veredelt, wie durch die Ehe der körperliche Genuß.

302. Das Postulat des weiblichen Mystizism ist gäng und gäbe. Alles fodert von den Frauen unbedingte Liebe zum ersten, besten Gegenstande. Welche hohe Meinung von der freien Gewalt und Selbstschöpfungskraft ihres Geistes setzt dies nicht voraus!

303. <Frauen–Kinder–*Esprit des Bagatelles.* Art der Konversation mit ihnen.> Die Muster der gewöhnlichen Weiblichkeit empfinden die Grenzen der jedesmaligen Existenz sehr genau und hüten sich gewissenhaft dieselben zu überschreiten; daher *ihre* gerühmte Gewöhnlichkeit <– praktische Weltleute.> Sie mögen selbst übertriebne Feinheiten, Delikatessen, Wahrheiten, Tugenden, Neigungen nicht leiden. Sie lieben Abwechselung des Gemeinen, Neuheit des Gewöhnlichen; keine neuen Ideen, aber neue Kleider, Einförmigkeit im Ganzen, oberflächliche Reize. Sie lieben den Tanz, vorzüglich wegen seiner Leichtigkeit, Eitelkeit und Sinnlichkeit. Zu guter Witz ist ihnen fatal – so wie alles Schöne, Große und Edle. Mittelmäßige und selbst schlechte Lektüre, Akteurs, Stücke usw., das ist ihre Sache.

304. Es gibt Menschen von eigensinniger und wunderlicher Individualität, die nicht zum Ehestande gemacht sind. Eheleute müssen eine Art von Mischung der Selbständigkeit und Unselbständigkeit haben. Sie müssen festen Charakter, als *Sachen*, haben, um ein *Besitztum* sein zu können, und doch geschmeidig, elastisch und durchaus *bestimmt* sein, ohne eigensinnig und ängstlich zu sein.

305. Liebe ohne Eifersucht ist nicht persönliche Liebe, sondern indirekte Liebe – man kann Vernunftliebe sagen; denn man liebt hier nicht als Person, sondern als Glied der Menschheit. Man liebt die Rivale mehr, wie den Gegenstand.

306. <Sollte nicht für die Superiorität der Frauen der Umstand sprechen, daß die Extreme ihrer Bildung viel frappanter sind als die unsrigen? Der verworfenste Kerl ist vom trefflichsten Mann nicht so verschieden, als das elende Weibsstück von einer edlen Frau. Nicht auch der, daß man sehr viel gutes über die Männer, aber noch nichts gutes über die Weiber gesagt findet? Haben sie nicht die Ähnlichkeit mit dem Unendlichen, daß sie sich nicht quadrieren, sondern nur durch Annäherung finden lassen? Und mit dem Höchsten, daß sie uns absolut nah sind und doch immer gesucht, daß sie absolut verständlich sind und doch nicht verstanden, daß sie absolut unentbehrlich und doch meistens entbehrt werden. Und mit höheren Wesen, daß sie so kindlich, so gewöhnlich, so müßig und so spielend erscheinen? –

Auch ihre größere Hülflosigkeit erhebt sie über uns, so wie ihre größere Selbstbehülflichkeit, ihr größeres Sklaven- und ihr größeres Despotentalent; und so sind sie durchaus über uns und unter uns und dabei doch zusammenhängender und unteilbarer, als wir.

Würden wir sie auch lieben, wenn dies nicht so wäre? Mit den Frauen ist die Liebe, und mit der Liebe die Frauen entstanden, und darum versteht man keins ohne das andre. Wer die Frauen ohne Liebe, und die Liebe ohne Frauen finden will, dem gehts, wie den Philosophen, die den Trieb ohne das Objekt, und das Objekt ohne den Trieb betrachteten und nicht beide im Begriff der Aktion zugleich sahen.

(Materialien.) Was noch nicht *à leur portée* ist, ist noch nicht reif. Ihre Beschäftigungen. Was sie jedem Alter sind. Ihre Erziehung.

Ihr Zirkel. Sie sind wie die vornehmen Römer, nicht zum Verfertigen, sondern zum Genuß der Resultate da – zum Ausüben, nicht zum Versuchen.

Chevalerie. Ihr B a u – ihre Schönheit.>

Sie sind ein liebliches Geheimnis – nur verhüllt, nicht verschlossen. <Auf ähnliche Weise reizen die philosophischen My-

sterien. Hetärie. Ihre Seelenkräfte. Blicke auf die Zukunft. Der Akt der Umarmung – die griechischen Göttinnen. Madonna. Jedes Volk, jede Zeit hat ihren Lieblingsfrauencharakter. Die Frauen in der Poesie. Geliebt zu sein, ist ihnen urwesentlich. Über die weiblichen Jahrszeiten. Frauen und Liebe trennt nur der Verstand.

307. Das schöne Geheimnis der Jungfrau, was sie eben so unaussprechlich anziehend macht, ist das Vorgefühl der Mutterschaft, die Ahndung einer künftigen Welt, die in ihr schlummert, und sich aus ihr entwickeln soll. Sie ist das treffendste Ebenbild der Zukunft.

308. Die Ehe bezeichnet eine neue, höhere Epoke der Liebe: die gesellige, <die Zwangs-Liebe,> die lebendige Liebe. Die Philosophie entsteht mit der Ehe.

309. Gerade wegen der Einfachheit ihrer Grundgesetze ist die Moral so schwierig in der Praxis. –

310. Aller unbestimmte, allgemeine, subjektive Trieb oder Reiz läßt sich nur durch eine unendliche Reihe bestimmter Handlungen befriedigen. Er strebt nach keinem Objekt; er erhält sich nur selbst; er ist eine *sollicitatio perpetua*; er ist die ewige Triebfeder unendlicher, terminierter Veränderungen.

311. Ein Charakter ist ein vollkommen gebildeter Willen.

312. Alle Menschen sind in einem perpetuierlichen Duell begriffen.

313. Die E r h e b u n g ist das vortrefflichste Mittel, was ich kenne, um auf einmal aus fatalen Kollisionen zu kommen. So z. B. die allgemeine Erhebung in Adelstand, die Erhebung aller Menschen zu Genies, die Erhebung aller Phänomene im Wunderstand, der Materie zu Geist, des Menschen zu Gott, aller Zeit zur goldnen Zeit usw.

314. Neigungen sind materiellen Ursprungs –, Anziehungs- und Abstoßungskräfte sind hier wirksam. Die Neigungen machen uns zu Naturkräften. Sie perturbieren den Lauf des Menschen, und man kann von leidenschaftlichen Menschen im ei-

gentlichsten Sinn sagen, daß sie fallen. Wer sich den Neigungen unbedingt ergibt, handelt selbst gegen das eigentliche Interesse der Neigungen, weil sie nur durch einen verhältnismäßigen Widerstand eine volle und dauerhafte Wirkung tun können.

315. Das Ideal der Sittlichkeit hat keinen gefährlichern Nebenbuhler, als das Ideal der höchsten Stärke, des kräftigsten Lebens, was man auch das Ideal der ästhetischen Größe (im Grunde sehr richtig, der Meinung nach aber sehr falsch) benannt hat. Es ist das Maximum des Barbaren, und hat leider in diesen Zeiten der verwildernden Kultur gerade unter den größesten Schwächlingen sehr viele Anhänger erhalten. Der Mensch wird durch dieses Ideal zum Tier-Geiste – eine Vermischung, deren brutaler Witz eben eine brutale Anziehungskraft für Schwächlinge hat.

316. Schon das Gewissen beweist unser Verhältnis, Verknüpfung (die Übergangsmöglichkeit) mit einer andern Welt – eine innre, unabhängige Macht und einen Zustand außer der gemeinen Individualität. <Die Vernunft ist nichts anders. Der *Etat de Maison* ist ekstatisch. (Durch die Konnexion mit den Worten kann man Wunder tun.)>

Auf diesem Beweise beruht die Möglichkeit des tätigen Empirismus. Wir werden erst Physiker werden, wenn wir imaginative Stoffe und Kräfte zum regulativen Maßstab der Naturstoffe und Kräfte machen.

317. <Die äußern Erscheinungen verhalten sich zu den innern, wie die perspektivischen Veränderungen zu der Grundgestalt – und so wieder die äußern und innern Erscheinungen unter sich.

Der Zusammenhang der äußern Zeichen untereinander; sie hängen *alternando* mit den innern Veränderungen zusammen, und diese wieder unter sich. (Schema der innern Veränderungen.)>

Bedeutender Zug in vielen Märchen, daß, wenn Ein Unmögliches möglich wird, zugleich ein andres Unmögliches unerwartet möglich wird; daß, wenn der Mensch sich selbst überwindet, er auch die Natur zugleich überwindet, und ein Wunder vorgeht, das ihm das entgegengesetzte Angenehme gewährt, in dem Augenblicke, als ihm das entgegengesetzte Unangenehme angenehm ward. Die Zauberbedingungen, z. B. die Verwandlung des Bären in einen Prinzen, in dem Augenblicke, als der Bär geliebt wurde usw.; <auch bei den Märchen der beiden Genien.> Vielleicht geschähe eine ähnliche Verwandlung, wenn der Mensch das Übel in der Welt lieb gewönne; in dem Augenblicke als ein Mensch die Krankheit oder den Schmerz zu lieben anfinge, läge die reizendste Wollust in seinen Armen, die höchste positive Lust durchdränge ihn. Könnte Krankheit nicht ein Mittel höhrer Synthesis sein? Je fürchterlicher der Schmerz, desto höher die darin verborgene Lust? Jede Krankheit ist vielleicht ein notwendiger Anfang der innigern Verbindung zweier Wesen, der notwendige Anfang der Liebe. Enthusiasmus für Krankheiten und Schmerzen; Tod eine nähere Verbindung liebender Wesen. <Poetik des Übels.> Fängt nicht überall das Beste mit Krankheit an? Halbe Krankheit ist Übel, ganze Krankheit ist Lust, und zwar höhere.

Oder ließe sich das Übel in der Welt vertilgen, wie das Böse? Soll etwa die Poesie die Unlust, wie die Moral das Böse vertilgen?

Übergang des guten Herzens zur Tugend – geht der nicht durch das Böse?, nein, aber durch die Philosophie.

Es gibt nichts absolut Böses und kein absolutes Übel. Es ist möglich, daß der Mensch sich allmählich absolut böse macht, und so allmählich auch ein absolutes Übel schafft; aber beides sind künstliche Produkte, die der Mensch nach Gesetzen der Moral und Poesie schlechthin annihilieren soll, nicht glauben, nicht annehmen. <Nur durch Meinung (welche ein aus Glauben entsprungnes, schaffendes Wissen ist) entsteht und besteht Übel und Böses.

Da Subjekt und Objekt eins sein sollen, so wird das scheinbar objektiv Böse, das Übel, und das scheinbar subjektive Übel, das Böse usw. auch vereinigt werden und dadurch *ipso facto* beides für die tugendhaften Dichter vernichtet, weil sie eins mit dem andern notwendig annihilieren. Auf einer gewissen Stufe des Bewußtseins existiert jetzt schon kein Übel, und dieses Bewußtsein soll das permanente werden.

So soll auch der Philosoph den Standpunkt des gemeinen Bewußtseins als den Grund alles logischen Übels der Unwahrheit allmählich annihilieren, welches eben dadurch geschieht, daß er den höhern Standpunkt zum herrschenden und endlich einzigen zu machen sucht.

Durch Annihilation des Bösen usw. wird das Gute realisiert, introduziert, verbreitet.> Alles Übel und Böse ist isoliert und isolierend, es ist das Prinzip der Trennung. Durch Verbindung wird die Trennung aufgehoben und nicht aufgehoben, aber das Böse und Übel als scheinbare Trennung und Verbindung wird in der Tat durch wahrhafte Trennung und Vereinigung, die nur wechselseitig bestehn, aufgehoben.

Ich vernichte das Böse und Übel usw. durch Philosophieren. Erhöhung, Richtung des Bösen und Übels auf sich selbst, welches beim Guten und der Lust usw. gerade umgekehrt der Fall ist.

318. Sonderbar, daß der eigentliche Grund der Grausamkeit Wollust ist.

319. Es ist sonderbar, daß nicht längst die Assoziation von Wollust, Religion und Grausamkeit die Menschen aufmerksam auf ihre innige Verwandtschaft und ihre gemeinschaftliche Tendenz gemacht hat.

320. Man kann immer zugeben, daß der Mensch einen vorwaltenden Hang zum Bösen hat – desto besser ist er von Natur, denn nur das Ungleichartige zieht sich an.

321. Böse Menschen müssen das Böse aus Haß gegen die Bösen tun. Sie halten alles für böse, und dann ist ihr zerstörender Hang sehr natürlich – denn so wie das Gute das Erhaltende, so ist das Böse das Zerstörende. Dies reibt sich am Ende selbst auf, und widerspricht sich sogar im Begriff, dahingegen jenes sich selbst bestätigt und in sich selbst besteht und fortdauert. Die Bösen müssen wider ihren, und mit ihrem Willen zugleich böse

handeln. Sie fühlen, daß jeder Schlag sie selbst trifft, und doch können sie das Schlagen nicht lassen. Bosheit ist nichts, als eine Gemütskrankheit, die in der Vernunft ihren Sitz hat und daher so hartnäckig und nur durch ein *Wunder* zu heilen ist.

322. In Fichtens Moral sind die wichtigsten Ansichten der Moral. Die Moral sagt schlechthin nichts Bestimmtes – sie ist das Gewissen, eine bloße Richterin ohne Gesetz. Sie gebietet unmittelbar, aber immer einzeln. Sie ist durchaus Entschlossenheit. <Richtige Vorstellung vom Gewissen.> Gesetze sind der Moral durchaus entgegen.

323. Spinoza und andre haben mit sonderbarem Instinkt alles in der Theologie gesucht – die Theologie zum Sitz der Intelligenz gemacht. Spinozas Idee von einem kategorischen, imperativen, schönen oder vollkommnen Wissen, einem an sich befriedigenden Wissen, einem alles übrige Wissen annihilierenden und den Wissenstrieb *angenehm* aufhebenden Wissen – kurz, einem wollüstigen Wissen, welche (Idee) allem Mystizism zum Grunde liegt, ist höchst interessant. <(Euthanasie.)>

Ist nicht die Moral, insofern sie auf Bekämpfung der sinnlichen Neigung beruht, selbst wollüstig, echter Eudämonismus? <Wollust ist ein gefälliger, veredelter Schmerz. Aller Krieg ist wollüstig. (Transzendente Wollust der Schwärmer usw.)>

324. <(Philosophie.)> Wenn ein Mensch plötzlich wahrhaft glaubte, er sei moralisch, so wird er es auch sein.

325. Mir scheint ein Trieb in unsern Tagen allgemein verbreitet zu sein – die äußre Welt hinter künstliche Hüllen zu verstecken – vor der offnen Natur sich zu schämen und durch Verheimlichung und Verborgenheit der Sinnenwesen eine dunkle Geisterkraft ihnen beizulegen. Romantisch ist der Trieb gewiß – allein der kindlichen Unschuld und Klarheit nicht vorteilhaft; besonders bei Geschlechtsverhältnissen ist dies bemerklich.

326. Jeder Tugend entspricht eine spezifische Unschuld. Unschuld ist moralischer Instinkt. Tugend ist die Prosa, Unschuld

die Poesie. Rohe Unschuld – gebildete Unschuld. Die Tugend soll wieder verschwinden und Unschuld werden.

327. Unschuld und Unwissenheit sind Schwestern. Es gibt aber edle und gemeine Schwestern. Die gemeine Unschuld und Unwissenheit sind sterblich. Es sind hübsche Gesichterchen, aber ohne alle Bedeutung und nicht dauerhaft. Die edlen Schwestern sind unsterblich. Ihre hohe Gestalt ist unveränderlich, und ewig leuchtet ihr Antlitz vom Tage des Paradieses. Beide wohnen im Himmel, und besuchen nur die edelsten und geprüftesten Menschen.

328. Insofern ein Ding für mich da ist, bin ich sein Zweck – es bezieht sich auf mich. Es ist meinetwillen da. Mein Willen bestimmt mich – also auch mein Eigentum. Die Welt soll sein, wie ich will. Ursprünglich ist die Welt, wie ich will; wenn ich sie also nicht so finde, so muß ich den Fehler dieses Produkts in den beiden Faktoren suchen, oder in einem. Entweder ist die Welt eine ausgeartete <Welt> – oder mein widersprechender Willen ist nicht mein wahrer Willen – oder beides zugleich ist unterscheidbar zugleich wahr. <Ausgeartetes Ich – ausgeartete Welt. Wiederherstellung.>

<Die Welt hat eine ursprüngliche Fähigkeit, durch mich belebt zu werden.

Sie ist überhaupt *a priori* von mir belebt – Eins mit mir. Ich habe eine ursprüngliche Tendenz und Fähigkeit, die Welt zu beleben. Nun kann ich aber mit nichts in Verhältnis treten, was sich nicht nach meinem Willen richtet, oder ihm gemäß ist. Mithin muß die Welt die ursprüngliche Anlage haben, sich nach mir zu richten, meinem Willen gemäß zu sein.>

Meine geistige Wirksamkeit, meine Realisation von Ideen, wird also keine Dekomposition und Umschaffung der Welt – wenigstens nicht, insofern ich Mitglied dieser bestimmten Welt bin – sein können, sondern es wird nur eine Variations-Operation sein können. Ich werde unbeschadet der Welt und ihrer Gesetze, mittelst derselben, sie für mich ordnen, einrichten und bilden können. <Diese höhere Bildung streitet mit der mindern nicht, sie geht, unbeschadet dieser, ihren Weg und benutzt die Welt, die eben deshalb Welt ist, weil sie sich nicht vollständig und total bestimmt – und also noch mannichfach anderwärts her bestimmbar bleibt – welches bei einem vollkommnen, vernünftigen Individuo nicht der Fall ist – zu beliebigen Zwecken.

Zur Welt gehört also alles, was sich nicht absolut vollständig bestimmt – was einem andern Wesen noch zu mannichfachem Behuf dienen kann, ohne daß es davon weiß und dadurch gestört und im wesentlichen verändert wird.

Ein vollkommen vernünftiges Wesen kann nicht einmal gedacht werden – ohne um diesen Gedanken zu wissen und ihn mit zu bestimmen. (Gott usw.)

(Ein organischer Körper gehört in Rücksicht seiner innigen Gemeinschaft – und seines Grundsatzes: Alle für Einen und einer für alle, nicht ganz in die Welt – er ist ein gemischtes Produkt.)>

329. Ansicht der ganzen Welt durch den Moralsinn. Deduktion des Universums aus der Moral; alle wahren Verbesserungen sind moralische Verbesserungen, alle wahren Erfindungen moralische Erfindungen, Fortschritte. (Verdienste des Sokrates.)

330. Aller innere Sinn ist Sinn für Sinn.

331. Sittliches Gefühl ist Gefühl des absolut schöpferischen Vermögens, der produktiven Freiheit, der unendlichen Personalität, des Mikrokosmus, der eigentümlichen Divinität in uns.

332. Gott ist ein gemischter Begriff. Er ist aus der Vereinigung aller Gemütsvermögen usw. mittelst einer moralischen Offenbarung, <eines moralischen Zentrierwunders> entstanden.

333. Ist unsre Unwissenheit etwa Bedingung unsrer Moralität? Wollen wir unwissend sein, weil wir es, bewandten Umständen nach, wollen müssen? Wir sind nur unwissend, weil wir es wollen.

334. <(Theosophie.) Gott ist die Liebe. Die Liebe ist das höchste Reale – der Urgrund.

Theorie der Liebe ist die höchste Wissenschaft, die Naturwissenschaft oder Wissenschaftnatur.

(Physik und Zukunftslehre.) Eine Generation ist der Keim der unendlichen Generation, die das Weltdrama beschließt.

Die echte Generation ist unsre Menschwerdung. Die gewöhnlichen Generationen sind nur Bedingungsprozesse der echten Generation.

(Physik, Philosophie.) Wenn die Einheit *x* das Positive ist, so ist die Vielheit das Negative. Das Produkt ist die Neutralisationssphäre von *x* und *y* oder die Allheit.

Einem bestimmten *x* entspricht ein bestimmtes *y* oder eine bestimmte Vielheit (z. B. von Bedingungen).

Bestimmte *x* und *y* kann es aber vor bestimmten Allheiten *z* nicht geben. *z* ist also das Erste, Primitive, eine vollbestimmbare Allheit. *z* wird dann durch Berührung eines andern *z* in *y* und *x* zersetzt, das allbestimmbare *z* natürlich in allbestimmtbare *y* und *x*.

Alles Bestimmte ist nur insofern bestimmt und individuell, als es schon in einem System oder *z* begriffen ist. Jedes wäre isoliert ein Universum – ein allbestimmtes *z*.

(Kosmologie.) Der Stein ist nur in diesem Weltsystem Stein und von Pflanze und Tier verschieden.

Die jetzige Bestimmung und Verteilung eines jeden Individuums in diesem Weltsystem ist wohl nur scheinbar oder relativ, zufällig, historisch, unmoralisch.

Jedes hat nach seinem mitgebrachten Anteil, nach seiner inserierten Relation von Welt (Synthesis von Quantität und Qualität) seinen Platz im Weltsystem erhalten.

(Zukunftslehre.)> Dieser rechtliche Zustand soll ein moralischer werden, und dann fallen alle Schranken, alle Bestimmungen von selbst weg, und jeder ist und hat alles, unbeschadet der andern.

Die Mathematik bezieht sich nur auf Recht, rechtliche Natur und Kunst, nicht magische Natur und Kunst. Magisch werden beide nur durch Moralisierung. Liebe ist der Grund der Möglichkeit der Magie. Die Liebe wirkt magisch.

Alles Sein soll in ein Haben verwandelt werden. Sein ist einseitig, Haben synthetisch, liberal.

335. Güte ist Moralität. Schönheit ist objektive Güte, Wahrheit subjektive Güte. Beide beziehn sich auf die vernunftlose Natur. Im Vernunftwesen ist Recht der Wahrheit, Güte der Schönheit analog.

<Güte, Schönheit, Recht und Wahrheit sind verschiedner Grade fähig. Es gibt natürliche Güte, polarische Güte, gebildete oder philosophische Güte –, so mit der Schönheit usw. Naturschönheit, kollidierende Schönheit, philosophische Schönheit; Naturrecht, kollidierendes Recht, philosophisches Recht; Naturwahrheit, kollidierende Wahrheit, philosophische Wahrheit. Schönheit und Güte beziehn sich auf Erscheinungen; Recht und Wahrheit auf Noumena. Schönheit auf mittelbare, sinnliche Erscheinung, Güte auf unmittelbare Vernunfterscheinungen. Recht auf Vernunftnoumena, Wahrheit auf Sinnennoumena. (Baumgarten hat mit seiner Definition der poetischen Schönheit: als sinnlich vollkommne Rede, nicht unrecht. Korrektheit usw. ist eine unvollkommne Schönheit.)>

336. Das System der Moral muß System der Natur werden. Alle Krankheiten gleichen der Sünde, darin, daß sie Transzendenzen sind. Unsre Krankheiten sind alle Phänomene einer erhöhten Sensation, die in höhere Kräfte übergehen will. Wie der Mensch Gott werden wollte, sündigte er. – Krankheiten der Pflanzen sind Animalisationen, Krankheiten der Tiere Rationalisationen, Krankheiten der Steine Vegetationen. Sollte nicht jeder Pflanze ein Stein und ein Tier entsprechen? – Pflanzen sind gestorbene Steine, Tiere gestorbene Pflanzen.

337. <(Bildungslehre der Natur.)> Die Natur soll moralisch werden; wir sind ihre Erzieher, ihre moralischen Tangenten, ihre moralischen Reize. – Läßt sich die Moralität wie der Verstand usw. objektivieren und organisieren? <(Sichtbare Moral.)>

338. <Zukunftslehre (Kosmogogik).> Die Natur wird moralisch sein, wenn sie aus echter Liebe zur Kunst sich der Kunst hingibt, tut, was die Kunst will; die Kunst, wenn sie aus echter Liebe zur Natur für die Natur lebt und nach der Natur arbeitet. Beide müssen es zugleich, aus eigner Wahl, um ihrer selbst willen, und aus fremder Wahl, um des andern willen, tun. Sie müssen in sich selbst mit dem andern, und mit sich selbst im andern zusammentreffen.

339. Sollte die Menschen-Psychologie, etwa wie die Wissenschaftslehre, bloß den Menschen als ein Ganzes, als System betrachten (und bloß von oben herunter), und Psychologie überhaupt bloß mit Ganzen zu tun haben? Dann schiene mir Psychologie und Physiologie vollkommen eins zu sein und die Seele nichts als Prinzip des Systems, Substanz zu sein; ihre Wohnstätte wäre der Himmel.

Physiologie überhaupt wäre Welt-Psychologie, und Natur und Seele auch eins, da unter Natur doch nur Geist des Ganzen, substantielles Prinzip verstanden wird.

340. Gott und Natur muß man hiernach trennen. Gott hat gar nichts mit der Natur zu schaffen. Er ist das Ziel der Natur, dasjenige, mit dem sie einst harmonieren soll. Die Natur soll moralisch werden, <und so erscheint allerdings der Kantische Moralgott und die Moralität in einem ganz andern Lichte.> Der moralische Gott ist etwas weit Höheres, als der magische Gott.

Wir müssen Magier zu werden suchen, um recht moralisch sein zu können. Je moralischer, desto harmonischer mit Gott, desto göttlicher, desto verbündeter mit Gott. Nur durch den moralischen Sinn wird uns Gott vernehmlich. Der moralische Sinn ist der Sinn für Dasein, ohne äußre Affektion, der Sinn für Bund, der Sinn für das Höchste, der Sinn für Harmonie, der Sinn für frei gewähltes und erfundenes und dennoch gemeinschaftliches Leben und Sein, der Sinn für das Ding an sich, der echte Divinationssinn. (Divinieren, etwas ohne Veranlassung, Berührung vernehmen.) Das Wort Sinn, das auf mittelbares Erkenntnis, Berührung, Mischung hindeutet, ist hier freilich nicht recht schicklich, indes ist es ein unendlicher Ausdruck, wie es unendliche Größen gibt. Das Eigentliche kann hier nur *approximando*, zur Notdurft ausgedrückt werden. Es ist Nicht-Sinn oder Sinn, gegen den jenes Nicht-Sinn ist.

<Will ich nun Gott oder die Weltseele in den Himmel setzen? Besser wäre es wohl, wenn ich den Himmel zum moralischen Universo erkläre und die Weltseele im Universum ließe.>

Moralisch handeln und religiös handeln sind sonach aufs innigste vereinigt. Man soll gänzlich innere und äußere Harmonie beabsichtigen; zugleich das Gesetz und den Willen Gottes, jedes um sein selbst willen erfüllen. Es gibt also ein einseitiges moralisches und ein einseitiges religiöses Handeln.

341. Können Wunder Überzeugung wirken? Oder wäre nicht wahrhafte Überzeugung, diese höchste Funktion unsers Gemüts und unsrer Personalität, das einzige, wahre, Gott verkündende Wunder? Jedes Wunder muß isoliert in uns bleiben, unverknüpft mit unserm übrigen Bewußtsein, ein Traum. Aber eine innige moralische Überzeugung, eine göttliche Anschauung, dies wäre ein reales bleibendes Wunder.

342. Sollten gewisse intellektuelle Grenzen oder Unvollkommenheiten der Religion wegen da sein, wie die Hülflosigkeit der Liebe wegen? Wir haben uns, um verbunden zu sein, auf unendliche Art, auch mit den Transmundanern, zu Menschen bestimmt und einen Gott wie einen Monarchen gewählt. Deduktion der Geister aus dem Wesen der Vernunft. Unsre Verhältnisse mit ihnen. <(Poetische Weltform.)> Wir haben keine Grenze des intellektuellen Fortschritts usw., aber wir sollen uns welche *ad hunc actum*, transitorische Grenzen setzen, begrenzt und unbegrenzt zugleich sein, Wunder tun können, aber keine tun wollen, alles wissen können, aber nicht wollen.

Mit der richtigen Bildung unsers Willens geht auch die Bildung unsers Könnens und Wissens fort. In dem Augenblick, wo wir vollkommen moralisch sind, werden wir Wunder tun können, *i. e.* wo wir keine Wunder tun wollen, höchstens moralische. (Christus.) Der Wunder höchstes ist eine tugendhafte Handlung, ein Aktus der freien Determination.

<Sollte Fichte in dem Satze: das Ich kann sich nicht selbst begrenzen, inkonsequent, nachgiebig gegen den Satz des zureichenden Grundes sein? Die Möglichkeit der Selbstbegrenzung ist die Möglichkeit aller Synthesis, alles Wunders. Und ein Wunder hat die Welt angefangen. (Sind synthetische Urteile *a priori* möglich = Gibt es eine magische Intelligenz, *i. e.* Vernunft?)>

343. Die Moral ist, wohlverstanden, das eigentliche Lebenselement des Menschen. Sie ist innig eins mit der Gottesfurcht. Unser reiner, sittlicher Wille ist Gottes Wille. Indem wir seinen Willen erfüllen, erheitern und erweitern wir unser eignes Dasein, und es ist, als hätten wir um unsrer selbst willen, aus innerer Natur so gehandelt. Die Sünde ist allerdings das eigentliche Übel in der Welt. Alles Ungemach kommt von ihr her. Wer die Sünde versteht, versteht die Tugend und das Christentum, sich selbst und die Welt. Ohne dies Verständnis kann man sich Christi Verdienst nicht zu eigen machen – man hat keinen Teil an dieser zweiten, höhern Schöpfung.

VI

344. <Wer hat die Bibel für geschlossen erklärt?> Sollte die Bibel nicht noch im Wachsen begriffen sein?

345. Manche Leute hängen wohl darum so an der Natur, weil sie als verzogne Kinder sich vor dem Vater fürchten und zu der Mutter ihre Zuflucht nehmen.

346. Jedes Willkürliche, Zufällige, Individuelle kann unser Weltorgan werden. Ein Gesicht, ein Stern, eine Gegend, ein alter Baum usw. kann Epoke in unserm Innern machen. Dies ist der große Realism des Fetischdienstes.

347. Licht ist Symbol der echten Besonnenheit. Also ist Licht der Analogie nach Aktion der Selbstrührung der Materie. Der Tag ist also das Bewußtsein des Wandelsterns, und während die

Sonne, wie ein Gott, in ewiger Selbsttätigkeit die Mitte beseelt, tut ein Planet nach dem andern auf längere oder kürzere Zeit das eine Auge zu, und erquickt im kühlen Schlaf sich zu neuem Leben und Anschauen. Also auch hier Religion – denn ist das Leben der Planeten etwas anders, als Sonnendienst? Auch hier kommst du uns also entgegen, uralte kindliche Religion der Parsen, und wir finden in dir die Religion des Weltalls.

348. Sonderbar genug ist es, daß die griechische Mythologie so unabhängig von der Religion war. Es scheint, daß die Kunstbildung in Griechenland vor der Religion und ein unendlich erhabner Idealism der Religion den Griechen Instinkt war. Die Religion war wesentlich Gegenstand der menschlichen Kunst. Die Kunst schien göttlich, oder die Religion künstlich und menschlich. Der Kunstsinn war der Religions-Erzeugungssinn. Die Gottheit offenbarte sich durch die Kunst.

349. Die Geistlichen und Herrnhuter haben doch das Vorzügliche und Bemerkenswerte, daß sie Idealisten von Profession sind, und Religion *ex professo* treiben, sie zu ihrem Hauptgeschäft machen und eigentlich auf dieser Welt in und für eine andre leben.

350. Unter Menschen muß man G o t t suchen. In den menschlichen Begebenheiten, in menschlichen Gedanken und Empfindungen offenbart sich der Geist des Himmels am hellsten.

<Religionslehre ist davon ganz abgesondert. Sie kann nur religiösen Menschen verständlich und religiös nutzbar sein.>

351. In gottesdienstlichen Versammlungen sollte jeder aufstehn und aus dem Schatze seiner Erfahrungen göttliche Geschichten den andern mitteilen. Diese religiöse Aufmerksamkeit auf die Sonnenblicke der andern Welt ist ein Haupterfordernis der religiösen Menschen. Wie man alles zum Gegenstande eines Epigramms oder eines Einfalls machen kann, so kann man auch alles in einen Spruch, in ein religiöses Epigramm, in G o t t e s W o r t verwandeln.

352. Noch ist keine Religion. Man muß eine Bildungsloge ech-

ter Religion erst stiften. Glaubt ihr, daß es Religion gebe? Religion muß gemacht und hervorgebracht werden durch die Vereinigung mehrerer Menschen.

353. Liebe kann durch absoluten Willen in Religion übergehn. Des höchsten Wesens wird man nur durch Tod wert. (Versöhnungstod.)

354. Die Religion enthält unendliche Wehmut. Sollen wir Gott lieben, so muß er hülfsbedürftig sein. Inwiefern ist im Christianismus diese Aufgabe gelöst?

355. Spinoza ist ein Gottrunkener Mensch.

356. Der Spinozism ist eine Übersättigung mit Gottheit. Unglauben ein Mangel an göttlichem Organ und an Gottheit. Es gibt also direkte und indirekte Atheisten. Je besonnener und echt poetischer der Mensch ist, desto gestalteter und historischer wird seine Religion sein.

357. Sollte der Teufel, als Vater der Lüge, selbst nur ein notwendiges Gespenst sein? Trug und Illusion steht allein der Wahrheit, Tugend und Religion entgegen.

Dem freien Willen steht die Grille, die sklavische Willkür, der Aberglauben, die Laune, die Verkehrtheit, die durch lauter Zufälligkeiten bestimmte Willkür gegenüber: daraus geht die Täuschung hervor.

358. Es gibt manche Blumen auf dieser Welt, die überirdischen Ursprungs sind, die in diesem Klima nicht gedeihen, und eigentliche Herolde, rufende Boten eines bessern Daseins sind. Unter diese Boten gehören vorzüglich Religion und Liebe. Das höchste Glück ist, seine Geliebte gut und tugendhaft zu wissen, die höchste Sorge ist die Sorge für ihren Edelsinn. Aufmerksamkeit auf Gott, und Achtsamkeit auf jene Momente, wo der Strahl einer himmlischen Überzeugung und Beruhigung in unsre Seelen einbricht, ist das Wohltätigste, was man für sich und seine Lieben haben kann.

359. Alle unsre Neigungen scheinen nichts als angewandte Religion zu sein. Das Herz scheint gleichsam das religiöse Organ.

Vielleicht ist das höhere Erzeugnis des produktiven Herzens – nichts anders als der Himmel.

Indem das Herz, abgezogen von allen einzelnen wirklichen Gegenständen, sich selbst empfindet, sich selbst zu einem idealischen Gegenstande macht, entsteht Religion. Alle einzelnen Neigungen vereinigen sich in Eine, deren wunderbares Objekt ein höheres Wesen, eine Gottheit ist; daher echte Gottesfurcht alle Empfindungen und Neigungen umfaßt. Dieser Naturgott ißt uns, gebiert uns, spricht mit uns, erzieht uns, <beschläft uns,> läßt sich von uns essen, von uns zeugen und gebären; <kurz> ist der unendliche Stoff unsrer Tätigkeit und unsers Leidens.

Machen wir die Geliebte zu einem solchen Gott, so ist dies angewandte Religion.

360. Religionslehre ist wissenschaftliche Poesie. Poesie ist unter den Empfindungen, was Philosophie in Beziehung auf Gedanken ist.

361. Die Religion begreift das ganze Gebiet des sogenannten Übersinnlichen und Überirdischen in sich. Sie ist teils theoretisch, teils praktisch.

362. Die katholische Religion ist gewissermaßen schon angewandte christliche Religion. Auch die Fichtesche Philosophie ist vielleicht <nichts als> angewandter Christianism.

363. Predigt ist Bruchstück der Bibel, des heiligen Buchs, des kanonischen Teils der Bibel.

<Heiliger Gebrauch des religiösen Sinns, wie des moralischen. Produktiver religöser Sinn, produktiver moralischer Sinn. Fichtens produktive Einbildungskraft ist nichts als durch Vernunft, durch Idee und Glauben und Willen erregter Sinn.> Jede Predigt soll Religion erwecken, Religions-Wahrheiten vortragen: Sie ist das Höchste, was ein Mensch liefern kann. Predigten enthalten Betrachtungen Gottes und Experimente Gottes. Jede Predigt ist eine Inspirationswirkung, <eine Predigt> kann nur und muß genialisch sein.

Wie vermeidet man bei Darstellung des Vollkommnen die

Langeweile? Die Betrachtung Gottes scheint als eine religiöse Untersuchung zu monoton; man erinnre sich an die vollkommnen Charaktere in Schauspielen, an die Trockenheit eines echten, reinen, philosophischen oder mathematischen Systems usw. So ist selbst die Betrachtung Jesu ermündend. Die Predigt muß pantheistisch sein; angewandte, individuelle Religion, individualisierte Theologie enthalten.

364. <Wunderkraft des Glaubens.> Aller Glaube ist wunderbar und wundertätig. Gott ist in dem Augenblicke, als ich ihn glaube. – Glauben ist indirekt wundertätige Kraft. Durch den Glauben können wir in jedem Augenblick Wunder tun für uns, oft für andre mit, wenn sie Glauben zu mir haben.

Glauben ist hienieden wahrgenommene Wirksamkeit und Sensation in einer andern Welt, ein vernommener transmundaner Aktus. Der echte Glaube bezieht sich nur auf Dinge einer andern Welt. Glauben ist Empfindung des Erwachens und Wirkens <und Sinnens> in einer andern Welt. Angewandter, irdischer Glaube Willen. Glauben Wahrnehmung des realisierten Willens.

365. Die Meinung von der Negativität des Christentums ist vortrefflich. Das Christentum wird dadurch zum Rang der Grundlage der projektierenden Kraft eines neuen Weltgebäudes und Menschentums gehoben, einer echten Veste, eines lebendigen, moralischen Raums.

Damit schließt sich dies vortrefflich an meine Ideen von der bisherigen Verkennung von Raum und Zeit an, deren Persönlichkeit und Urkraft mir unbeschreiblich einleuchtend geworden ist. Die Tätigkeit des Raums und der Zeit ist die Schöpfungskraft, und ihre Verhältnisse sind die Angel der Welt.

Absolute Abstraktion, Annihilation des Jetzigen, Apotheose der Zukunft, dieser eigentlichen, bessern Welt: dies ist der Kern der Geheiße des Christentums, und hiermit schließt es sich an die Religion der Antiquare, die Göttlichkeit der Antike, die Herstellung des Altertums, als der zweite Hauptflügel an; beide halten das Universum, als den Körper des Engels, in ewigem Schweben, in ewigem Genuß von Raum und Zeit.

366. Die christliche Religion ist die eigentliche Religion der Wollust. Die Sünde ist der große Reiz für die Liebe der Gottheit. Je sündiger man sich fühlt, desto christlicher ist man. Unbedingte Vereinigung mit der Gottheit ist der Zweck der Sünde und Liebe. Dithyramben sind ein echt christliches Produkt.

367. Die christliche Religion ist auch dadurch vorzüglich merkwürdig, daß sie so entschieden den bloßen guten Willen im Menschen und seine eigentliche Natur, ohne alle Ausbildung, in Anspruch nimmt und darauf Wert legt. Sie steht in Opposition mit Wissenschaft und Kunst und eigentlichem Genuß.

Vom gemeinen Manne geht sie aus. Sie beseelt die große Majorität der Beschränkten auf Erden.

Sie ist das Licht, was in der Dunkelheit zu glänzen anfängt.

Sie ist der Keim alles Demokratismus, die höchste Tatsache der Popularität.

Ihr unpoetisches Äußre, ihre Ähnlichkeit mit einem modernen häuslichen Gemälde scheint ihr nur geliehen zu sein.

Sie ist tragisch und doch unendlich mild; ein echtes Schauspiel, Vermischung des Lust- und Trauerspiels.

Die griechische Mythologie scheint für die gebildeteren Menschen zu sein – und also in gänzlicher Opposition mit dem Christentum. Der Pantheism ist ein drittes Ende.

368. Die Vernichtung der Sünde, dieser alten Last der Menschheit, und alles Glaubens an Buße und Sühnung, ist durch die Offenbarung des Christentums eigentlich bewirkt worden.

369. Die Zukunft ist nicht für den Kranken, nur der Blick des Gesunden kann sich dreist in ihre wunderlichen Wege verlieren. Unglück ist der Beruf zu Gott. Heilig kann man nur durch Unglück werden, daher sich auch die alten Heiligen selbst in Unglück stürzten.

370. Märtyrer sind geistliche Helden. Jeder Mensch hat wohl

seine Märtyrerjahre. Christus war der große Märtyrer unsers Geschlechts. Durch ihn ist das Märtyrertum unendlich tiefsinnig und heilig geworden. <O! daß ich Märtyrersinn hätte!>

371. <Über den Begriff des Betens.> Beten ist in der Religion, was Denken in der Philosophie ist. Beten ist Religion machen – Predigten sollten eigentliche Gebete sein. Der religiöse Sinn betet, wie das Denkorgan denkt. Religion geht auf Religion. Sie hat eine eigne religiöse Welt, ein eignes religiöses Element.

372. Der heilige Geist ist mehr als die Bibel. Er soll unser Lehrer des Christentums sein – nicht toter, irdischer, zweideutiger Buchstabe.

373. Unser ganzes Leben ist Gottesdienst.

374. Verbindung, die auch für den Tod geschlossen ist, ist eine Hochzeit, die uns eine Genossin für die Nacht gibt. Im Tode ist die Liebe am süßesten; für den Liebenden ist der Tod eine Brautnacht, ein Geheimnis süßer Mysterien.

Ist es nicht klug für die Nacht ein geselliges Lager zu suchen?
Darum ist klüglich gesinnt – der auch Entschlummerte liebt.

375. Die höchsten Kunstwerke sind schlechthin ungefällig; es sind Ideale, die nur *approximando* gefallen können und sollen, ästhetische Imperative. So soll auch das Moralgesetz *approximando* Neigung<sformel> werden.

376. In eigentlichen Poemen ist keine als die Einheit des Gemüts.

377. Alles Vollendete spricht sich nicht allein, es spricht eine ganze mitverwandte Welt aus. Daher schwebt um das Vollendete jeder Art der Schleier der ewigen Jungfrau, den die leiseste Berührung in magischen Duft auflöst, der zum Wolkenwagen des Sehers wird. Es ist nicht die Antike allein, die wir sehn. Sie ist der Himmel, das Fernrohr und der Fixstern zugleich, und mithin eine echte Offenbarung einer höheren Welt.

Man glaube nur auch nicht allzusteif, daß die Antike und das Vollendete gemacht sei; gemacht, was wir so gemacht nennen. Sie sind so gemacht, wie die Geliebte durch das verabredete Zeichen des Freundes in der Nacht; wie der Funken durch die Berührung der Leiter, oder der Stern durch die Bewegung im Auge. <Gerade so wie der Stern im Fernrohr erscheint und dasselbe durchdringt, ebenso eine himmlische Gestalt in der Marmorfigur. (Poetische Theorie der Fernröhre. Der Stern usw. ist ein spontanes, das Fernrohr oder Auge ein rezeptives Lichtwesen.)>

Mit jedem Zuge der Vollendung springt das Werk vom Meister ab, in mehr als Raumfernen, und so sieht mit dem letzten Zuge der Meister sein vorgebliches Werk durch eine Gedankenkluft von sich getrennt, deren Weite er selbst kaum faßt, und über die nur die Einbildungskraft, wie der Schatten des Riesen Intelligenz, zu setzen vermag. In dem Augenblicke, als es ganz Sein werden sollte, ward es mehr als er, sein Schöpfer, er zum unwissenden Organ und Eigentum einer höhern Macht. Der Künstler gehört dem Werke, und nicht das Werk dem Künstler.

378. Der Sinn für Poesie hat viel mit dem Sinn für Mystizism gemein. Er ist der Sinn für das Eigentümliche, Personelle, Unbekannte, Geheimnisvolle, zu Offenbarende, das Notwendig-Zufällige. Er stellt das Undarstellbare dar. Er sieht das Unsichtbare, fühlt das Unfühlbare usw. Kritik der Poesie ist ein Unding. Schwer schon ist zu entscheiden, <doch einzig mögliche Entscheidung,> ob etwas Poesie sei oder nicht. Der Dichter ist wahrhaft sinnberaubt, dafür kommt alles in ihm vor. Er stellt im eigentlichsten Sinn Subjekt-Objekt vor – Gemüt und Welt. Daher die Unendlichkeit eines guten Gedichts, die Ewigkeit. Der Sinn für Poesie hat nahe Verwandtschaft mit dem Sinn der Weissagung und dem religiösen, dem Sehersinn überhaupt. Der Dichter ordnet, vereinigt, wählt, erfindet – und es ist ihm selbst unbegreiflich, warum gerade so und nicht anders.

379. Es gibt einen speziellen Sinn für Poesie, eine poetische Stimmung in uns. Die Poesie ist durchaus personell, und darum unbeschreiblich und indefinissabel. Wer es nicht unmittelbar weiß und fühlt, was Poesie ist, dem läßt sich kein Begriff davon bei-

bringen. Poesie ist Poesie. Von Sprach- oder Redekunst himmelweit verschieden.

380. Man sucht mit der Poesie, die gleichsam nur das mechanische Instrument dazu ist, innre Stimmungen und Gemälde oder Anschauungen hervorzubringen – vielleicht auch geistige Tänze usw. Poesie ist Gemütserregungskunst.

381. Poesie ist Darstellung des Gemüts, der innern Welt in ihrer Gesamtheit. Schon ihr Medium, die Worte, deuten es an, denn sie sind ja die äußre Offenbarung jenes innern Kraftreichs. Ganz, was die Plastik zur äußern, gestalteten Welt ist und die Musik zu den Tönen. Effekt ist ihr gerade entgegengesetzt, insofern sie plastisch ist, doch gibt es eine musikalische Poesie, die das Gemüt selbst in ein mannichfaltiges Spiel von Bewegungen setzt.

<Die Darstellung des Gemüts muß, wie die Darstellung der Natur, selbsttätig, eigentümlich, allgemein, verknüpfend und schöpferisch sein. Nicht wie es ist, sondern wie es sein könnte und sein muß.>

382. Dem Dichter ist ein ruhiger, aufmerksamer Sinn, Ideen oder Neigungen, die ihn von irdischer Geschäftigkeit und kleinlichen Angelegenheiten abhalten, eine sorgenfreie Lage, Reisen, Bekanntschaft mit vielartigen Menschen, mannichfache Anschauungen, Leichtsinn, Gedächtnis, Gabe zu sprechen, keine Anheftung an Einen Gegenstand, keine Leidenschaft im vollen Sinn, eine vielseitige Empfänglichkeit nötig.

383. Poeten sind Isolatoren und Leiter des poetischen Stroms zugleich.

384. Der Poet braucht die Dinge und Worte wie Tasten, und die ganze Poesie beruht auf tätiger Ideenassoziation, auf selbsttätiger, absichtlicher, idealischer Zufallproduktion. <(Zufällige, freie Katenation.) (Kasuistik – Fatum. Kasuation.) (Spiel.)>

385. Der echte Dichter ist allwissend; er ist eine wirkliche Welt im kleinen.

386. Der Dichter muß die Fähigkeit haben, sich andre Gedanken vorzustellen, auch Gedanken in allen Arten der Folge und in

den mannichfaltigsten Ausdrücken darzustellen. Wie ein Tonkünstler verschiedne Töne und Instrumente in seinem Innern sich vergegenwärtigen, sie vor sich bewegen lassen und sie auf mancherlei Weise verbinden kann, so daß er gleichsam der Lebensgeist dieser Klänge und Melodien wird, wie gleichfalls ein Maler, als Meister und Erfinder farbiger Gestalten, diese nach seinem Gefallen zu verändern, gegeneinander und nebeneinander zu stellen, und zu vervielfachen, und alle mögliche Arten und einzelne hervorzubringen versteht, so muß der Dichter den redenden Geist aller Dinge und Handlungen in seinen unterschiedlichen Trachten sich vorzubilden, und alle Gattungen von Spracharbeiten zu fertigen, und mit besonderm, eigentümlichem Sinn zu beseelen vermögend sein. Gespräche, Briefe, Reden, Erzählungen, Beschreibungen, leidenschaftliche Äußerungen, mit allen möglichen Gegenständen angefüllt, unter mancherlei Umständen, und von tausend verschiednen Menschen, muß er erfinden und in angemessnen Worten aufs Papier bringen können. Er muß imstande sein, über alles auf eine unterhaltende und bedeutende Weise zu sprechen, und das Sprechen oder Schreiben muß ihn selbst zum Schreiben und Sprechen begeistern.

387. <(Von Plus und Minus usw. Umkehrungs- und Erschöpfungsmethode.)>

Sollten die Grundgesetze der Phantasie die entgegengesetzten (nicht die umgekehrten) der Logik sein?

<Inkonsequenz der Phantasie. Magismus. Vereinigung beider, der Phantasie und Denkkraft.>

388. Die Poesie ist der Held der Philosophie. Die Philosophie erhebt die Poesie zum Grundsatz. Sie lehrt uns den Wert der Poesie kennen. Philosophie ist die Theorie der Poesie. Sie zeigt uns, was die Poesie sei; daß sie eins und alles sei.

389. Die Trennung von Poet und Denker ist nur scheinbar und zum Nachteil beider. Es ist ein Zeichen einer Krankheit und krankhaften Konstitution.

390. <Ferne> Philosophie klingt wie Poesie, weil jeder Ruf in

die Ferne Vokal wird. <Auf beiden Seiten oder um sie her liegt Plus- und Minus-Poesie.> So wird alles in der Entfernung Poesie, <Poem, *actio in distans*:> ferne Berge, ferne Menschen, ferne Begebenheiten usw. (alles wird romantisch, <*quod idem est*>); daher ergibt sich unsre urpoetische Natur. Poesie der Nacht und Dämmerung.

<Das Nützliche ist *per se* prosaisch. Jeder bestimmte Zweck ist ein konsonierter, gesamter Zweck überhaupt. Ferne Zwecke.>

391. <Der Mimus vivifiziert in sich das Prinzip einer bestimmten Individualität willkürlich.

Es gibt eine symptomatische und eine genetische Nachahmung. Die letzte ist allein lebendig. Sie setzt die innigste Vereinigung der Einbildungskraft und des Verstandes voraus.

<Dieses Vermögen, eine fremde Individualität wahrhaft in sich zu erwecken – nicht bloß durch eine oberflächliche Nachahmung zu täuschen – ist noch gänzlich unbekannt und beruht auf einer höchst wunderbaren Penetration und geistigen Mimik. Der Künstler macht sich zu allem, was er sieht und sein will.>

392. Echte poetische Charaktere sind schwierig genug zu erfinden und auszuführen. Es sind gleichsam verschiedne Stimmen und Instrumente. Sie müssen allgemein und doch eigentümlich, bestimmt und doch frei, klar und doch geheimnisvoll sein. In der wirklichen Welt gibt es äußerst selten Charaktere. Sie sind so selten, wie gute Schauspieler. Die meisten Menschen sind noch nicht einmal Charaktere. Viele haben gar nicht die Anlage dazu. Man muß wohl die Gewohnheitsmenschen, die Alltäglichen, von den Charakteren unterscheiden. Der Charakter ist durchaus selbsttätig.

393. Das Lächerliche ist eine Mischung, die auf Null hinausläuft. <(Detonation.) (Mischung des Gemeinen, Niedrigen und Erhabenen usw.)>

394. Sonderbar genug, daß man in Gedichten nichts mehr als den Schein von Gedichten zu vermeiden gesucht hat, und nichts mehr darin tadelt, als die Spuren der Fiktion, der erfundnen Welt.

Das, was wir bei diesem Streben und Gefühl unwillkürlich beabsichtigen, ist allerdings etwas sehr Hohes; aber das zu frühe Greifen danach ist um deswillen äußerst ungeschickt und unzweckmäßig, weil man nur durch dreiste und richtige Zeichnung selbsterfundner Gegenstände und Geschichten fähig wird – freies Gemüt in eine scheinbare Weltkopey zu legen.

395. Es ist eine unangenehme Empfindung, bei einem bestimmten Endzweck überflüssige Worte zu hören, und da die Poesie nichts, als ein gebildeter Überfluß – ein sich selbst bildendes Wesen ist, so muß die Poesie recht zuwider werden, wenn man sie am unrechten Orte sieht, und wenn sie räsonieren und argumentieren, und überhaupt eine ernsthafte Miene annehmen will, so ist sie nicht mehr Poesie.

396. Je persönlicher, lokaler, temporeller, eigentümlicher ein Gedicht ist, desto näher steht es dem Zentro der Poesie. Ein Gedicht muß ganz unerschöpflich sein, wie ein Mensch und ein guter Spruch.

<Was war der Parallelism der orientalischen Poesie?

Was oben vom Gedicht gesagt ist, gilt auch vom Roman.>

397. Wenn man manche Gedichte in Musik setzt, warum setzt man sie nicht in Poesie? –

398. <(Dialog, Theater.)> Das Theater ist die tätige Reflexion des Menschen über sich selbst.

399. Sind Epos, Lyra und Drama etwa nur die drei Elemente jedes Gedichts – und nur das vorzüglich Epos, wo das Epos vorzüglich heraustritt, und so fort?

<Monotonie – Polytonie – Harmonie.

(Rede – Gesang – Rezitativ – oder besser Rezitativ (Epos), Gesang (Lyra), echte Deklamation (Drama).

Vollkommene Oper ist eine freie Vereinigung aller, die höchste Stufe des Dramas. Epos ist wohl nur ein unvollkommnes Drama. Epos ist ein poetisch erzähltes Drama. <(Der Anfang des Epos ist die Altweibererzählung; das lyrische Gedicht – die Äußerungen ihrer Affekten.)>

400. Das lyrische Gedicht ist das Chor im Drama des Lebens – der Welt. Die lyrischen Dichter sind ein aus Jugend und Alter, Freude, Anteil und Weisheit lieblich gemischtes Chor.

401. Die historischen Stücke gehören zu der angewandten Historie. Sie können teils allegorisch, teils Poesie der Geschichte sein. In wenige einfache Gespräche wird die Zeit gedrängt, die lokal, personell und temporell sind.

402. Alle Darstellung der Vergangenheit ist ein Trauerspiel im eigentlichen Sinn – alle Darstellung des Kommenden, des Zukünftigen, ein Lustspiel. Das Trauerspiel ist bei dem höchsten Leben eines Volks am rechten Orte – sowie das Lustspiel beim schwachen Leben desselben. <In England und Frankreich würden jetzt Trauerspiele, in Deutschland hingegen Lustspiele gut angebracht sein.>

403. Plastik, Musik und Poesie verhalten sich wie Epos, Lyra und Drama. Es sind unzertrennliche Elemente, die in jedem freien Kunstwesen zusammen und nur, nach Beschaffenheit, in verschiednen Verhältnissen geeinigt sind.

404. Die Kunst, auf eine angenehme Art zu befremden, einen Gegenstand fremd zu machen und doch bekannt und anziehend, das ist die romantische Poetik.

405. Der Roman ist gleichsam die freie Geschichte, gleichsam die Mythologie der Geschichte.

406. Das Leben ist etwas, wie Farben, Töne und Kraft. Der Romantiker studiert das Leben, wie der Maler, Musiker und Mechaniker Farbe, Ton und Kraft. Sorgfältiges Studium des Lebens macht den Romantiker, wie sorgfältiges Studium von Farbe, Gestaltung, Ton und Kraft den Maler, Musiker und Mechaniker.

407. Der Roman ist völlig als Romanze zu betrachten.

Die Poetik ließe sich freilich als eine Kombination untergeordneter Künste betrachten, z. B. der Metrik, der Sprachkenntnis, der Kunst uneigentlich zu reden, witzig und scharfsinnig zu sein; werden diese Künste gut verbunden und mit Geschmack angewandt, so wird man das Produkt Gedicht nennen müssen.

Wir sind freilich gewöhnt, nur dem Ausdruck des Höchsten, der eigentlichen, eigentümlichen Erfindung unter vorgedachten Bedingungen den Namen eines Gedichts zu geben.

Freilich wird auf jeder höhern Stufe der Bildung die Poetik ein bedeutenderes Werkzeug, und ein Gedicht ein höheres Produkt.

Manches wird erst dem dichterisch Gestimmten oder dem Verfasser – Gedicht, was es sonst nicht ist.

408. Das Individuum wird das vollkommenste, das reinsystematische sein, das nur durch einen einzigen Zufall individualisiert ist, z. B. durch seine Geburt. In diesem Zufall müssen <alle seine übrigen Zufälle,> die unendliche Reihe seiner <Zustände, eingeschachtelt liegen, oder noch besser, als seine> Zufälle, seine Zustände determiniert sein.

<Ableitung eines individuellen Lebens aus einem einzigen Zufalle, einem einzigen Akt der Willkür.

Zerlegung eines Zufalls, Eines großen Akts der Willkür in mehrere; in unendliche durch allmähliche Aufnahme; langsame, sukzessive Eindringung, Geschehung.

Ein Romanschreiber macht eine Art von *Bouts rimés* – der aus einer gegebenen Menge von Zufällen und Situationen eine wohlgeordnete, gesetzmäßige Reihe macht, der Ein Individuum zu Einem Zweck durch alle diese Zufälle zweckmäßig hindurch führt. Ein eigentümliches Individuum muß er haben, das die Begebenheiten bestimmt, und von ihnen bestimmt wird. Dieser Wechsel, oder die Veränderungen eines Individuums in einer kontinuierlichen Reihe, machen den interessanten Stoff des Romans aus. Ein Romandichter kann auf mancherlei Art zu Werke gehn. Er kann sich z. B. erst eine Menge Begebenheiten aussinnen, und zu der Belebung dieser ein Individuum ausdenken (eine Menge Reize, und zu diesen eine besondre, sie mannichfach verändernde und spezifizierende Konstitution); oder er kann sich umgekehrt erst ein Individuum eigner Art festsetzen und zu diesem eine Menge Begebenheiten erfinden. Er kann also *A*) Begebenheiten und Individuum in Verbindung, und zwar 1. entweder die Veränderungen der Begebenheiten, der Zufälle durch ein Individuum, oder 2. umgekehrt die Veränderungen des Individuums durch die Begebenheiten, oder 3. beide wechselseitig sich verändernd; oder *B*) beide unabhängig voneinander – und zwar 1. sich durchkreuzend, 2. parallel, 3. gänzlich getrennt – darstellen. Die Begebenheiten können aber 1. entweder zusammenhängende Handlungen eines vernünftigen Wesens (hierher gehört auch das Fatum), oder 2. isolierte Zufälle, oder beides vermischt sein. Sind sie das erste, so wird *B* 1. Darstellung eines Kampfs, *B* 2. Darstellung einer Gemeinschaft, *B* 3. Darstellung doppelter Welten, die höchstens malerischen, poetischen Zusammenhang hat, sein. Sind sie das zweite, so wird *B* 1. Kampf mit dem Unglück, *B* 2. Gemeinschaft mit dem Glück, *B* 3. wie beim ersten sein. Die Regeln des dritten ergeben sich aus den beiden ersten. Wenn man weiß, welche Klasse dieser verschiednen Darstellungen der Dichter gewählt hat, so muß sich alles darin aus diesem Begriffe deduzieren und rechtfertigen lassen. Einheit muß jede Darstellung haben, wenn sie eine Darstellung, Ein Ganzes sein will, und nicht etwa aus Prinzip im großen gestaltlos, und nur im einzelnen poetisch gestaltet sein will. Dann aber ist sie auch insofern kein Kunstwerk, sondern nur ein Sack voll Kunstfragmente.

Je größer der Dichter ist, desto weniger Freiheit erlaubt er sich, desto philosophischer ist er. Er begnügt sich mit der willkürlichen Wahl des ersten Moments, und entwickelt nachher nur die Anlagen dieses Keims – bis zu seiner Auflösung. Jeder Keim ist eine Dissonanz, ein Mißverhältnis, was sich nachgerade ausgleichen soll. Dieser erste Moment begreift die Wechselglieder in einem Verhältnis – das nicht so bleiben kann; z. B. bei Meister: <Streben nach dem Höchsten und Kaufmannsstand. Das kann nicht so bleiben. – Eins muß des andern Herr werden. Meister muß den Kaufmannsstand verlassen oder das Streben muß vernichtet werden. Man könnte besser noch sagen:> Sinn für schöne Kunst und Geschäftsleben streiten sich um Meister in ihm. <Das Erste und das Zweite> – Schönheit und Nutzen sind die Göttinnen, die ihm einigemal unter verschiednen Gestalten auf Scheidewegen erscheinen. Endlich kommt Natalie, die beiden Wege und die beiden Gestalten fließen in eins. – Durch die Annahme mehrerer willkürlicher Punkte, die er zu verbinden suchen muß, erleichtert sich der Dichter, so paradox es auch scheint, seine Arbeit. Ein solches *Bout rimé* auszufüllen, ist in der Tat leichter, als *a priori* aus dem einfachen Kern die dazu gehörige mannichfaltige Reihe streng zu entwickeln.

409. Die Schreibart des Romans muß kein Kontinuum, es muß ein in jedem Perioden gegliederter Bau sein. Jedes kleine Stück muß etwas Abgeschnittnes, Begrenztes, ein eignes Ganze sein.

410. <Elemente des Romantischen.> Die Gegenstände müssen, wie die Töne der Äolsharfe, da sein, auf einmal, ohne Veranlassung – ohne ihr Instrument zu verraten.

411. <(Romantik.)> Sollte nicht der Roman alle Gattungen des Stils in einer durch den gemeinsamen Geist verschiedentlich gebundnen Folge begreifen?

412. Welche unerschöpfliche Menge von Materialien zu neuen individuellen Kombinationen liegt nicht umher! Wer einmal dieses Geheimnis erraten hat, der hat nichts mehr nötig, als den Entschluß, der unendlichen Mannichfaltigkeit und ihrem bloßen Genusse zu entsagen und irgendwo anzufangen. Aber dieser Entschluß kostet das freie Gefühl einer unendlichen Welt, und fordert die Beschränkung auf eine einzelne Erscheinung derselben.

Sollten wir vielleicht einem ähnlichen Entschlusse unser irdisches Dasein zuzuschreiben haben?

413. Erzählungen, ohne Zusammenhang, jedoch mit Assoziation, wie Träume. Gedichte, bloß wohlklingend und voll schöner Worte, aber auch ohne allen Sinn und Zusammenhang – höchstens einzelne Strophen verständlich – wie <lauter> Bruchstücke aus den verschiedenartigsten Dingen. Höchstens kann wahre Poesie einen allegorischen Sinn im großen haben und eine indi-

rekte Wirkung, wie Musik usw., tun. Die Natur ist daher rein poetisch, und so die Stube eines Zauberers, eines Physikers, eine Kinderstube, eine Polter- und Vorratskammer.

414. Ein Märchen ist wie ein Traumbild, ohne Zusammenhang. Ein Ensemble wunderbarer Dinge und Begebenheiten, z. B. eine musikalische Phantasie, die harmonischen Folgen einer Äolsharfe, die Natur selbst.

415. <Märchen. Nessir und Zulima. Romantisierung der Alcine. Novellen. Tausendundeine Nacht. Dschinnistan. *La Belle et la Bête.* Musäus Volksmärchen. Romantischer Geist der neuern Romane. Meister. Werther. Griechische Volksmärchen, indische Märchen. Neue originelle Märchen.>

In einem echten Märchen muß alles wunderbar, geheimnisvoll und unzusammenhängend sein; alles belebt. Jedes auf eine andre Art. Die ganze Natur muß auf eine wunderliche Art mit der ganzen Geisterwelt vermischt sein; die Zeit der allgemeinen Anarchie, der Gesetzlosigkeit, Freiheit, der Naturstand der Natur, die Zeit vor der Welt. <(Staat).> Diese Zeit v o r der Welt liefert gleichsam die zerstreuten Züge der Zeit n a c h der Welt, wie der Naturstand ein sonderbares Bild des ewigen Reichs ist. Die Welt des Märchens ist die durchaus entgegengesetzte Welt der Welt der Wahrheit und eben darum ihr so durchaus ähnlich, wie das Chaos der vollendeten Schöpfung.

In der künftigen Welt ist alles wie in der ehmaligen Welt, und doch alles ganz anders. Die künftige Welt ist das vernünftige Chaos; das Chaos, das sich selbst durchdrang, in sich und außer sich ist, <das Chaos^2 oder $^\infty$.>

Das echte Märchen muß zugleich prophetische Darstellung, idealische Darstellung, absolut notwendige Darstellung sein. Der echte Märchendichter ist ein Seher der Zukunft.

<Bekenntnisse eines wahrhaften, synthetischen Kindes, eines idealischen Kindes. (Ein Kind ist weit klüger und weiser als ein Erwachsener; das Kind muß durchaus ironisches Kind sein.) Die Spiele des Kindes, Nachahmung der Erwachsenen. (Mit der Zeit

muß die Geschichte Märchen werden; sie wird wieder wie sie anfing.)>

416. Der erste Mensch ist der erste Geisterseher. Ihm erscheint alles als Geist. Was sind Kinder anders, als erste Menschen? Der frische Blick des Kindes ist überschwenglicher als die Ahndung des entschiedensten Sehers.

417. Es liegt nur an der Schwäche unsrer Organe und der Selbstberührung, daß wir uns nicht in einer Feenwelt erblicken. Alle Märchen sind nur Träume von jener heimatlichen Welt, die überall und nirgends ist. Die höhern Mächte in uns, die einst als Genien unsern Willen vollbringen werden, sind jetzt Musen, die uns auf dieser mühseligen Laufbahn mit süßen Erinnerungen erquicken.

418. Die Sieste des Geisterreichs ist die Blumenwelt. In Indien schlummern die Menschen noch immer, und ihr heiliger Traum ist ein Garten, den Zucker- und Milchseen umfließen.

419. Die Bibel fängt herrlich mit dem Paradiese, dem Symbol der Jugend, an und schließt mit dem ewigen Reiche, mit der heiligen Stadt. Auch ihre zwei Hauptbestandteile sind echt großhistorisch. (In jedem großhistorischen Gliede muß gleichsam die große Geschichte symbolisch verjüngt liegen.) Der Anfang des neuen Testaments ist der zweite, höhere Sündenfall (eine Sünde: was gesühnt werden muß) und der Anfang der neuen Periode. Jedes Menschen Geschichte soll eine Bibel sein; <wird eine Bibel sein.> Christus ist der neue Adam. <Begriff der Wiedergeburt.> Eine Bibel ist die höchste Aufgabe der Schriftstellerei.

420. Höchst sonderbar ist die Ähnlichkeit unsrer heiligen Geschichte mit Märchen: anfänglich eine Bezauberung, dann die wunderbare Versöhnung usw., die Erfüllung der Verwünschungsbedingung.

Wahnsinn und Bezauberung haben viel Ähnlichkeit. Ein Zauberer ist ein Künstler des Wahnsinns.

421. Die Geschichte Christi ist ebenso gewiß ein G e d i c h t

wie eine Geschichte, und überhaupt ist nur *die* Geschichte Geschichte, die auch Fabel sein kann.

422. Mystischer Glaube <und Anhänglichkeit> an das, was einmal da ist, das Alte, Bekannte – und mystische Hoffnung und Freude auf alles, was da kommen soll, das Neue, Unbekannte; dies sind zwei sehr wichtige Charakterzüge der bisherigen Menschheit.

423. Ob das Menschengeschlecht *progrediendo* geht, ist eine sonderbare, unbeantwortliche philosophische Frage. Warum fragt man nicht auch: verändert sich das Menschengeschlecht? Diese Frage ist höher. Aus der Veränderung läßt sich erst ein Schluß auf die Verbesserung oder Verschlimmerung ziehn.

424. Nur wenn wir uns, als Menschen, mit andern Vernunftwesen vergleichen könnten, würden wir wissen, was wir eigentlich sind, auf welcher Stelle wir stehn.

425. Der Gegensatz von Leib und Geist ist einer der allermerkwürdigsten und gefährlichsten. Große historische Rolle dieses Gegensatzes.

426. Die Natur ist <nichts als> lauter Vergangenheit, ehemalige Freiheit; daher durchaus Boden der Geschichte.

427. Die Körperwelt ist die prosaische. Der bloße (rohe) Raum ist Anfangspoem; Endpoem wird der gebildete Raum sein. Natürlicher Raum, – künstlicher Raum. Ein Körper ist ein konsonierter Raum. Der ferne Körper löst sich wieder in Raum auf, verschwindet in Raum. Alles soll wieder Raum werden. (Körper-Schema – Weltkugel.) Schema der Züge oder Ströme, – Weltkugelfluß. Zug der Ströme, dem Körper entgegengesetzt – Bewegung. Die konsonierte Bewegung oder Zeit ist die wirkliche Bewegung. Ferne Bewegung löst sich wieder in absolute Bewegung auf. Wo Körper ist, ist Raum nicht. Wo Bewegung ist, ist Zeit nicht. Alle Ströme und Bewegungen sollen Zeit (Ewigkeit) werden. Rohe Zeit – gebildete Zeit. Die Zeit dauert absolut. Alle Ströme sollen dauernd, alle Körper durchdringlich werden.

<Die Nahrung ist prosaisch, indifferent. Arzneimittel sind poetisch. Rohe Nahrung, gebildete Nahrung.>

428.<(Kasuologie)> Prosaische Natur des jetzigen Himmels und der jetzigen Erde. Weltperiode des Nutzens. Weltgericht – Anfang der neuen, gebildeten, poetischen Periode.

429. Über den gegenwärtigen Moment, oder den immerwährenden Erstarrungsprozeß der irdischen Zeit. Sie hat eine sonderbare Lebensflamme. Die Zeit macht auch alles, wie sie auch alles zerstört, bindet, trennt. Natur der Erinnerung. Seelenflamme. Besonderes Leben der Seele. Innre Lebenweise. Der Erstarrungsprozeß.

Dies rührt von der Berührung einer zweiten Welt, eines zweiten Lebens her, wo alles entgegengesetzt ist.

Wir springen wie ein elektrischer Funken in die andre Welt hinüber. Zunahme der Kapazität. Tod ist Verwandlung, Verdrängung des Individual-Prinzips, das nun eine neue, haltbarere, fähigere Verbindung eingeht.

430. <(Kosmologie.)> Unsre Welt ist das, was sie ist, als Glied des Universalweltsystems. Ihre Veränderungen werden mit durch die Veränderungen des großen Systems bestimmt.

Je mannichfacher etwas individualisiert ist, desto mannichfacher ist seine Berührung mit andern Individuen, desto veränderlicher seine Grenze und Nachbarschaft.

Ein unendlich charakterisiertes Individuum ist Glied eines Infinitoriums. So unsre Welt. Sie grenzt an unendliche Welten, und doch vielleicht nur an Eine. Die Welt im Ganzen hat auch nur Eine Welt gegen sich über – Himmel und Erde. <(Entstehung der Krankheit durch Berührung eines stärkern Lebens. Analoge Gleichung der andern Welt – Theorie des Himmels.)>

431. Manche haben mehr eine räumliche Personalität, andere mehr eine zeitliche. Sollte dies der Unterschied unter Helden und Künstlern sein?

432. Der Buchstabe ist, was ein Tempel oder Monument ist; ohne Bedeutung ist es freilich tot. <(Über die Verwandlung des

Geists in Buchstaben.)> Es gibt geistvolle Historiker des Buchstabens, philologische Antiquare. (Der Antiquar ist eigentlich ein Restaurator des Buchstabens, ein Auferwecker desselben. <Nutzen des Buchstabens.)>

433. Glück ist Talent für die Historie, oder das Schicksal. Der Sinn für Begebenheiten ist der prophetische, und Glück ist der divinatorische Instinkt. (Die Alten rechneten daher mit Recht das Glück eines Menschen zu seinen Talenten.) Es gibt eine divinatorische Lust. Der Roman ist aus Mangel der Geschichte entstanden. <Er setzt für den Dichter und Leser divinatorischen oder historischen Sinn und Lust voraus. Er bezieht sich auf keinen Zweck und ist absolut eigentümlich.>

434. Es fehlt uns nicht an Gelegenheit, Menschen außer der Welt, und zwar vor und nach der Welt zu betrachten, – zu Menschen und nicht zu Menschen bestimmte Stamina. Jenes Kinder; dieses Alte.

435. Manchen fehlt es an Gegenwart des Geistes – dafür haben sie desto mehr Zukunft des Geistes.

436. Die Geschichte erzeugt sich selbst. Erst durch Verknüpfung der Vergangenheit und Zukunft entsteht sie. Solange jene nicht festgehalten wird durch Schrift und Satzung, kann diese nicht nutzbar und bedeutend werden.

Die Menschen gehen viel zu nachlässig mit ihren Erinnerungen um.

437. Eine Geschichte ist ein eigentümliches Produkt des Willens und des Verstandes – ohne deren Zutun gibt es keine Geschichte – durch sie kann aber alles zur Geschichte, zum Beispiel, zum Bilde eines Gesetzes werden.

438. Jede Person, die aus Personen besteht, ist eine Person in der zweiten Potenz, – oder ein Genius. In dieser Beziehung darf man wohl sagen, daß es keine Griechen, sondern nur einen griechischen Genius gegeben hat. Ein gebildeter Grieche war nur sehr mittelbar und nur zu einem sehr geringen Teil sein eignes Werk. Daher erklärt sich die große Individualität der griechischen

Kunst und Wissenschaft; wobei doch nicht zu leugnen ist, daß an einigen Grenzen ägyptischer und orientalischer Mystizismus sie angegriffen und modernisiert hat. <In Ionien merkt man den erweichenden Einfluß des warmen asiatischen Himmels, so wie man hingegen in der frühsten dorischen Masse die geheimnisvolle Sprödigkeit und Strenge der ägyptischen Gottheiten gewahr wird. Spätere Schriftsteller haben oft diese alte Manier aus romantischem und modernem Instinkt ergriffen und diese rohen Gestalten, mit neuem Geist beseelt, unter ihre Zeitgenossen gestellt, um sie im leichtfertigen Gange der Zivilisation aufzuhalten und ihre Aufmerksamkeit zurück auf verlassene Heiligtümer zu wenden.>

439. Die Forderung, die gegenwärtige Welt für die beste <und die absolut meine anzunehmen,> ist ganz der gleich, meine mir angetraute Frau für die beste und einzige zu halten, und ganz für Sie und in ihr zu leben. Es gibt noch viele ähnliche Forderungen und Ansprüche, deren Anerkennung derjenige zur Pflicht macht, der einen für immer entschiednen Respekt für alles, was geschehn ist hat – der historisch religiös ist, der absolute Gläubige und Mystiker der Geschichte überhaupt, der echte Liebhaber des Schicksals. Das Fatum ist die mystifizierte Geschichte. Jede willkürliche Liebe, in der bekannten Bedeutung, ist eine Religion, die nur Einen Apostel, Evangelisten und Anhänger hat und haben und Wechselreligion sein kann – aber nicht zu sein braucht.

440. Es gibt eine Reihe idealischer Begebenheiten, die der Wirklichkeit parallel läuft. Selten fallen sie zusammen. Menschen und Zufälle modifizieren gewöhnlich die idealische Begebenheit, so daß sie unvollkommen erscheint und ihre Folgen gleichfalls unvollkommen sind. So bei der Reformation. Statt des Protestantism kam das Luthertum hervor.

441. Was bildet den Menschen, als seine *Lebensgeschichte*? Und so bildet den großartigen Menschen nichts, als die *Weltgeschichte*.

Manche Menschen leben besser mit der vergangenen Zeit und der zukünftigen, als mit der *gegenwärtigen*.

Auch ist die Gegenwart gar nicht verständlich, ohne die *Vergangenheit*, und ohne ein hohes Maß von Bildung, eine Sättigung mit den höchsten Produkten, mit dem gediegensten Geist des Zeitalters und der Vorzeit, und eine Verdauung, woraus der menschlich prophetische Blick entsteht, dessen der Historiker, der tätige idealistische Bearbeiter der Geschichtsdaten nicht so entbehren kann, wie der grammatische und rhetorische *Erzähler*.

4

Fragmente
(aus der Nachlese von Bülow)*

1. <A r t e n d e r P r o s a :
Vermischte Prosa.
Dramatische Prosa.
Epische Prosa.
Rhetorische Prosa.
Ökonomische Prosa.

Johannes Müller. Goethe.
Livius. Lavater. Friedrich
Schlegel. Cervantes. Luther.
Tieck, Altdeutsche Prosa
Lessing. Böhm.>

Es fehlt noch an romantischer Anordnung und Veränderung in den Gedanken. Äußerst simpler Stil, aber höchst kühne, romanzenähnliche, dramatische Anfänge, Übergänge, Folgen; bald Gespräch, dann Rede, dann Erzählung, dann Reflexion, dann Bild und so fort. Ganz Abdruck des Gemüts, wo Empfindung, Gedanke, Anschauung, Bild, Gespräch, Musik usw. unaufhörlich schnell wechselt und sich in hellen, klaren Massen nebeneinander stellt.

2. Shakespeare ist mir dunkler als Griechenland. Den Spaß des Aristophanes versteh' ich, aber den Shakespeares noch lange nicht. Shakespeare versteh' ich überhaupt noch sehr unvollkommen.

Wenn der Spaß poetisch sein soll, muß er durchaus unnatürlich und Maske sein.

3. Vielleicht habe ich meine glücklichen Ideen dem Umstande zu danken, daß ich einen Eindruck nicht vollkommen gegliedert und durchgängig bestimmt empfange, sondern durchdringend in Einem Punkte, unbestimmt und absolut fähig.

4. <(Naturkunstlehre.) Ein Element ist ein Kunstprodukt. Es gibt noch keine Elemente, es sollen aber welche gemacht werden.

* *Der in schrägen Klammern enthaltene Text fehlt in dieser Ausgabe und ist der handschriftliche.*

Sollte die Kunst eine Differentiation (und Integration) des Geistes sein? Philologie (Archäologie) im ausgedehntesten Sinne, als Wissenschaft der Kunstgeschichte usw. etwa die Integrationslehre?> Ein Kunstwerk ist ein Geistelement.

5. Der Poet versteht die Natur besser, wie der wissenschaftliche Kopf.

6. Das Märchen ist gleichsam der Kanon der Poesie. Alles Poetische muß märchenhaft sein. Der Dichter betet den Zufall an.

7. Lustspiel und Trauerspiel gewinnen sehr und werden eigentlich erst poetisch durch eine zarte, symbolische Verbindung.

Der Ernst muß heiter, der Scherz ernsthaft schimmern.

8. Die Darstellung des Gemüts muß, wie die Darstellung der Natur, selbsttätig, eigentümlich allgemein, verknüpfend und schöpferisch sein. Nicht wie es ist, sondern wie es sein könnte und sein muß.

9. <18ter April 1800.> Die Naturpoesie ist wohl der eigentliche Gegenstand der Kunstpoesie – und die Äußerlichkeiten der poetischen Rede scheinen sonderbare Formeln ähnlicher Verhältnisse, sinnbildliche Zeichen des Poetischen an den Erscheinungen zu sein.

<Schickliche Wahl und Nettigkeit.

Der passendste und reinste Ausdruck.

Rhythmus und Reim. Wohllaut und Beschränkung usw.>

10. Die Poesie heilt die Wunden, die der Verstand schlägt. Sie besteht gerade aus entgegengesetzten Bestandteilen, aus erhebender Wahrheit und angenehmer Täuschung.

11. Es ist höchst begreiflich, warum am Ende alles Poesie wird. Wird nicht die Welt am Ende Gemüt?

12. Auch Geschäftsarbeiten kann man poetisch behandeln. Es gehört ein tiefes, poetisches Nachdenken dazu, um diese Verwandlung vorzunehmen. Die Alten haben dies herrlich verstanden. Wie poetisch beschreiben sie Kräuter, Maschinen, Häuser, Gerätschaften usw.

Eine gewisse Altertümlichkeit des Stils, eine richtige Stellung und Ordnung der Massen, eine leise Hindeutung auf Allegorie, eine gewisse Seltsamkeit, Andacht und Verwunderung, die durch die Schreibart durchschimmert, – dies sind einige wesentliche Züge dieser Kunst, die ich zu meinem bürgerlichen Roman recht nötig habe.

13. Durch unaufhörliches freies Nachdenken muß man sich begeistern. Hat man gar keine Zeit zum Überschauen, zum freien Meditieren, zum ruhigen Durchlaufen und Betrachten in verschiednen Stimmungen, so schläft selbst die fruchtbarste Phantasie ein, und die innre Mannichfaltigkeit hört auf. Für die Dichter ist nichts nützlicher, als eine flüchtige Betrachtung der vielen Weltgegenstände und ihrer Eigenschaften, sowie der mancherlei Wissenschaften.

14. Sonderbar, daß in der Natur uns das Grelle, das Ungeordnete, Unsymmetrische, Unwirtschaftliche nicht mißfällt und hingegen bei allen Kunstwerken Milde, schickliches Verlaufen, Harmonie und richtige, gefällige Gegensätze unwillkürlich gefordert werden.

Ohne diese Differenz wäre nie Kunst entstanden. Gerade dadurch ward die Kunst notwendig und charakterisiert.

15. Der Dichter hat bloß mit Begriffen zu tun. Schilderungen u. dgl. borgt er nur als Begriffszeichen. Es gibt poetische Musik und Malerei – diese wird oft mit Poesie verwechselt, z. B. von Tieck, auch wohl von Goethe.

16. Es können Augenblicke kommen, wo A b c bücher und Kompendia uns poetisch erscheinen.

17. <(Anekdoten.) Platner erzählte, Sonnenfels aus Wien sei auf einer Reise durch Leipzig bei ihm in den Vorlesungen gewesen und habe beim Weggehn aus dem Auditorio zu seinem Begleiter gesagt: das ist wahr, Platner spricht vortrefflich. Es kam mir vor, als hört ich mich selbst reden. Und fügte hinzu: denken Sie, was dieser eitle Mensch für eine Präsumption von sich selbst hat.

Witzige, bedeutende, sentimentale, moralische, wissenschaftliche, politische, historische, charakteristische, individuelle, drollige oder lächerliche, artistische, humoristische, romantische, tragische, poetische Anekdoten.>

Geschichte ist eine große Anekdote. Eine Anekdote ist ein historisches Element, ein historisches Molekül oder Epigramm. Eine Geschichte in Anekdoten – etwas Ähnliches hat Voltaire geliefert – ist ein höchst interessantes Kunstwerk. Die Geschichte in gewöhnlicher Form ist eine zusammengeschweißte, oder ineinander zu einem Kontinuo geflossene Reihe von Anekdoten.

Welches hat den Vorzug, das Kontinuum oder das Diskretum? Ein großes Individuum oder eine Menge kleiner Individuen? Jenes unendlich, diese bestimmt, endlich, gerichtet, determiniert.

Ein Anekdotenmeister muß alles in Anekdoten zu verwandeln wissen. <Schlegel hat Recht, der echte Roman muß eine Satyre sein.

Es ließe sich etwas über Wilhelm Meister schreiben, wie Lichtenbergs Kommentar über Hogarth. Eine Rezension hat bisher ein vollständiger Inbegriff und Extrakt dessen sein sollen, was sich über ein Buch schreiben und sagen läßt – und wohl gar noch ein methodischer, systematischer. Soweit sind wir noch lange nicht. Wenn es nur erst eine Satyre wäre. Man zerteile doch ja diese Forderung erst in mancherlei Bestandteile. Ein Buch bewirkt, wie alles, tausendfältige Sensationen und Funktionen – determinierte, bestimmte und freie.>

Eine große Klasse von Anekdoten sind diejenigen, die eine menschliche Eigenschaft auf eine merkwürdige, auffallende Weise zeigen, <z. B. List, Großmut, Tapferkeit, Veränderlichkeit, Bizarrerie, Grausamkeit, Witz, Phantasie, Gutmütigkeit, Sittlichkeit, Liebe, Freundschaft, Weisheit, Eingeschränktheit usw.> Kurz, es ist eine Galerie mannichfaltiger menschlicher Handlungen, eine Charakteristik der Menschheit. Sie sind Anekdoten zur Wissenschaft des Menschen und also didaktisch. Eine andre große Klasse begreift diejenigen, die Effekt hervorbringen, unsre Einbildungskraft angenehm beschäftigen sollen. Sie sind vielleicht überhaupt poetische Anekdoten zu nennen, wenn auch nur die wenigsten schöne, (absolute) Poesie sind.

So hätten wir also zwei Hauptklassen, charakteristische und poetische Anekdoten. Jene beschäftigen unser Erkenntnis-, diese unser Begehrungsvermögen – *sit venia vervis.* Beide können vermischt sein, und sollen es gewissermaßen sein. Je poetischer die charakteristischen Anekdoten sind, desto besser. Umgekehrt sind alle poetische Anekdoten, wenigstens als Kunstwerke und poetischer Stoff, in Beziehung auf Poetik oder die Wissenschaft von der Natur der Poesie charakteristisch.

Die Goethische Reise mit Kraus enthält einen interessanten Beitrag zur Kunst, das gewöhnliche Leben zu poetisieren.

Kunst des Anekdotisierens. Eine wahre Anekdote ist an sich selbst schon poetisch. Sie beschäftigt die Einbildungskraft. Ist nicht die Einbildungskraft, oder das höhere Organ, der poetische Sinn überhaupt? Es ist nur nicht reine Poesie, wenn die Einbildungskraft um des Verstandes, des Erkenntnisvermögens willen erregt wird. <Die witzige Anekdote besteht aus Erregung der Aufmerksamkeit, Spannung und Inzitation oder Nichtinzitation. Zur letztern Klasse gehören alle täuschende Anekdoten. (Lachen, Krampf, Reiz, Unreiz.) (Einen dämpfen.)>

Die Erzählung enthält oft eine gewöhnliche Begebenheit, aber sie unterhält. Sie erhält die Einbildungskraft im Schweben oder im Wechsel, setzt sie in einen künstlich febrilischen Zustand und entläßt sie, wenn sie vollkommen ist, mit erneutem Wohlgefühl. <(Anhaltendes Fieber, Wechselfieber.)>

Alle Poesie unterbricht den gewöhnlichen Zustand, das gemeine Leben, fast wie der Schlummer, um uns zu erneuern, und so unser Lebensgefühl immer rege zu erhalten.

Krankheiten, Unfälle, sonderbare Begebenheiten, Reisen, Gesellschaften wirken in einem gewissen Maß auf eine ähnliche Weise. Leider ist das ganze Leben der bisherigen Menschheit Wirkung unregelmäßiger, unvollkommner Poesie gewesen.

Was wir Glauben an Versöhnung nennen, ist nichts als Zuversicht einer vollendeten poetischen Weisheit in den Schicksalen unsers Lebens.

Durch Bemeisterung des Stimmhammers unsers höhern Organs werden wir uns selbst zu unserm poetischen Fato machen – und unser Leben nach Belieben poetisieren und poetisieren lassen können.

<Meine Anekdoten sollen witzige, humoristische, phantastische, drollige, philosophische, dramatische (poetische) Anekdoten sein.

Ein Dialog ist eigentlich eine Anekdote, wenn er absolut kurz ist.>

Charakteristische Anekdoten beziehn sich auf einen interessanten Gegenstand, sie haben nur ein fremdes Interesse. Die rein poetische Anekdote bezieht sich auf sich selbst, sie interessiert um ihrer selbst willen.

<Mathematische Anekdote vom Schachspiel. Verwandlung einer Anekdote in eine unbestimmte Aufgabe.>

18. Der Künstler steht auf dem Menschen wie die Statue auf dem Piedestal.

19. Wie sich die bisherigen Philosophien zur Logologie verhalten, so die bisherigen Poesien zur Poesie, die da kommen soll.

Die bisherigen Poesien wirken meistenteils dynamisch, die künftige transzendentale Poesie könnte man die organische heißen. Wenn sie erfunden ist, so wird man sehn, daß alle echte Dichter bisher, o h n e i h r W i s s e n , organisch poetisierten – daß aber dieser Mangel an Bewußtsein dessen, was sie taten, einen wesentlichen Einfluß auf das Ganze ihrer Werke hatte – so daß sie größestenteils nur im einzelnen echt poetisch, im ganzen aber gewöhnlich unpoetisch waren. Die Logologie wird diese Revolution notwendig herbeiführen.

20. Dichten ist zeugen. Alles Gedichtete muß ein lebendiges Individuum sein.

21. Der Inhalt des Dramas ist ein Werden oder ein Vergehn. Es enthält die Darstellung der Entstehung einer organischen Gestalt

aus dem Flüssigen – einer wohlgegliederten Begebenheit aus Zufall. <Es enthält die Darstellung der Auflösung – der Vergehung einer organischen Gestalt im Zufall.> Es kann beides zugleich enthalten und dann ist es ein vollständiges Drama. Man sieht leicht, daß der Inhalt desselben eine Verwandlung, ein Läuterungs-, Reduktionsprozeß sein müsse. Ödipus in Colonos ist ein schönes Beispiel davon, so auch Philoktet.

22. Goethes Märchen ist eine erzählte Oper.

23. Die Poesie löst fremdes Dasein im eignen auf.

24. Es wäre eine artige Frage, ob denn das lyrische Gedicht eigentlich *Gedicht*, Pluspoesie, oder Prosa, Minuspoesie wäre? Wie man den Roman für Prosa gehalten hat, so hat man das lyrische Gedicht für Poesie gehalten – beides mit Unrecht; die höchste, eigentlichste Prosa ist das lyrische Gedicht.

Die sogenannte Prosa ist aus Beschränkung der absoluten Extreme entstanden. Sie ist nur *ad interim* da und spielt eine subalterne, temporelle Rolle. Es kommt eine Zeit, wo sie nicht mehr ist. Dann ist aus der Beschränkung eine Durchdringung geworden. Ein wahrhaftes Leben ist entstanden, und Prosa und Poesie sind dadurch auf das innigste vereinigt und in Wechsel gesetzt.

25. Ton zu jeder Gestalt, – Gestalt zu jedem Ton.

26. Ton: Übergang von Quantität zur Qualität. Farbe: Übergang von Qualität zur Quantität.

<(Luft: Leiter der Wärme.)

Spezifische Zahlen.>

27. Harmonie ist Ton der Töne, genialischer Ton.

28. Es ist seltsam, daß in einer guten Erzählung allemal etwas Heimliches ist – etwas Unbegreifliches. Die Geschichte scheint noch uneröffnete Augen in uns zu berühren – und wir stehn in einer ganz andern Welt, wenn wir aus ihrem Gebiete zurückkommen.

29. Bilder – allegorische aus der Natur. <Mein neuliches vom Springbrunnen – Regenbogen um die Quelle.> Aufsteigende Wolken als Quellengebete.

30. Nessir und Zulima, die Bekenntnisse der schönen Seele und das Heimweh sind echte Legenden oder Predigten. <(Legende = Evangelium.)>

31. Die Poesie ist das echt absolut Reelle. Dies ist der Kern meiner Philosophie. Je poetischer, je wahrer.

32. Es geht wahrhaften Universalgedanken, wie dem Landprediger im zweiten Teil von Meisters Lehrjahren. Sie scheinen so bekannt, weil sie aussehen wie allgemeine Menschengedanken und nicht wie Hinzens und Kunzens Gedanken.

33. In frühern Zeiten lebten nur *Nationen* – oder Genien. (Genius in der zweiten Potenz.) Die Alten müssen daher in Masse betrachtet werden.

34. <Poeticismen: Lessings Prosa fehlt's oft an hieroglyphischem Zusatz.>

Lessing sah zu scharf und verlor darüber das Gefühl des undeutlichen Ganzen, die magische Anschauung der Gegenstände, zusammen, in mannichfacher Erleuchtung und Verdunklung.

35. Wie episches, lyrisches und dramatisches Zeitalter in der Geschichte der griechischen Poesie einander folgten, so lösen sich in der Universalgeschichte der Poesie die antike, moderne und vereinigte Periode ab. Das Interessante ist der Gegenstand der Minuspoesie. In Goethen scheint sich ein Kern dieser Vereinigung angesetzt zu haben. Wer die Weise seiner Entstehung errät, hat die Möglichkeit einer vollkommnen Geschichte der Poesie gegeben.

36. Voltaire ist einer der größesten Minuspoeten, die je lebten. Sein Candide ist seine Odyssee. Schade um ihn, daß seine Welt ein Pariser Boudoir war. Mit weniger persönlicher und nationaler Eitelkeit wäre er noch weit mehr gewesen.

37. Ein Roman muß durch und durch Poesie sein. Die Poesie ist nämlich, wie die Philosophie, eine harmonische Stimmung unsers Gemüts, wo sich alles verschönert, wo jedes Ding seine gehörige Ansicht, alles seine passende Begleitung und Umgebung findet. Es scheint in einem echt poetischen Buche alles so natür-

lich – und doch so wunderbar. Man glaubt, es könne nichts anders sein, und als habe man nur bisher in der Welt geschlummert – und gehe einem nun erst der rechte Sinn für die Welt auf. Alle Erinnerung und Ahndung scheint aus eben dieser Quelle zu sein. So auch diejenige Gegenwart, wo man in Illusion befangen ist – einzelne Stunden, wo man gleichsam in allen Gegenständen, die man betrachtet, steckt und die unendlichen, unbegreiflichen, gleichzeitigen Empfindungen eines zusammenstimmenden Pluralis fühlt.

38. Das Lamentable unsrer Kirchenmusik ist bloß der Religion der Buße, dem alten Testament, angemessen, in dem wir eigentlich noch sind. Das neue Testament ist uns noch ein Buch mit sieben Siegeln.

Wir haben aber einige treffliche Versuche wahrer geistlicher Musik, z. B. *God save* und: Wie sie so sanft ruhn usw.

39. Die eigentliche s i c h t b a r e Musik sind die Arabesken, Muster, Ornamente usw.

40. Man wird durch die Antiken gezwungen, sie als Heiligtümer zu behandeln.

41. <Dichterischen> Beiwörter der griechischen Dichter – durchaus malerisch bedeutend. Z. B. in der Juno geben die Augen den Ton an usf. <Theorie der idealischen Proportionen.

Krankheitsproportionen – Elementarproportionen. In den einen gibt der Magen, in den andern die Lunge usf. den Ton an.>

42. Der Stümper weiß in keiner Kunst, wovon die Rede ist, er ahmt affenmäßig nach und hat keinen Sinn für das Wesentliche der Kunst. Der echte Maler usw. weiß das Malerische und Unmalerische überall wohl zu unterscheiden. So ist es mit dem Dichter, dem Romanzier, dem Reisebeschreiber. Der Chronikenschreiber ist der Stümper in der Geschichte: er will alles geben und gibt nichts. So durchaus. Jede Kunst hat ihre individuelle Sphäre: wer diese nicht genau kennt und Sinn für dieselbe hat, wird nie Künstler.

43. <Unterschied zwischen Dichten und ein Gedicht machen.>

Der Verstand ist der Inbegriff der Talente. Die Vernunft setzt, die Phantasie entwirft – der Verstand führt aus. <Umgekehrt, wo die Phantasie ausführt und der Verstand entwirft.

Romantische und rhetorische Poesie.>

44. In einem Roman (der übrigens Ähnlichkeit mit einem englischen Garten hat) muß nur jedes Wort poetisch sein. Keine platte Natur usw.

45. Es ist möglich, in einem Shakespeareschen Stück eine willkürliche Idee, Allegorie usw. zu finden – nur poetisch muß sie sein – d. i. philologische Poesie.

<Aufgabe, in einem Buche das Universum zu finden.

Arbeiten über die Bibel.>

46. Es ist gewiß, daß mit Erfindungsgeist und Geschick sich jeder Gegenstand artig zu Papier bringen, zeichnen, kolorieren und gruppieren läßt.

47. Alle Materialien borgt der Dichter, bis auf die Bilder.

48. <Heftiger Charakter, ruhiger Ausdruck. Je höher wir stehn, desto mehr gefällt uns alles – behagt uns jede Aktion. Wir machen dann alles mit Vergnügen – höchste Ruhe und Bedürfnis – Verhältnislosigkeit – stete Bereitwilligkeit, in jedes Verhältnis zu treten und sich darnach zu stimmen. [Lebenselegien.]> Beiwörter sind dichterische Hauptwörter. <[Äußre und innere Poesie.]> Poesie im ganzen – Poesie im einzelnen. Z. B. *ad 1* Hermann und Dorothee, z. B. *ad 2* Luise. Jene vielleicht romantische, dies deskriptive Poesie. <Romantisch didaktische Poesie.>

49. Nichts ist poetischer, als alle Übergänge und heterogene Mischungen.

50. <Auch> auf dem Theater tyrannisiert der Grundsatz der Nachahmung der Natur. Darnach wird der Wert des Schauspiels gemessen. Die Alten verstanden das auch besser. Bei ihnen war alles poetischer.

<Unser Theater ist durchaus unpoetisch – nur Operette und

Oper nähern sich der Poesie, und doch nicht in den Schauspielern, ihrer Aktion usw.>

51. Dichtkunst ist wohl nur willkürlicher, tätiger, produktiver Gebrauch unsrer Organe – und vielleicht wäre Denken selbst nicht viel etwas anders – und denken und dichten also einerlei. Denn im Denken wenden ja die Sinne den Reichtum ihrer Eindrücke zu einer neuen Art von Eindrücken an – und was daraus entsteht, nennen wir Gedanken.

52. Die Ästhetik ist ganz unabhängig von der Poesie.

53. Daß die Poesie keine Affekte machen soll, ist mir klar. Affekte sind schlechterdings etwas Fatales, wie Krankheiten.

Selbst die Rhetorik ist eine falsche Kunst, wenn sie nicht zu Heilung von Volkskrankheiten und Wahnsinn methodisch gebraucht wird. Affekte sind Arzneien – man darf mit ihnen nicht spielen.

54. Der Roman handelt vom Leben, stellt Leben dar. Ein Mimus wäre er nur in Beziehung auf den Dichter. Oft enthält er Begebenheiten einer Maskerade, eine maskierte Begebenheit unter maskierten Personen. <Man hebe die Masken; es sind bekannte Begebenheiten, bekannte Personen.> Der Roman, als solcher, enthält kein bestimmtes Resultat, er ist nicht Bild und Faktum eines Satzes. Er ist anschauliche Ausführung, Realisierung einer Idee. Aber eine Idee läßt sich nicht in einen Satz fassen. Eine Idee ist eine unendliche Reihe von Sätzen, eine irrationale Größe, unsetzbar, inkommensurabel. (Sollte nicht alle Irrationalität relativ sein?) Das Gesetz ihrer Fortschreitung läßt sich aber aufstellen, und nach diesem ist ein Roman zu kritisieren.

55. Alle rein komischen Charaktere müssen, wie im alten Lustspiel, grell und derb gezeichnet sein – die feinen Nuancen sind prosaisch. In der Sphäre der Poesie ist alles entschiedner – jede Funktion ist höher lebendig, und springt farbiger in die Augen.

56. Sollte Poesie nichts als innre Malerei und Musik usw. sein? Freilich modifiziert durch die Natur des Gemüts.

57. <Einheiten des Romans: Kampf der Poesie und Unpoesie,

der alten und neuen Welt. Die Bedeutung der Geschichte; die Geschichte des Romans selbst. Verschwendung usw.

Passive Natur des Romanhelden. Er ist das Organ des Dichters im Roman. Ruhe und Ökonomie des Stils. Poetische Ausführung und Betrachtung aller Begegnisse des Lebens.

Die Poesie muß nie der Hauptstoff, immer nur das Wunderbare sein.>

Man sollte nichts darstellen, was man nicht völlig übersähe, deutlich vernähme und ganz Meister desselben wäre, z. B. bei Darstellungen des Übersinnlichen.

58. Ähnlichkeit und Unähnlichkeit von Asmus und Ligne und Voltaire. Auch Jacobi gehört zu den transzendenten Empirikern. Empiriker ist: in dem die Denkungsart eine Wirkung der Außenwelt und des Fatums ist, – der passive Denker – dem seine Philosophie gegeben wird. Voltaire ist reiner Empiriker und so mehrere französische Philosophen. Ligne neigt unmerklich zu den transzendenten Empirikern. Diese machen den Übergang zu den Dogmatikern. Von da gehts zu den Schwärmern oder den transzendenten Dogmatikern, dann zu Kant, von da zu Fichte und endlich zum magischen Idealism.

59. Die geognostische oder Landschaftsphantasie wird im Meister gar nicht berührt. Die Natur läßt Goethe nur sehr selten mitwirken. Im Anfang des vierten Teils einmal. Beim Räuberanfall berührt Goethe nur im Vorbeigehn die romantische Waldhöhe mit. Die Außenwelt überhaupt selten, – am meisten noch im vierten Teile.

60. Gespräch, Beschreibung und Reflexion wechseln im Meister miteinander ab. Das Gespräch ist der vorwaltende Bestandteil. Am wenigsten kommt die bloße Reflexion vor. Oft ist die Erzählung und Reflexion verwebt, oft die Beschreibung und das Gespräch. Das Gespräch bereitet die Erzählung vor – meistens aber die Erzählung das Gespräch. Schilderung der Charaktere oder Räsonnement über die Charaktere wechselt mit Tatsachen

ab. So ist das ganze Räsonnement von Tatsachen begleitet, die dasselbe bestätigen, widerlegen oder beides nur zum Schein tun.

Der Text ist nie übereilt, Tatsachen und Meinungen werden beide genau bestimmt in der gehörigen Folge vorgetragen. Die retardierende Natur des Romans zeigt sich vorzüglich im Stil. Die Philosophie und Moral des Romans sind romantisch. Das Gemeinste wird wie das Wichtigste mit romantischer Ironie angesehn und dargestellt. Die Verweilung ist überall dieselbe. Die Akzente sind nicht logisch, sondern (metrisch und) melodisch – wodurch eben jene wunderbare, romantische Ordnung entsteht, die keinen Bedacht auf Rang und Wert – Erstheit und Letztheit – Größe und Kleinheit nimmt. Die Beiwörter gehören zur Umständlichkeit – in ihrer geschickten Auswahl und ihrer ökonomischen Verteilung zeigt sich der poetische Takt. Ihre Auswahl wird durch die Idee des Dichterwerks bestimmt.

Das erste Buch im Meister zeigt, wie angenehm sich auch gemeine, alltägliche Begebenheiten hören lassen, wenn sie gefällig moduliert vorgetragen werden, wenn sie in eine gebildete, geläufige Sprache einfach gekleidet, mäßigen Schritts vorübergehn. Ein ähnliches Vergnügen gewährt ein Nachmittag unterwegs, im Schoß einer Familie zugebracht, die, ohne ausgezeichnete Menschen in sich zu schließen, ohne eine ausgesucht reizende Umgebung zu haben, doch durch die Nettigkeit und Ordnung ihres Hauswesens, durch die zusammenstimmende Tätigkeit ihrer mäßigen Talente und Einsichten und die zweckmäßige Benutzung und Ausfüllung ihrer Sphäre und Zeit ein gern zurückgerufenes Angedenken hinterläßt.

61. Die Malerei und Zeichnung setzt alles in Fläche und Flächenerscheinungen, die Musik alles in Bewegungen, die Poesie alles in Worte und Sprachzeichen um.

62. Die Poesie im strengern Sinn scheint fast die Mittelkunst zwischen den bildenden und tönenden Künsten zu sein. <Musik[alische] Poesie. Deskriptivpoesie.> Sollte der Takt der Figur, und der Ton der Farbe entsprechen?

63. <Laokoon: Wollust dieser Gruppe. Zusammensetzung und Verstärkung der einfachen Empfindungen der Kinder im Vater. Betrachtung über die Schlangen, Schlangennatur. Nur Eine Schlange – die Schlangen weggedacht. Andre Schlangengruppen. Laokoon, als Glied einer Reihe; als Studium, nicht als Kunstwerk, bloß wissenschaftliches Kunstwerk. Zwei Satyrs, die drei Nymphen fassen usw.

Die Schlange, ein sinnliches (sichtbares) Gift. Schlangen müssen nicht fressen, nur stechen, Gift einflößen und saugen, nur töten und Leben saugen. – Es ist ein unmoralisches Kunstwerk. Virgils religiöse Darstellung des Laokoon, ein glücklicher Kunstgriff, aus dem Laokoon ein Opfer zu machen oder eine Vertilgung des Schädlichen durchs Schädliche.>

Ließe sich nicht ein umfassenderer, kurz, höher grädiger Moment im laokoontischen Drama als die antike Gruppe denken? Vielleicht der, wo der höchste Schmerz in Rausch, der Widerstand in Ergebung, das höchste Leben in Stein übergeht. (Sollte der Bildhauer nicht immer den Moment der Petrefaktion ergreifen und aufsuchen und darstellen und auch nur diesen darstellen können?)

64. Die gewöhnlichen Fabeln mit ihren Moralen gleichen den Bildern, unter die der Zeichner schreiben muß, was sie bedeuten sollen. Bei Lessing ist es oft ein Epigramm unter der Fabel, und da ist es willkommen.

65. Hat die Musik nicht etwas von der kombinatorischen Analysis, und umgekehrt? Zahlenharmonien, Zahlenakustik gehört zur kombinatorischen Analysis. Die Zähler sind die mathematischen Vokale – alle Zahlen sind Zähler.

Die kombinatorische Analysis führt auf das Zahlenphantasieren und lehrt die Zahlenkompositionskunst, den mathematischen Generalbaß. <(Pythagoras. Leibniz.)> Die Sprache ist ein musikalisches <Ideen->Instrument. Der Dichter, Rhetor und Philosoph spielen und komponieren grammatisch. Eine Fuge ist durchaus logisch oder wissenschaftlich. Sie kann auch poetisch behandelt werden. Der Generalbaß enthält die musikalische Algeber und Analysis. Die kombinatorische Analysis ist die kritische Algeber und Analysis, und die musikalische Kompositionslehre verhält sich zum Generalbaß wie die kombinatorische Analysis zur einfachen Analysis.

Manche mathematische Aufgabe läßt sich nicht einzeln, sondern nur in Verbindung mit andern – aus einem höheren Gesichtspunkte, durch eine kombinatorische Operation bloß auflösen.

66. <(Enzyklopädik.)> Der Dichter ist der Erfinder der Symptomie *a priori*. Wenn der Philosoph im gewöhnlichen Sinn gleichsam der chymische Analytiker im mathematischen Sinn ist – so ist der Dichter der oryktognostische Analyst im mathematischen Sinn, der das Unbekannte aus dem Bekannten findet.

(Da Worte zu den Symptomen gehören, so ist die Sprache eine poetische Erfindung, so sind auch alle Offenbarungen und Phänomene als symptomatische Systeme poetischen Ursprungs; Poetik der Natur. Der Philosoph wär am Ende auch nur der innre Dichter und so alles Wirkliche durchaus poetisch. <Synthetische Poesie – Analytik des Äußern und Innern zugleich.>

67. Wird eine Geschichte ins Märchen gebracht, so ist dies schon eine fremde Einmischung. Eine Reihe artiger und unterhaltender Versuche, ein abwechselndes Gespräch, eine Redute sind Märchen. Ein höheres Märchen wird es, wenn, ohne den Geist des Märchens zu verscheuchen, irgend ein Verstand (Zusammenhang, Bedeutung usw.) hineingebracht wird. Sogar nützlich könnte vielleicht ein Märchen werden.

Der Ton des bloßen Märchens ist abwechselnd – er kann aber auch einfach sein. <(Bestimmte Theorie der Märchen.)>

68. In Shakespeare wechselt durchaus Poesie mit Antipoesie, Harmonie mit Disharmonie ab, das Gemeine, Niedrige, Häßliche mit dem Romantischen, Höhern, Schönen, das Wirkliche mit dem Erdichteten: dies ist gerade mit dem griechischen Trauerspiel der entgegengesetzte Fall.

<Pedantism und Unnatur der Poesie.>

Shakespeares Verse und Gedichte gleichen ganz der Boccazischen und Cervantischen Prosa, eben so gründlich, elegant, nett, pedantisch und vollständig.

69. Im Hans Sachse liegt der Entwurf einer eignen Art von allegorischer, sittlicher, echtdeutscher Mythologie.

<Rechter Gebrauch der Allegorie.

Übergang von Hans Sachsischen Schauspielen zum Epos – dann auch Übergang vom Epos und jenen Schauspielen zum Griechischen, Shakespearischen, Französischen, zur Oper usw. (Phantasie = Erfindungskraft.)

Musikalische, plastische – Empfindungs- und Verstandespoesie.>

70. Des Dichters Reich sei die Welt, in den Fokus seiner Zeit gedrängt. Sein Plan und seine Ausführung sei dichterisch, das ist dichterische Natur. Er kann alles brauchen, er muß es nur mit Geist amalgamieren, er muß ein Ganzes daraus machen. Das Allgemeine, wie das Besondere muß er darstellen – alle Darstellung ist im Entgegengesetzten, und seine Freiheit im Verbinden macht ihn unumschränkt. Alle dichterische Natur ist Natur. Ihr gebühren alle Eigenschaften der letzteren. So individuell sie ist, so allgemein interessant doch. Was helfen uns Beschreibungen, die Geist und Herz kalt lassen, leblose Beschreibungen der leblosen Natur – sie müssen wenigstens symbolisch sein, wie die Natur selber, wenn sie auch kein Gemütszustandsspiel hervorbringen sollen. Entweder muß die Natur Ideenträger, oder das Gemüt Naturträger sein. Dieses Gesetz muß im ganzen und im einzelnen wirksam sein. Egoist darf der Dichter durchaus nicht erscheinen. Er muß sich selbst Erscheinung sein. Er ist der Vorstellungsprophet der Natur, so wie der Philosoph der Naturprophet der Vorstellung. Jenem ist das Objektive alles, diesem das Subjektive. Jener ist Stimme des Weltalls, dieser Stimme des einfachsten Eins, des Prinzips; jener Gesang, dieser Rede. Jenes Verschiedenheit vereinigt das Unendliche, dieses Mannichfaltigkeit verbindet das End-

lichste. Der Dichter bleibt ewig wahr. Er beharrt im Kreislauf der Natur. Der Philosoph verändert sich im ewig Beharrlichen. Das ewig Beharrliche ist nur im Veränderlichen darstellbar. Das ewig Veränderliche nur im Bleibenden, Ganzen, gegenwärtigen Augenblick. Vor und nach sind ihre Bilder. Sie ist allein Realität. Alle Darstellung des Dichters muß symbolisch oder rührend sein. Rührend hier für affizierend überhaupt. Das Symbolische affiziert nicht unmittelbar, es veranlaßt Selbsttätigkeit. Dies reizt und erregt, jenes rührt und bewegt. Jenes ist ein Handeln des Geistes, dies ein Leiden der Natur; jenes geht vom Schein auf Sein, dies vom Sein auf den Schein; jenes von der Vorstellung zur Anschauung, dies von der Anschauung zur Vorstellung. Ehemals konnte der Dichter allen alles sein, der Kreis war noch so eng, die Menschen noch gleicher an Kenntnissen, Erfahrungen, Sitten, Charakter; ein solcher bedürfnisloser Mensch erhob in dieser Welt einfacher aber stärkerer Bedürfnisse die Menschen so schön über sich selbst, zum Gefühl der höheren Würde der Freiheit, die Reizbarkeit war noch so neu.

71. Tadle nichts Menschliches. Alles ist gut, nur nicht überall, nur nicht immer, nur nicht für alle. So mit der Kritik. Bei Beurteilung von Gedichten z. B. nehme man sich in acht, mehr zu tadeln, als, streng genommen, eigentlicher Kunstfehler, Mißton in jeder Verbindung ist. Man weise möglichst genau jedem Gedichte seinen Bezirk an, und dies wird Kritik genug für den Wahn ihrer Verfasser sein. Denn nur in dieser Hinsicht sind Gedichte zu beurteilen, ob sie einen weiten oder engen, einen nahen oder entlegnen, einen finstren oder hellen, einen hellen oder dunklen, erhabnen oder niedrigen Standort haben wollen. So schreibt Schiller für wenige, Goethe für viele. Man ist heutzutage zu wenig darauf bedacht gewesen, die Leser anzuweisen, wie das Gedicht gelesen werden muß, unter welchen Umständen es allein gefallen kann. Jedes Gedicht hat seine Verhältnisse zu den mancherlei Lesern und den vielfachen Umständen. Es hat seine eigne Umgebung, seine eigne Welt, seinen eignen Gott.

72. Die Idee eines Ganzen muß durchaus ein ästhetisches Werk beherrschen und modifizieren. Selbst in den launigsten Büchern. Wieland, Richter und die meisten Komiker fehlen hier sehr oft. Es ist so entsetzlich viel Überflüssiges und Langweiliges, recht eigentliche *hors d'œuvres*, in ihren Werken. Selten ist der Plan und die große Verteilung ästhetisch. Sie haben nur ästhetische oder komische Laune, nicht ästhetisch komischen Sinn oder Geist. <(Einheit des Mannichfachen.)>

73. Schiller geht von einem festen Punkte bei seinen Untersuchungen aus und freilich kann er nachher nie andre Verhältnisse finden als die Verhältnisse des Maßes, von dem er zu bestimmen ausging. <Seine Idee von Moralität usw.>

74. Schiller zeichnet zu scharf, um wahr für das Auge zu sein, wie Albrecht Dürer, nicht wie Tizian, zu idealisch, um, im höchsten Sinn, natürlich zu sein.

75. Historie ist angewandte Moral und Religion, auch angewandte Anthropologie im allgemeinern Sinne. Daher der wunderbare Zusammenhang der Geschichte mit unsrer Bestimmung – des Christentums und der Moral.

76. Wir tragen die Lasten unserer Väter, wie wir ihr Gutes empfangen haben, und so leben die Menschen in der Tat in der ganzen Vergangenheit und Zukunft und nirgends weniger als in der Gegenwart.

77. Im Grunde lebt jeder Mensch in seinem Willen. Ein fester Vorsatz ist das Universal-beruhigende Mittel. <Unser Charakter, unsre Vorneigungen usw. machen uns alles angenehm und zuwider.>

78. <Nutzen jeder Krankheit, Poesie derselben.> Eine Krankheit kann kein Leben sein, sonst müßte die Verbindung mit Krankheit unsre Existenz erhöhen. <Fortsetzung dieses merkwürdigen Gedankens.>

79. Man lernt Handwerker, Maschinen, Wissenschaften, Künste, Menschen usw. durch geschickte Einteilung und zweckmäßige, sukzessive Betrachtung am leichtesten und besten kennen.

80. Langeweile ist Hunger <oder asthenischer Mangel. Indirekte Langeweile, direkte.>

81. Die Kinder sind Antiken. <Nicht alle Kinder aber sind Kinder.> Auch die Jugend ist antik. Aber auch nicht alle Jünglinge sind Jünglinge.

82. Die Erwachsenen sind die Jüngern in andrer Beziehung.

83. <Notwendigkeit ruhiger Beschauungen und Sammlungen des Gemüts.

Studium der Pädagogik, –> Kinder sind noch *terrae incognitae.*

84. Sollte die Natur nicht <an sich> verständlich sein, gar keines Kommentars bedürftig? Bloße Beschreibung, reine Erzählung hinlänglich?

85. Die Sprache ist für die Philosophie, was sie für Musik und Malerei ist, nicht das rechte Medium der Darstellung.

86. Durch die Welt wie sie ist sind die Menschen Menschen – daher ihr Drang nach Einverständnis, denn dadurch sind sie Menschen.

87. Man ist allein mit allem was man liebt.

88. Bedürfnis nach Liebe verrät schon eine vorhandene Entzweiung in uns. Bedürfnis verrät immer Schwäche.

89. Die Ehe ist das höchste Geheimnis. Die Ehe ist bei uns ein popularisiertes Geheimnis. Schlimm, daß bei uns nur die Wahl zwischen Ehe und Einsamkeit ist. Die Extreme sind es – aber wie wenig Menschen sind einer eigentlichen Ehe fähig – wie wenig können auch Einsamkeit ertragen. – Es gibt Verbindungen aller Art. Eine unendliche Verbindung ist die Ehe. – Ist die Frau der Zweck des Mannes und ist die Frau ohne Zweck?

90. Inniges Wohlsein des Wassers. Wollust der Wasserberührung.

91. Spielen ist experimentieren mit dem Zufall.

92. Aus Kraftmangel scheint alle Unzufriedenheit und mancher andre Fehler zu entstehn.

93. Möglichkeit eines unendlich reizenden Schmerzes.

94. Auferweckung eines fremden Bewußtseins, Belebung einer

fremden Persönlichkeit im innern Gemüt – zum Behuf einer Ehe.

95. Denken ist eine Muskelbewegung.

96. Schmerz sollte eigentlich der gewöhnliche Zustand, und Freude das sein, was jetzt Schmerz und Not ist.

97. Unendliche Ferne der Blumenwelt. <Schauspielertalente.>

98. Fremdheit, geheimnisvoller Reiz und gezähmte Roheit, demütige Stärke, dienende Kraft: dies sind die Elemente der gewöhnlichen Wollust.

99. Der Historiker muß im Vortrag oft Redner werden. Er trägt ja Evangelien vor, denn die ganze Geschichte ist Evangelium.

100. Krankheiten müssen als körperlicher Wahnsinn und zwar als fixe Ideen zum Teil angesehen werden.

101. Das ist ein eigener Reiz der Republik, daß sich alles in ihr viel freier äußert. Tugenden und Laster, Sitten und Unarten, Geist und Dummheit, Talent und Ungeschicklichkeit treten viel stärker hervor, und so gleicht eine Republik dem tropischen Klima, nur nicht in der Regelmäßigkeit der Witterung.

102. Das Gefühl der Gesundheit, des Wohlbefindens, der Zufriedenheit ist durchaus persönlich, zufällig und hängt nur indirekt von äußern Umständen ab. Daher alles Suchen es nicht hervorbringt, und vielleicht liegt hier der reale Grund aller mythologischen Personifikationen.

103. Es ist mit dem geistigen Genuß wie mit dem leiblichen Essen. Es kommt viel auf Magen, Gesundheit, Alter, Zeit, Gewohnheit usw. an. (Beschäftigungen sind Absonderungen, Genuß oder Ableitungen.)

104. Für Gott gibt's gar keinen Teufel – aber für uns ist er ein leider sehr wirksames Hirngespinst. <Reich der Dämonie.

Pflicht, heiter und ruhig zu sein.>

105. Die Welt ist ein System notwendiger Voraussetzungen – eine Vergangenheit, ein *ante* eigner Art – unsre Ewigkeit *a parte ante* vielleicht.

Grundsätze, Gedanken und Zwecke gehören zu der Ewigkeit *a parte post*, zur notwendigen Zukunft – sie machen ein System der notwendigen Folge aus. Aus der wirklichen und Idealwelt entspringt die gegenwärtige Welt, die eine Mischung aus fester und flüssiger, sinnlicher und intellektualer Welt ist.

106. <Eine seltsame Ähnlichkeit, einen Irrtum, irgend einen Zufall zusammen: so entstehn wunderliche Einheiten und eigentümliche Verknüpfungen – und eins erinnert an alles, wird das Zeichen vieler und wird selbst von vielen bezeichnet und herbeigerufen.> Verstand und Phantasie werden durch Zeit und Raum auf das sonderbarste vereinigt, und man kann sagen, daß jeder Gedanke, jede Erscheinung unsers Gemüts das individuellste Glied eines durchaus eigentümlichen Ganzen ist.

107. Sollten die Naturkräfte gerade in gegenseitigen und individuellen Verhältnissen stehn, wie die Glieder an unserm Körper?

108. Wer keinen Sinn für Religion hätte – müßte doch an ihrer Stelle etwas haben, was für ihn das wäre, was andern die Religion ist, und daraus mögen wohl viel Streite entstehn; da beide Gegenstände und Sinne Ähnlichkeit haben müssen und jeder dieselben Worte für das Seinige braucht, und doch beide ganz verschieden sind – so muß daraus manche Konfusion entspringen.

109. Predigten müssen Assoziationen göttlicher Inspirationen, himmlischer Anschauungen sein.

110. Die musikalischen Verhältnisse scheinen mir recht eigentlich die Grundverhältnisse der Natur zu sein.

<Kristallisationen: akustische Figuren chemischer Schwingungen (chemischer Sinn).>

111. Genialische, edle, divinatorische, wundertätige, kluge, dumme usw. Pflanzen, Tiere, Steine, Elemente usw. – Unendliche Individualität dieser Wesen, – ihr musikalischer und Individualsinn – ihr Charakter – ihre Neigungen usw. Es sind vergangene geschichtliche Wesen.

112. Predigten sollten eigentlich Legenden heißen, denn der eigentliche Stoff der Predigten ist der Legendenstoff.

113. Religion kann man nicht anders verkündigen, wie Liebe und Patriotism. Wenn man jemand verliebt machen wollte, wie finge man das wohl an?

114. Jede unrechte Handlung, jede unwürdige Empfindung ist eine Untreue gegen die Geliebte, ein Ehebruch.

115. Es gibt keine Religion, die nicht Christentum wäre.

<Erhöht die Religion, wie der Galvanism, alle natürliche Funktionen? Durch Enthaltsamkeit komprimierte Religion.>

116. Religiosität der Physiognomik. Heilige, unerschöpfliche Hieroglyphe jeder Menschengestalt. Schwierigkeit, Menschen wahrhaft zu s e h n . Relativität und Falschheit der Begriffe von schönen und häßlichen Menschen. Recht häßliche Menschen können unendlich schön sein. Öftere Beobachtung der Mienen. Einzelne Offenbarungsmomente dieser Hieroglyphe.

117. Ist ein wahrer Unterschied zwischen Weltlichem und Geistlichem? Oder ist gerade diese Polarität unsrer Theologie noch alttestamentlich? Judaism ist dem Christentum schnurstracks entgegen und liegt, wie dieses, allen Theologien gewissermaßen zum Grunde.

<Moralisiert, der echte Geist Gottes. Der Moralist ist der Johannes.>

118. <Klosterkirchen wie die unsrigen, schicken sich nur für eine *Ecclesia pressa* – nicht für die *Ecclesia triumphatrix.*> Der echt gotische Tempel ist wahrhaft religiös. (Griechische Tempel.)

119. Der Philosoph lebt von Problemen, wie der Mensch von Speisen. Ein unauflösliches Problem ist eine unverdauliche Speise. – Was die Würze an den Speisen, das ist das Paradoxe an den Problemen. Wahrhaft aufgelöst wird ein Problem, wenn es als solches vernichtet wird. So auch mit den Speisen. Der Gewinn bei beiden ist die Tätigkeit, die durch beide erregt wird. Jedoch gibt es auch nährende Probleme wie nährende Speisen, deren Elemente ein Zuwachs meiner Intelligenz werden. Durch Philosophieren, insofern es eine absolute Operation ist, wird aber meine Intelligenz, außer der unaufhörlichen Erneuerung, auch fort-

während amelioriert – welches bei den Speisen nur bis auf einen gewissen Zeitpunkt stattfindet. Eine schleunige Amelioration unsrer Intelligenz ist so bedenklich wie ein plötzliches Starkwerden. Der wahre Schritt der Gesundheit und Besserung ist langsam, wenn es gleich auch hier, nach den verschiedenen Konstitutionen, verschiedne Reihen der Geschwindigkeiten gibt. So wenig man also ißt, um ganz neue, fremde Stoffe zu erwerben, so wenig philosophiert man, um ganz neue, fremde Wahrheiten zu finden. Man philosophiert gerade darum, warum man lebt. Sollte man einmal dahin kommen, ohne gegebene Nahrungsmittel zu leben, so wird man auch so weit kommen, ohne gegebene Probleme zu philosophieren, – wenn nicht gar einige schon so weit sind.

120. Man weiß und macht eigentlich nur, was man wissen und machen will. Die Schwierigkeit ist nur, dies zu finden. Genaue Beobachtung des ersten Moments der erscheinenden Velleität, der gleichsam der Keim ist, wird uns überzeugen, daß hier alles schon drin liegt, was sich nachher nur entwickelt und abklärt.

121. »Weisheit muß man hienieden meist nur beim Mittelmäßigen suchen.« <Weisheit ist Harmonie. 2 und 3 sind leichter in Harmonie, als 1 und 100. Schwierige Harmonie des Genies. Quantitatives Genie, qualitatives Genie, ihre Synthesis.>

122. Die Individualität in der Natur ist ganz unendlich. Wie sehr belebt diese Ansicht unsere Hoffnungen von der Personalität des Universums.

123. <Über die mögliche Mythologie (freies Fabeltum) des Christentums und seine Verwandlungen auf Erden. Gott als Arzt, als Geistlicher, als Frau, Freund usw.> Alles Gute in der Welt ist unmittelbare Wirksamkeit Gottes. In jedem Menschen kann mir Gott erscheinen. Am Christentum hat man Ewigkeiten zu studieren. Es wird einem immer höher <und> mannichfacher und herrlicher.

124. In der Schellingschen Naturphilosophie wird ein be-

schränkter Begriff der Natur und der Philosophie vorausgesetzt. <Was die Schellingsche Naturphilosophie eigentlich sei?>

125. Schelling ist der Philosoph der neuern Chemie, der absolute Oxigenist.

126. Das System der Moral hat große Anwartschaft, auch das einzig mögliche System der Philosophie zu sein.

127. Philosophie ist nur praktisch darstellbar und läßt sich, wie Genietätigkeit überhaupt, nicht beschreiben.

128. Simplifikation und Kombination der Wissenschaften, Verwandlung aller Wissenschaften in Eine ist freilich eine philosophische Aufgabe – eine absolute Forderung der Lust zu wissen.

129. Krankheiten sind gewiß ein höchst wichtiger Gegenstand der Menschheit, da ihrer so unzählige sind und jeder Mensch soviel mit ihnen zu kämpfen hat. Noch kennen wir nur sehr unvollkommen die Kunst, sie zu benutzen. Wahrscheinlich sind sie der interessanteste Reiz und Stoff unsers Nachdenkens und unsrer Tätigkeit. Hier lassen sich gewiß unendliche Früchte ernten, besonders, wie mich dünkt, im intellektuellen Felde, im Gebiete der Moral, Religion und Gott weiß in welchem wunderbaren Gebiete noch. Wie wenn ich Prophet dieser Kunst werden sollte?

130. Sollte nicht eine Naturmythologie möglich sein? – Mythologie hier in meinem Sinn, als freie poetische Erfindung, die die Wirklichkeit sehr mannichfach symbolisiert.

131. Sehr vieles in der Schrift ist lokal und temporell, *vid.* das alte Testament. – In den Evangelien liegen die Grundzüge künftiger und höherer Evangelien. <Begriff der Liebe zu Gott und Christus.>

132. Das Poem des Verstandes ist Philosophie. Es ist der höchste Schwung, den der Verstand sich über sich selbst gibt. Einheit des Verstandes und der Einbildungskraft. Ohne Philosophie bleibt der Mensch in seinen wesentlichsten Kräften uneins. – Es sind zwei Menschen: ein Verständiger und ein Dichter.

Ohne Philosophie unvollkommner Dichter, ohne Philosophie unvollkommner Denker, Urteiler.

133. Alles Mystische ist personell und mithin eine Elementarvariation des Weltalls.

134. Gemeinschaftlicher Wahnsinn hört auf Wahnsinn zu sein, und wird Magie, Wahnsinn nach Regeln und mit vollem Bewußtsein.

135. Es ist ein starker Beweis, wie weit wir schon sind, daß wir so verächtlich von unsern Fortschritten, von unsrer Stufe denken.

136. Wir werden die Welt verstehn, wenn wir uns selbst verstehn, weil wir und sie integrante Hälften sind. Gotteskinder, göttliche Keime sind wir. Einst werden wir sein, was unser Vater ist.

137. Das Schöne ist das Sichtbare *katexochin.*

138. Wie wenig Menschen haben sich nur zu einer mannichfaltigen – schweigend totalen Aufmerksamkeit auf alles, was um und in ihnen, in jedem Augenblicke vorgeht, erzogen! Bonnets Bemerkung: Aufmerksamkeit ist Mutter des Genies.

139. Es ist mit dem Volke, wie mit den Weibern. Es hat für alles Leidenschaft, was seine Aufmerksamkeit an sich zieht. Es sucht in diesem Gegenstande alles, denn es fühlt durch denselben sein unendliches Wesen in dunkler Ahndung. Je schwächer der Mensch, desto mächtiger, ahndungsvoller und behaglicher dünkt ihm ein leidenschaftlicher Zustand. Es ist ihm genug, daß er geweckt und gerührt wird – was ihn weckt und rührt ist ihm einerlei – er ist noch nicht gebildet genug, um irgend eine Wahl zu treffen und die erregenden Gegenstände zu ordnen und zu unterscheiden, oder gar manchem seine Aufmerksamkeit und Teilnahme zu versagen.

140. Man würde mit vielen Menschen zufrieden sein, wenn man die Betrachtung nicht ganz über der entgegengesetzten vergäße: was diese Menschen alles nicht sein könnten, oder wieviel schlimmer und geringer sie so leicht sein könnten.

141. Was fehlt einem, wenn man brave, rechtliche Eltern, achtungs- und liebenswerte Freunde, geistvolle und mannichfache

Bekannte, einen unbescholtnen Ruf, eine gefällige Gestalt, konventionelle Lebensart, einen meistens gesunden Körper, angemessene Beschäftigungen, angenehme und nützliche Fertigkeiten, eine heitere Seele, ein mäßiges Auskommen, mannichfaltige Schönheiten der Natur und Kunst um sich her, ein im ganzen zufriedenes Gewissen – und entweder die Liebe, die Welt und das Familienleben noch vor sich – oder die Liebe neben sich, die Welt hinter sich, und eine gut geratene Familie um sich hat? – Ich dächte, dort nichts als fleißiger Mut und geduldiges Vertrauen – hier nichts als Glauben und ein freundlicher Tod.

142. <Reizbarer Wille.> (Aller Reiz zieht an – die Reizung identifiziert. <Ich – Nicht Ich – Produkt.>) Alle Reize in Einen gedacht, ist Ich und Nicht Ich. <(Theorie der Zauberei.) (Individuelle Definitionen.)>

143. Je lockerer, desto reizbarer; je dichter, desto reizfähiger.

144. Ein Premierminister, ein Fürst, ein Direktor überhaupt hat nur Menschen- und Künstler-, Charakter- und Talentkenntnis nötig.

145. <Weltpsychologie.> Den Organism wird man nicht ohne Voraussetzung einer W e l t s e e l e , wie den Weltplan nicht ohne Voraussetzung eines Weltvernunftwesens, erklären können.

146. Wie das Licht bei dem Reiben des Stahls an den Stein, der Ton bei der Berührung des Bogens und der Saite, die Zuckung bei Schließung und Öffnung der galvanischen Kette erfolgt, so vielleicht das Leben bei Erweckung (Penetration) des organischen Stoffs.

Indirekte Konstruktion. Das Rechte erscheint von selbst, wenn die Bedingungen seiner Erscheinung eintreten. Die mechanische Operation verhält sich daraus zu dem höhern Resultat, wie Stahl, Stein und Berührung zum Funken. <(Freie Mitwirkung.)>

147. Jede Wirkung ist von einem höhern Genius begleitet.

148. Die individuelle Seele soll mit der Weltseele übereinstimmend werden. <Herrschaft der Weltseele und Mitherrschaft der individuellen Seele.>

149. Licht ist auf jeden Fall Aktion – Licht ist wie Leben, wirkende Wirkung – ein nur im Zusammentreffen gehöriger Bedingungen sich Offenbarendes. Licht macht Feuer. Licht ist der Genius des Feuerprozesses.

150. Merkmal der Krankheit ist der Selbstzerstörungsinstinkt. So alles Unvollkommne – so selbst das Leben, oder besser, der organische Stoff.

<Aufhebung des Unterschieds zwischen Leben und Tod. Annihilation des Todes.>

151. Kälte ist ein indirekter Reiz – sie lockt bei gesunden Körpern mehrere Wärme hervor. Einen durchaus Gesunden erhält nichts so sehr in lebhafter Tätigkeit, als ein abwechselnder Mangel und Überfluß an Reizen – ihn reizt der Mangel zum Ersatz – ihn bringt der Überfluß zu Mäßigung und Hemmung der Funktion, der Überfluß bestimmt ihn zur Verminderung der Tätigkeit.

Der Mangel setzt den Gesunden in Tätigkeit und der Überfluß in Ruhe. (Sollten Kunstwerke nicht Produkte der gesunden Untätigkeit sein?)

152. Organisationstrieb ist Trieb, alles in Werkzeug und Mittel zu verwandeln.

153. Die Frage nach dem Grunde, dem Gesetze einer Erscheinung usw. ist eine abstrakte, d. h. von dem Gegenstand weg, dem Geiste zu gerichtete Frage. Sie geht auf Zueignung, Assimilation des Gegenstandes. Durch Erklärung hört der Gegenstand auf, fremd zu sein.

154. Wissenschaften zersetzen sich in Wissenschaften, Sinne in Sinne. Je limitierter und bestimmter, desto praktischer. Von dem Hange der Gelehrten, ihre Wissenschaft zu universalisieren. Dadurch werden verschiedne Gegenstände Ein Gegenstand, daß verschiedne Sinne Einer werden.

155. Vermischter Willen und Wissenstrieb – ist Glaube.

156. Alle absolute Empfindung ist religiös. <(Religion des Schönen. Künstlerreligion.) (Schluß hieraus.)>

157. Hypochondrie ist eine sehr merkwürdige Krankheit. Es

gibt eine kleine und eine erhabene Hypochondrie. Von hier aus muß man in die Seele einzudringen suchen. <(Übrige Gemütskrankheiten.)>

158. Sollen Körper und Seele vielleicht auf gewisse Weise getrennt sein – und ist es nicht Schwäche, wenn jede Affektion des einen gleich auch Affektion des andern ist – ohne Dazwischenkunft des Willens?

159. Bei den Alten war die Religion schon gewissermaßen das, was sie bei uns werden soll – praktische Poesie.

160. Das Genießen und Machenlassen scheint in der Tat edler, als das Verfertigen, als das Hervorbringen; das Zusehn, als das Tun; das Denken als das Realisieren oder das Sein.

161. Sollte es nicht Ein absolutes Bedürfnis geben, das geraden Ausschluß der übrigen möglich machte: Liebe, Gesamtleben mit geliebten Personen?

162. Tätigkeit läßt uns am leichtesten unsern Kummer vergessen, aber sollen wir manchen Verlust vergessen? <(Eingebildete Pflichten – ihr Wert, ihre Beharrlichkeit.)>

163. Was muß ich lernen? Was kann nur gelernt werden? Aus Lernen und Hervorbringen entsteht die wissenschaftliche Bildung.

164. Allzuheftige Unleidlichkeit des Unvollkommnen ist Schwäche.

165. Man kann seine Ehre in alles setzen – und man soll sie nur in Eins setzen.

166. Baader ist ein realer Psycholog und spricht die echte psychologische Sprache. Reale Psychologie ist auch vielleicht das für mich bestimmte Feld.

<Drei veränderliche Größen und Qualitäten der Kräfte. Wenn ich die eine bin, so müssen sich die andern nach mir richten.>

167. Allzugroße geistige Beweglichkeit und Sensibilität deutet auf Mangel an Kapazität. (*Vid.* die phantastischen, ahndungsvollen Menschen. <Man kann sie als Meter brauchen.>)

168. Der Tod ist das romantisierende Prinzip unsers Lebens.

Der Tod ist – das Leben †. – Durch den Tod wird das Leben verstärkt.

169. Die Herrnhuter haben den Kindergeist einführen wollen? Aber ist es auch der echte? Oder nicht vielmehr Kindermuttergeist – alter Weibergeist?

Wenn Christ sagt, werdet wie die Kinder, – so meint er indeterminierte Kinder – nicht verzogene, verweichlichte, süßliche – moderne Kinder.

170. <Werners Prinzip der Ökonomie.

Dem Jäger und Ökonomen ist die ganze Tier- und Pflanzenwelt Meteorometer.>

Man muß die ganze Erde wie Ein Gut betrachten und von ihr Ökonomie lernen.

171. Die Staaten müssen endlich gewahr werden, daß die Erreichung aller ihrer Zwecke bloß durch Gesamtmaßregeln möglich ist.

<Allianzsysteme. Näherung zur Universalmonarchie.>

172. Manche Tat schreit ewig.

173. Staat, Kirche, Ehe, Gesellschaft, Publikum sind lauter Begriffe – die auf unsre eigentlich menschlichen Verhältnisse, das ist auf unsern Bestand in einer unendlichen Assoziation von Vernunftwesen, den eigentlichsten Bezug haben.

174. <Über die menschliche Unsterblichkeit *en masse*. Über das Leben und Denken *en masse*.> Gemeinschaft, Pluralism ist unser innerstes Wesen, und vielleicht hat jeder Mensch einen eigentümlichen Anteil an dem, was ich denke und tue, und so ich an den Gedanken andrer Menschen.

175. Von der Gleichheit der Sensationen, der Identität der Sinne, dem Primat des Auges und der Annäherung aller Materie dem Lichte, aller Handlungen dem Sehen, aller Organe dem Auge.

176. Reine Mathematik hat nichts mit Größe zu tun. Sie ist bloße Bezeichnungslehre – mechanisch gewordener, in Verhältnissen geordneter Gedankenoperationen. Sie muß lediglich will-

kürlich, dogmatisch instrumental sein. – So auf ähnliche Weise ist es auch mit der abstrakten Sprache.

177. Kontraste sind inverse Ähnlichkeiten.

178. Eine unbestimmte Frage (<Frage>, worauf mehrere Antworten möglich sind) ist eine Aufgabe. Eine bestimmte Aufgabe, die nur Eine Lösung oder Antwort zuläßt, ist eine Frage. Doch ist auch wohl dasjenige überhaupt eine Aufgabe, in dem die Antwort schon liegt, daher sind Rätsel, Charaden, Logogryphen: Aufgaben.

<Verwandlung eines Gedankens – einer Anekdote in eine Aufgabe.>

Frage und Antwort sind dogmatisch. Aufgabe und Auflösung philosophisch. <(Dogma – Lehre – Philosophem – spezifiker Reiz.)> Sind daher die Nahrungsmittel usw. im strengsten Sinne Reize, oder sind es eher Dogmen – Data?

Muß nicht jedes Philosophem Aufgabe sein? Ist nicht eine Aufgabe, ihrer Natur nach, nötigend? Ich muß mich damit beschäftigen, sie zu lösen – versteht sich solche Aufgaben, deren vollkommnes Verständnis auch ihre Lösung involviert, und solche Aufgaben heißen Philosopheme. Philosopheme müssen, wenn ich sie höre, mir keine Ruhe lassen, bis ich sie vollständig vernommen, verstanden habe. Sie müssen in mich eindringen und mich dadurch nötigen, in sie einzudringen.

179. Unser Körper soll willkürlich, unsre Seele organisch werden.

180. Zur Idee, Entwurf und Plan sucht man die Ausführung, zur Ausführung den Plan.

181. Eine Note zum Text usw. ist viel pikanter als der Text.

182. Wenn die Theorie auf die Erfahrung warten sollte, so käme sie nie zustande.

183. Gibt es eine schöne Mathematik? Mystische <Mathematik>, musikalische Mathematik. Hat die Mathematik bloß einen endlichen Zweck? Ist sie nicht rein theoretisch? <Wahrhafte reine Mathematik!> Größen werden durch Größen konstruiert.

184. Das Auge ist das Sprachorgan des Gefühls. Sichtbare Gegenstände sind die Ausdrücke der Gefühle.

185. Die Erden und vorzüglich die Edelgesteine sind die verbranntesten Körper? Daher so wasserähnlich ...

Durch viel Verbrennen wird man immer verbrennlicher.

186. Der Mensch ist ein sich selbst gegebenes historisches Individuum. Graduelle Menschheit. Wenn die Menschheit die höchste Stufe erreicht hat, so offenbart und schließt das Höhere von selbst sich an.

187. Wenn alle Staaten vortrefflich wirtschafteten, wie würde es mit denen aussehen, die nicht im Besitz von gewissen unentbehrlichen Bedürfnissen, z. B. Metallen, oder sonst nicht begünstigt wären? <Bevölkerung – höchste Tätigkeit.>

188. <Ich bin Du. [Unterschied der Analysis und Algebra.] Goethens reinen Verstand in der Darstellung. Gar keine> Phantasie <– versteht sich – als Direktrice; denn sie ist eigentlich> der Stoff des Verstandes. <[Begriff eines Werkzeugs, eines selbsttätigen Werkzeugs.]>

189. <Annihilation der niedern Bedürfnisse.> Nur durch Bedürfnisse bin ich eingeschränkt oder einschränkbar. Man muß ein niedres Bedürfnis und alles das, dem man keinen Einfluß auf sich gestatten will, absolut, als nicht für mich vorhanden, als *non existent* setzen. Dadurch hebe ich alle Gemeinschaft mit ihm auf.

190. Je höher wir stehn, desto mehr gefällt uns alles – behagt uns jede Aktion. Wir machen dann alles mit Vergnügen – höchste Ruhe und Bedürfnis – Verhältnislosigkeit – stete Bereitwilligkeit in jedes Verhältnis zu treten und sich darnach zu stimmen.

191. Was ist mehr wie Leben? – Lebensdienst, wie Lichtdienst.

192. Alles was wegzuwünschen ist, ist nur falsche Meinung – Irrtum. Krankheit und Übel sind solches nur in der und durch die Einbildung – sie sind nicht zu statuieren.

193. Die Liebe hat von jeher Romane gespielt, oder die Kunst zu lieben ist immer romantisch gewesen.

194. Gedanken sind nur mit Gedanken gefüllt, nur Denkfunk-

tionen, wie Gesichte Augen- und Lichtfunktionen. Das Auge sieht nichts wie Auge – das Denkorgan nichts wie Denkorgane, oder das dazu gehörige Element.

195. Philosophieren ist nur ein dreifaches oder doppeltes Wachen, – Wachsein – Bewußtsein.

196. Jacobi hat keinen Kunstsinn, und darum verfehlt er den Sinn der Wissenschaftslehre, sucht derbe, nützliche Realität und hat keine Freude am bloßen Philosophieren, am heitern, philosophischen Bewußtsein – Wirken und Anschauen.

197. Der Mensch ist unter den Tieren, oder in der Natur, was Staat und Philosophie in ihren Verhältnissen sind: das Assoziationswesen.

198. <In der Physik hat man zeither die Phänomene stets aus dem Zusammenhange gerissen und sie nicht in ihre geselligen Verhältnisse verfolgt. Jedes Phänomen ist ein Glied einer unermeßlichen Kette – die alle Phänomene als Glieder begreift.>

Die Naturlehre muß nicht mehr kapitelweise, fachweise behandelt werden. Sie muß ein Kontinuum, <eine Geschichte>, ein organisches Gewächs, ein Baum werden, – oder ein Tier, oder ein Mensch.

199. <Über die Veränderungen des Menschen.> Kann man eigentlich sagen, daß sich der Mensch verändre?

200. Etwas zu lernen, ist ein sehr schöner Genuß und etwas wirklich zu können, ist die Quelle der Wohlbehäglichkeit.

201. <Über das Musikalische aller Assoziation und Gesellschaft.> Sollten musikalische Verhältnisse der Quell aller Lust und Unlust sein?

202. Die Gegenstände, die in unsern Städten das gewöhnliche Interesse der Unterhaltung ausmachen, sind im Grunde nichts als Lokalereignisse. Der ziemlich gleiche Wohlstand, die gleiche Lage, die ähnliche Bildung, der gleiche, gemäßigte Charakter bringen eine ziemliche Einförmigkeit zuwege. Wetter, Stadtneuigkeiten, ungewöhnliche Vorfälle, Zeitungen, Urteile und Erzählungen von bekannten Personen, Modeangelegenheiten und al-

lenfalls einige Neuigkeiten aus der Residenz, Privatsachen und einige gesellschaftliche Scherze füllen die Gespräche. Große und allgemeine Verhältnisse beschäftigen niemand und erregen Langeweile.

Dies ist freilich besser in Republiken, wo der Staat die Hauptangelegenheit jeder Person ist und jeder sein Dasein und seine Bedürfnisse, seine Tätigkeit und seine Einsichten mit dem Dasein und den Bedürfnissen, der Tätigkeit und den Einsichten einer mächtigen, weitverbreiteten Gesellschaft verbunden, sein Leben an ein gewaltiges Leben geknüpft fühlt, so mit großen Gegenständen seine Phantasie und seinen Verstand ausweitet und übt und beinah unwillkürlich sein enges Selbst über das ungeheure Ganze vergessen muß.

203. Die Gabe der Unterscheidung, das reine, trennende Urteil muß, um nicht tödlich zu verwunden und überall Haß zu erregen, mit großer Behutsamkeit auf Menschen angewandt werden.

Man haßt es, teils aus Schmerz über den Verlust eines befriedigenden Irrtums, teils aus Gefühl eines erlittnen Unrechts, weil auch das schärfste Urteil eben durch die Trennung des Unteilbaren, durch die Absonderung von der Umgebung, der Geschichte, dem Boden, der Natur der Sache zu nahe tritt, und über die Ansicht der einzelnen Erscheinung an sich ihren Wert, als Glied eines großen Ganzen, vergißt.

Gerade durch diese Mischung von widriger Wahrheit und beleidigendem Irrtum wird es so verwundend.

204. Ein wahrhaft gottesfürchtiges Gemüt sieht überall Gottes Finger und ist in steter Aufmerksamkeit auf seine Winke und Fügungen.

205. Im Ich, im Freiheitspunkte sind wir alle in der Tat völlig identisch – von da aus trennt sich erst jedes Individuum. Ich ist der absolute Gesamtplatz, der Zentralpunkt.

206. <(Geheimlichen.) In Geheimnisstand erheben.> Das Unbekannte ist der Reiz des Erkenntnisvermögens. Das Bekannte reizt nicht mehr. <Absolut Unbekanntes = absoluter Reiz. Prak-

tisches Ich.> Das Erkenntnisvermögen ist sich selbst der höchste Reiz, das absolut Unbekannte. <Unbekannte Obern in den Wissenschaften. Mystifikation.>

207. Das Nützliche kann nur so dem Angenehmen entgegengesetzt werden, als der Buchstabe dem Geiste, oder das Mittel dem Zwecke. Unmittelbarer Besitz und Erwerb des Gemütlichen ist freilich unser ursprünglicher Wunsch, aber in der gegenwärtigen Welt ist alles durchaus bedingt und alles kann nur unter gewissen fremdartigen Voraussetzungen erlangt werden.

208. Die Natur fängt, um mich so auszudrücken, mit dem Abstrakten an. Der Grund der Natur ist, wie Mathematik, durchaus notwendige Hypothese. Die Natur geht auch *a priori ad posterius* – wenigstens für uns. Die Personalität ist ihr entgegen. Sie ist ein gehemmter Personifikationsprozeß. Je gehemmter, desto natürlicher.

209. Nichts bewahrt <gewiß> so sicher vor Unsinn – als Tätigkeit, technische Wirksamkeit.

210. Meinung ist individuell und wirkliche Meinung nur unter Meinungen. Welche also nicht alle übrigen nezessitiert, ist noch keine wirkliche Meinung. So mit den Religionen, so den Naturwesen und allem.

211. Der echte Genuß ist auch ein Perpetuum mobile. (Überhaupt ist die Mechanik die brauchbarste Formel der Analogie für die Physik.) Er bringt sich eigentlich immer selbst wieder hervor, und daß dies nicht geschieht – die Friktion –, ist der Grund alles Mißvergnügens und Unmuts in der Welt.

212. Freiheit ist, wie Glück, dem schädlich und jenem nützlich.

213. Warum kann in der Religion keine Virtuosität stattfinden? Weil sie auf Liebe beruht. Schleiermacher hat Eine Art von Liebe, von Religion verkündigt – eine Kunstreligion, – beinah eine Religion wie die des Künstlers, der die Schönheit und das Ideal verehrt. Die Liebe ist frei –, sie wählt das Ärmste und Hülfsbedürftigste am liebsten.

Gott nimmt sich daher der Armen und Sünder am liebsten an. Gibt es lieblose Naturen, so gibt es auch irreligiöse.

Religiöse Aufgabe: Mitleid mit der Gottheit zu haben.

Unendliche Wehmut der Religion. Sollen wir Gott lieben, so muß er hülfsbedürftig sein. Wiefern ist im Christianismus diese Aufgabe gelöst?

<Liebe zu leblosen Gegenständen. Menschwerdung der Menschen. Vorliebe Christi zur Moral.>

214. <Sukzessive Konstruktion durch Rede und Klang.> Die Wirkung der Rede beruht auf dem Gedächtnis, die Redekunst lehrt die Regeln der Aufeinanderfolge der Gedanken zur Erreichung einer bestimmten Absicht. Jede Rede setzt die Gedanken erst in Bewegung und ist so eingerichtet, daß man die Gedankenfinger in der leichtesten Ordnung auf bestimmte Stellen setzt.

215. Das Leben eines gebildeten Menschen sollte mit Musik und Nicht-Musik schlechthin so abwechseln, wie mit Schlaf und Wachen.

216. Das Christentum ist durchaus historische Religion, die aber in die natürliche der Moral und die künstliche der Poesie, oder die Mythologie, übergeht.

217. Die Geschichte muß immer unvollständig bleiben.

Lebensbeschreibungen, Geschichten der Wissenschaften und Künste, Geschichten der Verfassungen, Geschichte der Menschheit in Rücksicht ihrer Zivilisierung, dies kann noch am ersten sich der wahren Geschichte nähern, denn hier hat man Einheit.

Große, schwer zu bestimmende Einheiten, als Nationen, Zeitalter usw., sind für jetzt noch zu schwierig zu behandeln, besonders in Ermangelung richtiger und genugsamer Quellen.

Die besten bisherigen Geschichten sind mehr geographische, unvollständige Chroniken, mit einzelnen historischen Bemerkungen durchwebt.

218. Eine gute Geschichte kann nur aus Quellen e n t s t e h n , die auch schon gute Geschichten sind.

219. Vernunft, Gemüt, Ernst und Wissenschaft sind von der Sache Gottes unabtrennlich.

220. Partielle Geschichten sind durchaus nicht möglich. Jede Geschichte muß Weltgeschichte sein, und nur in Beziehung auf die ganze Geschichte ist historische Behandlung eines einzelnen Stoffs möglich.

221. <Kultur des Enthusiasmus.> Die Hörsäle sind vielleicht dem Theater entgegengesetzt, insofern dasselbe zur Erregung des Enthusiasmus, zur Bildung und Sammlung des Herzens und Gemüts bestimmt wird.

222. Der Ausdruck Sinnbild ist selbst sinnbildlich.

223. <Töne, Stimmungen des Gemüts.> Kälte befördert die Gedankenabsonderung – so wie S t u r m der Leidenschaft und Z u g der Neigung. Innre Luft – innres Wasser und Licht.

224. Neue Ansicht der Physiognomik – als Metrik des Innern und seiner Verhältnisse.

225. Es gehört zur logischen Rhetorik die Opposition des Einfachen, Natürlichen und Populären gegen das Zusammengesetzte, Künstliche und Individuelle.

Das ist die Kunst der geltenden Menschen im gemeinen Leben, die Kunst des sogenannten Bonsens.

Es ist die rhetorische Logik eines Bauern, usw. ... <mein Vater, Campe, Voltaire usw.

Gemeinplätze – Popularphilosophie.>

226. Indem ich eine Sache übereile, wird es sein Gegenteil.

227. Alle Kraft ist eine Funktion von Zeit und Raum. <(Anschauung und Gedanke.)>

228. Es geht mit der Liebe wie der Überzeugung. Wie viele glauben überzeugt zu sein und sind es nicht. Nur vom Wahren kann man wahrhaft überzeugt sein – nur das Liebe kann man wahrhaft lieben.

229. Auf Vergleichen, Gleichen läßt sich wohl alles Erkennen, Wissen usw. zurückführen.

230. Ich ist Wahl und Realisierung der Sphäre individueller

Freiheit und Selbsttätigkeit. Fichte ist wie Brown zu Werke gegangen – nur noch universeller und absoluter.

231. Das wunderbarste, das ewige Phänomen ist das eigene Dasein. Das größeste Geheimnis ist der Mensch sich selbst. Die Auflösung dieser unendlichen Aufgabe in der Tat ist die Weltgeschichte. Die Geschichte der Philosophie als der Wissenschaft im Großen, der Literatur als Substanz, enthält die Versuche der idealen Auflösung dieses idealen Problems – dieser gedachten Idee.

Dieser Reiz kann nie aufhören Reiz zu sein, ohne daß wir selbst aufhörten, sowohl der Sache als der Idee nach. So wenig also die Weltgeschichte aufhört, das Sein *en gros*, so wenig wird das Philosophieren oder das Denken *en gros* aufhören.

Wenn man aber bisher noch nicht philosophiert hätte? sondern nur zu philosophieren versucht hätte? so wäre die bisherige Geschichte der Philosophie nichts weniger als dies, sondern nichts weiter als eine Geschichte der Entdeckungsversuche des Philosophierens.

Sobald philosophiert wird, gibt es auch Philosopheme, und die reine Naturgeschichte (Lehre) der Philosopheme ist die Philosophie.

232. Die Welt muß romantisiert werden. So findet man den ursprünglichen Sinn wieder. Romantisieren ist nichts als eine qualitative Potenzierung. Das niedre Selbst wird mit einem bessern Selbst in dieser Operation identifiziert. So wie wir selbst eine solche qualitative Potenzenreihe sind. Diese Operation ist noch ganz unbekannt. Indem ich dem Gemeinen einen hohen Sinn, dem Gewöhnlichen ein geheimnisvolles Ansehn, dem Bekannten die Würde des Unbekannten, dem Endlichen einen unendlichen Schein gebe, so romantisiere ich es. – Umgekehrt ist die Operation für das Höhere, Unbekannte, Mystische, Unendliche – dies wird durch diese Verknüpfung logarithmisiert – es bekommt einen geläufigen Ausdruck. <Romantische Philosophie. *Lingua romana.* Wechselerhöhung und Erniedrigung.>

233. In allen wahrhaften Schwärmern und Mystikern haben

höhere Kräfte gewirkt – freilich sind seltsame Mischungen und Gestalten daraus entstanden. Je roher und bunter der Stoff, je geschmackloser, je unausgebildeter und zufälliger der Mensch war, desto sonderbarer seine Geburten. Es dürfte größestenteils verschwendete Mühe sein, diese wunderliche, groteske Masse zu säubern, zu läutern und zu erklären – wenigstens ist jetzt die Zeit noch nicht da, wo sich dergleichen Arbeiten mit leichter Mühe verrichten ließen. Dies bleibt den künftigen Historikern der Magie vorbehalten. Als sehr wichtige Urkunden der allmählichen Entwickelung der magischen Kraft sind sie sorgfältiger Aufbewahrung und Sammlung wert.

Magie ist Kunst, die Sinnenwelt willkürlich zu gebrauchen.

234. Alle Künste und Wissenschaften beruhn auf partiellen Harmonien. <(Poeten, Wahnsinnige, Heilige, Propheten.)>

235. <Stoff, oder das Erregbare; sein Verhältnis zum Reiz. Verbindung des äußern und innern Reizes.> Die Welt ist die Summe des Vergangnen und von uns Abgelösten.

236. Liebe ist ein Produkt der Wechselwirkung zweier Individuen – daher mystisch und universell und unendlich ausbildsam, wie das individuelle Prinzip selbst.

237. Alles was (uns) erregt, was (unsre) Aufmerksamkeit, Erregbarkeit an (auf) sich zieht – damit sucht sich das Erregte in ein bleibendes Verhältnis zu setzen – mit ihm verbunden zu bleiben und es gleichsam mit sich zu identifizieren. <Allgemeine Anwendung der Wärmetheorie.>

238. Es gibt mancherlei Arten, von der vereinigten Sinnenwelt unabhängig zu werden.

Erstens, durch Abstumpfung der Sinne. (Gewöhnung, Erschöpfung, Abhärtung usw.) Zweitens, durch zweckdienliche Anwendung, Mäßigung und Abwechselung der Sinnenreize (Heilkunst). Drittens durch Maximen a) der Verachtung und b) der Feindlichkeit gegen alle Empfindungen. Die Maxime der Verachtung äußrer Empfindungen war den Stoikern und ist zum Teil den Wilden von Amerika eigen – die der innern Empfindungen den sogenannten Leuten von Verstand in der großen Welt und sonst.

Die Maxime der Feindlichkeit gegen äußre und innre Empfindungen haben die strengen Anachoreten, Fakirs, Mönche, Büßer und Peiniger aller Zeit aufgestellt und oft und zum Teil befolgt. Manche sogenannte Bösewichter mögen diese Maxime wenigstens dunkel gehabt haben.

Beide Maximen gehen leicht ineinander über und vermischen sich.

Viertens, durch teilweise Aushebung gewisser Sinne oder gewisser Reize, die durch Übung und Maxime einen beständigen, überwiegenden Einfluß erhalten. – So hat man sich mittelst des Körpers von der Seele, und umgekehrt mittelst dieses oder jenes äußern oder innern Gegenstandes von der Einwirkung aller übrigen Gegenstände losgemacht. Dahin gehört Leidenschaft aller Art, Glauben und Zuversicht zu uns selbst, zu andern Personen und Dingen, zu Geistern usw. Vorurteile und Meinungen befördern ebenfalls eine solche Teilfreiheit. So kann auch eine Unabhängigkeit von der wirklichen Sinnenwelt entstehn, indem man sich an die Zeichenwelt oder auch die vorgestellte Welt entweder gewöhnt oder sie statt jener, als allein reizend, für sich festsetzt. Das erste pflegt bei Gelehrten und sonst noch sehr häufig der Fall zu sein – und beruht, nach dem, was oben gesagt wurde, auf dem gewöhnlich trägen Behagen des Menschen am Willkürlichen und Selbstgemachten und Festgesetzten. Umgekehrt findet man Leute, die von der Vorstellungs- und Zeichenwelt nichts wissen wollen; das sind die rohsinnlichen Menschen, die alle Unabhängigkeit der Art für sich vernichten und deren träge, plumpe, knechtische Gesinnung man in neuern Zeiten auch teilweise zum System erhoben hat – (Rousseau, Helvetius, auch Lokke usw.) ein System, dessen Grundsatz zum Teil ziemlich allgemein Mode geworden ist.

239. <Von der unsinnlichen oder unmittelbaren Erkenntnis.> Aller Sinn ist repräsentativ, symbolisch, ein Medium. Alle Sin-

nenwahrnehmung ist aus der zweiten Hand. Je eigentümlicher, je abstrakter, könnte man sagen, die Vorstellung, Bezeichnung, Nachbildung ist, je unähnlicher dem Gegenstande, dem Reize, desto unabhängiger, selbständiger ist der Sinn. Bedürfte er nicht einmal einer äußern Veranlassung, so hörte er auf Sinn zu sein und wäre ein korrespondierendes Wesen. Als solches können seine Gestaltungen wieder mehr oder weniger ähnlich und entsprechend Gestaltungen andrer Wesen sein. – Wären seine Gestaltungen und ihre Folge der Gestaltenfolge eines andern Wesens vollkommen <gleich und ähnlich, so wäre der reinste Einklang zwischen beiden vorhanden.>

240. <Alles Werkzeug ist Vehikel einer fremden Äußerung – Wirksamkeit. Es modifiziert und wird modifiziert. Die Ausführung ist ein Produkt der individuellen Beschaffenheit des Werkzeugs und der Gestion. Beide können veränderlich sein – so wird auch das Produkt veränderlich. Doch könnte der Fall eintreten, daß sie polarisch veränderlich sind, und dann ist das Produkt beständig und einerlei.

Die Gestalt (Natur) des Werkzeugs ist gleichsam das eine Element des Produkts. So ist der Punkt ein Element der Linie, die Fläche ein Element des Körpers. Aus diesem Beispiel erhellt sich, wie mir scheint, der Begriff des Elements sehr merklich.

Ich kann mit einem Werkzeug auf keine andre Weise wirksam sein, als auf die, die ihm seine natürlichen Verhältnisse bestimmen. So kann ich mit einem Meißel nur stoßen, schaben, schneiden oder sprengen; insofern er scharfes E i s e n ist, ihn elektrisch als Metall zum galvanischen Exzitator gebrauchen. In beiden letztern Fällen wirkt er nicht mehr als Meißel. Ich fühle mich also durch jedes bestimmte Werkzeug auf eine besondre Art von Wirksamkeit eingeschränkt –> diese besondre Sphäre kann ich freilich unendlich variieren – ich kann so manches stoßen, sprengen usw. so oft die Wirkung modifizieren – durch Änderung des Stoffs, durch Variation der Elemente der Wirkung – die Resultate können unendlich verschieden sein – das Resultat kann die Spaltung eines Steins – ein Pulverloch – eine Statue usw. sein.

Jedes Werkzeug modifiziert also einerseits die Kräfte und Gedanken des Künstlers, die es zum Stoffe leitet und umgekehrt – die Widerstandswirkungen des Stoffs, die es zum Künstler leitet.

<Reihe von Werkzeugen. Kette von Sinnen, die einander supplieren und verstärken. (Direkte und indirekte Wirkungen – z. B. direkte Wirkung ist die Wirkung eines Kunstrads aufs Gestänge – hingegen das Ausströmen der Dämpfe und des Wassers, indem das Kunstrad das Ventil aufdrückt, ist nur eine indirekte Wirkung.)

Sind die Erscheinungen des Galvanism direkte (notwendige) oder indirekte (zufällige) Wirkungen der Schließung und Trennung der Ketten? Indirekte. Sind die Wirkungen der Außenwelt auf unsre Seele usw. direkte oder indirekte Wirkungen? Indirekte.>

241. Alle Verzweiflung ist deterministisch – aber auch Determinismus ist ein Element des philosophischen Weltalls oder Systems. Die Vereinzelung und der falsche Glaube an die Realität der Elemente ist die Quelle der meisten, vielleicht aller bisherigen Irrtümer.

242. Kenntnis und Wissenschaft sind völlig dem Körper analog – ist er nicht schön oder brauchbar, so ist er eine Last. <(Seele und Geist der Wissenschaft.)>

Daher hat Lernen soviel Ähnlichkeit mit Essen, und das *a priori* Wissen ist ein Sattwerden, ein Ernähren ohne zu essen.

243. Soll man bloß das Nützliche und Schöne suchen, treiben und betrachten?

244. Aller Zufall ist wunderbar, Berührung eines höhern Wesens, ein Problem, Datum des tätig religiösen Sinns.

<(Verwandlung in Zufall.)

Wunderbare Worte und Formeln. (Synthesis des Willkürlichen und Unwillkürlichen.)

(Flamme zwischen Nichts und Etwas.)>

245. Die Welt ist auf jeden Fall Resultat einer Wechselwirkung zwischen mir und der Gottheit. Alles was ist und entsteht, entsteht aus einer Geisterberührung. <Die äußere Sollizitation ist nur in Ermangelung innrer Selbstheterogeneisierung – und Berührung.>

246. Der Vornehme vermehrt die Zentripetalkraft im Geringeren.

247. Die Idee vom Mikrokosmus ist die höchste für den Menschen. (Kosmometer sind wir ebenfalls.)

248. Der eigentliche Geschäftsmann hat weniger Kenntnisse und Fertigkeiten, als historischen Geist und Bildung nötig.

249. <(Fichtens Apotheose der Kantischen Philosophie.)> Denken ans Denken lehrt freilich das Denken in seine Gewalt bekommen, – weil wir dadurch lernen zu denken, wie und was wir wollen. <Inneres, äußerst weites, unendliches Weltall; Analogie mit dem Äußern; Licht – Gravitation.)>

250. Müssen denn alle Menschen Menschen sein? Es kann auch ganz andere Wesen als Menschen in menschlicher Gestalt geben.

251. Aller Zweifel, alles Bedürfnis nach Wahrheit, Auflösung, Wissen ist Folge von Roheit und Überbildung, Symptom von unvollkommner Konstitution. Alle wissenschaftliche Bildung geht daher auf Geschicktmachung, Übung. Alle wissenschaftliche Heilung auf Restitution der Gesundheit, wo man keine wissenschaftlichen Bedürfnisse hat.

252. Daß Denken auch Galvanismus sei, läßt sich äußerst wahrscheinlich machen – es läßt sich aber sehr viel drüber sagen – hin und her – gerade und verkehrt.

253. Die Menschen sind durch nichts, als Meinungen beschränkt. Daher ließe sich durch Meinung jeder Mensch erheben und erniedern. <Wahrhafte Menschenliebe.>

254. <Mystischer Dogmatism des Orients (entstanden aus Trägheit und Ahndung) höhere Mitteilung der Erkenntnis, intel-

lektueller Quietismus, System des Wissens, wie System der Gnade. Passives System – indirekt tätiges System.

Axiom:> Wir können von uns selbst nichts wissen. Alles echte Wissen muß uns gegeben sein.

<(Tätige Bearbeitung und Erhebung der Trägheit.)>

255. Kann man Genie sein und werden wollen? So mit dem Witz, dem Glauben, der Religion usw.

Es hat in Beziehung auf das Genie bisher beinah das Prädestinationssystem geherrscht. Die zum Teil wahre Beobachtung liegt zum Grunde, daß der Wille anfangs ungeschickt wirkt und das Naturspiel stört (Affektation) und einen unangenehmen Eindruck macht, im Anfang durch Teilung der Kraft (bei der Aufmerksamkeit) sich selbst untergräbt, und aus mangelhaftem Reiz und mangelhafter Kapazität das nicht zu leisten vermag, was er dunkel, instinktartig beabsichtigt.

256. Der Instinkt, als Gefühl des Bedürfnisses, des Inkompletten, ist zugleich das Gefühl des Zusammenhangs, der Stätigkeit, der fortleitende, sich tastend orientierende Sinn, der rohe, synthetische, komplettierende Trieb, ein transitorisches, punktähnliches Ich. (So fährt der Blitz aus Instinkt in der metallenen Kette nieder.)

257. Schmerz und Lust sind Folgen einer Sympathie.

258. (Alle Philosophie oder Wissenschaft der Wissenschaft ist Kritik.) (Die Idee von Philosophie ist ein Schema der Zukunft.)

<Diogenes' Lehre war Experiementalphilosophie, echt synthetische Philosophie.>

259. Der allgemeine, innige, harmonische Zusammenhang ist nicht, aber er soll sein.

<(Folgerungen auf Magie, Astrologie usw. Es sind Schemate der Zukunft, der absoluten Gegenwart.) (Soll sein – soll dasein.)>

260. Seele ist beinah ein Begriff, wie Materie, am Ende wohl mit ihm in genauer Verbindung. Die Seelenkräfte und Vermögen sind den Kräften der Materie und den speziellen Stoffen zu vergleichen.

261. <Synthetische> Überzeugung ist geglaubtes Wissen oder umgekehrt. Eine Überzeugung entspringt bloß im Verstande. Eine in den Sinnen. Eine im Willen. Harmonische, nicht monotonische Koinzidenz aller drei macht die vollkommne Überzeugung.

262. <Ähnlichkeiten von Krankheiten.> Jedes Organ kann ziemlich alle Krankheiten der andern haben.

Alle Krankheiten sind zusammengesetzt aus Krankheiten. Der ganze Körper erkrankt, wenn einzelne Organe erkranken. <Verhältnisse der Krankheiten einzelner Organe zu einander, ihre Mischungen und Komplikationen.> Alle Krankheiten entstehn aus Entzweiungen der Organe. Krankheit gehört zu dem menschlichen Vergnügen wie Tod. <(Ähnlichkeit des Nasenschleims und des Samens – ähnlicher Geruch im Katarrh – der Galle und des Speichels. Des Urins und der Ausdünstungsmaterie usw.) (Das Gehirn gleicht den Hoden.)>

263. Jeder Körper strebt nach Unabhängigkeit.

264. Die Natur ist ewig, nicht umgekehrt, sie erhält sich von selbst. Wozu sie einmal veranlaßt ist, das bringt sie nach Gesetzen der Trägheit immerfort hervor. Im Geiste ist der Grund der Vergänglichkeit zu suchen. Perpetuum mobile.

265. <Vielleicht sind die alten mechanischen, sogenannt groben Erklärungen der Veränderungen im tierischen Körper die idealisch richtigen.> Je vollkommner der Körper ist, desto mechanischer ist vielleicht seine Ökonomie?

266. Ein kalter Körper ist der, in welchem die Ernährung nicht überwiegt.

267. <Thetische Bearbeitung des neuen Testaments oder der christlichen Religion.> Ist die Umarmung nicht etwas dem Abendmahl Ähnliches? <Mehr über das Abendmahl.>

268. Wo der Gegenstand die Eifersucht seiner Natur nach ausschließt, so ist es die christliche Religion, die christliche Liebe.

269. Nichts ist dem Geist erreichbarer, als das Unendliche.

270. Ist der äußere Reiz vielleicht nur zur Bewußtwerdung nö-

tig? – Die Wirkung erfolgt jetzt nicht, sondern wir werden sie uns jetzt nur bewußt. – Es kommt uns vor, als geschähe es erst jetzt – und zwar durch Sollizitation von außen. Der Verstand trennt nur zum Behuf seines Zwecks, des Trennens.

271. Philosophie des Lebens enthält die Wissenschaft vom unabhängigen, selbstgemachten, in meiner Gewalt stehenden Leben – und gehört zur Lebenskunstlehre, oder dem System der Vorschriften, sich ein solches Leben zu bereiten.

272. Unsere Meinung, Glaube, Überzeugung von der Schwierigkeit, Leichtigkeit, Erlaubtheit und Nichterlaubheit, Möglichkeit und Unmöglichkeit, Erfolg und Nichterfolg usw. eines Unternehmens, einer Handlung bestimmt in der Tat dieselben. Z. B., es ist etwas mühselig und schädlich, wenn ich glaube, daß es so ist, und so fort. Selbst der Erfolg des Wissens beruht auf der Macht des Glaubens. In allem Wissen ist Glauben.

273. Die eingezogene Erziehung der Mädchen ist für häusliches Leben und Glück darum so vorteilhaft, weil der Mann, mit dem sie nachher in die nächste Verbindung treten, einen desto tiefern und einzigen Eindruck auf sie macht, welches zur Ehe unentbehrlich ist. Der Erste Eindruck ist der mächtigste und treuste, der immer wiederkommt, wenn er auch eine Zeitlang verwischt scheinen kann.

274. Die Welt ist ein Universaltropus des Geistes, ein symbolisches Bild desselben.

275. Das Epigramm ist die Zentralmonade der altfranzösischen Literatur und Bildung.

276. <Charaktere, wie die Theophrastischen, müssen nicht wahr, aber sie müssen durchaus witzig sein. Es müssen eine Masse Einfälle sein, die für den Geist einen Charakter ohngefähr so darstellen, wie die Buchstaben in einer geschriebenen Zeichnung einen Kopf oder sonst etwas.>

Der vollkommenste Charakter würde der durchsichtige, der von selbst verständliche, der unendlich leicht und natürlich scheinende, durchaus bekannte, deshalb unbemerkte, übersehene und elastische sein.

277. Das Bekannte, worauf der Philosoph alles reduzieren und wovon er ausgehn soll, muß das Urbekannte, – das absolut Bekannte sein. Alles Vollkommne ist uns natürlich und absolut bekannt.

278. Alle Bezauberung ist ein künstlich erregter Wahnsinn. Alle Leidenschaft ist eine Bezauberung. Ein reizendes Mädchen eine reellere Zauberin, als man glaubt.

279. Eine reizbare Vernunft ist eine schwächliche, zärtliche. Daher die Moralisten und Bemerker oft so schlechte Praktiker.

280. Jedes Geschäft muß künstlerisch behandelt werden, wenn es sicher und dauernd und durchaus zweckmäßig gelingen soll.

281. Leute wie Ligne, Voltaire und Boufflers halten sich für absolute Esprits und glauben, daß sie selbst unabsichtlich sich als Esprits zeigen. Sie essen, träumen und machen selbst Gottisen mit Esprit. Kreatoren und Annihilanten des Esprit.

282. Brown ist der Arzt unserer Zeit. Die herrschende Konstitution ist die zärtliche, die asthenische. Das Heilsystem ist das natürliche Produkt der herrschenden Konstitution –, daher es sich mit dieser ändern muß.

283. Mit Ärzten und Geistlichen macht sich kein Großer Bedenken, öffentlich und vertraut zu erscheinen, denn jeder, der ihm begegnet, ahndet so gut wie er die Unentbehrlichkeit dieser Leute in unvermeidlichen Stunden.

284. Die Geschichte der Philosophen gehört zur philologischen Philosophie.

Man hat bisher Geschichte der Bildung der Menschheit, Geschichte der Philosophen und Geschichte der Philosophie immer vermengt – man hat nur die lexikographische Vollständigkeit gesucht, und dadurch entstehn eben die Zwitter und Monstren, daß man z. B. unter den Artikel Philosophie alles bringt, was die Philosophie nur irgend berührt, wo nur das Wort Philosophie usw. vorkommt.

285. Nur der keine Gesellschaft bedarf, ist *bon Compagnon.* Nur dieser wird, von der Gesellschaft unabhängig, sie haben und mannichfach reizen und nach willkürlichem Plan behandeln können. Die andren werden von ihm gehabt und haben ihn nicht. Die Gesellschaft muß mich nicht reizen, wenn ich sie reizen will. Sie muß Appetit zu mir haben, und ich muß mich nach ihrer Konstitution stimmen können, welche Gabe man Takt im allgemeinen nennen könnte. Ich muß nur den passiven Willen haben, mich hinzugeben, mich genießen zu lassen, mich mitzuteilen.

286. Mancher Skeptizism ist nichts, als unreifer Idealism. Realist ist der Idealist, der von sich selbst nichts weiß. – Der rohe Idealism – der aus der ersten Hand ist der Realism.

287. Von wie wenig Völkern ist eine Geschichte möglich! Diesen Vorzug erwirbt ein Volk nur durch eine Literatur, oder durch Kunstwerke, denn was bleibt sonst von ihm Individuelles, Charakteristisches übrig? Es ist natürlich, daß ein Volk erst geschichtlich wird, wenn es ein Publikum wird. Ist denn der Mensch geschichtlich, eh er mündig ist und ein eignes Wesen vorstellt?

288. Paradoxen beschämen immer – daher sie auch so verschrieen sind.

289. Ökonomie im weitesten Sinne begreift auch die Lebensordnungslehre. Es ist die praktische Wissenschaft im ganzen. Alles Praktische ist ökonomisch.

290. Das wäre ihnen die Liebste, die die glänzendste Tugend gegen die andern und die reizendste Wollust für sie –, die überall angebetete Tyrannin gegen alle und die anbetende Sklavin gegen sie allein wäre.

291. Auch Männern kann man absolut anhänglich sein, so gut wie Frauen. <(Ein offner, edler Charakter – überall sichtbar.)>

292. Das Herz ist der Schlüssel der Welt und des Lebens. Man lebt in diesem hülflosen Zustande, um zu lieben und andern verpflichtet zu sein. Durch Unvollkommenheit wird man der Einwirkung andrer fähig, und diese fremde Einwirkung ist der Zweck. In Krankheiten sollen und können uns nur andre helfen.

So ist Christus, von diesem Gesichtspunkt aus, allerdings der Schlüssel der Welt.

293. Selbstempfinden wie Selbstdenken: aktives Empfinden. Man bringt das Empfindungsorgan wie das Denkorgan in seine Gewalt.

294. Wer viel Vernunft in gewissem Sinn hat, bei dem wird alles einzig: seine Leidenschaften, seine Lage, seine Begebenheiten, seine Neigungen, kurz alles, was ihn berührt, wird absolut – zum Fato.

295. Ein gemeinschaftlicher Schiffbruch usw. ist eine Trauung der Freundschaft oder der Liebe.

296. Die Hypochondrie bahnt den Weg zur körperlichen Selbstkenntnis – Selbstbeherrschung und Selbstlebung.

297. Echte Unschuld geht, so wenig wie echtes Leben, verloren. Die gewöhnliche Unschuld ist nur Einmal, wie der Mensch, da und kommt so wenig wieder, als er. Wer, wie die Götter, Erstlinge liebt, wird nie an der zweiten Unschuld den Geschmack finden, wie an der ersten, ohngeachtet die letztere mehr ist, wie die erste. Manches kann nur Einmal erscheinen, weil das Einmal zu seinem Wesen gehört. Unser Leben ist absolut und abhängig zugleich. Wir sterben *nur gewissermaßen*. Unser Leben muß also zum Teil Glied eines größern, gemeinschaftlichen Lebens sein.

298. Das gewöhnliche Leben ist ein Priesterdienst, fast wie der vestalische. Wir sind mit nichts, als mit der Erhaltung einer heiligen und geheimnisvollen Flamme beschäftigt – einer doppelten, wie es scheint. Es hängt von uns ab, wie wir sie pflegen und warten. Sollte die Art ihrer Pflege vielleicht der Maßstab unserer Treue, Liebe und Sorgfalt für das Höchste, der Charakter unsers Wesens sein? Berufstreue – symbolisches Zeichen unsrer Religiosität, d. i. unsres Wesens? <(Feueranbeter.)>

299. Die *Anstrengung* überhaupt bringt nur, als indirekter, vorbereitender Reiz, eine Operation zustande. In der rechten Stimmung, die dadurch entstehn kann, gelingt alles von selbst.

Der Mangel an mehreren, zugleich gegenwärtigen Ideen usw. rührt von Schwäche her. In der vollkommensten Stimmung sind alle Ideen gleich gegenwärtig; in dieser ist auch keine Passion, kein Affekt möglich; in ihr ist man wahrhaft im Olymp und die Welt zu unsern Füßen. Die Selbstbeherrschung geht in ihr von selbst vonstatten. Kurz, alles scheint von selbst zu geschehn, wenn das rechte Medium vorhanden ist, wenn das Hindernis gehoben wird. Alle Konstruktion ist also indirekt. <*On ne fait pas, mais on fait, qu'il se puisse faire.*> In einer gewissen Höhe der Sensation ist man von selbst, ohne Zutun tugendhaft und genialisch.

300. Jahrszeiten, Tagszeiten, Leben und Schicksale sind alle, merkwürdig genug, durchaus rhythmisch, metrisch, taktmäßig. In allen Handwerken und Künsten, allen Maschinen, den organischen Körpern, unsren täglichen Verrichtungen, überall: Rhythmus, Metrum, Taktschlag, Melodie. Alles was wir mit einer gewissen Fertigkeit tun, machen wir unvermerkt rhythmisch. Rhythmus findet sich überall, schleicht sich überall ein. Aller Mechanism ist metrisch, rhythmisch. Hier muß noch mehr drin liegen. – Sollt es bloß Einfluß der Trägheit sein?

301. Alle Zerstreuung schwächt. Durch fremde Gegenstände, die mich reizen, ohne mich zu befriedigen – oberflächlich – werde ich zerstreut. Mir ist deshalb die Zerstreuung zuwider, weil sie mich entkräftet. Nützlich ist sie bei sthenischen Zufällen. Gegen Ernst und Leidenschaft ist sie mit Nutzen zu gebrauchen. <(Die Menschen werden künftig in medizinischer Hinsicht mehr zusammenhalten müssen.)>

302. Bloße Gedanken, ohne eine gewisse Aufmerksamkeit auf dieselben, und Zueignung, wirken so wenig, wie bloße Gegenstände. Dadurch, daß man häufig an reizende Gegenstände eines Sinnes wirksam denkt, wird dieser Sinn geschärft, er wird reizbarer. So wenn man häufig an lüsterne Dinge denkt, werden die Geschlechtsteile empfänglicher, der Magen durch Gedanken an schmackhafte Speisen, der Kopf auf dieselbe Art, und so durch-

aus. – <Methode, ein schwächliche Konstitution zu verbessern. (Übung, allmähliche.)>

303. Die sogenannten falschen Tendenzen sind die besten Mittel, vielseitige Bildung zu bekommen.

304. Alles Sichtbare haftet am Unsichtbaren, das Hörbare am Unhörbaren, das Fühlbare am Unfühlbaren. Vielleicht das Denkbare am Undenkbaren.

<Das Fernrohr ist ein künstliches, unsichtbares Organ. (Gefäß.)>

305. Die Einbildungskraft ist der wunderbare Sinn, der uns alle Sinne ersetzen kann und der so sehr schon in unsrer Willkür steht. Wenn die äußren Sinne ganz unter mechanischen Gesetzen zu stehn scheinen, so ist die Einbildungskraft offenbar nicht an die Gegenwart und Berührung äußrer Reize gebunden.

306. Unser Körper ist ein Teil der Welt – Glied ist besser gesagt. Es drückt schon die Selbständigkeit, die Analogie mit dem Ganzen, kurz, den Begriff des Mikrokosmus aus. Diesem Gliede muß das Ganze entsprechen. So viel Sinne, so viel Modi des Universums – das Universum völlig ein Analogon des menschlichen Wesens in Leib, Seele und Geist. Dieses Abbreviatur, jenes Elongatur derselben Substanz.

307. <Hauptsatz:> Man kann nur werden insofern man schon ist.

<a. Perfektum. b. Futurum. Präsens = Synthesis von a und b. Absolutes Präsens – unvollkommnes Präsens.>

308. Die unvollkommne Gegenwart setzt eine unvollkommne Zukunft und eine unvollkommne Vergangenheit voraus; eine Zukunft, der Vergangenheit beigemischt ist, die durch Vergangenheit zum Teil gebunden, modifiziert ist; eine Vergangenheit, die mit Zukunft gemischt und durch dieselbe modifiziert ist. Aus beiden besteht die unvollkommne Gegenwart, welches eigentlich ihr Erzeugungsprozeß ist. <(Unvollkommne Gegenwart – unvollkommne Besonnenheit.)>

Vollkommne Gegenwart erzeugt vollkommne freie Zukunft

und vollkommne freie Vergangenheit, die beide zugleich affiziert werden und beide zugleich wirken. In der vollkommnen Gegenwart läßt sich keins von beiden unterscheiden. Die Äußerungen, das Verhalten der neuen Einheit läßt sich aus den Eigenschaften und dem Verhalten der isolierten Elemente nicht erklären. <(Alle Erklärung muß, ihrer Natur nach, herabsteigen, analytisch werden und so verfahren, wie Kant in der Phänomenologie die Bewegung konstruiert hat.)

Synthesis des Mittelbaren und Unmittelbaren, des Vollkommnen und Unvollkommnen: Gott und Mensch, Natur und Naturwesen, Geist (Zauberer) und Seele (Künstler).>

309. Der vollkommen Besonnene heißt der Seher.

310. Als irdische Wesen streben wir nach geistiger Ausbildung, nach Geist überhaupt. Als außerirdische, geistige Wesen nach irdischer Ausbildung, nach Körper überhaupt. Nur durch Sittlichkeit gelangen wir beide zu unsern Zwecken. Ein Dämon, der erscheinen kann, wirklich erscheinen, muß ein guter Geist sein. So wie der Mensch, der wirklich Wunder tun kann, der wirklich mit den Geistern Umgang pflegen kann. Ein Mensch, der Geist wird, ist zugleich ein Geist, der Körper wird. Diese höhere Art von Tod, wenn ich mich so ausdrücken darf, hat mit dem gemeinen Tode nichts zu schaffen; es wird etwas sein, was wir Verklärung nennen können.

311. Der jüngste Tag wird kein einzelner Tag, sondern nichts, als diejenige Periode sein, die man auch das tausendjährige Reich nennt.

Jeder Mensch kann seinen jüngsten Tag durch Sittlichkeit herbeirufen. Unter uns währt das tausendjährige Reich beständig. Die besten unter uns, die schon bei ihren Lebzeiten zu der Geisterwelt gelangten, sterben nur scheinbar; sie lassen sich nur scheinbar sterben; so erscheinen auch die guten Geister, die bis zur Gemeinschaft mit der Körperwelt ihrerseits gelangten, nicht, um uns nicht zu stören. Wer hier nicht zur Vollendung gelangt,

gelangt vielleicht drüben, oder muß eine abermalige irdische Laufbahn beginnen.

Sollte es nicht auch drüben einen Tod geben, dessen Resultat irdische Geburt wäre?

So wäre das Menschengeschlecht kleiner, an Zahl geringer als wir dächten. Doch läßt es sich auch noch anders denken.

Gespenster, – indirekte, falsche, täuschende Verklärung – Resultat der Verfinsterung. Nur dem Weisen, dem schon hienieden Verklärten, erscheinen verkörperte Geister.

312. Schwäche ist überhandnehmende, vorwaltende, charakterisierende fremde Kraft.

313. Neigungen zu haben und sie zu beherrschen, ist rühmlicher als Neigungen zu meiden.

314. Prophezeiungen könnten auch aus Gefälligkeit und Einmütigkeit des Schicksals mit dem Propheten wahr werden.

315. Sollten mehrere unsrer Gefühle nicht sympathetische Gefühle mit den Leiden und Affekten unsrer einzelnen Glieder sein?

316. Wenn man recht hungrig ist, so kann man sich durch andere Reize helfen. So äußert sich oft ein Bedürfnis oder eine Krankheit, ein Reiz, auf eine ganz fremde Weise, durch ein anderes Organ, durch andre Bedürfnisse und Neigungen (gastrische Krankheiten). Der Mensch ist durch viele Stricke oder Reize ans Leben gebunden, niedrige Naturen durch wenigere.

Je erzwungner das Leben ist, desto höher.

317. Ich bin überzeugt, daß man durch kalten, technischen Verstand und ruhigen, moralischen Sinn eher zu wahren Offenbarungen gelangt, als durch Phantasie, die uns bloß ins Gespensterreich, diesen Antipoden des wahren Himmels, zu leiten scheint.

318. Mühe und Pein haben eine angenehme Reaktion. Sie sind Heilmittel, und daher scheinen sie den Menschen so verdienstlich und wohltätig.

319. Ich muß ordentlichen Aberglauben zu J[esus] haben.

(Der Aberglaube ist überhaupt notwendiger zur Religion, als man gewöhnlich glaubt.)

320. <Einfluß der Nacht auf die Witterung – des Sommers, des Winters (Morgen- und Abendröte; Gestalt und Durchsichtigkeit und Lage und Farbe der Wolken und Gang. Anziehende Kraft der Wolken.) (Notwendigkeit der vergleichenden Meteorologie.)>

Man kann auch sagen, daß sich alle Dinge zur Erde selbst herabziehn. Sie wollen sie an sich ziehn, und weil dies nicht geht, so nähern sie sich ihr immer, – um die Anziehungskraft zu verstärken.

321. Kein Umstand in der Religionsgeschichte ist merkwürdiger als die neue Idee im entstandnen Christentum: *einer Menschheit* und einer allgemeinen Religion; damit entstand der Proselitism. Auch höchst sonderbar ist die Versprengung der orientalischen Juden ins Abendland und die Verbreitung der neuen Religion unter ein Volk von zivilisierten Weltüberwindern – das sie den besiegten und rohen Nationen mitteilte.

322. In jeder Bewegung in der Natur liegt Grund zu einer beständigen Mobilität.

323. Es gibt drei Hauptmenschenmassen: Wilde, zivilisierte Barbaren, Europäer. Der Europäer ist so hoch über dem Deutschen, als dieser über dem Sachsen, der Sachse über dem Leipziger. Über ihm ist der Weltbürger. Alles Nationale, Temporelle, Lokale, Individuelle läßt sich universalisieren und so kanonisieren und allgemein machen. Christus ist ein so veredelter Landsmann. Dieses individuelle Kolorit des Universellen ist sein romantisierendes Element. So ist jeder national und selbst der persönliche Gott ein romantisiertes Universum. Die Persönlichkeit ist das romantische Element des Ichs.

324. Jemehr *Gegenstand*, desto größer die Liebe zu ihm, – einem absoluten Gegenstand kommt absolute Liebe entgegen. Zu dir kehr ich zurück, edler Keppler, dessen hoher Sinn ein vergeistigtes, sittliches Weltall sich erschuf, statt daß in unsern Zeiten

es für Weisheit gehalten wird – alles zu ertöten, das Hohe zu erniedrigen, statt das Niedre zu erheben und selber den Geist des Menschen unter die Gesetze des Mechanismus zu beugen.

<Was ist also die Sonne ? Ein durch sich erregbarer, mithin immer selbsttätiger, ewig leuchtender Körper. Und ein Planet? Ein relativ erregbarer, für fremde Anregung gestimmter Körper.

Licht ist Vehikel der Gemeinschaft des Weltalls; ist dies echte Besonnenheit in der geistigen Sphäre nicht ebenfalls?

Wie wir, schweben die Sterne in abwechselnder Erleuchtung und Verdunklung; aber uns ist, wie ihnen, im Zustand der Verfinsterung doch ein tröstender, hoffnungsvoller Schimmer, leuchtender und erleuchteter Mitstern gegönnt.>

325. Die Kometen sind wahrhaft exzentrische Wesen, der höchsten Erleuchtung und der höchsten Verdunkelung fähig – ein wahres Ginnistan – bewohnt von mächtigen, guten und bösen Geistern, erfüllt mit organischen Körpern, die sich zu Gas ausdehnen – und zu Gold verdichten können.

326. Die Nacht ist zweifach: indirekte und direkte Asthenie. Jene entsteht durch Blendung, übermäßiges Licht, diese aus Mangel an hinlänglichem Licht. So gibt es auch eine Unbesonnenheit aus Mangel an Selbstreiz und eine Unbesonnenheit aus Übermaß an Selbstreiz – dort ein zu grobes, hier ein zu zartes Organ. Jene wird durch Verringerung des Lichts oder des Selbstreizes – diese durch Vermehrung derselben gehoben, oder durch Schwächung und Stärkung des Organs. Die Nacht und Unbesonnenheit aus Mangel ist die häufigste. Die Unbesonnenheit aus Übermaß nennt man Wahnsinn. Die verschiedne Direktion des übermäßigen Selbstreizes modifiziert den Wahnsinn.

327. Das gemeinschaftliche Essen ist eine sinnbildliche Handlung der Vereinigung. Alle Vereinigungen außer der Ehe sind bestimmt gerichtete, durch ein Objekt bestimmte, und gegenseitig dasselbe bestimmende Handlungen. Die Ehe hingegen ist eine unabhängige Totalvereinigung. Alles Genießen, Zueignen und Assimilieren ist Essen, oder Essen ist vielmehr nichts, als eine Zu-

eignung. Alles geistige Genießen kann daher durch Essen ausgedrückt werden. – In der Freundschaft ißt man in der Tat von seinem Freunde oder lebt von ihm. Es ist ein echter Trope, den Körper für den Geist zu substituieren und bei einem Gedächtnismahle eines Freundes in jedem Bissen, mit kühner, übersinnlicher Einbildungskraft, sein Fleisch, und in jedem Trunke sein Blut zu genießen. Dem weichlichen Geschmack unserer Zeiten kommt dies freilich ganz barbarisch vor – aber wer heißt sie gleich an rohes, verwesliches Blut und Fleisch zu denken? Die körperliche Aneignung ist geheimnisvoll genug, um ein schönes Bild der geistigen M e i n u n g zu sein – und sind denn Blut und Fleisch in der Tat etwas so widriges und unedles? Wahrlich, hier ist mehr als Gold und Diamant, und die Zeit ist nicht mehr fern, wo man höhere Begriffe vom organischen Körper haben wird.

Wer weiß, welches erhabene Symbol das Blut ist? Gerade das Widrige der organischen Bestandteile läßt auf etwas sehr Erhabenes in ihnen schließen. Wir schaudern vor ihnen, wie vor Gespenstern, und ahnden mit kindlichem Grausen in diesem sonderbaren Gemisch eine geheimnisvolle Welt, die eine alte Bekanntin sein dürfte.

Um aber auf das Gedächtnismahl zurückzukommen – ließe sich nicht denken, daß unser Freund jetzt ein Wesen wäre, dessen Fleisch Brot und dessen Blut Wein sein könnte?

So genießen wir den Genius der Natur alle Tage und so wird jedes Mahl zum Gedächtnismahl, zum seelennährenden wie zum körpererhaltenden Mahl, zum geheimnisvollen Mittel einer Verklärung und Vergötterung auf Erden, eines belebenden Umgangs mit dem absolut Lebendigen. Den Namenlosen genießen wir im Schlummer – wir erwachen, wie das Kind am mütterlichen Busen, und erkennen, wie jede Erquickung und Stärkung uns aus Gunst und Liebe zukam, und Luft, Trank und Speise Bestandteile einer unaussprechlichen lieben Person sind.

328. Die Holzkohle und der Diamant sind Ein Stoff und doch wie verschieden! Sollte es nicht mit Mann und Weib derselbe Fall

sein? Wir sind Tonerde und die Frauen sind Weltaugen und Saphire, die ebenfalls aus Tonerde bestehn.

329. Jeder sich absondernde, gewöhnlich affektiert scheinende Mensch ist denn doch ein Mensch, bei dem sich ein Grundsatz regt. Jedes unnatürliche Betragen ist Symptom einer angeschossnen Maxime. Selbständigkeit muß affektiert anfangen. Alle Moral fängt affektiert an. Sie gebietet Affektation. Aller Anfang ist ungeschickt.

330. Wer zuerst bis zwei zu zählen verstand, sah, wenn ihm auch selbst das Fortzählen noch schwer ward, doch die Möglichkeit einer unendlichen Fortzählung nach denselben Gesetzen.

331. Nur das Trinken verherrlicht die Poesie? Wie wenn die Poesie auch eine flüssige Seele wäre? das Essen weckt den Witz und die Laune – daher Gourmands und dicke Leute so witzig sind – und beim Essen so leicht Scherz und muntere Unterhaltung entsteht. Auch auf andere solide Fähigkeiten wirkt's. Bei Tisch streitet und räsoniert man gern, und vieles Wahre ist bei Tisch gefunden worden. Der Witz ist geistige Elektrizität – dazu sind feste Körper nötig. Auch Freundschaften werden bei Tisch gestiftet, unter den eisernen Leuten am leichtesten; wer ahndet hier nicht Seelenmagnetism? Die Tischzeit ist die merkwürdigste Periode des Tages und vielleicht der Zweck, die Blüte des Tages. Das Frühstück ist die Knospe. Die Alten verstanden sich auch hier besser auf die Philosophie des Lebens. Sie aßen nur einmal, außer dem Frühstück, und zwar nach vollbrachten Geschäften gegen Abend. Das doppelte Essen schwächt das Interesse. Zwischen dem Essen – Schauspiel, Musik und Lektüre. Die Mahlzeit selbst eine Kurve, nach echter Bildungslehre des Lebens. Mit der leichtesten Speise den Anfang gemacht, dann gestiegen – und mit der leichtesten wieder geschlossen. Das Essen muß lang währen, die Verdauungszeit über; den Schluß macht am Ende der Schlummer.

332. <(Schlummer. Aufstehn. Morgen usw.)>

Schlummer ist ein Anhalten des höheren Organs – eine Entziehung des geistigen Reizes – des absolut sein sollenden Reizes. Die Willkür ist gehemmt. – Schlaf, Analogon des Todes. Kurzer, aber öfterer Schlaf. Seine restaurierende Wirkung. Es ist ein Zeichen, daß man ordentlich geschlafen hat, wenn man gleich munter ist. Je weniger Schlaf man braucht, desto vollkommner ist man. Eine augenblickliche Unterbrechung stärkt fast mehr, als eine lange. Halbes Bewußtsein im Schlafe. Die sonderbaren Traumbilder. Das Leben im Traum. (Die Zeit verschmilzt die Gegenstände ineinander. Jede Aussicht auf eine Zukunft voll kräftigen, mannichfachen Lebens ist eine Morgenaussicht. Poetische Kurve der Sonne. Das Leben endigt, wie der Tag und ein vollkommnes Schauspiel, wehmütig, – aber mit erhabener Hoffnung. Der Abend ist sentimental, wie der Morgen naiv ist. Der Morgen muß streng und geschäftig, der Abend üppig sein. Auch die Arbeit muß gegen Mittag zu wachsen und gegen das Essen zu sich etwas wieder vermindern. Früh keine Gesellschaft. Man ist morgens jung und abends alt. Jeder Abend muß unser Testament finden und unsere Sachen in Ordnung.)

333. Um einem Gespräche eine beliebige Richtung zu geben, ist nur Festhaltung des Ziels nötig. So nähert man sich ihm allmählich, denn seine Anziehungskraft wird rege. Durch diese Aufmerksamkeit auf einen heterogenen Gedanken entstehn oft die witzigsten Übergänge, die artigsten Verbindungen. Man ist oft schneller da, als man denkt.

334. Auch die Sprache ist ein Produkt des organischen Bildungstriebes. So wie nun dieser überall dasselbe unter den verschiedensten Umständen bildet, so bildet sich auch hier durch Kultur, durch steigende Ausbildung und Belebung die Sprache zum tiefsinnigen Ausdruck der Idee der Organisation, zum System der Philosophie.

Die ganze Sprache ist ein Postulat. Sie ist positiven, freien Ursprungs. Man mußte sich einverstehen, bei gewissen Zeichen gewisse Dinge zu denken, mit Absicht etwas Bestimmtes in sich zu konstruieren.

335. Abstraktion schwächt; Reflexion stärkt.

336. Durch allzuhäufiges Reflektieren auf sich selbst, wird der Mensch für sich selbst abgestumpft und verliert den gesunden Sinn für sich selbst.

337. Selbstbeurteilung nach den wirklichen Handlungen – nach der Oberfläche, nicht nach dem innern Gewebe. Wie schön ist nicht die Oberfläche des Körpers, wie ekelhaft sein inneres Wesen!

338. Wer einen Charakter mitbringt, wird sich sehr schwer verstehn lernen.

339. Die Möglichkeit der Philosophie beruht auf der Möglichkeit Gedanken nach Regeln hervorzubringen, wahrhaft gemeinschaftlich zu denken (Kunst zu symphilosophieren). Ist gemeinschaftliches Denken möglich, so ist ein gemeinschaftlicher Wille, die Realisierung großer, neuer Ideen möglich.

340. <Rechte des Gesprächs. (Absolutes Spiel.)>
Wahre Mitteilung findet nur unter Gleichgesinnten, Gleichdenkenden statt.

341. Nur das Unvollständige kann begriffen werden, kann uns weiter führen. Das Vollständige wird nur genossen. Wollen wir die Natur begreifen, so müssen wir sie als unvollständig setzen, um so zu einem unbekannten Wechselgliede zu gelangen.
<Alle Bestimmung ist relativ.>

342. Mensch werden ist eine Kunst.

343. <Hang, alles zu frivolisieren.>
Scherz ist ein Präservativ und Konfortativ, besonders gegen das Miasma weiblicher Reize.

In der großen Welt ist daher die Zerschmelzung weniger als die Verhärtung zu fürchten. Scherz frivolisiert.

344. Zwei Arten, Menschen zu schildern: die poetische und die wissenschaftliche. Jene gibt nur Einen durchaus individuellen Zug, – *ex ungue leonem*. Diese deduziert vollständig.

345. Alle Erinnerung ist Gegenwart. Im reinern Element wird alle Erinnerung uns wie notwendige Vordichtung erscheinen.

346. Das lyrische Gedicht ist für Heroen, es macht Heroen. Das epische Gedicht für Menschen. Der Heros ist lyrisch, der Mensch episch, der Genius dramatisch. Der Mann lyrisch, die Frau episch, die Ehe dramatisch.

347. Jeder Mensch hat seine eigne Sprache. Sprache ist Ausdruck des Geistes. <Individuelle Sprachen. Sprachgenie. Fertigkeit in und aus andern Sprachen zu übersetzen. Reichtum und Euphonie jeder Sprache.> Der echte Ausdruck macht die klare Idee. Sobald man nur die rechten Namen hat, so hat man die Ideen mit. <Durchsichtiger, leitender Ausdruck.>

348. Wer nicht vorsätzlich, nach Plan und mit Aufmerksamkeit tätig sein kann, verrät Schwäche. Die Seele wird durch die Zersetzung zu schwach. Ohne Aufmerksamkeit auf das, was sie tut, gelingt ihr Vieles. Sobald sie sich teilen muß, wird bei aller Anstrengung nichts. Hier muß sie sich überhaupt zu stärken suchen. Oft ist Verwöhnung daran schuld. Das Organ der Aufmerksamkeit ist auf Kosten des tätigen Organs geübt, voraus gebildet, zu reizbar gemacht worden. Nun zieht es alle Kraft an sich und so entsteht diese Disproportion.

349. Alles muß Lebensmittel werden. Kunst, aus allem Leben zu ziehn. Alles zu beleben ist der Zweck des Lebens. Lust ist Leben. Unlust ist Mittel zur Lust, wie Tod Mittel zum Leben.

350. <Eigentliche Schauszenen, nur die gehören aufs Theater.

Allegorische Personen, die meisten sehn nur solche um sich.> Kinder sind Hoffnungen, Mädchen sind Wünsche und Bitten.

<Dem Geistvollen ist alles eins; dem Talentvollen jedes einzig. Definierende und infinierende Menschen.>

351. Vom Glauben hängt die Welt ab. Glauben und Vorurteil ist eins. Wie ich eine Sache annehme, so ist sie für mich.

<Wahn der Transsubstantion: Grundwahn.

Subjektive Poesie: idiosynkrastische Poesie.>

352. <(Assoziationsgesetze.)> Der Philosoph übersetzt die wirkliche Welt in die Gedankenwelt und umgekehrt, um beiden einen Verstand zu geben.

<Abrichtung der Tiere zu Feld- und Fabrikarbeiten. (Jede Stadt ein Handelsplatz.)>

353. Jedes echte Mittel ist das wesentliche Glied eines Zwecks, daher unvergänglich und bleibend wie dieser. <Umgekehrter Prozeß, wo das Mittel Hauptsache und das Resultat Nebensache wird: schöner Prozeß.>

354. Der Reiz von außen ist indirekter, der Reiz von innen direkter Reiz. <Jener setzt Reizbarkeit voraus. Reizbarkeit ist unbestimmtes Leben, schwebende Aktion. Indirekter Reiz, Aufhebung des Gleichgewichts, Heterogeneisierung, bestimmte Richtung.> Leben entsteht wie Krankheit aus einer Stockung, Begrenzung, Berührung.

355. Das Gemeinste in echter Euphonie ist ewiger Betrachtung wert. In fremden Sprachen fühlt man lebhafter, daß jede Rede eine Komposition sein sollte. Man ist viel zu sorglos im Sprechen und Schreiben. Die idealische Rede gehört zur Realisation der Idealwelt.

356. Nur ein Künstler kann den Sinn des Lebens erraten.

357. Jedes Ding hat seine Zeit. Übereilung.

358. Reiz vielleicht Hemmung oder Beflügelung des Triebs. <Trieb Urreiz.>

359. <Reines System *a priori,* ohne Bedingung eines äußern Reizes entstanden.> Die Intelligenz soll ohne und gegen das organische Vermögen alles hervorbringen; <echte Gedankenwelt; unmittelbares Bewußtsein der ganzen Welt.

So aber auch mit den Sinnen: unabhängige Bilderwelt (Schönheit) ohne Gedanken-Einfluß entstanden und bestehend. (Durchdringung, Kette beider.)>

360. Die Philosophie soll nicht die Natur, sie soll sich selbst erklären. Alle Befriedigung ist Selbstauflösung. Bedürfnis entsteht durch Entzweiung, fremden Einfluß, Verletzung. Es muß sich selbst wieder ausgleichen. Die Selbstauflösung des Triebes, diese Selbstverbrennung der Illusion, des illusorischen Problems ist eben das Wollüstige der Befriedigung des Triebes. Was ist das Le-

ben anders? Die Verzweiflung, die Todesfurcht ist gerade eine der interessantesten Täuschungen dieser Art. Sthenisch, wie im Trauerspiel, fängt's an, – asthenisch endigt es und wird gerade dadurch ein befriedigendes Gefühl, ein Pulsschlag unsers sensitiven Lebens. Auch kann es asthenisch anfangen und sthenisch endigen. Es ist eins. Ein Trauerspiel, was zu viel Wehmut hinterläßt, hat nicht sthenisch genug angefangen. Jede Geschichte enthält ein Leben, ein sich selbst auflösendes Problem. So ist jedes Leben eine Geschichte.

<Hamlet endigt trefflich: asthenisch fängt er an, sthenisch endigt er. Meister endigt mit der Synthesis der Antinomien, weil er für und vom Verstande geschrieben ist.>

361. Wer das Leben anders als eine sich selbst vernichtende Illusion ansieht, ist noch selbst im Leben befangen.

<Das Leben soll kein uns gegebener, sondern ein von uns gemachter Roman sein.>

362. Alles ist Samenkorn.

363. Je einfacher der Mensch lebt und gereizt wird, desto mehr bindet er sich an etwas. <Sollte das nicht ein allgemeines Gesetz der Kohärenz sein?>

364. Je abhängiger vom Zufall und von Umständen, desto weniger bestimmten, ausgebildeten, angewandten Willen, – je mehr dies, je unabhängiger dort.

365. Das Publikum ist eine unendlich große, mannichfache, interessante Person – eine geheimnisvolle Person von unendlichem Wert – der eigentliche, absolute Reiz des Darstellers.

366. Eine Idee finden, *i. e.* in der Außenwelt unter mehreren Gefühlen herausfühlen, aus mehreren Ansichten heraussehn, aus mehreren Erfahrungen und Tatsachen herauserfahren, heraussuchen, aus mehreren Gedanken den rechten Gedanken, das Werkzeug der Idee herausdenken – unterscheiden. Hierzu gehört physiognomischer Sinn für die mannichfachen Ausdrücke, Werkzeuge der Idee. Ich muß die Kunst verstehn, von der Idee auf ihre Erscheinung zu schließen.

367. Unsre Staaten sind fast nichts als rechtliche Institute, nur Defensionsanstalten. Erziehungsinstitute, Akademieen und Kunstgesellschaften sind es leider nicht, wenigstens sehr mangelhaft. Dies müssen die Menschen also noch durch besondre Koalitionen supplieren. Auch fehlende Polizeianstalten sollte man durch Privatverbindungen zu ersetzen suchen.

368. Die Kunst zerfällt, wenn man will, in die w i r k l i c h e (vollendete, durchgeführte, mittelst der äußeren [Leiter] <Organe> wirksame) Kunst und in die e i n g e b i l d e t e (unterwegs in den innern Organen aufgehaltene und nur mittelst dieser wirksame) Kunst. Letztere heißt die Wissenschaft im weitesten Sinne.

Beide zerteilen sich in die Hauptabteilungen, in die bestimmte, durch Gegenstände oder andre Zentralfunktionen der Sinne schon gerichtete, durch Begriffe determinierte, endliche, beschränkte, mitteilbare Kunst – und in die unbestimmte, freie, unmittelbare, originelle, nicht abgeleitete, zyklische, schöne, selbständige, reine Ideen realisierende, von reinen Ideen belebte – Kunst.

Jene ist nur Mittel zu einem Zweck, diese Zweck an sich, befriedigende Tätigkeit des Geistes, Selbstgenuß des Geistes.

Die W i s s e n s c h a f t im weitesten Sinn betreiben Gelehrte, Meister der bestimmten Kunst, und Philosophen, Meister der unbestimmten, freien Kunst.

Die K u n s t *katexochin*, oder die wirkliche (äußre) Kunst treiben Handwerker, Meister des bestimmten Teils, und Künstler *katexochin*, Meister der freien Klasse.

Der Gelehrte erreicht das Maximum in seiner Wissenschaft durch die höchste Simplifikation der Regeln und mithin des Stoffs. Kann er aus Einer bestimmten Regel alle bestimmten Regeln ableiten, alle bestimmte Zwecke auf Einen Zweck reduzieren usw., so hat er seine Wissenschaft auf den höchsten Grad der Vollkommenheit gebracht. Der enzyklopädische Gelehrte, der dies im Umfange aller bestimmten Wissenschaften tut, – und so alle bestimmte Wissenschaften in Eine bestimmte Wissenschaft verwandelt, ist das Maximum eines Gelehrten. Die bestimmte Kunst könnte man *Wissenschaft im engern* Sinne nennen.

Philosophie kann man die *freie, eingebildete* Kunst nennen. Der Philosoph, der in seiner Philosophie alle einzelne Philosopheme in ein Einziges verwandeln, der aus allen Individuen derselben Ein Individuum machen kann, erreicht das Maximum in seiner Philosophie. Er erreicht das Maximum eines Philosophen, wenn er alle Philosophien in eine Einzige Philosophie vereinigt.

So auch mit dem Handwerker und Künstler.

Der Gelehrte und Handwerker verfahren mechanisch bei ihrer Simplifikation. Sie vereinigen zerlegte Kräfte – und zerlegen diese vereinigte Kraft und Richtung wieder methodisch. Der Philosoph und Künstler verfahren organisch, wenn ich so sagen darf. Sie vereinigen frei durch eine reine Idee und trennen nach freier Idee. Ihr Prinzip, ihre Vereinigungsidee, ist ein organischer Keim – der sich frei zu einer unbestimmte Individuen enthaltenden, unendlich individuellen, allbildsamen Gestalt entwickelt, ausbildet, – eine ideenreiche Idee.

369. Sich nach den Dingen, oder die Dinge nach sich richten, ist eins.

370. Eine Ehe ist ein politisches Epigramm. Epigramm ist nur ein elementarischer, poetischer Ausdruck – poetisches Element – primitives Poem.

371. Alles Unwillkürliche soll in ein Willkürliches verwandelt werden.

372. Veredlung der Leidenschaft – durch Anwendung derselben als Mittel, durch freiwillige Beibehaltung derselben als Vehikels einer schönen Idee, z. B. eines innigen Verhältnisses mit einem geliebten Ich.

373. Zorn usw. sind Unarten, Ungezogenheiten. Fehler des sittlichen, echtmenschlichen Anstandes.

374. Der Dithyramb unter den sinnlichen Handlungen ist die

Umarmung. Sie muß daher nach ihren Naturgesetzen beurteilt werden.

375. Urteil: Produkt und Gegenstand des Sinns für die Sinne – des allgemeinen Sinns.

376. Sollte nicht am Ende jede Frage: Was ist das? und Warum? eine dumme Frage sein?

377. Je ruhiger der Geist sein will, je regsamer, desto mehr muß er den Körper zu gleicher Zeit auf eine geringfügige Weise zu beschäftigen suchen. – Es ist gleichsam die negative Kette, die er auf den Boden herabläßt, um desto tätiger und wirksamer zu werden. <– Musik, Essen, oder reizende Mittel überhaupt, schöne Bilder für das Auge, Gerüche, Frottieren oder Herumgehn.>

378. Die höchsten Aufgaben beschäftigen den Menschen am frühsten. Äußerst lebhaft fühlt der Mensch beim ersten Nachdenken das Bedürfnis, die höchsten Enden zu vereinigen. Mit steigender Kultur nehmen seine Versuche an Genialität ab, aber sie nehmen an Brauchbarkeit zu; wodurch er zu dem Irrtume verleitet wird, gänzlich von den Endgliedern zu abstrahieren und sein Verdienst bloß in Vereinigung näherer bedingter Glieder zu setzen. Es kann aber nicht fehlen, daß er bald die notwendige Mangelhaftigkeit dieser Methode bemerkt und sich nach der Möglichkeit umsieht, die Vorteile der ersten Methode mit den Vorteilen der zweiten Methode zu verbinden und so beide zu ergänzen. Jetzt fällt ihm endlich ein, in sich selbst als absolutem Mittelpunkt dieser getrennten Welten das absolute Vereinigungsglied aufzusuchen – er sieht auf einmal, daß das Problem realiter schon durch seine Existenz gelöst ist und das Bewußtsein der Gesetze seiner Existenz die Wissenschaft *katexochin* sei, die er solange schon suche. Mit der Entdeckung dieses Bewußtseins ist das große Rätsel im Grunde gelöst. So wie sein Leben reale Philosophie ist, so ist seine Philosophie ideales Leben, lebendige Theorie des Lebens. Aus zufälligen Tatsachen werden systematische Experimente. Sein Weg ist ihm nun auf Ewigkeiten vorgezeichnet. Seine Beschäftigung ist Erweiterung seines Daseins in die Unendlichkeit,

der Traum seiner Jugend ist zu einer schönen Wirklichkeit, seine frühern Hoffnungen und Ahndungen sind zu symbolischen Prophezeiungen geworden. Der scheinbare Widerspruch der ursprünglichen Aufgabe – der Aufgaben Lösung und Nichtlösung zugleich – ist vollkommen gehoben.

379. Fabel: Maximum der poetischen, populären Darstellung der Philosophie der Ersten Periode – oder der Philosophie im Naturstand – der vereinzelten Philosopheme der Ersten Kultur oder Formation – nicht reine, ursprüngliche Poesie, sondern künstliche, zur Poesie gewordne Philosophie. Zur schönen Kunst gehört sie nicht. Sie ist technisch – Gebild der Absicht, Leiter eines Zwecks. Daher die absichtliche Willkür in der Wahl des Stoffs. Gezwungner Stoff verrät Absicht, Plan eines Vernunftwesens. Der Mensch fühlt sich genötigt, einen Gedanken, als Supplement dieser Erscheinung, hinzuzudenken. Sich leicht verständlich zu machen, hat der Erfinder selbst eine Begebenheit erfunden, die bloß zu diesem Behuf erdacht, schnell und ohne Mißverstand den beabsichtigten Gedanken im Hörer erwecken soll. Vielleicht hat er lange Mühe verwenden müssen, um aus den gemischten, unreinen Begebenheiten, die er erlebte, dieses Resultat zu ziehn, dieses Urteil, diesen Satz zu erhalten und sich von seiner Richtigkeit zu überzeugen. Dies gab ihm Gelegenheit zur Erfindung der Fabel. Er komponierte eine Begebenheit, eine hieroglyphische Formel, die nichts, als den Satz enthielt und so physiognomisch sprechend war, daß man ihre Seele nicht verfehlen konnte, daß man bei ihrer Anhörung, bei dieser geistigen Nachbildung, notwendig den darin verborgenen Satz mit nachbilden und auch sogleich, weil man wissentlich ein Menschenwerk, das Produkt einer Absicht, nachbildete, denselben durch Aufmerksamkeit absondern, und als Zweck des Werks anerkennen mußte. Je roher die Kunst, je frappanter der Zwang des Stoffs. Auf die Schönheit und Selbstgesetzmäßigkeit der Form legt der <erste> Künstler keinen Wert. Er will nur einen sichern Ausdruck seiner Absicht – verständliche Mitteilung ist sein

Zweck. Je ungeübter der ausscheidende Allgemeinsinn, je weniger fertig der Verstand im Erraten ist, desto kürzer und einfacher muß seine Operation, desto weniger verhüllt, desto loser verknüpft muß die Absicht, der Gedanke mit dem Stoff sein. Die Seele des Kunstwerks muß so nackend als möglich auf der Oberfläche liegen. Sie muß in überspannten, unnatürlichen Bewegungen und Modifikationen des Stoffs, in Karikatur, sich zudringlich zu erkennen geben.

Aus einem Menschen spricht für dieses Zeitalter Vernunft und Gottheit nicht vernehmlich, nicht frappant genug: Steine, Bäume, Tiere müssen sprechen, um den Menschen sich selbst fühlen, sich selbst besinnen zu machen.

Die erste Kunst ist Hieroglyphistik.

Mitteilungs-, Besinnungskunst oder Sprache, und Darstellungs-, Bildungskunst oder Poesie sind noch eins. Erst später trennt sich diese rohe Masse – dann entsteht Benennungskunst, Sprache im eigentlichen Sinn – Philosophie – und schöne Kunst, Schöpfungskunst, Poesie überhaupt.

Die Rätselweisheit, oder die Kunst, die Substanz unter ihren Eigenschaften zu verbergen, ihre Merkmale mystisch zu verwirren, gehört als Übung des jungen Scharfsinns in diese Periode. Mystische, allegorische Worte mögen der Anfang dieser Popularisierung der frühsten Theoreme gewesen sein – wenn nicht die Erkenntnis überhaupt gleich in dieser popularen Form zur Welt kam. Parabeln sind viel späterer Formation. Zur künstlichen Poesie, oder zur technischen überhaupt gehört die rhetorische. Der Charakter der künstlichen Poesie ist Zweckmäßigkeit – fremde Absicht. – Die Sprache im eigentlichsten Sinn gehört ins Gebiet der künstlichen Poesie. Ihr Zweck ist bestimmte Mitteilung. <Wenn man also Sprache – Ausdruck einer Absicht nennen will, so ist die ganze künstliche Poesie Sprache – ihr Zweck ist bestimmte Mitteilung>, Erregung eines bestimmten Gedankens.

Der Roman gehört zur natürlichen Poesie – die Allegorie zur künstlichen.

Die natürliche Poesie kann oft ohne Schaden den Schein der künstlichen, der didaktischen haben. Er muß aber nur zufällig, nur frei damit verknüpft sein. Dieser Schein der Allegorie gibt ihr dann noch einen Reiz mehr – und sie kann nicht Reize (Inzitamente jeder Art) genug haben.

<Musik, Plastik und Poesie sind Synonymen.>

380. Unser Leben ist unvollkommen, weil es Perioden hat. Es sollte nur Eine Periode sein, dann wär's unendlich. Der Relationsprozeß ist der substanzielle. Wo mit der Verdichtung Vermehrung verbunden ist, da ist Leben.

381. Der genialische Arzt wird von sich und dem Gegenstande zugleich, aber ohne gegenseitige Beschränkung – vielmehr mit gegenseitiger Vervollkommnung bestimmt. Er beobachtet Mittel und Krankheit mit jedem Schritte genauer, wird mit jedem Schritte mehr Herr der Krankheit und des Mittels und ist die wohltätige Macht, die die äußern Reize kunstvoll zu einem glücklichen Feinde der Krankheit organisiert, sowohl in Beziehung auf harmonische Zusammenwirkung oder Gliederung, als auf Dosis (Quantität) und Grad (Qualität) und auf Sukzession (Rhythmus).

382. Das Werkzeug als solches läßt sich nicht müßig denken. Ein Organ ist, seinem Begriff nach, in Bewegung und mithin in Verbindung mit seinem Reiz, teils unmittelbar, teils mittelbar durch das Produkt. Der tote Körper, tot gedacht, wird uns keine Aufschlüsse über die Kraft geben, und ihre Verbindung mit ihm. Beobachtet das lebendige Organ und das bewegte Werkzeug!

383. Wer alles räumlich, figuriert und plastisch sieht, dessen Seele ist musikalisch: Formen erscheinen durch unbewußte Schwingungen. Wer Töne, Bewegungen usw. in sich sieht, dessen Seele ist plastisch – denn Mannichfaltigkeit der Töne und Bewegungen entsteht nur durch Figuration.

Wird aber der musikalische Mensch guter Maler und Skulptor, so wie umgekehrt der plastische Mensch guter Musikus usw., werden können – da alle Einseitigkeit sich selbst Schaden tut?

Oder besteht eben das Genie in der Vereinigung, und die Bildung des Genies in Konstruktion dieser Vereinigung – Ausbildung des schwächeren Vereinigungskerns? Jeder Mensch hätte genialischen Keim – nur in verschiednen Graden der Ausbildung und Energie.

<(Enzyklopädie, Pädagogik.) Vorstehender Satz ist auf alle wissenschaftliche und technische Köpfe analogisch anwendbar, und die Verwandtschaften der Wissenschaften haben hier ihren vorzüglichsten Grund.>

384. Hoffnung ist eine entfernte Freude, Ahndung ist entfernte Vorstellung, Furcht ist ein entferntes Weh. Erinnerung des Angenehmen, Erinnerung des Unangenehmen: rückwärtsentfernte Lust oder Unlust. Was die Lust in der Erinnerung verliert, das gewinnt die Unlust in der Erinnerung, und umgekehrt. Sie gehn in einander über – so Furcht und Hoffnung. Je näher, desto unterschiedner. <Anwendung der Perspektive auf diese Dinge. (Die Phantasie ist die phänomenologische Kraft.)>

385. Überfluß und Armut, beide in Einem Zustand der Schwäche, so wie hingegen der Mittelstand zwar beide in Dauerstärke übertrifft, aber seine ganze Dauer hindurch von Einem der beiden Extreme oder gar von beiden zugleich despotisiert und gehudelt wird und der Überblick derselben nichts als Fristung einer kümmerlichen, mühseligen Existenz darbietet. Die Extreme leben nicht eigentlich, existieren nicht recht – d. h. in einem sehr geringen Grade der Existenz, weil sie nur weniges mit dem Extrem gemein haben; geringe Animation. Der Mittelstand existiert mehr – aber wie? unter welchen Gefahren? in welchem Reiche? wie bedroht? – in einem beständigen Zustande der Not; überall fehlt's.

386. <(Philosophische Enzyklopädik.)> Philosophie einer Wissenschaft entsteht durch Selbstkritik und Selbstsystem der Wissenschaft. Eine Wissenschaft wird angewandt, wenn sie als analoges Muster und Reiz einer spezifischen Selbstentwicklung einer andern Wissenschaft dient. Jede Wissenschaft kann durch reine

Potenzierung in eine höhere, die philosophische Reihe, als Glied und Funktion übergehn.

Am Ende ist Mathematik nur gemeine, einfache Philosophie, und Philosophie höhere Mathematik im allgemeinen.

<Höhere Mathematik insbesondere knüpft die gemeine Mathematik an das System der Mathematik, und dieses stößt an die Philosophie der Mathematik oder philosophische Mathematik, wie denn die systematische Wissenschaft immer der Vorläufer und die Grenze eines höhern Grades der Wissenschaft überhaupt, des philosophischen Grades ist. (Grade der Wissenschaftlichkeit; der höchste Grad der Wissenschaftlichkeit wird Philosophie genannt.) Der philosophische Grad zerfällt wieder in drei Teile u. s. f. Er geht in die höhere Reihe oder den höhern Grad der Philosophie der Philosophie über u. s. f.>

387. Langwierige Zufälle können plötzlich gehoben werden, so wie oft eine plötzliche Krankheit nur langwierig gehoben wird.

388. <Ähnlichkeit des Denkens und Sehens. Die Ahndungs- und Erinnerungskraft haben Beziehung auf die Fernsichtigkeit.> Alles geht in uns viel eher vor als es geschieht. <(Propheten. Zeitliche und räumliche Distanz gehn ineinander über.)

Durch Übung kann man auch die Distanzen, wie das Auge, schätzen lernen. Man bildet das Auge und die Denkkraft mathematisch, der Geist rechnet aus den durch das Auge ihm kritisch gegebnen Datis, nach Regeln der Reduktion der perspektivischen Ansicht die wahre Größe, Gestalt, Kraft usw. und Entfernung des Gegenstandes.>

389. Zorn ist ein heftiger Unwillen, Enthusiasmus ein heftiger Willen. (Schmerz vielleicht ein heftiger Untrieb oder Gegentrieb. Wollust ein heftiger Trieb.) Alle Unlust entsteht von Mangel – (Mangel an Trieb, Kraft; Mangel an Reiz, Stoff). In jeder wahren Krankheit ist ein Mangel, und daraus entsteht die Unlust jeder Krankheit. Daher sagt man auch: Was fehlt dir?

390. Die Träume sind für den Psychologen höchst wichtig –

auch für den Historiker der Menschheiten. Die Träume haben sehr viel zur Kultur und Bildung der Menschheit beigetragen; daher mit Recht das ehemalige große Ansehn der Träume.

391. <Zuerst kommt die Kritik des Unternehmens, dann das kritische Unternehmen selbst.>

Irgendwo anfangen und stillstehen muß man: mit einem Urglauben – Urwillen.

392. <(Physiologie, Stilistik.)> Man kann am Stil bemerken, ob und wie weit der Gegenstand den Verfasser reizt oder nicht reizt, und daraus Folgerungen auf seine Konstitution machen, auf seine zufällige Stimmung usw.

<Voller Stil, magrer Stil; bleicher Stil, farbiger Stil; mannichfaltiger, monotoner Stil; krankhafter, gesunder – schwächlicher und energischer Stil. Heilmethoden – Erziehungsmethoden des Stils.> (In Goethens Stil ist die Monotonie und Simplizität der großen Welt – notwendige aber äußerst einfache Etikette.) Die große Welt ist bloß gebildete Sensibilität, asthenische Konstitution als Ideal.

393. (Physiologie und Psychologie.) Je merklichere Wirkungen die Seele hervorbringen kann, desto stärker ist sie; je unmerklichere Wirkungen der Stoff, die Welt, der Körper im engeren Sinn hervorbringen kann, desto stärker ist er. Je mannichfaltigere dabei beide, – desto gebildeter beide. Der Körper soll Seele, die Seele Körper werden, eins durch das andre, – dadurch gewinnen beide.

394. Sollte die Physik im strengeren Sinn die Politik unter den Naturwissenschaften sein?

Die niedre Physik betrachtet den Stein unter Steinen – wie die gemeine Politik den Menschen unter Menschen; jene die Felsenbildung, Gebürgsbildung, diese die Staatenbildung. Die astronomisch terrestrische Mineralogie und Geologie ist davon ganz verschieden. Gewöhnlich werden Bruchstücke von ihr unter die gemeine Geognosie mit gerechnet – und ihre Idee liegt mit in der Idee der jetzigen Geognosie.

395. Hypochondrie ist pathologisierende Phantasie mit Glauben an die Realität ihrer Produktionen, Phantasmen verbunden.

396. <(Enzyklopädik.)> Halbe Theorie führt von der Praxis ab, ganze zu ihr zurück.

397. <(Anthropologie.)> Wer sich nicht vornimmt, das Denken und Szientifieren und Studieren ganz durchzuführen und es beständig fortzutreiben, der tut sich nur mehr Schaden damit, da aller temporelle Gebrauch eines heftigen Reizes schädlich ist und größere Schwäche veranlaßt. <(Übergang zum Herrnhutism.)>

398. Das unkritische Sich für gesund halten, sowie das unkritische Sich für krank halten: beides ist Fehler und – Krankheit.

399. <(Enzyklopädie.)> Logik im allgemeinen Sinne begreift dieselben Wissenschaften oder wird ebenso eingeteilt wie Sprachlehre und Tonkunst. Die angewandte Sprachlehre und die angewandte Logik begegnen sich und machen Eine höhere Verbindungswissenschaft aus, die die Wortbedeutungslehre und ihre Disziplinen enthält.

400. Wir stoßen immer zuletzt an den Willen, die willkürliche Bestimmung, als wenn dies überall der eigentliche und notwendige Anfang wäre.

<Satz:> Jede künstliche, willkürliche Bestimmung muß eine notwendige, natürliche werden können, und umgekehrt.

401. <Nachgerade häufen sich immer mehr Gründe, die mich die Brownische Erregungstheorie nicht mehr in dem günstigen Lichte erblicken lassen, als ehedem.>

Das Leben läßt sich schlechterdings nur aus Leben erklären, die Erregung nur aus der Erregung. Wenn aller Stoff zur Kraft sich verhält wie Objekt zu Subjekt, so sind also Stoff und Kraft Eines Ursprungs und im Grunde vereinigt, wie in der Folge getrennt.

<Die Neigung zu Materien ist, wie die Neigung zu Kräften, einseitig; jene realistisch, diese formalistisch.

Browns System ist ein flüchtiger, szientifischer Reiz. Es hat eine der echten Form ähnliche, aber die Grundlagen sind fehlerhaft.>

Ist das Leben bloß komplizierte Erregung oder eine höhere Zusammensetzung? Ist die Erregung aus Reizung und Empfindung zusammengesetzt?

<Über die hartnäckigen Ausdrücke: Wärmestoff, elektrischer Stoff usw.

Kein Stoff ohne Kraft, und umgekehrt. Ihr Übergang ineinander. Wenn man den Begriff Stoff idealisiert, gradiert, so kommt man auf Kraft, und umgekehrt.

Die vereinigte Wärmetheorie und Galvanognosie geben vielleicht die Basis zu einem neuen, vollkommnen Medizinalsystem.>

Nichts reizt an sich. Alles kann reizend und nicht reizend werden. So ist die Reizbarkeit durchaus relativ in Beziehung auf den Stoff. So auch mit der Erregbarkeit. Beide sind Erscheinungen einer Substanz; die Erregung – der höhern. Beide haben Beziehung auf Sehnen und Trieb.

Die Lust ist so gut Organ des Menschen wie das Blut. Die Trennung des Körpers von der Welt ist wie die der Seele vom Körper.

Der Mensch hat gleichsam gewisse Zonen des Körpers. Sein Leib ist die nächste, was ihn zunächst umgibt die zweite, seine Stadt und Provinz die dritte; so geht's fort bis zur Sonne und ihrem System. Die innigste Zone ist gleichsam das Ich, und diesem steht, als der höchsten Abstraktion, Kontraktion – die höchste Reflexion, Expansion, die Welt entgegen. So der Punkt dem atmosphärischen Raum.

Die Kraft ist der unendliche Vokal, der Stoff der Konsonant.

Wie jeder Körper gleichsam Figur hat, so hat auch jeder nach Maßgabe der Stärke und Größe der Hemmung verschiedne Tendenz gegen die Hemmung und freie, ungehemmte Kraft. Diese letztere bestimmt den Trieb mit.

Es gibt verschiedne Arten des Systems, vollkommne, unvollkommne und rohe. Das rohe entsteht aus gegenseitigem Bedürfnis der Gemeinschaftlichkeit, die unvollkommnen aus gegenseitigen, einseitigen Bedürfnissen – daher von Grund aus feindlich –, das dritte hat das Bedürfnis der Gemeinschaft, als absolutes Bedürfnis überhaupt zum Grunde und eine vollkommne Befriedigung der einseitigen Bedürfnisse zur Folge.

Not oder Mangel reizt auf, wie Verdünnung, Vermannichfaltigung. Überfluß ekelt (Verdichtung, Vereinigung usw.). Es kommt alles auf die Beschaffenheit der Umstände an. Es müßten feste (vollständige) Data aller Auflösung zum Grunde liegen.

Röschlaub irrt, wie die andern, wenn er das Oxygen an sich zum Reiz vermindernden, zum negativen macht. Es kann sein, es kann aber auch das Gegenteil sein.

Browns allgemeine Grundsätze bleiben in gewisser Hinsicht wahr, sobald sie noch viel allgemeiner gemacht werden und alles Spezielle daraus weggestrichen wird.

Seine Pharmazie, seine Semiotik, seine spezielle Pathologie, seine spezielle Therapie taugen nichts, z. B. seine Theorie vom Opium ist bloß empirisch, blind.

Reiz und Reizbarkeit sind Substanzen, und also nicht in *concreto* darstellbar, sondern nur in wechselnden Akzidenzenreihen.

Gerade wie das Ich in Objekt und Subjekt sich selbst zerfetzt, ebenso die Erregung oder das Leben in zwei oder mehrere Ursachen, die Eine Wirkung konstituieren. In der Kategorie der Kausalität sind die Ursachen: Menge, und die Wirkung: Einheit; in der Kategorie der Substantialität ist die Substanz: Einheit und die Akzidenzen: Menge. Beide sind in der Kategorie der Gemeinschaft vereinigt; der Trennung, umgekehrt.

Man kann durch konkrete Schwächung stärken, und umgekehrt.

Die Medizin muß noch ganz anders werden: Lebenskunstlehre und Lebensnaturlehre.

Wenn das Leben wirklich die höchste Substanz ist, so kann es nur durch die vollendete Bearbeitung aller einzelnen physikalischen Glieder eine Erklärung hoffen.

Die vollendete Physik wird die universelle Lebenskunstlehre sein. Zerteilung des Lebensproblems, sukzessive Auflösung.

402. <(Philosophie.) Es ist dogmatisch, wenn ich sage, es gibt keinen Gott, es gibt keine Wissenschaft, es gibt kein Ding an sich; ich kann kritisch nur sagen: jetzt gibt es für mich kein solches Wesen, außer einem erdichteten.> Alle Illusion ist zur Wahrheit so wesentlich, wie der Körper der Seele. Irrtum ist das notwendige Instrument der Wahrheit. Mit dem Irrtum mach ich Wahrheit; vollständiger Gebrauch des Irrtums – vollständiger Besitz der Wahrheit.

<Alle Synthese, alle Progression oder> Übergang fängt mit Illusion an. Ich sehe außer mir, was in mir ist – ich glaube, es sei geschehn, was ich eben tue <und so fort. Irrtum der Zeit und des Raums.>

Glauben ist die Operation des Illudierens, die Basis der Illusion. Alles Wissen in der Entfernung ist Glauben. Der Begriff außer mir ist Ding. Alles Wissen endigt und fängt im Glauben an. Vor- und Rückerweiterung des Wissens ist Hinausschiebung, Erweiterung des Glaubensgebiets. Das Ich glaubt ein fremdes Wesen zu sehn – durch Approximation desselben entsteht ein andres Mittelwesen, das Produkt, was dem Ich zugehört und was zugleich dem Ich nicht zuzugehören scheint. Die Mittelresultate des Prozesses sind die Hauptsache; das zufällig gewordene oder gemachte Ding ist das verkehrt Beabsichtigte.

403. Die meisten Menschen wollen nicht eher schwimmen, bis sie es können.

404. <(Enzyklopädistik.)> Sollte nicht die Heilkunst sowie die andern gemischten Wissenschaften zur Klugheitslehre überhaupt mitgehören? Sollte Klugheitslehre indirekte Technik sein? Die ganze Klugheitslehre läuft auf medizinische Regeln hinaus, z. B. die Methode, jemanden wozu zu bewegen oder wovon abzuhalten, ist durchaus medizinisch.

<Allgemeine Grundsätze der Bewegungskunst der Menschen und der Beruhigungskunst:>

Jeder Mensch will alles und will auch alles nicht. <Ein ähnlicher Grundsatz der Wissenschaft und Glaubenskunst:> Jeder Mensch weiß alles und weiß auch alles nicht – oder glaubt alles.

<Jeder individuelle Willen ist eine Funktion jedes andern individuellen Willens, und so auch mit dem Wissen, und mit dem Nichtwillen und Nichtwissen.

Prozedur nach jenen Grundsätzen:>

So gut wie alle Kenntnisse zusammenhängen, so gut hängen auch alle Nichtkenntnisse zusammen. Wer eine Wissenschaft machen kann, muß auch eine Nichtwissenschaft machen können, wer etwas begreiflich zu machen weiß, muß es auch unbegreiflich zu machen wissen. Der Lehrer muß Wissenheit und Unwissenheit hervorzubringen vermögen.

Wenn der Charakter des gegebenen Problems Unauflöslichkeit ist, so lösen wir dasselbe, wenn wir seine Unauflöslichkeit darstellen. <Wir wissen genug von *a.*, wenn wir einsehn, daß sein Prädikat *a.* ist.>

405. Macht sich alles, was wir direkt machen, von selbst? und was wir indirekt machen, durch uns?

<Also wäre unsre indirekte Technik scheinbar direkt, und unsre direkte Technik scheinbar indirekt?>

406. <(Psychologie.)> Die Furcht kann auch Symptom eines angenehmen Gegenstandes sein, z. B. Ehrfurcht. <(Logische Verzweiflung.)>

407. <Direkter Reiz – indirekter Reiz.> Den Stärksten reizt der schwächste Reiz am meisten, und daher entsteht die heftige Repulsion des Schwachen. Aber gerade am Schwachen geht die meiste Kraft verloren, und daher schwächt das Schwache den Starken indirekt. <(Leitungstheorie). Umgekehrt ist es mit dem Starken. Das Starke stärkt das Starke indirekt. Alle Wirkung ist verkehrt usw.

Jede Ursach erweckt Ursachen. Die *causa prima* ist nur das erste Glied der ursächlichen Reihe; diese Reihe ist aber vorwärts und rückwärts unendlich. Nur unter Voraussetzungen und willkürlichen Annahmen oder Datis gibt's einen *causa prima*; nicht absolut.

408. Die innre Welt ist gleichsam mehr mein als die äußre. Sie ist so innig, so heimlich. Man möchte ganz in ihr leben. Sie ist so vaterländisch. Schade, daß sie so traumhaft, so ungewiß ist. <Muß denn gerade das Beste, das Wahrste so scheinbar, und das Scheinbare so wahr aussehn? (Was außer mir ist, ist gerade in mir, ist mein; und umgekehrt.)>

409. Der Begriff von Element schließt das Merkmal der Unvollkommenheit notwendig in sich. Ein Element ist ein unvollkommenes Wesen überhaupt. <Diese Definition erscheint mir vorzüglicher als die Baadersche.>

410. <Alles ist sich gegenseitig Symptom. Töne und Striche sind, als diejenige einfache, äußre Erscheinung, die am mannichfaltigsten gebildet, variiert und zusammengesetzt werden kann, am bequemsten zur Bezeichnung des Universums. Das Universum ist das absolute Subjekt oder der Inbegriff aller Prädikate. Hierin liegt schon seine unermeßliche und zugleich meßliche Gliederung, weil nur dadurch der Inbegriff aller Prädikate möglich wird.> Man muß notwendig erschrecken, wenn man einen Blick in die Tiefe des Geistes wirft. Der Tiefsinn und der Wille haben keine Grenzen. Es ist damit, wie mit dem Himmel. Ermüdet steht die Einbildungskraft still – und nur ihre momentane Konstitution wird damit indiziert. Hier stoßen wir auf die Möglichkeit von Geisteskrankheiten, Geistesschwächen, kurz, auf die geistige Lebens- und Konstitutionslehre, und das Moralgesetz erscheint hier als das einzig wahre, große Graderhöhungsgesetz des Universums, als das Grundgesetz der harmonischen Entwicklung. Sukzessive schreitet der Mensch fort, mit jedem wahren Schritte leichter, mit jeder erlangten Geschwindigkeit wächst der Raum. Nur der rückwärts gekehrte Blick bringt vorwärts, da der vorwärts gekehrte Blick rückwärts führt.

411. <(Pathologische Philosophie.)> Ein absoluter Trieb nach Vollendung und Vollständigkeit ist Krankheit, sobald er sich zerstörend und abgeneigt gegen das Unvollendete, Unvollständige zeigt.

412. Jede Wissenschaft wird Poesie, nachdem sie Philosophie geworden ist.

413. Die Frau ist das Symbol der Güte und Schönheit; der Mann das Symbol der Wahrheit und des Rechts.

414. Wem ich einen unbestimmten Trieb beibringen kann, dem geb ich Leben im strengeren Sinn. <(Substanz = demjenigen, dem substituiert wird.)>

415. Wir sind mit dem Unsichtbaren näher als mit dem Sichtbaren verbunden. <(Mystischer Republikaner.)>

416. Gesetze sind notwendige Folgen des unvollkommnen Denkens oder Wissens.

417. <(Künstler aus Sittlichkeit.)> Der vollständige und der vollkommne Künstler überhaupt ist von selbst sittlich – so auch der vollständige und vollkommne Menschen überhaupt.

418. <(Bearbeitung einer Sprache. Silbenverzeichnis. Charakterisierende Bestandteile der Sprache. Szientifisch systematisches Lexikon.)>

Übergang einer Sprache in die andre durch korrupte oder eigentümliche Aussprache. <Erhebung der gemeinen Sprache zur Büchersprache. Die gemeine Sprache wächst unaufhörlich, aus ihr wird die Büchersprache gebildet. Übergang und Umbildung der Vokalen, der Silben ineinander. 1, 2, 3, 4 und mehrsilbige Wörter.

Allgemeines Sprachsystem – Sprachgeschichtssystem. Erfindung jeder Sprache *a priori*. Verschiedenheit der Aussprache.

Die gemeine Sprache ist die Natursprache – die Büchersprache die Kunstsprache.>

419. Wenn wir Selbsterzeugnisse und Machwerke mit Naturprodukten vergleichen, so werden wir die Natur verstehn lernen.

Man versteht Künstler, insofern man Künstler ist und wird, und sich also selbst versteht.

420. Eine Art von Schmerz läßt sich durch Reflexion, andre durch Abstraktion vertreiben.

421. Der Traum ist oft bedeutend und prophetisch, weil er eine Naturseelenwirkung ist und *also* auf Assoziationsordnung beruht. Er ist, wie Poesie bedeutend, – aber auch darum unregelmäßig bedeutend, – durchaus frei.

422. Man sollte stolz auf den Schmerz sein – jeder Schmerz usw. ist eine Erinnerung unsers hohen Rangs.

423. Wolkenspiel – Naturspiel äußerst poetisch. Die Natur ist eine Äolsharfe, sie ist ein musikalisches Instrument, dessen Töne wieder Tasten höherer Saiten in uns sind. <(Ideenassoziation.)>

424. Ein Körper verhält sich zum Raume, wie ein Sichtbares zum Lichte.

425. Der Mensch strebt nach nichts mehr, als reizend, Aufmerksamkeit erregend <(Turgeszierend, Reflexion-anziehend)> zu sein.

426. Der Wissenschaft ist es wie den Menschen gegangen: um sie leichter bearbeiten und bilden zu können, hat man sie in einzelne Wissenschaften (und Staaten) eingeteilt; der Einteilungsgrund war hier und dort zufällig und fremd.

427. Der Raum geht in die Zeit, wie der Körper in die Seele über. <Simultanerzeugungsprozeß einer Seite. (Das Märchen ist ganz musikalisch.) Das Auge ist ein Flächensinn, das Gefühl schon kubischer. Gehör ist ein mechanischer, Geruch und Geschmack chemische Bewegungssinne. Wie Sprache und Ohr, Gemüt und Geschmack im Verhältnis stehn, so stehn auch wohl noch mehrere Organe in Gemeinschaft. Mit dem Auge scheint das Gefühl in besonderm Verhältnis. Auch mit dem Ohr z. B. Unterschied von Malern und Musikern. Verhältnis der Schärfe dieser Sinne zum Verstande usw. Ihre Schärfe scheint beinah mit der Schärfe des Verstandes, Gemüts überhaupt, in umgekehrtem

Verhältnis zu stehn, z. B. Wilde und Tiere usw. (Flächenbewegungsreiz scheint Licht zu sein.)>

428. <Enzyklopädisierungs-Kalkül. (Über den moralischen Schriftsteller. Der echte Moralist – die höchste Stufe der literärischen Bildung. Buchkünstler der Moral.) (Die Oryktognosie in Tafeln.)> (Um die Stimme zu bilden, muß der Mensch mehrere Stimmen sich anbilden; dadurch wird sein Organ substantieller. So um seine Individualität auszubilden, muß er immer mehrere Individualitäten anzunehmen und sich zu assimilieren wissen, – dazu wird er zum substantiellen Individuum. <Genius.) Die malerische Bekleidung muß harmonisch mit dem Bekleideten zusammenstimmen.>

429. <Erziehungs-Wissenschaft des Gelehrten.> Der Historiker wird durch die Zeitungen, ein Verzeichnis individueller Nachrichten, gebildet. Hier kann er Kritik lernen. <Kritisches Zeitungslesen und Schreiben.> Falsche Nachrichten, einseitige, entstellte lernt er nachgerade benutzen. Vollkommen entgegengesetzte Nachrichten heben sich auf. Unvollkommen entgegengesetzte geben die Wahrheit zum Resultat, wenn man die sich aufhebenden Data oder Glieder durchstreicht. Die Materialien des Historikers sind die Quellen oder die Zeitungen, oder die Historien, welches eins ist. <Kritisch ordnet der direkte Historiker seine Data zu Gleichungen, zu einer großen, gutgeordneten Aufgabe. Dies ist die erste Arbeit – die Auflösung dieser Aufgabe, oder des Gleichungensystems, ist die zweite Arbeit – diese beschäftigt den reflektierenden Historiker.> Die Zeit ist der sicherste Historiker. <Die gewöhnlichen Zeitungen liefern eine reale Kritik.

Den direkten kann man auch den beobachtenden Historiker nennen. (Die Beobachtung bereitet den Beweis vor.) (Jeder Beweis ist eine Ahnenprobe.) Der Beweis ist die umgekehrte Auflösung. Bei der Auflösung folgt die Integration der Differentiation – bei dem Beweise umgekehrt. (Integration und Differentiation nehme ich hier nicht ganz in der gewöhnlichen Bedeutung.)>

430. Die Synthesis von Seele und Leib heißt Person. Die Person verhält sich zum Geist wieder wie der Körper zur Seele. Sie zerfällt auch einst und geht in veredelter Gestalt wieder hervor.

431. Wie das Auge nur Augen sieht – so der Verstand nur Verstand, die Seele Seelen, die Vernunft Vernunft, der Geist Geister usw., die Einbildungskraft nur Einbildungskraft, die Sinne Sinne; Gott wird nur durch einen Gott erkannt.

432. Gewiß ist's, daß der Mensch selbst Seelenkrankheiten Herr werden kann, und dies beweist unsere Moralität, unser Gewissen, unser unabhängiges Ich. Selbst in Seelenkrankheiten kann der Mensch außerhalb sein und beobachten und gegenexperimentieren. Es ist freilich oft sehr schwer – den Sensibelsten am schwersten, deren Hang überhaupt lebhaft und schnell ist.

433. Die mathematische Methode ist das Wesen der Mathematik. Wer die Methode ganz versteht, ist Mathematiker.

Sie ist als die wissenschaftliche Methode überhaupt höchst interessant und gibt vielleicht das richtigste Muster zur Einteilung des Erkenntnis- und Erfahrungsvermögens her.

434. <Gegensatz von Schule und Welt.> Modifizieren ist relatives Machen und Zerstören. Absolut machen können wir nichts, weil das Problem des absoluten Machens ein imaginäres Problem ist. Keinen absoluten Anfang gibt's nicht – er gehört in die Kategorie der imaginären Gedanken.

435. Unser Geist ist eine Assoziationssubstanz. Aus Harmonie, Simultaneität des Mannichfachen geht er hervor und erhält sich durch sie. <Er ist eine Gicht, ein spielendes Wesen.>

Der Geist ist das soziale, konkatenierende Prinzip. Nur ein Geist, eine Assoziation hat ihm das Dasein gegeben.

Der Tod versetzt ihn in der großen Assoziation irgend wo anders hin, – <Assoziationsgesetze> –, er wird irgendwo anders erweckt.

436. Licht ist die Aktion des Weltalls, – das Auge, der vorzeichnende Sinn für das Weltall oder Weltseele – Weltaktion. Die Strahlen desselben sind eine bloße Fiktion.

437. Die Körper sind in den Raum präzipitierte und angeschossne Gedanken. <Bei der Präzipitation ist der Raum, als 0 oder ∞, als freie Temperatur – substantieller K(örper?) zugleich entstanden.>

(Die Zeit ist ein sukzessiver Wechsel der Kräfte. Die Gegenwart ist die Schwebung – gleich einem Gefäße, das einen aufnehmenden und abführenden Gang hat.)

<Wenn in uns die Welt entsteht, so entsteht das Weltkörpersystem zuerst – und so herunter. Das Astralsystem ist das Schema der Physik. Übersetzung desselben auf die Oberfläche – in Fossilien, Pflanzen und Tiere. Der Mensch ist ein Fokus des Äthers. (Begriff von Äther.)>

438. Das physikalische Wundermärchen der Genlis ist immer ein artiger Versuch.

439. Vollkommne Bücher machen Vorlesungen unnütz. Das Buch ist die in Striche (wie Musik) gesetzte und kompletierte Natur.

440. Wenn man etwas Bestimmtes tun und erreichen will, so muß man sich auch provisorische bestimmte Grenzen setzen. Wer aber dies nicht will, der ist vollkommen wie der, der nicht eher schwimmen will, bis er's kann. Er ist ein magischer Idealist, wie es magische Realisten gibt. Jener sucht eine Wunderbewegung, ein Wundersubjekt – dieser ein Wunderobjekt, eine Wundergestalt. Beides sind logische Krankheiten, Wahnarten, in denen sich allerdings das Ideal auf eine doppelte Weise offenbart oder spiegelt – heilige, isolierte Wesen, die das höhere Licht wunderbar brechen – Wahnhafte Propheten. So ist auch der Traum prophetisch – Karikatur einer wunderbaren Zukunft.

441. <(Enzyklopädie.) Die Kritik im engern Sinn ist die Lehre von der regelmäßigen, vollständigen Konstruktion der Aufgabe z. B. der Philosophie derselben, als Wissenschaft. Sie ordnet gleichsam die Data zu den notwendigen Gleichungen. Die Theorie folgt der Kritik und ist die Auflösung – und die Philosophie ist die Probe oder der Beweis, wenn diese nicht besser die Gegen-

theorie ist. Die Gegentheorie muß zu demselben Resultate (führen) und ist die Probe des vollkommnen Prozesses.>

Der Glauben hat auch Grade. Er disponiert. Aus Kraft des Glaubens ist die ganze Welt entstanden; <er ist das synthetische Prinzip. Sinn und Begriff sind eins. Ein Sinn ist ein allgemeiner Begriff, *i. e.* ein individueller Begriff, nicht allgemein im gewöhnlichen Sinn, wo es polarisch ist. Der Begriff entsteht durch Wahl, Annahme, Setzung, so auch der Sinn.> Im Willen ist der Grund der Schöpfung. Glauben ist Wirkung des Willens auf die Intelligenz. <Objektive und subjetive Intelligenz. Die Wirkung der objektiven Intelligenz wird ein Objekt, ein Naturwesen; der subjektiven Intelligenz ein Subjekt, ein Begriff, ein Verstandeswesen sein.> Glaubenskraft ist also Willen. Aus der Anwendung derselben entsteht allmählich die Welt usw. <Grade des Willens.>

442. <(Historik.)> Die bloße Geschichte <(Bewegung, Bildung)> ist musikalisch und plastisch. Die musikalische Geschichte ist die Philosophie, die plastische Geschichte: die Chronik, die Erzählung, die Erfahrung. Jede Materialienmasse ist Chronik. Jede Beschreibung ist Erzählung. Erst dann, wenn der Philosoph als Orpheus erscheint, ordnet sich das Ganze in regelmäßige gemeine und höhere, gebildete, bedeutende Massen, in echte Wissenschaften zusammen. <(Historische Oryktognosie im allgemeinen Sinn.)>

443. <Vom merkantilischen Geiste.>

Der Handelsgeist ist der Geist der Welt. Er ist der großartige Geist schlechthin. Er setzt alles in Bewegung und verbindet alles. Er weckt Länder und Städte, Nationen und Kunstwerke. Er ist der Geist der Kultur, der Vervollkommnung des Menschengeschlechts. Der historische Handelsgeist, der sklavisch sich nach den gegebenen Bedürfnissen, nach den Umständen der Zeit und des Orts richtet, ist nur ein Bastard des echten, schaffenden Handelsgeistes.

444. Der Sinnenrausch ist zur Liebe, was der Schlaf zum Leben.

445. Je vielfacher der Mensch sich zugleich beschäftigen kann, versteht sich, daß diese Beschäftigungen nichts Kollidierendes und Störendes haben, desto energischer und reiner wirkt die Denkkraft, und vielleicht heben sich überhaupt heterogene Beschäftigungen.

446. Wie die Stimme mannichfaltige Modifikationen in Ansehung des Umfangs, der Geschmeidigkeit, der Stärke, der Art (Mannichfaltigkeit), des Wohlklangs, der Schnelligkeit, der Präzision oder Schärfe hat, so ist auch die schriftliche Stimme oder der Stil auf eine ähnliche Weise unter mannichfachen Gesichtspunkten zu beurteilen. Die Stilistik hat ungemein viel Ähnlichkeit mit der Deklamationslehre oder der Redekunst im strengern Sinne.

<Rhetorik ist schon ein Teil der angewandten Rede- und Schreibekunst. Außerdem begreift sie die angewandte geistige oder psychologische Dynamik und die angewandte, spezielle Menschenlehre überhaupt mit in sich. Technische Menschenlehre. (Jene Dynamik ist ein Teil der Menschenlehre überhaupt.)

Jeder muß mit seiner Stimme und mit seinem Stile zu ökonomisieren, beide gehörig immanent zu proportionieren und zu nüanzieren wissen.>

447. Der Lebensprozeß – der Raum- und Zeiterfüllungs- und Gliederungsprozeß bestimmt die Individualität. Seine vollständige Betrachtung liefert uns die natürliche, wahrhaft naturhistorische Reihe, – das vollständige Natursystem eines Individuums. Jeder individuelle Lebensprozeß wird durch den universellen Lebensprozeß, das Natursystem eines Individuums sowohl durch die übrigen individuellen Natursysteme als durch das höhere, allgemeine – und am Ende durch das Natursystem des Universums mitbestimmt – insoweit dasselbe jene und dieses gegenseitig bestimmt. Mit Recht kann man also das vollständige Natursystem eines vollkommenen Individuums – eine Funktion jedes andern vollkommenen Individuums und eine Funktion des Universums

nennen. Darin liegt vielleicht der Charakter eines vollständigen Individuums. Ein unvollständiges Individuum wird ein unvollständiges Natursystem haben, dessen Indikation ein Fortstreben, ein Unbefriedigtsein, eine Lücke, eine Schrankenlosigkeit ist. In einem vollständigen System ist vollkommene Tätigkeit, ohne Bedürfnis, ohne Unruhe, ein Glied greift ins andre, und in sich selbst beschlossen rollt das System seine unveränderliche, gesetzmäßige, selbständige Bahn um ein höheres System herum; wenn es eins gibt, mit welchem es, zu Einem Lauf (Zweck) in gleicher Dignität verbunden, ein neues, größeres System ausmacht.

Die Einheiten oder die einzelnen Merkmale sind Planeten, die sich um ein Hauptmerkmal, als die Sonne, bewegen. Die Gesetze ihrer Verhältnisse und gegenseitigen Bewegungen und Veränderungen umfaßt ihre Theorie, wie denn alle Theorie Astronomie ist. Ihr Natursystem ist ihr Lebenssystem: das System ihres Mechanismus.

Auch hier hat der Ptolomäische und Tycho de Brahesche Irrtum geherrscht. Man hat ein einzelnes, untergeordnetes Merkmal zum Hauptmerkmal gemacht, und dadurch sind falsche, einseitige Systeme entstanden. Auch hier hat der optische Betrug, daß um das Eine Merkmal, worauf man sich fixierte, die Himmelskugel mit ihren Welten zu drehen schien, geherrscht und zu täuschenden Schlüssen veranlaßt. Hier hat Kant die Rolle des Copernikus gespielt und das empirische Ich nebst seiner Außenwelt als Planet erklärt und den Mittelpunkt des Systems ins Sittengesetz oder ins moralische Ich gesetzt, und Fichte-Newton ist der Gesetzerfinder des innern Weltsystems, der zweite Copernikus geworden. <(Niedere und höhere Naturgeschichte.)>

448. Jeder Engländer ist eine Insel.

449. Wissenschaften sind Folgen der Bedürfnisse und des Mangels – mithin erste Mittel, denselben abzuhelfen. Suchen wir also den Inbegriff der Mittel zur Erfüllung unsrer Wünsche, so müssen wir zu den Wissenschaften gehn und ihr Studium als den gradesten Weg zum Ziele ansehn. Eine höchst interessante Anwen-

dung dieser allgemeinen Bemerkung bietet uns die Heilkunde. Wenn wir hier nach den Aussichten fragen, die die Menschheit jetzt auf Befreiung ihrer körperlichen Übel hat, so wird man uns, zur Antwort, den Zustand der Heilkunde zeigen. Ihre Ausbildung und Verbreitung bestimmt das Gegengewicht der Last der körperlichen Übel, die uns drücken.

Je mehr die Heilkunde Elementarwissenschaft jedes Menschen werden – je größere Fortschritte die gesamte Physik machen und die Heilkunde sie benutzen wird – je inniger die gesamten Wissenschaften zur Beförderung ihres gemeinschaftlichen Interesse, des Wohls der Menschheit, zusammentreten und die Philosophie zur Vorsitzerin und Leiterin ihrer Beschlüsse nehmen werden, – desto leichter wird jener Druck, desto freier die Brust des Menschengeschlechts werden. Jetzt suche jeder einzelne zur beschleunigenden Annäherung dieser glücklichen Zeit das Übel an der Wurzel anzugreifen, er studiere Medizin und beobachte und forsche und erwarte mehr gründlichen Nutzen von der Aufklärung seines Kopfs als von allen Tropfen und Extrakten.

450. Die Blüte ist das Symbol des Geheimnisses unsers Geistes.

451. <(Technische und wissenschaftliche Pädagogik.)> Der Lehrling darf noch nicht räsonieren. Erst muß er mechanisch fertig werden, dann kann er anfangen nachzudenken und nach Einsicht und Anordnung des Gelernten streben. Das voreilige Denken hält mehr auf als daß es befördert. Diese Pflicht des wissenschaftlichen Anfängers gehört zu der allgemeinen Pflicht, seine Vernunft gefangen zu nehmen. Auch diese Gefangennehmung kann zur Kunst werden.

452. Die Liebe ist der Endzweck der Weltgeschichte, das Amen des Universums.

453. <(Kasuologie.) Es muß unendliche Wissenschaften, unendliche Menschen, unendliche Moralisten, unendliche Götter, wie unendliche Größen geben.> Heterogene Dinge können sich einander nur nähern.

454. Wir sind zugleich in und außer der Natur.

455. Wenn unsre Intelligenz und unsre Welt harmonieren, so sind wir Gott gleich.

456. <(Romantik.)> Alle Romane, wo wahre Liebe vorkommt, sind Märchen, magische Begebenheiten.

457. <(Philosophie der Menschheit.)> Der zu frühzeitige und unmäßige Gebrauch der Religion ist dem Wachstum und Gedeihn der Menschheit äußerst nachteilig, – wie Branntwein usw. der physischen Ausbildung. <(*vid.* Morgenland usw. Der Proselitism ist schon eine Verbesserung – hier wird doch Religion schon eine Beförderung der Tätigkeit.)>

458. Eine Ehe sollte eigentlich eine langsame, kontinuierliche Umarmung, Generation, wahre Nutrition, Bildung eines gemeinsamen, harmonischen Wesens sein? <(Selbstbildung, Selbstbetrachtung ist Selbstnutrition, Selbstgeneration.>

459. <(Geschichtslehre.)> Was ist eigentlich Alt? was Jung? Jung, wo die Zukunft vorwaltet; alt, wo die Vergangenheit die Übermacht hat.

<Jung und alt, polare Prädikate der historischen Substanz. (Die Akzidenzen sind immer polarisch.)

Kein Altertum ohne Jugendtum, und umgekehrt. Alt entspricht dem Starren, jung dem Flüssigen. Das Alte ist das Gebildete, plastisch; das Junge das Bewegliche, gemeinsam.

Wenn sich Historien berühren, so werden beide polarisch. Das Charakterisierende löst sich in jedem. (Nach Wernerscher Farbenterminologie.) Hier wird das Altertum der charakterisierende Bestandteil, dort das Jugendtum. (Anwendung dieser letzten neuen Ansicht der Polarität auf die übrigen Polaritäten) Physik der Historie. (Physik des Raums.)

(Geschichtslehre.) Die Geschichte der Menschheit steht mit der Masse der individuellen Geschichten in Polarität.

Die neuere Geschichte hat das Altertum am Ende, die ältere Geschichte am Anfang *et sic porro*.>

460. <(Artistik.)> Je einfacher im Ganzen und je individueller

und mannichfacher im Detail, desto vollkommner das Kunstwerk. <Auch die *fibra simplicissima* muß noch individuell und gebildet und analog sein.>

461. Sonderbar, daß in so vielen Religionen die Götter Liebhaber des Häßlichen zu sein scheinen.

462. Hang zum Wunderbaren und Geheimnisvollen ist nichts als Streben nach unsinnlichem, geistigem Reiz. <Geheimnisse sind Nahrungsmittel, inzitierende Potenzen. Erklärungen sind verdaute Geheimnisse.)

463. Häufige Seelenbewegungen – Übungen usw. vermehren den Zusammenhang von Körper und Seele und machen beide sensibler gegen einander.

464. Alle Schranken sind bloß des Übersteigens wegen da, u. s. f.

465. Leben ist Naturfreiheit – sinnliche Freiheit.

466. <(Menschenlehre.)> Ein Mensch kann alles dadurch adeln (seiner würdig machen), daß er es will.

467. Wo ewige unabänderliche Gesetze walten, da ist Altertum, Vergangenheit. Der Prozeß der Geschichte ist ein Verbrennen. Die mathematische Natur verzehrt die unermeßliche.

468. (Lebensgenußlehre.) Je mehr der Mensch seinen Sinn fürs Leben künstlerisch ausbildet, desto mehr interessiert ihn auch die Disharmonie – wegen der Auflösung. <Einfache Harmonie (Melodie); komplizierte, mannichfache Harmonie (analytische); synthetische Harmonie.>

469. Geduld ist zweierlei: ruhige Ertragung des Mangels, ruhige Ertragung des Übermaßes. Die echte Geduld zeugt von großer Elastizität.

470. Gewohnheit ist <ein entstandner Mechanismus>, eine zur Natur gewordne Kunst. Naturgesetze sind Gewohnheitsgesetze. <Gewohnheitsentstehung – Naturentstehung. Die Natur ist eine Gewohnheit, und also aus Kunst und durch Wiederholung entstanden. Ungeschickte, unvollkommne, ungesetzmäßige, unrhythmische Natur.>

471. Ein Volk ist wie ein Kind, ein individuelles, pädagogisches Problem. Dieses und jenes Volk hat wie dies und jenes Kind ein vorzügliches Talent. Die andern müssen nicht über dies Eine auszubilden vergessen werden. Ein Talent, isoliert in die Höhe geschossen, verwelkt frühzeitig, weil es ihm an Nahrung fehlt. Diese Nahrung können ihm nur die übrigen Talente gewähren. Die sämtlichen Talente machen gleichsam Einen Körper aus. Wenn erst der Körper auf Kosten Eines Gliedes leidet, so leidet nachher das Glied indirekt mit.

472. Alles was in Not ist, stößt die Schwächlinge, die Selbstnotleidenden und alle diejenigen ab, die selbst nichts missen können, ohne in Not zu geraten.

<Es zieht alle diejenigen an, die Überfluß haben, die Reichen, Starken.>

473. Wie es den Alten bei uns gegangen ist, so geht es der Natur. Über die Silbenkrämerei wird das Beste vergessen und übersehn.

474. Das Unbekannte, Geheimnisvolle ist das Resultat und der Anfang von allem. (Wir kennen nur eigentlich, was sich selbst kennt.) <Folgerungen daraus.> Was sich nicht begreifen läßt, ist im unvollkommnen Zustande, es soll allmählich begreiflich gemacht werden. <Der Begriff oder die Erkenntnis ist die Prosa, das Indifferente. Auf beiden Seiten ist + und -. Die Erkenntnis ist ein Mittel, um wieder zur Nichterkenntnis zu gelangen. (*vid.* Instinkt.)> Die Natur ist unbegreiflich *per se.* <Ruhe und gebildete Unbegreiflichkeit. Die Philosophie ist die Prosa. Ihre Konsonanten.>

475. Man kann durch das künftige Leben das vergangene Leben retten und veredeln.

476. Wozu man ernstlich Lust, Trieb hat, dazu hat man Genie. Das Genie offenbart sich in Lust und Trieb.

477. <Gebildete Aussprache und Deklamation des gewöhnlichen, gemeinen Lebens in Prosa.> Man muß sich mit Sprechen

begnügen, wenn man nicht singen kann. <Musikalische Instrumente – poetische Instrumente.>

478. Sollte alle plastische Bildung, vom Kristall bis auf den Menschen, nicht akustisch, durch gehemmte Bewegung zu erklären sein? <(Chemische Akustik.)>

479. <Der Hexameter in Perioden, im großen. Großer Rhythmus.> In wessen Kopfe dieser große Rhythmus, dieser innre poetische Mechanismus einheimisch geworden ist, der schreibt ohne sein absichtliches Mitwirken bezaubernd schön, und es erscheint, indem sich die höchsten Gedanken von selbst diesen sonderbaren Schwingungen zugesellen und in die reichsten, mannichfaltigsten Ordnungen zusammentreten, der tiefe Sinn sowohl der alten orphischen Sage von den Wundern der Tonkunst als der geheimnisvollen Lehre von der Musik als Bildnerin und Besänftigerin des Weltalls. Wir tun hier einen tiefen, belehrenden Blick in die akustische Natur der Seele und finden eine neue Ähnlichkeit des Lichtes und der Gedanken, da beide sich Schwingungen zugesellen.

480. Tod ist nichts als Unterbrechung des Wechsels zwischen innerm und äußerm Reiz, zwischen Seele und Welt. <Das Mittelglied, das Produkt gleichsam dieser beiden unendlichen, veränderlichen Größen ist der Körper, das Erregbare, oder besser, das Medium der Erregung. Der Körper ist das Produkt und zugleich das Modifikans der Erregung, eine Funktion von Seele und Welt, – diese Funktion hat ein Maximum und Minimum, ist das erreicht, so hört der Wechsel auf. Der Tod ist natürlich zweifach. Das Verhältnis zwischen *x* und *y* ist vor- und rückwärts veränderlich; die Funktion im ganzen ist aber auch veränderlich. Das Maß der Konstitution ist der Erweiterung und der Verengerung fähig. Der Tod läßt sich also in unbestimmte Fernen hinaussetzen. Die Lebensordnungslehre im strengern Sinn enthält eigentlich die Kunst der Konstitutionsbildung und Verbesserung. Die eigentliche Heilkunst bloß die Vorschriften zur Erhaltung und Restauration des speziellen Verhältnisses und Wechsels der Reize oder der

Faktoren. Der Künstler der Unsterblichkeit betreibt die höhere Medizin, die Infinitesimalmedizin, er betreibt die Medizin als höhere Kunst, als synthetische Kunst. Er betrachtet beständig die beiden Faktoren zugleich als Eins und sucht sie harmonisch zu machen, sie zu Einem Zwecke zu vereinigen. (Sollte ein König, der zugleich moralisches Genie ist, nicht von selbst unsterblich sein?) Der äußre Reiz ist schon in seiner Unermeßlichkeit gleichsam da und größestenteils in der Gewalt des Künstlers. Wie gering ist aber der innere Reiz gegen den äußern. Allmähliche Vermehrung des innren Reizes ist also die Hauptsorge des Künstlers der Unsterblichkeit. Mit welchem Recht kann man hier nicht sagen, auch darin haben die Dichter auf eine sonderbare Weise wahrgesagt, daß die Musen allein Unsterblichkeit geben. Jetzt erscheint auch der Gelehrte in einem neuen Lichte. Mein magischer Idealismus.

Die gemeine Medizin ist Handwerk. Sie hat nur das Nützliche im Sinn. Jede Krankheit, jede Verletzung sollte benutzt werden können zu jenem großen Zwecke.>

481. Allzufrühe Moral ist dem Menschengeschlecht äußerst nachteilig. Sie hat, wie Religion, unendlich viel Schaden angerichtet und sich selbst sehr verspätet. <Gemeine und höhere Moral usw. So Religion, Politik, Philosophie usw.>

482. Die Musik hat viel Ähnlichkeit mit der Algeber.

483. Das Fluchen ist eine Art von Selbstbeschwörung, <Selbstermannung, Spornung.>

484. Sollte einfaches Selbstgefühl Schmerz sein? <(Aller Anfang ist mühsam und schmerzhaft.) Teleologie des Schmerzes. Die Realität des Schmerzes ist die Realität des gemeinen, rohen Bewußtseins. (Gemein, nicht abgesondert.)>

485. Je unermeßlicher und mannichfacher der Horizont <(die Sphäre)> des Bewußtseins wird, desto mehr verschwindet die individuelle Größe und desto merklicher wächst, desto offenbarer wird die geistige Vernunftgröße des Menschen. Je größer und höher das Ganze, desto merkwürdiger das Einzelne. Die Beschrän-

kungsfähigkeit wächst mit der Schrankenlosigkeit. <Der Goethische Philosoph oder Denker.> Mit der Bildung und Fertigkeit des Denkers wächst die Freiheit. <(Freiheit und Liebe ist eins.)> Die Mannichfaltigkeit der Methoden nimmt zu – am Ende weiß der Denker aus Jedem alles zu machen. <Der Philosoph wird zum Dichter. Dichter ist nur der höchste Grad des Denkers oder Empfinders usw. (Grade des Dichters).>

486. Je kleiner und langsamer man anfängt, desto perfektibler <und dies durchaus.> Je mehr man mit wenigem tun kann, desto mehr kann man mit vielem tun. Wenn man eins zu lieben versteht, so versteht man auch alles zu lieben am besten.

487. Vom Unangenehmen soll man keine Notiz nehmen <(seine Aufmerksamkeit nicht darauf richten).>

488. Wenn man einen Riesen sieht, so untersuche man erst den Stand der Sonne und gebe acht, ob es nicht der Schatten eines Pygmäen ist. <(Über die ungeheuren Wirkungen des Kleinen. Sind sie nicht alle wie der Riesenschatten des Pygmäen erklärbar?)>

489. Vorurteile der Gelehrten sind: 1) Hang zur Eigentümlichkeit (Originalitätssucht). Damit steht der Streit um die erste Entdeckung in Verbindung. 2) Prätension auf Konsequenz und Infallibilität. 3) Haß der Autorität. 4) Verachtung der Nichtgelehrten. 5) Eifersucht und Verkleinerungssucht der Kollegen. 6) Verachtung der andern Wissenschaften. 7) Übertriebne Bewunderung der Mühlseligkeit. 8) Sucht, alles alt und schon dagewesen zu finden und deshalb zu verachten. 9) Verachtung alles dessen, was nicht gelehrt oder gelernt werden kann. (Hierher ihr Religions- und Wunderhaß, ihr Dichterhaß usw.) Den meisten dieser Charakterzüge liegt gemeiner Egoism zum Grunde und den meisten stehn auch Gegenvorurteile gegenüber.

490. Die absolute Gleichheit ist das höchste Kunststück, das Ideal, aber nicht natürlich. Von Natur sind die Menschen nur relativ gleich, welches die alte Ungleichheit ist; der Stärkere hat

auch ein stärkeres Recht. Ebenfalls sind die Menschen von Natur nicht frei, sondern vielmehr mehr oder weniger gebunden.

Wenig Menschen sind Menschen; daher die Menschenrechte äußerst unschicklich, als wirklich vorhanden, aufgestellt werden.

Seid Menschen, so werden euch die Menschenrechte von selbst zufallen.

491. Der Liebe geht's wie der Philosophie. Sie ist und soll allen Alles und Jedes sein. Liebe ist also das Ich, das Ideal jeder Bestrebung.

492. Durch Religion werden die Menschen erst recht Eins.

493. <Theorie des Schmerzes.> Trennung der Kontinuität erklärt den Schmerz allein nicht. Schmerz und Lust haben gewiß eine noch unerörterte Beziehung auf Ideen- und Empfindungsassoziationen. Ohnmacht liegt allem Schmerz mit zum Grunde.

494. J e d e Affektion, Erregung m u ß eigentlich eine chemische Verbindung trennen, weil dadurch die verbundenen Bestandteile in verschiedne Zustände gesetzt werden.

495. Wer Gott einmal suchen will, der findet ihn überall.

496. Mit Recht können manche Weiber sagen, daß sie ihren Gatten in die Arme s i n k e n . – Wohl denen, die ihren Geliebten in die Arme s t e i g e n .

497. In der Tugend verschwindet die lokale und temporelle Personalität. Der Tugendhafte ist als solcher kein historisches Individuum. Es ist Gott selbst.

498. Die lutherische Lehre von der moralischen Nullität des freien Willens und dem *servo arbitrio* ist völlig einerlei mit der neuern entgegenlaufenden Lehre von der moralischen Notwendigkeit des freien Willens.

499. Es ist Trägheit, was uns an peinliche Zustände kettet.

500. <Weißenfels, den 21. März [1800].> Die Menschen verändern sich gegen die Extreme und sind nur das, was sie nach ihrer Umgebung und gegen die Gegenstände und Gegenmenschen sein können – daher Veränderlichkeit der Charaktere und relativer Charakter überhaupt.

501. Der Prediger muß zuerst Enthusiasmus zu erregen suchen, denn dies ist das Element der Religion. Jedes Wort muß klar, heiß und herzlich sein. Er muß suchen, seine Gemeine in der Welt zu isolieren, ihr *Esprit de corps* zu geben – sie über die Welt und die höheren Stände aufklären und erheben, ihren Beruf lieb und ihr Leben angenehm machen und sie mit edlem Selbstgefühl erfüllen.

502. <Christliche Lieder, Predigten, Auszüge aus alten, frommen Schriften.

Inhalt eines religiösen Journals.

Ankündigung.>

In den meisten Lavaterschen Liedern ist noch zuviel Irdisches und zuviel Moral und Aszetik. Zu wenig Wesentliches, zu wenig Mystik.

Die Lieder müssen weit lebendiger, inniger, allgemeiner und mystischer sein.

Die Predigten müssen auch schlechthin nicht dogmatisch – sondern unmittelbar zur Erregung des heiligen Intuitionssinnes, zur Belebung der Herzenstätigkeit sein.

Predigten und Lieder können Geschichten enthalten. Geschichten wirken vorzüglich religiös.

Unterrichts- und Vorbereitungs-Predigten und moralische Predigten gehören in eine andre Gattung.

Gottes Wort müssen echte Predigten sein – Inspirationen.

Religiöse Erscheinungen – Offenbarungen in Worten.

Ruhe, Versammlung, Bauart, Ritus und Musik passen zu diesem Zweck. Die echte Religion äußert sich eigentlich durch reine, sättigende, alles belebende Begeisterung, die wie die Wärme alles erhöht.

<Bedürfnis einer bestimmten, objektiven Religion.

Würdigung der Bibel.

Lektüre von *Dr.* Luthers Schriften.>

Einfach müssen Lieder und Predigten sein und doch hoch poetisch.

<Lehrjahre eines Christen. (Werther.) Er muß vorher nie etwas von der christlichen Religion gehört haben.>

503. Dem echt Religiösen ist nichts Sünde.

504. <Man kann auch ohne Philosophie seine Bestimmung erfüllen, wenn man dem gemäß lebt, was die Weisesten und Besten taten und lehrten, und Erfahrung und gesunden Menschenverstand zu seinen Führern macht. Mit beiden und Fleiß wird man sich in alle Geschäfte des Lebens finden können und nicht ohne Ressourcen sein. Das reine Gefühl von der Natur der Sache, das nennt man gesunden Menschenverstand, und dies ist selbst den Gelehrten, den wissenschaftlichen Architekten, unentbehrlich. Übung kann seinen Gebrauch leichter machen, und echte Lebenskraft, ungehemmt von Meinungen usw., erhält ihn rein. (Sein Entstehn ist langsam, sein Dasein plötzlich.)>

Man wird nie den Weg fehlen, wenn man auf das Allgemeine in uns und um uns achtet. Unter dem Allgemeinen verstehn wir hier das Allgemeine der Vernunft; daher die notwendige Achtung für das allgemein Sittliche, die Stimme des Volks usw. – das Bleibende in uns, die Folge, insofern sie nicht eine besondre (nicht vernünftige) ist. <(Die letzte Folge.)> –

505. Inwiefern erreichen wir das Ideal nie? Insofern es sich selbst vernichten würde. Um die Wirkung eines Ideals zu tun, darf es nicht in der Sphäre der gemeinen Realität stehn. Der Adel des Ich besteht in freier Erhebung über sich selbst; folglich kann das Ich in gewisser Rücksicht nie absolut erhoben sein, denn sonst würde seine Wirksamkeit, sein Genuß, *i. e.* sein Sieg – kurz, das Ich selbst würde aufhören. Laster ist eine ewig steigende Qual <(Negation), Gefühl von> Abhängigkeit (Ohnmacht) vom Unwillkürlichen – Tugend ein ewig steigender Genuß <(Position), Gefühl von Kraft,> Unabhängigkeit vom Zufälligen. So wie es dem Lasterhaften wegen seiner Identität nie an Gelegenheiten fehlen kann, tugendhaft zu sein, so nie dem Tugendhaften an Gelegenheit zu fehlen. <Die Quantität der Dauer hat keinen Einfluß auf den Wert; der Sieg, den der Lasterhafte auf

dem tausendsten Grade unter Null über sich erränge, wäre soviel wert als der Sieg, den der Tugendhafte auf dem tausendsten Grade über Null erkämpft. Den Raum oder die Zeit, die sie trennt, kann ein Augenblick durchfliegen, denn hier sind keine Quantitätsverhältnisse. Es sind zwei absolut getrennte Sphären, die wir uns aber quantitativ vorstellen, und jeden Sieg und jede Niederlage als Schritte vor- und rückwärts uns einbilden. Die Gewohnheit ist Erleichterung für den Guten und Erschwerung für den Bösen, und hierin liegt die Differenz des länger und kürzer – die Strafe des längern Bösewichts, die Belohnung des längern Tugendhaften.>

506. Das Allgemeine jedes Augenblicks bleibt, denn es ist im Ganzen. In jedem Augenblicke, in jeder Erscheinung wirkt das Ganze. Die Menschheit, das Ewige ist allgegenwärtig, denn sie kennt weder Zeit noch Raum. Wir sind, wir leben, wir denken in Gott, denn dies ist die personifizierte Gattung. – Es ist nicht unserem Sinn ein Allgemeines, ein Besonders. Kannst du sagen, es ist hier oder dort? Es ist alles, es ist überall. In ihm leben, weben und werden wir sein. Alles Echte dauert ewig, alle Wahrheit, alles Persönliche.

507. Wo es ein Sein gibt, muß es auch ein Erkennen geben.

508. Darstellung ist eine Äußerung des innern Zustands, der innern Veränderungen, Erscheinung des innern Objekts. Das äußere Objekt wechselt durch das Ich und im Ich mit dem Begriffe, und produziert wird die Anschauung. Das innre Objekt wechselt durch das Ich und im Ich mit einem ihm angemessnen Körper, und es entsteht das Zeichen. Dort ist das Objekt der Körper, hier ist das Objekt der Geist. Das gemeine Bewußtsein verwechselt das Entstandne, die Anschauung und das Zeichen mit dem Körper, weil es nicht zu abstrahieren weiß, nicht selbsttätig ist, sondern nur notwendig leidend, nur halb, nicht ganz.

509. Jeder denkende Mensch wird allemal Wahrheit finden. Er mag ausgehn wo, und gehn wie er will.

510. Wenn ein Ding im ganzen bestimmt ist, so ist es auch im einzelnen bestimmt.

511. Man muß nicht seine Gerechtigkeit in der Welt suchen.

512. Naiv und sentimental – objektiv und subjektiv. Die Ältern sind naiver, so auch die Alten.

513. Krumme Linie – Sieg der freien Natur über die Regel.

514. Wissenschaft ist nur Eine Hälfte. Glauben ist die andre.

515. Glauben ist Empfindung des Wissens; Vorstellung Wissen der Empfindung. <Gedanken, denken ist das Predominierende im Wissen, sowie Fühlen im Glauben.

Idee, Begriff – Gefühl, Empfindung.>

<Denken – Fühlen.>

516. Glück und Unglück – beides negativ und positiv.

517. Der Punkt kann nicht als bewegt gedacht werden. <Bestimmte Sphäre der Bestimmung. (Grundsätze des Definierens.) (Namengeben.)>

518. <Über Gedankenordnung.> Wonach ordnet man einen Gedanken? Wo fängt man eine Beschreibung an? Man schreitet entweder der Zeit nach fort, oder man schreitet vom allgemeinen aufs besondre. Einen sinnlichen Gegenstand beschreibt man analytisch, einen geistigen synthetisch; dort fängt man vom allgemeinsten an, hier vom besondersten. Die Ordnung, wie man einen Begriff fassen sollte, diese suchen wir. Die Ordnung des notwendigen Ich. In einem Ganzen muß alles ordentlich zusammenhängen.

Welcher Zusammenhang ist zwischen Gedanken? Er ist, wie alles, entweder im Subjekt oder im Objekt begründet.

<Sollte der Fehler, warum ich nicht weiterkomme, etwa darin liegen, daß ich nicht ein Ganzes fassen und festhalten kann?>

519. Ein Buch kann ein sehr verschiednes Interesse haben. Der Autor, der Leser, ein Zweck, eine Begebenheit, seine bloße, individuelle Existenz können die Achse sein, um die es sich dreht.

520. Überall, wo mehrere Einheiten sind, müssen sie etwas von ihren Ansprüchen, ihrer Freiheit aufgeben. Es existiert so-

dann eine Gemeinschaft, Gattungsähnlichkeit der Ganzen überhaupt, z. B. eines Staats und einer Komposition.

521. <Stimme–Stimmung–stimmen–bestimmen–einstimmen.> Stimme drückt ein sich selbst Konstituierendes aus. Stimmung entsteht aus zwei Tätigen und zwei Leidenden.

522. Kunst ist Ausbildung unserer Wirksamkeit – <Wollen auf eine bestimmte Art, einer Idee gemäß – Wirken und Wollen sind hier Eins.> Nur die öftere Übung unserer Wirksamkeit, wodurch sie bestimmter und kräftiger wird, bildet die Kunst aus.

523. Wir erwecken die Tätigkeit, wenn wir ihr reizenden Stoff geben. (Das Ich muß sich als darstellend setzen. Das Wesentliche der Darstellung ist, was das Beiwesentliche des Gegenstands ist.) Gibt es eine besondre darstellende Kraft, die bloß um darzustellen darstellt? Darstellen um darzustellen ist ein freies Darstellen. Es wird damit nur angedeutet, daß nicht das Objekt als solches, sondern das Ich, als Grund der Tätigkeit, die Tätigkeit bestimmen soll. Dadurch erhält das Kunstwerk einen freien selbständigen, idealischen Charakter, einen imposanten Geist, denn es ist sichtbares Produkt eines Ich. Das Ich aber setzt sich auf diese Art bestimmt, weil es sich als ein unendliches Ich setzt, – weil es sich als ein unendlich darstellendes Ich setzen muß – so setzt es sich frei, als ein bestimmt darstellendes Ich.

Das Objekt darf nur der Keim, der Typus sein, der Vestpunkt. Die bildende Kraft entwickelt an, in und durch ihn erst schöpferisch das schöne Ganze. Anders ausgedrückt, das Objekt soll uns als Produkt des Ich bestimmen, nicht als bloßes Objekt. <(Unterschied der mündlichen und schriftlichen Darstellung. Notwendigkeit der regelmäßigen Zeitenabteilung.)> Der Sphärenwechsel ist notwendig in einer vollendeten Darstellung. Das Sinnliche muß geistig, das Geistige sinnlich dargestellt werden. <Die Rede erfordert, wie der Gesang, einen ganz andern Text, als die Schrift. Zwischen Musik und Schrift steht Rede. Deklamationswissenschaft *a priori*. (Über das in einer Komposition zu Unterscheidende und zu Verknüpfende.) Wie findet man in Teilen das

Ganze, und im Ganzen die Teile? (Das Beiwesentliche muß nur als Medium, als Verknüpfung behandelt werden – also nur dies aufnehmende und fortleitende Merkmal muß ausgezeichnet werden.) Es darf kein Wort überflüssig sein.

(Wir sind jetzt nur im Anfang der Schriftstellerkunst.)>

524. <Was sind die Erfordernisse eines vernünftigen Staats? Staatswissenschaft, Staatskenntnis, Staatskunst.> (In der Wissenschaft muß alles in sich und durch sich begründet und zusammenhängend sein. In der Kenntnis finden wir nur einzelne Merkmale eines Ganzen, ohne innern Zusammenhang. Die Methodik und die angewandte Wissenschaft machen die Kunst aus.)

525. Alles selbständige, materiale Ganze muß aus zwei bloß in der Reflexion zu unterscheidenden Gliedern bestehn, die zusammen Eins und Etwas sind. So Wissenschaft, Kenntnis und Kunst.

<Kriegswissenschaft–Kriegskenntnis–Kriegskunst.>

526. Die doppelten Nerven, des äußern wie des innern Sinns – beide können nur durch einander kuriert werden. – <Zerstörung der ganzen Maschine durch Ausschweifung ist freilich auch den Nerven schädlich. Hier leiden sie aber nur mittelbar, dort unmittelbar, und in diesem Falle versteh ich auch nur die gegenseitige Kur.

(Innre Sinnlichkeit widersteht der äußern, wenn eine Begierde durch Vorstellung weicht.)>

527. <Über die verschiedne Art der Unterhaltung beider Geschlechter.

(Der Mann darf das Sinnliche in vernünftiger Form, die Frau das Vernünftige in sinnlicher Form begehren.)

Männer können Weiber, Weiber können Männer am natürlichsten gut unterhalten.>

Das Beiwesen des Mannes ist das Hauptwesen der Frau.

528. Adam und Eva. Was durch eine Revolution bewirkt wurde, muß durch eine Revolution aufgehoben werden. (Apfelbiß.)

529. Solange es noch Tapfre und Feige gibt, wird auch Adel sein. <(Apologie des Erbadels, relativ.)>

530. <Möglichkeit des Lasters.> (Nur der Feige ist nicht unsterblich.)

531. Man kann nur so weit bestraft werden, als man belohnt wird *et vice versa.*

532. Setzt man das Böse der Tugend entgegen, so tut man ihm zu viel Ehre an.

5

Fragmente

(aus den Studienheften)*

1. Die Philosophie soll nicht mehr antworten, als sie gefragt wird.

Hervorbringen kann sie nichts. Es muß ihr etwas gegeben werden. Dieses ordnet und erklärt sie, oder welches ebensoviel ist, sie weist ihm seine Stelle im Ganzen an, wo es als Ursache und Wirkung hingehört.

Welches ist aber ihr eigentlicher Wirkungskreis?

Keine gelehrte Kunst kann es nicht sein. Sie muß nicht von Gegenständen und Kenntnissen abhängen, die erworben werden müssen, von einer Quantität der Erfahrung, sonst wäre jede Wissenschaft Philosophie. Wenn also jene Wissenschaften sind, so ist sie keine.

Was könnte es wohl sein?

Sie handelt von einem Gegenstande, der nicht gelernt wird. Wir müssen aber alle Gegenstände lernen – also, von gar keinem Gegenstande. Was gelernt wird, muß doch verschieden sein von dem Lernenden. Was gelernt wird, ist ein Gegenstand, also ist das Lernende kein Gegenstand. Könnte also die Philosophie vielleicht vom Lernenden handeln, also von uns, wenn wir Gegenstände lernen?

Die Philosophie ist aber selbst im Lernenden. Nun, da wird sie Selbstbetrachtung sein. Ei! wie fängt es der Lernende an, sich selbst in dieser Operation zu belauschen? Er müßte sich also lernen, denn unter Lernen verstehn wir überhaupt nichts als den Gegenstand anschauen und ihn mit seinen Merkmalen uns einprägen. Es würde also wieder ein Gegenstand. Nein, Selbstbetrachtung kann sie nicht sein, denn sonst wäre sie nicht das Verlangte. Es ist ein Selbstgefühl vielleicht. Was ist denn ein Gefühl?

* *Die in dieser Rubrik enthaltenen Fragmente sind zum größten Teile zuerst von Heilborn veröffentlicht worden.*

(Die Philosophie ist ursprünglich Gefühl. Die Anschauungen dieses Gefühls begreifen die philosophischen Wissenschaften.)

Es muß ein Gefühl von innern, notwendig freien Verhältnissen sein. Die Philosophie bedarf daher allemal etwas Gegebenes, ist Form – und doch real und ideal zugleich, wie die Urhandlung. Konstruieren läßt sich Philosophie nicht. Die Grenzen des Gefühls sind die Grenzen der Philosophie. Das Gefühl kann sich nicht selber fühlen.

Das dem Gefühl Gegebne scheint mir die Urhandlung als Ursache und Wirkung zu sein.

Unterscheidung der Philosophie von ihrem Produkt: den philosophischen Wissenschaften.

Was ist denn ein Gefühl?

Es läßt sich nur in der Reflexion betrachten, der Geist des Gefühls ist da heraus. Aus dem Produkt läßt sich nach dem Schema der Reflexion auf den Produzenten schließen.

Anschauungsvermögen. Der Anschauung liegt kein besondrer Trieb zum Grunde.

Die Anschauung ist für das Gefühl und die Reflexion geteilt. Eins ist sie ohne Anwendung. Angewandt ist sie Tendenz und Produkt. Die Tendenz gehört dem Gefühl, das Produkt der Reflexion. Das Subjektive dem Gefühl, das Objektive der Reflexion. (Beziehung zwischen Vermögen und Kraft.)

Gefühl und Reflexion bewirken zusammen die Anschauung. Es ist das vereinigende Dritte, das aber nicht in die Reflexion und Gefühl kommen kann, da die Substanz nie ins Akzidens kriechen kann, die Synthese nie ganz in der These und Antithese erscheinen. (So entsteht ein Objekt aus Wechselwirkung zweier Nichtobjekte. Anwendung auf die Urhandlung.)

Gefühl scheint das Erste, Reflexion das Zweite zu sein. Warum?

Im Bewußtsein muß es scheinen, als ginge es vom Beschränkten zum Unbeschränkten, weil das Bewußtsein von sich, als dem Beschränkten, ausgehn muß – und dies geschieht durchs Gefühl, ohnerachtet das Gefühl, abstrakt genommen, ein Schreiten des Unbeschränkten zum Beschränkten ist: diese umgekehrte Erscheinung ist natürlich. Sobald das Absolute, wie ich das ursprünglich ideal Reale oder real Ideale nennen will, als Akzidens, oder halb erscheint, so muß es verkehrt erscheinen: das Unbeschränkte wird beschränkt *et vice versa.* (Anwendung auf die Urhandlung.)

Ist das Gefühl da im Bewußtsein, und es soll reflektiert werden, welches der Formtrieb verursacht, so muß eine Mittelanschauung vorhergehn, welche selbst wieder durch ein vorhergehendes Gefühl und eine vorhergehende Reflexion, die aber nicht ins Bewußtsein kommen kann, hervorgebracht wird; und das Produkt dieser Anschauung wird nun das Objekt der Reflexion. Dieses scheint nun aber ein Schreiten vom Unbeschränkten zum Beschränkten und ist eigentlich gerade ein umgekehrtes Schreiten.

Beim Gefühl und der Reflexion wird freilich Unbeschränkt beidemal in einer verschiednen Bedeutung genommen. Das erstemal paßt der Wortsinn Unbeschränkt oder Unbestimmt mehr, das zweitemal würde Unabhängig passender sein. Das letztere deutet auf Kausalverbindung, und der Grund davon mag wohl darin liegen, daß die zweite Handlung durch die erste verursacht zu sein scheint. Es ist also eine Beziehung auf die erste Handlung. Hingegen deutet das erstere auf die Reflexionsbestimmung und ist also eine Beziehung auf die zweite Handlung, welches den innigen Zusammenhang dieser beiden Handlungen auffallender zeigt.

Woher erhält aber die erste Reflexion, die die Mittelanschauung mit hervorbringt, ihren Stoff, ihr Objekt? Was ist überhaupt Reflexion?

Sie wird leicht zu bestimmen sein, wie jede Hälfte einer Sphäre, wenn man die eine Hälfte, als Hälfte, und die Sphäre, als geteilt, hat. Denn da muß sie gerade das Entgegengesetzte sein, weil nur zwei Entgegengesetzte eine Sphäre in unserm Sinn erschöpfen oder ausmachen.

Die Sphäre ist der Mensch, die Hälfte ist das Gefühl.

Vom Gefühl haben wir bisher gefunden, daß es zur Anschauung mitwirke, daß es dazu die Tendenz gebe oder das Subjektive, daß es der Reflexion korrespondiere, die Hälfte der Sphäre Mensch, im Bewußtsein ein Schreiten vom Beschränkten zum Unbeschränkten, im Grunde aber das Gegenteil sei, daß ihm etwas gegeben sein müsse und daß dieses ihm Gegebne die Urhandlung als Ursache und Wirkung zu sein scheine.

Theoretische und praktische Philosophie, was ist das?

Welches ist die Sphäre jeder?

Die Reflexion findet das Bedürfnis einer Philosophie oder eines gedachten, systematischen Zusammenhangs zwischen Denken und Fühlen, denn es ist im Gefühl. Es durchsucht seinen Stoff und findet, als Unwandelbares, als Festes zu einem Anhalten, nichts als sich und sich selbst rein, *i. e.* ohne Stoff, bloße Form des Stoffs, aber, wohlverstanden, reine Form, zwar ohne wirklichen Stoff gedacht, aber doch, um reine Form zu sein, in wesentlicher Beziehung auf einen Stoff überhaupt. Denn sonst wäre es nicht reine Form der Reflexion, die notwendig einen Stoff voraussetzt, weil sie Produkt des Beschränkten, des Bewußtseins in dieser Bedeutung, kurz Subjektivität des Subjekts, Akzidensheit des Akzidens ist. Dies ist die Urhandlung usw.

Das ist das Kontingent, was die Reflexion, scheinbar allein, zur Befriedigung jenes Bedürfnisses liefert. Die Kategorie der Modalität schließt deshalb mit dem Begriff der Notwendigkeit. Nun geht die Wechselherrschaft an. Die Urhandlung verknüpft die Reflexion mit dem Gefühle. Ihre Form gleichsam gehört der Reflexion, ihr Stoff dem Gefühle. Ihr Geschehn ist im Gefühl, ihre Art in der Reflexion. Die reine Form des Gefühls ist darzustellen nicht möglich. Es ist nur Eins, und Form und Stoff, als komponierte Begriffe, sind gar nicht darauf anwendbar. Die Reflexion konnte ihr reine Form darstellen, wenn man ihre partielle Funktion in der Gemeinschaft mit dem Gefühl Form nennt, und diesen Namen auf ihre abstrakte Wirksamkeit überträgt. Nur im Gefühle gleichsam kann die Reflexion ihre reine Form aufstellen: neues Datum des überall herrschenden Wechselverhältnisses zwischen den Entgegengesetzten, oder der Wahrheit, daß alles durch Reflexion Dargestellte nach den Regeln der Reflexion dargestellt ist, und von diesen abstrahiert werden muß, um das Entgegengesetzte zu entdecken.

Das Gefühl gibt nun der Reflexion zu seinem Kontingente den Stoff der intellektualen Anschauung. So wie das Gefühl der Reflexion in Aufstellung seiner ersten Formen behülflich sein mußte, so muß die Reflexion, um etwas, für sie zu bearbeiten Mögliches zu haben, mitwirken: und so entsteht die intellektuale Anschauung. Diese wird nun der Stoff der Philosophie in der Reflexion. Nun hat die Reflexion eine reine Form und einen Stoff für die reine Form, also das Unwandelbare, Feste, zu einem Anhalten, was sie suchte, und nun ist die Aussicht auf eine Philosophie, als gedachten (systematischen) Zusammenhangs zwischen Denken und Fühlen eröffnet.

Wie finden wir nun den Stoff, das Objekt, was nicht Objekt ist, das Gebiet der Wechselherrschaft des Gefühls und der Reflexion bestimmt?

Der Zusammenhang zwischen Denken und Fühlen muß immer sein, wir müssen ihn im Bewußtsein überall finden können. Aber wie finden wir ihn systematisch?

Aus den reinen Formen der Reflexion haben wir das Verfahren der Reflexion mit dem Stoff überhaupt gelernt. Sie hat nun einen bestimmten Stoff, mit dem wird sie also ebenso verfahren. Dieser bestimmte Stoff ist die intellektuale Anschauung. Nach dem Gesetze der Urhandlung wird er geteilt. Sie zerfällt in ihre zwei Teile, in das Gefühl und in die Reflexion, denn aus diesen ist sie zusammengesetzt. Die Synthesis dieser These und Antithese, muß

Eins, Grenze und Sphäre von beiden, absolute Sphäre sein, denn es ist Synthesis; wir sind aber im bestimmten Stoff, also muß es, es kann nichts anders als – Mensch oder Ich sein. Der Mensch denkt und fühlt, er begrenzt beides frei, er ist bestimmter Stoff.

(Dies wäre Fichtens Intelligenz. Das absolute Ich ist dieser bestimmte Stoff, eh die Urhandlung in ihn tritt, eh die Reflexion auf ihn angewendet wird.)

So haben wir in unsrer Deduktion der Philosophie den natürlichsten Weg beobachtet: Bedürfnis einer Philosophie im Bewußtsein, Scheinbares Schreiten vom Beschränkten zum Unbeschränkten, Reflexion darüber, Scheinbares Schreiten vom Unbeschränkten zum Beschränkten, Resultate dieser Reflexion, Resultate des Gefühls dieser Reflexion, Reflexion über diese Resultate nach jenen Resultaten, Gefundner Zusammenhang oder Philosophie.

2. Philosophieren muß eine eigne Art von Denken sein. Was tu' ich, indem ich philosophiere? Ich denke über einen Grund nach, dem Philosophieren liegt also ein Streben nach dem Denken eines Grundes zum Grunde. Grund ist aber nicht Ursache im eigentlichen Sinne – sondern innre Beschaffenheit, Zusammenhang mit dem Ganzen. Alles Philosophieren muß also bei einem absoluten Grunde endigen. Wenn dieser nun nicht gegeben wäre, wenn dieser Begriff eine Unmöglichkeit enthielte, so wäre der Trieb zu philosophieren eine unendliche Tätigkeit und darum ohne Ende, weil ein ewiges Bedürfnis nach einem absoluten Grunde vorhanden wäre, das doch nur relativ gestillt werden könnte und darum nie aufhören würde. Durch das freiwillige Entsagen des Absoluten entsteht die unendliche, freie Tätigkeit in uns, das Einzig mögliche Absolute, was uns gegeben werden kann und was wir nur durch unsre Unvermögenheit, ein Absolutes zu erreichen und zu erkennen, finden. Dies uns gegebne Absolute läßt sich nur negativ erkennen, indem

wir handeln und finden, daß durch kein Handeln das erreicht wird, was wir suchen.

Dies ließe sich ein absolutes Postulat nennen. Alles Suchen nach einem Prinzip wäre also wie ein Versuch die Quadratur des Zirkels zu finden. (Perpetuum mobile. Stein der Weisen.) (Negative Erkenntnis.) (Die Vernunft wäre das Vermögen, einen solchen absoluten Gegenstand zu setzen und festzuhalten.) (Der durch die Einbildungskraft ausgedehnte Verstand.) Streben nach Freiheit wär also jenes Streben zu philosophieren, der Trieb nach der Erkenntnis des Grundes. Philosophie, Resultat des Philosophierens, entsteht demnach durch Unterbrechung des Triebes nach Erkenntnis des Grundes, durch Stillstehn bei dem Gliede, wo man ist, Abstraktion von dem absoluten Grunde und Geltendmachung des eigentlichen absoluten Grundes der Freiheit, durch Verknüpfung (Verganzung) des zu Erklärenden zu einem Ganzen. Je mannichfaltiger die Glieder dieses Ganzen sind, desto lebhafter wird die absolute Freiheit empfunden; je verknüpfter, je ganzer es ist, je wirksamer, anschaulicher, erklärter ist der absolute Grund alles Begründens, die Freiheit, darin. Die Mannichfaltigkeit bezeugt die Energie, die Lebhaftigkeit der praktischen Freiheit – die Verknüpfung die Tätigkeit der theoretischen Freiheit. Die erste begreift Handlungen, die andre Behandlungen. Hierunter verstehe ich die Handlungen der eigentlichen Reflexion, die auf bloße Denkhandlungen gehn. (Reflexion ist nicht alles Denken, sondern behandeltes, bedachtes Denken.) Ich bedeutet jenes negativ zu erkennende Absolute, was nach aller Abstraktion übrig bleibt. Was nur durch Handeln erkannt werden kann und was sich durch ewigen Mangel realisiert. (So wird Ewigkeit durch Zeit realisiert, ohnerachtet Zeit der Ewigkeit widerspricht.) Ich wird nur im Entgegengesetzten wirksam und bestimmt für sich. Indem ich frage: Was ist das? so fordre ich Entäußerung des Dinges an sich; ich will wissen, w a s e s i s t ? Das weiß ich ja schon, daß es das und das Ding ist, aber was für ein Ding? Dies will ich wissen, und hier tret ich in die Sphäre des Subjektiven (die Anschauung find ich nie, weil ich sie bei der Reflexion suchen muß, und so umgekehrt).

Was handelt zunächst für mich, woher entlehn ich meine Begriffe? – notwendig ich – notwendig von mir. Ich bin für mich der Grund alles Denkens, der absolute Grund, dessen ich mir nur durch Handlungen bewußt werde; Grund aller Gründe für mich, Prinzip meiner Philosophie ist mein Ich. Dieses Ich kann ich nur negativerweise zum Grund alles meines Philosophierens machen, indem ich soviel zu erkennen, (zu handeln) und dies so genau zu verknüpfen suche, als möglich; (letzteres durch Reflexion). Je unmittelbarer, direkter ich etwas vom Ich ableiten kann, je erkannter, begründeter ist es mir.

(Ergründen ist Philosophieren. Erdenken ist Dichten. Bedenken und Betrachten ist eins. Empfinden, reines Denken ist ein bloßer Begriff: Gattungsbegriff. Nun ist aber Gattung nichts außer dem einzelnen; also denkt man immer auf eine bestimmte Weise, man ergründet oder erdenkt usw.)

(Durch die Gattung kann ich nicht die Individuen kennen lernen, sondern durch die Individuen die Gattung, aber freilich muß man bei der Beobachtung der Individuen immer die Idee der Gattung in den Augen haben.)

(Die Fichtische Philosophie ist eine Aufforderung zur Selbsttätigkeit: ich kann keinem etwas erklären von Grund aus, als daß ich ihn auf sich selbst verweise, daß ich ihn dieselbe Handlung zu tun heiße, durch die ich mir etwas erklärt habe. Philosophieren kann ich jemand lehren, indem ich ihn lehre, es ebenso zu machen, wie ich. Indem er tut, was ich tue, ist er das, was ich bin, da, wo ich bin.)

(Vom Erfinden oder Nachmachen geht alle Kunst aus.)

(Sind nun die Handlungen, die ich tue, die unnatürlichen, so sind alle andre Handlungen unnatürlich und erlangen nicht den Zweck, den sie in den Augen haben und haben müssen – der Mensch widerspricht sich. Er widerspricht sich nicht, wenn er seiner Natur gemäß handelt. Daher bleiben die Bösen z. B. in einem ewigen Widerspruch mit sich selbst.) (Der unterschiedne Stoff bringt erst die Unterscheidung in Absicht desjenigen, wovon der Grund gesucht wird, zuwege. Die Alten nannten daher Naturlehre usw. auch Philosophie; wir haben sie auf das Denken des Grundes der Vorstellungen und Empfindungen, kurz der Veränderungen des Subjekts eingeschränkt.) (Über den Ausdruck Seele. Seele des Ganzen.)

3. Es ist allgemein bekannt, daß man Seele und Körper unterscheidet. Jeder, der diese Unterscheidung kennt, wird dabei eine Gemeinschaft zwischen beiden statuieren, vermöge deren sie aufeinander wechselseitig wirken. In dieser Wechselwirkung kommt beiden eine doppelte Rolle zu: entweder sie wirken selbst für sich aufeinander oder ein drittes Etwas wirkt durch eins aufs andre. Der Körper nämlich dient zugleich auch vermittelst der Sinne zu einer Kommunikation der äußern Gegenstände mit der Seele, und insofern er selbst ein äußrer Gegenstand ist, wirkt er selbst, als ein solcher, mittelst der Sinne auf die Seele. Natürlich wirkt die Seele auf demselben Wege zurück, und hieraus ergibt sich, daß dieser Weg, oder die Sinne, ein gemeinschaftliches, ungeteiltes Eigentum des Körpers und der Seele sind. So gut es äußre Gegenstände gibt, zu denen der Körper mitgehört, ebensogut gibt es innre Gegenstände, zu denen die Seele mitgehört. Diese wirken auf den Körper und die äußern Gegenstände überhaupt, mittelst der Sinne, wie schon gesagt, und erhalten die Gegenwirkung auf diesem Wege zurück. Die Schwierigkeit ist nun, die Sinne zu erklären. (Gattungsbegriff der Sinne.)

Zu Sinnen gehört immer ein Körper und eine Seele. Ihre Vereinigung findet mittelst der Sinne statt. Die Sinne sind schlechthin nicht selbsttätig. Sie empfangen und geben, was sie erhalten. Sie sind das Medium der Wechselwirkung.

(Entweder unterscheidet die Seele das wirkliche Dasein in der Erscheinung des Augenblicks, den wirklichen Zustand, vom notwendigen Dasein in der Idee, dem gesetzten, dem Idealzustande, nicht (Zustand des freien Seins, ohne rege Unterscheidungskraft) oder sie unterscheidet beides. Im letztern Falle findet sie nun den wirklichen Zustand mit sich selbst harmonierend, oder sich widersprechend. Das erste ist das Gefühl der Lust, des Gefallens, das andre das Gefühl der Unlust, des Mißfallens. Beide sind Abweichungen vom natürlichen Zustande und daher nur momentan im weitern Sinne. Im ersten Gefühl ist es die Form des natürlichen Zustandes, der Kunstzustand, das Gefällige, Lusterregende. Im andern ist der Zwang, den das Natürlichnotwendige vom Zufälligen erleidet, das Mißfällige, Schmerzende.)

Der Grund der Sinne, der Sinn, muß eine negative Materie und negativer Geist sein – beides eins – folglich die absolute Materie und der absolute Geist, welches eins ist. Finden tun wir dieses Substrat in den einzelnen Sinnen vereinzelt d. h. in Verbindung mit einem äußern oder innern Gegenstande. Licht, Schall usw. sind Modifikationen, Individuen der Gattung Sinn. (Organ und Sinn unterschieden.)

(Hieraus sehn wir beiläufig, daß Ich im Grunde nichts ist. Es muß ihm alles gegeben werden. Aber es kann nur ihm etwas gegeben werden, und das Gegebne wird nur durch Ich etwas. Ich ist keine Enzyklopädie, sondern ein universales Prinzip. Dies hellt auch die Materie von Deduktionen *a priori* auf. Was dem Ich nicht gegeben ist, das kann es nicht aus sich deduzieren. Was ihm gegeben ist, ist auf Ewigkeit sein, denn Ich ist nichts als das Prinzip der Vereigentümlichung. Alles ist sein, was in seine Sphäre tritt, denn in diesem Aneignen besteht das Wesen seines Seins. Zueignung ist die ursprüngliche Tätigkeit seiner Natur.)

Wahrscheinlich also das Element der Einbildungskraft – des Ichs – des Einzigen vorhin gedachten Absoluten, das durch Negation alles Absoluten gefunden wird.

Nun müssen wir uns aber diesen Fund nicht materiell oder geistig denken. Es ist keins von beiden, weil es beides auf gewisse Weise ist. Es ist ein Produkt der Einbildungskraft, woran wir glauben, ohne es seiner und unsrer Natur nach je zu erkennen vermögen. Es ist auch nichts an und für sich Vorhandnes, sondern dasjenige, was als Gegenstand einer notwendigen Idee den einzelnen Sinnen zum Grunde liegt und sie erklärt und sie einer theoretischen Behandlung fähig macht.

(Das oberste Prinzip muß schlechterdings nichts Gegebnes, sondern ein frei Gemachtes, ein Erdichtetes, Erdachtes sein, um ein allgemeines metaphysisches System zu begründen, das von Freiheit anfängt und zu Freiheit geht.) Alles Philosophieren zweckt auf Emanzipation ab.

(Innres, äußres Organ – Arten der innern und äußern Gegenstände, die besondre Organe voraussetzen und damit eine neue Modifikation des Sinns sichtbar, erkennbar machen.)

(Zwei Weisen die Dinge anzusehn: von oben herunter oder von unten hinauf; durch diesen Wechsel wird positiv, was erst negativ war, und *vice versa.* Man muß beide Weisen auf einmal brauchen.)

(Sinn und Bewußtsein. Das letztere ist nichts als: Wirksamkeit der einen oder der andern Welt mittelst des Sinns.)

4. Von Grüningen.

Wesen – Aufmerksamkeit innerhalb des Wesens. Tätigkeit und Wahrnehmlichkeit sind in dem Einen Entgegengesetzten, Empfänglichkeit und Aufmerksamkeit im Andern.

Ein Wesen ist wie alle. Hieraus folgt, daß alle Wesen tätig und im Entgegengesetzten wahrnehmlich – empfänglich und aufmerksam sind. Dies sind die Eigenschaften der Wesen.

Tätigkeit ist die ursprüngliche Eigenschaft des Wesens. Sein das ursprüngliche Wesen der Eigenschaft. (Tätigkeit läßt sich nur durch Sein, Sein nur durch Tätigkeit offenbaren.)

Eigenschaft ist also Sein durch ursprüngliche Tätigkeit und Tätigkeit durch Sein.

Vom Wesen ist nur eine Exposition möglich. Wesen ist schlechthin nicht erkennbar. Nur Eigenschaften sind Gegenstand und Zustand. Im Gegenstand erkennt man die Eigenschaften, das Zustandhaben. Im Zustand die Eigenschaften des Gegenstand seienden.

Man ist in einem Zustand und ist ein Gegenstand. Sein drückt das ursprünglich passive Verhältnis aus, in dem man gegen sich selbst steht. Haben drückt das passive Verhältnis des Wesens zur Eigenschaft aus. Sein drückt ein Wesentliches, Haben ein hinzugekommenes, bekommenes, zufälliges Verhältnis aus.

(Wesentlich und Notwendig sind fast gleichbedeutend; doch drückt das letztere mehr Relation noch aus, ist spezielleren Gebrauchs.) (Eigentümliches Widerspiel.)

Erkennen läßt sich das Wesen aus den Eigenschaften nicht. Es ist aber nichts ohne seine Eigenschaften; folglich entbehren wir nichts damit, daß sich das Wesen nicht erkennen läßt.

Wie kommen wir auf das Wesen? und können nicht durch Entgegensetzungen das Wesen bestimmen? Es lassen sich nur Eigenschaften entgegensetzen. Das Wesen läßt sich nur negativ bestimmen. Es ist das, was keine Eigenschaft ist. Es ist also das jedesmal Wesen, was Eigenschaften hat. Es ist der Grund von allem – der Grund der Tätigkeit. Seine Bestimmung ist positiver Mangel aller Bestimmung.

Bestimmung ist Bezirk der Eigenschaften. Negation also Bezirk des Wesens.

Wir wissen nichts vom Wesen, als daß es das Entgegengesetzte der Eigenschaft überhaupt ist. Eigenschaften können wir aber nur durch Eigenschaften bestimmen, und zwar geschieht dies nur durch Aufsuchung derjenigen Eigenschaften, die sich einander entgegengesetzt sind, weil wir hier die einfache Tätigkeit des Wesens finden, die sich im Entgegensetzen offenbart.

Das Entgegensetzen ist selbst Weise der ursprünglichen Eigenschaft des Wesens; folglich kann man nicht das Wesen durch Entgegensetzen entdecken. Wir werden nun bald entdeckt haben, daß Wesen, wie wir es erkennen und begreifen, auch nur Eigenschaft ist – und das sogenannte Wesen nur Substrat der Wahrnehmung und Empfindung ist – so wie auch die sogenannte Eigenschaft im Gegensatz des Wesens.

Entgegensetzen ist strikte – vereinigen, indem beides durch ein

Drittes sich entgegengesetzt aber dadurch in Einem Bewußtsein vereinigt wird, indem hier ihre verschiednen Wesen Ein Wesen, ihre verschiednen Eigenschaften Eine Eigenschaft werden, dadurch aber ein reeller Unterschied zwischen ihren Wesen und Eigenschaften aufgehoben wird und nur ein zufälliger, wechselnder bleibt.

(Z. B. In einer Anschauung wechselt Wesen und Eigenschaft nach Gefallen; denn man kann das Anschaubare und das Anschauliche beides zum Wesen oder zur Eigenschaft machen.)

Zwischen Entgegengesetzten muß man das Produkt im Dritten suchen.

Begriff des Wesens – Begriff der Eigenschaft.

Das b l o ß e Wesen ist nicht erkennbar; das tätige Wesen allerdings in seinen Eigenschaften. Jedes Wesen muß ursprüngliche Eigenschaften haben.

Eigenschaft ist ja nur Erscheinung des Wesens im Entgegengesetzten – *i. e.* Wesen.

Also läßt alle Eigenschaft auf ein Wesen schließen.

Wesen: seine Verwandtschaft mit Gattung usw. Es ist das Allgemeine, das Bleibende, das Ich, das Tätige, aber nicht das Agitierte, das Entgegengesetzte von Tätigkeit, negative Tätigkeit.

Eigenschaft ist eine Art von Substantiven, die meistens von Verben entstehn, und die Tatsache der Eigenschaften sind die Verba selbst. Über die Eigenschaft, die das Verb: sein ausdrückt. (Eigenschaft ist Zustand.)

Grund – Grundveste – das Bestehende – Solide – Feste – der absolute Grund scheint der Grund überhaupt oder aller Grund zu sein.

(Alle Eigenschaft, alles Wesen, aller Grund scheint relativ zu sein.)

Das Veränderliche, Zufällige, Werdende – kann nur die E i g e n - s c h a f t e n angehn.

Natur des Willens.

Die Notwendigkeit, die wir fühlen, ein objektives Dasein anzunehmen, ist natürliche Erscheinung der Tatsache des Entgegensetzens.

Jedes Ding, jeder Begriff besteht aus Entgegengesetzten. Zur Erkenntnis gehört: Kraft und Fähigkeit; subjektive Kraft und objektive Fähigkeit; objektives Vermögen des Subjekts und subjektives Sein des Objekts.

(Form ist Eigenschaftlichkeit.)

(Ding und Eigenschaft korrespondieren besser. Das Wesen hat keine Eigenschaften als Wesen – und die Eigenschaft als solche kein Wesen, so wenig als Stoff Form und Form Stoff hat. Wesen ist das Entgegengesetzte von Eigenschaftlichkeit. Stoff ist Wesen; Form Eigenschaftlichkeit.)

Eigenschaften und Wesen kann nur ein gemeinschaftlicher Grund, Bezirk haben, ein Drittes, was sie umschließt und dessen Identität ihre Entgegensetzung mit ausmacht. Dies ist das Feste, was wir suchen, die Synthese, die Gattung usw.

Ihr wechselseitigen Verhältnisse.

Ding ist, was aus entgegengesetzter Tätigkeit usw. besteht; aus Stoff und Form, aus Wesen und Eigenschaftlichkeit. Ding ist nur durch Entgegengesetztsein möglich.

Dasein, als der Charakter des Dinges, ist weder Eigenschaftlichkeit noch Wesen. Es ist beides zugleich. Es ist der Grund von beiden: was beides möglich macht und wirklich und notwendig.

(Setzen ist das Verb von G e s e t z . Gesetz ist Eigenschaft der Tätigkeit. Alles Tun ist ein Setzen, *i. e.* insofern es erkannt wird. Alles Erkannte ist gesetzt. Setzen ist Charakter der erkennbaren Tätigkeit. Gesetz drückt keinen Einfluß auf den Stoff der Tätigkeit, sondern nur auf deren Form aus. Die Tätigkeit selbst konnte nur ein Gesetz des Daseins sein, von dem die Tätigkeit nur eine besondre Modifikation wäre, aber alles Gesetz kann nie ein Tun enthalten, sondern nur ein Bestimmttun; denn alles Bestimmttun ist Setzen. Bestimmte Tätigkeit setzt; bestimmen ist aber ein besser Wort als Setzen, das sich nur durch seine Ableitung – Gesetz – empfiehlt. Eine selbstbestimmende Tätigkeit ist ein Unding; alle bestimmte Tätigkeit setzt schlechterdings eine Gesetztheit, ein Vorhandnes voraus.)

Tätigkeit besteht, wie alles, aus Entgegengesetztem in Einem und verlangt folglich ein Ebensolches sich gegenüber, um etwas zu sein; und nach den Regeln des Entgegensetzens hat dies die Bestandteile der Tätigkeit nur in einem Wechselverhältnisse; hier ist Stoff, was dort Form war, und Form, was Stoff war.

Alles Tun ist demnach ein Bestimmttun. Alles Sein ein Bewußtsein – beides gesetzmäßig. Alles Gesetz: Form der Tatsache.

Alles Ding ist, wie aller Grund, relativ. Es ist Ding, insofern sein Entgegengesetztes Ding ist. Sie sind beide nicht Dinge, insofern sie ein gemeinschaftlicher Bezirk des Grundes sind, der dann Ding ist. Jedes Ding steckt im höhern Dinge oder weitern: extensivere und intensivere Dinge. (Extensiv und intensiv müssen eigentlich Einer Handlung Produkt sein, wie Position und Negation.)

Nur das Ganze ist real. Nur d a s Ding wäre absolut real, das nicht wieder Bestandteil wäre.

Das Ganze ruht ohngefähr, wie die spielenden Personen, die sich ohne Stuhl, bloß eine auf der andern Knie kreisförmig hinsetzen.

(Zustand und Gegenstand sind die Bestandteile des Bewußtseins. Sie bestehn beide aus Stoff und Form.)

Die Lehre von Zustand und Gegenstand gehört schon in die Theorie des Bewußtseins hinein. Hier aber müssen wir vorerst die Gesetze und Tatsachen aufsuchen, die im allgemeinen liegen.

Wir zergliedern aber hier die Theorie überhaupt. Damit kann nur verstanden werden, daß wir untersuchen, wie der menschliche Geist überhaupt bei einer Theorie zu Werke geht; wir betrachten sein Setzen, ohne Rücksicht auf einen bestimmten Inhalt, wiewohl natürlich in Beziehung auf den bestimmten Inhalt und selbst Einen bestimmten Inhalt überhaupt.

Aber wie erfahren wir denn, was eine Theorie ist? Es muß die Lehre von den Gesetzen eines Dinges sein. Den Anfang muß die Definition des Dinges machen. Aber Definition ohne Gesetze? wie ist die *anticipando* möglich? Womit macht man denn wohl den Anfang? Ohne Zweifel mit einer Sonderung. Aber doch muß uns schon etwas festes, distinguierendes gegeben sein, wenn es etwas Unterscheidendes an sich hat; folglich durch sein Befinden unter mehreren. Etwas gemeinschaftliches muß es mit seiner Umgebung haben, wenigstens, die erkennbare Existenz, aber auch etwas charakteristisches. Die vollkommenste Erkenntnis eines Gegenstandes ist: wenn man es bestimmt von allem unterscheiden kann. Zum Unterscheiden gehört aber, wie wir wissen, ein geschaftliches und ein verschiednes Merkmal. Indem ich also Ein Ding kennen lerne, so lerne ich auch alle Dinge kennen, indem ich aber diese Handlung begehe, vergrößere ich mein Bewußtsein, denn ich verbinde etwas neues damit. Jede Erkenntnis ist also Unterscheidung und Beziehung (Erweiterung, Gefügung, Zunahme) in doppelter Rücksicht: einmal in objektiver und einmal in subjektiver Hinsicht; in jener ist eine Trennung der Eigenschaft und eine Verbindung des Wesens, in dieser eine Trennung als Ding und eine Verbindung als Eigentum. Alles vieres aber in verschiedenen Rücksichten. Bei Trennung der Eigenschaften wird die Trennung der Dinge und Bestandteile vorausgesetzt, die Eigenschaft des zu Unterscheidenden wird festgesetzt; bei Verbindung der Wesenheiten, die der Trennung (Qualität, Beschaffenheit) der Eigenschaften vorgeht, wird der Pluralis der Dinge und Bestandteile ebenfalls vorausgesetzt. Es ist nur eine Beziehung auf ihren gemeinschaftlichen Bezirk, auf ihre Dinglichkeit und Identität. Die Trennung als Dinge betrifft das Erkennende und Erkannte, die Verbindung, das Zubehör, bezieht sich auf das identische Bewußtsein, auf das empfängliche Bewußtsein.

Alle Eigenschaft bezieht sich auf Eigenschaft und folglich auf gemeinschaftliche Wesenheit.

5. Form ist das notwendige Prädikat, Stoff das Subjekt. Form ist die Bedingung alles Subjekts. Subjekt ist alles, wovon man ausgeht. Was man von ihm aussagt, ist ein Prädikat.

A ist a, enthält die absolute oder totale Form. Es sagt das Ding selbst ganz aus, lehrt uns aber nichts erkennen; es ist die Realform oder die Form des Stoffs, *qua* solcher, ohne Beziehung auf etwas anders. Identität ist die Form alles Stoffs. Der Stoff aller Form ist, von dem nicht mehr und nicht weniger ausgesagt werden kann, als daß er ist, oder sein Ganzes.

Materie ist Urstoff; Materie ist Materie; Urform, reine Form.

Der Stoff der Materie ist die Materie; ihre Form ist Beharrlichkeit.

Form ist Antithese. Stoff These. Stoff, das Selbständige, Beharrliche; Form das Bezogne, Veränderliche, der Grund der Negation, sowie Stoff der Grund der Realität. Form kann ausgeschlossen werden aus der Sphäre des Dinges; Stoff nicht (versteht sich beim Denken).

Die Materie hat ihren Stoff von der Einbildungskraft unmittelbar, ihre Form vom Geiste, also mittelbar von der Einbildungskraft; darum ist jener einfach, beharrlich, diese mannichfach, veränderlich.

(Das unmittelbare Produkt ist Stoff. Das mittelbare Form.)

Was man allein denken kann, ist Stoff. Was man in Beziehung denken muß, Form.

(Warum enthält der Satz a ist a die reine Form? Weil hier eigentlich kein Prädikat ist, sondern nur die prädizierende Handlung – rein ist der Stoff ohne Form. Die reinste Form ist also der Stoff der Form. Der reinste Stoff ist die Form des Stoffs. (Dies ist nur witzig ausgedrückt.)

Form ohne Stoff ist die reinste Form; Stoff ohne Form der reinste Stoff. Ruhe ist also Charakter des reinen Stoffs, Bewegung Charakter der reinen Form.

Reiner Stoff und reine Form sind aber nur Teile; denn der wirkliche Stoff und die wirkliche Form bestehn aus dem reinen und dem empirischen Teile. Der empirische Teil des Stoffs besteht aus zwei Beziehungen, aus der Beziehung auf die Form und der Beziehung auf den reinen Stoff.

(Unterschied zwischen Bedingung und Form.)

Der reine Stoff ist die Bedingung des emprischen Stoffs. Die reine Form ist die Bedingung der empirischen Form. Der empirische Stoff besteht aus dem notwendigen Verhältnis mit dem reinen Stoff und dem notwendigen Verhältnis mit der Form überhaupt. Letzteres könnte man die Förmlichkeit nennen. Der Stoff ist also, *qua* Stoff allein, formlos. Da aber Stoff ein Beziehungsbegriff auf Form ist, so ist der wirkliche Stoff nie allein, er ist nur so denkbar; *qua* solcher ist er also noch – wie kann der Gedanke scheiden, was Gott zusammenfügte? – beziehbar, formbar, bestimmbar. Reale Beziehbarkeit und ideale Beziehungslosigkeit sind also die Bedingungen des Stoffs.

Die reine Form ist auch nur Bedingungsteil der wirklichen Form. Diese besteht ebenfalls aus der reinen und empirischen Form. Die reine Form ist das Beziehn ohne Beziehungsgrund: Handlung schlechtweg. Die emprische Form – Beziehn auf einem Beziehungsgrund überhaupt, Kausalität. Handlung und Kausalität sind also die wesentlichen Bedingungen der wirklichen, der absoluten Form. Jene ist ideal, diese real. Was bedeutet dies?

Die Materie hat ihren Stoff unmittelbar, ihre Form mittelbar. Ihr Stoff ist teils ein reiner, teils ein empirischer. Der reine Stoff der Materie ist ohne Form, formlose Materie, der empirische Stoff derselben ist formbare Materie. Die reine Form derselben ist Bewegung überhaupt. Die empirische Form Beweglichkeit.

Reine Materie – empirische Materie. Letztere besteht aus der bezognen Materie. Erstere aus der unbezognen. Die unbezogne ist die ideale. Der Stoff der idealen ist der reine und empirische. Der reine Stoff der idealen ist einfaches Sein; der empirische mannichfaltiges Sein. Die reine Form: Sphäre; die empirische: mannichfaltige Sphäre des Seins. Die bezogne Materie hat ebenfalls doppelten Stoff und Form. Reiner Stoff: unmittelbares Sein durch die Einbildungskraft; empirischer Stoff: mittelbares Sein durch den Geist. Reine Form: Bedingung des reinen Stoffs der bezognen Materie; empirische Form: Bedingung des empirischen Stoffs der bezognen Materie.

Die reine Materie und die empirische Materie sind Bedingungen der Materie überhaupt.

(Jedes Ding überhaupt hat einen reinen und empirischen Teil, oder einen idealen und realen Teil. Beides ist eins: rein und ideal und empirisch und real.)

Der Geist überhaupt ist der reine und empirische Geist. Der reine Geist hat doppelten Stoff und Form.

(Der Geist ist, was die Materie nicht ist, und ist nicht, was die Materie ist.)

Der reine Stoff des reinen Geistes ist: Sein; der empirische Stoff: Bezogensein (Dasein) oder mannichfaltiges Sein. Die reine Form: Sphäre; die empirische: bezogne Sphäre oder mannichfaltige Sphäre. Der reine Stoff des empirischen Geistes ist Sein durch die Einbildungskraft.

Der empirische Stoff des realen Geistes: mittelbares Sein durch die Materie. Die reine Form: wesentliche Bedingung des Seins durch die Einbildungskraft. Die empirische Form: die wesentliche Bedingung des mittelbaren Seins durch die Materie.

(Der reine Geist und die reine Materie sind für die Denkmöglichkeit. Die empirischen für die Denkwirklichkeit. – Denkmöglichkeit – reines (ideales) Denken; Denkwirklichkeit – empirisches (reales) Denken.

(Die Formen der empirischen Materie scheinen Raum und Zeit zu sein. Die Formen des empirischen Geistes Synthesis und Analysis. Die Formen der reinen Materie und des reinen Geistes enthalten die Denkmöglichkeiten des Raums, der Zeit, der Synthesis und Analysis.)

(Die Stoffe des empirischen Geistes sind Vernunft (Ideen) und Verstand (Begriffe). Die Stoffe der empirischen Materie: Elemente und Triebe. Die Denkmöglichkeiten davon sind in den Stoffen des reinen Geistes und der reinen Materie enthalten.)

Im reinen und empirischen Denken muß der Grund dieser Einteilungen liegen. Was ist also reines und empirisches Denken?

(Kategorien. Stoff und Form: deren Unterschied von Materie und Geist muß in der Theorie des Denkens liegen. (Stoff und Form ist der reine, Materie und Geist der empirische Teil.) Naturwissenschaft. Kriminalrecht. Schön. Gut. Politik. Imagination – symbolische Bildungskraft. Vorstellung. Anschauung. Wissenschaften. Methode.)

(Denken ist der reine Teil des Vorstellens vielleicht, Fühlen der reine Teil des Anschauens vielleicht, – warum kann man aber allein denken und fühlen? (Es scheint nur so.)

(Betrachtung über Ideen und Elemente und Begriffe und Triebe und ihre sich kreuzenden Analogien. Die Formen sind bei Geist und Materie das Mannichfaltige Einfache, die Stoffe das Einfache Mannichfaltige, reine Materie ist reiner Stoff für den Geist. Die empirische ist der empirische Stoff für denselben, da der reine Geist die reine Form jedes reinen Stoffs und der empirische Geist die empirische Form jedes empirischen Stoffs ist.)

In Beziehung auf die Materie ist der Geist Form, in Beziehung auf den Geist ist die Materie Stoff, oder vielmehr, beide sind sich Form und Stoff, es kommt nur an, auf welches von beiden man reflektiert,welches man zum Subjekt oder Prädikat macht.

Reines und empirisches Denken. Der reine Teil bezieht sich auf den reinen Teil der Anschauung und der Vorstellung, und der empirische auf den empirischen Teil.

Einfache oder reine Anschauung ist Vorstellung; einfache oder reine Vorstellung ist Anschauung. So begründen sie sich wechselweis.

Anschauung ohne Vorstellung ist der reine Teil der Vorstellung, Vorstellung ohne Anschauung der reine Teil der Anschauung. Dies beweist den innigen Zusammenhang zwischen Anschauung und Vorstellung – und die Täuschung mit dem reinen Teil.

(Anschauung und Vorstellung scheinen sich im reinen Teil gleich zu sein. Jene Objekt, diese Subjekt. Der reine Teil ist die Vorstellung, der empirische die Anschauung. Vorstellung ist das Verhältnis am Subjekt, die Rezeptivität. Anschauung die Beziehung aufs Subjekt oder das Verhältnis am Objekt, Spontaneität.

Subjekt ist das Substrat der Vorstellung, das Tätige, in dem es leidet. Objekt das Substrat der Anschauung, das Leidende, in dem es tätig ist. Subjekt ist das veränderlich Beharrliche, Objekt das beharrlich Veränderliche. Dort ist veränderlich das Prädikat oder die Form, hier ist beharrlich das Prädikat oder die Form.

Das Prädikat ist der Stoff; das Subjekt die Form. Das absolute Subjekt ist das Prädizierende; das relative, von dem prädiziert wird; das relative Subjekt ist das Objekt.

Ich bin relatives Subjekt, Objekt, Anschauung, wenn ich etwas von mir prädiziere; aber absolutes Subjekt zugleich, indem ich auch prädiziere. Ich bin tätig und leidend zugleich, wie Objekt und Subjekt.

Das Prädikat ist Form für das relative Subjekt. Das relative Subjekt ist Form für das prädizierende Subjekt, denn jedes Objekt ist ein Prädikat des absoluten Subjekts. Nur das unmittelbare Prädikat ist Form, das mittelbare ist Stoff. Das Prädikat des Prädikats ist das mittelbare Prädikat. So ist die Form der Form: Stoff; der Stoff des Stoffs: Form.

Form und Stoff sind eigentlich Beziehungsbegriffe (Analyse; Subjekt ist Synthese). Sobald man von beiden etwas prädiziert, so werden sie verwandelt. Form ist Sphäre des Prädikats, Stoff Sphäre des relativen Subjekts, in dessen Begriff schon eine notwendige Prädizierung liegt. Aller Stoff ist mögliche Form, alle

Form möglicher Stoff. Stoff und Form sind Wechselbegriffe. Einer setzt den andern voraus und postuliert ihn.

These ist der reine Teil – das relative Subjekt. Antithese die Beziehung des empirischen Teils aufs Prädikat. Synthese die Beziehung auf den reinen Teil oder aufs relative Subjekt. Beziehung des Prädikats aufs Subjekt: Antithese. Beziehung des Subjekts aufs Prädikat: Synthese. Jenes Form, dies Stoff; beide Beziehungen geschehn zugleich und sind insofern eins. Die erste Beziehung geschieht hereinwärts, die zweite herauswärts. Jene geschieht vom Allgemeinen zum Besondern, diese vom Besondern zum Allgemeinen. Das Allgemeine besteht aus dem Besondern, das Besondre in dem Allgemeinen. Das Besondre ist die Form des Allgemeinen, das Allgemeine die Form des Besondern. Für das absolute Subjekt ist Stoff das, wovon es ausgeht; Form das, wohin es geht – das erste im gegenseitig Bezognen ist Stoff, das Identische, das Beharrliche in diesem genauen Sinn. (Es gibt aber nichts absolut Beharrliches. Rein und beharrlich ist insofern *idem.*)

(Eine Art von Wechselbestimmungssatz, ein reines Assoziationsgesetz scheint mir der oberste Grundsatz sein zu müssen, ein hypothetischer Satz.)

Allgemein gültige Philosophie würde die Fixierung der sogenannten Subjektivität, also ein freies Faktum oder die Annahme eines hypothetischen, freien Satzes voraussetzen. Man kann so gewiß seine Philosophie wahr nennen – so gewiß man etwas schön nennt.

Die reinste Vorstellung ist Anschauung, die reine Anschauung Vorstellung. Das reinste Subjektive ist objektiv, das reine Objektive subjektiv. Prinzip der Schönheit begründet die Vorstellung und Anschauung. (In der Anschauung müssen wir beim Gang vom Besondern zum Allgemeinen auf Vorstellung – in der Vorstellung auf die Anschauung geraten.

(Vorgestellte Anschauung und angeschaute Vorstellung machen also das Wesen der Einbildungskraft aus.) (Reine) Kraft ist der Stoff, (reine) Wirkung die Form der Einbildungskraft.

Stoff und Form *katexochen* sind allemal rein, es sind bezogne ohne Beziehung, beziehbare. Freilich ist im Reiche der Wirklichkeit alles Beziehbare auch das schon Bezogne. Möglichkeit, Wirklichkeit und Notwendigkeit sind eins. Wirklich bezieht sich auf die Anschauung, notwendig auf die Einbildungskraft, möglich auf die Vorstellung. Der Grund des Begriffs der Möglichkeit liegt in der Vorstellung, ist also die eigentliche These. Der Begriff der Wirklichkeit gründet sich in der Anschauung und ist die Antithese, denn es ist ein Beziehungsbegriff; notwendig gründet sich in der Einbildungskraft und ist die Synthese. Möglich ist eine doppelte Beziehung im Dritten, es ist nichts als ein Schweben zwischen Notwendig und Wirklich. These von diesen drei Begriffen ist, von welchem man ausgeht, Antithese ist, wohin man geht, und das Zurückgehn zum Ausgange ist Synthese. These ist das relative Subjekt, Antithese dessen Beziehung auf ein Prädikat, Synthese Beziehung des Prädikats aufs Subjekt. These ist Stoff, Antithese Form des Stoffs, Synthese Stoff der Form. Für das absolute Subjekt ist These Stoff und Form zugleich, Antithese Form, Synthese Stoff. Auf den Begriff von These ist der Begriff von Stoff und Form nicht anwendbar.

These besteht aus einer immanenten Beziehung. Antithese aus These und einer unmittelbaren transzendenten Beziehung. Synthese aus These, Antithese und einer mittelbaren transzendenten Beziehung.

a und n sind die empirischen (oder schon bezognen Handlungen) Formen *a priori*; es sind die Bestimmungen des Stoffs überhaupt *a priori*.

Der Stoff ist einfach, immanent, bezogen: These. Er ist immanent und transzendent bezogen: Antithese. Er ist immanent, unmittelbar und mittelbar transzendent bezogen: Synthese.

Dies sind die empirischen Formen des Stoffs überhaupt und die empirischen Stoffe der Form überhaupt.

Stoff und Form überhaupt sind reiner Stoff und Form. Rein drückt also den Charakter der bloßen Beziehbarkeit, die Vorstellung, die bloße Möglichkeit einer Beziehung, die bloße Rezeptivität, den Charakter des relativen Subjekts, als These, aus. Rein ist Charakter der These.

(Geist und Materie sind also 1. rein 2. unmittelbar transzendent 3. mittelbar transzendent oder transzendental.)

Stoff ist das Bezogne, Form die Beziehung.

Das Prädikat ist nicht die Form, sondern nur das Formgebende, weil mittelst desselben die Form, die Beziehung, stattfindet.

Form Bedingung des Stoffs, Stoff Bedingung der Form. Der reine Stoff ist Form, die reine Form Stoff, der Zusammenhang zwischen Kraft und Wirkung ist Form, Beziehung. Kraft und Wirkung sind die bezognen. Die Form kommt von Stoff und geht zu Stoff. Sie ist die Bewegung, der Stoff das Bewegte.

Form ist (reine) Kraft. Stoff (reine) Wirkung.

Kraft und Wirkung.

1. These: reine Kraft 2. Antithese: Wirkung überhaupt 3. Synthese: Kraft überhaupt.

Wirkung ist eine immanente und unmittelbar transzendente Kraft. Kraft überhaupt: immanente, unmittelbar und mittelbar transzendente Kraft. Reine Kraft ist immanente Kraft. Rein und empirisch sind sich entgegengesetzt. Stoff und Form sind lediglich empirische Begriffe *a priori.* Reinen Stoff und Form gibt's nicht.

Stoff überhaupt ist Bezognes. Form überhaupt Beziehung.

Was heißt rein und empirisch?

Was sind dies für Begriffe? Rein, was weder bezogen noch beziehbar ist. Die Formen des Beziehbaren sind die empirischen Formen *a priori.* Der Begriff rein ist also ein leerer Begriff, *i. e.* ein Begriff, dem keine Anschauung entspricht, ein weder möglicher noch wirklicher Begriff noch ein notwendiger. Alles Reine ist also eine Täuschung der Einbildungskraft, eine notwendige Fiktion.

Wahrheit – Fiktion oder Schein.

Die Einbildungskraft hat zweierlei Produkte, das Wahre und den Schein. Eins schließt das Andre aus, negiert es. Identisch ist beides: Schein ist Schein, Wahrheit Wahrheit.

Wahrheit ist die Form des Scheins, Schein die Form der Wahrheit.

(Schein ist Geist; Wahrheit Materie.)

Schein ist das Entgegengesetzte unter der Form des Gesetzten, er scheint zu beziehen und bezieht nicht. Er scheint das Bezogne zu sein, und ist's nicht. Wahrheit ist das Ganze, Schein nur der Bruch, das Halbe, der das Ganze scheint und es nicht ist. Jene die positive, dieser die negative Größe.

(Jedes Ding ist ein Ganzes, das aus Anschauung und Vorstellung besteht. Eins von diesen beiden allein ist die Hälfte der Realität des Dings. Je mehr Realität ich in die eine Hälfte setze, desto weniger in die andre – das wird sodann die negative Größe. Jedes Ding ist positive und negative Größe, denn es ist ja nicht das nicht, was es ist – Was es nicht ist, ist es nicht, *i. e.* es wird von Sein und Nichtsein, von Setzen und Nichtsetzen bestimmt und nicht bestimmt (bestimmbart und nicht bestimmbart).

Was es ist, kann es nicht bestimmt werden, was es nicht bestimmt werden kann, das ist es. Bestimmung, die seinem Sein widerspricht, ist Schein; Bestimmung, die ihm nicht widerspricht, Wahrheit.

(Vorstellung ohne Anschauung ist Schein *et vice versa.* Begriffe und Ideen gibt's, aber keine bloßen Vorstellungen. Sensationen und Empfindungen gibt's, aber keine bloßen Anschauungen. Beide sind bloßer Schein. Schein ist aber notwendig überall, denn Schein ist überall die Hälfte; das Halbe eines Ganzen allein ist Schein; da aber alles nicht Einfache halbiert werden kann, so ist überall Schein. Der Schein in unsrer Erkenntnis entsteht aus dem Erheben des Halben zum Ganzen, oder aus dem Halbieren des Unteilbaren, desjenigen, dessen Wesen bloß in der Zusammensetzung besteht, aus der widernatürlichen (Immanenz und Transzendenz) oder Ründung und Teilung.

Der Schein besteht also 1. aus dem Erheben des Teils zum Ganzen. 2 aus der Erniedrigung des Ganzen zum Teil. 3. aus dem Teilen des Unteilbaren. 4. aus dem Verbinden des Unzuvereinigenden. (Aus dem Tun und dem Unterlassen.)

Schein ist das Widersprechende, das vom bestimmten Ausgeschlossne, das Bestimmbare. Die Sphäre des Scheins ist also das Bestimmbare und also durch ein wirkliches Bestimmen Ausgeschlossne; alles, was durch ein Bestimmen bestimmt ist, also auch die Beziehungen, sind hiervon ausgeschlossen und also nicht Schein. Anschauung und Vorstellung allein sind Schein. Alles Denken ist also eine Kunst des Scheins. Schein ist Grund aller Form und alles Stoffes allein.

Schein und Wahrheit zusammen machen nur eine eigentliche Realität aus.

Schein ist die Urform der Wahrheit, des Urstoffs. Es ist die Wahrheit auf sich selbst bezogen. Realität für Realität ist nur durch Beziehung Form, Schein.

Realität erkennt die Realität nur durch Beziehung, Form, Schein – Negation. (Die Form des Seins ist Nichtsein, die Form des Nichtseins: Sein.) Die Beziehung des Nichtseins ist Sein. Folglich ist Wahrheit, Existenz: Form des Scheins, des Nichtseins; und Schein: Form der Existenz.

Dies ist reine Form und reiner Stoff. Bezognes und Beziehung.

Aller Denkstoff ist Scheinstoff, Urform, aller Fühlstoff ebenfalls, und so auch mit den Formen. Das ist der reine Stoff und die reine Form.

Es gibt eine Form des Scheins und einen Stoff der Wahrheit – Negation und Realität. Beide zusammen machen den empirischen Stoff und Form aus. Der Schein kriegt seinen Stoff von der Wahrheit, die Wahrheit ihre Form vom Schein. Schein ist Negation, Wahrheit Realität.

(Regiert wird ein Ding auf der Grenze, an der Oberfläche.)

Von jedem Dinge kann man zweierlei sagen *a priori:* es ist und ist nicht. Erstes ist der reine Stoff, dies die reine Form. Einfache Beziehung ist reine Form, einfach Bezognes reiner Stoff.

Die empirischen Formen *a priori* sind schon zweifach Beziehungen, nämlich von etwas auf etwas.

a = a These; b = a Antithese; c = a + b Synthese.

(Empirische Formen der Wahrheit, Realität.)

–a = –a;
–b = –a;
–c = –a + –b

(Empirische Formen des Scheins, der Negation).

Der Satz der Identität ist der Satz der Wahrheit, Realität. Der Satz des Widerspruchs: Satz des Scheins, der Negation. Der Satz des zureichenden Grundes liegt in den beiden vorhergehenden: These, Antithese, Synthese.

Der Satz der Identität ist dem Schein und der Wahrheit eigen. Der Satz des Widerspruchs drückt ihr Verhältnis zueinander aus. Der Satz des zureichenden Grundes, oder besser *exclusi medii tertii,* das Verhältnis beider zur Einbildungskraft oder ihrer gemeinschaftlichen Sphäre und zur Gegensphäre.

Hieraus erhellt, daß Antithesis eigentlich die zweifache Beziehung der beiden Bezognen, Synthesis das vierfache Beziehen der beiden Bezognen auf die Einbildungskraft oder das absolute Subjekt, und zueinander. These hat keine Quantität: ich kann 1 oder 0 sagen, beide sind These. Antithesis ist das zweifache Beziehn zwei besondrer Sphären, bloß insofern sie besondre sind. Synthesis das vierfache Beziehn der isolierten Sphären auf einander und auf die gemeinschaftliche Sphäre.

Nur unter dem Gleichen kann ein eigentlicher Gegensatz stattfinden, das Ungleiche kann sich nicht entgegengesetzt werden, das Allgemeine nicht dem in ihm enthaltnen Besondern, das immanente Produkt nicht dem Produzenten – das sind Gegenstände: Gegensätze sind nur zwischen Schein und Wahrheit möglich. Gegensätze sind ihrer Quantität nach: Schein; ihrer Qualität nach: Wahrheit; ihrer Modalität nach: Schein; ihrer Relation nach: Wahrheit.

Jede Antithesis besteht aus zwei Sätzen, aus dem ersten und zweiten antithetischen Satz: die oszillierende Beziehung.

Jede Synthesis aus einer geschlossnen Beziehung, oder einer vierfachen Beziehung. Die 4 bezieht sich auf das rechts oder links herumgehn.

Die Synthesis kann nun 1. von a (dem einen Gegensatze) zu b (dem andern Gegensatze), von b zu c (als dem Gemeinsatze) und von c zu a gehn. 2. von a zu c, von c zu b, von b zu a. 3. von a zu b, dann von a zu c, dann von c zu b. 4 von a zu b; a zu c; b zu c. 5. a zu c; a zu b; b zu c. 6. a zu c; a zu b; c zu b. 7. c zu a; a zu b; b zu c. 8. c zu b; b zu a; a zu c. 9. c zu a; c zu b; a zu b: 10. c zu a; c zu b; b zu a. 11. c zu b; c zu a; a zu b. 12. c zu b; c zu a; b zu a.

Dies sind die Formen der empirischen Synthesis, die sich in Rücksicht ihres Gehalts nur insofern unterscheiden, ob man vom Besondern, vom Gegensatze, oder Allgemeinen, dem Gemeinsatze, anfängt, ausgeht (empirisch bezieht sich auf Raum und Zeit).

a negiert –a; setzt es aber auch, insofern –a eigentlicher Gegensatz von a ist. Mit –a ist es gleichfalls so.

Jede Negation ist Position, jede Position Negation. Die Wahrheit negiert so gut wie der Schein; sie negiert den Schein.

Schein ist Realität aller Form; Sein die Realität alles Stoffs. Kein Sein, kein Schein. Kein Schein, kein Sein. Sie sind die Gegensphären der absoluten Gemeinsphäre, die beiden Hälften einer Kugel, die Form und der Stoff der Kugel, beides ist nichts ohne das Andre.

Schein wäre somit absolute Form, Sein absoluter Stoff.

Keins ist ohne das andre erkennbar. Jedes Produkt hat Stoff und Form. Negation hat so gut Form und Stoff, als Realität.

(Sein drückt ein Totalverhältnis, Haben ein Partikularverhältnis aus. Sein ist ein Beziehungsbegriff auf den Stoff und Form überhaupt; Haben ein Beziehungsbegriff auf den besondern (weiterbestimmten) Stoff und Form. Im Bestimmen liegt Stoff oder Form überhaupt.

Stoff und Form sind die allgemeinsten relativen Begriffe, das Produkt *a priori* der relativen Einbildungskraft.

Sein und Schein sind die allgemeinsten Begriffe, das Produkt *a priori* der qualitativen Einbildungskraft.

(Realität und Idealität sind sich entgegengesetzt: Position und Negation.)

Bestimmbarkeit und Bestimmtheit sind die allgemeinsten Begriffe, das Produkt *a priori* der modalen Einbildungskraft. Größe und Bewegung, Ganzes und Teile vielleicht die allgemeinsten Begriffe der quantitativen Einbildungskraft.

6. Merkwürdige Stellen und Bemerkungen bei der Lektüre der Wissenschaftslehre.

Ich und Nichtich sind Abstrakta. Sie handeln nicht wie Gesamtmassen gegeneinander, sondern in jeder empirischen Handlung ohne Unterschied ist Ich und Nichtich wirksam. Der Kanon, das Schema jedes Handelns, freilich aber auch die Materie desselben ist in der Wissenschaftslehre aufgestellt.

Alle Realität, von der wir reden können, muß eine denkbare sein. Folglich ist das Prinzip aller Realität, der Garant derselben, der Grund des Denkens – Sinn. Die Philosophie ist streng auf die bestimmte Modifikation des Bewußtseins eingeschränkt. Sie ist bescheiden. Sie bleibt in ihren Grenzen. Sie begreift, was in ihr oder unter ihr ist. Die Freiheit der Reflexion führt auf eine Freiheit des handelnden Ich.

Philosophieren ist eine Tätigkeit der Intelligenz. Auf welcher Stufe steht die Philosophie?

Der Mensch ist so gut Nichtich als Ich.

Ich ist nur durch ein Nichtich denkbar. Ein Ich ist ja nur ein

Ich, insofern es ein Nichtich ist, es könnte übrigens sein was es wollte, nur kein Ich wär's.

Der Grund des Naturgesetzes, daß jedes Anstoßes Wirkung ohne Gegenwirkung ewig dauere – wo liegt der im Ich? Er kann uns im Ich manches erklären.

Wenn man philosophisch von dem, was kommen soll, z. B. von Vernichtung des Nichtich spricht, so hüte man sich für der Täuschung, als würde ein Zeitpunkt kommen, wo dieses eintreten würde. Erstlich ist es an und für sich ein Widerspruch, daß in der Zeit etwas geschehn solle, was alle Zeit aufhebt, wie jede Verpflanzung des Unsinnlichen, Denkbaren, Subjektiven in die sinnliche Welt der Erscheinungen. In jedem Augenblick, da wir frei handeln, ist ein solcher Triumpf des unendlichen Ich über das Endliche, für diesen Moment ist das Nichtich wirklich vernichtet, nur nicht der sinnlichen Existenz nach.

Wie es sein soll und wird, so ist's: die Sache bleibt ewig, nur die Form wechselt unaufhörlich. Die Zeit kann nie aufhören. Wegdenken können wir die Zeit nicht, denn die Zeit ist ja Bedingung des denkenden Wesens. Die Zeit hört nur mit dem Denken auf. Denken außer der Zeit ist ein Unding.

Die Welt wird den Lebenden immer unendlicher, drum kann nie ein Ende der Verknüpfung des Mannichfaltigen, ein Zustand der Untätigkeit für das denkende Ich kommen. Es können goldne Zeiten erscheinen, aber sie bringen nicht das Ende der Dinge. Das Ziel der Menschen ist nicht die goldne Zeit. Er soll ewig existieren und ein schön geordnetes Individuum sein und verharren; dies ist die Tendenz seiner Natur.

7. Um das Ich zu bestimmen, müssen wir es auf etwas beziehn. Beziehn geschieht durch Unterschiede – beides durch These einer absoluten Sphäre der Existenz. Dies ist das Nursein oder Chaos.

Sollte es noch eine höhere Sphäre geben, so wäre es die zwischen Sein und Nichtsein, das Schweben zwischen beiden – ein Unaussprechliches; und hier haben wir den Begriff von Leben.

Leben kann nichts anders sein. Der Mensch stirbt, der Stoff bleibt, das Mittelglied, wenn ich so sagen darf, zwischen Stoff und Vernichtung ist weg, der Stoff wird bestimmungslos, jedes eignet sich zu, was es kann.

Hier bleibt die Philosophie stehn und muß stehn bleiben; denn darin besteht gerade das Leben, daß es nicht begriffen werden kann.

Nur aufs Sein kann alle Philosophie gehn. Der Mensch fühlt die Grenze, die alles für ihn, ihn selbst umschließt, die erste Handlung; er muß sie glauben, so gewiß er alles andre weiß. Folglich sind wir hier noch nicht transzendent, sondern ein Ich und für das Ich.

Um sich selbst zu begreifen, muß das Ich ein andres ihm gleiches Wesen sich vorstellen, gleichsam anatomieren. Dieses andre, ihm gleiche Wesen ist nichts anderes als das Ich selbst. Die Handlung dieser Alienation und respektiven Produktion wird es gleichfalls nur an diesem Gedankenpräparat gewahr, es findet, daß es bei ihm selbst ebenso sein muß, daß die Handlung auf keine andre Art bei ihm geschieht, die dieser Reflexion vorhergeht ...

Natürlicher Gang der Reflexion zum Resultat und vom Resultat zur Reflexion, als dem Resultate des Resultats.

Leben ist ein aus Synthese, These und Antithese, Zusammengesetzes und doch keins von allen dreien.

Den Gehalt der These und die Form der ersten Synthese und Antithese müssen alle folgenden Thesen, Synthesen und Antithesen haben. Folglich muß Sein allen Thesen, Trennen und Beziehn allen Antithesen und Synthesen sein: ihr Charakter.

Ist alle Philosophie nicht bloß zum Gebrauch oder Behuf der Reflexion möglich?

Deshalb muß sie dogmatisch sein und transzendent scheinen.

Was verstehn wir unter Ich?

Hat Fichte nicht zu willkürlich alles ins Ich hineingelegt? Mit welcher Befugnis?

Kann ein Ich sich als Ich setzen, ohne ein anderes Ich oder N i c h t -Ich? (Wie sind Ich und Nicht-Ich gegensetzbar?)

Das Ich hat eine hieroglyphische Kraft.

Es muß ein Nicht-Ich sein, damit Ich sich als Ich setzen könne. (These, Antithese, Synthese.)

Die Handlung, daß Ich sich als Ich setzt, muß mit der Antithese eines unabhängigen Nicht-Ich und der Beziehung auf eine sie umschließende Sphäre verknüpft sein: diese Sphäre kann man Gott und Ich nennen.

8. ....Wir müssen suchen eine innre Welt zu schaffen, die eigentlicher Pendant der äußern Welt ist, die, indem sie ihr auf allen Punkten bestimmt entgegengesetzt wird, unsre Freiheit immer mehr erweitert. Denn unsre Freiheit geht notwendig von Bestimmung aus. Je mehr wir uns unsrer Bestimmungen entledigen, desto freier werden wir. Alle Bestimmungen gehn aus uns heraus, wir schaffen eine Welt aus uns heraus und werden damit immer freier, da Freiheit nur im Gegensatze einer Welt denkbar ist. Je mehr wir bestimmen, aus uns heraus legen, desto freier, substantieller werden wir, wir legen gleichsam das Beiwesen immer mehr ab und nähern uns dem durchaus reinen, einfachen Wesen unsers Ich. Unsre Kraft hat nun soviel Spielraum gekriegt als sie Welt unter sich hat. Da unsre Natur aber, oder die Fülle unsers Wesens, unendlich ist, so können wir nicht in der Zeit dieses Ziel erreichen. Da wir aber auch in einer Sphäre außer der Zeit sind, so müssen wir es da in jedem Augenblick erreichen, oder vielmehr, wenn wir wollen, in dieser Sphäre reine, einfache Substanz sein können. Hier ist Moralität und Beruhigung für den Geist, den ein endloses Streben, ohne es zu erreichen, was ihm vorschwebt, unerträglich dünkt.

(Alle Bestimmung geschieht dadurch, daß Substanz des Objekts mit Akzidens des Subjekts vereinigt wird *et vice versa,* oder vielmehr, da Substanz allemal in der Mitte der Entgegengesetzten liegt und alle Entgegengesetzten Eins sind – jedes der Entgegengesetzten aber notwendig aus zwei Bestandteilen besteht, wovon

Einer ein gemeinschaftlicher ist, obwohl kein quantitativ gemeinschaftlicher, sondern ein quantitativ getrennter –, dadurch, daß dieser gemeinschaftliche Bestandteil aufgesucht wird und auf diese Art beide in Verbindung treten.) Sinnen- und Geisterwelt sind sich schlechterdings nur im Wechsel entgegengesetzt. Ist das Objekt (wie ich hier den Inhalt der Sinnenwelt bezeichnen will) mannichfach, so ist das Subjekt einfach, jenes beharrlich, dieses veränderlich, jenes Substanz, dieses Akzidens *et vice versa.* (Substanz ist lediglich eine Idee; es ist das Ganze, worauf gerade reflektiert, was gerade angeschaut wird. Akzidens ist nur sein Wechselbegriff, es wird damit sein Zustand angedeutet, die Summe von Verhältnissen, die das Ganze als Ganzes hat, Akzidens ist im Grund nur im Plurali brauchbar.) Inwiefern der Mensch im Gehorsam leben muß? (Gegen Gott und Menschen.) (Sprachcharakter, allgemeine Sprache – woher die Verschiedenheit der Sprachen? Sagen der Zukunft. Tausendjähriges Reich. Neue Religion.) Das eigentliche philosophische System muß Freiheit und Unendlichkeit, oder, um es auffallend auszudrücken, Systemlosigkeit, in ein System gebracht, sein. Nur ein solches System kann die Fehler des Systems vermeiden und weder der Ungerechtigkeit noch der Anarchie beziehen werden.

Die Kategorien sind synthetische Akzidentalbegriffe *a priori.* Vernunft entspricht der Zeit, Verstand dem Raume. (Warum sind 12?)

Nur zwei Reiche. Moralität streitet mit physischer Freiheit; Herrschaft, Willkür mit Gottheit, Unabhängigkeit von äußern und innern Zufällen. Die Sphäre der Moralität des Ichs hebt alle Thesis und Antithesis auf. Sie ist außer den Gesetzen, dem Wirkungskreis der theoretischen Bestimmung. (Über Freiheit. Einzelne Bestimmungen sind notwendig, aber die Vernunft muß den Wechsel regieren, der Mensch muß nur insofern bestimmt sein, als er, weil er im Reiche der Bestimmung ist, bestimmt sein muß, *i. e.* er muß bestimmt sein, aber nicht auf die oder die Art usw. Aller Stoff schränkt die Freiheit ein, alle Handlung dehnt sie aus.)

Jede Kategorie hat, so wie jeder reine Begriff, Ein eigentümliches und Ein gemeinschaftliches Merkmal. Daher kommt's, daß man bei Untersuchung eines solchen Begriffs immer im Zirkel geht. (Im Stil herrscht entweder der Gegenstand überhaupt, oder der besondre Gegenstand, entweder der Zustand oder die Idee, entweder das Symbol oder das Wort, die Gestalt, Genesis oder Gebrauch (Charakter) des Worts. Unterschied des Rechts auf eine Person und auf eine Sache. Ich kann eine Person wie eine Sache behandeln, wenn sie nicht durch ihre vollendete Moralität alles Recht gegen sich aufhebt, z. B. Recht auf eine Weibsperson in einer wüsten Insel. (Befugnis?) Abstufungen der Beschäftigungen zur Erhaltung der Lebensgeister. (Lebensstrafen.)

Das Universalsystem der Philosophie muß wie die Zeit sein, Ein Faden, an dem man durch unendliche Bestimmungen laufen kann. Es muß ein System der mannichfachsten Einheit, der unendlichen Erweiterung, Kompaß der Freiheit sein; weder formales noch materiales System. (Wir müssen die Dichotomie überall aufsuchen.) Über Phantasiesysteme, – deren sind unendliche möglich. Es bleiben aber immer materiale Systeme, mithin nur ästhetische Kompositionen; dies muß aber reine Philosophie nicht sein. Sie enthält nur Gesetze des Orientierens und gar keinen Inhalt oder dessen Form, im gewöhnlichen Sinne. Sie ist weder formal noch material. (Jeder synthetische Begriff enthält zwei speziell entgegengesetzte Begriffe, als Akzidensbegriffe, als Begriffe, zwischen denen er wechselt, oder besser, die mittelst seiner wechseln.) Die bisherigen Begriffe von Gott waren ziemlich richtige Ideen vom Menschen – *qua* Intelligenz.

Reine Empfindung, woher ist die der sicherste Probierstein der Wahrheit usw.? Unsre Empfindung schließt aus und schließt ein, bestimmt aber nichts. Sie, in ihrer Totalität ist die bewußtseinlose Anschauung der Geisteswelt; wir empfinden ein objektives Ganzes, und bei jeder Bestimmung des Erkenntnisvermögens empfinden wir ein gewisses Recht oder Unrecht an ihr, ohne, sonder Tätigkeit der Einbildungskraft usw., dasselbe angeben zu können. Dieses Verhältnis gibt der Urteilskraft vorzüglich viel Stoff.

Das außer der Zeit Befindliche kann nur in der Zeit tätig oder sichtbar sein. (Warum Universalphilosophie kein positives System sein kann? Sie kann nichts als die Form der vollständigen Tätigkeit des Geistes bei einer Bestimmung enthalten.) Um etwas zu bilden, muß man ein Objekt vor sich haben; entweder entwirft man sich dies selbst, oder findet es auswärts.

Nur der vollkommenste Mensch kann die vollkommenste Philosophie entwerfen. Der Mensch steht durchaus mit sich selbst in Wechselwirkung und innigem Zusammenhang. Jeder Fehler, jede Tugend muß einen allgemeinen Wirkungskreis, einen Totaleinfluß haben. Er kann nicht eine Tugend im eigentlichen Sinne hier, und dort nicht haben.

Die Kategorien sind nur synthetische Begriffe *a priori.* Sollte es denn nicht synthetische Ideen *a priori* und synthetische Anschauungen und Empfindungen geben?

Unsre Staaten sind nur Agglomerationen. Staaten im eigentlichen Sinne des Worts sind nur mittelst einer sehr idealischen Einbildungskraft denkbar. Unsre Staaten sind Staaten – sie sind keine. Wie besteht dies? Der Satz ist wahr, den wir mit der Kraft der Wahrheit anschaun, den wir zur Idee erheben. (Sphäre der Indifferenz: *semper idem*; Sphäre der Differenz: Veränderung; Synthetische Sphäre: Wechsel.) Die unendliche Idee unsrer Freiheit involviert auch eine unendliche Reihe unsrer Erscheinungen in einer Sinnenwelt. Wir werden nicht an die einzige Erscheinung in unsrem irdischen Körper auf diesem Planeten gebunden sein.

Überall sind drei Sphären. Sie sind nur in Rücksicht ihrer selbst bestimmt. Ihre Wirksamkeit ist so verschieden, als die Teile der Unendlichkeit. Sie sind aber immer dieselben, der Stoff und die Form ihrer E r s c h e i n u n g e n mag so verschieden sein als er will. Sie sind in Rücksicht auf ihre jedesmalige Bestimmung vollkommen indifferent. Sie sind, was sie sind, sie tun, was sie tun, sie leiden, was sie leiden, lediglich ihrer selbst willen. Um realisiert zu werden, müssen sie sich einzeln anwenden lassen, *i. e.* im einzelnen erscheinen, aber dennoch sind sie und bleiben sie ewig unentjungfert, ewig sie selbst, ungeteilt und frei. (So ist es mit allen Ideen. Ihre Erscheinung scheint sie nur zu verwandeln.) So ist es mit der Menschheit. (Sie ist im ganzen und einzelnen dieselbe.) Die Ideen erheben zu sich, sie lassen sich nicht herab. Prinzip der Vervollkommnung in der Menschheit. Die Menschheit wäre nicht Menschheit, wenn nicht ein tausendjähriges Reich kommen müßte. Das Prinzip ist in jeder Kleinigkeit des Alltagslebens, in allem sichtbar. Das Wahre erhält sich immer, das Gute dringt durch, der Mensch kommt wieder empor, die Kunst bildet sich, die Wissenschaft entsteht, und nur das Zufällige, das Individuale verschwindet. Es ist der Kampf des Vergänglichen mit dem Bleibenden. Endlich lernt Herkules die immer wachsende Hydra doch töten. Endlich muß der Sieg *à l'ordre du jour* werden – Resultat der berechnetsten, genauesten Kunst. Die Kunst muß über die rohe Masse triumphieren, Übung macht den Meister. (Weisheitskunst und Weisheitswissenschaft.) Sphäre der Realität (des Einzelsinnes) – gemeinschaftlicher Stoff des Entgegengesetzten. (Jeder Teil der entgegengesetzten Substanzen besteht wieder aus beiden.) Totalität ist nur Vollständigkeit der Verhältnisse. (Wie entstehn die Teile in der Substanz und werden selbständig?) Wir müssen durchgehends auf den synthetischen Zusammenhang der Entgegengesetzten reflektieren, also auch zwischen Sinnen- und Geisterwelt. (In den Produkten jeder Welt ist das Eigentümliche und das Predominierende. Die Idee hängt so gut an der Sinnenwelt, als das Gefühl an der Geistwelt.) Ich behaupte, daß Analyse und Synthese eigentlich entgegengesetzte Handlungen sind. Welches ist ihr synthetischer Charakter oder ihre gemeinschaftliche Sphäre? (Alle Schmerzen müssen ein Maximum haben, kurz alle unangenehme Zustände müssen ihre Bestimmung, ihre Grenzen, ihre Ordnungen haben, unter denselben Gesetzen stehn, als die Zustände der Lust. Der höchste Schmerz kann nur ein Augenblick sein. Thetischen – antithetischen Schmerz. Lust und Unlust stehn im Wechsel.) Hang des Menschen, oft ein offenbar Schädliches zu ergreifen, oft *par dépit* sich mutwillig zu verderben. Es ist noch Äußerung der Freiheit.

Allen Vermögen und Kräften des Gemüts muß etwas entgegengesetzt sein? Was ist das? (In welcher Sphäre ist alles Ganzes Teil und in welcher aller Teil Ganzes?) Es gibt nur zwei Urelemente und eine Sphäre der Erscheinung für dieselben. (Liebe, als synthetische Kraft.) Es kommt nur darauf an, ob wir etwas in die innre Sphäre unsrer freien Tätigkeit aufnehmen, was sie hemmt, so leiden wir auch und sind abhängig davon. Selbst das größeste Unglück muß aufgenommen werden in diese Sphäre, wenn es uns eigentlich affizieren soll, sonst bleibt es uns fremd und außer uns.

Eigentum in unserm rechtlichen Sinne ist nur ein positiver Begriff, *i. e.* der mit dem Zustand der Barbarei aufhören wird. Das positive Recht muß positive Grundlagen *a priori* haben. Eigentum ist dasjenige, was die Möglichkeit gibt, in der Sinnenwelt seine Freiheit zu äußern. (Was analytisch in der Geisteswelt ist, ist synthetisch in der Sinnenwelt *et vice versa.*) Analyse und Synthese sind auf diese Art Wechselbegriffe. Jedes nimmt des andern Platz und *Vices* ein in der entgegengesetzten Sphäre, nämlich das, wovon Analyse und Synthese prädiziert wird. (Stärke läßt sich durch Gleichgewicht ersetzen, und im Gleichgewicht sollte jeder Mensch bleiben, denn dies ist eigentlich der Zustand seiner Freiheit.) Was heißt das, die Tugend um ihrer selbst willen lieben? (Das reale Denken muß im Entgegengesetzten in zwei materialen, entgegengesetzten Sphären sein. Thetisches, Antithetisches Entgegensetzen. Nur Entgegengesetzte lassen sich entgegensetzen. Allem Handeln *i. e.* allem Bestimmen muß ein Bestimmbares korrespondieren. Tätigkeit ist ein synthetischer Begriff, der einen Wechsel zwischen Subjekt und Objekt begründet. Er ist das Medium, das Vehikel alles Wechsels; Wechsel und Tätigkeit bedingen einander wechselseitig. Keine Tätigkeit schafft also etwas

Neues, sondern sie verknüpft nur das Seiende zu gegenseitiger Wirksamkeit. Tätigkeit ist die dritte materiale Sphäre, durch die alle Formation möglich und wirklich gemacht wird. (Sphäre verleitet zu falschen Begriffen – lieber bloß Materie.) Thetische, Antithetische und Synthetische Materie.

Dies ist die Begründung von Ursache und Wirkung. Wie wird aber Substanz und Akzidens und Gemeinschaft begründet? Nur zusammen sind sie ein Ganzes, ein Etwas. Alles muß entweder in einem oder dem andern sein. Keine dieser Materien ist entbehrlich. Zusammengenommen, in ihrer Totalität, sind sie das Weltall. Dies ist freilich schon eine Phantasie Anschauung, schon ihr eignes Produkt. Da sie unzertrennlich sind, so müssen sie alles zusammensetzen, was als Ursache und Wirkung, Substanz und Akzidens, notwendig Verneintes, notwendig Bejahtes bestimmt werden kann.

In der Kategorie der Disjunktion wird etwas durch Affirmation negativ und durch Negation affirmativ bestimmt. In der Kategorie der Kausalität wird die Kausalität durch die Dependenz *et vice versa* bestimmt, *i. e.* etwas wird als kausal dependent und als dependent kausal bestimmt. In der Kategorie der Substantialität wird etwas als Substanz durch seine Akzidenzen, und als Akzidens durch seine Substanz bestimmt.

Unsre innre Welt muß der äußern durchaus bis in die kleinsten Teile korrespondieren, denn sie sind sich im Ganzen entgegengesetzt. Was sich dort so entgegengesetzt ist, ist sich hier umgekehrt entgegengesetzt oder durch einander bestimmt; lauter antithetische Bestimmungen.

Nur durch Handeln kann etwas für mich entstehn, denn es kommt etwas in meine Sphäre, es entsteht etwas zwischen mir und mir. Nur durch meine Tätigkeit ist ein Sein für mich möglich. Ich rücke gleichsam meine Grenze vorwärts, ich gewinne etwas. Dieses Etwas muß ein Nichttätiges, ein Stetes sein.

Schmerzen müssen um deswegen erträglich sein, weil wir sie

uns selbst setzen, und wir also nicht mehr leiden als wir tätig dabei sind.

Ursach und Wirkung in der ersten Kategorie der Relation ist besser ausgedrückt: bestimmendes – bestimmbares oder bestimmsames; das Akzentuierte und das Ausfüllende, Verknüpfende.

Wie bestimmen uns dunkle Empfindungen und Anschauungen so mächtig? Weil sie wie Objekte unsre Wirksamkeit reizen.

Ist ein Organon der reinen Schematik möglich oder ist dieselbe selbst das ursprüngliche Organon? Oder liefert allein die Verbindung der reinen Schematik, als theoretischer Form, mit der reinen Metaphysik, als praktischem Stoff, das eigentliche Organon, welches uns Fichte in seiner Wissenschaftslehre aufstellt und welches Eins und unteilbar ist?

(Freies und notwendiges Ich. Es gibt gar kein Leiden im Ich. Ich ist Handlung und Produkt zugleich. Wollen und Vorstellen sind Wechselbestimmungen. Das Ich ist nichts anders, als Wollen und Vorstellen. Was von der Außenwelt unterschieden wird, ist das praktische Ich. Nur das praktische Ich kann wahrgenommen werden, denn dies ist auch das eigentliche Grund-Ich. Vermögen hat eigentlich das Ich nicht. Es ist nur, insofern es sich setzt, und setzt sich nur, insofern es ist. (Vollständiges Ich zu sein ist eine K u n s t . Man kann und man ist, was man will. Man ist mehr oder weniger Ich, je nachdem man will.)

Über die synthetische Sphäre zwischen Sein und Setzen.

Akzidenzen können schlechthin nur in Einem Objekt sein. Substanz sind doch beide Akzidenzen zusammengenommen. Aber wie ist diese Zusammennehmung möglich? Alles Objekt als Objekt, *i. e.* in der Handlung, in der es Objekt ist und wird, hat eine laute und eine stumme Seite, einen widerstehenden und freien Teil, eine zu- und abgekehrte Seite; es ist laut und stumm, widerstehend und frei zugleich. Was idealisch unter beide Akzidenzen verteilt ist, ruht jetzt allein auf der in Anspruch genommenen und das Entgegengesetzte auf der andern. Anschaubar ist folglich nur Ein Akzidens auf einmal. (Materie und Form sind immer unabhängig von einander begründet. Ihr Zusammentreffen ist nicht in ihnen, sondern in einem dritten, im Objekte, bedingt, und dieses ist wieder durch die Handlung des Ich bedingt.)

Das Objekt ist schlechthin auf keine andre Weise zu untersuchen, als insofern es Objekt, *i. e.* in der Handlung ist, in der es Objekt ist.

Objekt des notwendigen und Objekt des freien Ich.

Willkürlich, *i. e.* objektiv muß alles sein, was die Menschen frei bestimmen soll, oder besser, woran sich die Menschen frei bestimmen sollen. Je unabhängiger von der Vernunft etwas ist, desto fähiger Bestimmungsgrund zu sein. Hierin liegt das Geheimnis der Magie alles Posititiven, alles Unerklärlichen, aller Formeln, der Götzenbilder, des Aberglaubens usw. Das notwendige Ich kommt dabei mit ins Spiel; wirksame Vorstellung wechselt unmittelbar mit seinen Produkten. Je mehr also sich etwas seinem Produkte nähert, desto gewisser wechselt wirksame Vorstellung mit demselben. (Daher wirkt auch das Vergangne und Zukünftige so wunderbar auf uns, weil, je unabhängiger ein Objekt von unsrer Wirksamkeit ist, desto freier unsre Wirksamkeit spielt; daher auch die sonderbare Alltäglichkeit der Gegenwart. Hier wird das Gemüt zu einer bestimmten Wirksamkeit gezwungen und das notwendige Ich zu sehr empfunden, dahingegen dort das notwendige Ich gleichsam mehr separiert ist, und so das Vorstellende Ich seine Freiheit mehr empfindet. Empfindung der Freiheit ist Empfindung der Lust. (Bestimmtsein ohne bestimmt zu sein wie das Objekt. Im Ich also: innerstes Gefühl des Unwandelbaren.) Dadurch, daß das Ich sein Leiden und seine Tätigkeit fühlt, ist es mehr als Objekt; Subjekt und Objekt zugleich. Wie kann es beides zugleich sein? Indem es auf sich reflektiert. In der Reflexion, als aus beiden entstanden, ist ein unaufhörlicher Wechsel oder ein unendlicher Wechsel, weil man von einem zum andern getrieben wird. Also ist das Ich bald Objekt, bald Subjekt, je nachdem man bald hier-, bald dorthin sieht und sehn muß. Reflexion und Objekt sind Akzidenzen. Ich ist das Eine, was sie ausmachen, – und da die Reflexion nur im Entgegensetzen besteht, so setzt sie unaufhörlich entgegen.

Phantasie, Verstand, Gedächtnis usw. sind Handlungsweisen, die auf die verschiedenste Weise modifiziert sein können. Z. B.: es gibt einen phantastischen Verstand, eine verständige Phantasie, kurz, es sind die notwendigen Akzidenzen des Vernunftwesens, die nur zusammen etwas sind, wo aber bald die eine, bald die andre prädominiert. Es sind Handlungsweisen des Ich in bestimmten Wechselsphären.

Über Perioden, Objektivität und Subjektivität des Stils. Einheit, Ründe, Leichtigkeit, Charakter, Stimmung der Perioden. (Leichte, ungehemmte Überblick der Perioden.) (Fester Charakter, an den alles leicht, ruhig und gemächlich, in der gefälligen Ordnung der sich selbst beschränkenden Freiheit hinläuft.)

Es gehört zu jedem Realen ein Zweifaches, wovon das Eine die Materie zum Wesentlichen und die Form zum Zufälligen, und das Andre die Materie zum Zufälligen und die Form zum Wesentlichen hat.

Jede Wissenschaft entsteht aus der Erscheinung des Ich in einer bestimmten Sphäre, aus der Behandlungsart eines gewissen Stoffs.

Ein Stoff muß sich selbst behandeln, um behandelt zu sein. (Bloßes Leiden, bloßes Tätigsein sind abstrakte Zustände.) Alles leidet nur inwiefern es tätig ist *et vice versa.* Soviel Handlungsarten, soviel Leidensarten.

Über die Menschheit. Ihre reine vollständige Ausbildung muß erst zur Kunst des Individui werden, und von da erst in die großen Völkermassen und dann in die Gattung übergehn. Inwiefern ist sie ein Individuum?

9. Kant setzt die feste, ruhende, gesetzgebende Kraft *a priori* in uns – die ältern Philosophen setzten sie außer uns. So hat also in der Philosophie der entgegengesetzte Weg gegolten als in der Astronomie. Hier hat man zuerst die Erde als fix und den Himmel als sie umrollend gedacht – in der Philosophie hingegen hat man zuerst das Ich als bewegt und sich um die Gegenstände drehend gedacht, und die Revolutionärs beider Wissenschaften haben nachher gewechselt.

10. Sollte es nicht in der Philosophie einen Himmel, d. i. einen unendlichen Inbegriff von Systempotenzen geben? unter beständiger Voraussetzung eines unendlichen Zentralkörpers, welches kein anderer als der Himmel selbst ist, in dem wir leben, weben und sind.

11. Begriff von Sinn. Nach Kant bezieht sich reine Mathematik und reine Naturwissenschaft auf die Formen der äußern Sinnlichkeit. Welche Wissenschaft bezieht sich denn auf die Formen der innern Sinnlichkeit?

Gibt es noch außersinnliche Erkenntnis? Ist noch ein andrer Weg offen, aus sich selbst herauszugehn und zu andern Wesen zu gelangen oder von ihnen affiziert zu werden?

(Anschauung des Raums und der Zeit. Einbildungskraft. Schema. Synthesis von leerem und erfülltem Raum.)

(Kants Erscheinungen. Transzendentalphilosophie.)

(Die mathematischen Anschauungen sind die sichtbaren Regeln der Ordnung des mannichfaltigen Raums oder der ausgedehnten Gegenstände sowie auch der mannichfaltigen Momente – der sukzessiven Gegenstände.)

Die wirklichen Gegenstände fixieren nur die unendlichen Variationen der Raum- und Zeitgestaltungen durch die Einbildungskraft. Sie fixieren die Schemate durch Füllung mit widerstrebender, unabhängiger Masse. Synthesis von Ich und Nicht-Ich.

12. Keine Tätigkeit ohne Richtung, keine Richtung ohne Begehrungsvermögen.

(Endliche und unendliche Anziehung – Beide sind sich einander zuwider. Jene ist unvollkommen, Wechsel, Veränderung ist ihr Charakter, letztere ist vollkommen. Sie ist *une et indivisible.* Man könnte sagen, daß sie durch Treue charakterisiert würde.)

Die Gesetzgebung hat die Vermischung jener heterogenen Attraktionsprinzipien veranlaßt. Aus dieser Mischung entstand Scham, Reue, Furcht.

Die Moral ist der Inbegriff der Gesetze jenes unendlichen Prinzips.

Die Produktionen der wollenden Intelligenz veranlassen, inzitieren das moralische Organ. Maximen sind die Basis der moralischen Handlungen.

13. Sinnliche Überzeugung, intellektuelle Überzeugung; ihr Wechsel.

14. Das Universum ist im Zustande einer gespannten Feder. Der Verstand macht aus dem allgemeinen Willen (einer Direktion nach allen Seiten), der eben deswegen nichts will – einen bestimmten, nachgebenden Willen, da er von Natur absolut unbiegsam ist.

15. Axiomen beruhn auf sinnlicher Überzeugung. Die künstliche, gemachte Überzeugung geht vom Axiom aus. Die letztere hat die erstere verdrängt. Sie ist so scharf umrissen, jene hingegen so einfach als möglich; daher aber so unscheinbar. Sie ist auch mittelbar, welches jene nicht ist.

16. Unterschied zwischen errungner Größe und hoher Harmonie: Themistokles und Sokrates.

Bei dem letztern scheint die Glückseligkeit nicht das Resultat begünstigender Umstände, sondern eine wahre Emanation seines Wesens zu sein. Das Unglück wird durch seine Berührung selbst zum Glück.

17. Wir wissen nur insoweit wir machen.

(Gott schafft auf keine andre Art, als wir. Er setzt nur zusammen. Ist die Schöpfung sein Werk, so sind wir auch sein Werk. Wir können die Schöpfung als Sein Werk nur kennen lernen, inwiefern wir selbst Gott sind. Wir kennen sie nicht, inwiefern wir selbst Welt sind – die Kenntnis ist zunehmend – wenn wir mehr Gott werden. Kennt sich Gott selbst? Oder haben wir den transzendentalen Gesichtspunkt für ihn? Dies ist Unsinn. Dem höhern Gesichtspunkte steht der untere oder niedrigere entgegen. Der transzendentale Gesichtspunkt zerfällt in diese beiden Arten.

18. (Die bisherige Geschichte der Philosophie ist nichts, als eine Geschichte der Entdeckungsversuche des Philosophierens. Sobald philosophiert wird, entstehn Philosopheme und die echte Naturlehre der Philosopheme ist die Philosophie.)

19. (Diese mannichfachen Ansichten aus meinen philosophischen Bildungsjahren können vielleicht denjenigen unterhalten, der sich aus der Beobachtung der werdenden Natur eine Freude macht, und demjenigen nicht unnütz sein, der selbst noch in diesen Studien begriffen ist.)

20. »Der Buchstabe ist nur eine Hülfe der philosophischen Mitteilung, deren eigentliches Wesen in Erregung eines bestimmten Gedankengangs besteht. Der Redende denkt, produziert; der Hörende denkt nach, reproduziert. Die Worte sind ein trügliches Medium des Vordenkens, unzuverlässige Vehikel eines bestimmten, spezifischen Reizes. Der echte Lehrer ist ein Wegweiser. Ist der Schüler in der Tat wahrheitslustig, so bedarf es nur eines W i n k s , um ihn finden zu lassen, was er sucht. Die Darstellung der Philosophie besteht demnach aus lauter Thems, aus Anfangssätzen, Prinzipien. Sie ist nur für selbsttätige Wahrheitsfreunde. Die analytische Ausführung des Thems ist nur für Träge oder Ungeübte. – Letztere müssen dadurch fliegen und sich in einer bestimmten Direktion erhalten lernen.«

21. (Ein Problem ist eine feste, synthetische Masse, die mittelst der durchdringenden Denkkraft zersetzt wird. So ist umgekehrt das Feuer die Denkkraft. Die Natur und jeder Körper ein Problem.)

22. Man muß bei jeder Philosophie das Zufällige von dem Wesentlichen zu unterscheiden wissen. Zu diesem Zufälligen gehört ihre polemische Seite. In spätern Zeiten erscheint die an Widerlegung und Beseitigung vorhergegangener Meinungen verschwendete Mühe seltsam genug. – Eigentlich ist diese Polemik noch eine Selbstbekämpfung – indem der seiner Zeit entwachsene Denker doch noch von den Vorurteilen seiner akademischen Jahre beunruhigt wird – eine Beunruhigung, von der man sich in hellern Zeiten keinen Begriff mehr machen kann, weil man kein Bedürfnis fühlt, sich dagegen in Sicherheit zu setzen.

23. Jedes Wort ist ein Wort der Beschwörung. Welcher Geist ruft – ein solcher erscheint.

24. Wenn man anfängt über Philosophie nachzudenken, so dünkt uns Philosophie, wie Gott und Liebe, Alles zu sein. Sie ist eine mystische, höchstwirksame, d u r c h d r i n g e n d e Idee, die uns unaufhaltsam nach allen Richtungen hineintreibt. Der Entschluß zu philosophieren, Philosophie zu suchen, ist der Akt der Manumission, der Stoß auf uns selbst zu.

25. Außer der Philosophie der Philosophie gibt es allerdings noch Philosophien, die man Individualphilosophien nennen könnte. Die Methode ist echt philosophisch. Sie gehn vom Absoluten aus, nur von keinem rein Absoluten. Sie sind daher eigentlich aus Philosophie und Unphilosophie gemischt, und je inniger die Vermischung ist, desto interessanter. Sie sind individuell von Grund aus. Sie setzen eine Synthesis mit Gewalt als Thesis. Die Darstellung der Philosophie der Philosophie wird immer etwas von einer Individualphilosophie haben. Der Dichter stellt ebenfalls nur Individualphilosophie dar, und jeder Mensch wird, so lebhaft er übrigens auch die Philosophie der Philosophie anerkennen mag, praktisch nur mehr oder weniger Individualphilosoph sein, und, trotz allen Bestrebens, nie ganz aus dem Zauberkreise seiner Individualphilosophie heraustreten können.

26. Sollte das höchste Prinzip das höchste Paradoxon in seiner Aufgabe enthalten? Ein Satz sein, der schlechterdings keinen

Frieden ließe, der immer anzöge und abstieße, immer von neuem unverständlich würde, so oft man ihn auch schon verstanden hätte? Der unsre Tätigkeit unaufhörlich rege machte, ohne sie je zu ermüden, ohne je gewohnt zu werden? Nach alten mystischen Sagen ist Gott für die Geister etwas ähnliches.

27. Unser Denken war bisher entweder bloß mechanisch, diskursiv, atomistisch, oder bloß intuitiv, dynamisch. Ist jetzt etwa die Zeit der Vereinigung gekommen?

28. Es wäre wohl möglich, daß Fichte Erfinder einer ganz neuen Art zu denken wäre, für die die Sprache noch keinen Namen hat. Der Erfinder ist vielleicht nicht der fertigste und sinnreichste Künstler auf seinem Instrument, ob ich gleich nicht sage, daß es so sei. Es ist aber wahrscheinlich, daß es Menschen gibt und geben wird, die weit besser fichtisieren werden, als Fichte. Es können wunderbare Kunstwerke hier entstehn, wenn man das Fichtisieren erst artistisch zu treiben beginnt.

29. (Im eigentlichsten Sinn ist philosophieren ein Liebkosen, eine Bezeugung der innigsten Liebe zum Nachdenken, der absoluten Lust an der Weisheit.)

30. (Die vollendete Form der Wissenschaften muß poetisch sein. Jeder Satz muß einen selbständigen Charakter haben, ein selbstverständliches Individuum, Hülle eines witzigen Einfalls sein.)

31. (Der erste synthetische Satz ist gleichsam der erste Kern. Es löst sich von den beiden Endgliedern ein Satz nach dem andern nach Anziehungsgesetzen des Kerns ab und wird mittelst seines Durchgehns durch den ersten Satz, diesem assimiliert – und so wächst die Philosophie in die Unendlichkeit, nach außen und nach innen. Sie strebt gleichsam den unendlichen Raum zwischen den Engliedern auszufüllen.)

32. Statt Kosmogenien und Theogenien beschäftigen sich unsre Philosophen mit Anthropogenien.

33. (Die Verknüpfung des Spinozism und Hylozoism würde die Vereinigung des Materialism und Theism herbeiführen.)

34. (Kraft ist die Materie der Stoffe. Seele die Kraft der Kräfte. Geist ist die Seele der Seelen. Gott ist der Geist der Geister.)

35. (Baader, Fichte, Schelling, Ritter und Schlegel möcht' ich das philosophische Direktorium in Deutschland nennen. Es läßt sich noch unendlich viel von diesem Quinquevirat erwarten. Fichte präsidiert und ist *Guardien de la Constitution.*)

36. Die Möglichkeit aller Philosophie beruht darauf – daß sich die Intelligenz durch Selbstberührung eine Selbstgesetzmäßige Bewegung – d. i. eine eigne Form der Tätigkeit gibt. (Siehe Baaders Theorie der Gliederung.)

37. Reines unbedingtes Wissen, von der Erfahrung unabhängiges Wissen war von jeher das Ziel der Bestrebungen der philosophischen Vernunft.

38. Konsommierte Philosophen geraten leicht auf den Grundsatz: auch die Philosophie ist eitel – und so in allen Wissenschaften.

39. Kunst zu leben, – gegen Makrobiotik.

40. Kompositionen der Rede. Musikalische Behandlung der Schriftstellerei.

41. Von den mannichfachen Arten einzuwirken oder zu reizen (durch Einmischung, Stoß, Berührung, mittelbare Berührung, bloßes Dasein, mögliches Dasein usw.).

42. Dramatische Erzählungsart. Märchen und Meister *Toujours en état de Poésie.*

43. Hoher Wert der Mathematik, als aktive Wissenschaft. Vorzügliches Interesse der Mechanik. (Berührungskunde. Akustik.) Mannichfaltige Arten der Berührungen – und Tangenten. Aktive und passive Tangenten. Winkel der Berührungen. Schnelligkeit der Berührungen oder Takte. Taktreihen und -folgen. Linientakte. Punkttakte. Flächentakte. Massentakte. Beharrliche Takte.

44. Grundlagen der Geognosie und Oryktognosie. Kritik der Merkmale.

45. Instrumentenlehre – oder Organologie.

46. Alle Wirkung ist Übergang. Bei der Chemie geht beides in-

einander verändernd über. Nicht so bei dem, was man mechanischen Einfluß nennt.

47. Sollten nicht alle Veränderungen, die Körper wechselseitig in einander hervorbringen, bloß Veränderungen der Kapazität und Reizbarkeit sein, und alle chemischen Operationen und Einflüsse diese generelle Einheit haben, daß sie die Reizbarkeit und Kapazität jedes Stoffs modifizieren? So z. B. wirkt der Oxigen beim Verbrennungsprozeß. Alle chymische Elemente stimmen indirekte. Die Merkmale und Erscheinungen jeder Substanz hängen von der Erregbarkeit derselben ab. Alle Mischungsveränderungen haben Beziehung auf die Kapazität und Erregbarkeit der Körper. Die Körper sind durch ihre mannichfache Erregbarkeit verschieden.

Oder könnte man sagen, daß die Körper am natürlichsten, durch ihre mannichfachen Verhältnisse zur Erregbarkeit, als R e i z e , klassifiziert würden?

Das alles stimmt sehr gut zum Galvanism. Die Chymie ist schon Galvanism – Galvanism der leblosen Natur. Das Feuer ist bloß ein Hülfsmittel – ein gelehrtes Mittel des Chymisten.

(Die Selbstentzündung ist Galvanisation.) (Die Metallkalke sind noch nicht genug in der Medizin angewandt worden.)

Wirkt die Wärme chymisch? Im strengern Sinne nicht – sie befördert nur Galvanisationen.

48. Der Streitpunkt zwischen Humoral- und Nervenpathologen ist ein gemeinsamer Streitpunkt der Physiker. Dieser Streit berührt die höchsten Probleme der Physik.

Den Humoral-Pathalogen entsprechen die Vervielfältiger der Stoffe, die Stoffseher. Den Nervenpathologen die atomistischen, mechanischen Formseher. Die echten Aktionisten, wie Fichte, vereinigen beide Systeme. Man kann diese letztern schaffende Betrachter, Seheschöpfer nennen. Jene beiden sind die direkt und indirekt Trägen – flüssige und starre. Der Begriff Aktion zersetzt sich in den Begriff Stoff und Bewegung. (Stoß.) So zersetzt sich der Aktionist in den Humoralisten und Neuristen. Sie sind seine äußern Elemente – seine nächsten Bestandteile.

49. Ähnlichkeit der historischen Geognosie und Oryktognosie mit der Philologie.

50. Darstellung eines Gegenstandes in Reihen. (Variationsreihen – Abänderungen usw.) So z. B. die Personendarstellung in Meister, die schöne Seele und Natalie – beider Selbstreflexion – bei den Dingen der ersten, zweiten, dritten Hand usw. So ist z. B. eine historische Reihe, eine Sammlung Kupferstiche vom rohsten Anfang der Kunst bis zur Vollendung und so fort – der Formen vom Frosch bis zum Apollo usw.

51. Religiöse, moralische, geistige, poetische Verbrecher usw. … (Ist das Schöne ein Neutrum?) Über allgemeine Begriffe – sind sie Neutra, Mischung oder *quid*? (Leichtigkeit und Popularität.) (Versuch über das Geld.) Poetisierung der Finanzwissenschaften. (Kritik der bisherigen Physiker) Ritter. (Begriff von Gelehrsamkeit.) Ein Universalreallexikon ist das beste Handbuch. (Was ist mehr wie Leben? – Lebensdienst, wie Lichtdienst.) Tiere als Götterattribute. (Theophrasts und der Astrologen Behandlung der Astrologie.) (Murhards Geschichte der Physik.) Netzform. (Mathematizität der Analogie.) (Über die Oberfläche als Synthesis.) Über Experimente (Zeit und Raum – mehr lebendig behandelt.) Natur – Gebornes – Hindeutung auf Zeugung. (Astronomisch geognostische Einteilung der Körper in leuchtende und nicht leuchtende.) (Elektrometrische Elektrizität – absolute – relative.) Essai über die Theoretiker und den Nutzen der spekulativen Wissenschaften.

52. Poesie. Die Poesie hebt jedes Einzelne durch eine eigentümliche Verknüpfung mit dem übrigen Ganzen – und wenn die Philosophie durch ihre Gesetzgebung die Welt erst zu dem wirksamen Einfluß der Ideen bereitet, so ist gleichsam Poesie der Schlüssel der Philosophie, ihr Zweck und ihre Bedeutung; denn die Poesie bildet die schöne Gesellschaft, die Weltfamilie, die schöne Haushaltung des Universums.

Wie die Philosophie durch System und Staat die Kräfte des Individuums mit den Kräften der Menschheit und des Weltalls verstärkt, das Ganze zum Organ des Individuums, und das Individuum zum Organ des Ganzen macht – so die Poesie, in Ansehung des Lebens. Das Individuum lebt im Ganzen und das Ganze im Individuum. Durch Poesie entsteht die höchste Sympathie und Koaktivität, die innigste Gemeinschaft des Endlichen und Unendlichen.

Der Dichter schließt, wie er den Zug beginnt. Wenn der Philosoph nur alles ordnet, alles stellt, so löst der Dichter alle Bande auf. Seine Worte sind nicht allgemeine Zeichen – Töne sind es – Zauberworte, die schöne Gruppen um sich her bewegen. Wie Kleider der Heiligen noch wunderbare Kräfte behalten, so ist manches Wort durch irgend ein herrliches Andenken geheiligt und fast allein schon ein Gedicht geworden. Dem Dichter ist die Sprache nie zu arm, aber immer zu allgemein. Er bedarf oft wiederkehrender, durch den Gebrauch ausgespielter Worte. Seine Welt ist einfach, wie sein Instrument – aber ebenso unerschöpflich an Melodien.

Alles, was uns umgibt, die täglichen Vorfälle, die gewöhnlichen Verhältnisse, die Gewohnheiten unserer Lebensart, haben einen ununterbrochnen, eben darum unbemerkbaren, aber höchst wichtigen Einfluß auf uns. So heilsam und zweckdienlich dieser Kreislauf uns ist, insofern wir Genossen einer bestimmten Zeit, Glieder ein spezifischen Korporation sind, so hindert uns doch derselbe an einer höhern Entwicklung unsrer Natur. Divinatorische, magische, echtpoetische Menschen können unter Verhältnissen, wie die unsrigen sind, nicht entstehn.

[Das Gedicht der Wilden ist eine Erzählung ohne Anfang, Mittel und Ende – das Vergnügen, das sie dabei empfinden, ist bloß pathologisch – einfache Beschäftigung, bloß dynamische Belebung des Vorstellungsvermögens.

Das epische Gedicht ist das veredelte primitive Gedicht. Im wesentlichen ganz dasselbe.

Der Roman steht schon weit höher. Jenes dauert fort, dieser wächst fort; in jenem ist arythmetische, im Roman geometrische Progression.]

[Wer keine Gedichte machen kann, wird sie auch nur negativ beurteilen. Zur echten Kritik gehört die Fähigkeit, das zu kritisierende Produkt selbst hervorzubringen. Der Geschmack allein beurteilt nur negativ.]

[Poesie ist die Basis der Gesellschaft, wie Tugend die Basis des Staats. Religion ist eine Mischung von Poesie und Tugend – man errate also – welche Basis?]

[Wie die Masse mit dem schönen Umriß verbunden ist, so das Leidenschaftliche mit der Beschreibung im Kunstwerk.]

[Der Künstler ist durchaus transzendental.]

Poesie ist die große Kunst der Konstruktion der transzendentalen Gesundheit. Der Poet ist also der transzendentale Arzt.

Die Poesie schaltet und waltet mit Schmerz und Kitzel, mit Lust und Unlust, Irrtum und Wahrheit, Gesundheit und Krankheit. Sie mischt alles zu ihrem großen Zweck der Zwecke – der Erhebung des Menschen über sich selbst.

(Die transzendentale Poesie ist aus Philosophie und Poesie gemischt. Im Grunde befaßt sie alle transzendentale Funktionen, und enthält in der Tat das Transzendentale überhaupt. Der transzendentale Dichter ist der transzendentale Mensch überhaupt.)

Von der Bearbeitung der transzendentalen Poesie läßt sich eine Tropik erwarten – die die Gesetze der symbolischen Konstruktion der transzendentalen Welt begreift.

(Das Genie überhaupt ist poetisch. Wo das Genie gewirkt hat – hat es poetisch gewirkt. Der echt moralische Mensch ist Dichter.)

(Der echte Anfang ist Naturpoesie. Das Ende ist der zweite Anfang – und ist Kunstpoesie.)

53. Stoff, reiner Stoff – Vehikel der freiesten Wirksamkeit des Geistes, wahrhaftes Element der Freiheit, absolut reizbar für den Geist. Reine Idee: absolute Funktion dieses Stoffs; bestimmte

Idee: durch andre Funktionen dieses Stoffs bestimmte Funktion desselben.

54. Was ist die Welt? Wozu machen wir sie aus unsern verschiednen Gesichtspunkten?

Belebung der innern Organe – durch organische Assoziation im Schlafe. (Größtenteils unangenehme, peinliche Situationen.)

55. (Tätige Liebe – herein und hineinlieben.

Direkte sthenische – asthenische Liebe.

Vollkommene Liebe.)

Sponsieren = Bestreben, Aufmerksamkeit zu erregen.

56. (Verschiedne Temperaturen der Teile des Körpers. Wärme- und Lebensprinzip.)

57. Erfinde Anekdoten. Man muß als Schriftsteller alle Arten der Darstellung machen können. Erst lerne man sie genau kennen, untersuche sie sorgfältig, studiere die besten schon vorhandnen Muster, dann lege man Hand ans Werk. Allmählich wird man in jeder Art Meister.

58. (Stoff ist dependente, durch andere Kraft bestimmte Kraft; reagierende Kraft, negativer Geist.)

59. Jeder Gegenstand sollte bestimmte und freie Sensationen und Funktionen veranlassen.

60. Späßchen über die Moleküles.

61. Zentripetalkraft ist das synthetische Bestreben; Zentrifugalkraft das analytische Bestreben des Geistes; Streben nach Einheit – Streben nach Mannichfaltigkeit. Durch wechselseitige Bestimmung beider durch einander wird jene höhere Synthesis der Einheit und Mannichfaltigkeit selbst hervorgebracht, durch die Eins in Allem und Alles in Einem ist.

62. (Über die Konstruktion der alten Sprachen. Als Tonsprachen verlieren unsre Sprachen außerordentlich.)

63. (Lyra. Pindar – Klopfstock – Horaz – modulierte Welt. – Gesetze der Assoziation.)

64. Straffe, schlaffe, lockre, dichte Einbildungskraft. Unwill-

kürliche Bewegung ist Krampf; willkürliche Entzündung. Die rohe Imagination ist bald willkürlich bald unwillkürlich.

Entzündung durch Krampf ist die sogenannte indirekte Sthenie. Krampf durch Entzündung ist eigentlich die sogenannte indirekte Asthenie.

Reaktion des Krampfs, durch erfolgte Reize, wird Entzündung – Reaktion der Entzündung durch gefolgte Nichtreize Krampf sein.

Alle reizende Mittel sind solches, als Wärme, Tätigkeit hervorbringende Mittel. Alle nichtreizende Mittel sind solches, als Kälte, Untätigkeit machende, veranlassende Mittel.

Wärme und Kälte, das sind die Prinzipe der Pharmazie. Erklärungen des Galvanism. Was vereinigt Wärme und Kälte?! Kälte vereinzelt, Wärme vereinigt.

65. Ich bin ein ganz unjuristischer Mensch, ohne Sinn und Bedürfnis für Recht.

66. Was sind Sprichwörter?

67. Stimmungen z. B. bei Musik. Große, energische Augenblicke. Pflichtmäßige Empfindungen. Empfindungen durch Vernunft verewigt. Ohne diese Stimmungen ist man so gleichgültig, so tot.

68. (Ich habe sehr viel Willen aber wenig echte Reizbarkeit. (*Incitabilitas indirecta, spuria.*)

69. (Sonderbar, daß die Lokalschwäche eines Organs oft augenblicklich verschwindet, wenn ein andres Organ in diesem Zustande ebenso plötzlich erscheint. Die Ursache der Schwäche muß also wandernd, schweifend sein; temporär.)

70. Die Luft enthält alle *Stamina rerum*, sogar die organischen; gasartiger Keim, organisierte Luft.

71. Schwächlicher – starker Geist.

72. Eine Idee und ein Gesetz wird gefühlt. (Realität.)

73. Herstellung verstümmelter Fragmente und Beweis, daß der Fond aller wirksamen Meinungen und Gedanken der Alltagswelt Fragmente sind.

74. Auflösung eines Gleichnisses (Gleichung – absoluter Wert einer Gleichung).

75. Alles Liebenswerte ist ein Gegenstand (eine Sache). Das unendlich Liebenswerte ist eine unendliche Sache, etwas was man nur durch unaufhörliche, unendliche Tätigkeit haben kann. Nur eine Sache kann man besitzen.

76. Die klugen Anführer der Franzosen haben dadurch einen Meisterstreich gemacht, daß sie ihrem Kriege das Ansehn eines Meinungskriegs zu geben gewußt haben. Nur in Spekulationsstuben und in sehr einzelnen Orten und Individuen ist er es gewesen, nur *accessorie*, nicht von Haus aus.

77. Höhere Mathematik und Philosophie (oder Theorie der Ideen, des Unendlichen usw.) haben sehr viel Analogie. (Kurven – Reihen) Elemente. 3 Axen.

78. Die Erscheinungen sind die Differenzialen der Ideen. Ideen differentiieren und Erscheinungen integrieren ist sehr schwer.

79. Vorzüge des Makrologismus, der Groß- und Weitsichtigen, und Vorzüge des Mikrologism, der Myopen und Kleinsichtigen.

80. Unterschied zwischen willkürlicher, symptomatischer und mimischer Charakteristik oder Sprache.

81. Ich habe zu Söfchen Religion – nicht Liebe. Absolute Liebe, vom Herzen unabhängige, auf Glauben gegründete, ist Religion.

82. Zugleichsein zweier oder mehrerer Gedanken im Bewußtsein. – Folgen.

83. Leidenschaftliche Wärme – leidenschaftliche Kälte.

84. Verdienst freiwilliger Passivität: mystische Orthodoxen. Fichte wählt das entgegengesetzte Verdienst.

85. Schöne poetische Hogarthismen, z. B. die Liebe. Hogarths Blätter sind Romane. Hogarths Werke sind gezeichneter Witz, wahrhaft römische Satiren für das Auge. So wie eine echte musikalische Phantasie Satire für das Ohr sein sollte. Hogarth ist der erste Satirendichter, Shakespeare seiner Gattung.

86. Symbole sind Mystifikationen.

87. Der vollendete Mensch sollte eine schöne Satire sein, fähig, jedem eine beliebige Form zu geben, jede Form mit dem mannichfaltigsten Leben auszufüllen und zu bewegen.

88. Realisierung der Theorie. Fühlbarmachung des Gedankens. Gesetz: gefühlter Gedanke.

89. Anastomose des diskursiven Individui. Die Intuition ist symmetrisch, die Diskursion variierend.

90. Kann der Buchstabe dem Geist eignen und umgekehrt?

91. In der intellektualen Anschauung ist der Schlüssel des Lebens.

92. Der Mensch: Metapher.

93. Der jüngste Tag ist die Synthesis des jetzigen Lebens und des Todes (des Lebens nach dem Tode.)

94. Hemsterhuis Erwartungen vom moralischen Organ sind echt prophetisch.

95. Urteil Zersetzung.

96. Die Tätigkeit eines echten Produkts ist durchgehends synthetisch.

97. Bild – nicht Allegorie, nicht Symbol eines Fremden: Symbol von sich selbst.

98. Berührungen eines Zauberstabs. (Friktion, Lateralwirkung.)

99. D'Aubussons chemische Erläuterung der Buchstabenrechnung. Diese Zeichen schließen nicht wie Zahlen ineinander, sondern man sieht noch in jeder Komposition die Elemente, ihre Verhältnisse und die Methode der Komposition. *Ils s'associent, mais ils ne se confondent pas.*

100. Tätigkeit ist die eigentliche Realität. (Weder Gegenstand noch Zustand sind allein, rein zu denken. Durchs Reflektieren mischt sich das Entgegengesetzte hinein, und selbst schon durchs Streben, Begehren, denn beides sind identische Handlungen. Der Begriff der Identität muß den Begriff der Tätigkeit enthalten, des Wechsels in sich selber. Zwei Zusammengesetzte sind die höchste Sphäre, zu der wir uns erheben können.)

(Gott ist die unendliche Tätigkeit. Natur der unendliche Gegenstand, Ich der unendliche Zustand. Alles dreies sind Abstrakte. Alles dreies ist eins. Sie sind nicht getrennt als in sich selber, in der Reflexion, die aus allen dreien besteht.)

Was Ich – ist durch die Tätigkeit. Insofern Gegenstand und Zustand sind, stehn sie unter den Gesetzen der Tätigkeit *i. e.* sie sind tätig. Tätigkeit ist Urkraft des Akzidens, es ist das unendliche Akzidentielle. Zustand und Gegenstand sind das unendlich Substantielle. Tätigkeit zerfällt wie Stand in zwei Teile ursprünglich: reale, ideale oder positive, negative oder aktive, passive. Auch von der Tätigkeit gilt die Regel: daß man sie nur in Verbindung, nicht allein wahrnehmen kann. Sie (ist) immer im Verhältnis zu Gegenstand und Zustand.

(Es ist töricht durch eine solvierende Handlung ein resolviertes Produkt bekommen zu wollen, durch eine bindende Handlung das Gebundene zu trennen. Was zertrennt werden soll, muß gebunden sein, was verbunden werden soll, getrennt. Hieraus ergibt sich die in der Natur der Sache überhaupt liegende Unmöglichkeit, ein sogenanntes reines, einfaches Produkt zu erhalten, da jedes Produkt als solches nur im Trennenden aufgestellt werden kann. Alles Getrennte wird im Verbundnen, alles Verbundne im Trennenden wahrgenommen.

101. Recht ist nur im Verhältnis der Stetigkeit; unterbrochen zessiert es.

102. Wohl unsrer Sprache, daß sie ungelenk ist! Der Starke zwingt sie, und den Schwachen zwingt sie; dort wird die Erscheinung der Kraft sichtbarer, schöner, hier das Unvermögen auffallender, und so bleibt das Reich der Schönheit reiner, adelicher, unvermischter.

103. Pflichten gegen die Menschen: Attention, Liebe, Nachgiebigkeit. Was sie reden, gehe dir nichts an.

104. Gleichmut selbst bei den hoffnungslosesten Zufällen z. B. b(ei) S(ophie).

105. Hüte dich über die Mittel nicht den Zweck zu verlieren,

den reinen Charakter der Menschheit: schlichtes, verständiges, humanes Betragen.

106. Man setzt sich immer dem Gesetz entgegen – und dies ist natürlich.

107. Hang – Trieb. (Der Mensch kann alles werden, worauf er reflektieren, was er sich vorsetzen kann.)

108. Wo der Mensch seine Realität hinsetzt, was er fixiert, das ist sein Gott, seine Welt, sein alles. Relativität der Moralität. (Liebe.) Unsre pedantischen Grundsätze. (Was gefällt, was mißfällt, was zieht uns an, was stößt uns ab?) – Realität der menschlichen Phantasie und des Willens. Freiheit der Selbstbestimmung, des Schicksals usw. – Mich muß sogar das mir Unangenehme an andern Menschen interessieren.

109. Wenn ich frage, was eine Sache ist, so frage ich nach ihrer Vorstellung und Anschauung; ich frage mich nur nach mir selbst.

110. Aller reeller Streit ist ein Schein; daher die Frage über Idealismus und Realismus so töricht, so scheinbar, aber eben deswegen so Johannisch.

111. Unanwendbarkeit einer Sache, eines Begriffs auf sich selbst. Insofern ich handle, bin ich nicht behandelt, das Teilende ist nicht geteilt *et sic porro.*

112. Es darf keine positive Strafe geben, nur negative; selbst in der Pädagogik. Die Urrechte dürfen schlechterdings nie aufgehoben werden.

113. Fühlen verhält sich zum Denken, wie Sein zum Darstellen.

114. ....
.... Ist sie poetischer Natur und Absicht, so mag's sein; sonst muß man absolut einen Zweck – mit Recht Einer genannt – haben oder setzen, damit man sich nicht in diese Spekulation, wie in ein Labyrinth, einem Wahnwitzigen völlig gleich, verliert. Hier ist der Sitz der so berüchtigten Spekulation, des verschrienen, falschen Mystizism, des Glaubens an die Ergründung der Dinge an sich.

Der Kritizism zeigt eben die Notwendigkeit der Begrenzung, Determination, Innehaltung; weist auf einen bestimmten Zweck hin und verwandelt die Spekulation in ein nützliches und selbst poetisches Instrument.

Diese endlose Fortsetzung einer Tätigkeit ist Charakter der Seelen- oder Geistesinerz.

(Man denke an jemanden, der eine unendliche Reihe, Bruchreihe z. B. exhaurieren wollte – die Quadratoren des Zirkels usw.)

115. Die Reihe der Individuen, auf die das Gedächtnis, als die unterste Seelenkraft, die Basis der andern, sich bezieht, ist auch die unterste.

(Entgegenstellung von B a s i s, welcher Begriff sich auf Schwere bezieht, und H e b e l (von Heben) welcher sich auf Gegenschwere bezieht.) (Neue Deduktion des Hebels, aus dem Hebepunkte usw. durch Zentrifugalkraft.)

116. Das logische Schema der Wissenschaft hat Fichte gleichsam zum Muster einer realen Menschenkonstruktion und Weltkonstruktion gewählt. Seine Ähnlichkeit mit P l o t i n.

Fichte tut durch geschriebne Worte und Wortformeln, Kombinationen, i n n e r e W u n d e r – oder er hält für eine willkürliche Wunderhandlung: Denken und Schreiben oder Sprechen zugleich, mit gegenseitiger Postulation oder Nezessitation.

Satz: Gegenseitig bezognes, simultanes Sprechen und Denken (tätiges Betrachten) tut Wunder – erzeugt eine Substanz (Flamme), die beides, Sprechen und Denken, erregt und bildet.

117. Einige Ausnahmen oder widersprechende Fälle stoßen ein übrigens bequemes und leicht anwendbares System nicht um, sondern indizieren meistens einen Zufall oder eine fehlende Kombination und Anwendung oder gar fehlerhafte Anwendung des Systems oder der Regel.

118. Werners Bemerkung der sonderbaren Vorliebe der t i e r i s c h plastischen Natur zur Zahl 5, besonders im Konchylien-

geschlecht – und der a t m o s p h ä r i s c h plastischen Natur zur Zahl 6.

(Sterne der Echiniden und der Schneeflocken.)
(Künstliche Schneebildung.) (Kristallogenie.)

119. Ekstase – Inneres Lichtphänomen = intellektualer Anschauung.

120. Über unser Ich, als der Flamme des Körpers in der Seele. Ähnlichkeit der Seele mit Oxigene. Oxigene als Irritabilitätspr(oduzent). Alle Synthesis ist eine Flamme, oder Funken, oder Analogon derselben.

121. Sonderbares Akkompagnement der Verstandesphantasien, des abstrakten Spiels, mit i n n e r n Sinnenphantasie und Bilderspiel. Begleitende Symbolisation, oder Schematism. ... Emanationslehre usw.

122. Alles Objekt wird Reiz (und Formel) einer neuen Objektion. Es ist die unterste Reihe – das nächste Subjekt ist die Differenzreihe. Es ist ein Geronnenes, und das Subjekt ein flüssiges, eine Atmosphäre. Es ist eine beständige Größe, das Subjekt eine veränderliche. Beide in Einer Funktion.

123. Die bloße Analyse, die bloße Experimentation und Beobachtung führt in unabsehliche Räume und schlechthin in die Unendlichkeit.

124. Wenn die Geschichte der Philosophie eine Geschichte der philosophischen Versuche; oder der Versuche mit der philosophischen Kraft, der individuellen Einheit, die wir Philosophie nennen und die vorzüglich in Verbis erscheint; oder der Versuche, den philosophischen Proteus zu fixieren; oder der Versuche, Philosophie zu erzeugen, zu bereiten; oder endlich der Versuche, die Idee der Philosophie zu realisieren, ist, so ist jede Geschichte wohl etwas Analoges und jeder geschichtliche Gegenstand ein Analogon der Philosophie.

(Geschichte der Versuche, Versuche zustande zu bringen, die Idee eines Versuchs zu realisieren; gutgeordnete Beschreibungsreihen der Experimentalversuche sind wohl ebenfalls Synonymen der philosophischen Geschichte.)

125. Räsoniertes Verzeichnis der Heilmittel und Operationen, die der Mensch beständig in seiner Gewalt hat, z. B. Speichel, Urin (sollte der Kot nicht gebraucht werden können?), Samen ausziehn, bewegen, ganz und teilweise, Finger in Hals stecken zum Brechen, Reiben, Schlagen, Pressen, Atem anhalten, Stellungsveränderung, Augenschließung, usw. Kneipen, beißen.

126. Räsonierte Übersicht der physikalischen Eigenschaften der Fossilien und ihre Erklärung oder Ableitung, z. B. Phosphoreszenz, Farbenspiel, Irisierung, Verdoppelung, Farbenbrechung usw., Elektrizität, Magnetism, Galvanism. (Die galvanischen Reizungen sind fast untrügliche Reizungen des Kohlenstoffs und daher physikalischchemisch.) (Wärme – Schwere usw.)

Alle Reizungen sind im Grunde physikalisch, teils physikalisch chemisch, teils physikalisch tonisch usw. – vorzüglich oder im engern Sinn gewiß die Obbenannten usw. Baader will bemerkt haben, daß auch Messing durch Schlagen magnetisch werde. Fortsetzung dieser interessanten Bemerkung. Ein konkreter (zusammengewachsener) Stoff besteht aus Stoffen oder aus Größen, Eigenschaften und Verhältnissen.

Ist alles Feste fossil, oder nur was mit dem Ideal eines Fossils zusammenstimmt? Fossilien Arten, halbe Fossilien, Fossilien- (sind etwa nur die regelmäßigen Fossilien – Fossilien?) Individuen, Übergangs-Fossilien in das Pflanzen- und in das Luftreich.

127. (Übergangsstoffe – zu den Kräften oder Elementen?) (vielleicht Elektrizität, Licht, Wärme usw.?)

128. Unterschied und Beziehung von Eigenschaft und Kennzeichen.

129. Werner hat die Theorie eines speziellen Beobachtungsprozesses geliefert. Auf diesem Grunde kann man weiter bauen.

Allgemeine Theorie des Beobachtens und Experimentierens und einzelne, spezielle Prozesse, als Beispiele.

Praktische Theorie des Beobachtens und Experimentierens.

130. Meine Idee von absolut wohltätiger Bestimmung auf Erden für mich.

131. Lithurgie: Name für mineralogische Chymie.

132. Sollt' ich jetzt krank werden, so kann ich diese Stunden, außer einigen möglichen, obangeführten wissenschaftlichen und technischen Benutzungen, vorzüglich zur Ausbildung meiner Sittlichkeit und Religiosität, asketisch, moralisch und religiös benutzen. Geht's ohne Hoffnung oder sonst zu übel, so bleibt mir BM.W. und Op.

Meine Gesundheit kann ich vorzüglich wissenschaftlich und technisch benutzen.

Reisen, Gesellschaft und Unterbrechungen aller Art muß ich auch, teils zur Erholung, teils moralisch und religiös, teils wissenschaftlich und technisch benutzen lernen.

Anatomische Bemerkungen beim Fleischessen und Vorschneiden.

Anweisung überall zu lernen und überall sich zu bilden.

Natur und Einrichtung der Erholungen – daß auch diese nicht ganz verloren gehen.

Soll der Schlaf nicht allmählich abgeschafft werden? –

Ein Lehrbuch der Zoologie fehlt mir noch.

133. Alle Wahrheit besteht in innerer, eigner Harmonie und Konkordanz, Koinzidenz; also in der echten Gliedrung und im echten Handel, sowohl in Objekt als Subjekt.

134. Tropfenweise Einnahme von Medizin – unaufhörliches Reiben usw.

135. Nichts ist mehr gegen den Geist des Märchens als ein moralisches Fatum, ein gesetzlicher Zusammenhang. Im Märchen ist echte Naturanarchie. Abstrakte Welt, Traumwelt, Folgerungen von der Abstraktion usw. auf den Zustand nach dem Tode.

136. Über das irdische Individuum – das himmlische Individuum und ihre Verhältnisse. (Gott ist die Weltseele der Idealwelt.)

137. Plotin war schon in Betreff der meisten Resultate kritischer Idealist und Realist.

Fichtes und Kants Methode ist noch nicht vollständig und genau genug dargestellt. Beide wissen noch nicht mit Leichtigkeit und Mannichfaltigkeit zu experimentieren – überhaupt nicht poetisch. Alles ist so steif, so ängstlich noch.

138. Die Erfindungskunst von mechanischen Instrumenten ist geometrischen Stammes. Figuren-, Skelett-, Grundriß-Probleme.

(Linearprojektionen, Planiprojektionen – Stereotypen.

Körperliche Gestalt – Liniengestalt – Flächengestalt. Erfindungslehre oder Analysis.

Zahlen und Wort Gestaltenlehre, z. B. Reihen usw.

Zahlen und Wort Mechanik – Geschwindigkeitslehre.)

139. Quantitativer – qualitativer –
relativer – modaler. } Raum und Zeit.

140. Die Kombinationen von Ich und Nicht-Ich, nach der Anleitung der Kategorien, geben die mannichfachen Systeme der Philosophie. (System der Ableitung aus dem Einfachen. Das System der Bearbeitung der *gemeinen* Erfahrung, System der bloßen Ich-Identität, System des bloßen Nicht-Ichs, widersp(rechendes) System des Ichs und Nicht-Ichs. Zureichender Grund.)

System des Okkasionalism. (Beziehung auf das Erregungs-System.)

(Eine gelegenheitliche Ursache ist Reiz.) Fichtes System. Kants System. Chymische Methode, physikalische, mechanische, mathematische Methode usw. System der Anarchie, Demokratie, Aristokratie, Monarchie. Artistische Methode – artistisches System. Das Konfusions-System. Mystizism. Historism usw.)

141. Sonderbare Harmonie des Zufälligen im atomistischen System.

142. Über die Verwandtschaftslehre der vollständigen Gedanken, Ideen usw. (Lithopolitik) Assoziationslehre, Ideenpolitik, Vorstellungspolitik.

(Was für die Pflanzen Klima und Boden ist, ist für die Fossilien Wärme und Medium [Auflösung]. Element im gewöhnlichen

Sinn. (Das ist mein Element.) (So ist Oxigene das Element des Feuers.)

Vom Element der Ideen – und jeder Idee insbesondere; ihre nötige Wärme.

L e h r e , wo man bestimmte Ideen aufzusuchen und zu vermuten hat. (Assoziative angewandte Analysis.) Heimat und Verwandtschaft der Ideen.

Experimentieren mit Bildern und Begriffen im Vorstellungsvermögen ganz auf eine dem physikalischen Experimentieren analoge Weise. (Zusammensetzen, Entstehnlassen usw.)

143. Der Physiker bearbeitet die Natur aus der ersten, Chemiker und Mechaniker schon aus der zweiten und dritten Hand. Die rohen Kräfte usw. erhalten diese vom Physiker.

144. Sollten die Körper und Figuren die Substantiva – die Kräfte die Verba – und die Naturlehre Dechiffrierkunst sein?

145. Sollte Gott das Element der Synthesis sein, gleichsam das Oxigene dieser Operation? (Experimentieren in Gott, Theosophistereien) Spinozism – Emanationssystem.

146. Die sogenannten Hülfswissenschaften werden eigentlich durchaus mißverstanden; unter dieser Rubrik sollte eigentlich die Wissenschaftslehre jeder spekulativen Wissenschaft, ihre individuelle Genesis, ihre Zusammensetzung aus den Elementarwissenschaften, die Verhältnisse der Zusammensetzung und die Verhältnisse zu andern zusammengesetzten Wissenschaften vorgetragen werden.

147. Über die Gestalt und Artikulation der Lebensaktion (fiderischer Körper). Schwerpunkt – Schwerlinie – Schwerfläche usw. Verwandtschaftspunkt – Linie – Fläche usw. Einfluß der Schwerpunktslage und Veränderung auf den menschlichen Körper. (Ikonorektivistische Gestalt, Gedanken- und Kraftveränderung.) Die Gicht usw. gehört zu den kranken Aktionswirkungen.

Veränderung einer mannichfachen Figur durch eine einfache Figuration.

148. Die Lehre von verschiednen Welten gehört in die Kosmologie.

149. Wissenschaftstomie – genie – urgie; Physik – Poesie – Politik – Metaphysik – Historie – Nutzenlehre oder Teleologie.

Logologie. (Sollte ursprünglich der Mensch zum Schmerz, zur Bearbeitung des Leidens usw., bestimmt sich haben?)

150. In der moralischen Welt wird das Pudern mit Erdenstaub für ein notwendiges Stück des anständigen, sittlichen Anzugs gehalten. Nur der gemeine Mann und die Jugend dürfen die natürliche schöne, lichte und dunkle Farbe ihrer Haare zeigen. Wenn man auch den Kopf allenfalls damit puderte, so sollte man doch wenigstens von der Brust diesen Schmutz mit einer weißen Hülle abhalten.

151. Der vornehmere Stand kann durchgehends als das veredelte Bild des gemeinen Standes angesehen werden. Die genaue, wörtliche Vergleichung des Originals und der Bearbeitung ist sehr interessant und bietet Stoff zu artigen Bemerkungen. Neulich z. B. wie ich die Luzinde des Herrn Schlegels las, entdeckte ich einen unterhaltenden Zug: der Bauer bearbeitet den Mist mit der Mistgabel – der Gelehrte mit der Feder; die zwei Zinken der Gabel zeigen sich noch im gespaltenen Schnabel der Feder zierlich versteckt und leiten den Etymologen der Feder.

152. Grundverschiedenheit des alten und neuen Testaments. Warum Palästina und die Juden zur Gründung der christlichen Religion erwählt wurden. Wie die Juden zugrunde darüber gingen, so die Franzosen bei der jetzigen Revolution. (Medizinische Ansicht der französischen Revolution. Wie mußten sie kuriert werden – Ihr Heilungsplan – Wie werden wir indirekte durch sie kuriert?)

Asthenie der Chinesen. – Einmischung der Tataren. Medizinische Behandlung der Geschichte der Menschheit.

153. Gefühl des Gefühls ist schon Empfindung; Empfindung der Empfindung usf.

154. Jedes Glied des Körpers ist aller Krankheiten fähig, denen eins seiner Mitglieder unterworfen ist.

155. Meister ist reiner Roman; nicht wie die andern Romane mit einem Beiworte. Historische Ansicht Meisters.

156. Noten an den Rand des Lebens.

Noten zum täglichen Leben. Über das Schlafengehn, das Müßiggehn, E s s e n . Abend, Morgen, das Jahr. Die Wäsche. Tägliche Beschäftigungen und Gesellschaften. Umgebung, Meublement, Gegend und Kleidung usw.

157. Mystizismus des gesunden Menschenverstandes. (Steinbart. Campe. Asmus. Plurimi.)

158. Individuelles; selbstgegebner Name jedes Dings.

159. Überschriften zu den Fragmenten.

Was soll ein Titel sein? ein organisches, individuelles Wort, oder eine genetische Definition, oder der Plan, mit Einem Worte eine allgemeine Formel. Er kann aber noch mehr sein und noch etwas ganz anders.

160. Wo ist der Urkeim, der Typus der ganzen Natur zu finden? Die Natur der Natur?

161. Jedes spezifische Faktum ist Quell einer besondern Wissenschaft.

162. Was ist der Bauer?

163. Was haben mehrere Menschen zusammen für eine Misch- oder Mittelkonstitution, Gesundheit, Krankheit? Kann man sie zusammen als Ein Individuum nach den Indikationen dieser komponierten Krankheit kurieren?

164. Begriff von Philologie: Sinn für das Leben und die Individualität einer Buchstabenmessung. Wahrsager aus Chiffern; Letternaugur. Ein Ergänzer. Seine Wissenschaft entlehnt viel von der materialen Tropik. Der Physiker, der Historiker, der Artist, der Kritiker usw. gehören alle in dieselbe Klasse. (Weg vom Einzelnen aufs Ganze – vom Schein auf die Wahrheit *et sic porro.* Alles befaßt die Kunst und Wissenschaft, von einem aufs andere, und

so von einem auf alles, rhapsodisch oder systematisch zu gelangen; die geistige Weisekunst, die Divinationskunst.)

165. Sofie, oder über die Frauen.

166. Vorrede und Motto zu den Fragmenten.

167. Verhältnisse des Titels, Plans und Inhaltsverzeichnisses. Notwendigkeit einer Nachrede.

168. Ein Roman ist ein Leben als Buch. Jedes Leben hat ein Motto, einen Titel, einen Verleger, eine Vorrede, Einleitung, Text, Noten usw., oder kann es haben.

169. Philologie im allgemeinen ist die Wissenschaft der Literatur. Alles,was von Büchern handelt, ist philologisch. Noten, Titel, Mottos, Vorreden, Kritiken, Exegesen, Kommentare, Zitaten sind philologisch. Rein philologisch ist es, wenn es schlechterdings nur von Büchern handelt, sich auf solche bezieht und sich durchaus nicht auf die Originalnatur direkte wendet. Mottos sind philologische Texte. – Sie ist teils philosophisch, teils historisch; jenes ist ihr reiner Teil, dies ihr angewandter. Gelehrter im strengen Sinn ist nur der Philolog. Diplomatik ist philologisch, – die Historie auch.

170. Alles Historische bezieht sich auf ein Gegebnes, so wie gegenteils alles Philosophische sich auf ein Gemachtes bezieht. – Aber auch die Historie hat einen philosophischen Teil.

171. Allgemeine Sätze sind nichts, als algebraische Formeln. Die reine Philosophie ist daher gerade so etwas, wie die Lettern-Algebra. So eine Formel kann ein Gattungs-, ein Klassen- und Lokalzeichen sein – methodischer Name einer echten genetischen Definition. Definition ist ein Faktum. Die Bezeichnung dieses Faktums ist die gemeinhin sogenannte Definition.

(Auf eine ähnliche Weise wie sich die Logarythmen auf die geometrischen Progressionen beziehen, kann sich der Mechanism auf den Organism beziehen: bloß Bezeichnungsweise.)

172. Auch die Grammatik ist philologisch zum Teil; der andre Teil ist philosophisch.

173. Echte Kunstpoesie ist bezahlbar. Die Poesie aus Bedürfnis

– die Poesie als Charakterzug, als Äußerung meiner Natur, kurz die sentimentale Poesie läßt sich aber nur ein indelikater, roher Mensch bezahlen.

174. Symbolische Behandlung der Naturwissenschaften. Was symbolisiert unser gewöhnliches Leben? Es ist ein Erhaltungsprozeß.

175. Über den Spruch: des Menschen Wille ist sein Himmelreich.

176. Fragmente über den Menschen.

177. Das Schwächungs- und Abhärtungssystem der strengen Moralisten und strengen Asketen ist nichts, als das bekannte, bisherige Heilungssystem in der Medizin. Ihm entgegen muß man ein Brownisches Stärkungssystem setzen, wie dem letztern. Hat dies schon jemand versucht? Auch hier werden die bisherigen Gifte und reizenden Substanzen eine große Rolle spielen, und Wärme und Kälte ebenfalls ihre Rollen wechseln.

178. *Les femmes* sind um deswillen der Pol, um den sich die Existenz und *La Philosophie* der Vornehm-Klugen dreht, weil sie zugleich Körper und Seele affizieren. Auch Sie lieben die Ungeteiltheit und setzen einen unumschränkten Wert auf diesen gemischten Genuß; dieser Geschmack geht auf alles über: das Bett soll weich und die Form und Stickerei hübsch, das Essen delikat, aber auch animierend sein und so durchaus.

An den *Femmes* reibt sich auch ihr schreibender Verstand gern, drum haben sie soviel darüber geschrieben.

Jeder sieht überall sein Bild; daher findet die Eitelkeit alles eitel.

Nichts ist t r ö s t e n d e r als das Bild des Zustandes, zu welchem *La Philosophie du monde* führt, welches unabsichtlich und wahrhaft naiv die konsommierten und konsumierten Weltleute von sich und ihrer Denkungsart in ihren Schriften und Reden ausstellen. Tröstlich und anlockend wahrhaftig nicht; ein an Unannehmlichkeit dreifach verstärktes Alter – so wie gegenteils die Jugend auch dreimal gepfeffert war.

La vraie Philosophie gehört zu der passiven Wissenschaft des

Lebens. Sie ist eine natürliche, antithetische Wirkung dieses Lebelebens, aber kein freies Produkt unsrer magischen Erfindungskraft.

Auch im Schlimmen gibt's eine Progression. Wenn man sich gehn läßt, so entsteht allmählich ein Ungeheuer in seiner Art. So in Brutalität, in Grausamkeit, Frömmelei usw.

179. Brownische Psychologie.

180. *Les femmes* haben sich nicht über Ungerechtigkeit zu beklagen. Schade, wenn eine Frau dabei war! Die Beauxesprits haben in Rücksicht *des femmes* vollkommen recht. Wer wird aber *Les femmes* mit den Frauen verwechseln?

181. *Les femmes* sind Muster der zärtlichsten, weiblichsten Konstitution, höchste Asthenien, mit einem Minimum von Vernunft. So werden sie sehr begreiflich. Annihilantinnen der Vernunft.

Über die Mode. Sollte der höchste Reiz für einen Astheniker eine Asthenische sein? und umgekehrt.

182. Sinne der ersten, zweiten, dritten Hand usw.

183. Dürfte es wohl eine Dame geben, die sich aus echter Liebe zum Putz, aus uneigennützigem Geschmack gut anzöge?

184. Ob das Erst Sehn und Dann Lesen oder das Umgekehrte vorzuziehn ist? Kunst, sehn zu lassen – Kunst, zu schreiben.

185. Elemente des G l i e d e s, und Elemente des I n d i v i d u u m s müssen streng unterschieden werden; denn ein Individuum kann Glied zugleich sein.

186. Über die Charakteristik (der Geizige, Stolze, Eitle usw. – Im Guten und Bösen und in mannichfaltigen Variationen.)

187. Von der Trüglichkeit und Alldeutigkeit aller Symptome. Demohngeachtet sind sie auch nur zweideutig – und mit einem disjunktiven Urteil wird man immer den Knopf treffen. (Jedes ist der höchsten, der niedrigsten und der neutralen Auslegung fähig.)

188. Die Unschuld des Königs und der Königin. Der Anfang der Regierung. Die Forderungen an ihn. Braucht ein König sehr

in Sorgen zu sein? Preußens Aussichten. Finanzen. Über meinen Aufsatz. Phantasie des Königs.

189. Über die eigentliche Schwächung durch Debauchen. Durch viele indirekte Asthenie entsteht endlich direkt asthenische Disposition. Dies begünstigt Browns Meinung von der quantitativen Erregbarkeit.

190. Schlaf, Nahrung, Anzug und Reinigung, mündliche, schriftliche und handgreifliche Geschäfte (für mich, für den Staat, für meine Privatzirkel, für Menschen, für Welt). Gesellschaft, Bewegung, Amüsement, Kunsttätigkeit.

191. Mechanischer Gottesdienst. Die katholische Religion ist weit sichtbarer, verwebter und familiärer, als die protestantische. Außer den Kirchtürmen und der geistlichen Kleidung, die doch schon sehr temporisiert, sieht man nichts davon.

192. Medizin und Kur um ihrer selbst willen. Schöne Medizin und schöne Kur. Beide sollen nichts bewirken. Man braucht, um zu brauchen. Man nimmt die Medizin um ihrentwillen.

193. Vorrede und Kritik der Fragmente in Fragmenten.

194. Gemüt – Harmonie aller Geisteskräfte – gleiche Stimmung und harmonisches Spiel der ganzen Seele. Ironie – Art und Weise des Gemüts.

195. Über den Hanswurst und komische Rollen überhaupt.

196. Ordinäre Menschen ohne es zu wissen und zu wollen. Ordinäre Menschen aus Absicht und mit Wahl. Glücklicher Instinkt der Gemeinheit. G e b o r n e ordinäre Menschen. – (Synthese des ordinären und extraordinären Menschen.)

197. Geborne Menschenbeherrscher.

198. Absolute Hypochondrie. Hypochondrie muß eine K u n s t werden, oder Erziehung werden.

199. Unterschied zwischen Sitten und Gebräuchen (Langeweile und Mangel an Reizen des Seelebens drückt sich in den Reisebeschreibungen aus). (Industrie bestes Surrogat der Religion und Gegenmittel gegen alle Leidenschaften. Industrie der Not, Krankheit und Trägheit, Industrie des Überflusses, der Kraft und

Gesundheit, oder Kunstindustrie.) Mancher wird erst dann witzig, wenn er sich dick gegessen hat, wenn er müde ist oder recht faul oder gedankenlos behaglich, wenn der üppige Wuchs und Andrang seiner Ideen gehemmt ist und er überhaupt körperlich gesättigt ist, wenn er so in Not ist, daß er über die Not ist, wenn er nichts mehr zu verlieren hat usw.

200. Künstlerische Einseitigkeit. – Kunstwerke bloß für Künstler – Popularität – Kunstwerke für auch Nichtkünstler.

201. (Denken gehört zu den geistigen Reizen, in die Klasse der antiasthenischen Mittel.)

202. (Rhetorische – künstliche Malerei. Rhetorische, künstliche Musik.)

203. Der Metaphysik ist es, wie vielen reichhaltigen, vernachlässigten Kindern gegangen – usw. Ihre scheinbare Unwissenheit und Armut.

204. (Epische Poesie ist die phlegmatische (indirekt asthenische), lyrische Poesie die reizbare (direkt asthenische) Poesie. Die dramatische die vollständig gesunde, echt gemischte.)

205. (1. Konstitution mit mangelnder Reizbarkeit (indirekt asthenisch).

2. Konstitution mit überflüssiger Reizbarkeit (direkt asthenisch).

a) Konstitution mit überflüssiger Inzitation (direkt sthenisch).

b) Konstitution mit mangelnder Inzitation (indirekt sthenisch).

1. oder a sind Paralysen, indirekten Entzündungen, 2. oder b Sthenien oder direkten Entzündungen vorzüglich ausgesetzt.

Direkte Entzündungen sind indirekte Paralysen, und umgekehrt.

Inzitament und Reizbarkeit bestimmen sich gegenseitig. Keins ohne das andre – und zwar vom Ursprung an.)

206. (Gefäß und Saftpathologie. Inzitamentism und Irritabilitism sind schlechthin Eins oder vereinigt – synthetisches Mittelglied.)

207. (Es gibt kein reines Temperament. Jedes Temperament ist gemischt, und nur verdorben oder verwöhnt.)

(Ein reines Temperament wäre eine permanente Krankheit.)

208. Plato macht die Liebe schon zum Kinde des Mangels, des Bedürfnisses – und des Überflusses.

209. Über die Fichtische Darstellungsart. Mein Gespräch mit Sillig. Offenbarungspunkte. Divinatorischer Sinn. – Reihe der Individualformen. Wissenschaften *a priori* der andern Weltkörper.

210. Kurve des geistigen Lebens und des physischen Lebens.

211. Aller Anfang des Lebens muß antimechanisch, gewaltsamer Durchbruch, Opposition gegen den Mechanism sein; absolute Materie – primitives Element des Geistes = Seele.

Alles Leben ist ein ununterbrochner Strom. Leben kommt nur vom Leben usf. Höhere Erklärung des Lebens.

212. Unter mehreren eindringenden Reizen wirkt auf das unvernünftige Wesen, nach dem unabänderlichen Gesetze des Mechanismus, der stärkste. Das unvernünftige Wesen zieht ihn an, und wenn er es auch zerstört. Das Vernunftwesen hat eben an seiner Vernunft ein Prinzip, das außer den Grenzen der mechanischen Gesetzgebung liegt. Je mehr es also Vernunftwesen ist, desto unabhängiger von der Wirksamkeit der mechanischen Gesetze wird es also agieren können. Wenn es nun aber zur Realisierung seines Entwurfs, zur Darstellung der Idee seiner Existenz eines mechanischen Stoffs, als Werkzeug, bedarf, so wird es bei eindringenden Reizen, die zur Bewegung und Erhaltung seines Werkzeugs nötig sind, nicht gehalten sein, den stärksten zu wählen, wenn er nicht in den Plan der Bewegungen und Modifikationen seines Werkzeugs paßt, sondern es wird sein Werkzeug, wenn dieses, nach der Voraussetzung, ganz von Vernunft durchdrungen und mithin ganz in der Gewalt derselben ist, zwingen, den Reiz anzunehmen, der zu der zweckmäßigen Bewegung und Modifikation desselben hinreichend ist. (Die Erläuterung jenes Zwangs wird sogleich folgen.) Dies ist der Fall bei mehreren zugleich eindringenden Reizen. – Dasselbe wird aber auch gelten,

wenn nur Ein Reiz vorhanden ist. Hier muß das Vernunftwesen die Kraft haben, dasjenige, was demselben vielleicht zur erforderlichen Inzitation abgeht, durch Verstärkung der Reizbarkeit des Werkzeugs zu ergänzen, und was ihm etwa an überschüssiger Kraft beiwohnt, durch Verminderung, Herabstimmung der Reizbarkeit des Organs, zu temperieren.

Zerlegung eines Reizes in mehrere durch langsame, sukzessive Aufnahme. Vereinigung mehrerer Reize in Einen durch simultane – schnelle Aufnahme.

213. Höchste Reizbarkeit und höchste Energie vereinigt, würde Eigenschaft der vollkommensten Konstitution sein. Sie sind, wie alle Extreme, nur durch reale Freiheit, durch Willen zu vereinigen, d. i. – es muß eine Möglichkeit, ein Vermögen im Menschen vorhanden sein, die Reizbarkeit beliebig zu stimmen und den Eindruck beliebig zu modifizieren, ein Vermögen, Reizbarkeit beliebig zu dirigieren. Am deutlichsten empfinden wir schon dieses Vermögen bei den Veränderungen des Systems der Organe, das wir Seele nennen. Die Aufmerksamkeit ist eine Äußerung dieses Vermögens. Mittelst derselben sind wir imstande, einen beliebigen Gegenstand stark oder schwach, lang oder kurz auf diesen oder jenen der innern Sinne wirken zu lassen. Die Aufmerksamkeit erhöht und vermindert, stimmt also die Reizbarkeit dieser Organe. Die Abstraktionsfähigkeit ist sehr nahe mit ihr verbunden und wohl eins. Sie hebt die Sollizitation gewisser Inzitamente beliebig auf. Sie individualisiert das Organ und macht die Reize beliebig dadurch spezifik und individuell. Dieses Vermögen besteht also in der Fähigkeit, die Reizbarkeit im Organ zu lokalisieren, beliebig in demselben zu verteilen; sie in Einen oder mehrere Punkte zu konzentrieren – diese kontinent zu machen (Leiter) oder auch dieselbe in unendlich viele, unzusammenhängende Punkte zu zersetzen, zu zerstreuen. (Nichtleiter.) Durch diese Zerlegung, Verteilung mindert sie die Reizbarkeit; durch die Vereinigung, Konzentration derselben verstärkt sie dieselbe.

Ganz etwas Ähnliches muß auch im Körper, im System der

gröbern Organe, teils schon vorgehn, teils, wie auch dort durch kunstmäßige Übung, in einem noch viel höhern Grade möglich sein.

Das Ziel der Arzneikunst muß daher vollkommne Ausbildung dieser Fähigkeit sein. An Beispielen einzelner Fertigkeiten der Art fehlt es nicht. – – –

214. (Gespräche über Herder – die neunte und zehnte Sammlung seiner Briefe über Humanität.)

215. (In der reizbaren Konstitution fällt und steigt die Reizbarkeit geschwind, in der nichtreizbaren langsam. Das ist ein Hauptmerkmal.)

216. Es ist schwerer vom einfachen Begriff im Zusammenhang zur mannichfaltigen Körperwelt, als umgekehrt zu gehn. Dort muß der Geist viel angestrengter, reiner tätig sein, als hier, wo seine Tätigkeit weit passiver, weit vermischter ist. Hier wird er durch andre Kräfte verstärkt, dort muß er allein gegen widerstrebende Kräfte arbeiten. Alle Dinge haben eine Zentrifugaltendenz; Zentripetal werden sie durch den Geist; dort wirkt der Geist gegen jene natürliche Neigung der Organe und zwingt sie, sich zu Einer Bildung zu vereinigen, um Einen Punkt her zu konsolidieren; er bildet eine Welt aus nichts. Er bildet erst das Feste. Hat er aber schon mit einer Menge fester Körper zu tun, so verstärkt er sich schon mit geistiger Tätigkeit – Tätigkeit andrer Geister, oder ehemalige Tätigkeiten seiner selbst, kommen ihm zu statten – die festen Körper werden sich einer bekommenen künstlichen Tendenz zu folgen um viel leichter verbinden, und systematisch um ein Zentrum vereinigen lassen.

(Die Körperwelt verhält sich zur Seelenwelt, wie die festen Körper zu den luftigen oder besser den Kräften.)

217. Die Organe haben von Natur keine Tendenz bestimmend und fixiert zu sein, oder zu der Bildung Eines individuellen Körpers sich zu vereinigen; durch den Geist erhalten sie erst gemeinschaftliche Zentralpunkte und werden durch diesen zu gewissen regelmäßigen, unabänderlichen Funktionen genötigt. So muß das

Auge da, wo die Hand fühlt und das Ohr hört, eine bestimmte Farbe, einen bestimmten, passenden Umriß bilden und umgekehrt. Ohne Geist keine Farben und Umrisse, keine verschiednen Töne usw. – keine verschiednen Gefühle und bestimmte Oberflächen und Grenzen usw. [Jeder Körper wird durch eine Monade zusammengehalten und bestimmt. Die Empfindung oder Anschauung der individuellen Monade nennen wir Begriff. Darstellung der Monade ist der wörtliche Begriff.]

Die Seele ist die Monas, deren Äußerungen mannichfaltige Monaden sind, der Sinn, *sit venia verbis*, der die übrigen Sinne durch Zentralpunkte aktiviert und vereinigt. Der Geist dirigiert diesen monadischen Sinn, aktiviert und punktiert beliebig die Urmonas.

(Punkt: punktiert; Linie: liniert; Fläche: planiert; Körper: animiert.)

Die Animation geht voraus; der Geist, insofern er animiert, heißt Seele; durch Animation wird Planition, Lineation und Punktation möglich.

218. (Zwei äußerst wichtige, (verschiedne) Arten des Gebrauchs der Sinne und des Gefühls derselben): Die aktive Art und die passive Art; direkt tätige, indirekt tätige; indirekt leidende, direkt leidende. (Man sollte alle Sachen, wie man sein Ich ansieht, betrachten: als eigne Tätigkeit. Mit dem Ich geht es nur am leichtesten: das ist der Anfang, das Prinzip dieses Gebrauchs.)

219. (Das chymische Prinzip – die Idee der Chymie – die Materialien der Chymie sind zerstreute Glieder der ursprünglichen Idee der Chymie – das beseelende Prinzip, wodurch die Chymie zur Kunst *a priori* wird, muß ich hinzubringen.)

220. R e g e l : Richtungs- und Maßangabe, Muster, Vorbildung, Vorzeichnung bestimmter Richtungen und Verhältnisse.

Ideen: freie Entwürfe, Muster, Projektionen des Genies.

Kunst: Fähigkeit bestimmt und frei zu produzieren; bestimmt, nach einer bestimmten Regel, einer von anderwärts bestimmten

Idee, die man Begriff heißt; unbestimmt, nach einer eigentlichen, reinen Idee.

221. Einheit des Lichts – Einheit der Finsternis.

222. Inwiefern ist der Begriff: Ding, Gegenstand einer besondern Wissenschaft, hat er Wissenschaftsrecht?

223. Die Beweise von Gott gelten vielleicht in Masse etwas, als Methode. Gott ist hier etwas, wie ∞ in der Mathematik – oder 0°. (Nullgrade.) (Philosophie der 0.)

(Gott ist bald 1. ∞, bald $1/\infty$, bald 0.)

224. Gott ist wie Philosophie jedem alles und jedes; das personifizierte x, Fichtes Nicht-Ich.

225. Alle Vereinigung des Heterogenen führt auf ∞. Theorie der Wahrscheinlichkeit, Wahrscheinlichkeitsbeweise und Kalkül, Quadr(atur) d(es) Unendl(ichen) usw.

226. Mit Aufklärung und Berichtigung der physischen Theorien werden auch die hyperphysischen, transzendenten, und dadurch die transzendentalen oder kritischen, synthetischen Theorien gewinnen, z. B. die Emanationslehre, die verbesserte Lichttheorie.

Zentralkräfte sind Radien, nicht Diameter. (Eine Spitze ist ein mechanischer Fokus.) (Ist wirklich, nach Baader, Kälte und Schwere verwandt?) Die Vorstellung der Innen- und Außenwelt bilden sich parallel, fortschreitend – wie rechter und linker Fuß – bedeutender Mechanism des Gehens. (Betrachtung über den Jahrmarkt, ein Warentheater, auf Illusion usw. angelegt. Von Sammlungen und ihren Aufstellungsarten und Demonstrationsarten überhaupt.) Über die Sprache der Körperwelt durch Figur. Übersetzung der Qualität und Quantität, und umgekehrt.

Eiter – Jauche. (Organische Masse ist Synthese von flüssig und fest.)

Mystische Geometrie. (Echter wissenschaftlicher Geist hat vorzüglich bisher bei den Mathematikern geherrscht.)

227. Die drei Dimensionen sind Resultat der Reduktion un-

endlicher Dimensionen. Sie beziehn sich auf einen dreifachen Durchgang der Blätter.

228. Die gewöhnliche Wissenschaft ist notwendig Phänomenologie, Grammatik, Symbolistik. (Wir sehn die Natur, so wie vielleicht die Geisterwelt, zu perspektivisch. Den verständigen Einbildungskr(äften) kommt das Geschäft des Bezeichnens im allgemeinen zu, des Signalisierens, Phänomenologisierens. Die Sprachzeichen sind nicht spezifisch von den übrigen Phänomenis unterschieden.

229. Von porösen und gefäßigen Massen. (Übergangsordnung der Krystalle – Probleme dieser Lehre.) Mystische Kriegskunst. Der mathematische Krieg, der poetische Krieg, der wissenschaftliche, der Spielkrieg usw. Der rhetorische Krieg.

230. Jedes Stück meines Buchs, das in äußerst verschiedner Manier geschrieben sein kann – in Fragmenten, Briefen, Gedichten, wissenschaftlich strengen Aufsätzen usw. – einem oder einigen meiner Freunde dediziert.

231. Von krampfigen Turgeszenzen.

232. Ist die Chymie Wärmemodifikationslehre, so ist ihre Verbindung mit Elektrizität und selbst Galvanism nicht befremdend. (Magnetism verhält sich zur Schwere, wie Elektrizität zu Wärme.)

Die einzelnen Wissenschaften werden, *qualitatibus*, nicht *quantitatibus* gebildet. So ist die Probierkunde keine andre Wissenschaft als die Hüttenkunde, die Felsenbildungslehre keine andre als die Fossilienbildungslehre – Miniatur- und Kolossalwissenschaft.

233. Verwandtschaftsprinzip der Fossilien.

234. Schädlichkeit der Motion nach Tisch. Einmal nur essen, um 4 Uhr. Notwendigkeit der Samenausleerungen in gewissen Jahren.

235. Beweisversuche meiner Sätze im »Blütenstaub«.

236. Das echte Dividuum ist auch das echte Individuum.

237. Ein Märchen sollt' ich wahrlich schreiben. Gesetze des Märchens.

238. Über die mystischen Glieder des Menschen – an die nur zu denken, schweigend sie zu bewegen, schon Wollust ist.

239. Wo Kolik her entsteht, daher entsteht auch Gicht, Rheumatism, Hypochondrie, Hämorrhoiden usw. Nervenkolik usw. Muskelnkolik, Halbkrankheiten. – Übergänge von Krankheit und Gesundheit.

240. Den allgemeinen Begriffen: Sein, Verschiedenheit usw. ist es wie der Philosophie usw. gegangen: jeder hat aus ihnen gemacht, was er gewollt hat. Das zeigt sehr deutlich, daß man sie nicht allein gebrauchen, oder in ihnen etwas Wunderbares suchen soll. Sie sind intellektualer Stoff, aus dem sich machen läßt, was man will. Sie sind Indikationen des Bestimmens, der Arten der Bestimmungsprozesse. Sie haben keine Bestimmung; man muß ihnen keine geben. Eine solche Indikation eines höhern Verfahrens ist auch Philosophie usw.

241. Echte Experimentalmethode – Formalitäten des Experimentators.

242. Behandlung der Wissenschaften und jedes einzelnen Gegenstandes als Werkzeug und Experimentalstoff zugleich.

Die Wissenschaft ist nichts, als die Skale usw. In einem echt wissenschaftlichen Kopfe indiziert sich alles von selbst. Der Kopf ist die Universalskale.

Tätige Ansicht – tätiger Gegenstand. (Ansicht der Welt durch einen Krystall – durch eine Pflanze – durch einen Menschenkörper usw. Ähnliche Experimentation.)

Über das Theatralische des Jahrmarkts und des Experimentierens. Jede Glastafel ist eine Bühne; ein Laboratorium, eine Kunstkammer ist ein Theater.

243. Kosmopolitische Ideenpolitik – Steinpolitik – Pflanzenpolitik usw. (Über die Sensationen und ihre gegenseitigen Verwandtschaften und Verhältnisse.)

244. Lebendige Kräfte – indirekt konstruierbare – Wunderkräfte.

245. Goethische Behandlung der Wissenschaften – mein Projekt.

246. Das Gedächtnis treibt prophetischen – musikalischen Kalkül.

Sonderbare bisherige Vorstellungen vom Gedächtnis, als eine Bilderbude, usw. Alle Erinnerung beruht auf indirektem Kalkül, auf Musik usw.

247. Wollust des Erzeugens. Alles Erzeugen ist also eine polemische Operation. Wollust der Synthesis.

248. Gegenwart des Geistes – Zukunft des Geistes – Vergangenheit. (Allwesenheit des Geistes.)

249. Betrachtungen über eine Geschichte der Philosophie.

250. Zweite immanente Generation ist Verstandesbewußtseinsentstehung. Operations – Existenzreihen. Synthetische Existenzen – Daseinspotenzen.

251. Auch instinktartig ist der Zirkel der Figuren Kanon.

252. Sollte die Gicht usw. der Vorläufer der Körperbemächtigungsperiode sein? Beruht auf Assoziation usw. Poetisierung des Körpers?

253. Jeder Gegenstand läßt sich (beinah) zum Objekt einer besondern Wissenschaft machen.

254. Eigentlich sind alle die allgemeinen Wissenschaften, z. B. Physik und Mathematik usw., in Einem Fall mit der Philosophie: es sind Proteusse, allgemeine Substanzen, Indikationen usw.

255. Krankheit hat Brown schlechterdings nicht erklärt. Seine Einteilung trifft beides, Leben und Krankheit.

Die Erklärung des Wesens, der Entstehung der Krankheit ist weit über Browns Horizont. Seine Einteilung ist eine dem Geschlechts-Phänomen, worunter Gesundheit und Krankheit als Arten gehören, zukommende Partial-Einteilung.

Mittel-Aktion des Bewußtseins – Sthenie (Exzeß), Asthenie (Exzeß).

256. Sollte der Froschhaut-Hygrometer und der Hygrometer überhaupt – so wie auch die Folgen des Anhauchs beim Galvanism – nicht Wirkung der hier verschwindenden Wärme usw. sein?

257. Der Differentialkalkül scheint mir die allgemeine Methode, das Unregelmäßige auf das Regelmäßige zu reduzieren; es durch eine Funktion des Regelmäßigen auszudrücken; es mit dem Regelmäßigen zu verbinden; das Regelmäßige zu dessen Meter zu machen; es mit demselben zu logarythmisieren.

258. Die Kriegskunst zerfällt in eine Menge besonderer Lehren: Die Tanzkunst, Gymnastik, Fechtkunst, Schießkunst, Psychologie usw. liefern ihre Beiträge zur Kriegskunst. (Auch Rechenkunst, Mathematik, Ökonomie, Politik usw.)

(Krieg – kriegen – erhalten.)

259. Der Ausdruck: aufs reine bringen. (Spannung und Aufmerksamkeit ist Repulsion und Attraktion vereinigt, eins um des andern willen z. B. bei der Abstraktion ist die Repulsivkraft gegen einiges vermehrt, gegen das andre vermindert usw.)

260. Leichtsinn – Schwersinn usw. (Entstehungsformel eines Triangels.) Über die sukzessive und stückweise Bestimmung des Raums. (Winkel, Hyperbeln, Parabeln – Parallellinien – bloße Linien usw.)

261. Der Begriff der Fläche ist nach dem Begriff des Körpers und fast aus demselben oder wenigstens mittelst desselben entstanden.

262. Sonderbar, daß eine absolute, wunderbare Synthesis oft die Axe des Märchens – oder das Ziel desselben ist.

263. Über das Öligwerden der Weine – allmähliche Wasserzersetzung. Das Fett im tierischen Körper entsteht durch Destillation des Öls aus den Säften mittelst der feinen Gefäßchen. (Je zarter und feiner die organische Masse sich bildet, desto lebendiger wird sie.)

264. Über das Reflexionsphänomen – das sich selbst auf die

Schultern springen der reflektierenden Kraft. (Gliederung der Bewegung.) (Zeitverdichtung – Gedankenkonzentration.)

265. Alles Verdampfende ist zugleich ein Elektrizitätssammler. (Eine Wärme anziehende (lockende) Ursache.) Beziehung auf Galvanism.

Gibt es überhaupt einen absoluten Isolator oder Exzitator? Beides sind relative Begriffe. Es kommt auf die Höhe und den Umfang des Grades des Isolandums und Exzitandums an.

Sind nicht alle Wärmeattraktionen mit Oxigenanziehungen verbunden?

Alle Armatur ist am Ende eine Reizbarkeitserhöhung, wie das Fernrohr eine Sichtbarkeitserhöhung ist.

266. Am Ende gibt es auch in der Chymie keine eigentlich generisch (sprungweise) verschiedne Stoffe. Alkalien und Säuren gehn ineinander über, Alkalien und Erden, Säuren und Erden, Erden und Metalle usw.

(*Hydrogène sulfureux,* Blausäure, Alkalifluor usw.)

267. Butter schwächt wie alle Öle usw. Wie fixe Ideen oft Exostosen im Gehirn oder andre körperliche Ursachen haben, so umgekehrt physische Schmerzen usw. haben Seelenursachen.

268. Was eigentlich Weltbürger und weltbürgerlich Interesse ist?

269. Kant ist ein netter Beobachter und Experimentator.

270. Vom Pluralism und Dualism (Kants Warnung vor Selbstbeobachtung). Seine fehlerhafte Erklärung von Naivität. (Seine unrichtige Auslegung des merkwürdigen Plurals in der öffentlichen Sprache, wie: ihr, sie usw.) (Über das Buhlen der Seele mit dem Körper.)

271. Axiome und Postulate bezeichnen das theoretische (a) und praktische (b) Wissensvermögen überhaupt. Aufgaben bezeichnen den Trieb. Auflösung und Beweis das analytische (*ad a*) und synthetische (*ad b*) Vermögen. Die Erklärungen und Zusätze haben auch ihre Bedeutung. Hieraus sieht man, daß unser Wis-

senstrieb der Lebenstrieb der Intelligenz ist, ein Spiel der intellektuellen Kräfte.

272. Auch das Flüssige ist beseelt – freilich anders, als das Feste. Es ist vielleicht mit der Seele, wie mit der Wärme. Gas entspricht dem Seelenmedium, dem Nervenäther. Heftiger Reiz (mechanischer oder Feuerreiz) bewirkt Verdampfung und Verflüchtigung. Entstehung des Seelenmedii – gleichsam Entstehung der Seele selbst.

Bei der Zeugung braucht die Seele den Körper und *vice versa* vielleicht. Mystizism dieser Operation.

273. Man hat starre Bewegungen (Spannungen) wie flüssige – und beide übergehend, und von mannichfaltigen Graden.

274. Aufgaben: denken – erfinden – wissen – glauben – wollen.

(Axiome, Postulate, Aufgaben, Lehrsätze usw. der Art.)

275. Wie wir uns durch gewisse Erscheinungen auch zu Hinzudenkungen, nicht bloß zu gewissen Sensationen genötigt fühlen, zu einem bestimmten Supplement und Reglement von Gedanken, z. B. durch eine Menschengestalt, ihr einen geistigen Text unterzulegen, so ist es auch – indem wir an uns selbst denken oder uns selbst betrachten. Wir fühlen uns zu einer ähnlichen Hinzutat von Begriffen und Ideen, zu einem bestimmten Nachdenken genötigt, und dieser gegliederte Zwang und Anlaß ist das Bild unseres Selbst.

Die Regeln unsers Denkens und Empfindens usw. sind das Schema teils des Charakters der Menschheit überhaupt, teils unserer individuellen Menschheit. Indem wir uns selbst betrachten, fühlen wir uns auf eine mehr oder weniger deutlich bestimmte Weise genötigt, uns so und nicht anders zu entwerfen, zu denken usw.

Lithocharakteristik. Eine mittelbare Sensation – eine Sensation der Sensation ist ein halber Gedanke – ist vielleicht schon ein Gedanke. (*vid.* Harmonie – Schluß.)

276. Die synthetische Methode (mit den Datis anzufangen) ist

die frostige, anschießende, kristallisierende, figierende, sukzessive Methode. Die analystische Methode dagegen ist erwärmend, auflösend, liquitierend. Jene sucht das Ganze, diese die Teile.

277. Versuch, das zu beweisen und aufzulösen, zu konstruieren, was die Mathematik nicht beweist oder auflöst: Wissenschaftslehre der Mathematik.

Applikatur der Aufgaben und Lehrsätze, Verknüpfung derselben, Scientifizierung der Mathematik.

278. Wissenschaftslehrer der Physik. Dieser macht erst Licht, Luft, Wärme usw., er hört auf, wo der Physiker anfängt. Er deduziert die Bestandteile der Natur und ihre Beschaffenheit und ihre Verhältnisse aus der Aufgabe der Natur überhaupt. Der Mensch ist die philosophische Natur – vielleicht auch die poetische usw. die Wissenschafts-Natur überhaupt.

279. Das Maß ist, was an der Skale der Nullpunkt oder der Mittelgrad ist. Das echte Maß ist allemal das Mittel: auf der einen Seite Bruch, auf der andern Zusammensetzung.

Verschiedne Arten des Maßes.

280. Bemerkungen über die Bildung des Rauchs – beim Rauchen und sonst.

281. Auch Kohäsion beruht am Ende auf Schwere.

282. Über das Identifizieren und Substituieren des Algebraisten.

283. Denken ist unter den Operationen, was der Schlußsatz unter den Sätzen ist.

284. Wie, wenn der Verstand nicht der Sinn für Qualitäten, sondern nur für Quantitäten wäre, und das tätige Gedächtnis hingegen der Sinn für Qualitäten wäre; jener der mathematische, dieser der physikalische Sinn? (Gedächtniskategorien – Vernunftkategorien; tätige Vernunft ist produktive Imagination.)

Gott, Welt, Mensch, Tier, Pflanze usw. sind Vernunftkategorien. (Beispiele von Gedächtniskategorien.)

285. Am Ende ist Elektrizität trockner Galvanism (trockner

Weg) und Galvanism nasse Elektrizität (nasser Weg). Beziehung auf Chymie.

286. Luft wirkt, meiner Meinung nach, auf Wasser und Öl usw., wie diese auf starre Körper.

Wirkung heterogener Flüssigkeiten aufeinander. Luftleiter in flüssigen und starren Ketten. Luftketten.

287. Einführung tätiger Materien – wie tätiger Sinne.

288. Elektrische Ketten und Nichtketten. – Aktion, + Aktion. Bewegung bei Schluß und Öffnung; Berührung und Trennung; Gebung und Beraubung. Anwendung auf Asthenie.

289. Die Theorie des Lebens usw. ist so unabhängig, wie die Theorie des tierischen Baus und seiner Bildung; nur der Geist synthesiert Leben und Figuration.

Richtung entsteht mit Figur.

290. Ausschließender Wechsel von Quantität und Qualität.

291. Bei allem Flüssigwerden entsteht Kälte. Nur beim Eise scheint dies nicht der Fall zu sein. Daher entsteht umgekehrt beim Frost des Wassers Kälte, da hier eigentlich Wärme entstehn sollte. Wenn's schneit, wird's sogleich etwas wärmer. Aber der Schnee entsteht auch nicht aus Wasser, sondern aus dem allerdings dünnern Dunst.

292. Dimensionen = Richtungen. (Selbstberührung im Galvanismus und Elektrizität auch wohl in der Chemie.)

293. Der Phantasiebegriff ist die Anschauung – ihre Einheit usw.

294. Eine Synthese ist ein chronischer Triangel. (Die Sprache und die Sprachzeichen sind *a priori* aus der menschlichen Natur entsprungen, und die ursprüngliche Sprache war echt wissenschaftlich. Sie wiederzufinden ist der Zweck des Grammatikers.)

295. Wissenschaftliche Beantwortung der Frage: Gibt es eigentätige Fantasmen? (Synthetisches Urteil *a priori*) Eigentümliche Sensationen? Sensuale Kategorien?

Wie sehr der Verstand Raum und Zeit vindiziert, um gültige Bestimmungen für die Sinne zu bewirken, so die Phantasie x und y, um gültige Bestimmungen für den Verstand machen zu können. (x und y, vielleicht Zeichen [Schein] und Grenze.)

296. Sonderbar, daß dem Willen nur die eigentlichen Glieder und fast nur die äußern unterworfen sind.

297. Die Theorie des Falls kann zu sehr interessanten Aufschlüssen über die Gesetze der Vivifiktion, der innern mechanischen Aufschließung usw. veranlassen.

298. Über Pump- und Saugwerke – den neuen Hubsatz usw.

299. Die Gleichung für den Menschen ist Leib = Seele; für das Geschlecht Mann = Weib.

(Die Polarität ist eine reale Gleichung.) (Glieder heißen die Teile, die mit + und – zusammenhängen.) 0 ist das generale Gleichungsglied der vereinigten Gleichungs-Glieder.

300. Zahlen und Worte sind Zeitdimensionsfiguren und Zeichen. Wort und Zahlfigurationen.

301. Der Keil, der Hebel usw. sind Kraftverstärkungs- und Schwächungsmittel; die kleine, absolute Kraft zu einer großen, spezifischen, relativen zu machen. Eine Spitze ist ein mechanischer Brennpunkt, eine Fläche das Gegenteil. (Der Bohrer.)

302. Könnte man nicht das Wasser stoßweise aufs Rad bringen? (Akustische Versuche mit Erschütterungen einer Scheibe usw. durch Töne – Luftvibrationen usw.)

303. Worte und Töne sind wahre Bilder und Ausdrücke der Seele. Deschiffrierkunst. Die Seele besteht aus reinen Vokalen und eingeschlagenen usw. Vokalen.

304. Über Kombination verschiedner Zeichensysteme und Skalen z. B. wie bei der Meteorologie – wo man aus 5-6 signalisierenden Werkzeugen zusammengesetzte Worte des zusammengesetzten Phänomens der Witterung erhält. So bei allen zusammengesetzten Phänomenen. (Synthesis zweier heterogener Welten und Operationen.)

305. Reagens des wahren Christentums.

306. Vergleichung der Körper und der Zeichen – und der Gedanken und der Zeichen.

(Ein Gedanke ist notwendig wörtlich.) (Tonkunst und Schriftkunst ist Psychologie – wenigstens die Basis derselben.)

307. Unser Geist ist Verbindungsglied des völlig Ungleichen.

308. Alle Sensationen sind Folgen einer Grundsensation. Es hat Sinn – widersinnig usw. Isochronism. (Zahl der Gesichtspunkte eines Körpers und einer Vorstellung oder eines Gedankens.)

309. Über das Drama – und die dramatische Konstruktion. Szenen, Akte, Verwickelung, mimisches Spiel; Einteilung, Gliederung einer Handlung usw.

310. Über die Krystallübergänge. Anwendung dieser Theorie auf Figurenverwandlungen überhaupt. Sollte die Akustik Einfluß haben? Die Übergangsperiode ist durchaus die mannichfachste.

311. Die Figur des kleinsten Teils ist nichts, als Figur der Urformation – Elementarformation – und diese ist nur der figürliche Ausdruck der dynamischen Gemeinschaft oder Komposition.

Wie wird eine chemische, materiale Verbindung figürlich ausgedrückt? Dies ist eine innre Sinneinungsausgabe.

312. Gefrierung – Gegenstück der Entzündung. (Indikation der kalten und blassen Extremitäten.) Bei einer Gattung Menschen ist die Lebenskraft herausgedrängt in die äußern Glieder, bei andern zurückgedrängt in die innern Teile. Betrachtungen darüber.

313. Die Schwere dürfte wohl nur ein Kompositum aller Kräfte sein.

314. Denken ist Wollen oder Wollen Denken.

315. Die Leber ist das temperierende Organ; alles Fett temperiert.

316. Plan zu dem pantomathischen Journal und dem intellektuellen Ritterorden usw.

317. Der Geist verhält sich zur Seele, oder die Bestandteile des unsichtbaren Individuums zueinander, wie die Säfte und die festen Teile im Körper. Der Geist entsteht aus der Seele, er ist die kristallisierte Seele. Seine Figur oder sein Charakter, sein Tempe-

rament und seine Konstitution sind Funktionen der ersten Anlage, der Geisterwelt und der Seelenbeschaffenheit. Auch hier trifft man die beiden Systeme der Humoral- und Solidarpathologie – des trocknen und nassen Weges an.

318. Die Gicht usw. scheint mehr eine allgemeine Krankheit zu sein, die nicht *in concreto* existiert, sondern sich in mannichfaltigen Variationen äußert – also eine Disposition.

Vielleicht sind das schon gute Konstitutionen, in denen reine Sthenien usw. entstehn. Die meisten Konstitutionen vermögen vielleicht nicht wahrhaft krank zu werden, und es bleibt nur bei unvollkommnen Krankheiten, Krankheitstendenzen. Vielleicht ist Gliederreißen usw. eine unreife Entzündung.

319. Über das Einschlafen eines Gliedes. (Isochronism – isochronisch = simultan.)

320. Menschen sind in bezug auf den moralischen Sinn, was Luft und Licht in bezug auf Ohr und Auge sind.

321. Der Körper entsteht durch ein plastisierendes Idol, ein bildendes Schema, einen mystischen, selbsttätigen Typus.

322. Die Hypostase versteht Fichte nicht, und darum fehlt ihm die andre Hälfte des schaffenden Geistes.

Ohne Ekstase – fesselndes, alles ersetzendes Bewußtsein – ist es mit der ganzen Philosophie nicht weit her. (Spinozas Zweck.)

323. Die Oryktognosie gehört zur Historie.

324. Briefe, Unterhaltungen oder Gespräche, Geschäftsarbeiten, wirksame Broschüren – das sind praktisch schriftstellerische Arbeiten. Predigten auch.

Romane, Erbauungsbücher, Komödien usw. selbst historische und philosophische Arbeiten, sobald sie nicht, als Geschäftsarbeiten, Berichte, Protokolle usw. betrachtet werden können, sind bloß gefällige, liebenswürdige, schriftstellerische Arbeiten.

325. Individuen vereinigen das Heterogene z. B. in den sogenannten gemengten und gemischten Wissenschaften. Sie bringen wunderbar das Verschiedenartigste in Eine Gemeinschaft des Zwecks und der Arbeit, der Zusammenwirkung. Ein Individu-

um ist ein magisches, willkürliches Prinzip, ein grundloses Leben, ein persönlicher Zufall. Die Menschheit überhaupt ist freilich das generelle und eigentümlichste Individualprinzip der Wissenschaften. Für sie setzen sie sich alle, bis ins unendlichste Glied, in Tätigkeit.

326. Kur der Schmerzen mit Kitzel – Entgegensetzung von Schmerzen.

327. Symmetrik – Symmetrie in Kompositionen. Abszisse und Ordinaten wachsen symmetrisch.

328. Was suchte Spinoza? (Selbst Fichtens Philosophie ist nicht ganz frei von genialischer Empirie, glücklichen Einfällen.)

329. Populäre und gelehrte – historische und philosophische Staatsverfassungen.

330. Unsre Erde ist ein Schwere-Leiter, ein isolierter nämlich. Komprimierte, verdichtete und verdünnte Schwere – wie Elektrizität und Magnetism.

Sollten lockre Gewebe auch die Schwere isolieren und aufhalten?

331. Über die Entstehung der Kälte bei Schnee- und Salzmischungen.

332. Bewußtsein des Besitzes von äußerm und innerm Geld oder Vermögen. (Paarung von Enthusiamus und Vernunft.)

333. Über das Erfrieren eines Gliedes.

334. Die Häufung von Verbis, Adjektivis und Substantivis ist oft nichts als eine doppelte und mehrfache Rede – ein zerstückelter Parallelism.

335. Von der Korruptibilität des menschlichen Nachdenkens.

336. Freiheit ist eine Materie, deren einzelne Phänomene Individuen sind.

337. Fortsetzung des Hemsterhuisischen Gedankens von der sonderbaren Veränderung der Welt in der Phantasie des Menschen durch die kopernikanische Hypothese, oder schon durch die Gewißheit der himmlischen Weltkörper, durch die Gewißheit, daß die Erde in der Luft schwebe.

338. Wer weiß, was für wunderbare Resultate der Isochronismus mehrfacher Handlungen geben würde – so wie Feuerstein und Stahl einen lichten Funken durch stoßweise Reibung geben.

339. Deduktion der Reizbarkeit und Konstitution jedes Gliedes am menschlichen Körper aus seiner Lage, seiner Fülle und seinen Nachbarn usw. Betrachtungen über die Schönheit des menschlichen Baus.

340. Anschaffung einiger schönen Statuen.

341. Kalte Luft scheint ein besserer Leiter, oder ein schlechterer Nichtleiter der Elektrizität zu sein als Wärme – daher die Elektrisiermaschinen wirksamer im Sommer als Winter sind. Kalte Luft ist aber auch dichter als warme.

342. Muß die Erde, und die Planeten überhaupt, nicht negativ elektrisch sein, wenn die Sonne positiv ist – und so existiert auch vielleicht ein ähnlicher Schwere- und Licht-Wechsel.

343. Begriff von Geschwindigkeit und Erzeugung. Letztere ist eine Stoff- oder Schwerkraftorgan-Bildung – und in diesem Sinne ist vielleicht die gewöhnlich so benannte Erzeugung keine wahre Erzeugung.

Erstere ist ein Element jeder verkörperten Kraft schlechthin, eine notwendige Folge der E r s c h e i n u n g der Kraft.

344. Bei allem Verdichten erfolgt Abstoßung von Wärme – Wärme wird fühlbar. Bei allem Verdünnen wird Wärme angezogen, es entsteht das Gefühl von Kälte.

345. Hauptideen. Glaube. Alles was geschieht, w i l l ich. Willkürliches Phlegma. Tätiger Gebrauch der Sinne. Moral und Religion und Poesie. (Studium des Einzelnen.)

346. Die Seele wirkt, wie Öle und auch wie narkotische Gifte, deprimierend und auch exzitierend.

347. Das Beste in der Natur sehn indes diese Herrn doch nicht klar. Fichte wird hiernach seine Freunde beschämen, und Hemsterhuis ahndete diesen heiligen Weg zur Physik deutlich genug. Auch in Spinoza lebt schon dieser göttliche Funken des Naturverstandes. Plotin betrat, vielleicht durch Plato erregt, zuerst mit

echtem Geiste das Heiligtum – und noch ist keiner nach ihm wieder so weit in demselben vorgedrungen.

348. Schöne liberale Ökonomie. Bildung einer poetischen Welt um sich her. Dichten mit lebendigen Figuren.

349. Über den Nutzen warmer Einreibungen verschiedner Substanzen, z. B. Milch, Fleischbrühe, Eier, Wein, China usw. besonders fette Öle. Bisherige Vernachlässigung der Haut, des Hauptorgans.

350. Über Fichtes Appellation. – Fichte macht sich einen Gegner – dies ist die rhetorischpolemische These – Postulat aller Polemik: Es gibt Gegner. Das Choquante in Fichtes Behauptungen. Was ist Atheisterei? Christliche Religion. Geheimniswürdigkeit aller religiösen Angelegenheiten. Hat der Staat Religion? Gott? (Atheisterei und Selbstteil Gottes.) Wir Ebenbilder Gottes. Über die Schritte der kursächsischen Regierung. Warum sind andre Schriften nicht konfisziert?

351. Über die Kunst – in die Propyläen. Entstehung der Kunst. Über die Artistik der Natur. Ihre Zweckmäßigkeit für Freiheit der Menschen. Sie ist durchaus zukünftig usw.

352. Schelling geht nur von dem Irritabilitätsphänomen der Welt aus – er legt den Muskel zum Grunde. Wo bleibt der Nerv, die Adern, das Blut und die Haut, der Zellstoff? Warum geht er, der Chemiker, nicht vom Prozeß aus – von den Phänomenen der Berührung, der Kälte?

353. Über Fichtes Sehnen usw. – Tendenzen überhaupt.

354. Die Astronomie muß die Grundlage aller physikalischen Wissenschaften werden.

355. Der Hebel ist schlechthin ohne starre Linien und Unterstützungspunkt aus der Lehre der Kraft überhaupt, den Zentralkräften überhaupt zu erklären.

356. Dialektik ist Rhetorik des Verstandes. Alles auf Verstandesrührungen abgesehn.

357. Heroism ist die Grundlage zum Patriotism.

358. Genuß und Natur sind chemisch. Kunst und Vernunft ist mechanisch.

359. Der physiologische Mensch ist gewiß in Beziehung auf alle Kräfte nur Halbleiter (auch nur eine Kette von unzähligen Nuancen von Leitern, Halbleitern und Nichtleitern des Galvanism usw.)

360. Nach Fichte ist Ich gleichsam das Resultat des Universums. Um Ich mit Bewußtsein zu setzen, muß ich gleichsam das ganze Universum voraussetzen, so wie gegenteils die absolute Setzung des Ich nichts andres ist, als die Setzung des Universums.

361. Der Begriff des deutlichen Kopfs läßt sich durch ein Exempel aus der Mathematik am besten erläutern.

Ein geometrisches Verhältnis wird d e u t l i c h, wenn ich es mit sehr einfachen Quantitäten ausdrücke z.B. 88: 44 = 2: 1. Die Phantasie wird hier nicht schwindlich, nicht verwirrt, die Seele erhält einen deutlichen Begriff dieses Verhältnisses, weil sie alle Glieder desselben einzeln und in ihrem Zusammenhange auf einmal mit der gehörigen Stärke fassen und betrachten kann. Ein deutlicher Kopf wird also der sein, der ein Ganzes als solches und in seinen Teilen mit der gehörigen Stärke zugleich faßt und betrachtet und leicht für sich und andre den einfachsten Ausdruck komplizierter Verhältnisse findet.

(Über rationale und irrationale Köpfe.)

362. Im höchsten Grad auch physiologisch merkwürdig scheint mir die Auflösung des Phosphors, des Schwefels usw. in Luftarten bei niedriger Temperatur.

Sollte im tierischen Körper bei Erzeugung mephitischer Luftarten etwas ähnliches vorgehn? Sollte etwa durch Stockung der Nerven eine niedrigere Temperatur des Unterleibes und der Organe entstehn – und nun eine Auflösung der tierischen Masse in Luftgestalt möglich werden – besonders, wenn krampfhafte Tätigkeit der Organe dazu kommt?

Krampf überhaupt ist vielleicht Folge negativer Nerventätigkeit oder auch Untätigkeit derselben – und in genauer Verbindung mit Kälte.

363. Über den Erkältungsprozeß und seine Verbindung mit dem Entzündungsprozeß. Der Erkältungsprozeß ist ein Zerstörungs-, Auflösungs-, Verdünnungs-, Ausdünstungs-, Desorganisationsprozeß; der Entzündungsprozeß ist gerade das Gegenteil.

364. Je isolierter – desto wirksamer. Sollte dies der geheime Sinn des chemischen Grundsatzes sein? *Corpora non agunt, nisi soluta.* Alle Solution ist mehr eine komplette Trennung, als eine Vereinigung. Hier gibt's dann die wahre *Actio in distans.* Verschiedne Kräfte können ungestört in Einem Punkte wirken.

365. Das Wort Stimmung deutet auf musikalische Seelenverhältnisse. Die Akustik der Seele ist noch ein dunkles, vielleicht aber sehr wichtiges Feld. Harmonische und disharmonische Schwingungen.

366. Hypothesen über mehrfache Sinne – über dunkle, über neu Sinne – über ihre mögliche Einrichtung.

(Mannichfaltigkeit und Bestimmtheit gleichzeitiger Augensensationen.)

367. Wie Entzündungen gern Beraubungen zu folgen pflegen, so folgen Erkältungen (Detonationen?) gern Überfüllungen. Daher würd ich sehr geneigt sein, die Krankheiten des Sommers denen des Winters entgegenzusetzen und ihnen auch gegengesetzte Kurarten vorzuschreiben.

Der heiße Sommer kuriert die Pest, so auch der kalte Winter die Inflammatorien.

Der Übergang im Frühjahr aus den heißen Stuben in die kalten, feuchten Stuben gebiert Faul- oder Erkältungsfieber, sowie im Herbst der Übergang der kalten, feuchten Stuben in heiße Schnupfen usw. hervorbringt.

Durch Beraubung wird der Körper entzündbarer, durch Überfüllung erkältbarer.

Auch im Körper ist Pendelschwung.

368. Ein deutlicher Begriff ist ein zergliederter und zusammengesetzter Begriff zugleich.

369. Auflösung der Ständeverfassung muß dann notwendig werden, wenn wahrhafte Ungleichheit, Mißverhältnis und Ausartung der ursprünglichen Stände entstanden ist.

Dies kann auf mancherlei Art geschehen: 1. Wenn der Naturstand seine Bestimmung verläßt. 2. Wenn dies der Kunststand tut. 3. Wenn einer zu sehr anwächst oder sich vermindert. 4. Wenn die Wirksamkeit des einen und die Empfänglichkeit des andern nicht mehr proportioniert ist. 5. Wenn ein Teil eines Standes zu dem andern übergeht, ohne seine Recht zu erhalten, *et vice versa.*

370. Die pathologische Erklärung des menschlichen Zustandes – unsre Welt, unsre Konstitution, unsre Stimmung, Reizbarkeit und Sensibilität.

371. Die Gegenwart ist das Differential der Funktion der Zukunft und Vergangenheit.

372. Die Heilkunde, wie die Physik und Philosophie ist ebensowohl Machungs- als Vernichtungskunsttheorie.

373. Mechanische – chemische – und zusammengesetzte oder synthetische Heilkunde. Relativität der Ausdrücke: stärkend, schwächend, entzündlich usw. Trüglichkeit der Symptome bei Individuen – der Arzt muß sich hier oft nach der Indikation der Zeit, des Orts, der Epidemie usw. richten und über die einzelnen Symptome wegsehn. (Über die Aktion der atmosphärischen Luft.) Über den therapeutischen Charakter der Heilmittel z. B. die Wirkung der Neutralsalze, der Opiate usw. Gibt es entzündliche und erkältende Mittel? In welcher Verbindung stehn der Zehr-, Nähr- und Entzündungsprozeß? usw.

Gleichgewicht der mancherlei Aktionen im Körper, Anwendung der hydrostatischen und hydraulischen Lehrsätze auf die Lehre von den Aktionen und ihrer Verteilung. (Über die Lokations- und Dislokationsmethode der Krankheiten.) Anwendung von Kälte durch Verdunstung bei entzündbaren Krankheiten.

374. Wolkenerzeugungsapparate im großen, um Wasser an wasserleere Orte zu bringen.

375. Fermentations- und Fäulnisbeobachtungen.

376. Chemische und physikalische und mathematische usw. Maschinenlehre.

377. Die intuitive Darstellung beruht auf systematischem Denken und Anschaun.

378. Die Individualisierung durch Regelmäßigkeit der Mannichfaltigkeit in der Natur.

379. Das Denken ist wie die Blüte, gewiß nichts als die feinste Evolution der plastischen Kräfte, und nur die allgemeine Naturkraft in der n. Dignität.

380. Staat und Kirche stehn und fallen zusammen. Die Philosophen oder die systematischen Denker sind notwendig Monarchisten und Religiosen.

381. Fichtes Philosophie ist ein Denkerzeugungsprozeß oder Organisationsprozeß – ein Phänomen selbst, oder ein Faktum.

382. Begriff der tätigen Reizbarkeit und Sensibilität.

Erhöhte Reizbarkeit und Sensibilität sind wohl immer nur Folgen, nicht Ursachen von Krankheiten. Die Krankheit äußert sich am allermeisten durch Erhöhung oder Erniedrung von Reizbarkeit und Sensibilität. Ist die Krankheit gehoben, so ist auch Reizbarkeit und Sensibilität wieder im gewöhnlichen stetischen Zustande.

Brown scheint also das Hauptverdienst zu haben, das wesentlichste, charakteristische Symptom der Krankheit bemerkt und sie darnach in Beziehung auf Arzeneikunde (also schon angewandte Pathologie) geordnet zu haben.

Die Anordnung der Heilmittel ist dem proportional.

Alle sogenannte reizende Substanzen außer der Wärme sind Kraftleiter – also benehmend.

Die Lebenskraft erhält durch sie Spielraum.

Nährende Mittel sind Halbleiter, Kondensatoren.

Nichtreizende Mittel sind schlechte Leiter, Isolatoren, kraftbeschränkende, komprimierende, narkotische, in Ruhe setzende Mittel.

Der Mensch ist eine (unerschöpfliche) Kraftquelle oder ein Krafterzeugungsprozeß. Das Gleichnis mit dem Lichte ist sehr passend.

Wärme ist ein wahrer Reiz – ein Reiz durch Miterregung. Vielleicht wirken chymische Substanzen auch erregend – Aktion mitteilend. Chymische – mechanische Aktionen.

383. Schaden der mystischen Moral der neuern Zeit z. B. der Tiraden von Unschuld usw.

384. Bei allen technischen Verrichtungen ist der Zweck das kritische oder bildende Prinzip – und aus ihm muß die ganze Anstalt beurteilt und deduziert werden.

385. Freiheit und Gleichheit verbunden ist der höchste Charakter der Republik oder der echten Harmonie.

386. Eine vollkommne Konstitution – Bestimmung des Staatskörpers, der Staatsseele, des Staatsgeistes, macht alle ausdrückliche Gesetze überflüssig. Sind die Glieder genau bestimmt, so verstehn sich die Gesetze von selbst. Solange die Glieder noch nicht vollkommne Glieder sind, noch nicht genau bestimmt, so muß es Gesetze geben. Mit wahrer Kultur im allgemeinen vermindert sich die Zahl der Gesetze. Gesetze sind das Komplement mangelhafter Naturen und Wesen, daher synthetisch. Wenn wir das Wesen eines Geistes näher bestimmen werden, so haben wir auch keine geistigen Gesetze mehr nötig.

Über das Moralgesetz. Mit vollständiger Selbstkenntnis und Weltkenntnis, vollständiger Selbst- und Weltbestimmung verschwindet das Moralgestz, und die Beschreibung des moralischen Wesens steht an der Stelle des Moralgesetzes. Gesetze sind die Data, aus denen ich Beschreibungen zusammensetze.

387. (Über die Mittel mechanisches Gemenge zu sortieren – eine Anwendung auf Chymie.)

388. Hierarchie = Monarchie. Regierung eines Einzelnen.

Episkopalverfassung = Aristokratie. Regierung mehrerer.

Protestantism = Demokratie. Regierung aller und eines jeden. Ihre Vermischungen, Beschränkungen usw.

389. Das Leben ist ein moralisches Prinzip. (Unvollkommne Moralität – unvollkommnes Leben.)

390. Das sind glückliche Leute, die überall Gott vernehmen, überall Gott finden, diese Leute sind eigentlich religiös. Religion ist Moral in der höchsten Dignität, wie Schleiermacher vortrefflich gesagt hat.

391. Unaufhörliche Tätigkeit in bestimmter Richtung, objektive Tätigkeit ist die negative Kette, die die positive (subjektiv allgemeine) Tätigkeit sehr verstärkt – und nur im vereinigten Besitz dieser beiden Tätigkeiten und im Zustande ihrer Harmonie ist man wahrhaft besonnen, wahrhaft ruhig und freitätig, zu allem geschickt, durchaus gesund.

392. Physik der geistigen Tätigkeit. Moralität des Glaubens überhaupt. Er beruht auf Annahme der Harmonie. Aller Glauben geht vom moralischen Glauben aus.

393. Auflösung des hauptpolitischen Problems. Ist ein politisches Leben möglich? oder: Sind Verbindungen der entgegengesetzten politischen Elemente *a priori* möglich?

394. Genialischer Staat. (Reunion der Opposition.)

395. Die Elemente haben nicht das mindeste Verhältnis zum Komposito. (*vid.* Linien zu Flächen, Flächen zu Körpern.)

396. Über die Formel Ich – die Aufgabe Ich. Formel des Genies – Formel des Geistes. Die Auflösung ist in ihr enthalten.

397. Ähnliche Einteilung der chemischen und mechanischen Geschäfte.

398. (Wasser und Feuer sind die Hauptkraftquellen.)

399. Synthetische, simultane Reizbarkeit des Menschen oder Tiers. Simultane Reize. Komponierte synthetisch simultane Reizung. (*vid.* Browns Einseitigkeit.)

400. Die Sternwarte ist dem Dienste der Gestirne gewidmet.

401. (Instinkt ist Kunst ohne Absicht – Kunst, ohne zu wissen wie und was man macht. Der Instinkt läßt sich in Kunst verwan-

deln, durch Beobachtung der Kunsthandlung. Was man also macht, das läßt sich am Ende kunstmäßig zu machen erlernen. Kunst, das Lächerliche und das Romantische hervorzubringen.)

402. (Verhältnisse des arteriellen und venösen Systems in jeder Konstitution. Sollte die Gicht usw. nicht oft von fehlerhaften Verhältnissen dieser Systeme (und ihrer Säfte) herrühren? (Verhältnis der Röte des arteriellen Bluts zur Schwärze des venösen Bluts.)

403. Aller Ernst frißt, aller Spaß sondert ab.

404. Durch Abstraktion wird die Reizbarkeit vermehrt. Zuviel Abstraktion erzeugt Asthenie, zuviel Reflexion Sthenie. Ich muß viel reflektieren und nicht viel abstrahieren. Ich bin schon reizbar genug. Ein scharfer Denker ist ein empfindlicher Meter, ein sehr subtiles Reagens.

405. Daß der Erzeugungsprozeß so früh und so vorzüglich die philosophischen Physiker beschäftigt, ist kein Wunder. Sie ahndeten nicht, daß hier eine merkwürdige Grenzhöhe läge. Was ich begreife, das muß ich machen können, was ich begreifen will, machen lernen. Kommt die Physik hier an eine wirkliche Grenze, so muß sie die angrenzende Wissenschaft requirieren. Vielleicht ist der Erzeugungsprozeß nur antinomisch konstruierbar – *i. e.* nur philosophisch – die Physiologie liefert das eine Glied, die Psychologie das zweite, und die Philosophie konstruiert aus beiden den Zeroprozeß.

(Die Wissenschaft von den Substanzen und Ursachen (und Harmonien) kann man auch die Lehre vom Unendlichen oder von den Zeros nennen. Die Harmonie ist wohl die Synthese von substanz und Ursache.)

406. Was ist eine Schlacht? Ein Desorganisationsprozeß. Der Zweck der Schlacht ist, die feindliche Armee zu vernichten. Sie kann durch ihre Aufreibung oder ihre Auflösung, als Armee, zerstört werden. Töten ist keine Kunst, aber binden, trennen usw.

Der Festungs- und Positionskrieg ist eine ganz andre Art von Krieg.

407. (Weisheit ist die moralische Philosophie.)

408. Charakter der Geschwätzigkeit. Geschwätzigkeit des Humors. Tristram Shandy; Jean Paul.

409. Ritter sucht durchaus die eigentliche Weltseele der Natur auf. Er will die sichtbaren und ponderabilen Lettern lesen lernen und das Setzen der höhern geistigen Kräfte erklären. Alle äußre Prozesse sollen als Symbole und letzte Wirkungen innerer Prozesse begreiflich werden. Die Unvollständigkeit jener soll das Organ für diese und die Notwendigkeit einer Annahme des Personellen, als letzten Motivs, Resultat jedes Experiments werden.

410. Gewiß wird die chemische Astronomie in kurzem die merkwürdigste Wissenschaft werden (*vid.* Hellers Beobachtungen über den Magnet usw.).

411. Galvanische Batterien. Ritters Abhandlung über die Muskelkontraktion. Ritters Ideen über die Geistigkeit der Sonne – daß der Mond die Sonne gar nicht sehe usw.

Ponderabilien = Terrestrien. Imponderabilien = Solarien.

412. Einige Sätze des Brownischen Systems. Sthenie ist Entzündung. Asthenie Paralyse. Aller Entzündung folgt indirekte Asthenie sowie aller Asthenie indirekte Sthenie. Reiz ist vermehrtes Dasein, Erhöhung und Vermehrung der sinnlich unterscheidbaren Wirksamkeit.

Es gibt direkte +Reize und indirekte +Reize, und direkte und indirekte –Reize.

Direkte und indirekte (Reizbarkeit), Beweglichkeit und (Stumpfheit) Masse, Schwere.

Spezifische Reize und Unreize können so wenig wie kritische Zeiten geleugnet werden.

Die Assoziationen, die äußerst individuell sind, haben auch auf die Krankheiten großen Einfluß.

413. Oxydation findet im weitern Sinne bei jeder Wärme- und Lichtentwicklung statt. Daher ist Oxydation mit Schwererwerdung jedesmal verbunden und der eigentliche Erdprozeß. Je oxydabler, desto mehr Kapazität für das Oxigene und desto leichter wieder desoxydierbar.

Über das Personelle jedes Stücks, jedes isolierten Quantums Stoff.

414. Betrachtung und kritische Ordnung der unzähligen Krankheitsbeobachtungen nach einfachen physischen Grundsätzen.

In Sthenien muß Verminderung des Daseins das Augenmerk des Arztes sein: Aufhebung der Gemeinschaft mit dem reizenden Mittel.

Sthenie wird mit Asthenie kuriert und umgekehrt. Indirekte Asthenie mit indirekter Sthenie und umgekehrt. Eigentlich sind Sthenie und indirekte Asthenie und Asthenie und indirekte Sthenie Eine Krankheit mit zwei Stadien.

Auf indirekte Sthenie folgt direkte Asthenie und auf indirekte Asthenie direkte Sthenie. Hieraus sieht man die Selbsterhaltung jeder Art Krankheit.

Krankheit und Disposition müssen ja nicht verwechselt werden. Doch ist Disposition auch Gegenstand einer Kur.

Scheinbare Sthenie und indirekte Sthenie sind höchst verschieden. Sthenie und Asthenie werden durch absolute Schwächungen und Reize geheilt. Indirekte Sthenie und indirekte Asthenie aber durch relative Reize und Schwächungen. Lebhaftes Muskel- und Nervenspiel kann schwächen und stärken.

Die Gesundheit wird durch einen Konflikt von mannichfachen spezifischen Reizen und Schwächungen unterhalten.

Was den Magen reizt, kann den Kopf schwächen.

415. Sollten mehrere Heilmethoden jeder Krankheit möglich sein? Wie in der Musik mehrere Auflösungen einer Dissonanz.

416. Der Reiz kann, als Widerstand, er kann als Sollizitation betrachtet werden. Die erstere Ansicht ist die natürlichere. Der Reiz ist reflektierend, der Extension entgegenstrebend. So löst sich der Gedanke, die Vorstellung und die Mannichfaltigkeit, das Leben entsteht.

417. Direkt, indirekt säuernde Mittel. Beständig neu soll der Körper gesäuert werden. Daher Reduktionsmittel indirekt säu-

ernde Mittel sind. Nehm ich alles Oxigene weg, so muß die Stelle mit neuem ersetzt werden. Krankheit ist eine Abnahme der Oxydabilität und mithin eine verminderte Oxydation.

Oxigene ist also das Universalarzeneimittel.

Oxydation = Auflösung, Luftwerdung, Entfärbung, Diaphanation (Wärmebindung, Lichtbindung), Vermehrung des Volumens, Verminderung der Terrestrizität oder der spezifischen Schwere, Verminderung der Kohäsion, Verminderung der Elastizität, Verminderung der Wärmekapazität, negative Elektrisierung, Demagnetisation, Verminderung der Akustizität, Verminderung der Leitungskraft der galvanischen Aktion.

Mit der Sensibilität wächst die Lebensdauer.

Das Oxigene nimmt an Masse im Verhältnis der Zunahme der Sensibilität ab.

418. Die Nerven sind Gefäße und bestehn eigentlich ganz aus Muskularsubstanz; mithin muß der eigentliche Charakter des Nervs, der Grund der Sensibilität in dem Marke, in der Gehirnsubstanz stecken. Das Mark ist ein Übergang der flüssigen und festen Teile. Es ist ein organisierter Klang.

419. Alle Naturkräfte sind nur Eine Kraft. Das Leben der ganzen Natur ist ein Oxydationsprozeß. Aller Reiz ist oxydierend, Beförderungsmittel der Oxydation. Die tote Materie ist Phlogiston. Die Schwere ist desoxydierende Kraft.

Spezifische Schwere der Planeten. Ihre Oxydabilität.

Der Schwere ist die Verwandtschaft zum Oxygene entgegengesetzt – die Oxydabilität.

In der Materie selbst liegt der Grund des Lebens, das Spiel des Triebs der Oxydation und der Desoxydation.

Spiel des Äthers, des Weltraums und der schweren Körper.

Oxydation, Verminderung der Personalität.

Phlogiston = Geist.

Dem Geiste ist Ruhe eigentümlich.

Das Schwere rührt vom Geiste her.

Gott ist von unendlich gediegenem Metall; das körperlichste und schwerste aller Wesen. Die Oxydation kommt vom Teufel.

Leben ist eine Krankheit des Geistes, ein leidenschaftliches Tun. Luftvernichtung ist Herstellung des Reichs Gottes.

Die Krankheiten nehmen mit der Sensibilität überhand. Sensation ist so gut wie Reproduktion und Irritation eine Oxydation. Höhere Arten der Oxydation.

Oxigene muß eigentlich oxydierend und desoxydierend zugleich wirken; alle Oxydation muß von Desoxydation begleitet sein.

Das Produkt der Desoxydation wird abgesetzt im animalischen Körper, das Produkt der Oxydation eingesogen und angesetzt. Daraus entsteht eine Bewegung von innen nach außen und umgekehrt. Das Oxyd wird organisiert, das Desoxyd desorganisiert. Störungen der Desoxydation sind indirekte Störungen der Oxydation.

Die Säuren liefern ein sehr desoxydiertes Oxigene, daher sie in entzündlichen Krankheiten gut zu gebrauchen sind, wo eine zu heftige Respiration eintritt.

420. Die Abenddämmerung ist immer eine wehmütige, wie die Morgendämmerung eine freudige, erwartungsvolle Stunde.

421. Wenn die Schwere eine seigere Kraft ist, so muß es auch eine söhlige Kraft geben, die vielleicht eine Modifikation der Schwere ist.

422. Die Graderhöhung der Materie, ihre Verdichtung, ist mit Zunahme des Gewichts verbunden.

423. Die Begriffe Materie, Phlogiston, Oxigene, Gas, Kraft usw. gehören in eine l o g i s c h e P h y s i k , die nichts von konkreten Stoffen weiß, sondern mit kühner Hand eigensinnig in das Weltchaos hineingreift und eigne Ordnungen macht. Plotins Physik.

424. Sollte die söhlige Kraft ein Kompositum von Zentrifugal- und Zentripetalkraft sein?

425. Über die Geschwindigkeit.

Einführung der Erregungstheorie in die Mechanik. Die Trägheit steht mit der Sensibilität in umgekehrtem Verhältnis, vielleicht also in geradem mit der Irritabilität, und ist nichts anderes als diese.

426. Unter den vielen Geschwindigkeiten, die einer spezifischen körperlichen Masse eingedrückt werden können, nimmt sie Eine am willigsten an und behält sie am längsten – und erfordert also den mindesten Zuschuß von erhaltender Kraft.

427. Ist das Phänomen des Kochens und Verdampfens schon gehörig untersucht? (Die strahlenförmige Bildung der Dunstblasen am Boden des Gefäßes.

428. Einfluß der Auflösbarkeit der Metalle und Erden in Gasarten auf die Geognosie und Geogenie.

429. Anwendung der sauren Gräser usw. zur Bleiweißfabrikation.

430. Alle Mitteilung stärkt oder schwächt – nach den Umständen. Überladene Körper mit irgend einer Kraft werden durch Mitteilung wirksamer; umgekehrt mit nicht saturierten. Anwendung auf Maschinistik, Wärme usw.

431. Gibt es keine Nicht- oder Geringleiter der Schwere? Sollten nicht alle Nicht- oder Geringleiter der Wärme auch schlechte und Nichtleiter der Schwere sein?

432. Jede Sursaturation der Muskeln erregt ein heftiges Verlangen nach Entladung – Ausübung der Muskelkräfte. Bei der Erektion usw. ist dieser heftige Trieb nach Muskelbewegung vorzüglich zu bemerken.

433. Sollten die meisten Gifte *indirekt* entzünden? Sie schwächen und bringen so Entzündungen hervor. Es sind also *erkältende* Substanzen. (Alles was die animalisch chemischen Verbindungen inniger macht, stärkt; was sie loser macht, schwächt; oder sollte das Gegenteil wahr sein?)

Erhitzende Substanzen bringen Krämpfe hervor, als Reaktion.

434. Manche Absonderung macht vielleicht die anorganisch chemische Verbindung enger, manche loser, oder manche ver-

dichtet, manche verdünnt; so auch umgekehrt mit manchen Nahrungsmitteln.

435. Wenn unterdrückte Transpiration schlimme Wirkungen hervorbringt, so wohl auch mehrere unterdrückte, gehemmte Ausleerungen.

436. Im kalten Paroxysm des kalten Fiebers lockert sich der Körper auf, schluckt Wärme ein. Im heißen umgekehrt.

437. Sollte Erkältung nur Heterogeneisierung eines galvanischen Kettengliedes sein?

438. Mechanische Analysen gemengter mineralischer, vegetabilischer und tierischer Substanzen. Mechanischchymische Methode. (*vid.* Fourcroy.)

439. Scheidung des Kochsalzes von Wasser durch: Weinstein, ätzenden Kalk, Phosphorkalk, salzsauren Kalk usw.

440. Gewinnung des Natrons – Verbindung der freigewordenen Salzsäure mit Kalk – Anwendung desselben zur Präzipitation des Kochsalzes.

441. Sollte siedendes Pech, Wachs, Talg, Schwefel nicht Metall auflösen? und als ein Amalgamationsmittel gebraucht werden können?

Schwefel und Blei sind bei der Koch- und Bleiarbeit nichts als Amalgamationsmittel, und die Quecksilberamalgamation ist ein ganz ähnlicher Prozeß.

442. Ließe sich eine Schwefelleberauflösung nicht mit Vorteil im großen anwenden?

Vielleicht auch einige Gläser oder Flüsse?

443. In der Vergleichung wird jedes Glied des Gleichnisses durch das andere stärker, frappanter, polarisch individualisiert (z. B. Farben werden bei Vergleichungen heller und dunkler.)

444. Über die isolierende Haut. Die Haut überhaupt ist äußerst merkwürdig.

445. Schließen heißt Isolation aufheben, ein unwirksames Medium mit einem wirksamen vertauschen. Öffnen – das Umgekehrte. Völlig unwirksame, sowie völlig wirksame Media gibt's

wohl nicht; es ist also immer nur ein relatives Schließen und Öffnen.

Je heterogener die Tangenten sind, desto umfassender und energischer ist die dadurch konstruierte Substanz, desto mächtiger also auch ihre Wirkungen.

Jede echte Berührung ist wirksam. Es gibt scheinbare Berührungen, die wahre Nichtberührungen, und scheinbare Nichtberührungen, die wahre Berührungen sind. Die Unwirksamkeit einer Berührung zeugt noch nicht von ihrer Scheinbarkeit oder Falschheit.

Wahre Wirksamkeit ist nicht sensibel, *i. e.* nicht aufdringlich. Das Phänomen der Wirksamkeit erfolgt nur während des Prozesses der Vereinigung und während des innern Prozesses, der der Trennung folgt.

Um sich zu vereinigen, wird man relativ flüssig gegen einander, aber desto starrer gegen die Fremde.

446. Die Empfindung des Süßen ist auf ähnliche Art wie das Süße konstruiert. Konstruktion der Substanzen.

447. Geschlossen heißt man, was isoliert ist. Absolut isoliert wär ein durchaus einfacher Stoff. Relativ isoliert ist ein Körper in Rücksicht seiner bestimmten Zusammensetzung. Absolut frei ist ein Körper insofern er unendlich zusammengesetzt ist; *i. e.* nach Willkür veränderlich ist.

Absolut frei ist ein Körper also als echtes Glied des Weltalls – mithin selbst als Weltall.

Ein solcher Körper ist eine Funktion des Weltalls und das Weltall ist eine Funktion von ihm. Er kann zur Einheit des Weltalls und das Weltall als seine Einheit dienen.

Im ersteren Falle ist er zum Weltall wie $1 : 1 \times \infty$.

Im zweiten Falle ist das Weltall zu ihm wie $1 : \frac{1}{\infty}$.

448. Kann nicht auch ein Körper wieder immanent isoliert sein? Sollte dies der Fall bei der sogenannten Kette sein – wenn

sie nicht geschlossen ist? Hier wäre der Körper durch sich und durch das äußre nichtleitende Medium zugleich isoliert.

449. Armieren heißt in Kontakt mit einem spezifisch elastischen Körper bringen. Alle unvollkommnen Leiter und Medien sind unvollkommne spezifik elastische Körper. Ein vollkommen elastischer Körper ist vollkommner Leiter und Medium zugleich.

Elastizität ist also relative Kapazität und Erregbarkeit.

Alles Synthetische ist elastisch mehr oder minder. Vollkommne Synthese, vollkommne Elastizität.

450. Sinne überhaupt sind schon Armaturen. Über Fernröhre und Mikroskope.

451. Wahrscheinlich dringt ein Fluidum desto leichter mechanisch durch das andre, je schneller seine Verdichtung, seine Strahlenbildung vor sich geht. (*vid.* Baader.) (Wenn man Öl unterm Wasser zur Zusammensetzung und Sekretion reizen könnte, so würde es auch strahlenförmig das Wasser durchdringen oder durchbrechen. Elektrischer Funken ist ein schnell entstandnes Individuum – seine Schnelligkeit ersetzt seine Kraft.) (Man sollte elektrische Funken durch Öl brechen lassen.) (Der verdünnte Raum trägt wohl zu manchen Phänomenen weniger bei als der verminderte Druck der Atmosphäre.)

452. Algebraische Bearbeitung der bis jetzt bekannten Naturgesetze. Jedes Gesetz ist Funktion eines Naturgesetzes.

453. Das System hebt alle fremde Verbindungen möglichst auf und bewirkt neue, eigne Verbindungen.

454. Jetzt erhalten wir ein neues Licht, warum das eigentliche Ding an sich unerkennbar ist: es ist absolut isoliert, es ist der einfache Stoff. Es ist nur in Gemeinschaft etwas Bestimmbares und Bestimmtes, und alle unsre Wissenschaften sind Verhältnis-Wissenschaften. Alle Wissenschaften ruhn auf der einfachen Wissenschaft, dem einfachen, synthesierenden Satze – Ich.

455. Alle chemischen Produkte entstehn aus einfachen oder zusammengesetzten binomischen Faktoren. Alle chemischen Synthesen (Multiplikationen) sind Wechselbestimmung der Fak-

toren, und so sind auch alle Analysen (Divisionen) dichotomische Operationen.

456. Allgemeiner Satz: Was ein Körper gegen andre ist, davon ist er, im Momente jenes Verhältnisses, das Gegenteil gegen sich.

457. Dreifache Art von Homogeneität und Heterogeneität: 1. Ähnlichkeit, quantitativ - qualitativ. 2. Gleichheit, quantitativ - qualitativ. 3. Synthesis, quantitativ - qualitativ und relativ.

458. Sollte die Unähnlichkeit zwischen chemischen und organisch chemischen Verbindungen nur die sein, daß im erstern Falle die heterogenen Wechselglieder eins werden, sich wirklich selbst vermischen, hingegen im letztern Falle nur eine gegenseitig sich mischende Masse absondern –? (freilich wird die Masse und die Mischung selbst in dieser höhern Einheit und Gattung anders modifiziert, das liegt schon im Begriff der Ähnlichkeit).

459. (Die Erden sollen Lebenslust enthalten. Verbrennung des Salzes. Verflüchtigung des Kalk, Strontium und Schwererde vor dem Lötrohre, indem sie sich mit der Kohle verbinden und in einem hellen Lichte zu verfliegen scheinen.)

460. Auf einem gewissen Punkte fangen allgemeine Kräfte an zu lokalisieren, und umgekehrt, lokale Kräfte werden auf einem gewissen Punkt allgemein. Direkt allgemein und indirekt lokal; direkt lokal und indirekt allgemein.

Sollten alle allgemeinen Sthenien von asthenischer Beschaffenheit der Glieder und alle allgemeinen Asthenien von sthenischer Beschaffenheit der Glieder herrühren oder davon begleitet sein und so auch umgekehrt?

Mehr oder minder allgemein - mehr oder minder lokal.

461. Sollte sich der Magnetism zur Schwere wie Elektrizität zur Wärme verhalten?

462. Alles Eigentum (Eigenschaft) in den Naturreichen entsteht durch das große System des Eigentums, den Naturstaat. Sonst ist alles und nichts Eigentum.

463. Über die Exkremente der Pflanzen.

464. Sollte flüssig sein, worin die Zentrifugalkraft die Ober-

hand hat, und starr, worin die Zentripetalkraft die Oberhand hat? Wenn wir von Kraft sprechen, so haben wir eigentlich nur die Zentrifugalkraft im Sinn – mithin das rein Flüssige – und umgekehrt, wenn wir an Last denken, so denken wir an Zentripetalkraft und mithin ein rein Starres. Dem rein Flüssigen entspricht das rein Dünne und das rein Leichte – und umgekehrt mit dem Reinstarren. (Flüssig und immanent beweglich ist Eins, so wie starr und transzendent beweglich.)

Was ich wirklich für mich bewege, das bewege ich eigentlich an sich nicht. Was ich für mich wirklich nicht bewege, das beweg ich indirekt für sich. Anwendung auf Starr und Flüssig.

465. Allgemeine Gesetze der Ähnlichkeit (Qualität), Gleichheit (Quantität) und der Verhältnisse (Relation) oder Gleichungen. Verkürzung der Geometrie (:: =).

466. Merkwürdige Stelle im zweiten Teile von *La Place* p. 214 über die Vervollkommnung der Physik. Er ahndet hier auch die große Rolle, die die Wärme-(Lebens-)lehre spielen wird.

467. Die Einteilung in Körper, Seele und Geist ist universell. Auch die Wärme hat ihren Geist und ihre Seele usw.

468. Synthesis der Methode *a priori* und *a posteriori*. Elastische Art zu denken, zu philosophieren, von den Erscheinungen zu den Prinzipien und umgekehrt hin und her zu gehn; oder besser, zugleich hierhin und dorthin zu gehn, in doppelten Richtungen unaufhörlich sich zu reiben. (*vid.* den magnetischen Strom. Ein Fluidum, das sich polarisch zersetzt, nach entgegengesetzten Richtungen immanent bewegt.)

Astronomische Methode der Behandlung der Astronomie. *vid. La Place*, zweiter Teil 313.

469. Sollten Licht, Wärme und Schwere sich wie Antithesen und Synthesen verhalten? Licht vielleicht das absolut Flüssige, Wärme das absolut Starre, oder beide polarische Kräfte; eine durchaus zentripetal und die andre zentrifugal. Licht die Basis alles Flüssigen, Wärme die Basis alles Starren; beide nur relativ in diesem Sonnensystem vorhanden, immer gemischt.

470. Verhältnisse der Temperatur und des Barometerstandes. Verhältnisse des Pendelschwungs, der Fallgesetze und der Temperatur. Induktionen für die Temperaturen der andern Planeten durch die Wissenschaft von ihren Fallgesetzen. Von der Temperatur weiter geschlossen auf ihr Oxigene usw.

Aberrationen des Lichts durch stärkere Anziehung des Lichtkörpers und dadurch bewirkte Langsamkeit oder Dünnigkeit des Lichts.

Anwendung auf farbige, schwarze und leuchtende Körper. (*La Place*, 333 zweiter Teil.)

471. Die Betrachtung des Großen und die Betrachtung des Kleinen müssen immer zugleich wachsen; jene mannichfacher, diese einfacher werden. Zusammengesetzte Data sowohl des Weltgebäudes, als auch des individuellen Teils desselben. Makrokosm und Mikrokosm vergrößern sich allmählich durch gegenseitiges Analogisieren; so klärt das Ganze den Teil und der Teil das Ganze auf.

A. Geognosie und Astrognosie und B. Uranologie im Wechselwachstum – und Ernährung. A. und B. hier in ganz neuen allumfassenden Bedeutungen.

472. Allgemeine Oryktognosie oder algebraische Oryktognosie. Grundgesetze der Lehre von den äußern Kennzeichen überhaupt.

473. Entzündet sich Phosphor unterm Wasser durch Elektrizität? Aber in Weingeist oder Öl? Erzeugung des Schwefels und Phosphors im tierischen Körper.

Hat man schon in mehreren Luftarten bei starker und schwacher Wärme destilliert? (Rücksicht bei der Destillation auf den Barometerstand.)

Man nimmt, wie mir scheint, zu wenig Rücksicht in der Chemie auf die Zeit und Einteilung des Prozesses. Sollte man nicht gewöhnlich übereilen?

Die Wärme befördert die Nutrition sowohl als die Sekretion.

Verhalten der Luftarten gegeneinander genauer untersucht.

Es gibt vielleicht Luftarten, auch gärbare wie brennbare.

Einteilung der Stoffe in gärbare und nicht gärbare. (Entspricht Zersetzbar dem Gärbar?)

Nähere Untersuchung der Gärungsprozesse.

Ist im Braten etwa *Azote carboné* oder *Carbure d'Azote*?

(Über die gekohlten Erden.)

474. Man hat im Öl, Zucker, Ammoniak usw. schon die tierischen Stoffe in einzelnen Verbindungen; könnte man diese verbinden und reizen durch Samen, so könnte man vielleicht tierische Wesen erzeugen. Beihülfe der Elektrizität und des Galvanismus.

475. Sollte die Geometrie zum Teil nach der Lehre von den äußern Kennzeichen überhaupt behandelt werden können?

476. Nur das Element ist einfach und eben darum nicht darstellbar und eben darum eine Imagination.

477. Sollte Zeit Raum^2 sein? Attraktion die Potenz von Repulsion? Das Subjekt die Potenz des Objekts?

478. Bindung ist simultane Freiheit. Im Neutral- oder Indifferenzpunkte sind beide Opposita gänzlich frei – eine wirkt zugleich mit der andern, und dies macht beide insensibel. Seele und Materie sind insensibel in ihrer gänzlichen wechselseitigen Durchdringung.

$$a = b$$

Gebunden im gewöhnlichen Sinn, sind beide in gegenseitigen verkehrten Verhältnissen. Das Maximum und Minimum ist schlechthin gebunden. Wie im Indifferenzpunkte beide sich nur scheinbar für einen dritten gegenseitig aufheben, insensibel sind, so sind im absoluten Differenzpunkte beide in der Tat gegenseitig aufgehoben und scheinbar jede absolut sensibel. (Absolut nährend und absolut zehrend.)

Hier wird nun der absolute Tod eine absolute Größe, die sich nie auf endlichen Wegen erreichen läßt – der absolute Tod enthält die Möglichkeit des absoluten Lebens. Der Tod ist polarisch – das Leben durchaus synthetisch. Aus der Wechselsättigung eines

Plus- und Minus-Todes entspringt das Leben. Tod ist das Einfache, das Element. Die absolut polarischen Elemente im Wechselsättigungszustande konstituieren das absolute Leben. Unvollkommne Elemente, + und –Elemente konstituieren auch nur ein unvollkommnes Leben, weil sie sich nicht vollkommen saturieren, durchdringen können und also keine vollkommne Harmonie stattfinden kann.

Das vollkommne Leben ist der Himmel. Die Welt ist der Inbegriff des unvollkommnen Lebens. Das Insensible *propter Harmoniam* ist die Substanz. Das vollkommne Leben ist also die Substanz – die Welt ist der Inbegriff seiner Akzidenzen. Was wir hier Tod nennen ist eine Folge des absoluten Lebens, des Himmels – daher die unaufhörliche Zerstörung alles unvollkommnen Lebens – diese fortwährende Verdauung, dieses unaufhörliche Bilden neuer Freßpunkte, neuer Mägen, dieses beständige Fressen und Machen; absolutes Leben – absolutes Genießen. Jedes soll zum Himmel werden. Der Zweck unsers Lebens ist Tugendübung; Tugend ist mehr, wie Genießen. Die Natur oder das absolute Leben ist das immanent Genießende, der Geist ist das transzendent produzierende, sezernierende. Die Welt ist die Sphäre der unvollkommnen Vereinigungen des Geistes und der Natur. Ihre vollkommne Indifferentierung bildet das sittliche Wesen *par excellence* – Gott. Das Wesen Gottes besteht in der unaufhörlichen Moralisierung. Wie der reine Himmel die Welt belebt, wie der reine Geist die Welt begeistert, bevölkert, so versittlicht Gott die Welt, vereinigt Leben oder Himmel und Geist. 1. Jedes soll Himmel 2. jedes soll Geist 3. und jedes soll Tugend werden. 3 ist die Synthesis von 1 und 2.

479. Vernünftiger Traum ist Gedanke usw. Gewöhnliche Träume sind indirekte Gedanken, Symptome des entzündlichen Vernunftmangels. Träumen und Nichträumen zugleich – synthesiert, ist die Operation des Genies – wodurch beides sich gegenseitig verstärkt. (Das analog moralische Träumen.)

Das analog moralisch Sichtbare ist das Schöne. Das analog moralische Denken macht den Philosophen. Das anlog moralische Sprechen den Redner und Dichter.

480. Denken, empfinden, schließen, urteilen, phantasieren, sehn usw. sind eine Operation – nur nach den Gegenständen oder der Direktion verschieden.

481. Denken im gewöhnlichen Sinn, ist Denken des Denkens, Vergleichen usw. der spezifischen verschiednen Gedanken. Direktes Träumen – reflektiertes Träumen – potenziertes Träumen.

482. Die Verhältnisse entstehn erst aus den Potenzen. Summe ist auch eine Art von Potenz. Potenz und Einheit ist eins. Unvollkommne Einheiten – irrationale Größen; vollkommne Einheiten – rationale Größen.

483. Unser Leben ist ein Traum heißt soviel, als unser Leben ist ein Gedanke. Betrachtungen über den Traum im gewöhnlichen Sinne.

484. Eisen, Nickel und Kobalt sind idiomagnetische Körper. Sind die andern Körper symperimagnetische Körper? Der Turmalin ist beständig magnetisch und beständig elektrisch zugleich – er hat die stärkste Erregbarkeit gegen beide Kräfte.

485. Leiter – Nichtleiter – Halbleiter: Vollkommner Leiter und Nichtleiter zugleich, elastischer Körper.

486. Kreuzskalen – kubische Skala – kubisches Dreieck. Drei Dimensionen.

Was ist ein Punkt, eine Linie, eine Fläche usw., ein Körper? (Ruhepunkte, *hypomochlia,* Achsen, Sphären sind es.)

Der Magnetism ist die verkehrte Elektrizität und die Elektrizität der verkehrte Magnetism. Sollte Magnetism zum Lichte vielleicht in dem Verhältnisse stehn, wie Elektrizität zur Wärme?

Keine Elektrizität ohne Magnetism, kein Magnetism ohne Elektrizität.

487. Theorie der reinen Ferne, des Flüssigen und flüssiger Bewegungen. Anwendung der Phoronomie auf die Flüssigkeitslehren. Flüssiges ohne Metalle – Starres ohne Masse.

488. Liegt nicht der Grund der Kurve der magnetischen Strö-

me in der Natur der zu ihrer Darstellung angewandten Eisenteile?

Anwendung einer magnetischen Fläche – und Kugel? Warum hat man nur Stäbe genommen?

Erdmagnetismus. Man hat den Erdmagnetism noch gar nicht vollständig genug betrachtet und so sehr viele Erscheinungen. Man bleibt beim nächsten stehn und sieht nicht leicht etwas universal *in Universo* an. Astronomische Betrachtung des Erdmagnetismus – Erdelektrizität – Erdwärme – Erdenlicht – Erdensäuerung – Erdengärung – Erdenleben. In jedem einzelnen System herrscht wieder individuelle Freiheit des analogen Systematisierens. So wenig als die Erdenschwere verhindert, daß in ihrer Sphäre wieder einzelne Zentralsysteme entstehn und sich mannichfach verbinden können – vielmehr dieses befördert –, so mit allem.

(Gleiches zu Gleichem usw.)

489. Der Mond ist auf allen Fall ein jüngerer Körper als die Erde; daher sein Aussehn. Die äußersten Weltkörper sind am ersten entstanden, daher vielleicht ihre Trabanten. Das rote Licht von Mars; hat Mars Trabanten? Warum sind sie vielleicht nicht sichtbar?

Können nicht aus Trabanten Planeten werden? Die Entstehung des Mondes mag wohl manche Veränderung auf unsrer Erde veranlaßt haben. (*vid.* Hemsterhuis.)

Ließe sich nicht die Epoke der Mündigkeit des Mondes berechnen? Wir erziehen jetzt den Mond.

490. Über die Vereinigung von x und x' – ihre (scheinbare) Opposition in der Berührung – und ihre Homogeneität im ganzen – oder an den Enden.

Zieht sich das Homogene in der Tat, und das Heterogene nur scheinbar an? Jenes insensibel, dies sensibel.

Muß man alles Sensible verkehrt nehmen? Bild im Spiegel. Meine alte Idee von der Phil(osophie) Paradoxism.

491. Über die Korpuskularphilosophie. Der Weg vom Kleinen

zum Großen. – Demohngeachtet ist sie schon synthetisch; sie geht von dem eingebildeten Wirklichen (Organ), Zusammengesetzten aus, dahingegen die entgegengesetzte Philosophie vom wirklichen Eingebildeten, von realer (synthetischer) Imagination ausgeht.

Imaginäre (Organsisation) – Realisation; reale (organische) Imagination.

Ding und Werkzeug ist eins. Ding ist das Bewirkbare. Das n Werkzeug ist das Affizierbare.

492. Raum ist das Starre ohne Masse. Zeit das Flüssige ohne Masse. Bei dem erfüllten Raum konkurriert schon die Zeit. Das Undurchdringliche ist gerade der absolute Raum. Das Ungeteilte (Individuelle) die Zeit. Bei geteilter Zeit konkurriert der Raum.

Eine relative (abgeleitete) Raumerfüllung ist die Bewegung. Eine relative (abgeleitete) Zeitteilung die Geschwindigkeit.

Ein durchdrungner Raum ist ein Zeitraum. Eine durchdrungene Zeit eine Raumzeit.

493. Raum, Sektretion, Vakuum: Zeit, Plenum, Nutrition.

494. Wenn man ein korrespondierendes Verhältnisglied gefunden hat, eine Wahrheit, so erhebt man sich *ipso momento* über die Glieder, und beide erhalten durch diesen höhern Moment, diese höhere Einheit, eine höhere Bedeutung, in der sie einzeln subaltern sind.

495. Das Unendliche ist in der Mathematik das Ideale. Eine unendliche Größe in der Mathematik eine solche Größe, die weder vermehrt noch vermindert werden kann: eine absolute, unveränderliche, mithin imaginäre Größe. Auch hier gibt's also ein Ideal, das aushelfen muß, ein Soll.

Theorie der absoluten Größen; Die begründet die Theorie der endlichen Größen, der gradualen Größen, die vermehrt und vermindert werden können. Die Integration hebt durch ein entgegengesetztes Verfahren den angeblichen Fehler (die Beziehung auf endliche Größen) auf. Sie annihiliert die Differentialen und vergrößert ihre scheinbaren Differenzen bis zur endlichen Größe. Es ist ein positives und negatives Verfahren.

Die Grundformel des Infinitesimal Kalküls $\frac{a}{\infty} \cdot \infty = a$.

Es ist eine scheinbare Behandlung, Bestimmung des Idealen, ein indirekter, polarischer Kalkül. Gebrauch des Irrtums.

496. (Wahrheit ist ein vollständiger Irrtum, wie Gesundheit eine vollständige Krankheit.)

497. Wenn man ein Instrument in seinen vollkommnen, reinen Wirkungen sehn will, so muß man ihm ein *Quid pro quo*, ein Nichts, zur Bearbeitung geben, so erhält man das reinste allgemeine Resultat seiner Wirkungsfähigkeit und Weise.

498. 1 ist der Neutralpunkt, der Bestimmungspunkt, es ist eine graduale Größe. Je mehr es gebrochen wird, desto höhere Integrität erlangt (es), es wird ein höheres Ganze, eine höhere Einheit.

$\frac{1}{1} = 1 \cdot 1$.

Dies ist der Mittelpunkt. Von beiden Seiten geht die Reihe nun $\frac{1}{n} - \frac{1}{4} - \frac{1}{3} - \frac{1}{2} - 1 \cdot 2 - 1 \cdot 3 - 1 \cdot 4 - 1 \cdot n$

499. Zeit ist Potenz vom Raum. Betrachtungen der Zeitenfüllen und der Raumfüllen.

500. Durch den Menschen wird des Menschen Welt so zusammengehalten, wie seines Körpers Bestandteile durch sein Leben.

501. Die Materie ist teilbar ins Unendliche, weil sie individuell ungeteilt ist.

502. Wenn die Phoronomie die allgemeine Naturlehre ist, so muß sie nach den allgemeinen Kategorien abgehandelt sein.

503. Qualitative Potenzenreihe.

504. Die zunehmende Sphäre des Berührungsprozesses bei der Entfernung steht im umgekehrten Verhältnis mit der Energie derselben. Daher ist es wenigstens wohl falsch gesagt, wenn man sich die Kraft des Anziehenden in umgekehrtem Verhältnis mit

den Entfernungen vermindern läßt. Ist das Quadrat der Entfernungen (die Größe der Wirkungssphäre) das richtige Gleichungsglied, so hätten wir eine Flächenkraft im andern, oder einen Flächenprozeß im andern Gliede; denn wäre es eine kubische Kraft oder Prozeß, so müßte es der Kubus der Entfernung sein.

Diese Bemerkung scheint mir wichtig zu sein. Jede zweifache polarische Kraft ist Flächenkraft. Eine Kraft oder ein Prozeß in drei Dimensionen ist ein durchdringender, die Masse betreffender Prozeß. (Prozeß oder Kraft von einer Dimension.) Da dies der Fall mit der Schwere ist, so muß auch die Schwere eine Flächenkraft sein. Zum chemischen Prozeß gehören drei Kräfte, drei Dimensionen. Ist das Flüssige etwa Produkt zweier Kräfte?

505. Sollte die Wärme die dritte s t a r r m a c h e n d e Kraft sein – und Flüssigkeiten nicht durch Überfluß an Wärme, sondern durch Mangel an Wärme flüssig sein?

Bei der Verbrennung, die übrigens nichts anders ist, als Auflösung, nur zwischen heterogenen Stoffen, entsteht nur *in ipso momento* des Eindringens eine heftige Repulsion und Attraktion zugleich. Beide Stoffe, der Verbrennende und das Oxigen verlieren im einzelnen nichts ponderables – (denn es ist ja gerade ein gravifizierender Prozeß) und gewinnen im ganzen an Energie und Erregbarkeit.

Zwei Stoffe sind jetzt dauerhafter vereinigt als drei und so weiter. Dies soll aber anders werden. Mannichfaltigkeit und Stärke soll vereinigt werden.

506. Mittelbare Handlung – unmittelbare Handlung.

507. Wenige bekannte Glieder, durch die man in Stand gesetzt wird, eine unendliche Menge unbekannter Glieder zu finden, machen die Konstruktionsformel der Reihe aus.

Zahlen Reihen – Flächen – Körper – Körperreihen. Körperflächen – Körper Körper usf.

Addition – Subtraktion – Multiplikation – Division. Potenzierung – Ausziehn – Logarythmisieren.

Ponieren – negieren usw. von R e i h e n – des Infinitums – der Idealreihe.

Reihenformel einer Reihenformelreihe.

508. Starr und flüssig sind polare Entgegensetzungen. Beides ist vereinigt im Begriff von Feuer.

Die Plastizität des Starren – die Beweglichkeit des Flüssigen. Feuer ist ein beweglich Starres und gebildet Flüssiges. Starr und flüssig sind polare Prädikat des zersetzten Feuers. Berührung von Feuerindividuen bringt entweder starre Körper oder flüssige Körper zum Vorschein. Dieses kommt auf die plastische oder bewegliche Kapazität des Feuerindividuums an, und ihre Wechselverhältnisse, ihre Energie.

509. Hauptunterschied zwischen der anorganischen und organischen Natur: jene hat keine Eingeweide.

Die Eingeweide und Nichteingeweide stehn in polarer Wechselwirkung. Wechsel der Oberfläche, des Äußern und des Innern.

510. (Papiere von Fr. Schlegel.) Schlegel klassifiziert die Krankheiten nach den Naturen, und es gibt also nach ihm Pflanzen- und Tier- und Stein-Krankheiten, die der Mensch sämtlich haben kann, weil er auch so ein Kompositum von Naturen ist.

Der Mann ist mehr mineralisch, die Frau mehr vegetabilisch.

(Zu der Schlegelschen Ansicht könnte man das noch hinzufügen, daß die kräuterfressenden Tiere den Philogynen und die fleischfressenden den Päderasten zu vergleichen wären. Umarmen ist Genießen, Fressen. Ein Weib ist wie der unsterbliche Eber in Walhalla alle Tage wieder speisefähig.)

Der Sinn überhaupt ißt, verdaut, sondern ab oder befruchtet, empfängt, wird befruchtet und gebiert. Die wahre Liebe ist nicht eine einzelne Blume, sondern eine vegetabilische Fabrik.

Neigungen sind das Analogon der Muskeln.

Schlafen ist Verdauen der Sinneneindrücke. Träume sind Exkremente; sie entstehn durch die peristaltische Bewegung des Gehirns.

Die Natur ist zugleich ein unendliches Tier, eine unendliche

Pflanze und ein unendlicher Stein. Ihre Funktionen in dieser dreifachen Gestalt. Durch ihr Essen, das dreifach ist, entstehn die Naturreiche. Es sind ihre Traumbilder.

Der unendliche Stein kann weder stoßen noch gestoßen werden. Er stößt und drückt sich wahrscheinlich selbst. Er allein liegt fest (in sich selbst). Er ist das *Dos moi pou sto* des Archimed.

511. Wenn ein Geist stirbt, wird er Mensch. Wenn der Mensch stirbt, wird er Geist. Freier Tod des Geistes, freier Tod des Menschen.

Was korrespondiert der menschlichen Existenz drüben? Die Dämonen- oder Genienexistenz, denen der Körper das ist, was uns die Seele ist.

512. Kann man nicht sagen, daß die Nahrungsmittel den wieder fressen, der sie frißt? Oder sind Nahrungsmittel auch Abführungsmittel zu nennen? (Mittel, um manches loszuwerden -?)

513. Das Flüssige isoliert das Feste, und umgekehrt. Das Flüssige ist wohl nicht Körper zu nennen, es ist das sensible Chaos.

Alle Wirksamkeit ist Folge eines Repulsivprozesses oder des mechanischen Sekretions- und Gärungsprozesses. Man kann aber auch umgekehrt sagen, der Grund aller Veränderung ist Freßbegierde, Kombustionstendenz, Nutritionstrieb. Durch diesen entsteht erst, als notwendige Folge, Sekretion.

Hauptfrage: ist das Ernähren des Absonderns oder das Absondern des Ernährens wegen? Die Frage führt zur Auflösung, daß beides Akzidenzen sind, deren Aktion die eigentliche Substanz ist, die Generationsaktion.

514. Die Person ist als Objekt besonders, als Subjekt ein allgemeines. Die Natur ist als Subjekt besonders, als Objekt ein allgemeines.

515. Nicht bloß das Reflexionsvermögen begründet die Theorie. Denken, Fühlen und Anschaun ist eins.

516. These ist eine Vorstellung ohne ausdrückliche Beziehung.

517. Vorurteile und Affekten sind für die Einbildungskraft, was Nebel, Blendlicht und bunte Brillen für das Auge sind.

Die meisten Leute sind daran gewöhnt, sich alles individual vorzustellen und daher, wenn sie nur Fragmente oder einzelne Stücke vor sich haben, das übrige aus ihrem eignen Vorrat von Einfällen hinzuzusetzen, um es zu komplettieren.

Versuche, ohne bestimmtes Bewußsein des Erfolges sind synthetischer Art. Es sind Fragen, die man der Natur vorlegt.

Bei Erfahrungen spricht die natur von selbst verständlich. Sie zwingt sie zu verstehn. Bei Beobachtungen muß man schon mit Überlegung zuhören. Bei Versuchen muß man sie fragen und auf die Antwort merken.

Hierbei sind drei Fälle: 1. Beobachtung von allen Seiten, 2. Durchführung einer neuen Materie durch alle Proben, 3. Aufstellung einer neuen Probe mit allen Materien. Bei der analytischen Methode des Experimentierens ist die Sache umgekehrt.

Man fängt bei dem Erfolg der Erfahrung an und sucht die Umstände, worin sie gemacht werden muß, die Vorbereitung dazu oder den Versuch so zu bestimmen, daß der verlangte Begriff oder Satz auf eine bestimmte und sichere Art herausgebracht wird.

Alle Versuche sind individual. – Gibt es nicht auch algebraische Versuche? (Sind das nicht in Hinsicht auf die Natur die philosophischen?)

Eine der fünf Arten von Experiementen ist diejenige, wodurch man eine Wirkung erfahren und bestimmen will. Hier wird erfordert, daß die Ursache, deren Wirkung man erforschen will, nicht nur in dem Experiment ihre Wirkung äußre, sondern daß sie auch allein wirke, und zwar auf die zur Bestimmung erforderliche Art. Die Auswahl des Stoffs und die übrigen bedingenden Umstände der Wirkung müssen auch bedacht werden.

Ist die Ursache nicht zu isolieren, so muß man den Versuch abändern, um so allmählich den Anteil der bezielten Ursache rein bestimmen zu können. Konkurrieren mehrere Ursachen oder Wirkungsglieder, so muß man mehrere Versuche kombinieren, z. B. bei der Meteorologie.

Bestimmungsversuche des Verhältnisses der Ursache und Wirkung.

Die chemischen Versuche haben das Besondere, daß, weil die Ursachen in den innern Teilen der Materien wirken, die Ursache und besonders die Art, wie sie wirkt, verborgener ist, und daher der Erfolg des Versuchs nur durch Analogien vermutet werden kann.

Die wissenschaftliche Erkenntnis gründet sich auf die Abhänglichkeit einer Erkenntnis von der andern und untersucht, wie sich eine durch die andre bestimmen lasse. Darin ist sie demnach der gemeinen Erkenntnis entgegengesetzt, weil diese jeden Satz, jeden Begriff, als für sich subsistierend und meistens ohne allen Zusammenhang ansieht.

518. (Einzelne Erfahrungen sind Fragmente.)

519. Lichtstoff – Lichtreiz. Stoff ist das Erregbare. Reiz das Erregende. Licht das Produkt.

520. Schlaf ist auf alle Fälle eine temporelle Untätigkeit der Nerven und des Gehirns. Lichtstoff ist vielleicht ihre und seine Substanz. Sonderbar ist der Zusammenhang zwischen dem Auge, dem Gehirn, dem Tage usw. Schädlichkeit des Nachtwachens – Schlaf bei Tage.

521. Wenn die Luft nicht durch die festen Körper und das Wasser beständig negativiert würde in Hinsicht auf Wärme, so würde alle Wärme davongehn und so umgekehrt.

522. Sollte der Sauerstoff der generale Nahrungsstoff des Mineralreichs sein? Die Metalle verzehren den Sauerstoff bei der Verkalkung usw.

523. Jedes Aufnehmen eines Stoffs ist vielleicht mit n Kombustion verknüpft. Sollte das Licht nur das Zeichen eines neuen Bundes, der sichtbare Genius des Bundes überhaupt sein?

524. Werner ist geognostischer Humoralpatholog.

525. Die Metalle, die Wasser zersetzen, komponieren gewiß auch welches.

526. Sollte nicht die Luft auch ein Resultat einer Verbrennung sein, wie das Wasser?

Die Flamme verbindet das Getrennte und trennt das Verbundene. Sie komponiert und dekomponiert Wasser. Sie oxydiert und desoxydiert. Sie magnetisiert und demagnetisiert. Sie elektrisiert und deselektrisiert.

Das allgemeine Scheidungsmittel ist auch das allgemeine Verbindungsmittel.

527. Sollte der elektrische Funken nur eine gepreßte Flamme, eine komprimierte Flamme sein?

Das Gerinnen und Anschießen ist in der Tat eine Deflammation, oder vielleicht Effekt einer Gärung. (Gärung vielleicht Deflammation?)

528. Verwitterung der Fossilien. Auch die Lebensflamme trennt die Verbindungen, die sie selbst gemacht hat. (Gärung, Fäulnis.)

Physikalische Bemerkungen.

529. Sollte unser Körper nicht weit abstrakter sein, als wir gemeinhin glaubten? Dieser Sinn liegt in der Brownischen Lehre. Er ist vielleicht weit freier, unsystematischer, willkürlicher als wir glauben.

Das Wesen der Krankheit ist so dunkel als das Wesen des Lebens.

Daß unser Körper ein gebildeter Fluß ist, ist wohl nicht zu bezweifeln.

Daß überall das Höchste, das Allgemeinste, das Dunkelste mit im Spiel ist, und daher jede Untersuchung bald auf dunkle Gedanken stoßen muß, ist sicher.

Alle Namen sind dunkel und ohne Sinn, die nicht eine bestimmte Definition enthalten, oder ihren Sinn mitbringen, z. B. Kohlenstoff, Sauerstoff usw. Die Physik ist noch nicht auf dem rechten Wege, solange sie nicht phantastisch, willkürlich und streng und gebunden zugleich zu Werke geht. Von der wahren Philosophie, der *creatio rationalis*, ist allein Heil zu erwarten.

Sollte nicht die Bewegung einen wichtigen Einfluß auf die Auflösung haben?

Die Welt ist ein gebundener Gedanke. Wenn sich etwas konsolidiert, werden Gedanken frei. Wenn sich etwas auflöst, werden Gedanken gebunden.

Experimentalphysik des Gemüts. (Gedanken sind vom Ich durchdrungne, angeschaute Bewegungen und Aktionen.)

Von der Kristallisations-Luft usw. Ritters Gesetz für die Kohärenz. Sein Galvanism in der anorganischen Natur. Seine Entdeckungen in Beziehung auf Elektrizität. Seine Vermutung, daß die Atmosphäre durch die Erdoberfläche regiert und modifiziert werde. Seine Bemerkung des Zusammenhangs der Volumen-Zunahme und der Oxydation. Seine Hypothese des Planeten- und Sonneneinflusses auf die Erdbildungen; Anspielung auf Astrologie. Seine Verknüpfung aller Eigenschaftsverhältnisse in Reihen oder seine komparative Methode. (Realität des Schaffens. – Komparative Chemie.) Seine Methode, die Kohärenz des Flüssigen durch Tropfenzahl zu bestimmen. Versuch, die spezifische Schwere durch Galvanismus abzuändern. Wägung des Galvanism.

Alle Kraft wirkt *in infinitum*. Wo sie nicht ist, wird sie aufgehalten, hat sie ein Objekt gefunden.

Jede Substanz ist nur, als solche, vermittelst aller andern Substanzen (bestimmbar).

Sollten die Weltkörper Versteinerungen sein? Vielleicht von Engeln.

Sollte die Schwere unser Isolator sein? Was die freie Evolution unsers Geistes, unsre Einwirkung aufs Universum, unsre Brechung in unendliche Sinne hindert?

Am Hebel scheint ebenfalls nichts anders als eine Äußerung des allgemeinen Verkehrs des Flüssigen und Festen zu erfolgen:

Wechsel von Kohärenz und Schwere, – vielleicht gerade das Umgekehrte bei der Gravitations-Erscheinung.

Keine Kraft, kein Phänomen wird sich einzeln in der Natur erklären lassen, z. B. Schwere. Alle Kräfte sind was sie sind durch Verteilung in Ketten. Eins ist, was das andre ist, nur verschiedentlich durch seine Stelle, seine Nachbarschaft modifiziert. – Sollte negative Elektrizität nicht Kälte bei sich führen, wie die positive Wärme? (Ihre Wirkung auf die Verkalkung der Metalle.)

Sollten nicht alle Tiere leuchten können, in gewissen Zuständen phosphoreszieren? Was Einem zukommt, kommt allen zu.

Sollten alle Metalle einem einzigen zerstörten Urmetall ihren Ursprung zu danken haben und nichts als Resultate des Äquilibrierens sein?

Es muß sich beweisen lassen, warum just das Eisen, der Nickel und Kobalt magnetisch sind.

Die durch das Licht erregte Wärme ist eine Tendenz der Körper eine größere Lichtaktion zu ertragen, schlechterer Leiter der Lichtaktion zu werden; mithin ist Ausdehnung und Licht in sonderbarer Verwandtschaft.

Sollte Licht sichtbare galvanische Aktion sein, sichtbar I n n r e s sein und daher die Oberfläche dasselbe reflektieren? Ausdehnung bewirkt negative Elektrizität.

Sollten Menschen allein Menschen kurieren können? als Arzneimittel gebraucht.

Pflanzen wirken auf den Pflanzensinn des Menschen, Tiere auf den Tiersinn, Steine auf den Steinsinn des Menschen.

Zur Wissenschaft ist der Mensch nicht allein bestimmt, der Mensch muß Mensch sein, zur Menschheit ist er bestimmt, Universaltendenz ist dem eigentlichen Gelehrten unentbehrlich. Aber nie muß der Mensch wie ein Phantast etwas Unbestimmtes, ein Kind der Phantasie, ein Ideal suchen. Er gehe nur von bestimmter Aufgabe zu bestimmter Aufgabe fort. Eine unbekannte Geliebte hat freilich einen magischen Reiz. Das Streben nach dem Unbekannten, Unbestimmten ist äußerst gefährlich und nachteilig. Offenbarungen lassen sich nicht mit Gewalt erzwingen.

Der echt idealistische Weg des Physikers ist nicht aus dem Einfachen, Zersplitterten das Zusammengesetzte, Verbundene, sondern umgekehrt zu erklären. Aus einem Naturstand wird nie ein Staat, aber wohl aus einem Staat ein Naturstand entstehen. Durch Ausartung ist die Natur entstanden. Aus der Sensibilität erklärt die Schwere, nicht aus Schwere, Elektrizität usw. die Sensibilität. Aus Gedanken erklärt die Entstehung der Schwere. Der Geisterwelt gehört das erste Kapitel in der Physik. Die Natur kann nicht stillstehend, sie kann nur fortgehend zur Moralität erklärt werden.

Einst soll keine Natur mehr sein. In eine Geisterwelt soll sie allmählich übergehn.

Sollten die unabänderlichen Gesetze der Natur nicht Täuschung, nicht höchst unnatürlich sein?

Alles geht nach Gesetzen und nichts geht nach Gesetzen.

Ein Gesetz ist ein einfaches, leicht zu übersehendes Verhältnis.

Aus Bequemlichkeit suchen wir nach Gesetzen. Hat die Natur einen bestimmten Willen oder gar keinen? Ich glaube beides: Sie ist jedem alles.

Die Blüte ist schon eine Annäherung zum Tierischen. Ist vielleicht das Höchste des Tiers ein der Pflanze sich näherndes Produkt?

Der Begriff der tierischen Erregbarkeit, die zwei entgegengesetzte Eigenschaften und Wirkungsweisen hat, ist das Wundervolle und Geheime. Es ist eine Zeitfülle, ein wirkliches Zeitindividuum, eine Zeitkraft, Zeitstoff.

Tierischer Magnetism. (Versuch mit J[ulie].)

Könnte die Sensibilität nicht zur Irritabilität sich verhalten, wie Farbe zum Licht – gebrochne Irritabilität sein?

Wenn der Galvanism alle Funktionen der individuellen Stoffe vermehrt, so ist er vielleicht nichts als höheres Bewußtsein der

Natur; Naturseele, Geist des Ganzen, politische Aktion der Naturkörper.

Sollte der Galvanism etwas anders sein, als innres Licht? Spur der Empfindung im anorganischen Reiche.

Die Steine und Stoffe sind das Höchste: der Mensch ist das eigentliche Chaos.

Bemerkungen gegen Humboldts Respirationsrohr und Lichterhalter.

(Atmosphärische Studien.)

Im Galvanism scheinen sich die Körper erst empfinden zu müssen, eh sie sich gegenseitig äußern.

Über den Phosphor an Ritter. Erklärungsart nach Braun.

Beweis des Denkens und Empfindens in der anorganischen und vegetabilischen Natur.

Der Raum scheint, wie das Wasser, womit er überhaupt Ähnlichkeit hat, Resultat einer dynamischen Verbindung zu sein.

So auch der dem Raum entsprechende Mechanismus, der gleichsam ein Wellenschlag des Raums ist.

Entstehung mechanischer Bewegungen im Galvanism usw.

Mehrere Stoffe zusammen bilden organische Stoffe, mehrere Kräfte zusammengenommen lebendige Kräfte, mehrere Kontraktionen: Empfindungen, mehrere Sensationen: Gedanken, mehrere Gedanken: Ideen usw. Mehrere Menschen: Genien; mehrere Tiere: Menschen; mehrere Pflanzen: Tiere; mehrere Stoffe: Pflanzen; mehrere Elemente: Stoffe.

530. Klingende Körper und wärmeleitende Körper sind wohl identisch. Wie das Holz auf Stroh klingender wird, so wird es auch wärmeleitender.

Klang des matten Glases.

531. Vorzüglich muß man bei chemischen Prozessen auf die Rückanwendung der Produkte auf den Prozeß, auf die Umkehrungen des Prozesses, und die Selbstverhältnisse der Bestandteile zu den Zusammensetzungen achten.

532. Zersetzung der *Sulfure de Chaux* durch Kohlensäure – vielleicht bei sehr niedriger Temperatur. Schwefelwerk, Alaunfabrik, Sodafabrik, Bittersalz-, Magnesia-, Glaubersalz-, Säurenfabrik. Salmiak, Salpeter, Pulver, mineralische Wässer.

Wasser kann man von einer Auflösung scheiden: 1. durch Wärme- und Luftagitation. (Affinität des Dunstes zur Luft.)

2. Durch Zersetzung des Wassers. 3. Durch Präzipitation oder unter Verwandtschaft eines aufgelösten Körpers zum Wasser, im Fall die neue Auflösung nicht das Präzipitat auflöst, oder der hinzugesetzte Körper nur in der alten Auflösung auflöslich ist. 4. Durch Bindung des Wassers mittelst eines hygrometrischen Körpers (z. B. dekrepitiertes oder kalziniertes Glauber- und Bittersalz, kalzinierter Gips, gebrannter Kalk usw. selbst kalziniertes Kochsalz muß Kochsalz präzipitieren.) 5. Vielleicht durch Elektrizität. 6. Durch Kälte (und Ruhe).

533. Ein Kristall ist also ein Ausdruck spezifischer Schwere.

534. Über die Poesie der Natur. Die Blüte ist ganz poetisch.

535. Die Ruhe befördert die Schwere, die Kohärenz usw. Die Langsamkeit wirkt im Gegenteil der Geschwindigkeit.

536. Der Schlaf scheint Perturbation der organischen Welt durch die anorganische zu sein.

537. Reinigung der Runkelrüben mit Öl. Kochen der Runkelrüben mit ihrem eignen Branntwein. Trocknung der Runkelrübe. Legung der Runkelrüben ins Wasser.

Galvanisch chemische Behandlung der Pflanzenstoffe mit Metallen – zur Verwandlung des Schleimstoffs in Zucker usw.

538. Über das Zementieren.

539. Über die Fortpflanzung der Kälte.

540. Sollte die Erdumdrehung nicht ein Effekt einer Polarisierung sein?

Verringerung der Schwere durch den Umschwung.

Über die Geschwindigkeit, die jeder Erdkreis durch den Umschwung der Erde ruhend in sich hat.

541. Ähnlichkeit der negativen Elektrizität und der Schwere.

Die Gravitation ist ein Effekt der Schwere (der Hebelskraft) wie die Ausdehnung ein Effekt der Wärme. Wärme und Gravitation haben Verwandtschaft.

542. Lavoisierscher Versuch, die Tonerde durch einen Strom von Oxigene in kalten Fluß zu bringen.

543. Expansive Kraft ist zugleich phlogistisch, oxydierend, negativ elektrisch.

Die Schwerkraft wirkt antiphlogistisch, desoxydierend (lufterzeugend).

544. Innres der Erde, brennlicher Stoff. Daher auch die Negativität der Erdfläche.

+ des Punkts und – der Peripherie.

Luft und Wasser sind sich mehr entgegengesetzt, als dem Starren.

545. Vorteil, die Flamme dicht an das Ofeneisen zu bringen, weil sie die Luft weniger erwärmt als das Eisen.

Selbst sich erwärmende Mischungen in Stuben zu gebrauchen. Selbst die Erdkohle. (Erwärmt sich die Dammerde nicht?) Einfluß auf Vegetation.

Wärmere Einrichtung der Stuben. Doppelte Glastafeln in die Fenster.

Metall fühlt sich um deswillen kälter an, weil es die Hitze besser leitet (fängt), als die Luft.

Ein Stück Metall verkühlt sich weit langsamer in der Luft als zwischen Metall.

Reduzieren durch die Flamme im Treibeherd – daher Unzweckmäßigkeit dieser Operation.

Elastische Körper sind p o l a r e Körper.

546. Mancherlei Getränke und Speisen für den Kranken; Hilfsmittel gegen den Durst, Reizmittel. Wie erregt das Salz Durst?

547. Über das Glatt- und Glanzschleifen – durch Staub. Positive und negative Glanzfläche des Metalls.

Über Undurchsichtigkeit. Innrer Zustand undurchsichtiger Körper.

548. Was Nichtleiter für eine Kraft ist, ist ihr Flüssiges.

549. Willen, guter, böser, Eigenschaft, Charakter.

550. Ich bin zu sehr an der Oberfläche; nicht stilles, innres Leben – Kern – von innen, aus einem Mittelpunkt heraus wirkend, sondern an der Oberfläche, im Zickzack, horizontal, unstet und ohne Charakter, Spiel, Zufall, nicht gesetzliche Wirkung, Spur der Selbständigkeit, Äußerung Eines Wesens.

551. Begriff der Sprache, der Grammatik.

552. 0 ist die positive Nichtbestimmung. Unendlichkeit – die negative Bestimmung überhaupt. x oder der Name – ebenfalls negative Bestimmung überhaupt.

553. Innerliches Hören, wie innerliches Sehn. Man muß alle seine Kräfte üben und regelmäßig ausbilden, die Einbildungskraft, wie den Verstand, die Urteilskraft usw. Die Vernunft baue ich jetzt an, und die verdient es auch am ersten, denn sie lehrt uns den Weg finden.

Religion – Jesus usw.

554. Sollten wir nur die Materie des Geistes und den Geist der Materie kennen lernen?

555. Vernunft und Phantasie ist Religion; Vernunft und Verstand ist Wissenschaft.

556. Was ist glauben?

557. All – Weltall.

558. Ist Sprache zum Denken unentbehrlich?

559. Nie wird die Theorie bestimmen können, ob Tugend oder Laster preferabler ist. Sie kann nur ordnen, Denkformen aufstellen.

560. Handeln nach Grundsätzen ist nicht der Grundsätze halber schätzenswert, sondern der Beschaffenheit der Seele wegen, die es voraussetzt. Wer nach Grundsätzen handeln kann, muß ein schätzenswerter Mann sein – aber seine Grundsätze machen ihn nicht dazu, sondern nur das, was sie bei ihm sind – Begriffe seiner wirklichen Handlungsweise, Denkformen seines Seins.

561. Praktische Vernunft ist reine Einbildungskraft.

562. Begriffe, Worte w i r k e n aufs Entgegengesetzte, daher die Macht der Worte und ihr Nutzen.

563. Wo viel Worte sind, müssen auch viel Handlungen sein – wie mit dem Geldumlauf.

564. Jetzt kann ich nichts besseres tun, als die Studien vollenden und französisch langsam treiben. 2-3 Stunden alle Tage müssen auf die Länge etwas fruchten. Vor Vollendung der Studien kann ich auch nicht gut an andre Wissenschaften denken oder selbst Okkupationen vornehmen. Mein Geist wird sehr durch das Studium der französischen Sprache gewinnen, denn ich werde besonnener, gewandter und reicher an Wendungen. Je ruhiger und freier ich arbeiten werde, desto fester und egaler muß mein Stil werden.

Studien – französisch – Schöne Wissenschaften – Briefe – Offizialia – Offiziallektüre.

565. Ich ist vielleicht wie alle Vernunftideen bloß regulativen, klassifizierenden Gebrauchs – gar nicht in Beziehung zur Realität.

Was ist Realität?

(Aus Qualität und Quantität entsteht nach den Wechselgesetzen Raum und Zeit in der gemeinschaftlichen Sphäre.)

566. Warum muß ich nur alles peinlich treiben, nichts ruhig, mit Muße, gelassen.

567. Die Wissenschaft (Idee d e s Ganzen oder eines Ganzen) und Eine Wissenschaft. (Das Ich – ein Ich.)

568. Vernunft und Individuum in harmonischer Tätigkeit – ist Lebenskraft. Theorie der Lebenskraft.

569. Urteil setzt ein Gesetz und einen gegebnen Fall voraus.

570. Der Mann muß seine Natur bezwingen und dem Individuo in sich Recht und Herrschaft verschaffen; ihm gebührt Herrschaft des Willens und Untertänigkeit der Empfindung.

Die Frauen wissen nichts von Verhältnissen der Gemeinschaft – nur durch ihren Mann hängen sie mit Staat, Kirche, Publikum usw. zusammen. Sie leben im eigentlichen Naturstande.

571. Über anthroposkopische Werkzeuge.

572. Proklamation an die Herrnhuter.

573. Sollte sich eine Inspiration bei einer Frau nicht durch eine Schwangerschaft äußern können? Konnte ein römischer Soldat Vater Jesu sein? Über die heilige Geschichte überhaupt, ihre Poesie, ihre innre Evidenz.

574. Der biblische Vortrag ist unendlich bunt; Geschichte, Poesie, alles durcheinander.

575. Wenn man Idyllen als poetische Landschaftsstücke betrachtet – so gewinnen sie.

576. Sollte nicht jeder Körper im verdünnteren Zustande eine größere Kapazität – auch wohl eine größere Verwandtschaft zum Sauerstoff haben?

577. Gerade, wie sich die Tanzkunst zur Naturlehre des menschlichen Körpers und seiner Bewegungen, oder die Malerkunst zu der Optik und der Theorie des Auges [verhält] – ebenso die Logik zu der Psychologie oder deren Kapitel, der Naturlehre des Denkens.

578. Den Satz des Widerspruchs zu vernichten, ist vielleicht die höchste Aufgabe der höhern Logik.

579. Elektrizität als Dualism der Luft betrachtet.

580. Äußerst merkwürdig für den Arzt sind die medizinischen Wirkungen der Abwechselung, Unterbrechung, Erneuerung, kurz der erregten Tätigkeit und der gehemmten Tätigkeit. – Vorsichtiger Gebrauch des Neuen und Alten, auch im Physischen.

581. Grobheit und Prügel sind *Cordiaca, probat* gegen Nervenschwäche, und unerschöpfliche Quellen des Lächerlichen.

582. Verzeichnis aller Utensilien in Einem Hause.

583. Eheleute müssen sich von selbst allen öffentlichen Geschäften, – den Studien der Assoziation –, widmen.

584. Über den Galvanism im Pflanzenreiche und seinen bedeutenden Einfluß auf die Ökonomie.

585. Schwere ist nichts als ein Phänomen der Verwandtschaft, der Fülle und Leere.

586. Aufschlüsse in der Physik durch Fortsetzung und Reduktion ihrer Gleichung mit der Mathematik.

Mehr Zahlen in die Physik.

Spezifische Gewichtszahlen (Thermometer, Hygrometer, Eudiometer, Barometer, Elektrometer, Magnetometer, Pyrometer).

Astronomische Zahlen; Massenverhältniszahlen; Zahlen der Auflösbarkeit, Verdunstbarkeit und Schmelzbarkeit; Zahlen der Zähigkeit. (Spezifische Klangzahlen.)

(Versuche über den Grundton jedes Körpers, Gold, Silber usw.)

Adhäsionszahlen. Lichtmessungszahlen. Zyanometer. Mathematische Kristallzahlen. Bewegungs-, Kraftkapazitätzahlen; Zahlen der Brennlichkeit und der Verkalkbarkeit; Zahlen der Kapillarität; optische Zahlen; Zahlen der Härte, Elastizität.

587. Es ist artig, daß die Hebelgesetze ein umgekehrtes Wurzel- oder Linearverhältnis von dem Quadrat- oder Flächenverhältnis der Attraktion darbieten.

588. Jede Veränderung der Gestalt, sie sei durch äußere oder innere Kraft, bewirkt eine veränderte innre oder dynamische Disposition.

589. Mathematizität des Mechanism.

590. Erzeugung von Öl durch nähere Verbindung von gekohltem Wasserstoffgas.

Wenn man Wasserd(ampf) zersetzte und das Hydrogene über glühende Kohlen führte. ...

Gebrauch des empyreumatischen Öls, das bei der Pflanzendestillation erzeugt wird, zum Seifenkochen.

Erzeugung des tierischen Fetts durch innigere Verbindung des Respirationsgas –

Salzsoole löst wohl keine Seife auf – daher die Notwendigkeit des Zusatzes von Salz beim Seifenkochen. Doch könnte auch wohl die Zersetzung des Kochsalzes in der Lauge –

591. Künstliche Gestellsteine. Künstliche Tiegelmassen.

592. Übersicht der Fragen auf einer Hütte, in einer Ökonomie.

593. Sollte die reine Lebenslust nicht ein suroxygeniertes Hydrogene sein?

594. (Delucs Meteorologie.)

595. Mathematische Zerlegung komponierter Körper.

Unendliche chemische Zusammengesetztheit und Zersetzbarkeit *vid.* analog, Zerlegung der mechanischen Kräfte und Bewegungen.

Sollte jeder Körper aus Phlogiston und Antiphlogiston bestehn – und eine drei- oder vielmehr vierfache Verbindung sein?

Sollten die Verwandtschaften und die Trennbarkeit nicht erst durch den Kontakt entstehn?

So wenn z. B. Potasche das Kochsalz berührt, so wird Potasche chemisch negativ, empfänglicher, homogener mit der Salzs(äure) und verbindet sich daher damit.

Über die polare Verteilung der chemischen Qualitäten in zusammengesetzten Substanzen.

Arbeit über die Verwandtschaften, die notwendigen Gründe der Verwandtschaften z. B. Theorie der Schwefelsäure.

596. Prüfung der Güte der Erdkohle in Lichtenbergischen Figuren.

597. Zusammenhang der Weltkörper-Geschwindigkeiten mit ihrer phlogistischen Beschaffenheit, auch ihrer Sonnenfernen, ihrer Polrichtung gegen ihre Bahn, der Zahl und Verhältnisse ihrer Trabanten.

598. Gebrochne Gedanken sind Anschauungen und Empfindungen – also Körper.

599. Streben nach einfachen Verhältnissen, – nach musikalischen Verhältnissen.

600. Notwendigkeit eines durchsichtigen Glieds und eines Nichtleiters in jedem chemischen und galvanischen Prozeß – eines absolut spezifisch schweren und relativ spezifisch schweren Körpers.

601. Die positive Wärme macht *polariter* lauter negative Kör-

per, weil sie sich nur mit diesen vereinigen kann – in ihnen am besten repräsentiert wird – gedacht wird.

602. Mit dem, der mich glaubt und versteht, komme ich am liebsten zusammen.

603. Die rationelle Verhältniskraft, kurz gesagt, der Verstand, bleibt immer aus der Physik weg und ist doch überall das vermittelnde und vermannichfaltende Glied. Beweis, daß Phantasie, Verstand, Vernunft usw. auch in der anorganischen Natur vorkommen. Was machen sie – die Welt?

604. Galvanische Regeln zur Zusammensetzung der Arzneimittel.

605. Sonderbar, daß eigentlich alles Verbrennen ein ewiger Prozeß sein müßte? *Ein Perpetuum mobile.* Es müßte eigentlich gar nichts verbrennen.

606. Sollte das Licht ein simultaner Zersetzungs- und Kompositionsprozeß der Lebenslust sein? Lichtlehre muß wie Galvanism behandelt werden. Das Licht ist ein divinatorisches Wesen. Hat es ein Substrat?

607. Phänomen des Durchdringens des Wassers durch kupferne Kugeln – vermittelst der Pression.

Sollte nicht jeder Körper den andern erzeugen können, wenn dieser auf ihn wahrhaft einwirkt? d. h. er kann Leiter jeder Kraft, jeder Aktion werden, soviel er von einer Seite vernichtet, auf der andern hervorbringen – ganz den Gesetzen des Mechanismus gemäß. Bringt er ein verändertes Produkt hervor, so ist er ein subjektiver, individueller Leiter.

Gerade was das Wasser bei der Bewegung tut, daß es augenblicklich starr wird, das tut es bei der Wärme, es wird augenblicklich erwärmbar und gleichsam ein k a l t e r Körper.

608. Wie entsteht ein Stoff? Augenblickliche, temporelle Stofferzeugung? Im Flüssigen.

(Gedankenleiter usw.)

609. Die Abweichung der Magnetnadel ist eigentlich ein verkehrtes Anziehn des Südpols – und Nordpols zum Teil.

610. Farben sind oxygeniertes Licht.

611. Über die innre chiffrierende Kraft. Spuren derselben in der Natur.

Bewegungen durch Licht – durch Anschauungen.

Idiowahrnehmende und symwahrnehmende Individuen.

612. War Raffael Seelenmaler? Was heißt das?

613. Die Physik ist jetzt nur Masse – aus einzelnen Massen bestehend. Es gibt noch keine Physik; es gibt nur einzelne physikalische Wissenschaften – vielleicht auch noch nicht physikalisch.

614. Geschichte der Enzyklopädistik.

615. Romantisieren, ähnlich dem Algebraisieren. Brief an Fr[iedrich Schlegel] (romantisch).

616. Pädagogische Erziehung von Kindern, wie Bildung eines Lehrlings – nicht durch direkte Erziehung, sondern durch allmähliches Teilnehmenlassen an Beschäftigungen usw. der Erwachsenen.

617. Grenzen der Malerei und Skulptur. Gang der Skulptur vom Ideal heraus, Gang der Malerei zum Ideal hinein.

618. Übergang der heidnischen Religion in die katholische.

619. Altertum – vom Ideal heraus; Jugendtum – zum Ideal hinein.

620. Über das neuere Prinzip der Nachahmung der Natur. (Realisierung des Scheins.)

621. Tagebuch ohne Reflexionen, simple Relation. Nach den Blattern – Brief an A. Den Tag verreist. Durch Z. übergeben lassen und sie früh unbestimmt zur Teilnahme aufgefordert.

622. Diktierübungen – Stunden an meine Geschwister. Unser Archiv.

623. Über den Wechsel des Angenehmen und Unangenehmen in der Welt und im täglichen Leben.

624. Fein langsam.

625. Nur das Bleibende ist unsrer ganzen Aufmerksamkeit wert – das fortwährend Nützliche.

626. Man muß anfangen und aufhören können, wann man

will – aber man muß sich einen Willen anschaffen. Der Wille ist allemal vernünftig und stark. Wenn man erst will, dann kann man auch. Man hat aber keinen festen Willen, oder gar keinen, wenn man unvernünftig ist und handelt – und nicht anfängt und Buch zumacht, wenn es klug und gut wäre.

627. Der Staat ist eine Person, wie das Individuum. Was der Mensch sich selbst ist, ist der Staat den Menschen. Die Staaten werden verschieden bleiben, so lange die Menschen verschieden sind. Im wesentlichen ist der Staat, wie der Mensch, immer derselbe.

628. Die Herrschaft des Rechts wird mit der Barbarei zessieren.

629. Zustand und Gegenstand zusammen, wie heißen die wohl? Welt oder Natur.

630. Bei der Handlung, wie ändert sich da das Verhältnis?

631. Die Welt wird ihrem Grunde entgegengesetzt. Der Grund ist die Eigenschaft der Welt und die Welt die Eigenschaft des Grundes. Gott heißt Grund und Welt zusammen.

632. Der Grund und die Welt laufen nun in Parallellinien fort und teilen sich durchaus gleichförmig. Sie sind Eins, folglich auch im Kleinsten, in allem.

633. Der Grund besteht aus Gesetz und Tatsache, *i. e.* das Wesen des Grundes ist Gesetz und Tatsache – seine Eigenschaft: Zustand und Gegenstand. Das Wesen der Welt ist Zustand und Gegenstand; ihre Eigenschaft: Gesetz und Tatsache.

634. Wo finden sich die Begriffe: Wesen und Eigenschaft?

635. Das kann nicht Wesen und Eigenschaft haben, Welt und Grund – in dessen Bezirk erst diese Begriffe entstehn.

636. Derivation Gottes von Gattung.

637. Anfangsgründe der Weltweisheit.

638. Die Welt ist die Mutter der Eigenschaften – der Vater der Wesenheiten ist der Grund. (Stoff und Form.)

639. Der Sänger, der Poet, der Hörer und der Leser: Dialog. Der Hörer soll Humanus heißen. Der Leser besteht aus einem

Mädchen, einem Studenten und zwei Alten, einem Professor und einem Landedelmann.

640. Plan und Sinn und Ausführung eines Kunstwerkes, wie ein Roman, eine Komödie und andere Werke dieser Art.

Gotter, Thümmel und Wieland scheinen mir wahre schreibende Dichter zu sein, Dichter zum lesen – Klopstock ein Dichter zum deklamieren, zur Musik.

641. Die Poesie ist für den Menschen, was das Chor dem griechischen Schauspiele ist – Handlungsweise der schönen, rhythmischen Seele – begleitende Stimme unsers bildenden Selbst – Gang im Lande der Schönheit – überall leise Spur des Fingers der Humanität – freie Regel – Sieg über die rohe Natur in jedem Worte – ihr Witz ist Ausdruck freier, selbständiger Tätigkeit – Flug – Humanisierung – Aufklärung – Rhythmus – Kunst.

642. Eigenschaft bedeutet das Gesetz einer ursprünglichen Tatsache – eine Weise der Selbsttätigkeit – Erscheinung, Offenbarung des Wesens.

(Weisen – wissen – weis – Beweis – zeigen – zeugen – zeihen – zogen.)

Da alles Wesen ist, was ist denn da Eigenschaft? Es muß, da alle Tätigkeit aufs Entgegengesetzte geht, Dasein im Entgegengesetzten sein. Das Wesen ist nur in seiner Eigenschaft sichtbar. Die Sichtbarkeit muß also wohl von der Tätigkeit des Wesens abhängen. Es ist nur wahrnehmbar, insofern es tätig ist. Alles Wahrnehmbare muß also ein Tätiges sein. Die Eigenschaft des Wesens, seine Art tätig zu sein, ist also im Entgegengesetzten – oder außerhalb. Man nimmt also ein Wesen nur außerhalb im Entgegengesetzten wahr und zwar nur seine Tätigkeit und ihre Weise.

(Tätigkeit ist dem Grunde entgegengesetzt. Sie verlangt einen Grund, einen Bezirk, ein Produkt, ein Mittel und einen Zweck, ein Ziel.)

Das Entgegengesetzte ist aber auch ein Wesen. Es ist nicht bloßes Wesen, insofern es Eigenschaft ist. Um wahrnehmlich zu sein, muß es tätig sein – aber dieses muß eine andre Art von Tätigkeit sein als die erstere – sowie eine andre Art von Wahrnehmbarkeit. Es müssen notwendig ihre Entgegengesetzten sein, denn die Tätigkeit und die Wahrnehmbarkeit sind Wesen und müssen ein Entgegengesetztes haben, um sich zeigen zu können.

(Es gibt zweierlei Wesen, zweierlei Eigenschaften, die aber unzertrennlich zusammengehören, weil sie auseinander folgen.)

Die Selbsttätigkeit eine Empfänglichkeit – die Wahrnehmbarkeit eine Aufmerksamkeit.

Das Wesen also, in welchem sich das Entgegengesetzte offenbart, oder seine Eigenschaft erhält, muß empfänglich und aufmerksam sein.

Aufmerksamkeit ist eine andre Art von Wahrnehmlichkeit – in welcher sich die Wahrnehmlichkeit offenbart – Eigenschaft der Wahrnehmlichkeit.

Empfänglichkeit ist eine andre Art von Tätigkeit, in welcher sich die Tätigkeit offenbart: Eigenschaft der Tätigkeit.

Hingegen sind Tätigkeit und Wahrnehmlichkeit wieder Eigenschaften der Empfänglichkeit und Aufmerksamkeit. Sie sind also in den Richtungen unterschieden. Tätigkeit geht aus dem Wesen heraus, Empfänglichkeit hinein. …

643. (Nach dem Brownischen System müssen die abführenden Mittel schwächend und stärkend zugleich sein – wenn Schwächen, Vermehrung der Erregbarkeit, und Stärken Vermindern der Erregbarkeit bedeutet – und nach Brown kann es nichts anders bedeuten. Mir scheint bei vielen abführenden Mitteln die Stärkung oder Erregung beträchtlicher als die Verminderung zu sein.)

644. Von interessanten Regenten, die, fruchtbar an neuen Ideen, die Regierungskunst erweiterten und ihren Zeitgenossen, ihrer Regierung einen großen, individuellen Charakter gaben – denen die Menschheit Fortschritte und Aufklärungen im Großen zu verdanken hat. In diesem Jahrhundert vielleicht nur Peter der Große und Joseph der Zweite. Friedrich der Große gehört we-

nigstens nicht ganz in diese Rubrik. Interessante Menschen gab's mehr unter den Regenten.

645. Übersicht der Salinistik.

646. Über Übung.

647. Alles nach einem Plan studieren.

648. Theorie der Gliederung, der Harmonie der Funktionen und der Disharmonie derselben (der Krankheit). Harmonie befördernde Impulse.

649. Mathematische Prozesse – Rechnung des Unendlichen.

650. Ein Triangel schließt eine Fläche ein. Eine dreiseitige Phyramide einen Körper. So wird Form konstruiert – wie Stoff? Nicht auch eine Trias? Gegenstück zur Trigonometrie.

651. Nur der Geist sieht, hört und fühlt – solange das Auge, das Ohr und die Haut noch affiziert sind von den Medien ihrer Gegenstände, den Inzitamenten, solange sie noch nicht rein leiten – heraus und hinein –, solange sieht und hört und fühlt der Geist noch nicht ordentlich. Erst wenn die Erregung vorbei und das Organ vollkommner Leiter geworden ist usw.

652. Ich wünschte, daß meine Leser die Bemerkung, daß der Anfang der Philosophie ein erster Kuß ist, in einem Augenblick läsen, wo sie Mozarts Komposition: Wenn die Liebe in deinen blauen Augen – recht seelenvoll vortragen hörten –, wenn sie nicht gar in der ahndungsvollen Nähe eines ersten Kusses sein sollten.

Über das musikalische Akkompagnement der verschiednen Meditationen, Gespräche und Lektüren.

653. Von dem negativen Prinzip des Staats (Sicherheit) und dem positiven Prinzip des Staats (Erweiterung oder Sicherheit im höhern Sinne). Beide greifen ineinander ein. Polizei und Politik.

654. Von der kantischen und antifichtischen Bearbeitung der Philosophie überhaupt – die Einteilung der Gemütskräfte, ihr vereinigendes, zentrierendes Prinzip, die Vernunft – Vereinigung der Gemüts- und Naturkräfte – Vereinigung ihrer Zentralmonaden – höchste Zentralmonade.

655. Eduzierende und produzierende Denker.

656. Hier ist Amerika oder nirgends. Philosophische Zusätze und Korollarien zu diesem Text.

657. [Episch didaktisches Gedicht. Empedokles und Lukrez.]

658. Witz über Kant und seine Anhänger.

659. Läßt sich nicht auch die Fichtische Philosophie lernen? vid. *Forberg*. Wissenschaftslehre = Systematik.

660. Sapphische Fragmente.

661. Zeichen der Antithesis $\pm$ $\mp$.

662. Sich selbst Gesellschaft leisten.

663. Nerven – Gehirn. (Rhetorische Philosophie.) Protokoll über meine Studien. Fragmente über die Fragmente. (Bücher in Rezeptform.) Erwerbsbergbau – wissenschaftlicher, geognostischer Bergbau. Kann es auch einen schönen Bergbau geben?

664. (Über das Talent zu lernen, zuzuhören, zu betrachten, kurz, nachzubilden, ohne eigne Mitwirkung.) (Glorie von Melodien, wie Engel um die Madonna.)

665. Über mimische Nachahmung – malenden Ausdruck *vid.* Goethes Prosa Anfang. Verständiger Ausdruck, seine Kunst zu beschreiben, zu zeigen. Einfaches Auseinanderlegen und Zusammensetzen der Dinge mit Worten.

666. [Innere Wärme hängt von der Dichtigkeit des Körpers ab.] Entweder muß das Medium der Wahrnehmung durch den Gegenstand bewegt werden – Schall – oder das Medium muß sich bewegen und nur von dem ruhenden Gegenstand affiziert werden – Licht. (Man sollte, um das Leben und sich selbst kennen zu lernen, einen Roman immer nebenher schreiben.

Groteske	Epos und Roman	Philosophie, Geschichte
(Phantasie)	(Verstand)	(Vernunft).

667. Der Mann ist phlogistisch – ein überwiegender Verdichtungs- – die Frau dephlogistisch, ein überwiegender Verdünnungsprozeß.

668. (Entschluß – Ausschluß. Unterschied zwischen Glied – Teil – Element. Teil ist bloß quantitativ vom Ganzen unterschie-

den. Element ist ein bloßes Akzidens, es steht also in Relation mit dem Ganzen. Glied ist eine Variation des Ganzen, es besteht aus denselben Elementen, die nur auf eine verschiedne und durch die Gesetze des Ganzen bestimmte Weise in denselben geordnet sind.)

669. Alle Krankheit entsteht durch widersprechende, gleichzeitige Empfindungen. Anhäufungen der Reizbarkeit – selbst bei sthenischen Entzündungen. Der Aderlaß verbreitet höhere Reizbarkeit überall und hilft dadurch. Mehrere Aderlässe an verschiednen Orten zugleich.

670. Über Hypochondrie und Eifersucht, zwei sehr merkwürdige Phänomenen zur Kenntnis der Seele usw.

671. Je geringer die Kapazität ist, desto schneller die Wirkung des Reizes – desto empfindlicher der Stoß oder das Erregbare (desto leichtentzündbarer). Reizbarkeit und Kapazität stehn im umgekehrten Verhältnisse.

Kapazität und Erregbarkeit stehn im Verhältnisse wie O. und Phlogiston.

672. Projekt zu einem Roman, beinah wie Werther. Zwei Liebende, die sich aus Überdruß des Lebens und der Menschen selbst töten. Charakter: tiefe Wehmut.

673. Eigentliche romantische Prosa – höchst abwechselnd, wunderbar, sonderliche Wendungen, rasche Sprünge, durchaus dramatisch. Auch zu kleinen Aufsätzen.

674. Von Gott nur recht einfach, menschlich und romantisch gesprochen.

675. In meinem Körper ist ein sehr schneller Oxydations- und Desoxydations-Prozeß im Gange. Jedes hohle Gefäß sondert ab und saugt ein. Wunderlicher Zusammenhang der mannichfachen Teile des Körpers.

676. Ich lese jetzt zu wenig und meditiere zu wenig.

Wieder etwas Chemie, Physik, Geographie, Geschichte, alte Chroniken usw. Don Quichotte, Shakespeare, Goethe, Tieck, Boccaz.

677. *De officio judicis.*

678. Intelligenz und Sinnenwesen – was dort einfach ist, ist hier mannichfach *et vice versa.* So mit Freiheit und Zwang, Allgemeinheit und Besonderheit, Qualität, Quantität, Relation, Modalität, Leiden und Tun, Position, Negation.

679. Von der produktiven Einbildungskraft. Im bloßen Begriff der Bestimmung liegt der Begriff der Wechselbestimmung, des Entgegensetzens, der Substantialität. Darin liegt auch der Grund, warum die höchste Bestimmung sich selbst immer mitbestimmt. Die Bestimmung des Unendlichen ist immer Bestimmung. Sein – Bestimmtsein $\overset{a}{|}\underline{\qquad}\overset{b}{|}$ daher die Einteilung des Grundes.

680. Wenn ein Begriff Akzidens wird, so stehn seine Bestandteile in veränderter Ordnung, als wo er Substanz ist. Seine Bestandteile sind aber ebenfalls Substanz und Akzidens – folglich, wenn der ganze Begriff Akzidens ist, so steht sein Akzidens in ihm voran und ist Substanz. (Recht und Billigkeit.)

681. Über die Versöhnung – ihre Notwendigkeit – Glauben und Sphäre der christlichen Religion.

682. Kategorien – Urbeschaffenheit eines *Noumenons.*

683. Im Manne ist Vernunft, im Weibe Gefühl (beides positiv) das Tonangebende. Die Moralität des Weibes ist im Gefühl – wie die des Mannes in der Vernunft gegründet.

684. Das größeste Gut besteht in der Einbildungskraft.

685. Der positiven Tätigkeit steht negative Leidenschaft entgegen, nicht positive.

686. Unterscheidung des Nichtzuunterscheidenden.

687. Recht von Richten – urteilen – *unter*scheiden und beziehn. Es deutet auf ein bestimmtes Ausschließen eines bestimmten Gegenstandes. Alles Recht gründet sich auf Eigentum. Das allgemeine Ich besitzt *ipso jure* die Akzidenzen, und zwar *ex jure identitatis.* Die Notwendigkeit seines Daseins begründet dieses Recht – was aber in dieser Sphäre noch nicht Recht ist – da nichts ist, was das Ich hier ausschließen könnte.

Es ist so, weil es so sein muß. Es muß so sein, weil es so ist.

Das Recht entsteht erst in der Sphäre der Individuen. In der Sphäre der absoluten Gattung hat es einen absoluten Grund. Das Individuum, welches ein Recht hat, ist sein Real-, das was ausgeschlossen wird, ist sein Idealgrund. Ich erhalte ein Recht worauf, wenn ich alle andern davon ausschließe. Alles Recht bezielt eine Befugnis. Materie und Form der Substanz des Rechts – Akzidens desselben ist der Gegenstand, wozu ich ein Recht habe. Letzterer muß von der Beschaffenheit sein, daß er eine besondre, ausschließliche Beziehung auf ein Individuum haben kann.

Die Materie der Rechtssubstanz wird durch das Individuum, welches ein Recht hat, bestimmt – die Form durch die Individuen, die ausgeschlossen werden. Bei beiden Bestimmungen wirkt die Beschaffenheit der Akzidens mit.

(D a s und E i n .) Die Gattung besteht aus Geschlechtern – dies wird im Lateinischen vorzüglich durch das Wort Genus, welches Gattung und Geschlecht bedeutet, ausgedrückt. (Generischer, Spezial- und Individual-Begriff.) Der Mensch hat als solcher keine Rechte, aber er hat Rechte gegen e i n e n Menschen, gegen den quantitativen Menschen. Nur die Substanz hat Rechte, nie die Akzidens; denn nur die Substanz kann überhaupt: haben. (Real-Personal-Recht, oder besser generische, spezielle und individuelle Rechte.)

688. Die Kantischen Kategorien sind bloß für die akzidentielle Substanz.

689. Die Rechte der Gattung derapieren den Rechten der Individuen *et sic porro.*

690. Es muß nichts Willkürliches, Regelloses in einer bestimmten Handlungsweise des menschlichen Geistes sein – überall Kunst und Wissenschaft. Alle Wissenschaft ist etwas Positives – oder vielmehr, ihr muß etwas Gegebnes zum Grunde liegen. Sie ist vollständige Kenntnis eines Gegenstandes – Kunst – die vollkommne Anwendung einer Kenntnis.

691. Andre expressivere Zahlenbenennungen.

692. Über die Natur des Worts. Jedes Wort hat seine eigentüm-

liche Bedeutung, seine Nebenbedeutungen, seine falschen und durchaus willkürlichen Bedeutungen. Etymologie ist verschieden – genetische – pragmatische – (wie es gebraucht werden sollte).

18. Junius.

693. Es ist doch keine größere Freude, als alles zu verstehn, überall zu Hause zu sein, von allem Bescheid zu wissen, überall sich helfen zu können. Will man dann auch überall das Rechte, sucht man überall guten, lebendigen Willen zu erregen, zu erhalten und alles zu einer schönen Absicht zu erheben, so kann man sich getrost für einen musterhaften Menschen halten und sich herzlich lieb haben und verehren.

694. Religiöse Phantasien – Erbauungsbuch. Geistliche Lieder. Gebete für J(ulie?). Das heilige Leben oder die bessre Welt, eine Geschichte. Losungen.

695. Über die Sphäre der Frauen: die Kinderstube – die Küche – der Garten – der Keller – das Speisegewölbe – die Schlafkammer – die Wohnstube – das Gastzimmer – der Boden oder die Rumpelkammer.

696. Luthers Idee der Versöhnung und des Verdienstes Christi. Begriff eines Evangelii. Läßt sich nicht die Verfertigung mehrerer Evangelien denken? Muß es durchaus historisch sein? Oder ist die Geschichte nur Vehikel? Nicht auch ein Evangelium der Zukunft?

Vereinigung mit Tieck und Schlegel und Schleiermacher zu diesem Behuf.

697. Sonderbarer alter Schul- und Erziehungsgeist im Herrnhutismus – besonders meines Vaters.

698. Die Religion des unbekannten Gottes zu Athen.

699. Mannichfaltigkeit in Darstellung von Menschencharakteren – nur keine Puppen – keine sogenannte Charaktere – lebendige, bizarre, inkonsequente, bunte Welt – (Mythologie der Alten).

700. Höherer Mystizism der Kunst – als Veranstaltung des Schicksals, als Naturereignis.

701. Neue Ansicht des Theaters.

702. Psalmen. (Dr. Luthers Schriften. Zinzendorfs Schriften. Alte fromme Bücher und Predigten.)

703. Über die Freiheit und Gemeinschaft im Reiche des Lichts. Sehen, so recht dynamisch.

704. Neue Behandlung der Moral (*vid.* Hemsterhuys).

705. Neues Studium des Tier- und Pflanzenreichs – Korporative Naturgeschichte und Physiologie.

706. Erbauungsbücher – Predigten – Gebete – Neue Evangelien. Begriff des alten und neuen Testaments – Episteln. Geistliche Stücke auf dem Theater.

707. Geheimnisse der Kunst, jede Naturerscheinung, jedes Naturgesetz zur Formel zu gebrauchen – oder die Kunst, analogisch zu konstruieren.

708. Höchst mannichfaltige Ansichten der Natur.

709. Überwindung des Lebens.

710. Verwandtschaft von Dank und Mitleiden.

711. Komische Gespräche, zur Übung mit großen Ideen und echter Poesie vermischt.

712. Man muß schriftstellern, wie komponieren.

713. Über Substitutionsformeln in der Philosophie. Die ganzen Handgriffe lassen sich in der Philosophie nachmachen.

Hauptaufgabe: Wie läßt sich Qualität auf Quantität reduzieren?

714. (Historische) Romane z. B. aus den Zeiten der Reformation – des Theophrasts Parazelsus – Niederländischen Kriegs – der Entdeckung von Amerika – den ersten christlichen Zeiten – den Zeiten der Kreuzzüge – zu J e s u s Zeiten – Mahomets Zeiten – Konstantinopels Zerstörung.

Sehr viel Gespräch im Romane.

715. Die empfindsamen Romane gehören ins medizinische Fach zu den Krankheitsgeschichten.

716. Mathematische Fragmente.

Polemik gegen Jurisprudenz und S t a a t s verbindung überhaupt.

Neue Arten von Haushalt. (Kunst ein Stück Erdoberfläche zu benutzen.) Weniger Aussaat – mehr Brache. Mehr Bearbeitung. Abschaffung der Viehzucht. Anwendung des Galvanism auf Ökonomie. (Ausdruck: saure Wiesen) Verbesserung des Erdbodens – Verbesserung der Lage.

717. Über das Verhältnis des Alten und Neuen Testaments: Die Häuslichkeit des erstern und die Weltbürgerlichkeit des letztern.

718. Sonderbares Zusammentreffen der Gründung des Christentums und der römischen Monarchie.

Tragödische Gestalt des ersten Christentums.

Entstehung des Rittergeistes in den Kreuzzügen. In den Kreuzzügen ist Europa sichtbar. Neue Ansicht der Kreuzzüge. Andrer Gesichtspunkt für die Geschichte, die Gibbon behandelt hat – die Scheidung der alten und neuen Welt, des alten und neuen Testaments, den Sieg des Übersinnlichen, die Verwandlung des Himmels, die römische Republik als Weltopfer.

Behandlung der Geschichte als Evangelium. Mönche als Geschichtschreiber. Zeitpunkt der Entdeckung von Amerika.

E x p e r i m e n t a l r e l i g i o n s l e h r e .

719. Über die Tötung krüppelhafter, alter und kranker Menschen.

720. Echt literarisch ist die Schreibart in Folianten.

Ungeheure Literatur, Schätze des Mittelalters.

721. Das Naive ist nicht polarisch. Das Sentimentale ist es.

722. Poetische Phantasien über den Sinnengenuß.

Herders Paramythien – ähnliche aus der Bibel – von Jesus usw. – nur allegorischer und poetischer.

723. Über den Ausdruck: Glaubenslehren.

724. (Der protestantische Gottesdienst ist fortlaufende Apotheose der Bibel – Evangelium, daß es eine Bibel gebe.)

(Es ist unmöglich, daß ein Mensch in wiederkehrenden bestimmten Stunden echte Religionsvorträge halten kann, daher der Vorzug der Quäker-Sitte, daß jeder aufsteht und spricht, wenn er begeistert ist.)

Es gibt mehrere Arten von Vorträgen; manche sind poetisch, manche dogmatisch oder besser scientifisch, andre herzlich, manche bloß konversativ, manche wahrhafte Inspirationen.

(Der Vortrag der protestantischen Prediger soll eigentlich musikalisch sein, und zwar eine Variation; doch kann er auch nur Auslegung oder konversativ sein.)

Das Gebet und der Segen sind die eigentlich religiösen Akta unsers Gottesdienstes, der sonst musikalisch und scientifisch oder theologisch ist.

725. Soldaten haben bunte Kleider, weil sie die Blüten des Staats sind, die weltlichen Enthusiasten, Oxyde.

Die Geistlichen sind reiner Kohlenstoff – durchaus brennlicher, lichtkonzentrierender, bindender Natur, wärmend und glühend. Große Verwandtschaft zum Sauerstoff.

726. Im Staate muß alles Privatrecht und Eigentum historisch dokumentiert werden können. Was nicht ausdrücklich jemand gehört, gehört dem Staate. Der Staat wird, wie die Ehe, unter kirchlicher Sanktion geschlossen – es ist eine Personalverbindung. Was der Privatmann hat, das hat er vom Staate. Abgaben sind zu erstattender Verlag – Staatsbesoldung.

727. Naturgenuß und Naturwissenschaft. – Naturverba oder Operation und dann Substitutionen.

728. Historisches Gemälde der Revolution.

729. Viele Tage gehen vorüber, ohne eine Spur hinter sich zu lassen. Nur wenige bleiben als feste Punkte des Lebens stehn. Keiner verdient wohl fester gehalten zu werden, als der Hochzeittag. Was ist der Hochzeittag? Wir feiren heute einen solchen Tag. Laßt ihn uns ewig im Andenken behalten. Die Älteste führt auch hier billig den Reigen. Die meisten Hochzeittage werden Tage der trüben Erinnerung – dieser wird es nicht sein. Der Tag

sei uns allen ein Tag des festern Bundes – ein echter Familientag. Der Kranz soll ihr bleiben. Jetzt soll er erst blühen. Der Hochzeittag der Eltern.

730. Hamlet ist eine Satire auf ein modernes zivilisiertes Zeitalter, gewissermaßen eine Äußerung des englischen Nationalhasses gegen Dänemark. Norwegen steht mit Fleiß in Heldenherrlichkeit triumphierend dahinten. Die hohe Schule von Wittenberg ist ein höchstwichtiger Umstand – Hamlet soll Held sein und ist ein Gelehrter usw. Frankreich paßt gut dazu. Einige erhabene Ideen schimmern durch und erheben das Ganze. Ophelias Wahnsinn und der Geist sind poetische Erscheinungen.

731. Pflanzenähnlichkeit der Weiber. Dichtungen auf diese Idee. (Blumen sind Gefäße.)

Chemische, organische und physiologische Natur der Schönheit eines Körpers.

732. Phantasie, wie ein Märchen, über die wunderlichsten Gegenstände.

733. Sonderbare Natur meines politischen Romans. Sichtbarer Naturstand – unsichtbare Monarchie.

734. Sphäre einer beschränkten Kraft ist ihr Raum. Spezifisch verschiedne Räume. (Nicht auch Zeiten?) Was das Licht in der Sphäre der expansiven, konzentrativen und intensiven Kraft ist – so etwas muß es für jede spezifische Kraft geben.

735. Gleichnisse *à la* Lessing, aus dem gemeinen Leben. Gemeiner Witz.

736. Wie feuriger Wein dem leichten Stöpfel folgt, so fliegt die Jugend leichtfertigen Mädchen nach. Der Leichtsinn genialischer Menschen ist wie der Kork auf der Weinflasche; wird der Kork beweglich, so rührt sich auch der Wein.

737. Über Adern und Gefäßbildung; Haut, Knochen, Nerven und Muskeln.

Weit feiner und flüssiger, die Knochensubstanz, nicht konsistenter wie Luft.

Sollte unsere Atmosphäre nicht oft so organisiert und animiert werden können? *vid.* Magnetism.

738. Alle Flamme ist eine Wassererzeugung.

739. Vermehrung der Kraft durch weitgehenden Widerstand.

740. Nähere, vergleichende Betrachtung der Verwandtschaften der Glieder am menschlichen Körper, der Krankheitssymptome, der Krankheiten selbst, der möglichen Krankheiten.

741. Seelenmagnet.

742. Über das Poetische der Armut und Unordnung.

743. Charaktermenschen sind Werkzeuge. Im Staat muß man deswegen vielleicht auch einen innern Charakter haben. Die Idee der Reaktionen ist eine echte, historische Idee.

744. Tierisch magnetische Versuche.

745. Unnütze und gemeine Ansicht des Nutzens.

746. Die Einheit des Bildes, der Gestalt der malerischen Kompositionen beruht auf festen Verhältnissen, wie die Einheit der musikalischen Harmonie. (Harmonie und Melodie.)

747. Auf die Welt soll ich und will ich im Ganzen, nicht willkürlich wirken – dafür hab' ich den Körper. Durch Modifikation meines Körpers modifizere ich mir m e i n e Welt, durch Nichtwirksamkeit auf das Gefäß meines Daseins bilde ich mir ebenfalls indirekte meine Welt.

748. Alles was wahrgenommen wird, wird nach Maßgebung seiner Repulsivkraft wahrgenommen.

Erklärung des Sichtbaren und Erleuchteten nach Analogie der empfindbaren Wärme. So auch mit den Tönen. Vielleicht auch mit den Gedanken.

749. Elektrizität, Magnetism, Galvanism scheinen mir jetzt allerdings gleichsam allgemeine, abstrakte Formeln der mannichfaltigen chemischen Prozesse der Natur zu sein – also alles angewandte Elektrizität oder Magnetism oder Galvanism.

750. Worin eigentlich das Wesen der Poesie bestehe, läßt sich schlechthin nicht bestimmen. Es ist unendlich zusammengesetzt

und doch einfach. Schön, romantisch, harmonisch sind nur Teilausdrücke des Poetischen.

751. Anweisung, als Mensch Subjekt zu sein – Anweisung, als Mensch Objekt zu sein.

752. Die Lehre von der Gnade und die Lehre vom freien Willen widersprechen sich gar nicht, wenn sie recht verstanden werden; beides gehört zu einem Ganzen und oft necessitieren sie sich.

753. Herder. Vater. Ritter. Unger. Thielemann. Kreisamtmann.

754. Gleich ab von Fröhlichkeit und Trauer, vom Lustigen und Rührenden sowohl der verständige Mensch, als der wahre Dichter. (Heiterer, verständiger Ernst.)

Lieder, Epigramme usw. sind für die Poesie, was Arien, Angloisen usw. für die Musik sind.

Sonaten und Symphonien usw. – das ist wahre Musik.

So muß auch die Poesie schlechthin bloß verständig, künstlich, erdichtet, phantastisch usw. sein.

755. Über den Mechanism des Denkens – Machen und Betrachten zugleich – in einem unzertrennten Akte.

756. Goethes Meinung, daß jede Substanz seine engeren Rapports mit sich selbst habe, wie das Eisen im Magnetism.

757. Mögliche Veränderung des Weltraums. Unpoesie der astronomischen Natur.

758. An Schelling die Erzählung von der Rauschenberger Schlacht. Honigstein an Goethe. Böhme von Weimar. Astronomische Ideen an Schlegel.

759. Polemik gegen Goethe. Durch die Welt, wie sie ist, sind die Menschen Menschen; daher ihr Drang nach Einverständnis – denn dadurch sind sie Menschen.

760. Umgang mit dem Poetischen, dem Romantischen, der alten Welt usw. Lektüre des Heterogenen, Romantischen.

761. Nach Jacobi – Fichtes Theorie der Bewegungen im widerstrebenden Mittel, in der Intellektualwelt –.

762. Poesie, über die Konstruktion des Innern.

763. Ritters Art, die Physik zu behandeln. Meine Idee vom Prinzip der Personalität in jeder Substanz – oder der Kraft des Hypomochlions.

764. Richters Stöchyometrische Untersuchungen.

765. Idee, daß mehrere Metalle ineinander stecken.

766. Den 1. Februar 1800.

Dramatische Darstellung in einzelnen, unabhängigen Kapiteln. Unbequemlichkeiten einer chronologisch fortschreitenden Erzählung.

767. Eigner historischer Sinn und Takt. Eigentümlicher Geist jeder Begebenheit.

768. Die Guitarre, oder Reliquien romantischer Zeit. Eine Sammlung Romanzen von Novalis.

769. Abhandlung über Jakob Böhme – seinen Wert, als Dichter. Über dichterische Ansichten der Natur überhaupt.

Ansicht der alten Arzneikunde. Ihr dichterischer Wert. Wunderbarkeit der mathematischen Figuren.

Über die Methode, die Heilkunde wirklich als experimentale Physik zu behandeln.

770. Epische Reden – lyrische Reden – dramatische Reden – rhetorische Reden.

771. Man kann aus jedem Gesetz klagen. Der juristische Beweis ist, 1. daß das Gesetz auf einen konkreten Fall seine Anwendung findet. 2. Daß das Gesetz hier Gültigkeit hat. 3. Daß es verletzt worden sei, oder in Gefahr stehe.

Das Petitum ist ein Aufruf an die Kraft des Gesetzes, wirksam zu sein.

Eine ganz verschiedne Art von Prozeß ist der konstitutionelle – oder der wissenschaftliche; eine Verbesserung, Erweiterung, Ausbildung des Gesetzkörpers, zu der ein einzelner Fall Anlaß gibt, muß sorgfältig geprüft werden. Genaue Vergleichung der vorhandenen, hierauf sich beziehenden Gesetze, Aufmerksamkeit auf eine anwendbare ...... und Rücksicht auf die allgemeinen Grundsätze, auf den Geist der Gesetzgebung muß hier obwalten. Dieser Prozeß ist durchaus wissenschaftlich.

772. Über die Philosophie und ihre Darstellung. Historische Konstruktionen. Nichts ist poetischer, als alle Übergänge und heterogene Mischungen.

Vorteile der Perspektive, der rechten Verteilung und der Sparsamkeit in der Poesie.

Recht grobe und gemeine Prosa ist noch wenig da. Mischung des Groben, Gemeinen, Sprichwörtlichen mit dem Edeln, Hohen, Poetischen. Dr. Luthers Sprache. Lessing.

Historische Schauspiele, die ganze Nationen und die Weltgeschichte begreifen.

Neue Art von Predigten.

Originelle Naturansichten.

Über die Handlung: Ich.

Kollektaneen aus der Geschichte.

Kleine Trauerspiele aus dem ganz gemeinen Leben, höchst poetisch und tragisch.

Naturalien. Indische Märchen.

773. Poetische Satire und Annihilation der Poesie.

774. Religiöse Ansicht der Welt, als des Ursprungs aller Begierde.

775. Epische Dichtung: die französische Expedition nach Ägypten. Ein Versuch.

776. Meine Versuche in Reden und meine Ideen über Moral in einen Roman verwebt.

777. Nutzbarkeit jedes Menschen

Aufsätze über meine gesellschaftlichen Verhältnisse. Einteilung der menschlichen Geschäfte und Stände. Ihr Einfluß auf die Menschen.

Der Ratgeber für alle Lagen des Lebens.

Über die Opposition jedes Einzelnen mit den Zufälligkeiten des Lebens.

778. Geschichte meines Lebens.

Dramatische Logik einer eingreifenden Rede, ohne viel Epitheta, ganz dialogisch.

779. Lobrede aufs Militär. Muß sie nicht polemisch sein?

780. Aufsatz über Wilhelm Meister. Meine Ideen darüber in den bürgerlichen Roman gebracht.

781. Der Romandichter sucht mit Begebenheiten und Dialogen, mit Reflexionen und Schilderungen Poesie hervorzubringen, wie der lyrische Dichter durch Empfindungen, Gedanken und Bilder.

Es kommt also alles auf die Weise an, auf die künstlerische Wählungs- und Verbindungskunst.

782. In dem bürgerlichen Roman über den Umgang mit Menschen, über Betragen in Krankheiten, über das Schuldenwesen junger Leute, über das vornehme Leben, über Kleidung, Lebensart, Vergnügungen, Wirkungsphäre einer Frau, Ehe usw. über den Wahlspruch: hier ist Amerika usw.

783. Die Natur hat Kunstinstinkt – daher ist es Geschwätz, wenn man Natur und Kunst unterscheiden will. Beim Dichter sind sie höchstens dadurch verschieden, daß sie durchaus verständig und nicht leidenschaftlich sind, welches sie von denjenigen Menschen unterscheidet, die aufs Affekt unwillkürlich musikalische, poetische oder überhaupt interessante Erscheinungen werden.

784. In unserm Gemüt ist alles auf die eigenste, gefälligste und lebendigste Weise verknüpft. Die fremdesten Dinge kommen durch Einen Ort, Eine Zeit.

785. Der lateinische Dichter.

786. Über die Empfindung des Denkens im Körper.

787. (Über Frdr. Schlegel usw. Charakter. Sinn.)

788. Ewige Jungfrauen – geborne Frauen.

789. (Tugendhaft sein. Der Erzieher ist das indirekt positive Prinzip der Erziehungskraft.) (Universelle Schriftstellerfertigkeit.) Über die Vieldenker und die Eindenker; Schlegel z. B. und Fichte. (Zivilisierung des Göttlichen und Apotheosieren des Gemei-

nen.) Wir sind aus der Zeit der allgemein geltenden Formen heraus. (Einfluß des Skulpturmaterials auf die Figur und ihre Wirkung. Sollte die anziehendere und stärkere Wirkung feinerer und seltenerer Stoffe nicht galvanisch sein?) Der Zwang ist ein Reiz für den Geist, der Zwang hat etwas absolut reizendes für den Geist. Medizinische Anwendung von Glück und Unglück. (Über Neutralisation – Komplizierte Krankheiten – Lokalübel – Zeugungssysteme.)

790. Revolutionierung und Bearbeitung der Mathematik. (Brief über die Kunst und Antike von Schlegel sen. Gedichte. Briefe von F[riedrich] S[chlegel]. (Fichtens Synthesis – echt chemische Mischung. Schweben. Individualität und Generalität der Menschen und – Krankheiten. Über das notwendige Selbstbegrenzen – unendliche Versabilität des gebildeten Verstandes. Man kann sich aus allem ziehn, alles drehn und wenden wie man will.) Die Kraftgenies. (Überschriften der Hauptmassen in Briefen usw. Über die Tinten und den Ton – analogisch moralisch. Über den echten Dialog. Über das Experiment.)

791. Geistige Meter. Über Mechanik........ Die Mimik in Noten. Witz im Großen. Experimentalreligion und Philosophie. Wie wirkt gewöhnlicher Umgang im Brownischen Sinne auf mich? Reiz wird zum Reizbaren usw. Physiologie. Begriff von Neutralisation. Ist das Neutrum das höchste – negatives Neutrum, positives Neutrum und Synthesis. Über die Verwandlung der Geschichte in Tradition. Letztere ist höher.

792. Bemerkungen über das, was die Alten Sympathie nannten?

793. Auch unsre Gedanken sind wirksame Faktoren des Universums.

794. Sollten die Menschen nicht auch mehr, wie Geld, zirkulieren?

795. Im stillen friedlichen Hausleben entstehn ...

Ich gerate sonst auf den kümmerlichen Weg der Philisterei. Tätigkeit soll mich kurieren.

796. Sollte nicht die Lehre von den Verhältnissen, Logik, auf Mathematik angewandt sein?

Da die Elektrizität bloß auf Flächen Beziehung, Chemism aber auf Masse sich bezieht, und daher im eigentlichen Sinn die Ponderabilien begreift, so scheint bei der Kristallisation ein Übergang des Chemism in Elektrizität stattzufinden und die Kristalle elektrische Bildungen an sich zu sein.

Sonderbar, daß in Krankheiten der Entzündung die animalische Elektrizität vernichtet ist. Wie im Asthenischen?

Sollte Elektrizität wieder in Galvanism übergehn?

Alle Pflanzen verstärken im tierischen Körper den organischen Bildungstrieb und die Reproduktionskraft; vielleicht daß sie daher in den Erscheinungen der herrschenden Sensibilität ein mittleres Produkt, verstärkte Irritabilität befördern. Tierische Speisen stärken die Irritabilität geradezu, möchten aber bei zu hoher Sensibilität wegen der Neutralisation immer kein so wirksames Mittel zur Restauration der Irritabilität sein als Pflanzenteile. Noch wirksamer aber als Pflanzen, besonders bei verletzten Organen, werden Mineralsubstanzen sein, die den Bildungstrieb und den Chemism anfachen und dadurch die Sensibilität noch kräftiger, selbst bis unter die Irritabilität herabbringen.

Zwischen Galvanism und Elektrizität müssen noch 1–2 Mittelglieder sein, wie zwischen Kristallen und Nerven – Pflanzen und Muskeln.

797. Die Menschen unterscheiden sich durch (schnelle) Progressivität oder Perfektibilität von den übrigen Naturwesen.

Wenn der vorwaltende Stickstoff der Charakter der animalischen Masse ist, was muß der Charakterstoff des Menschen wohl für ein Stoff sein?

798. Data zum zweiten Teil von Lessings Erziehung des Menschengeschlechts: Unterschied des Luthertums und Protestantism.

Warum die Juden zur Erscheinung des Messias gewählt wurden?

Einzelne Stellen entscheiden nichts. Der Geist des Evangeliums entscheidet am sichersten über die Echtheit.

Richtiger, christlicher Begriff vom Glauben, von der Gnade und der Sünde.

Insuffizienz menschlicher Tugend – wie zu verstehn?

Unzertrennlichkeit der angebornen, der analytischen und der gegebenen oder synthetischen Religion – *i. e.* der natürlichen und geoffenbarten. Ihre gegenseitige Necessitation.

Wird je ein Tugendhafter rechtliche Ansprüche formieren?

Geheimnisse des Christentums.

Die Lehre vom *servo arbitrio* ist realistisch und Spinozistisch. Ihr Gegensatz Vereinigung. Unmittelbare d. h. unbemerkbare, und mittelbare, d. h. objektive Einwirkung Gottes, Inspiration.

799. Affekten und Leidenschaften sind unterschieden. Jene gehören zum Gefühl, sofern es die Überlegung verhindert. Sie gehören zur Untugend.

Diese sind zu bleibenden Neigungen gewordene Begierden. Sie sind ruhig, und der Mensch bei ihnen der Überlegung sehr wohl fähig. Durch sie entsteht das qualifizierte Böse, wenn sie auf das Gesetzwidrige gehn. (Nicht so auch das qualifizierte Gute, wenn sie auf das Gesetzmäßige gehn?)

Moralische Apathie Folge tugendhafter Gesinnungen.

Enthusiasm, Affekt des Guten, ist eine Krankheit, welche Mattigkeit hinterläßt.

Das Gemüt in Ruhe, fest für das Gesetz entschlossen, ist der Zustand der Gesundheit im moralischen Leben.

Phantastische Tugend, die keine *adiaphora* einräumt.

Ohne moralische Empfindung ist der Mensch sittlich tot, und wenn die sittliche Lebenskraft keinen Reiz mehr auf dies Gefühl bewirken könnte, so würde sich die Menschheit in die bloße Tierheit auflösen und mit der Masse andrer Naturwesen vermischt werden. (Mikrologische Tugend; warum denn keine makrologische?)

Tugend ist in steter Progression und fängt immer *a priori* an.

Das Gesetz der Ethik ist nicht für Handlungen, sondern nur für Maximen der Handlung gegeben. Die ethische Pflicht ist w e i - t e , nicht e n g e Pflicht.

Es gibt nur Eine Tugendverpflichtung: Aufmerksamkeit aufs Gesetz überhaupt: aber viel Pflichten. Die Pflicht tritt mit dem Zweck ein, oder dem Gegenstande, der die Bedingung zur speziellen Verpflichtung ist.

Rechtslehre und reine Mathematik haben keine besondere Methodenlehre nötig, weil beide an sich schon streng bestimmend sind und selbst schon Methodenlehren im höhern Sinne sind, Gesetze enthalten, die sich selbst erklären, indem sie sich selbst legitimieren. Ihre Erkenntnis, als Gesetze, ist zugleich ein ihnen gemäßer Prozeß; indem ich das Gesetz als solches verstehe, mache ich auch die Natur, von der es das Gesetz ist, prozediere ich also nach dem Gesetze. Ein echtes Gesetz kann ich nur insofern erkennen, verstehn, als ich d a r n a c h h a n d l e .

800. Sprechen, als Sezernieren betrachtet.

801. Tanz- und Liedermusik ist eigentlich nicht die wahre Musik. Nur Abarten davon. Sonaten, Symphonien, Fugen, Variationen, das ist eigentliche Musik.

802. Tiecks flache Poesie. Gründliche, künstliche Poesie.
Tiecks Ansicht Shakespeares.
Seine Gartenwochen.
Seine historischen Schauspiele.
Seine 3 Schauspiele.

803. Über den Wahnsinn – das Glück – den Zufall – Weltcharte.

804. Übersicht aller Shakespeareschen Menschen und Szenen. Allgemeine Pläne. Poetische Kollektaneen.

805. Alles kann am Ende zur Philosophie werden, so z. B. Cervantes' Don Quichote.

806. Behandlung der Historie. (Gott, als einen verständigen Mann im Roman und Schauspiel. Christus als mittelmäßigen Kopf geschildert.)

Zweiter Teil zur Erziehung des Menschengeschlechts.

807. Größere Einfachheit – wenigere aber besser verteilte Massen der Natur, des Lebens und der Menschen im Orient. Die orientalischen Menschen, Lebensalter usw. unterscheiden sich sehr von den unsrigen.

808. Allerhand poetische Pläne.

Die Jahreszeiten. Ein romantisches Buch.

Begebenheiten eines Tags. Ein dialogierter Roman.

Prometheus. Die Elemente.

Saturns Enthronung. – Empedokles. – Sappho. – Aätius. – Constantin. – Julian. – Das jüngste Gericht. – Geschichte des Christentums in einem Roman. – Tempelherrn und Jesuiten. – Die Zonen. – Die Weltgeschichte. – Romane oder Schauspiele. – Die Zerstörung Jerusalems.

809. Bildung des Schriftstellers.

Hilfsmittel. Gründliches Studium dieser Profession.

Studium der sächsischen Geschichte usw. Sachsens überhaupt. Mathematik. Astronomie. Physik. Griechisch und Latein bei Kindervater.

Haltaus, Wachter, Schiller usw. Adelung.

810. Durchaus verkehrte, bisherige Theorie der Schilderung der Leidenschaften.

811. Qualitative Perspektive.

812. Poesie = offenbartem Gemüt – wirksamer (produktiver) Individualität.

813. Edda. Boccaz. Leben des Thomas von Aquino usw. Bücher aus Schlöben und von Funk.

814. Ein verkehrter Tag, wo man mit Abend anfängt und mit Morgen endigt.

815. Witziger Umgang in der Liebe.

816. Stimmen aus Palästina. Eine Sammlung christlicher Lieder.

817. Analoger Gebrauch der Flaxmannischen Zeichnungen für

den Dichter. Notwendige Pedanterei der Poesie. Steife Perioden usw. Steinerne Umrisse.

818. Neue Behandlung der Moral.

819. Über die Geschlechtslust, die Sehnsucht nach fleischlicher Berührung, das Wohlgefallen an nackenden Menschenleibern. Sollt es ein versteckter Appetit nach Menschenfleisch sein?

820. Einrichtung unsrer Bibliothek. Die brauchbarsten Bücher aus allen Wissenschaften. (Waren-Lexikon. Inventarien.)

Naturhistorische Bücher. Wiederholte Betrachtungen der Naturkörper.

821. Notwendigkeit eines Papstes und eines Concilii zur Regeneration von Europa.

Teleologie der Revolution.

Herstellung der Hierarchie.

Ehemalige große Welt am päpstlichen Hofe. Historische Ansicht des Protestantismus.

Magie einer Republick – überhaupt einer Staatsverbindung.

Notwendigkeit aller Staatsformen. Möglichkeit der Ausbildung jedes politischen Individui.

Annihilation des natürlichen Staatsrechts.

822. Politik ist eine gelehrte historische Wissenschaft und Kunst.

823. Beschäftigungen in Artern. Bücher aus Weimar und Leipzig.

824. Flögels Geschichte der komischen Literatur. Tausendfache Versuche im komischen Fache.

Vermählung des Komischen mit der höchsten Poesie – und dem Wichtigsten und Ernstesten überhaupt.

825. Theatralische Belustigungen aller Art – ein Hauptressort gesellschaftlicher Vergnügungen.

Einführung der Masken.

Das Marionettentheater ist das eigentlich komische Theater.

Notwendige Grobheit des Lustigen.

826. Neue Bearbeitung der Moral – höchstdringend.

827. Korrespondenz mit Oppeln.

828. A n g e w a n d t e Liebe zu Julien.

829. Arten, Geld zu erwerben:

1. Durch Spiel. Lotterie. 2. Durch zufälligen Fund. 3. Durch Erbschaften. 4. Durch Staatsbedienungen. 5. Durch Liebenswürdigkeit usw. mittelst Geschenken. Bettelei. 6. Durch Tätigkeit und Klugheit und Kenntnisse und Fertigkeiten: a) Handelstätigkeit, b) literärische Tätigkeit, c) Künsttätigkeit, d) Geschäftstätigkeit, e) Kraftanwendung oder physische Tätigkeit. 7. Durch Raub. 8. Durch Schönheit und Gefälligkeit.

Staatsbedienungen erlangt man durch Anciennität, Protektion, Reichtum, Stand, Ruf, Kenntnisse, Redlichkeit, Geschicklichkeit, Tätigkeit.

Die Handelstätigkeit ist entweder produktiv oder translativ. Außer Glück und Kredit, welchen man durch Redlichkeit und Klugheit erwirbt, gehört genaue Kenntnis der Bedürfnisse – und der Naturlehre der Bedürfnisse, der Mittel, sie zu befriedigen, statistische, technische, politische, geographische, ökonomische und historische Kenntnisse, ein immer reges Auge, ein alles genau übersehender und würdigender Verstand und eine fruchtbare Einbildungskraft dazu.

In der Bezahlung der Tätigkeit ist ein großer Unterschied; die Tätigkeit wird sehr mannichfach bezahlt, und es ist eine Hauptkunst diejenige zu wählen, die am besten sich verinteressiert, wie es die Hauptsorge des Landmanns ist, seinen Boden mit der Frucht zu bestellen, die ihm den höchsten Geldertrag gibt.

Maschinen und chemische Bereitungsarten zu erfinden, ist für den scientifischen Kopf das fruchtbarste Feld.

830. Literärische Pläne:

Gozzische Schauspiele. Shakespearesche. Historische. Lustspiele. Romane. Phantasien. Predigten. Abhandlungen. Historische Aufsätze.

Lektüre von Romanen. Schauspielen – Geschichtsbüchern.

831. Bergmännische, geognostische und technologische Lektüre.

832. Reisen ins Land der Romane. Lauter bekannte Personen.

833. Die indirekte Sthenie hat Röschlaub ganz vergessen. Was von der indirekten Asthenie gilt, muß von der indirekten Sthenie in ihrer Art auch gelten …

Eine der Zeit des Lebens und Nährungsprozesses angemessene Steigerung der Reize wird nie Sthenie hervorbringen. Der Nahrungsprozeß läßt sich der Organisationsprozeß nennen, der der höhere, kombiniertere Kristallisationsprozeß ist. …

So wie er Zeit und Ruhe erfordert, so erfordert der Erhöhungsprozeß (Gradualprozeß), der Vermehrungsprozeß (quantitative Prozeß) und der gerade Relationsprozeß des angeschoßnen organischen Stoffs eine neue längere Zeit und Ruhe. Die Verkürzungen und Störungen dieser Prozesse haben mancherlei Unvollkommenheiten des Gebildeten und seiner Bewegungen und Verrichtungen und Lebensdauer zur Folge. Hätte jeder organische Teil ewige Lebensdauer, so wäre keine Nahrung im strengern Sinn, keine Erneuerung und Absonderung nötig. So aber ist unaufhörliches Absterben und Geborenwerden im lebenden Körper. In der ersten Periode des Lebens, solange der Mensch wächst, wird mehr angesetzt als abgesetzt, mehr gegessen als sezerniert. Ein plötzliches Wachstum verrät … mangelhaften Relationsprozeß. Mangelhafte oder übertriebene Nutrition – Sthenie und Asthenie kann der Grund davon und mithin zu schnelles oder zu langsames Wachstum sowohl indirekte Sthenie als indirekte Asthenie sein. Die ganze Periode des Wachstums ist bei uns krankhaft, zu schnell, zu schneller Anschluß, zu schnelle Vermehrung oder Erweiterung. Daher folgt jetzt bei uns noch eine Periode der Verdichtung, des Robustwerdens, die eigentlich nicht von jener getrennt sein sollte …

Wachstum im Volumen, Wachstum in der Masse, beides vereinigt. Äußre Oberflächen-Bildung, Gliedrung – Bildung, Gliedrung in die Tiefe – ins Innere. Der Mensch ist gleichsam ein Kristall derjenigen Masse, aus der unendliche Kristalle werden konnten. Der vollendete Kristall soll gleichsam aus einer unzählbaren Menge kleiner, ähnlicher Kristalle bestehn.

Der Keim des Menschen ist gleichsam eine Grundgestalt, die durch mehrere, allen Menschen gemeinschaftliche Umstände in eine abweichende, sekundäre Form übergeht (Mißgeburten), wodurch dann die ähnliche Form der unzähligen Glieder alteriert wird und Verschiedenheit ihrer Figurationen, mithin auch ihrer Bewegungen, folglich auch Unvollkommenheit einer großen Anzahl der Glieder entsteht. Diese Unvollkommenheit jedes rohen Systems soll durch das Leben desselben allmählich ausgeglichen – eine neue, aus unendlichen Unähnlichkeiten entstehende, allgemein ähnliche Grundgestalt und Bewegung hervorgebracht werden, die gleichsam die Synthesis der ursprünglichen, einfachen Grundgestalt und Bewegung – und ihrer möglichen, zahllosen Alterationen oder Variationen enthält. Wie das gebildete, vollendete Ich gleichsam die Synthesis des rohen Ich und seiner unendlichen Alterationen durchs Nicht-Ich ist.

Eine Gestalt veranlaßt unzählige Gestalten, die sich am Ende auf sie reduzieren lassen müssen. Die unendliche Schwierigkeit dieses Problems kann auch nur sukzessive und stückweise, d. h. im unendlichen Raum und in unendlicher Zeit gelöst werden. Mit den Schwierigkeiten nehmen die Kräfte zu. Die rohe, einfache Schwierigkeit ist die schlimmste – man teile die Schwierigkeiten, und sie werden schon schwächer – die Teilung der Schwierigkeiten ist eine Konzentration der Kraft, und je mehr sich das Hauptproblem vor unsern Blicken zerteilt, Zahl wird, desto auflösbarer wird es *i. e.* desto mehr dringen wir in dasselbe ein – unsre Kraft, die unendlich verdünnt war, wird dichter, und wird jenes unendlich zerteilt, so wird unsre Kraft unendlich konzentriert und mithin absolut eindringend. Das Problem ist gelöst …

Mit jeder Auflösung wächst die aufzulösende Menge und mit ihr die auflösende Kraft …

834. Anwendung der vorigen Bemerkung auf die Quadratur

des Zirkels. Ihr liegt die Hypothese oder das Postulat zum Grunde, daß der Urtyp der Zirkelform das Quadrat sei. Das Problem des Zirkels ist also das Problem der Reduktion aller Figuren aufs Quadrat, oder umgekehrt, aller Figuren auf die Runde. Je größer wir die Teilungszahl dieser Figur machen, eine desto genauere Auflösung erhalten wir. Eine unendliche Teilungszahl gibt uns eine unendlich genaue Auflösung. Differential- und Integralrechnung.

835. (Der unendlich verdünnten Kraft entspricht der unendlich einfache Stoff und die unendlich lange Auflösungszeit. Der unendlich einfache Stoff ist auch der unendlich kleine Stoff, der Punkt, die unendlich dünne Kraft ist auch die unbegrenzte, d. i. ungegliederte Kraft oder reine Bewegung (das Chaos). Die unendlich lange Auflösungszeit ist die Ewigkeit *ante* (die Weltzeit des Chaos). Philosophischer Differential- und Integralkalkül.

Mit dem bestimmten Raum entsteht auch die bestimmte Zeit und der bestimmte Stoff, der Körper. Mit dem unbestimmt bestimmten Raum war die Möglichkeit n-fach bestimmter Räume, mit einem wirklich bestimmten Raum n-fach bestimmte Räume gegeben, und so mit dem Stoff und mit der Zeit. *Materia prima* ist der Punkt.)

836. *A priori* etwas demonstrieren, heißt etwas ableiten; *a posteriori* ebenfalls. Dort ist nur ein Progressus, hier ein Regressus. Der echte Philosoph hat eine synthetische Methode – nicht bloß *a priori*, nicht bloß *a posteriori* – beide zusammen, und dadurch beide unendlich verstärkt und vermehrt, gebildet und erweitert.

837. (Logische Dynamik.) Teilung und Erweiterung der Schwierigkeiten ist also zugleich eine Konzentrations- und Bildungsoperation der Kraft – und eine Verkürzung und bessere Benutzung der Zeit. (Je kürzer die Zeit, desto reichhaltiger, mannichfaltiger. Lange Zeit schwächt, kurze Zeit stärkt.)

838. Die beiden entgegengesetzten Heilmethoden, einzeln angewandt, sind wie Methoden *a priori* und *a posteriori*, einzeln angewandt. Der genialische Arzt verbindet und verstärkt und ver-

mehrt und erweitert und bildet sie dadurch ohne Ziel. Alle glücklichen Kuren sind auch bisher zufällig, unwissend, inkonsequent und instinktartig auf diese Art geschehn. Die Einen wollten alles durch Nahrung und Bewegung, die andern alles durch Entnährung und Beruhigung kurieren. Diese taten meistens zu wenig, jene zu viel. Aus Unwissenheit und Unkenntnis ihrer Heilmittel und ihrer Heilmethoden taten sie oft eigentlich gerade, was sie nicht wollten, und schadeten damit oder halfen, je nachdem die Natur der Krankheit ihrer Prognosis oder ihrem Mittel gemäß war. Daraus entstanden willkürliche pathologische und pharmazeutische Bestimmungen. Die besten Empiriker unter ihnen, die treu beobachteten und soviel als möglich das System übersahen, gingen, nach einem gefüllten Kirchhof, am sichersten. Aber indem sie vergaßen, systematischen Fleiß auf die gesammelten Erfahrungen zu wenden und ihren Geist auszuziehn (extrahieren), wodurch sie die schnellsten Fortschritte gemacht haben würden, häuften sie eine unzählige Menge individueller Erfahrungen. Das Individualisieren verschlang das Systematisieren, und indem sich der Blick des alten Arztes in diese Unzahl von Tatsachen verlor, endigte er mit einem Gemeinsatz des schädlichen, trivialen Skeptizismus, des Zweifels an der Kraft des Menschen und des demütigen Anerkenntnisses einer despotischen, unergründlichen, unzählbaren Natur. Eine notwendige Folge dieses Verfahrens war die fortdauernde Unvollkommenheit der Beobachtungskunst – indem nur durch Selbstdenken, welches nichts anders als Systematisieren ist, die Beobachtung verbessert und die beobachtende Kraft, so wie hinwiederum die organische Denkkraft ins Unendliche gebildet und gestärkt werden kann. Keine Beobachtung ohne Nachdenken, und umgekehrt. Durch die Befolgung dieses Gesetzes wird allein der menschliche Geist und seine Wissenschaft und Kunst den erhabnen Weg seiner Bestimmung geführt, der mit jedem Schritt ebner und breiter, kürzer und reichhaltiger wird.

839. (Physiologie) Sensibilität und innrer Reiz (Seele) beziehn

sich, als höheres Organ, nicht direkte auf die äußre Welt, sondern nur indirekte mittelst des niedern Organs, Reizbarkeit und äußrer Reiz oder Welt. Daher entsteht auch beim höhern Organ, außer der Kontraktion und Extension, noch die begleitende Empfindung von Lust und Unlust, die sich bloß auf das Verhältnis des höhern und niedern Organs gründet. Ihre Harmonie erregt die Empfindung Lust, ihre Disharmonie die Empfindung Unlust. Auflösung der Disharmonien – einfache Musik – höhere Musik.

840. (Philosophie.) Synthetische Urteile sind genialische, nicht antinomische, einseitige Urteile. Eine Art von einseitigen Urteilen begreift der Idealismus, die andre der Realismus. Die synthetischen Urteile begreift der Kritizism. Methode des synthetischen Urteilens, System der synthetischen Urteile. Gemeiner – höherer Kritizismus. Angewandter Kritizism. Der gemeine Kritizism spukte im Akademism oder Eklektizism vor, der höhere im Synkretism.

Syntkretism oder Synkritizism ist Eins.

Der Synkritizism ist das Höchste. Es gibt einen realen und idealen Kritizism; dieser wird durch Synkritizism vereinigt.

841. Die echte Scheidungslehre ist auch eine echte Verbindungslehre – eine höhere Analytik und Synthetik zugleich.

842. (Platners Aphorismen. Baumgartens Metaphysik und Logik. Tiedemanns Geist der spekulativen Philosophie. – Hume, Spinoza, Locke, Krusius, Wolf, Tennemanns Plato. ... Lamberts neues Organon.)

843. (Enzyklopädie.) Anwendung des Systems auf die Teile – und der Teile auf das System – und der Teile auf die Teile. Anwendung des Staats auf die Glieder und der Glieder auf den Staat und der Glieder auf die Glieder. Anwendung des ganzen Menschen auf die Glieder, der Glieder auf den Menschen, der Glieder und Bestandteile untereinander. Kriterien = Merkmale. Man ist in der Philosophie wie in der Naturgeschichte bisher immer von einzelnen Kriterien ausgegangen. Man hat nur einseitige Systemreihen konstruiert – indem ein einzelnes Merkmal gleichsam eine

logische Einheit ist – und so bekam man, je nachdem das Merkmal zählbar oder vergleichbar (gradual) war – eine arithmetische oder graduale (geometrische) Systemreihe. Manche haben wohl mehrere Kriterien ohne Kritik gewählt und daher auch ein konfuses System erhalten. Eine Kritik der philosophischen Kriterien ist also von der äußersten Wichtigkeit für die Philosophie, wie eine Kritik der naturhistorischen Kriterien für die Naturgeschichte. Kant hat erstere zu liefern gesucht. Kants Grundsätze der Kritik. Bericht über sein Unternehmen. Der Formations- (Lebens-) prozeß unsrer Vorstellungen dürfte wohl der Gegenstand der Beobachtung und des Nachdenkens des philosophischen Klassifikators und Systematikers sein, wie auf eine analoge Weise der Lebensprozeß der naturhistorischen Gegenstände des P h ä n o m e n des Naturhistorikers. In Alt und Jung, in Ursprünglich und Abgeleitet teilen beide, wie auch die Menschheit von Anthropognosten so geteilt wird. (Antik – modern.)

844. (Philosophie.) Das echt philosophische System muß die reine Geschichte der Philosophie enthalten. Dieses angewandt auf die spezielle Chronik der Bildung der Philosophie unter den Menschen gibt die Geschichte der menschlichen Philosophie.

Fichte ist der Bearbeiter der Kantischen Kritik, der zweite Kant, das höhere Organ, insofern Kant das niedre Organ ist. Inwieweit ist er dies vollkommen? Er setzt die Leser da nieder, wo sie Kant aufnimmt. Seine Wissenschaftlehre ist also die Philosophie der Kritik, ihre Einleitung, ihr reiner Teil. Sie enthält die Grundsätze der Kritik. Aber meinem Bedünken nach fehlt ihr viel zu diesem ihrem Ideal. Sie begreift nur einen Teil der Philosophie der Kritik, und ist so unvollständig wie die Kritik selbst. Kants Plan war's, eine universelle, enzyklopädische Kritik zu liefern; er hat ihn aber nicht ganz ausgeführt, und nicht mit gleichem Glück in den einzelnen Massen der Ausführung. Dasselbe gilt von der Fichtischen Bearbeitung des Kantischen Kritikplans.

Es ließe sich eine äußerst instruktive Reihe von spezifischen Darstellungen des Fichtischen und Kantischen Systems denken,

z. B. eine poetische, eine chemische, eine mathematische, eine musikalische usw. Eine, wo man sie als Szientifiker des philosophischen Genies betrachtete, eine historische usw. Ich habe eine Menge Bruchstücke dazu.

845. (Naturgeschichte und Geognosie.) Geognostische *i. e.* chronologische Klassifikation der Oryktognosie. Das Kieselgeschlecht wäre z. B. das Älteste usw. – vielleicht besser eine ganz geognostische Nomenklatur gewählt: das Urgeschichtliche, Granitgeschichtliche.

Geognostisches Vorkommen der Fossilien. Das geographische Vorkommen kann sehr oft Schlüsse auf das geognostische Vorkommen begründen. Studium der Geognosie an Fossilien. Die ältesten Fossilien tragen das Gepräge der größesten Revolutionen; je neuer, desto ruhiger ist ihre Entstehung gewesen – die Edelgesteine z. B. (Alle Kristalle sind jüngerer Entstehung; die ältesten Fossilien sind daher Gemengte.)

846. (Geognosie.) Die Mittelgebürge sind die reichhaltigsten an mannichfaltigen Fossilien. Die neuste, friedliche Zeit ist weniger fruchtbar an wunderbaren Produktionen und Bildungen gewesen, daher in den neusten Erdschichten wenig Mineralien gefunden worden. Der Basalt ist vorzüglich reich.

Die ersten Revolutionen waren einfach, aber gewaltsam. Grundrevolutionen. Die folgenden waren schon gebildeter, mannichfacher. Daher trugen ihre Produkte den Reiz der Mannichfaltigkeit der Gestalten und Massen und des Kolorits. Die neusten Revolutionen waren mehr Revolutionen der Oberfläche, sie waren partieller, lokaler, und ihre Produkte sind monoton und mehr nur Veränderungen der ältern Produkte. Die Züge des Granits sind gleichsam ein mannichfach gegliederter Äquator der Erde; das Land plattet sich gegen sie ab. Sie haben regelmäßigere Witterung. Im Mittelgebürg ist die Witterung am veränderlichsten, im platten Lande wieder regelmäßiger. Sie haben die meiste Sonne. – Das platte Land hat, wie die Pole, zuweilen mehr Sonne als das gebürgige Land; aber im ganzen weniger. So bildet sich die Oberfläche der Erde in analoge Planigloben, die dem kubischen Globus ähneln. Wie die meisten Gebürge auf einer Seite steil und auf der andern, in ziemlich paralleler Richtung mit ihren Axen, flach abfallen – so fällt auch das große Erdgebürge steil gegen den Südpol und flach gegen den Nordpol zu. Zusammenhang dieser Erscheinung mit den übrigen astronomischen, geognostischen und geogenischen Verhältnissen.

847. Gebildete, regelmäßig ausgeführte Bildersprache.

848. Sonderbar, daß man noch keine logische Pflichtenlehre des Lesers und Rechtlehre des Autors hat. Ideal eines Lesers.

849. Die Rechtslehre ist nichts als politische Logik. So wie die Logik nichts als juristische Philosophie ist. Die Metaphysik verhält sich zur Logik, wie Ethik zur Rechtslehre. (Über die Rechte der Moralität im Staate, und umgekehrt, über die Moralität des Rechts.) (Sind Gesetze moralisch?)

Logisierte Metaphysik und Metaphysik der Logik. Kant scheint die Ethik juristisch behandelt zu haben.

850. Die Zeit als Koprinzip der Verwandtschaften, teils in Beziehung auf Folge, teils in Beziehung auf Geschwindigkeit.

Die Lehre von der qualitativen Zeit ist die Lehre von der Geschwindigkeit. Grade der Zeit, Zeitzahlen. So auch mit dem Raum.

Chronologie ist die Lehre von der Zeit-Längenbestimmung eines Faktums – eines zeitlichen Individuums. Die Zeit ist hier als ein unermeßlicher Meridian zu betrachten, worauf jedes zeitliche Individuum seine Sphäre, seine Skale hat: die Größen, Entfernungen und Einteilungen dieser Skalen sind nun der Gegenstand der Chronologie.

Der Chronologie steht die Lehre von der Ortsbestimmung im Raum gegenüber, die allgemeine Topologie. Beide nannte man zum Unterschied von der speziellen Geschichte der Chronologie und Topologie, die eigentlich diesen Namen verdienen, chronologische und topologische Erden- und Menschengeschichte.

Bearbeitung des wissenschaftlichen Systems nach Wernerscher Art, aber viel universeller.

851. (Physiologie.) Sollte die Milch und die demulzierenden Mittel als Gegenmittel der giftigen Wirkungen die Organe nur in dem Maße herabstimmen, als die Gifte sie hinaufstimmen, und dieses ihre sogenannte involvierende Wirkung sein?

Der organische Körper ist eine Synthese von Grad und Quantität, Energie und Figur. Jede Veränderung des Grades ist mit Veränderung der Figur verbunden. Der höhere Grad bewirkt eine Heraufstimmung, der geringere Grad eine Herunterstimmung. Der Grad entsteht durch eine modifizierte Kraft. Ein Stoff kann nicht mit Kraft übersättigt sein. Je mehr Kraft er besitzt – ruhende Kraft ist Vermögen – also je vermögender er ist, desto höher ist sein Grad. Alle Kraft gehört zur Welt-Kraft. Die Kraft verhält sich zur Seele, wie die Seele zum Geist. Alle Berührung ist ein Anlaß zur Erregung der einenden, systematisierenden Kraft, *i. e.* der Weltseele oder der Seele überhaupt. Je animierter der Stoff ist, denn auch hier läßt sich keine Übersättigung der Kraft mit Seele denken, desto mehr wird die Berührung wirksam sein. Die Berührung selbst hat Grade und Größen und Richtungen, *i. e.* Figuren. Unwirksame Berührungen sind keine Berührungen im strengern Sinn, es sind nur scheinbare Berührungen. Nicht immer sind scheinbare und wirkliche Berührungen verbunden. Echte Berührungen sind wechselseitige Erregungen. Manche Stoffe sind gar nicht animiert, diese heißen tot im strengern Sinn. Relativ tot kann ein Körper heißen, dessen Seele durch keine gehörige Berührung reg ist – relativer Tod ist Schlummer. Es gibt oft einen scheinbaren Schlummer, sowie einen scheinbaren Tod. Ohne die Chymie würden wir eine große Menge Körper tot nennen, die es im Grunde nicht sind. Die Seele ist ebenfalls gradfähig. Die einfachste Seele ist auch die schwächste, und daher nur durch die gewaltsamsten Reizmittel oder einen langanhaltenden Reiz zu erregen. …

Je komplizierter, mannichfacher die Seele, desto stärker, desto erregbarer. Wenn also zur Erregung der schwächsten Seele die innigsten oder größesten oder dauerhaftesten Berührungen oder Reize gehören, so verhält es sich anders mit der stärkern Seele.

Mit der Mannichfaltigkeit oder Stärke oder Dauer (Dauer = Zeitkonstitution, Mannichfaltigkeit = Stoffkonstitution, Stärke = Raumkonstitution) werden auch die Berührungen mannichfaltiger, stärker und dauerhafter und so auch die Reize. Die einfache Seele wird also nur durch eine Berührung und einen Reiz in Tätigkeit gesetzt. Die kompliziertere Seele durch mannichfache Berührungen und mannichfachen Reiz.

852. (Mechanik.) (In der mechanischen Bewegung muß das Bewegende schlechterdings eine Verbindung von Zeit, Stoff und Kraft sein. Ohne kooperierende Kraft der Geschwindigkeit (zusammengesetzte Kraft) keine Bewegungen. Die Wirkungen der Schwere sind keine Wirkungen einer freien, bewegenden Ursache, keine mechanischen Bewegungen im strengern Sinn.) …

853. (Physik.) Erläuterung des Begriffs von Polarität wird hier am rechten Ort sein. Polarität entsteht durch Zersetzung eines Grads in seine Elemente. Hier tritt Quantität und Qualität auseinander; die Merkmale des Grads treten positiv und negativ gegeneinander. Polarität ist eine Unvollkommenheit – es soll keine Polarität einst sein. Sie tritt in System ein, ehe es vollkommen ist. Wenigstens wird sie einst nur Mittel, nur transitorisch sein dürfen. Bei der Polarität entsteht eine Trennung des notwendig Verbundenen, eine Feindseligkeit, gegenseitige Aufhebung und Beschränkung. Es ist ein antinomischer Zusammenhang da, der Satz des Widerspruchs regiert, *status naturalis, polaris est bellum omnium contra omnes*. Hier entsteht das Nichts – 0. Ist in diesem Kriege ein unpolarisches Wesen, so bleibt dies allein übrig. Das übrige vernichtet oder bindet sich untereinander, und es erscheint nichts, *i. e.* nichts Gemeinschaftliches, denn nur die Seele oder der Geist kann erscheinen, mithin alles Erscheinende ist ein Gemeinschaftliches, ein Beseeltes.

(Zwischen Seele und Geist steht das personifizierende, das gemeinschaftliche, gliedernde Prinzip, und über diesem steht die synkritische Seele, der vollkommne Geist. Die Seele ist die synkritische Kraft. Zwischen der Seele und Kraft steht das teilende, sondernde gliedernde Prinzip, und die Kraft ist der synkritische Stoff, der antinomisch kritische Stoff, der gemein einfache Stoff.) Gott ist der synkritische Geist.

Ein einfaches kritisches Schema muß angenommen werden. Dies ist die Basis der Welterscheinung. Aus seinen Bewegungen und Figurationen entsteht das große, ausgeführte Weltschema. Bei der Polarität, der Erscheinung der spezifierenden Kraft ... ist alles getrennt, was eigentlich zusammengehört; Mannichfaltigkeit steht der Stärke, Dauer beiden entgegen. (Daher das Prinzip der Makrobiotik.)

854. (Physik.) Aller Gärung ist Wirkung des Galvanismus. Organisierte Gärung ist Kreislauf der Säfte.

855. Das simple Phänomen der Reizung läßt sich unendlich analysieren und synthesieren. Die menschliche oder tierische Erregungstheorie muß von einem diesem Phänomen entsprechenden Satze ausgehn. Der mechanische Galvanism hört nach dem Tode auf und läßt nur noch den chymischen Galvanism übrig. ...

856. Wie Copernikus machen's alle gute Forscher, Ärzte und Beobachter und Denker: sie drehn die Data und die Methode um, um zu sehn, ob's da nicht besser geht.

857. (Physiologie.) Je kleiner organisch zerteilt der organische Körper ist, desto gebildeter usw. Auch das kleinste Teilchen muß die vollständige organische Bildung, Bewegung und Freiheit haben.

Durch Berührung mit kleinen Teilen veranlasse ich diese Zerkleinerung des organischen Stoffs, wenn auch nur transitorisch, und diese Zerkleinerung ist als partielle Annahme eines höhern Grades mit mächtigen Erscheinungen begleitet. Heftige Konvulsionen beim Stechen, Streicheln usw.

858. Außer dieser mechanischen Zerkleinerung des Stoffs

gibt's auch noch eine chymische Zerkleinerung – und vielleicht wirkt diese die Phänomene des Galvanismus.

859. (Historie.) So entsteht aus der Betrachtung der Geschichte die allgemeine Menschennatur und in besondern Ländern, Zeiten, Konstitutionen, Nationen usw. die spezielle Menschengeschichte.

860. (Physiologie.) Über die vorzügliche Wirkung mancher Gemütsaffekten auf besondre Organe. Diese Betrachtung kann uns unendlich instruktiv werden. So wirkt der Ärger z. B. auf die Galle usw. Die Philosophie des menschlichen Körpers, der Glieder, sowie die Philosophie der Seele und ihrer Glieder kann dadurch außerordentliches Licht gewinnen, überhaupt der Zusammenhang der mannichfaltigen Stoffe, der mannichfaltigen Formen und der mannichfaltigen Bewegungen mit den einfachen Operationen, Formen und Stoffen des menschlichen Geistes – Verbindung der innern und äußern Person – des Allgemeinen und Speziellen. Das Allgemeine und Spezielle vermannichfacht sich ins Unendliche.

861. In dem Sinn, wie Röschlaub die innern inzitierenden Potenzen nimmt, müssen alle äußre Potenzen, wozu denn auch die Seele und der Geist gehört, mittelst der innern inzitierenden Potenzen wirksam sein. Die Summe der inneren inzitierenden Potenzen ist der Körper. In diesem ist eine verhältnismäßige Summe äußrer Reize beider Art, psychischer und physischer eingeschlossen (die Seelen- und Körpersäfte) und werden durch die innern inzitierenden Potenzen, und *vice versa*, modifiziert. Sollte etwa der Prozeß der Säfteveränderung in einer Animation der Körpersäfte – einer Mischung gleichsam der Seelen- und Körpersäfte bestehn? Je vollkommner die innern inzitierenden Potenzen sind, desto vollkommner gerät die Mischung und desto vollkommner der neue Anschuß. ... Die innern inzitierenden Potenzen selbst sind ein Kompositum, aus Seele und Körper, in mannichfachen Verhältnissen.

862. (Medizin.) Schlüsse eines Arztes von dem Bau und Aus-

sehn der Oberfläche auf den Bau und das Aussehn der innern Teile – von den gewöhnlichen, äußern, organischen Verrichtungen auf die innern, von den Affekten eines Kranken, den Katenationen seiner Bewegungen auf die innern Affekten der Glieder und die innern Katenationen usw. Kritisches Studium jedes Kranken, Heilung, Auflösung und Demonstration, Beweis.

863. (Logik.) Die Wahl des Begriffs für den Gegenstand – des Satzes für seine Verhältnisse bestimmt die Auflösung und Demonstration. Die erste Wahl oder Gleichung ist so schwierig und kritisch als entscheidend.

864. Wenn der Satz oder die Verhältnisse, der Gegenstand oder der Begriff richtig gewählt sind, wirklich Eins sind, so muß auch die Demonstration und Auflösung, das Experiment und die Erklärung durchaus übereinkommen.

Wie das Experiment die bloße Erweiterung, Zerteilung, Vermannichfaltigung, Verstärkung des Gegenstandes ist, so ist die Erklärung dasselbe vom Satze. Hier gilt also der Satz: Was vom niedern Grade gilt, muß auch vom höhern Grade gelten. Was im niedern Grade durchaus eins ist, muß auch im höhern Grade durchaus eins sein.

865. Methode aus irrigen Auflösungen und Beweisen – am Ende die richtige Grundgleichung oder den richtigen Begriff oder richtigen Gegenstand zu erhalten und damit nun die Möglichkeit der vollkommnen Auflösung und des vollkommnen Beweises. …

Was indizieren mehrere richtige Beweise und Auflösungen? …

866. (Physiologie.) Sollte nicht im Kreislauf der Säfte Saft und Gefäß sich zugleich fortbewegen und dadurch sich gegenseitig forthelfen? … Sollte es nicht wenigstens im gesunden Zustande der Fall sein? und Bedingnis der Gesundheit sein?

Zu große Animation – zu große Korporation der Säfte: dünn, fein, elastisch – dicht, grob, minder elastisch.

(Licht, Luft und Wärme sind gewissermaßen Übergänge des Körpers zur Seele.) Der organische Stoff ist eine Synthesis des

Körpers und der Seele, die dadurch beide mehr werden, höhere Grade annehmen als vorher. (Der Mensch und Bürger ist mehr wie der bloße Mensch.)

867. Hieraus läßt sich auch der Unterschied und die Wirkung der diffusiblen und so anhaltenden Reize erklären. Narkotische Natur der diffusiblen Reize.

868. Mit der Theorie der Arzeneimittel ist es wie mit der Pathologie. Es gibt eine anatomische und physiologische Pharmazeutik. (Die Pharmazeutik umfaßt die ganze Natur, Seele und Körper.)

869. Die Anwendung der allgemeinen Brownischen Pharmazeutik auf diese spezielle historische Wissenschaft gibt die synthetisch historische Pharmazeutik.

870. (Architektonik.) Sollte nicht die Kristallisation, die Naturarchitektonik und Technik überhaupt Einfluß auf die frühere Baukunst und Technik überhaupt gehabt haben?

871. (Physik.) Wie ein langanhaltender geringer Reiz doch eine starke Inzitation am Ende bewirkt, so auch ein langanhaltender geringer Nichtreiz, Erregungsruhe eine starke Schwäche.

872. Anwendung der Mathematik auf die Denklehre – Schnelligkeit und Reichhaltigkeit des Denkens – nicht auch Stärke des Denkens.

873. Grade des Denkens. Die Sprache ist ein Gedankometer. Scharfes Denken, eindringliches Denken.

874. Sthenie und Asthenie sind verkehrte Synonymen. ... In der Sthenie nimmt die Kapazität zu und die Erregbarkeit ab – auf dem Punkte, wo die allzugroße Abnahme der Erregbarkeit die Zunahme der Kapazität vermindert, fängt die indirekte Asthenie an. In der Asthenie ist es umgekehrt.

In der mittleren Sphäre herrscht Gemeinschaft: wechselseitige Erhöhung der Kapazität und Erregbarkeit. In der benachbarten entgegengesetzter Wechsel, Verminderung der einen mit Zunahme der andern; in der dritten gegenseitige Vernichtung beider. Sie machen die Elemente eines Grades aus, die vereinigt, polarisiert oder gebunden sein können.

875. (Physiologie.) In einer wahrhaft robusten Konstitution ist der Wechsel der Zustände sowohl schnell als langsam, heftig und schwach, groß und klein, mannichfaltig und einfach. Je schwächer die Konstitution, desto geringer alles dies in der Sphäre der Gesundheit – desto mächtiger aber in der Sphäre der Krankheit, welches bei den Stärkern umgekehrt ist. Einseitige Gesundheitsverbesserungen nach Einer Krankheitsseite zu.

876. Der vollkommenste Mensch hat alle Konstitutionen samt ihren Veränderungen in seiner Gewalt.

Die stärkere Konstitution befaßt die schwächere immer mit – die relativ stärkere nur die relativ schwächere.

877. (Medizin.) Einfluß des individuellen Charakters auf den organischen Technizism, den Bau und die Bewegung und das Produkt. Allmählicher Einfluß der Charakterbildung auf den Körper und seine Veränderung. Entstehung spezieller Krankheiten aus dieser Quelle. Die gewöhnlichen Pathologien enthalten die äußern poetischen Materialien, die Krankheiten der Krankheit (oryktognostische Geschichte). Die Brownische Pathologie enthält die innern poetischen, die sogenannten philosophischen Materialien. Ihre Verbindung. Indem wir die Brownische Krankheit in individuellen Organismen betrachten, entsteht die spezielle historische Pathologie.

878. Wenn die Kritik vollkommen, die Theorie vollkommen und die Gegentheorie vollkommen richtig ist, so bedarf es nichts weiter. ... Die synkritische Operation ist *eo ipso* erledigt. So kommt das Höchste von selbst, wenn alle Bedingungen seiner Erscheinung vorhanden sind. (Indirekte Konstruktion der Synthese. Die Synthese erscheint in konkreter Gestalt.)

Die Kritik ist die These; Theorie und Gegentheorie sind die Antithesen. Vollständige Ausbildung der These hing von der vollständigen Ausbildung der Theorie und Gegentheorie ab, und *vice versa*. Mit dem letzten Feilenstrich ist die synkritische Operation, die regelmäßige Entwicklung der einfachen These, der einfachen Gleichung zur vollständig ausgebildeten These, zur entwickelten Gleichung ebenfalls vollendet.

879. Ein Satz ist ein Molekül der Wissenschaft. Die Logik ist ein Schema der Wissenschaftskonstruktion überhaupt.

Der Begriff ist These; das Urteil die Antithese; die Gleichung, der Schluß die Synthese.

Zusammengesetzten Begriffen entsprechen zusammengesetzte Urteile und zusammengesetzte Schlüsse. Der Schluß ist die Synthese des Begriffs und Urteils. Die Lehre von den Urteilen begreift die Theoretik und Antitheoretik oder die Lehre von der Auflösung und den Beweis.

Der Schluß ist eine bloße Formalität. (Ein Rechtsurteil ist eigentlich ein Rechtsschluß.)

880. Begriff und Objekt, Satz und Produkt, Namen und Sache sind die synonymen Resultate des Beweises und der Auflösung. Ist die These real, so ist das Produkt des idealen Beweises ideal und die Auflösung real, und umgekehrt. Experiment und Erklärung können wechselseitig Auflösung und Beweis sein. Kritik des Satzes – Kritik des Produkts. Anordnung des Problems – Aufstellung, Kritik des zu beobachtenden experimentalen oder demonstrablen Gegenstandes und Begriffs.

881. Anwendung der Wernerschen Idee von der Entstehung und Plazierung und Größenbestimmung der Erzgebürgischen Städte durch die natürlichen Reviere des Bergbaus auf andre natürliche Reviere.

882. Der wichtige Streit zwischen Theorie und Praxis ward auf der einen Seite durch die unvollständige Theorie, da doch der Praktiker mit der vollständigen Natur zu tun hat, und auf der andern Seite durch den Mangel an Nachdenken und Einsichten der Praktiker veranlaßt.

883. Geist ist philosophische Natur in n Potenz oder Grad.

884. Mein Wille nähert sich nachgerade der Vollkommenheit des Willens, den man ausdrückt: Er kann, was er will.

885. Der Beobachtungsprozeß ist ein zugleich subjektiver und objektiver Prozeß, ideales und reales Experiment zugleich. Satz und Produkt müssen zugleich fertig werden, wenn er recht vollkommen ist. Ist der beobachtete Gegenstand ein Satz schon und der Prozeß durchaus in Gedanken, so wird das Resultat des Beweises derselbe Satz nur in höherm Grade sein. So in einem durchaus realen Prozeß – wenn es einen gibt? Mittelprozeß, ideal und real zugleich. Über den realen Beweis der realen Auflösung. Das künstliche Produkt ist das höhere – es ist in meine Gewalt gekommen. Die physische und chemische Synthese ist nichts, als ein realer Beweis einer realen Auflösung.

886. Die Revision des Wernerschen Systems und die Kritik meines Unternehmens muß nun die erste Arbeit sein. Bearbeitung der Logik, der Algeber usw. gehört dann zur Tagesordnung. (Die Briefe an die Schlegels. Ordnung meiner Papiere.)

887. Alle sensible Personen müssen wenig und sehr verdünnte geistige (narkotische) Mittel erhalten – sie haben dessen schon zu viel. Grobe Kost, körperliche Bewegung, regelmäßiges, mäßiges Denken, Unterhaltung und Betrachtung der Sinnenwelt, welches für grobe Kost zu achten, dies sind die Grundzüge ihrer Heilmethode.

888. Bergsteigen, scharfes Gehn und Reiten ist gewiß schwachen Lungen sehr heilsam. – Sollte die Gicht eine chronische indirekte Sthenie sein?

889. (Philologie.) Was soll eine Vorrede, ein Titel, ein Motto, ein Plan, eine Einteilung, eine Note, ein Text, eine Beilage …, ein Register sein, und wie werden diese eingeteilt und klassifiziert? Der Plan ist die Kombinationsformel des Registers, der Text die Ausführung, die Vorrede eine poetische Ouvertüre oder ein Avertissement für den Leser wie für den Buchbinder. Das Motto ist das musikalische Thema. Der Gebrauch des Buchs, die Philosophie seiner Lektüre wird in der Vorrede gegeben. Der Titel ist der Name. Doppelter und erklärter Titel. Definition und Klassifikation des Namens.

890. (Enzyklopädik.) Mein Buch muß die kritische Metaphysik des Rezensierens, des Schriftstellerns, des Experimentierens und Beobachtens, des Lesens, Sprechens usw. enthalten. Klassifikation aller wissenschaftlichen Operationen. Bildungslehre des allgemein wissenschaftlichen Organs, oder besser der Intelligenz. (Gymnastik des Geistes und des Körpers.) ... Kombinationslehre der wissenschaftlichen Operationen (Akademien, Schulen, Fabriken, Werkstätte usw.). Wissenschaftliche Produkte, ihre Klassifikation usw.

891. Verhältnislehre der Intelligenz usw. zum ganzen Menschen, zum moralischen Wesen – ihre wechselseitige Unterstützung, ihre Kollisionsfälle. Das sittliche Wesen enthält an der vollkommnen Intelligenz das notwendige, unentbehrliche Organ, und die Intelligenz am moralischen Wesen eine höhere Bedeutung, einen höhern Begriff, gleichsam ein höheres Ich, einen schicklichen Zweck.

892. Definition und Klassifikation der Wissenschaften, notwendiges und vollständiges Prinzip der Definition und der davon abhängenden besondren Definitionen und Klassifikationen. Das höchste Prinzip ist der höchste Grad. Dem höchsten realen Grad entspricht der höchste ideale Grad. Sollte Gott das Ideal des Grades, und die Definition von Gott der Keim aller Definitionen sein? Sollte die Definition Gottes und die Definition des Infinitesimalgrades unendlich sein, so müssen wir bei der Definition eines Mittelgrades *i. e.* eines endlichen Grades anfangen, oder mit der allgemeinen Definition des Grades überhaupt.

Die Kenntnis des Graderhöhungs- und des Gradklassifikationsmittels und ihres Gebrauches setzt uns in den Stand, zugleich in die Weite und in die Tiefe zu gehn, zugleich zu makrologisieren und zu mikrologisieren, und dies soweit fortzusetzen als wir wollen, zum gegenseitigen Vorteil beider Operationen.

893. Hab ich nur erst ein wirkliches Stück (Glied) meines Buchs fertig, so ist der Hauptberg überstiegen.

894. Mein Buch soll eine szientifische Bibel werden, ein reales und ideales Muster und Keim aller Bücher.

895. Logische, grammatische und mathematische Untersuchungen, nebst mannichfaltiger, besonders philosophischer Lektüre und Nachdenken müssen wir den Weg bahnen. (Im Klassifizieren und Definieren usw. will ich mich an Werners System und an den Wissenschaften üben.)

896. Du wirst das Prinzip der Klassifikation am besten durch klassifizierende Versuche lernen. Klassifiziere und definiere deinen Versuch wieder, und so fort.

Fichten muß man an der Logik fassen, die er voraussetzt.

(Absoluter Glaubensartikel.)

897. Bloße Spekulation (müßiges Denken) endigt sich mit Ruhn, Untätigkeit. Man muß immer einen Gegenstand bearbeiten, und während dieser Bearbeitung und durch ihre Bearbeitung fortzuschreiten suchen.

898. Mechanism ist Effekt von Harmonie.

899. (Naturgeschichte.) Wie alle Wissenschaften sich einer gemeinschaftlichen philosophischen Wissenschaft mehr oder weniger nähern und darnach eingeteilt werden können, so ließen sich auch wohl die Fossilien nach einem philosophischen Fossil ordnen – die äußre Beschreibung dieses philosophischen Fossils wäre der jetzige präparative Teil.

Doppelte äußre Klassifikation der Fossilien. Idealisches – vollkommen äußres Fossil – einfaches äußres Fossil. Formales – reales Fossil. Doppeltes formales Fossil.

900. (Philosophie.) Der Idealismus sollte nicht dem Realism entgegengesetzt werden, sondern dem Formalism.

901 (Philologie.) Das Register und der Plan werden zuerst gearbeitet, dann der Text, dann die Einleitung und Vorrede, dann der Titel. Alle Wissenschaften machen ein Buch aus. Einige gehören zum Register, einige zum Plan usw. . .

Beschreibung der Bibel ist eigentlich mein Unternehmen, besser Bibellehre; Bibelkunst und Naturlehre. (Erhebung eines

Buchs zur Bibel.) Die ausgeführte Bibel ist eine vollständige, gutgeordnete Bibliothek, das Schema der Bibel ist zugleich das Schema der Bibliothek. Das echte Schema, die echte Formel indirekt zugleich seine Entstehung, seinen Gebrauch usw. ... Zu jedem Gegenstande gehören vollständige Akten.

902. Was ist ein Autor? Der Autor muß den Zweck haben, Autor zu sein. Die Natur im gewöhnlichen Sinn läßt sich nicht als Autor oder Künstler betrachten, wenigstens nur als Selbstkünstler. Der Autor oder Künstler hat einen fremden Zweck.

903. Diesem Zwecke gemäß bildet er sich eine Autor-Künstlernatur aus. Die Naturationen dieser Natur sind Kunstwerke. Kunstwerk entsteht aus künstlicher Natur.

904. Sonderbar, daß die Hebräer ihre Vokale nicht bezeichneten. Die Konsonantenformen entstanden vielleicht aus den Figuren der sie hervorbringenden Organe.

905. Ein akademischer Lehrvortrag ist ein mündliches Buch; er muß alle Bestandteile des Buchs haben. Ein Kompendium ist der weitläuftige Plan oder der Umriß des Ganzen, die Abbreviatur des Vortrags. Die Rhetorik gehört zur psychologischen Stimmungskunde, wenigstens ein Teil von ihr. Vorlesungen sind statt der Bücher. Zugleich lehrt der Dozent *ipso facto* die Kunst des Lesens und Benutzens, durch Repetition, Extraktion, szientifische Experimente mit dem Vorgetragnen oder Anwendung und Beispielen, Akzentuation des Wichtigen usw.

906. Rezension ist Komplement des Buchs. Manche Bücher bedürfen keiner Rezension, nur einer Ankündigung; sie enthalten schon die Rezension mit. Die Noten sind Demonstrationen im andern Sinn oder Ostensionen. Sie enthalten die Experimente und andre Dinge, die zur Erläuterung des Textes gehören, z. B. die Literatur. Der Text t ö n t , die Note enthält die F i g u r dazu.

907. Könnt' ich nicht hier vielleicht noch Vorlesungen halten?

908. (Mathematik.) Die Perspektiv ist gleichsam die Lehre von der Übersetzung – oder Flächenkomposition – der Körper.

909. Die Ordnung meiner Papiere hängt von meinem Wissen-

schafts-System ab. Bezeichnung aller meiner Gedanken und Register dieser Verzeichnungen. Revision der Gedanken.

910. (Philologie.) Die Einleitung ist die Enzyklopädistik des Buchs – vielleicht der philosophische Text zum Plan.

Alle Wissenschaften, die von Tatsachen usw. ausgehn, gehören zu den gemischten Wissenschaften, den individuellen Wissenschaften. Jede Tatsache ist synthetisch, substantiell.

911. (Logik.) Die Gegenstände teilen die Begriffe ein und gegenseitig. Beide Klassifikationen teilen sich wieder gegenseitig ein, und so fort.

912. Supposition des Ideals des Gesuchten ist die Methode es zu finden.

Fichtens Foderung des zugleich Denkens, Handelns und Beobachtens ist das Ideal des Philosophierens; und indem ich dies zu leisten suche, fange ich das Ideal an zu realisieren.

Das empirische und das spekulative Suchen ist beides unendlich. In beiden zugleich suchen – der experimentierende Gang, das ist das echte.

Indem Fichte glaubt, daß er philosophieren kann und diesem Glauben gemäß handelt, fängt er an zu philosophieren.

Die Synthesis wird in der Zeit realisiert, wenn ich ihren Begriff sukzessive zu realisieren suche, wenn ich anfange zu synthesieren.

Das Resultat des Prozesses ist das Verkehrte vom Zweck; wenn ich dies erst weiß, so kann ich sicher prozedieren, ich habe dann den Zweck und zugleich nicht, wenn ich beides, den Zweck und seine Opposition, realisieren will usf. …

Ich bestimme die Welt, indem ich mich selbst bestimme, und so indirekte mich selbst, und umgekehrt.

Die Reflexion (Abstraktion) ist so täuschend wie die Beobachtung: Idealism und Realism. …

913. Indem ich glaube, daß Sofchen um mich ist und erscheinen kann, und diesem Glauben gemäß handle, so ist sie auch um mich und erscheint mir endlich gewiß – gerade da, wo ich nicht

vermute. In mir, als meine Seele vielleicht, und gerade dadurch wahrhaft außer mir; denn das wahrhaft Äußre kann nur durch mich, in mir, auf mich wirken – und im entzückenden Verhältnisse. (Über die Illusion der Sinne.)

914. (Philosophie.) 1. Annahme, es gibt ein philosophisches System. 2. Beschreibung dieses Ideals, dieses Fantasms. 3. Gebrauch dieser Beschreibung. So mit dem mineralogischen System.

915. Alles Wirkliche ist ein Meter des Wirklichen: wir können also nicht eher sagen, ein Mensch ist wirklich moralisch, als bis er moralisch handelt. Das Wirkliche ist synthetischer Natur.

Auch so mit der Möglichkeit und Notwendigkeit. Aber wie sieht's nun mit dem Wahne aus? Wahnsinn usw.? Hier ist nur ein scheinbarer, kein wirklicher Glauben. Unmöglichkeit, Scheinbarkeit und Zufall sind so vereinigt, wie Möglichkeit, Wirklichkeit und Notwendigkeit. …

916. (Philologie.) Rekapitulation gehört auch wohl zu den Buchgliedern.

917. (Enzyklopädistik.) Meine Wissenschaftskunde wird eine Art von wissenschaftlicher Grammatik oder Logik oder Generalbaß oder Kompositionslehre, mit Beispielen. (Syntaxis.) (Naturgeschichte der Wissenschaft.)

918. Wenn man recht liebt, so entfaltet sich in unserm Innern eine wirkliche, sichtbare Welt nach den Worten.

919. Im Märchen glaube ich am besten meine Gemütsstimmung ausdrücken zu können. Alles ist ein Märchen.

920. Sollte nicht jede Krankheit, jedes Leben zugleich oder sukzessive sthenisch und asthenisch sein und die allgemeinen Brownischen Sätze Grundsätze jeder Krankheit sein? Es fehlen noch Grundsätze über die Reize, die sich ebenso zu den individuellen Reizen verhalten; durchaus Relation.

Humoralpathologen sind nichts als Dogmatiker, objektive philosophische Mediziner – Realisten. Die andern sind Idealisten, subjektive philosophische Mediziner.

Objekt und Subjekt entstehn auch hier immer zugleich. In Brown soll eine Vereinigung schon sein, und den besten Brownianern schwebt diese Idee auch dunkel vor, aber sie fallen immer in einen der vorigen Irrtümer in ihren Ausdrücken und Anwendungen zurück, indem sie die allgemeinen Grundsätze spezifisch und daher wieder eingeschränkt machen; da sie das Verfahren im allgemeinen, mit Buchstaben, nicht für jedes Individuum geltend annehmen, sondern a und b wie spezifische Klassen ansehn, und nun den Vorrat von Krankheiten, Mitteln und Individuen dahinein verteilen, indem sie nicht wahrhaft relativ mit allgemeinen Verhältnisformeln verfahren.

Die ganze Philosophie ist nur ein System eines allgemeinen, für jedes Individuum stattfindenden wissenschaftlichen Verfahrens. Die Termen der Philosophie sind Buchstaben, denen wirkliche, individuelle Größen substituiert werden können und sollen.

Die Philosophie macht alles los, relativiert das Universum. Sie hebt wie das Kopernikanische System die festen Punkte auf und macht aus dem Ruhenden ein Schwebendes. Sie lehrt die Relativität aller Gründe und aller Eigenschaften, die unendliche Mannichfaltigkeit und Einheit der Konstruktionen Eines Dinges usw.

921. Die Philosophie ist die Vernunft des wissenschaftlichen Wesens, das ebenfalls aus Leib und Seele besteht.

922. Die Wissenschaftslehre oder die reine Philosophie ist das Relationsschema der Wissenschaften überhaupt. Sie entsteht aus dem Einfall, statt wirklicher, namhafter, individueller Dinge: allgemeine Dinge, denen jedes Ding substituiert werden kann (*vid.* Begriff von Geld), oder solche Worte zu gebrauchen und an ihnen, als einfachen, isolierten, unvermischbaren Zeichen und Stoffen die gewöhnlichen Operationen zu versuchen, die dadurch in ihrer Folge und in ihrem Zusammenhange rein erscheinen – und dadurch nun allgemeine Verfahrungs- und Begreifungs- – Objekt und Subjekt, Konstruktions- oder Verhältnisformeln werden, allgemein geltende Sätze …

(Psychologie.) Benutzung der seelenvollsten Stunden zur

Sammlung von Einsichten in die Körperwissenschaft; Benutzung der gesündesten Stunden zur Sammlung von Einsichten in die Seelenwelt. Oder man benutze die seelenvollen Stunden zur Bildung und Animation des Körpers und die gesunden Stunden zur Bildung und Korporation der Seele. Dadurch werden die seelenvollen Stunden allmählich fruchtbarer und häufiger, und umgekehrt die gesunden, körpervollen Stunden ebenfalls häufiger und fruchtbarer. (Bei körperlichen Bewegungen und Arbeiten beobachte man die Seele, und bei innern Gemütsbewegungen und Tätigkeiten den Körper.) Einfluß dieser Bemerkung auf Diätetik.

Der echte gegenseitige Beobachter operiert, bemerkt, vergleicht in allen seinen Sinnen und Vermögen zugleich oder sukzessive zu Einem Zweck.

923. (Physiologie.) Wir bestimmen eine sichtbare Erscheinung erstlich durch eine Bewegung im Volumen des Augenmuskels überhaupt. Die Helligkeit des Gegenstandes, seine Lichtstärke, wird durch die Intensität dieser Bewegung bestimmt, die Farbe durch eine Brechung, Teilung der Bewegung – ein Augenurteil –, die Figur und Größe durch eine Drehung und äußre Bewegung des ganzen Augenmuskels, die Entfernung durch eine Konkavierung und Konvexierung des Augenmuskels. Die ausdrückliche Unterscheidung, so nah hintereinander als möglich, dieser einzelnen Bewegungsmomente und ihrer Resultate macht der mittelst des Auges Beobachtende. Geschieht dies mit allen Sinnen, wie hier mit dem Auge, wird die gehörige Verbindung und Klassifikation dieser mannichfachen Momente dabei vorgenommen, so erklärt ein Merkmal das andre, den Grad des andern, seine Art und Quantität, und die vollkommne Beschreibung oder Beobachtung oder Naturgeschichte ist fertig. So erklärt z. B. die Entfernung die Modifikation der Helligkeit, und umgekehrt; und die Gestalt vielleicht zum Teil die Farbe; die Farbe ein Verhältnis zu einem benachbarten Gegenstande usf. So erklärt das Gefühl der Oberfläche, der Durchdringlichkeit, der Schwere den Glanz usw.

924. Jeder Sinn fängt mit Begriff an, schreitet zu Urteil fort und endigt mit Schluß.

925. (Kosmologie.) Es ist einerlei, ob ich das Weltall in mich oder mich ins Weltall setze. Spinoza setzte alles heraus, Fichte alles hinein. So mit der Freiheit. Ist Freiheit im Ganzen, so ist Freiheit auch in mir. Nenn' ich die Freiheit Notwendigkeit und Notwendigkeit ins Ganze, so ist Notwendigkeit in mir, und umgekehrt. Sehr viele Fragen der Art gehören wohl in die Mißverständnisse der Philosophie überhaupt. Weiß ich nur erst eigentlich, was eine Sache ist, so kann ich mich ihrer nachher zweckmäßig bedienen.

Wer in a, b, x und n bestimmte wirkliche Zahlen suchen wollte, der würde irren und zugleich nicht irren. Nicht irren, indem er dadurch seinen Glauben an die Realität der Ideale bewiese, irren, indem er die Realität der Unideale leugnete, irren im Ganzen – mithin in diesen Gliedern sich immer wieder aufheben; und so hebt sich ein Irrtum ins Unendliche auf, wenn man ihn gliedert, so gut wie eine Wahrheit sich ins Unendliche bejaht und verstärkt.

(Nur das System des Universums erklärt sich durchaus vollständig bis in die Infinitesimalteilchen. Erklärung findet nur im System statt, vollständige Erklärung nur im vollständigen System.)

926. (Philosophie.) Das vollständige Zusammentreffen des Idealism und Realism bei der vollständigsten Unabhängigkeit gibt für jedes den vollständigsten Beweis des richtigen Verfahrens. Umsetzung des Einen in den Andern.

927. (Wissenschaftslehre.) Bloßes Experimentieren mit a und b und 0 usw. gibt uns die allgemeinsten Formeln. Die allgemeinen Naturgesetze sind aus dem Experimentieren mit Nichts entstanden.

Verbindung der Schöpfung *ex nihilo et ex aliquo.*

Das Allgemeine wird am besten durch Nichts, 0, ausgedrückt. Die Atome sind gleichsam die Schriftzeichen der Natur und ihnen entsprechen die Schwingungen des Äthers – der Veste. Beide Systeme erklären sich gegenseitig: Aus einem allgemeinen Atom und einer allgemeinen Schwingung ist die Welt entstanden. Große und kleine Atome – große und kleine Vibrationen usw.

Die Plastiker oder Atomisten haben einen Stoff (bewegende Kraft), die Musiker einen modifizierenden Körper, einen Anstoß nötig. Fichte gehört zu den Musikern. (Konkavisten – Konvexisten; Eindruck – Ausdruck.) Beide haben einen Anstoß, eine Berührung nötig. Die Einen zum Gestalten, die Andern zum Bewegen. Theorie der Berührung. (Wozu überhaupt ein Anfang? Dieser unphilosophische oder halbphilosophische Zweck führt zu allen Irrtümern.) Das Übergangsgeheimnis der Transsubstantiation.

(Philosophie und pathologische Logik.) Merke dir, daß alle Behandlung des Irrtums auf Irrtum führt. Idealisierung des Realism und Realisierung des Idealism führt auf Wahrheit. Einer arbeitet für den Andern, und so indirekt für sich. Der Idealist muß, um direkt für den Idealism zu arbeiten, den Realism zu beweisen suchen, und umgekehrt. Der Beweis des Realism ist der Idealism, und umgekehrt. Will er den Idealism direkt beweisen, so kommt er auf 0, *i. e.* er dreht sich immer im Zirkel, oder besser, er bleibt auf Einem Flecke; aller Beweis geht aufs Entgegengesetzte.

Alles ist demonstrabel = alles ist antinomisch.

Es gibt eine Sphäre, wo jeder Beweis ein Zirkel oder ein Irrtum, wo nichts demonstrabel ist; dies ist die Sphäre der gebildeten goldnen Zeit. Die polare Sphäre und diese harmonieren auch. Ich realisiere die goldne Zeit, indem ich die polare Sphäre ausbilde. Ich bin in ihr ohne Bewußtsein, insofern ich in der polaren ohne solches bin, und mit Bewußtsein, insofern ich in beiden mit solchem bin. So bin ich auch Natur und Geist ohne Bewußtsein nur zugleich und mit Bewußtsein nur zugleich – und beides und Krieg und Frieden nur zugleich ohne Bewußtsein und nur zugleich mit Bewußtsein.

928. (Metaphysik.) Jedes Ding ist eine allgemeine Formel des

andern, Funktion des andern. Nach derselben behandelt entsteht ein Produkt, das man diesem oder jenem zuschreiben kann, wie die 12, als eine nach der Formel durch 3 behandelte (multiplizierte) 4, und umgekehrt – als eine Wechselverbindung beider Zahlen.

929. (Philosophie.) Echter Fichtism, ohne Anstoß, ohne Nicht-Ich in seinem Sinn. Entwicklung der F o r m e l Ich.

930. Erfahrungen, Beobachtung, Experimente, historische oder gelehrte Kenntnisse gehören nicht direkt zum Idealism, zum Erfinden *a priori*, aber indirekt; sie stärken als negative Masse und Tendenz. Umgekehrt helfen Ideen nicht direkt zum Experimentieren usw., aber als indirekte Hülfsmittel sind sie unentbehrlich. Dies ist eine neue Ansicht des *a posteriori* und *a priori*.

Höhere Physik oder höhere Mathematik oder ein Gemisch von beiden wurde immer unter Philosophie bisher verstanden. Man suchte durch Philosophie immer etwas werkstellig zu machen, man suchte ein allvermögendes Organ in der Philosophie.

Magischer Idealism.

931. (Mathematik und Grammatik.) Über die Logarythmen. Die eigentliche Sprache ist ein Logarythmensystem. Sollten die Töne nicht gewissermaßen logarythmisch fortschreiten?

Die harmonische Reihe ist die Logarythmenreihe einer dazu gehörigen arythmetischen.

932. Die Verschiedenheit der Leibnizischen und Newtonschen Vorstellungsart von der Rechnung des Unendlichen beruht auf demselben Grunde als die Verschiedenheit der atomistischen und Vibrations- oder ätherischen Theorie. Die Fluxion und das Differential sind die entgegengesetzten Anschauungen des mathematischen Elements; beide zusammen machen die mathematische Substanz aus. Es beruht auf dem Satze $\underline{x} \times \underline{y} = +$. Dieses Plus ist das Differential oder die Fluxion der Funktionen von x und y. Die proportionelle Einteilung dieses Plus ist die Hauptschwierigkeit dieses Kalküls.

Leibniz nennt den Infinitesimalkalkül auch die *Analysis Indivisibilium*.

Infinitesimalkalkül heißt eigentlich Rechnung, Einteilung oder Messung des Nicht-Eingeteilten, Nicht-Vergleichbaren, Unermeßlichen. *Analysis Indivisibilium* = Analysis eines Individuums, Individualkalkül, echt physikalischer Kalkül.

933. Newton hat die synthetische Methode der Alten wahr befolgt – worin bestand sie?

934. Ein gutes physikalisches Experiment kann zum Muster eines inneren Experiments dienen und ist selbst ein gutes innres subjektives Experiment mit. (*vid.* Ritters Experimente.)

935. Algeber und kombinatorische Analysis sind durchaus kritisch. Die unbekannten, fehlenden Glieder findet man durch Syllogistik – kombinatorische Operationen der gegebnen Glieder.

Sonderbar ist es, daß man die Analysis meistens nur zu höherer Geometrie oder Mechanik gerechnet hat. Sie, mit Inbegriff der kombinatorischen Analysis, sind recht eigentlich transzendente Geometrie und Mechanik. Sie beschäftigen sich mit den tabellarischen Formen (Figuren) und Bewegungen der Zahlen oder Größenzeichen.

Die Verwandtschaft der Geometrie und Mechanik mit den höchsten Problemen des menschlichen Geistes überhaupt leuchtet aus dem atomistischen und dynamischen Sektenstreit hervor.

Wort- und Zeichenmalerei gewährt unendliche Aussichten. Es lassen sich auch eine Perspektiv und mannichfache tabellarische Projektionen der Ideen in ihr denken, die ungeheuren Gewinn versprechen.

Eine sichtbare Architektonik und Experimentalphysik des Geistes, eine Erfindungskunst der wichtigsten Wort- und Zeicheninstrumente läßt sich hier vermuten. (Instrumente sind gleichsam reale Formeln.)

Meine Sätze:

Alle Bewegung und Erregung entsteht nur durch Bewegung und Erregung.

Reiz und Beweglichkeit sind nur Verhältnisse von Bewegungen.

Alles was erscheint, z. B. Bewegung und Erregung, war schon vorher da.

Aller sogenannte Reiz stört die Bewegung und Erregung vielmehr, polarisiert sie, und nun wird sie als gestörte Bewegung und Erregung sichtbar.

So unordentlich und konfus diese Sätze auch sind, so reichen sie doch zu, die Substantialität und Ursprünglichkeit der Bewegung und Erregung und die Verkehrtheit der bisherigen Sätze, die nur relative Gültigkeit behalten, darzutun. (*vid.* Ritters galvanische Versuche.)

936. Kants Frage: sind synthetische Urteile *a priori* möglich, läßt sich auf mannichfaltige Weise spezifisch ausdrücken. Z. B. Ist die Philosophie eine Kunst? (Eine Dogmatik, Wissenschaft?) Gibt es eine Erfindungskunst ohne Data, eine absolute Erfindungskunst? Lassen sich Krankheiten nach Belieben machen usw.? Lassen sich Verse nach Regeln und ein Wahnwitz nach Grundsätzen denken? Ist ein *perpetuum mobile* möglich usw.? Ist ein Genie möglich, läßt sich ein Genie definieren? Läßt sich der Zirkel quadrieren? Ist Magie möglich? Läßt sich Gott, Freiheit und Unsterblichkeit demonstrieren? Gibt es eine Rechnung des Unendlichen? usw. ...

937. Die indirekte, von selbst eintretende Folge der vollendeten Philosophie oder des herrschenden Philosophism, also ihr indirekter Zweck, ist das höchste Gut, wozu auch höchste Schönheit usw. gehört. Im vollendeten Körper oder Organ wird die hohe Gestalt und Bewegung, die schöne Seele der Menschheit von selbst erscheinen. Indirekte Konstruktion und Beschwörung des höchsten Guts.

938. Alles kann zum Experiment, alles zum Organ werden. Echte Erfahrung entsteht aus echten Experimenten. Fichte lehrt das Geheimnis des Experimentierens, er lehrt Tatsachen und Tathandlungen oder wirkliche Sachen und Handlungen in Experi-

mente und Begriffe verwandeln; Sachen in entgegengesetzte Handlungen, in Begriffe; Handlungen in entgegengesetzte Sachen, auch in Begriffe. Diese Begriffe hängen zusammen, die Handlungen und Sachen hängen zusammen und alle vier hängen gegenseitig zusammen. Fichte lehrt uns diese vier Dinge konstruieren und also zugleich ihren Zusammenhang und ihre Verschiedenheit.

939. Der Zweck ist doppelt; direkt und indirekt. Jener bestimmt die nähern, dieser die entfernteren Regeln.

940. Was wir selbst und die Umstände, das Glück usw. getan haben, läßt sich nur mit großen Schwierigkeiten, vielleicht gar nicht im gemeinschaftlichen Produkt absondern. (*vid.* Integrationskalkül.)

941. Die Defferentialrechnung ist die Kritik, die Integralrechnung die Auflösung, jene lehrt die Daten ordnen zu Gleichungen, diese die Gleichungen auflösen. Jene ist die Algeber, diese die Analysis; denn Algeber und Analysis verhalten sich auch so zueinander.

942. Die philosophische Naturgeschichte ist diejenige, die durchaus in allen ihren Teilen natürlich zusammenhängend ist, und sich so selbst durchaus erklärt ohne Einmischung des Begriffs von Kausalität nach dem Begriff von Substantialität.

Republik ist philosophischer Staat. Republikanism ist politischer Philosophism.

943. Je tätiger die Organe sind, desto mehr Oxigen nehmen sie aus den Säften; je untätiger, desto weniger Oxigen haben auch die Säfte.

944. Umkehrung der drei logischen Grundsätze – daraus entstehn die drei logischen Antinomien und Grundprobleme. So mit der Mechanik usw.

Die Kategorien kommen nirgends einzeln, sondern immer verbunden vor. Der Mathematiker muß die Arten oder Qualitäten (Nenner) unterscheiden können, um richtig rechnen zu können. Der qualitative Denker sortiert, der quantitative Denker behandelt die Sorten einzeln oder mehrere usw.

Die Kategorien sind *unes et indivisibles.* Jener gliedert, dieser bestimmt die Anteile jedes Glieds an die gemeinschaftliche Masse und ihre gesamten Verhältnisse.

Mit Zahlen im allgemeinen Sinn hat der Mathematiker im strengern Sinn zu tun. Einteilung der Zahlen: direkte, indirekte, ganze (regelmäßige) und unvollständige (unregelmäßige), wahre, scheinbare, unbestimmte, bestimmte, antithetische Zahlen usw.

945. Jedes wahre System muß dem Zahlensystem ähnlich geformt sein – auch das qualitative System oder das Nennersystem.

Wird etwa das qualitative System durch das Zahlensystem unendlich erweitert, und umgekehrt, das Zahlensystem borniert durch das qualitative System? oder beides indirekt?

946. Die erste Kategorie ist in allen vier Klassen das idealische Ziel, das die mittelste vermittelst der untersten erreichen soll. Die unterste ist der idealische Entwurf, der bloße Begriff des Ideals, der Anfang des Ideals.

947. Über den Anzug als Symbol.

Die Schärpe des Kindes ist das zusammengefaltete und festgebundne Segel, das der Jüngling aufspannt, wo es zum flatternden Mantel wird, der auch heraufgebunden sein kann, wie in der Abbildung der Fortuna. Die Haare trägt das Kind lang und schlicht, weil es noch keinen Feind fürchtet, der Jüngling lockig, daß desto mehr Blumen darin hängen bleiben können, der Mann kurz, daß er nicht gepackt werden kann, der Greis wieder schlicht wie das Kind, denn er ist heilig wie das Kind. Die ganz offne Brust des Knaben und die leicht verhüllte des Jünglings bedürfen keiner Erklärung; Einfachheit und Leichtigkeit, Helligkeit und Bequemlichkeit ist der Charakter des Kinderanzugs; Leichtigkeit und Mannichfaltigkeit und Geschicklichkeit statt der Bequemlichkeit der der Jünglingskleidung. Zweckmäßigkeit der Charakter der männlichen Kleidung, Bequemlichkeit, Einfachheit und Dunkelheit der des Greises.

Helle Blumen dem Kinde, Zweige dem Jüngling, dem Manne der Stab, und dunkle Blumen dem Greise. Schuhe das Kind, Schuhe der Greis, Halbstiefel der Jüngling, Stiefel der Mann.

Dem Kind und dem Greis Mützen – Jüngling und Mann keine gewöhnlichen Kopfbedeckungen. Ungewöhnliche: das Kind ein Kranz und der Greis; der Jüngling eine zierliche, der Mann eine zweckmäßige.

Nur Jünglinge tragen Bärte zur Zierde. (Die Kleidung der Alten usw.) Kleidung ist Symbol des Geistes der Zeiten.

Das Vorhergehende gehört in die Symbolistik, die einen Teil der Tropik ausmacht. Jedes Symbol kann durch sein Symbolisiertes wieder symbolisiert werden: Gegensymbole. Es gibt aber auch Symbole der Symbole: Untersymbole.

Auf Verwechselung des Symbols mit dem Symbolisierten, auf ihre Identifierung, auf den Glauben an wahrhafte, vollständige Repräsentation und Relation des Bildes und des Originals, der Erscheinung und der Substanz, auf der Folgerung von äußerer Ähnlichkeit auf durchgängige innre Übereinstimmung und Zusammenhang, kurz, auf Verwechselungen von Subjekt und Objekt beruht der ganze Aberglaube und Irrtum aller Zeiten und Völker und Individuen.

(Erhebung des Zufälligen zum Wesentlichen, des Willkürlichen zum Fato, z. B. in der Astrologie die Folgerungen aus dem willkürlichen Namen der Planeten und Sternbilder.)

Symbolistik des menschlichen Körpers, der Tierwelt, der Pflanzenwelt (alles kann Symbol des andern sein: symbolische Funktion), der Natur, der Mineralien, der Atmosphärilien, der Meteore, der Gestirne, der Empfindungen, Gedanken, der Seele, der Geschichte, der Mathematik.

948. Poesie bezieht sich unmittelbar auf die Sprache. Ästhetik ist nicht so unrechter Ausdruck, als die Herrn glauben. Schönheitslehre ist der beste Ausdruck, wie mich dünkt.

Poesie ist ein Teil der philosophischen Technik. Das Prädikat »philosophisch« drückt überall die Selbstbezweckung, und zwar die indirekte, aus. Die direkte Selbstbezweckung ist ein Unding, mithin entsteht durch sie eine zerstörende, mithin zerstörliche und zu zerstörende Potenz: der grobe Egoism.

Im allgemeinen kann man alle Stufen der Worttechnik unter dem Ausdruck Poesie begreifen. Richtigkeit, Deutlichkeit, Reinheit, Vollständigkeit, Ordnung sind Prädikate oder Kennzeichen der niedrigern Gattungen der Poesie. Schönheit ist das Ideal, das Ziel, die Möglichkeit, der Zweck der Poesie überhaupt. Wird nach dem notwendigen Schema der Poesie (Rede), der notwendigen Poesie (Rede) die wirkliche Poesie (Rede) bearbeitet, so entsteht die idealische Poesie (Rede), die Schönheits-Poesie (Rede). (Harmonie, Euphonie usw., alles begreift Schönheit, überhaupt Schöne Seele.)

949. Warum das Männchen im Tierreiche schöner (relative Schönheit) sein muß als das Weibchen? (Die tierische Schönheit, der Reiz ist Stärke, Energie.) (Direkt reizender ist der Mann überhaupt, indirekt reizender die Frau.)

Problem: Schönheit soll das unzertrennliche Symptom, äußre Kennzeichen von Güte sein. Schönheit soll Güte, Güte Schönheit notwendig symbolisieren und signalisieren zugleich.

Zunge und Lippen usw. sind Teile eines Telegraphs. Telegraph ist ein künstliches Sprachwerkzeug. Die Augen sind Fernröhre, die Fernröhre Augen, die Hand, als Sprachwerkzeug, akustischer Exzitator und Nichtleiter, als Pinsel, als allgemeines Direktionswerkzeug, Habe, Griff, als Unterstützung, Unterlage.

950. Die Lehre von den Verhältnissen gehört in die Algeber, oder die Naturgeschichte der Größen.

951. Was man mit Fertigkeit und Leichtigkeit tun kann, dazu hat man Neigung; das Entgegengesetzte, Abneigung. Unser Wille ist entweder abhängig von + und – Neigung oder unabhängig.

952. Was man nicht auf einmal fassen und tun kann oder will, faßt und tut man sukzessive und teilweise.

953. Der Vortrag der Mathematik muß selbst mathematisch sein. (Mathematik der Mathematik.)

954. (Medizin.) Rausch aus Stärke – Rausch aus Schwäche. Die narkotischen Gifte, der Wein usw. bewirken einen Rausch aus Schwäche. Sie entziehn dem Denkorgan etwas. Sie machen es unempfindlich für seinen gewöhnlichen Reiz. (Leidenschaften, fixe Ideen sind vielleicht eher ein Rausch aus Stärke, bewirken Lokalentzündungen.) Wollust berauscht auch wie Wein. Im Rausch aus Schwäche hat man viel lebhaftere, durchdringendere Sensationen. Je besonnener, desto unsinnlicher.

955. (Philosophie.) Ursprünglich ist Wissen und Tun vermischt, dann trennen sie sich, und am Ziel sollen sie wieder vereinigt und kooperierend, harmonisch, aber nicht vermischt sein. Man will zugleich wissen und tun, in wechselseitiger Beziehung, wissen, wie und was man tut, tun, wie und was man weiß.

956. (Enzyklopädie.) Die transzendentale Physik ist die erste, aber die niedrigste Wissenschaft – wie die Wissenschaftslehre. Eschenmayer nennt sie die Naturmetaphysik. Sie handelt von der Natur, eh sie Natur wird – in demjenigen Zustande, wo Mischung und Bewegung (Stoff und Kraft) noch eins sind. Ihr Gegenstand ist das Chaos. Verwandlung des Chaos in harmonischen Himmel und Erde. (Begriff des Himmels. Theorie des wahren Himmels, des innern Universums.)

957. Die moderne Ansicht der Naturerscheinungen war entweder chymisch oder mechanisch. ... Der Szientifiker der praktischen Physik betrachtet die Natur zugleich als selbständig und selbstverändernd und als übereinstimmend mit dem Geiste. Seine Chymie ist höher, sie verbindet Stoffe ohne ihre Individualität zu vernichten und bringt höhere, republikanische Körper hervor. So auch seine Mechanik. Jene hat mit dieser Ein Medium: Stoff und Bewegung gepaart durch gegenseitige Zuneigung (+ und –, männliche und weibliche Form). Kraft und Stoff in Harmonie. Verschiedne Stoffe und Bewegungen verbinden sich simultan. Jedes beabsichtigt sich indirekt. Moralisierung der Natur.

Die magische Chemie, Mechanik und Physik gehören in ein ganz andres Gebiet.

Die Faktur ist der Natur entgegengesetzt. Der Geist ist der Künstler. Faktur und Natur vermischt, getrennt, vereinigt. Jenes behandelt die Transzendental-Physik und Poetik, die getrennten die praktische Physik und die Poetik, die verbündeten die höhere Physik und Poetik.

958. Chemische und mechanische Psychologie. Transzendentale Poetik, praktische Poetik. Die Natur zeugt, der Geist macht. *Il est beaucoup plus commode d'être fait que de se faire lui-même.*

959. Die transzendentale Poetik handelt vom Geiste, eh er Geist wird. In der chemischen und mechanischen Psychologie herrscht eine beständige Vernichtung der scheinbaren Individualitäten. In der transzendentalen Poetik gibt es nur Ein gemeines, rohes Individuum. In der praktischen Poetik ist von gebildeten Individuen oder Einem unendlich gebildeten Individuum die Rede.

960. (Archäologie.) Galvanism der Antiken, ihr Stoff; Revivikation des Altertums. Wunderbare Religion, die sie umschwebt; ihre Geschichte; die Philosophie der Skulptur; Gemmen; menschliche Petrifikationen; Malerei; Porträt; Landschaften.

961. Wenn der Vortrag der Mathematik mathematisch, so muß ja wohl auch die Physik physikalisch vorgetragen werden können usf.

962. (Physiologie.) Gehört etwa die Sensibilität schon der Seele an? Reizbarkeit und Sensibilität haben einen sehr bemerklichen Einfluß auf die Organisation. Ein Reizbarer wird mehr Gefäße, zärtere Muskeln und mehr sensiblere und zärtere Nerven haben, besonders in den Teilen, die öfters affiziert werden. Wo die Reizbarkeit eines Teils sehr erhöht ist, da treiben neue Gefäße und Nerven hervor, der Körper wird gebildeter aber zärter.

963. Ist Fichtens Darstellung der Wissenschaftslehre nicht noch dogmatistisch? Fichtens Vorurteile – oder sein wissenschaftlicher Charakter.

964. (Enzyklopädistik.) Die Elemente entstehn später als die Dinge. So ist der Körper vor der Fläche, die Fläche vor der Linie.

Die Elemente sind künstliche Bestandteile. Allgemeine Begriffe, Gattungsnotionen usw. gehören zu den Elementen.

965. Aller Reiz soll nur temporell, nur Erziehungsmittel, nur Veranlassung zur Selbsttätigkeit sein.

966. Weil wir jetzt noch ein fremder Reiz für die Natur sind, so ist unser Kontakt mit der Natur auch nur zeitlich. Sie sezerniert uns allmählich wieder –, vielleicht ist es eine Wechselsekretion.

967. (Erziehungslehre.) Dem Kinde wird Glauben, absolute Annahme eines Tätigkeit erweckenden Prinzips zugemutet.

968. (Archäologie.) Definition der Antike. Antike Darstellung der Antike. Erziehung zu den Antiken.

969. (Kunstlehre.) Sind technische Definitionen und Konstruktionsformeln Rezepte?

970. (Romantik.) Absolutisierung, Universalisierung, Klassifikation des individuellen Moments, der individuellen Situation usw. ist das eigentliche Wesen des Romantisierens. (*vid.* Meister, Märchen.)

971. (Physik.) Absolute Passivität ist ein vollkommner Leiter, absolute Aktivität ein vollkommner Nichtleiter. Jenes ist so gut höchster Effort von Kraft als dies. Passivität ist nicht so verächtlich als man glaubt. Nichts schwächt eine fremde Gewalt mehr, als absolute Passivität. Unvollkommne Leiter verstärken den angreifenden Teil, vollkommne Nichtleiter schwächen auf die entgegengesetzte Weise absolut.

972. (Physik. Kunstlehre.) Wie wenig Menschen haben Genie zum Experimentieren. Der echte Experimentator muß ein dunkles Gefühl der Natur in sich haben, das ihn, je vollkommner seine Anlagen sind, um so sicherer auf seinem Gange leitet und mit desto größerer Genauigkeit das versteckte, entscheidende Phänomen finden und bestimmen läßt. Die Natur inspiriert gleichsam den echten Liebhaber und offenbart sich um so vollkommner durch ihn, je harmonischer seine Konstitution mit ihr ist. Der echte Naturliebhaber zeichnet sich eben durch seine Fertig-

keit, die Experimente zu vervielfältigen, zu vereinfachen, zu kombinieren und zu analysieren, zu romantisieren und popularisieren, durch seinen Erfindungsgeist neuer Experimente, durch seine naturgeschmackvolle und natursinnreiche Auswahl und Anordnung derselben, durch Schärfe und Deutlichkeit der Beobachtung und artistische sowohl zusammengefaßte als ausführliche Beschreibung oder Darstellung der Beobachtung aus. Also: Auch Experimentator ist nur das Genie.

973. Es gibt sehr viele sogenannte Wissenschaften, deren heterogene Lehrteile nur durch ein künstliches Zentrum vereinigt und ausgewählt sind; so z. B. der Bergbau, die Salinistik usw.

Der Gegenstand derselben ist nur eine gemischte wissenschaftliche Aufgabe. Es sind Künste und keine Wissenschaften. Fast jedes Handwerk, jede Kunst setzt verschiedne wissenschaftliche Organe zugleich in Bewegung. (Jeder Handwerker bedarf wenigstens die oryktognostische Kenntnis der Güte seiner Materialien usw.)

Manche Wissenschaften bestehn ganz aus Hülfswissenschaften, wie die oben genannten – hier würde der Name Hülfswissenschaften nicht passend sein, besser Elementarwissenschaften. Die Organologie ist eine wahre Hülfwissenschaft der Chymie.

Vorbereitungswissenschaften gibt's wie vorbereitende Künste. Es gibt Wissenschaften und Künste, die gleichsam die Schlüssel zu allen sind; hat man diese eine, so werden die andern mit Leichtigkeit erlernt und ausgeübt.

Die Basis aller Wissenschaften und Künste muß eine Wissenschaft und Kunst sein – die man der Algeber vergleichen kann. Sie wird freilich, wie diese, später als die meisten speziellen Künste und Wissenschaften entstehn, weil die Gattung oder das Gemeinsame später als das Einzelne entsteht, indem es erst durch den Kontakt der gebildeten Individuen erzeugt wird, *hoc est,* ins Fleisch kommt.

974. (Politik.) Konstitution ist Konstruktionsformel einer Nation, eines Staats.

(Enzyklopädistik.) Die Grammatik und besonders ein Teil von ihr, das A b c buch einer bestimmten Sprache, ist eine besondre Elementarwissenschaft.

Die allgemeine Grammatik nebst dem allgemeinen A b c buche ist schon eine höhere Elementarwissenschaft, doch noch eine Anwendung auf Sprache.

Die höchste Elementarwissenschaft ist diejenige, die schlechterdings kein bestimmtes Objekt, sondern ein reines N behandelt. So auch mit der Kunst. Das Machen mit Händen ist auch schon ein spezielles, angewandtes Machen. Das N-Machen mit dem N-Organ ist der Gegenstand dieser allgemeinen Kunstlehre und Kunst. (Vielleicht nichts anders als echte Philosophie, als Bildungslehre und Bildungskunst und Erweckungsmittel des Genies überhaupt.)

975. (Artistik.) Handwerksfertigkeiten (Handwerker) dirigiert der Künstler. Er konzentriert durch eine höhere Einheit verschiedne Handwerke, durch welche höhere Konzentration sie selbst eine höhere Bedeutung erhalten.

Der höhere Künstler komponiert aus den Einheiten der niederen Künstler eine Variationsreihe höherer Einheiten usf.

978. (Physik.) Sollte das Organ schon eine höhere Einheit von Stoffen und Bewegungen sein? ein komponiert wirksamer und veränderlicher Stoff?

977. (Enzyklopädistik.) Wo eine Kunst und Wissenschaft nicht weiter kann, beschränkt ist, da fängt die andre an, usf. (Anwendung dieser Bemerkung auf die sogenannten Elemente des Organikers.)

978. (Mineralogie.) Steine in Potenzen – spezifisch verschiedne Fossilien – dem Grad nach verschiedne Steine. Wenn man einen philosophischen Stein hat, so hat man auch wohl einen mathematischen und artistischen Stein?

979. (Menschenlehre.) Die Frauen haben eigentlich einen entschiednen Sinn für das Äußre: es sind geborne Oryktognosten.

980. (Enzyklopädistik.) Wenn es eine Philosophie des Lebens

gibt, so kann man auch nach einer Philologie, Mathematik, Poetik und Historie des Lebens fragen.

981. (Menschenlehre.) Die Kindheit ist der Erwachsenheit entgegengesetzt; Blüte und Frucht, Frühling und Herbst.

(Jahreszeitenlehre.) Es gibt keinen Sommer. Es gibt nur Eine, oder zwei oder drei oder n oder unendlich viel Jahreszeiten. Morgen, Abend und Nacht entspricht dem Frühling, Herbst und Winter, die Einteilung in Tag und Nacht der in Sommer und Winter.

(Erdenlehre.) Einteilungen der Erde. Philosophische und poetische Geographie. Historische Geographie ist die spezielle. Weltgegenden. Fiktionen der Astronomie. Sternbilder. Lichtmeßkunst. Sollte man nicht nach der mittlern Stärke des Lichts die Entfernungen berechnen können?

982. (Geschichtslehre.) Neu und Jung ist Eins. Neu ist das Objekt, jung das Subjekt. (Bekannt und alt sind auch nahe verwandt.)

983. (Mathematik.) Allgemeine Begriff der Multiplikation, nicht bloß der mathematischen; so der Division, Addition usw.

Vorzüglich interessant ist diese philosophische Betrachtung der bisher bloß mathematischen Begriffe und Operationen bei den Potenzen, Wurzeln, Differenzialen, Integralen, Reihen, Kurven und direkten Funktionen. Der Binomialsatz dürfte noch eine weit höhere Bedeutung, eine viel interessantere Anwendung in der Physik in betreff der Polaritäten usw. erhalten.

Dreifache Polaritäten, infinitinomische Polaritäten; nicht bloß Binomism, sondern auch Infinitinomism.

Ich verstehe eine Größe, wenn ich in ihrer Äquation auf der andern Seite eine Funktion der Gegengröße habe.

Eine Hauptantithese der Mathematik ist, bekannte und unbekannte Größen. (+ und –, groß – klein, Teil – Ganzes.) Entweder such ich nun die unbekannten Größen mit Funktionen der Bekannten zu gleichen oder umgekehrt. Zur letztern Rechnungsart gehört der Infinitesimalkalkül.

984. Grade der Vegetabilität, Animalität, Mineralität.

985. Sind Natur und Kunst schlechthin nicht-krank, und entsteht Krankheit bloß durch fehlerhafte Verbindungen, wie Mißgeburt usw., Abortus usw.

986. (Kosmologie.) Die Atmosphäre des Universums muß im Gegensatz immanent sein. Synthese von Himmel und Erde.

987. (Grammatik.) Die Sprache ist Delphi.

988. Ist die Verbindung des Körpers und der Seele (polare Entgegensetzungen, auch hier nicht bloß binomisch) Kohärenz, Gravitation, elektrisch, magnetisch, chymisch usw.?

989. (Enzyklopädistik.) Die Erde ist a, die Atmosphäre x (veränderliche Größen). Die Atmosphärologie ist die Meteorologie. Ferne Hindeutung auf Astrologie. Symbolische Prophezeiungen. Chiromantie.

990. (Physiologie.) Der Nutritionsprozeß erwärmt, der entgegengesetzte, der Sekretionsprozeß, erkältet.

Sollten alle Potenzen schwächen und stärken nach Beschaffenheit? (Was ist Stärke?)

Vom Fieber. Fieberfrost: Desoxydation des Festen und Oxydation des Flüssigen; Fieberhitze: Desoxydation des Flüssigen und Oxydation des Festen.

Doppelte Brennbarkeit des Festen und Flüssigen.

Ist bei der Reduktion der Metalle eine wahre Oxydation der Luft?

991. Der Blick (die Rede), die Händeberührung, der Kuß, die Busenberührung, der Akt der Umarmung, dies sind die Staffeln der Leiter, auf der die Seele heruntersteigt; dieser entgegengesetzt ist eine Leiter, auf der der Körper heraufsteigt, bis zur Umarmung.

Vorbereitung der Seele und des Körpers zur Erwachung des Geschlechtstriebes.

Seele und Körper berühren sich im Akt: chemisch oder galvanisch oder elektrisch oder feurig. Die Seele ißt den Körper (und verdaut ihn) instantant; der Körper empfängt die Seele (und geibert sie) instantant.

992. Über die Bewegung der gereizten Muskelfaser. (Innrer Generationsprozeß zwischen den festen Teilen (der Muskeln) und den flüssigen.)

(Medizin.) Alle Exantheme sind Zersetzung einer Gattung Krankheit in viele Individuen; Schwächung durch Vereinzelung.

993. (Wahres Leben, falsches Leben, täuschende Symptome. Krankheiten sind lebendig scheinende Tote; (Gift und Tod ist Eins), Tote mit Merkmalen des Lebens, Leben mit Merkmalen des Todes; Scheintod, Scheinkrankheit, Scheingift. Krankheiten sind partielle Überwältigungen, Individualveränderungen. Der Tod ist Generalüberwältigung. Der Tod ist das Zentrum der Krankheiten.)

994. (Enzyklopädistik.) Die Philosophie, die die Natur vom Mineral zum Menschen fortschreiten läßt, ist die Nutritions-, positive Kombustions-, Feuertheorie; die es umgekehrt zugehn läßt, die Gärungs-, negative Kombustions-, Sekretionstheorie.

995. (Physiologie.) Atmen ist schon ein gemischter, synthetischer Prozeß, ein Wechselprozeß zwischen Flüssigem und Starrem, ein Gärungs- und Kombustionsprozeß zugleich, mithin ein Generationsprozeß. Die Drüsen sind dem Nutritionsgeschäft gewidmet. (Peristaltische Bewegung, vielleicht der Blutbewegung entgegengesetzt.)

996. (Enzyklopädistik.) Druck verhält sich vielleicht zu Stoß, wie Wärme zur Elektrizität.

997. Sauerstoff: Basis des Mineralreichs; Hydrogen: Basis des Metallreichs; Kohlenstoff: vegetabilische Basis; Stickstoff: tierische Basis.

Da entständen vielleicht vier Chymien, zwei chemische Philosophien. Die eine, vom Stickstoff herunter zum Oxigene, die andre umgekehrt. Dem einen wäre die Natur ein unendlich modifiziertes Oxigene, dem andern ein unendlich modifizierter Stickstoff.

998. Überall liegt eine grammatische Mystik, wie mir scheint, zum Grunde, die sehr leicht das erste Erstaunen über Sprache und Schrift erregen konnte. (Die wilden Völker halten die Schrift noch jetzt für Zauberei.)

999. Auch Krankheiten können Beförderungsmittel der Mischung und Universalisierung der nähern Bestandteile der Menschheit (der Nationen und Rassen) werden, – so sind z. B. die Pocken erst eine endemische und Nationalkrankheit gewesen usf. Dies ist sehr merkwürdig.

1000. Die Philosophie der Medizin und ihrer Geschichte ist ein ganz ungeheures und noch ganz unbearbeitetes Feld.

1001. Die Einteilung der Mechanik in Statik und Bewegungslehre ist viel allgemeiner als man glaubt: es ist eine universell wissenschaftliche Einteilung.

1002. Natürlich organisierter Körper und künstlich zu organisierender Geist; natürlich organisierter Geist und künstlich zu organisierender Körper.

Der Körper ist das Innre bei der entgegengesetzten Welt und der Geist das Äußre, das Feste usw. Fluktuierender Körper, fluktuierender Geist. Alle körperlichen Operationen sind ein entgegengesetztes Denken. Drüben ist Brennen, Gären, Stoßen, was hier Denken, Empfinden usw. ist.

1003. Wirkung der Mittelsalze im Körper durch allmähliche Zersetzung. Alle Arzeneimittel wirken da, wo sie zersetzt werden.

Gift und Gegengift, allmähliche Verstärkung des beiderseitigen Prozesses im Generationsprozeß.

1004. Verwandlung des Jungen in das Alte und des Veränderlichen in das Bleibende, des Flüssigen in das Starre. Die Vorzeit nimmt zu, die Zukunft ab. (Nicht auch zugleich umgekehrt? Oder geht dies bis zu einem Maximum? Oder in einer Kurve?)

1005. Aus der idealen Zersetzung des Lebens entsteht Körper und Seele. – Sind die äußern Sinne Fresser?

1006. Synthesis von Raum- und Zeitindividuen. Sichtbare Historien, sichtbare Zeitfüllen. (Raumfüllen.) Gliedrung der Zeitfüllen, Zeitbildungen.

Die Zeitnaturen sind wie der Wein, je älter je köstlicher. Gärung, Abklärung, Vergeistigung.

Die Zeit entsteht mit dem Faktum (Bewegung), der Raum mit der Stoffung. (Stoff und Raum, Zeit und Bewegung sind wie Nichts und Etwas schon antithetische *i. e.* subalterne Begriffe, Begriffe von späterer Formation.)

1007. Eine Wissenschaft ist vollendet 1. wenn sie auf alles angewandt ist, 2. wenn alles auf sie angewandt ist, 3. wenn sie, als absolute Totalität, als Universum betrachtet, sich selbst, als absolutes Individuum mit allen übrigen Wissenschaften und Künsten, als relativen Individuen, untergeordnet wird.

1008. Sollten die Farben der Übergang von absoluter Bewegung des positiven und negativen Lichtstoffs zu absoluter Ruhe sein? Bewegung bindet, was Ruhe zersetzt, und umgekehrt.

1009. (Physiologie.) Jedes Glied im menschlichen Körper ist eine Funktion des Systems mehrerer Glieder und jedes Glieds.

1010. Die Natur verändert sich sprungweise. Folgerungen daraus. Synthetische Operationen sind Sprünge (Einfälle, Entschlüsse). Regelmäßigkeit des Genies, des Springers *par excellence.*

1011. Krampf und Entzündung sollen beständig im menschlichen Körper verbunden und wechselnd da sein, in bestimmten Proportionen.

1012. Die Bestimmungen dieser Proportionen machen die individuellen Temperamente und Konstitutionen.

1013. Über die Zentralbildung und Erzeugung der Wellen. Die Welle entsteht im Mittelpunkte der Bewegung.

1014. Das Gedächtnis nimmt mit der Fähigkeit, die Gegenstände *a priori* zu finden, ab und zu.

1015. Die magischen Wissenschaften entspringen nach Hemsterhuis durch die Anwendung des moralischen Sinns auf die übrigen Sinne *i. e.* durch Moralisierung des Weltalls und der übrigen Wissenschaften.

1016. Die Wissenschaft im großen besteht nach Hemsterhuis aus dem Produkt der Gedächtniswissenschaften oder der gegebnen Kenntnisse und der Vernunftwissenschaften oder der gemachten Kenntnisse. Die letztern sind das Werk des Menschen. Die Wissenschaft im großen ist also überhaupt die Totalfunktion der Daten und Fakten. Die n-Potenz des Reihenbinoms der Daten und Fakten.

Hier wird die kombinatorische Analysis Bedürfnis.

1017. Die größesten Wahrheiten unsrer Tage verdanken wir dem Kontakt der lange getrennten Glieder der Totalwissenschaft Hemsterhuis'.

Hemsterhuis' und Dumas' merkwürdige Ideen von den Aphelien und Perihelien des menschlichen Geistes, dem Charakter jeder Perihelie und seiner Entstehung und Ausbildung.

1018. (Moralische Erziehungslehre.) Hemsterhuis' moralische Heilkunst im »Simon«.

1019. Die Erregbarkeit ist Repulsivkraft; die Kapazität Attraktionskraft.

1020. Über die Zeit, wo Vögel, Tiere und Bäume gesprochen haben.

1021. Ein Theater ist, wie Fabrik und Akademie, ein großer mannichfaltiger Virtuos.

1022. Daß der Wille die polarisierende Macht ist, ist außer Zweifel. Die Bestimmung, was nach geschehner Polarisierung rechts oder links, positiv oder negativ sein soll, ist ein zweiter Akt des Willens.

1023. (Kosmologie.) Qualitatives, quantitatives und relatives Chaos.

1024. Gelehrsamkeit entspricht dem Gedächtnis, Fähigkeit oder Geschicklichkeit dem Geist. Beides verbinden heißt beides als ein Binomium ansehn und dieses potenzieren. (Romantische Gelehrsamkeit und romantische Geschicklichkeit: Kombinations- und Variationsfertigkeit.)

1025. Chaotische Tätigkeit, polare Tätigkeit, synthetische Tätigkeit.

1026. Über den Tiefsinn – zweite Dimension.

1027. Die mittelbare (organische) Erkenntnis, Berührung und Genießung ist die zweite Epoke. Die erste Epoke ist die des Chaos. Die dritte Epoke ist die synthetische – die unmittelbar mittelbare Erkenntnis, Genießung und Berührung.

1028. Wie Epos, Lyra und Drama die Elemente der Poesie, so gibt es auch ähnliche Elemente der Szienz oder Wissenschaft.

1029. Meine Hauptbeschäftigungen sollen jetzt 1. die Enzyklopädistik, 2. ein Roman, 3. der Brief an Schlegel sein. Im letztern werde ich ein Bruchstück aus 1. so romantisch als möglich vortragen. (Soll es eine Recherche oder Essai, eine Sammlung Fragmente, ein Lichtenbergischer Kommentar, ein Bericht, ein Gutachten, eine Geschichte, eine Abhandlung, eine Rezension, eine Rede, ein Monolog oder Bruchstück eines Dialogs usw. werden?)

1030. Man studiert fremde Systeme, um sein eignes System zu finden. Ein fremdes System ist der Reiz zu einem eignen. Ich werde mir meiner eignen Philosophie, Physik usw. bewußt, indem ich von einer fremden affiziert werde – versteht sich, wenn ich selbsttätig genug bin. Meine Philosophie oder Physik kann nun mit den fremden übereinstimmen oder nicht. Im erstern Falle zeigt es Homogeneität, gleichen wissenschaftlichen Charakter wenigstens in dieser Beziehung an. (Ehe der heterogenen Systeme.)

1031. Unter Philosophie hat man fast immer nur eine höhere Potenz der Wissenschaftlichkeit überhaupt verstanden; nichts Spezifisches.

1032. Nicht das Wesentliche charakterisiert, nicht die Hauptmassen, sondern das Unwesentliche, Eigentümliche. Werners Oryktognosie. Die vollkommen unabhängige Oryktognosie und die vollkommen unabhängige mineralische Chemie machen als völlig heterogene Ein System.

1033. Ein Hauptmangel der Arzeneikunst liegt noch in der

willkürlichen, unsystematischen Dosenbestimmung und Dosensuite. (Schnelle Kur weniger dauerhaft als die langsame. Je länger der Mensch Kind bleibt, desto älter wird er.)

1034. (Theodizee.) Wenn nun Gut und Übel seine eigentümlichen Vorzüge hätte, so wäre doch ihre Verknüpfung sehr wünschenswert.

Wechselverstärkung und Schwächung und Neutralisierung des + Angenehmen und – Angenehmen.

1035. Jetzt will ich alle Wissenschaften speziell durchgehn und Materialien zur Enzyklopädistik sammeln. Erst die mathematischen, dann die übrigen; die Philosophie, Moral usw. zuletzt.

1036. Gravitationslehre und *Arythmetica universalis* will ich zuerst durchgehn. Jener soll eine Stunde, dieser zwei Stunden gewidmet werden. Was mir nebenher einfällt, wird in das allgemeine Brouillon mit hinein geschrieben. Die übrige Zeit wird teils dem Roman, teils vermischter Lektüre gewidmet, und der Chymie und Enzyklopädistik überhaupt.

Früh 6–12 folgen sich diese Stunden. Nachmittag ist, wenn früh keine Stunde verloren gegangen ist, Roman und Lektüre. Briefe unterbrechen alle Stunden. Die übrige Stunde früh kann der Motion und den Pausen gewidmet sein. Von 9–10 z. B. wird spazieren geritten oder von 11–12. Wird früh von 6–7 etwa gelesen, so wird nachmittags eingeholt.

1037. Leben überhaupt ist das eigentliche absolute *menstruum universale* und Universalbindungsmittel. (Es gibt unendlich viel Arten des Lebens. Alles Organ ist Exkrement oder Produkt des Lebens.)

1038. Die Kategorien sind das Alphabet *cogitationum humanarum*, worin jeder Buchstabe eine Handlung begreift, eine philosophische Operation, einen höhern (mathematischen) Kalkül. Die Philosophie der Kategorien ist von der höchsten Wichtigkeit.

1039. Produkte sind unvollkommne Potenzen usw. (Der Geist ist das potenzierende Prinzip; daher ist die Schriftwelt die potenzierte Natur oder technische Welt.)

1040. Die Schriftkunst (Tonkunst) schriftkünstlich behandelt, liefert die Wissenschaft von der Schriftkunst (*scientiam artis litterariae*). Die Kritik der Schriftkunst bereitet diese Wissenschaft vor.

Unser Alphabet ist eine Tonschriftkunst und noch obendrein von einem individuellen Instrumente, dem menschlichen Sprachwerkzeugsystem.

Allgemeines, reines Schriftsystem und besondre abgeleitete Schriftsysteme. (*vid.* das Zahlensystem) Noten.

1041. Unendliche Gedanken, ideale Gedanken; Ideale mit zwei und drei Dimensionen. Wie kann man sich der unendlichen Gedanken zur Lösung endlicher Gedankenprobleme bedienen?

1042. Die Kleidung muß selbständig, frei sich schönbildend, kongruppiernd sein.

1043. Jean Paul ließ sich vielleicht ein humoristischer Epiker nennen. Er ist nur ein (instinktartiger), natürlicher, enzyklopädischer Humorist. (Die Enzyklopädistik hat viel Verwandtschaft mit der Philologie.)

1044. Der gebildete und der ungebildete, rohe Charakter kann exzentrisch und gemein sein. Gebildet und gegliedert ist Eins. Auch der gewöhnlichste Charakter kann unendlich gebildet sein. Seine Unendlichkeit ist gegen die Unendlichkeit des gebildeten, exzentrischen Charakters von der niedrigsten Ordnung. (Die Unendlichkeiten verhalten sich wie die Endlichkeiten, mit denen sie in Wechsel stehn. Die Endlichkeit ist das Integral der einen (kleinen) Unendlichkeit und das Differential der andern (großen) Unendlichkeit – dasselbe, was Eins ist.)

Die Differentialen des unendlich Großen verhalten sich wie die Integralen des unendlich Kleinen, weil sie Eins sind.

Sollte der Mensch die Einheit für die Natur, das Weltall sein, *i. e.* das Differential der unendlich Großen und das Integral der unendlich kleinen Natur, das allgemein homogeneisierende Prinzip, das Maß aller Dinge, ihr gegenseitiges Realisierungsprinzip, das Organ ihres Kontakts?

1045. Das sittliche Wesen, das Moralprinzip ist wohl die Substanz der Seele? Der universale, enzyklopädisierte Willen ist das Moralprinzip.

Der gewöhnliche oder kleinere Charakter kann unendlich ins Kleine gebildet sein. Der größere Charakter ebenfalls. Die Funktionen des unendlich großen Charakters und des unendlich kleinen Charakters werden den Funktionen des absoluten Mittelcharakters gleich sein. (Atmosphärischer Charakter.)

1046. Der Effekt spielt dieselbe Rolle in der Poesie, wie die Glückseligkeit in der Moral. Effekt und Glückseligkeit verhalten sich zu Ideal und Sittengesetz wie Seele zu Geist. Seele ist angewandter, unreiner, vermischter, praktischer Geist. Geist ist theoretische Seele. Die Seele soll als Seele Geist werden, oder *quod idem est*, der Geist, als Geist, Seele.

1047. Wenn die ewigen Bünde sich darauf eingelassen hätten, für alle Kantons einerlei Verfassungsform zu bestimmen, sie wären längstens und um so schneller zerfallen, je genauer einförmig, je künstlicher organisiert sie gewesen wäre. Die Regel der Natur ist eine unendliche Mannichfaltigkeit in den Formen, Einheit in dem Prinzipium, welches alles umfaßt. (Müllers Geschichte der Schweiz.)

1048. Staatskrankheiten, Staatsunschuld, Staatsgeist, Staatsfertigkeit, Staatsleben, Staatsphysiologie, Staatshandel, Gemeinschaft und wechselseitiger Tauschhandel aller Glieder; Staatslage, Staatsterritorium. An vielen Orten sollte gar kein Staat angelegt werden.

1049. Die heißen und kalten Zonen verstärken sich gegenseitig.

1050. Da jedes Glied in der Natur eine Funktion derselben und umgekehrt, so muß auch die Wissenschaft jedes einzelnen Gliedes eine Funktion der gesamten Naturwissenschaft, und umgekehrt, sein.

1051. Denken ist Sprechen. Sprechen und tun oder machen sind Eine, nur modifizierte Operation. Gott sprach, es werde Licht, und es ward.

1052. Alles, was von Gott prädiziert wird, enthält die menschliche Zukunftslehre. Jede Maschine, die jetzt vom großen *perpetuo mobili* lebt, soll selbst *perpetuum mobile*, jeder Mensch, der jetzt von Gott und durch Gott lebt, soll selbst Gott werden.

1053. Der Mensch soll ein vollkommnes, totales Selbstwerkzeug sein.

1054. (Psychologische Zukunftslehre.) Gedächtnis, Verstand und Einbildungskraft sollen sich künftig nicht mehr einander nötig haben; sie sollen aus Elementen unsers Geistes Bestandteile, Glieder, selbständige Geister gleichsam werden.

Gedächtnis ist direkter Sinn, Verstand indirekter Sinn. Die Einbildungskraft ist das wirkende Prinzip, sie heißt Phantasie, indem sie auf das Gedächtnis wirkt, und Denkkraft, indem sie auf den Verstand wirkt. Die Einbildungskraft soll direkter (äußrer) und indirekter (innrer) Sinn zugleich werden. Der indirekte Sinn soll direkter Sinn und selbstwirkend zugleich werden. Die Verwandlungen werden und müssen zugleich, in demselben Momente geschehn. (Direkte, indirekte und substantielle Welt sollen harmonisch werden.) (Harmonie von Poesie, Philosophie und Gelehrsamkeit.)

1055. Das historische Wissen ist polarisch dem verständigen Wissen entgegengesetzt. Dort lernt man, hier verlernt man; hier weiß man unmittelbar, dort hört man auf unmittelbar zu wissen. Weil man mit Lernen anfängt, so entsteht notwendig eine Verstandesschwäche und ein Übergewicht der Phantasie. Diese soll auf der Akademie wieder geheilt und die Denkkraft geübt und gestärkt werden. Auf umgekehrtem Wege würde eine Gedächtnisschwäche und ein Übergewicht der Denkkraft über die Phantasie entstehn.

1056. Sollte die Musik der Alten mehr rhythmisch gewesen, die unsre mehr melodisch sein?

1057. Der Verstand soll auf das Gedächtnis, und das Gedächtnis auf den Verstand angewandt werden.

Die sogenannten reflektierten oder indirekten Wissenschaften sind nicht kombinatorisch *sensu generali*, aber sie sollen es werden. Gedächtnis und Verstand sind jetzt isoliert, sie sollen wechselseitig vereinigt werden. (Das Abstrakte soll versinnlicht und das Sinnliche abstrakt werden. Entgegengesetzte Operationen, die eine mit der andern besteht und vollendet wird. Neue Ansicht von Ideal und Real.)

1058. Ein gewöhnliches Wörterbuch ist ein oryktognostisches Wörtersystem. Es läßt sich noch ein grammatikalisches und ein philosophisches Wörtersystem [denken] – dieses könnte wieder dreifach sein: progressiv historisch philosophisch, regressiv historisch philosophisch, absolut historisch philosophisch. Einem Worte entspricht ein Satz. (Ein Satz ist die Potenz des Worts. Jedes Wort kann zum Satz, zur Definition erhoben werden.)

Es gibt also auch verschiedne Satzsysteme. Sätze werden zu Wissenschaften erhoben; Wissenschaft ist die Dignität des Satzes; und so läßt sich diese Erhöhung bis zur absoluten Universalwissenschaft fortsetzen. Bis dahin kann es noch verschiedne Systeme geben, die jedes seinen besondern Zweck und seine eignen Gesetze hat. Das oryktognostische Verzeichnis ist also die primitive gelehrte Masse, die der Gelehrte überhaupt bearbeitet.

Jedem System dieser Art entspricht eine Grammatik, eine systematische Sammlung seiner Gebrauchsregeln.

1059. (Über Vignetten.) Alle Asche ist B l ü t e n s t a u b – der Kelch ist der Himmel.

1060. Jede Wissenschaft ist vielleicht nur eine Variation der Philosophie. Die Philosophie ist gleichsam die Substanz der Wissenschaft, die überall gesucht wird, überall vorhanden ist und nie dem Sucher erscheint. Dennoch soll sie auch in konkreter Gestalt erscheinen, wie der Stein der Weisen, und dies ist das höchste Problem.

1061. Alles Neue wirkt als Äußres, Fremdes poetisch. Alles Alte wirkt als Innres, Eignes ebenfalls romantisch. Beides im Kontrast gegen das Gewöhnliche oder gegeneinander. Neuheit des Alten, Altheit des Neuen. Das gemeine Leben ist prosaisch:

Rede, nicht Gesang. Die Menge des Gewöhnlichen verstärkt nur die Gewöhnlichkeit; daher der fatale Eindruck der Welt aus dem gemeinen (indifferenten) nützlichen, prosaischen Gesichtspunkt.

1062. Lebendigkeit der Mathematik. Magie der Zahlen. Mystische Lehre des Pythagoras. Pesonifikation der 3, der 4 usw.

1063. Das Bewußtsein ist nichts als Sensation des algebraischen Vergleichungs-Sinns, Verhältnis-Sinns. Willkürliche Affektionen dieses Sinns. Ursprüngliche Verhältnisse – algebraische Verhältnisse. Theorie der lebendigen Verhältnisse. Naturverhältnisse – Künstliche Verhältnisse – Synthetische Verhältnisse. Mystische Proportionallehre. Das Bewußtsein ist die Substanz der Sinne, mithin sind auch seine Sensationen Substanzen usw. Wo Ein Sinn ist, da ist auch kein Bewußtsein.

1064. Ein gedämpfter, sehr naher Ton dünkt uns weit zu sein. Lateralbewegungen der Luft beim Schall. Figurierte Schallbewegungen wie Buchstaben. (Sollten die Buchstaben ursprünglich akustische Figuren gewesen sein? Buchstaben *a priori*?) Lateral und figurierte Bewegungen des Lichts und der Wärme. Farbenbilder sind Lichtfiguren. Der Lichtstrahl ist der streichende Fiedelbogen. Was vertritt wohl hier die Stelle des Sandes? Man zwingt eigentlich den Schall sich selbst abzudrucken, zu chiffrieren, auf eine Kupfertafel zu bringen. Weitere Anwendung dieser Idee. (Bestreuung einer Tafel mit Phosphorpulver, das die Farben des verschiednen Lichts annähme oder das bei einer gelinden Erwärmung verschieden gestalteter und mannichfach berührter Körper in sonderbaren Figuren brennte und leuchtete. Bereitung eines solchen Pulvers.)

Reflexion und Refraktion und Inflexion des Schalls. ... Über das Sprechen der Staare. (Natürliche, mimische, bildliche Sprache – künstliche, zufällige, willkürliche Sprache.) (Der Begriff der Kausalität ist z. B. ein willkürliches Zeichen (transzendentales Zeichen) eines gewissen Verhältnisses.) ... Jedes Wort sollte eine akustische Formel seiner Konstruktion, seiner Aussprache sein. Die Aussprache selbst ist ein höheres, mimisches Zeichen einer höhern Aussprache: Sinnkonstruktion des Worts. Alles dies hängt an den Gesetzen der Assoziation. Die sogenannten willkürlichen Zeichen dürften am Ende nicht so willkürlich sein, als sie scheinen, sondern dennoch in einem gewissen Realnexus mit dem Bezeichneten stehn.

1065. Jede wissenschaftliche Entdeckung ist eine allgemein wissenschaftliche Entdeckung. Erklärt ist eine Sache nur durch ihre vollständige, enzyklopädistische, wissenschaftliche Betrachtung.

1066. Höhere Töne sind sthenischer, tiefere Töne asthenischer Natur. Redeton. Höhere Töne drücken erhöhtes Leben, tiefere Töne vermindertes Leben, Mangel aus. Harte und weiche Töne. Wollüstige Töne.

1067. Die Tiere haben kein allgemeines Hauptorgan der Vitalität. Die Nerven überhaupt scheinen aber durchgehends der Sitz der plastischen Kraft zu sein. (Ein Tier wird durch den Magen, ein andres durch den Kopf und so fort charakterisiert. Anwendung davon auf entomologische und zoologische Klassifikationen.)

1068. Kampf mit der Krankheit. Versetzung der Krankheit in bequemere oder willkürliche Organe.

Gewöhnung an Ein Arzneimittel ist Fortifikationsmittel des Systems.

1069. Plastik (Malerei) also nichts anders als Figuristik der Musik. – Merkwürdiger Ausdruck: im höchsten Schwunge.

Man sollte alles nötigen, sich akustisch abzudrücken, zu silhouettieren, zu chiffrieren. Fixierte Bewegungen sind Linien. Der Zirkel entsteht durch Zentralschwingung einer Fläche.

Die Poesie ist die Prosa unter den Künsten. Worte sind akustische Konfigurationen der Gedanken.

1070. Geometrie und Mechanik verhalten sich wie Plastik und Musik. (Chymische Bewegungen, chymische Hemmungen.)

1071. Wenn der Roman retardierender Natur ist, so ist er wahrhaft poetisch prosaisch, ein Konsonant.

1072. Ist nicht die Reflexion auf sich selbst oder die Abstraktion von der Außenwelt konsonierender Natur? Gesang nach außen: Außenwelt; Gesang nach innen: Innenwelt. Rede – Prosa – Kritik. Universale Kritik – höhere Prosa – universale Poesie. Kritik, Prosa und Poesie sind eklektischer Natur. Allumfassender, universaler Eklektizism. Akademie. Vereinigung des Synkretism und Eklektizism. Universale Philisterei.

1073. Über Wilhelm Meister. Lothario ist nichts als die männliche Therese mit einem Übergang zu Meister. Natalie, die Verknüpfung und Veredlung von der Tante und Therese. Jarno macht den Übergang von Theresen zum Abbé. Der Oheim ist, wie die Tante, einseitig. Meister ist eine Verknüpfung von Oheim und Lothario. Die individuelle Religion der Tante ist in Natalien zur vollständigen, praktischen Weltreligion geworden. Cipriani ist eine matte Repetition des Oheims; Aurelie hat Familienähnlichkeit mit der Tante. Der Harfner und Mignon gehören zusammen. Werner nähert sich der Therese, wie der Arzt dem Abbé, man könnte ihn den physischen Abbé nennen. Felix ist ganz Marianes Sohn, Laertes und Madam Melina stehn auf Einer Stufe. Serlo ist Jarno, ein Schauspieler. Friedrich ist der würdige Inhaber Philinens. Der Abbé erscheint nicht ohne Sinn doppelt. Mariane und die Gräfin sieht man gern mit Einem Blick an. Melina ist der gemeine Jarno. Der Graf ist der schwache Oheim, der sich bei einer unbedeutenden Gelegenheit von der Tante bekehren läßt. Auch er macht mit seiner Frau ein passendes Paar. Auch Jarno erscheint doppelt wie der Abbé. Auch die Personen des Hintergrunds zeigen Spuren einer ähnlichen Besetzung des alten Theaters; man erinnre sich an Wilhelms Oheim.

Die Tante und Therese, Jarno und der Oheim sind zwei Hauptkontraste. Philine gehört zur Jarnoschen Familie; Narziß ebenfalls. So wie der Oheim zur Tante gehört, so Jarno zur Therese.

Ein dritter Hauptkontrast ist Mignon und Philine; dieser durchkreuzt beide Familien.

Tragische und komische Hauptmassen des Romans. (Antik, modern; gemein, edel.)

1074. Flüsse und Meere werden durch die Tiefen und *vice versa*. Die Flüsse sind überhaupt merkwürdig genug. Höchster und tiefster Ort in Deutschland. Ansicht der Gebürge und ihre Übergänge in Ebenen – dauerhafte Gebürge, dauerhafte Ebenen. Mittelgebürge, metallhaltige. Humoral- und Gefäß-Geologie: ihre Vereinigung.

1075. Medizinische Polizei. Die Kochkunst gehört zum Ressort der Polizei. Über die Diät der verschiednen Stände. Die Volkslustbarkeiten hat die poetisch medizinische Polizei unter sich.

Kochkunst. Kritik der Gewürze, der Nahrungsmittel usw.

1076. Staatsökonomie. Zur Holzersparung gemeinschaftliche Küchen, gemeinschaftliche Wohngebäude. Polizeiaufsicht der Möblierung und des Hausgeräts. Die ganze Ökonomie im Staate könnte im Großen betrieben werden; der Bauernstand fiele weg und es bliebe nur ein Geschäftsstand. Taxation der Arbeiten.

1077. Indirekte Entzündungen in der anorganischen Natur. (Das heiße Gefühl eines sehr erkalteten Metalls zeigt die indirekte Entzündung genugsam an.) Direkte Asthenie endigt mit Entzündung sowie Sthenie mit Gärung. Je heftiger die direkt asthenische Ursache, desto schneller ist die Entzündung da, und umgekehrt, je heftiger die sthenische Ursache, je schneller ist die Gärung da. Die Genesis bestimmt den Modus der Degenesis.

Die Naturgeschichte der Krankheiten ist ganz von der Erregungstheorie verschieden. Ihre Klassifikationen sind ganz verschieden. Die Naturgeschichte der Krankheiten zerfällt in mehrere Klassen: 1. Die Lehre von den äußern Bestandteilen und äußern Kennzeichen. 2. Die Lehre von den innern Bestandteilen und den innern Kennzeichen. 3. Die Lehre von den Verhältnissen (die Werner auch die physikalischen Kennzeichen nennt. In diese Lehre gehören ebenfalls die Topographie, die Chronologie, die Meteorologie und Historie der Krankheiten.)

1078. So wie sich die Natur an gewisse Mittel gewöhnt, so gewöhnt sie sich auch an Heilmethoden, und man hat nötig, oft bei chronischen Krankheiten, die diesen Namen nicht ohne Bedeutung führen, plötzlich oder allmählich nach Befinden der Umstände mit der Heilmethode zu changieren. Daher hat oft ein zweiter Doktor soviel Glück.

1079. Der Samen ist ein Nahrungs- und Reizungsmittel des Weibes zum Ersatz für die Menstrua. Im eigentlichsten Sinn lebt also der Mann für die Frau mit. – Sollte die Frau sensibler, der Mann reizbarer sein?

1080. Das echte Prinzip der wahren Philosophie muß das gesundheitmachende, frei, heiter und jung – mächtig, klug und gut machende Prinzip sein.

1081. Jeder allgemeine, unbestimmte Satz hat etwas Musikalisches. Er erregt philosophische Phantasien, ohne irgend einen bestimmten philosophischen Gedankengang, irgend eine individuelle philosophische Idee auszudrücken.

1082. Schiller musiziert sehr viel philosophisch; Herder und Schlegel auch. Goethe im Meister auch mitunter. Jean Paul poetisiert musikalische Phantasien. Tiecks Lieder sind auch durchaus musikalisch.

1083. Die Politik, die Gesellschaftslehre, die Ehetheorie gehören in die höhere Wissenschaftslehre, wo von zusammengesetzten Menschen gehandelt wird.

1984. Es gibt eine philosophische, eine kritische, eine mathematische, eine poetische, eine chemische, eine historische Wissenschaftslehre.

1085. Höchst interessante Vergleichung zwischen Jean Paul und Goethe, mit in den Briefen an die Schlegels. Die Antiken auch hier.

1086. Die Poesie ist die Jugend unter den Wissenschaften. Als Kind mag sie ausgesehn haben, wie der Engel unter der Madonna, der den Finger so bedeutend auf den Mund drückt, als traut er diesem Leichtsinn nicht.

1087. Materie ist das Schema der Kraft, gleichsam der Typus der Bewegung. Daher man auch sich fast der Ausdrücke: Wärmestoff, Lichtmaterie usw. nicht entbrechen kann.

1088. Die Lebensfunktion beschreibt in ihren verschiednen Perioden eine regelmäßige Kurve, beinah eine Figur, wie die Schwingungskonture einer Saite. Sie ist in sthenischer Tendenz bis zu den Mitteljahren, da sie hingegen von diesen gegen das Alter zu in asthenischer Tendenz ist. Die lokale, temporelle und individuelle Summe äußrer Reize und die Ökonomie damit – ihre Verteilung bestimmt die Länge des Lebens. Konzentriertes und verdünntes Leben. Das verdünnteste Leben ist das längste Leben. Die langen Lebensjahre der Patriarchen sind daraus *a priori* zu erweisen.

Der Reiz vermindert die Reizbarkeit indirekt *i. e.* durch Sensibilität. Verhältnisse der Sensibilität und Reizbarkeit. Die Sensibilität ist das verteilende Vermögen. Durch geschickte Verteilung erhält das Organ die höchste Kraftfähigkeit. Wird das verteilende Vermögen übereilt, so geht eine große Menge Kraft verloren – die Reizbarkeit selbst wird nicht vermindert, aber die Kraft wird zur Schwere, hebt sich selbst auf. Die Reizbarkeit wird unbehülflich.

Das Maß wirkt nur bis auf eine gewisse Distanz nach; freilich, im Verhältnis dieser Distanz immer schwächer. Jenseits ihrer Sphäre oder da, wo ihre Wirkungen zu schwach werden, hört der richtige Wechsel auf und die Sensibilität wächst mit – dann erst entsteht Sthenie, die sich, ohne Einhalt, mit dem Tode endigt. Die Wirksamkeit dieses Maßes heißen die Ärzte Heilkraft der Natur. Außerhalb ihrer engern und weitern Sphäre geht die Sphäre der Wirksamkeit der Weltseele und des Weltkörpers an – auch des Weltgeistes. Jedes zieht gleichsam das Seinige illimitiert an, der Mensch wird aufgelöst und auseinandergezogen, der Mensch geht durch drei Leidenschaften zugrunde.

Empfänglichkeit für große, für kleine Reize, Empfänglichkeit für beide zugleich: Synthesis von Beweglichkeit und Kapazität. Je größer die Erregbarkeit, wenn wir mit diesem Namen die Synthesis belegen wollen, dieses Vermögen des Maßes, ist, desto vollkommner die Konstitution.

Zersetzt, besteht die Erregbarkeit aus Sensibilität und Reizbarkeit oder Beweglichkeit und Kapazität. Es ist natürlich, daß bei einer Verminderung der Totalgröße der Reize der Rest in kleinere Portionen verteilt wird, gleichsam fraktioniert wird, und so umgekehrt, daß bei Vermehrung der Totalgröße der Reize die Portionen vergrößert und mithin multipliziert werden; das ist soviel, im erstern Fall wird der Rest verdünnt, im andern die Summe verdichtet. Die Verdünnung und Verdichtung der Säfte ist eigentlich ohne Grenzen; begrenzt ist sie nur durch das Maß der Konstitution. Was teils die Lebenslänge, teils die Lebensmasse, den Körper, begreift. Beide Bestandteile des Maßes werden einesteils gegenseitig durch einander bestimmt, andernteils durch fremde Ursachen. Die organische Masse wird durch die organische Beschaffenheit der Mutter und die organische Beschaffenheit des Vaters und die Verhältnisse dieser beiden Organisationen zu einander bestimmt. Ist dieses Verhältnis ein vollkommen gesundes, so werden auch die Kinder mit vollkommen gesunden Anlagen geboren werden. Zufälle in der Schwangerschaft und nachherigen Behandlung abgerechnet.

In der Gesundheit sind Asthenie und Sthenie vereinigt; und darin liegt auch der Charakter der Erregbarkeit.

Die Bestandteile der Gesundheit sind Asthenie und Sthenie.

Die Gesundheit ist in unendlich viel Grade eingeteilt; Grade oder Sphären. Die dünne und elastische Sphäre steht der dichten und elastischen Sphäre gegenüber; beide sind in der rein elastischen Sphäre vereinigt. Dünn elastisch ist der gesunde Sanguiniker; dicht elastisch der gesunde Melancholiker. Der echte Choleriker ist der vermischt elastische. Diese Namen sind freilich schlecht.

Der Melancholiker hat antiken, der Sanguiniker modernen

Geist. Jener sieht und lebt in der Vergangenheit, dieser in der Zukunft.

So wie die Lebensfunktion Grade hat, so hat auch die Erregbarkeit, der Charakter der Lebensfunktion, Grade. Sie ist leichter oder schwerer zersetzbar, in bloße Sensibilität oder bloße Reizbarkeit übergehend. Erregbarkeit besteht aus elastischer Sensibilität und elastischer Reizbarkeit. Je geringer die Elastizität, desto mehr Sensibilität, desto weniger und schlechter mit der Reizbarkeit vereinigt, und so umgekehrt mit der Reizbarkeit. Der Sanguiniker nähert sich dem direkt asthenischen, der Melancholiker dem indirekt asthenischen Phlegmatiker. (Der wässrige und bleierne Phlegmatiker.)

Die Lehre von den Graden des Lebens *i. e.* seinen mannichfachen Funktionen, ihren Bewegungen und Übergängen, den Ursachen ihrer Übergänge, diese begreift die allgemeine Pathogenie und Therapie mit unter sich. Indem wir einsehn, wie die Natur verfährt, indem wir die Gesetze dieser Phänomene erfahren, lernen wir wie die Natur verfahren und uns dieser Gesetze zu unsern Privatzwecken bedienen, so wie ein Mensch, der in einen Staat tritt, den Organismus eines Staatsbürgers kennen lernt, um Staatsbürger zu sein, und seine Gesetze studiert, um sich dieser Gesetze zu seinen Privatzwecken in der Form des Staatsbürgers zu bedienen. Daher bedarf ein Fremder, der etwas in einem Staate ausrichten will, eines Bürgen, eines Mandatarii unter den Staatsgliedern, um mittelst desselben seinen Zweck erreichen zu können. Nur der Staatsbürger erlangt etwas im Staate; die Nichtbürger sind für den Staat nicht vorhanden. Er nimmt nur Notiz von dem, was Se i n ist.

1089. Dreierlei Arten der Gemeinschaft: 1. Wechseleinschluß (Kausalität), 2. Wechselausschluß (Substantialität), 3. Wechselein- und -ausschluß zugleich.

1090. Die Verwandlung eines Satzes oder mehrerer in ein Problem ist eine Erhebung. Ein Problem ist weit mehr als ein Satz. Höchstes, allumfassendes Problem.

1091. Gedanken im strengern Sinn oder Modifikationen der Vernunft sind den Sensationen entgegengesetzt. Sie liefern Einheit, wo diese das Mannichfache geben, und umgekehrt. Selten sind beide rein und rein getrennt.

1092. Theorie der Phantasie. Sie ist das Vermögen des Plastisierens.

1083. Über Gerstenberg. (Brief an Gerstenberg und Baader.)

1094. Zweck und Grund sind eins – nur jener heraus- und dieser hineingesehen. Anfang und Ende sind eins. Ich kann den Grund im vorherigen oder nachherigen suchen. Dreifache Arten der Kausalität, der Substantialität und der Verknüpfung von beiden nach der Kategorie der Gemeinschaft.

1095. Über die Methode, den Irrtum wie Wahrheit zu behandeln, einen willkürlichen Satz wie einen notwendigen, den wirklichen wie den idealischen usw., um mittelst des gefundenen Resultats den Irrtum geringer zu machen und dann abermals so zu behandeln, bis man die Wahrheit vollkommen oder approximative gefunden. Sollte es sich bestätigen, daß der Satz des Widerspruchs der Grundsatz des Denkvermögens, der oberste der Logik sei, so wäre dies nur eine Indikation, daß wir mit der Logik allein nicht viel ausrichten könnten, daß das Denkvermögen allein keinen (großen) Nutzen gewähre, sondern, daß wir noch ein andres Vermögen und seine Theorie aufsuchen müßten, die, als dem Denkvermögen und der Logik entgegengesetzt und allein ebenso nutzlos als diese, in Verbindung mit diesen gesetzt werden müßten, um daraus ein zusammengesetztes Vermögen und zusammengesetzte, sich gegenseitig komplettierende Theorien und Handlungen und Resultate zu erlangen usf.

Am Ende scheint alles Nachdenken auf echtes Experimentieren zu führen und die sogenannte Vernunftlehre die Notwendigkeit, Methode usw. des Experimentierens und Lebens als eines beständigen Experimentierens zu enthalten und beweisen.

Die vollendete Spekulation führt zur Natur zurück.

Das ganze Geheimnis des Philosophierens liegt in der generalisierten Baconischen Sentenz: *philosophia abducit et reducit*, die Abduktion ist der Reduktion wegen. Die Natur ist aber weit mehr, wenn sie durch das philosophische Organ gegangen ist.

1096. Es gibt mehrere Arten von Unbekannten. Subjekt und Objekt ist soviel, wie Sinn überhaupt und Gegenstand oder Reiz. Eine stätige Veränderung ist eine Zeitveränderung. Entstehn der Zeiten aus relativer, und daher sich allmählich vermindernder Elastizität unsrer Gedankenaktion. Räume und Zeiten sind Symptome von Schwäche.

Das Äußre ist gleichsam nur ein verteiltes, übersetztes Innre, ein höheres Innre. (Wesen und Erscheinung?)

1097. Jeder Mensch ist eine Rechnung, wie jede Rechnung ein Mensch.

1098. Nur durch einen Sprung kommt man vom Allgemeinen, Willkürlichen, von n auf das Besondre, Individuelle, Bestimmte. Die Behandlung der Wirklichkeit nach der Formel des Notwendigen liefert das Ideal. (Alle echte Beziehungen sind mittelbar und unmittelbar zugleich.)

1099. Wenn wir eine Veränderung in unserm Körper vornehmen wollen, so bemerken wir, daß alle unsre Sinnenkräfte sich innerlich *i. e.* mittelst der Vorstellungen auf den Ort der Veränderung zentrieren. (Wir sehn z. B. innerlich gleichsam dahin, wo wir eine Bewegung vornehmen oder überhaupt tätig sein wollen.)

1100. Das echte Denken erscheint wie ein Machen und ist auch solches. Das echte Denken erscheint als etwas anders als es ist. Jenes ist ein Denken und Nichtdenken zugleich (mittelbar und unmittelbar.)

1101. Der philosophische Körper ist die Seele. Philosophische Physiologie und Ästhetik ist die Psychologie. Die philosophische Seele ist der Geist.

1102. Freiheit ist das Vermögen einen Bewegungsgrund zu machen. In jeder echten Wahl rührt der Grund der Wahl vom Wählenden her, nicht vom Gewählten.

1103. Philologie und Philosophie sind Eins. (Jeder Anfang ist ein Aktus.) Freiheit eine Wahl. – Konstruktion eines absoluten Anfang.

Fichtens Ich ist ein Robinson, eine wissenschaftliche Fiktion zur Erleichterung der Darstellung und Entwicklung der Wissenschaftslehre. So der Anfang der Geschichte usw. – Schilderung des philosophischen Naturstandes – eines isolierten Prinzips oder Begriffs. Jeder Begriff ist ein Ich. Ich ist ein allgemeines Gedankenmolekül.

Behandlung jedes Begriffs nach der Fichteschen Ich-formel.

1104. Die Realität ist der Schein, die Negation oder Idealität der Nichtschein, der Limitation (die Synthesis des Scheins oder Nichtscheins) als Korrelativ beigestellt.

1105. Wer addieren könnte und wollte nichts tun, als aufs Geratewohl herumaddieren, der gliche jenem, der denken könnte und aufs Geratewohl herumdächte (wie ich z. B.). Beide täten wohl, wenn sie sich Regeln ihres Verfahrens erfänden, sich Fertigkeit, nach diesen Regeln zu verfahren, erwürben und nun schöne oder nützliche Denk- und Additionsexempel vollständig ausführten. – Jede Wissenschaft ist ein vollständiges Denkexempel.

1106. Kommt das Potenzieren nicht vom Multiplizieren? Idealiter, nicht historisch. – Grundsatz der Rechenkunst a ± a. Hierin sind alle Rechnungsarten enthalten und alle Kategorien. Sollte die Philosophie überhaupt aus der Reflexion über die Mathematik entstehn?

Philosophie ist die Universal- oder höhere Mathematik, das belebende Prinzip der Mathematik, die poetische Mathematik. Oder der Stoff, wenn die Mathematik die Form ist.

Gewöhnlicher Philosophism = Chymism.

Wunder gehören in die Kategorie der Substanz.

1107. Mechanische und chemische Heilmethode und Erklärungsart. Das Individuelle, *propter Genesin*, und Falsche des Brownischen Systems ist seine Neigung zur Mechanik. Aus Opposition gegen das herrschende System (so mit Fichte), das Chymische, fiel Brown bei richtigem Gefühl des Unvollkommnen des alten und sichrer Ahndung der Ergänzung in das entgegengesetzte Extrem, in das mechanische System. Man muß diese polemische Beziehung, den oppositionellen Teil seines Systems, vom allgemeinen, sein allgemeines, eigentliches, instinktartiges Wollen von seiner Privat- und temporellen Absicht trennen, und so mit dem alten System auch, so erhält man das substantielle System und die beiden accidentellen Systeme, die einander kritisieren und aus deren simultanem Gebrauch man die wahrhaften Mittelresultate erhält (wie in dem Differentialkalkül.)

1108. Kunst, alles in Sofien zu verwandeln, oder umgekehrt.

1109. Ideen produzieren und Ideen assimilieren, beides schwächt im Übermaße.

Philosophieren ist die wahrhaft gelehrte Beschäftigung. Es entspricht dem Experimentieren. (Ich muß einmal ein vollständiges Experiment machen.)

Aus Trägheit verlangt der Mensch bloßen Mechanism oder bloße Magie. Er will nicht tätig sein, seine produktive Einbildungskraft brauchen.

1110. Browns Theorie handelt (wie die Fichtische) vom physiologischen Ideal. Alle Krankheiten sollen allgemein sein, sollen in allgemeine verwandelt werden. So mit den Arzneimitteln und allem. Er stellt auch nur das Ideal der Heilmethode auf. Bearbeitung in dieser Hinsicht.

1111. Über den medizinischen Menschencharakter. Manche Menschen sind durchaus medizinisch, und diese haben Anlage, Weise im eigentlichsten Sinne zu werden.

1112. Die Arten der Seelen. Willkür, Wunder und Zufall hängen indirekte mit der Welt usw. zusammen. (Materie = ein Ideal.) Studium eines, Studium aller Dinge läuft am Ende auf Eins hinaus, gehört eigentlich zusammen. (Über das Fichtische Problem, wie die Dinge mit den Vorstellungen zusammenhängen.) Verbindung der Wunder- und Naturwelt. Die Wunder sollen nach Regeln, die natürlichen Wirkungen ohne Regeln erfolgen, Wunder und Nicht-Wunder sollen Eins werden. (Regel und Unregel.) Unregel ist Fantasieregel, Willkürregel, Zufalls-, Wunderregel.

1113. Der Witz ist schöpferisch, er m a c h t Ähnlichkeiten.

1114. (Über den Ausdruck: sich etwas beschlafen. Ist der Schlaf eine Selbstbegattung?)

1115. Materielle Bewegung und tätige Materie ist gleichsam das Mittelglied zwischen Chymie und Mechanik – wie sie selbst Einbildungskraft ist, so läßt sie sich auch nur durch Einbildungskraft fassen. (Naturverstand, Naturwitz, Naturvernunft, Natursinn usw.)

1116. Atmosphärologie: Ansicht der Atmosphäre als ein Ganzes. Verhältnis der Atmosphäre zum Körper, der Atmosphäre zu einander, der Atmosphäre zur Veste. Äther – Zwischenglied der Atmosphäre. Sendet die Sonne wirklich Licht aus, oder ist die Erleuchtung der Sonne und der Planeten Eine gemeinschaftliche Wirkung des Äthers – der Veste? Die produktive Einbildungskraft des Universums.

1117. Aus der produktiven Einbildungskraft müssen alle innern Vermögen und Kräfte und alle äußern Vermögen und Kräfte deduziert werden.

1118. Konstruktion von Merkmalen. Wie mach' ich Merkmale? wie entstehn Kennzeichen? (*Menstruum universale*, allgemeines Teilungs- und Zersetzungsmittel.)

1119. Allem Ideal liegt eine Abweichung von der gemeinen Regel oder eine höhere (krumme) Regel zum Grunde. (Das Moralgesetz ist eine krumme Regel.)

Unterschied zwischen Wahrheit und Schönheit, wie zwischen Recht und Moralität. Die Künstler verwechseln oft Wahrheit mit Schönheit. Wahrheit und Recht sind Studien, bloß zum Privatregulativ der Moralität und Schönheit und ihrer Darstellung; der Kanon, der verändert wird usw.

1120. Die prästabilierte Harmonie wird der Erfolg oder die Konstitution der vollkommen moralischen Welt sein. Schönheit beruht auch auf prästabilierter Harmonie. Im Bewußtsein Gottes findet eigentlich prästabilierte Harmonie statt. Durch das Fichtische System wird sie bewiesen und nezessitiert.

1121. Die Ideale sind auch Produkte eines Übergangsmoments.

1122. So richtig man von geistigen Meteoren und ungewöhnlichen, gewalttätigen Bewegungen auf körperliche Anlässe schließt und den krankhaften Zustand durch körperliche Mittel mit gutem Erfolg zu heben sucht, so kann man auch oft körperlichen Übeln am besten von seiten der Seele beikommen und durch Seelenverrichtungen und Wirkungen diese Zufälle lindern oder gänzlich heben; denselben Einfluß, den der Körper auf die Seele hat, hat sie gegenseitig auf ihn; die meisten Krankheiten sind kompliziert, und sowohl in der Seele als im Körper, wie in den festen Teilen und Säften zugleich der Sitz des Übels zu suchen. (Übergangstheorie der festen Teile und der Säfte, des Körpers und der Seele. Der Geist ist null. Die Veste.)

1123. Das Subjekt gehört zu der Anschauung, das Prädikat ist Begriff. Der Weg von der Anschauung zum Begriff ist synthetisch, der umgekehrte analytisch in mathematischer Bedeutung. Die Anschauung ist aber individuell, der Begriff allgemein, und aus diesem Gesichtspunkt dreht sich auch die vorige Behauptung um. Nun ist der Weg von der Anschauung aus analytisch, und der Weg vom Begriff aus synthetisch.

1124. Alle reine Wissenschaften sind Studien.

1125. Der Logiker geht vom Prädikat, der Mathematiker vom Subjekt, der Philosoph von der Kopula aus. Der Poet von Prädikat und Subjekt, der philosophische Poet von allen dreien zugleich.

1126. Der poetische Philosoph ist *en état de Créateur absolu.* Ein Kreis, ein Triangel werden schon auf diese Art kreiert. Es kommt ihnen nichts zu, als was der Verfertiger ihnen zukommen läßt usw.

Man muß überhaupt immer bedenken, daß das Höchste, zwar nicht in der wirklichen aber in der idealischen Geschichte, vor dem Niedrigeren usw. kommt; also auch, wenn der Mathematiker wirklich etwas richtiges tut, so tut ers als poetischer Philosoph.

1127. Die Veränderungen, sowohl zeitliche als räumliche, der Dinge und selbst unsers eignen Phänomenons gleichen den Fortbewegungen der Bäume an der Straße, die man schnell durchfährt.

Ich und die andern Menschen usw. sind im veränderlichen Zustande – *en état de Variation*, und daher die zeitlichen und räumlichen Veränderungen der Phänomene.

1128. Der (philosophische) Gedankenweg (die synthetische Methode) der Alten – der mechanische (mathematische) Weg (die analytische Methode) der Neuern.

1129. Fertigkeit und Sicherheit und Präzision im philosophischen Kalkül – diese muß ich zu erlangen suchen.

1130. Arten der Tätigkeit des Ich. (Entstehung des Begriffs Ruhe usw.)

Durch Experimentieren lernen wir beobachten. Im Experimentieren beobachten wir uns selbst usw. und lernen dadurch von den sogenannten Phänomenen auf die Einheit sichre Schlüsse ziehn oder richtig beobachten. In einer richtigen Beobachtung liegt auch schon die Erklärung.

1131. *Appetitus sensitivus* und *rationalis*. Der *Appetitus rationalis* ist ein synthetisches Wollen. Limitation im synthetischen Wollen, Begrenzung, Umgrenzung. (Ich will alles zugleich.) Die elektive Freiheit ist poetisch, daher die Moral von Grund aus Poesie ist. Ideal der Alleswollung. Magischer Willen. Sollte jede freie Wahl absolut poetisch – moralisch sein?

Entgegengesetzter Satz des Widerspruchs und des zureichenden Grundes für den Willen. Wollen und Nichtwollen zugleich = Denken und Nichtdenken zugleich. Böse und Gut sind absolute poetische Begriffe. Böse ist eine notwendige Illusion, um das Gute zu verstärken und zu entwickeln; wie der Irrtum zum Behuf der Wahrheit. So auch Schmerz, Häßlichkeit, Disharmonie.

Diese Illusionen sind nur aus der Magie der Einbildungskraft zu erklären. Ein Traum erzieht uns, wie in jenem merkwürdigen Märchen. Scientifische Behandlung der Märchen; sie sind im höchsten Grad lehrreich und ideenvoll.

1132. Qualitativ und Quantitativ sind synthetische Begriffe, Rationalitäten.

1133. Eigentlich abstrakte oder allgemeine Begriffe sind Differenzen im Sinn der Differentialrechnung, bloße Kopulas.

Die schaffende Einbildungskraft wird geteilt in Vernunft, Urteilskraft und Sinnenkraft. Jede Vorstellung (Äußerung der produktiven Einbildungskraft) ist aus allen Dingen zusammengesetzt, freilich in verschiednen Verhältnissen, Arten und Größen.

1134. Entgegensetzungen der bekannten Naturgesetze: 1. *lex continui*, 2. *lex parisimoniae*, und dem letztern gehört auch, daß sie jedes Individuum nur Einmal hervorbringt, 3. Gesetz der Beharrlichkeit. Was sie einmal gemacht hat, behält sie. Naturgedächtnis.

1135. Die wirkliche Natur ist nicht die ganze Natur. Was einmal dagewesen ist, lebt fort, nur nicht in der wirklichen Natur. Alle diese Gesetze beziehn sich schon von fern auf die Moralität der Natur.

1136. Wichtige Frage, ob die Menschheit im Zustande der direkten oder indirekten Schwäche sei? Ob Schwärmerei, Begeisterung direkte oder indirekte Sthenie sei?

Wie die Sphäre der Krankheit eingeteilt ist, so ist auch die Sphäre der Gesundheit, der Konstitution eingeteilt. – Die Brownsche Erregungstheorie im reinen Zustande bezieht sich weder auf Gesundheit noch Krankheit direkte. Sie bezieht sich auf Lebensfunktion überhaupt und deren Einteilung usw.

1137. Kritischer Idealism ist schon poetischer und moralischer Kritizism, Entscheidung für Einen Weg, für x oder y.

Über den außerordentlichen Grad von Evidenz, Beruhigung und Heiterkeit, den idealische Sätze (schöne Glaubenssätze), z. B.

alles was geschieht, geschieht zu unserm Besten – [haben]. (*S'il n'y a point de Dieu il faut s'en faire.*)

1138. Sonderbare, entgegengesetzte, religiöse Gefühlstheorien der Pietisten und Herrnhuter: ihre Beziehung auf Mechanik, Elektrizität und Chymie (zermalmend, zerschmelzend, Durchbruch).

1139. Kants Advokaten Geist.

1140. Hemsterhuis' Theorie des moralischen Sinns. Seine Mutmaßungen von der Perfektibilität und dem unendlich möglichen Gebrauch dieses Sinns. Philosophische Ethik – poetische Ethik.

Schönheit und Sittlichkeit sind fast wie Licht und Wärme in der Geisterwelt. Man wird durch ihre genauere Kenntnis, ihre Verwandtschaften, ihre Analogie, wie durch jene die Wissenschaftskunde der Sternwelt, so durch diese die Geisterweltskunde begründen und ausführen können.

Tötet der Mystizism die Vernunft? Kant meint den Dogmatism. Dogmatism ist Verhältnisaufhebende usw. Tätigkeit oder Untätigkeit.

1141. Religion ist Synthesis von Gefühl und Gedanke oder Wissen. Religionslehre ist also eine Synthesis von Poetik und Philosophik. Hier entstehn echte Dogmata, echte Erfahrungssätze, das heißt, aus Vernunftsätzen, Philosophemen und Glaubenssätzen, Poemen wahrhaft zusammengesetzte, nicht gegenseitig beschränkte, sondern vielmehr gegenseitig bestärkte und erweiterte Sätze.

Was bei den Philosophen die Vernunft ist, das ist bei den Poeten im engern Sinn der Glaube. Freier Gebrauch des Glaubens. Staatsreligion.

Gegen Kants Streit der Fakultäten ist sehr viel zu erinnern.

1142. Lamberts Grundlage ist intellektuale Chemie.

Chymische Mechanik. Einfache Bewegungen, Verwandtschaften der Bewegungen, zusammengesetzte Bewegungen, Auflösung, Verflüchtigung, Figierung, Ausziehung, Mischung der Bewegungen. So ebenfalls chymische Figuristik.

1143. Architektonik ist fast dasselbe wie Kritik.

1144. Jede Definition enthält ein (analoges) Verhältnis von (analogen) Abscissen und Ordinaten. Außer der Gleichung, dem Generalverhältnis, ist nun auch noch die Reihe der Veränderung, das Gesetz der Abscissen und Ordinatenveränderung in der Gleichung für diese Figur zu bestimmen. Das Exhaustionsgesetz der möglichen Wechselveränderungen dieser Funktionalgleichung von x und y, das Folgegesetz der individuellen Subsumtionen unter diese Generalgleichungsausdrücke.

1145. Merkwürdige, geheimnisvolle Zahlen. Wie das Zählen noch neu war, so mußten oft vorkommende Zahlen beim Zählen wirklicher Dinge, charakteristische, bleibende Zahlen wie z. B. die 10 Finger und andre frappante Zahlenphänomene die Einbildungskraft der Menschen aufs lebhafteste beschäftigen und sie in der Wissenschaft der Zahlen einen tiefverborgnen Schatz von Weisheit, einen Schlüssel zu allen vorschloßnen Türen der Natur ahnden lassen.

1146. Indem wir die mannichfaltigen Körper und ihre gegenseitigen Verhältnisse und deren Folgen aufmerksam betrachten, so werden uns manche, teils durch die Körper, teils durch die Art und Weise verschiedne Näherungen und Entfernungen merkwürdig. Auffallend werden die Folgen mancher Näherungsverhältnisse, wo der luftige Raum zwischen beiden Körpern 0 wird. Wir nennen diejenigen Körper von einander entfernt, zwischen denen andre Körper befindlich sind oder sein können. Um so entfernter, jemehr Körper zwischen ihnen sich befindet. Verbunden sind sie, wenn der Zwischenkörper eine oder mehr gegenseitige Beziehungen auf beide hat. Getrennt, wenn er keine solchen hat.

1147. (Alle Wirkungen sind nichts als Wirkungen Einer Kraft, der Weltseele, die sich nur unter verschiednen Bedingungen, Verhältnissen und Umständen offenbart, die überall und nirgends ist. – Hierdurch fällt das Transfusionssystem usw. übern Haufen.)

Der Naturstaat ist *res privata* (mystisch) und *res publica* zugleich. (Mystizism der Natur. Isis. Jungfrau. Schleier. Geheimnisvolle Behandlung der Naturwissenschaft.)

1148. Beobachtungen der Wollust in der ganzen Natur. (Reiz ist ganz analog dem Begriff Geheimnis; das Geheimnis soll entheimlicht, der Reiz entreizt werden.) (Gefühl der Weltseele usw. in der Wollust. Gefühl des Genius im Patriotismus, der Religion, der Liebe.)

1149. Operationen des Verstandes. Sollte der abstrakte Verstand das Sprachvermögen sein? Hier wird etwas durch willkürliche Verknüpfung mit der an sich bestimmten Affektion eines schreibenden und tönenden Instruments fest und erkennbar. Die Verhältnisse der Symptome sind nun für mich die Verhältnisse der Zeichenanlässe.

1150. Die Phänomenologie ist vielleicht die brauchbarste und umfassendste der Wissenschaften.

1151. Vereinigung von Zu- und Abnehmen in Einer Bewegung, z. B. Vereinigung von Schlaf und Wachen in Einem Zustande. (Sollte die Seele in der Nacht auch zu den Antipoden gehn, in die Welt, wo alles ist wie hier, nur umgekehrt in Beziehung auf Zeit? Mehr von den Antipoden usw. in Beziehung auf den innern Menschen. Geister sind nur Menschen-Antipoden.)

1152. Nach Condorceet lehrt der Infinitesimal-Kalkül die Verhältnisse der sukzessiven Zu- oder Abnahmen einer veränderlichen Größe finden oder aus der Kenntnis dieses Verhältnisses die Größe selbst wieder auffinden – man mag nun diesen Zunahmen eine endliche Größe zuschreiben, oder deren Verhältnis nur für den Augenblick suchen, da sie verschwinden; eine Methode, die, da sie sich auf alle Kombinationen veränderlicher Größen und auf alle Hypothesen ihrer Veränderungen erstreckt, auf gleiche Weise für alle Dinge, deren Veränderungen eines bestimmten Maßes fähig sind, entweder die Verhältnisse ihrer Elemente, aus der Kenntnis der Verhältnisse, welche die Sachen gegeneinander haben oder die Verhältnisse der Sachen, wenn nur die ihrer Elemente bekannt sind, bestimmen lehrt.

1153. Tanz, Essen, Sprechen, gemeinschaftlich Empfinden und Arbeiten, Zusammensein, sich hören, sehn, fühlen usw. alles sind Bedingungen und Anlässe und selbst schon Funktionen der Wirksamkeit des höhern, zusammengesetzten Menschen, des Genius usw.

Theorie der Wollust: Amor ist es', der uns zusammengedrückt. In allen obgedachten Funktionen liegt Wollust zum Grunde. Die eigentlich wollüstige Funktion (Sympathie) ist die am meisten mystische, die beinah absolute oder auf Totalität (Mischung) der Vereinigung dringende, die chymische.

1154. Vielleicht ist alle mechanische Bewegung nur Sprache der Natur. Ein Körper spricht den andern mechanisch an, dieser antwortet mechanisch, bei beiden ist aber die mechanische Bewegung sekundär und nur Mittel, Anlaß zur innern Veränderung und Folge derselben.

1155. Man geht mit den Erfahrungen und Experimenten noch viel zu sorglos um; man versteht sie nicht zu benutzen, man betrachtet zu wenig die Erfahrungen als Data zur Auflösung und mannichfaltigen Kombinationen zum Kalkül; man überlegt die Erfahrungen in Beziehung auf Schlüsse nicht sorgfältig genug, man nimmt nicht jede Erfahrung als Funktion und Glied einer Reihe an, man ordnet, vergleicht und simplifiziert die Erfahrungen nicht genug, man prüft einen Gegenstand nicht mit allen Reagentien, man vergleicht ihn nicht fleißig und mannichfach genug. (Im Vergleich ist das Unterscheiden mit begriffen.)

1156. Der Abstraktionskalkül der Philosophie ist vollkommen dem Infinitesimalkalkül zu vergleichen.

1157. Raum und Zeit entstehn zugleich und sind also wohl Eins, wie Subjekt und Objekt. Raum ist beharrliche Zeit, Zeit ist fließender, variabler Raum; Raum Basis alles Beharrlichen, Zeit Basis alles Veränderlichen. Der Raum ist das Schema, die Zeit der Begriff, die Handlung dieses Schemas.

1158. Alle Stoffe unterscheiden sich von einander durch die Modifikation des Triebes. Grobe und feine Stoffe. Es gibt keinen bloßen Stoff, wie kein bloßes Objekt. Stoff ist der Träger und Zeiger der Handlung, der Tätigkeit.

1159. Stoffe sind am Ende wie verschiedne Glieder unterschieden. Wo ein Stoff ist, sind alle Stoffe *potentia*. Über die dynamischen Stoffe usw.

1160. Äußerst merkwürdiger Satz, direkt und analog: daß in jeder chymischen Operation usw. mehrere Grade des Stoffs usw. zugleich und in verschiednen Verhältnissen zum Vorschein kommen.

1161. Das Prinzip Ich ist gleichsam das echte, gemeinschaftliche und liberale, universelle Prinzip, es ist eine Einheit, ohne Schranke und Bestimmung zu sein. Es macht vielmehr alle Bestimmung möglich und fest und gibt ihnen absoluten Zusammenhang und Bedeutung. Selbstheit ist der Grund aller Erkenntnis als der Grund der Beharrlichkeit im Veränderlichen, auch das Prinzip der höchsten Mannichfaltigkeit – (Du) statt Nicht-Ich–Du). (Die Gemeinschaft und Eigentümlichkeit. Alles kann Ich sein und ist Ich oder soll Ich sein.)

1162. Über die Apriorität der Anfangs- und Kindersprache; ferner die sonderbaren tropischen Verba: Auflösen, Mischen usw.

1163. Schellings Individualisierung besser Vermannichfaltigungstrieb der Natur.

1164. Von Fläche und Inhalt. (Ausdehnung mit und ohne Kraft.)

1165. Ein reiner Gedanken, ein reines Bild, eine reine Empfindung sind Gedanken, Bilder und Empfindungen, die nicht durch ein korrespondierendes Objekt erweckt usw., sondern außerhalb der sogenannten mechanischen Gesetze, der Sphäre des Mechanism, entstanden sind. Die Phantasie ist eine solche außermechanische Kraft. (Magism oder Synthesism der Phantasie. Philosophie erscheint hier ganz als magischer Idealism.)

1166. Über das homogene und heterogene Zählen, Zählen des Gleichartigen, Zählen des Ungleichartigen; Eins durchs Andre.

1167. Leidenschaft und Charakter sind Mischungen von Gedanken und Affektionen (Empfindungen) mit produktivem Willen, schöpferischem Willen. Natürlich ist hier Bewußtsein oder produktive Vernunft mit im Spiel.

Selbstbewußtsein ist Aktion, wobei Vernunft (*ratio*) mit im Spiel ist.

Selbstbewußtsein im größern Sinn ist eine Aufgabe, ein Ideal; es wäre der Zustand, worin es keine Zeitfortschreitung gäbe; ein zeitloser, beharrlicher, immer gleicher Zustand. (Ein Zustand ohne Vergangenheit und Zukunft und doch veränderlich.)

Im echten Selbstbewußtsein wechseln wir bloß, aber ohne weiter zu gehn. In ihm sind alle Zustände und Veränderungen unsers empirischen Ich simultan. Wir sind so gut in demselben Momente wie vor zwei Jahren, als wir in diesem Augenblicke; wir sind nicht Ich durch Schlüsse und indirekt, sondern unmittelbar. (Wir sind nur meistens durch Kalkül des Instinkts Ich.) Alle unsre Erinnerungen und Begebenheiten reihen sich an eine mystische Einheit, die wir Ich nennen. Indem wir uns in der Welt umsehn, finden wir eine Menge Sensationen aller Art, wunderbar gewählt, gemischt, geordnet und zusammenhängend. Wir fühlen uns wundersam von diesem Phänomenon angezogen, das Phänomenon scheint uns einzuziehn, die Welt ist verschwunden, wir sehn nichts als das Phänomenon an der Stelle der Welt, und jetzt entsteht der Begriff des empirischen Ich.

1168. Inpunktationsmanier der Bezeichnung der Veränderungen des Stätigen; z. B. Übergang des Kindes zum Manne. Bezeichnung des Übergangs (der Seele) mit Punkten.

1169. Die Stimmung des Bewußtseins, des Darstellens aller Art, ist die Stimmung des Kristallisierens, der Bildung und Vermannichfachung, also gehaltne Ruhe, stetige Kraft, rationalisierende, equilibrierende Kraft, proportionelle Evolutionskraft, eine beständige Größe im veränderlichen Wechsel. (Ruhepunkt am Hebel.)

1170. Die Wissenschaft fängt nicht mit einem Antinom, Binom sondern mit einem Infinitinom an.

1171. Kielmeyers Idee vom Übergang einer Kraft in die andre (von ihrer sukzessiven und simultanen Existenz).

1172. Geometrie ist transzendentale Zeichenkunst, Plastik. (Mechanik transzendentale Akustik usw.)

1173. Über das Geheimnis der Individualität. Fichtens Mißverständnis der Individualität.

1174. Die Emanationslehre oder die philosophische Lichttheorie beruht auf der Transfusionsidee.

Die Schwere hat viel Ähnlichkeit mit dem Lichte, die Zentralpunkte sind Fokus. Vielleicht erzeugt sich Energie, Aktion, Leben im Fokus, wie Wärme im Lichtfokus.

1175. So wenig viel wahre, echte Versuche in der notwendigen Folge vorhanden sind, ebensowenig wahre Beobachtungen in der notwendigen Folge. Es läßt sich noch unendlich viel dicht um uns her im Gemeinsten beobachten.

1176. Beweis, daß alle Sensationen des Fremden Kooperationen der Weltseele sind.

1177. Einfache Definitionen gibts nicht zuerst; je mehr man zugleich definiert, desto richtiger wird jede einzelne Definition. Definieren *en masse* – Wissenschaft. Die Definition ist die Konstruktionsformel der Begriffe usw. Aller Erzeugung, Generation, Erzeugung des Geschlechts geht eine Spezifikation, der Spezifikation eine Individuation voraus. Die Einheit ist bloße Gattung, Art und Individuum zugleich. Mit der Mehrheit entsteht erst Klassifikation, Generation, Spezifikation und Individuation.

1178. Jedes Urteil ist eine Prädikation und Subsumtion und eine Equation (Equilibration, Synthesis usw.) zugleich. Die Equation ist eine Tropisation oder Symbolisation zugleich, eine echte Konstruktion, nämlich eine partiale Animation und Korporation zugleich. (Symbol ist ein individuelles, tropisches Schema.)

1179. Die Erkenntnis, die Betrachtung und Experimentation (Moralische H(istorie) Gottes ist der echte Lebensquell.

1180. Nichts ist romantischer als was man gewöhnlich Welt und Schicksal nennt. Wir leben in einem kolossalen (im Großen und Kleinen) Roman. Betrachtung der Begebenheiten um uns her. Romantische Orientierung, Beurteilung und Behandlung des Menschenlebens.

1181. Bewegung ist nur das Element des Wohl- und Zufriedenseins. Sogenannte innere Ruhe (Spielbewegung, Musik, Beschäftigung) entsteht nur aus regelmäßiger Vibration und Zirkulation. (Kreisbewegung der Vernunft.)

1182. Unermeßliche Mannichfaltigkeit der Windharfentöne und Einfachheit der bewegenden Potenz. So mit dem Menschen. Der Mensch ist die Harfe, soll die Harfe sein.

1183. Das Gedächtnis ist der Individualsinn, das Element der Individuation.

1184. Alles läßt sich beschreiben – *verbis*. Alle Tätigkeiten werden von Worten, oder können von Worten begleitet werden, wie alle Vorstellungen vom Ich.

1185. Vergleichende Psychologie und Physiologie, Equation und Analogistik von Körper- und Seelenlehre.

1186. Innre, religiöse Experimente und Beobachtungen.

1187. Die Wissenschaften der andern Weltkörper müssen nur durch Kalkül gefunden werden. So auch die Defekte unsrer Wissenschaften.

1188. Die zahmen Tiere nähern sich, als hülfloser, den Menschen.

1189. Wie sich gute Geister, Genien aus Koexistenz, Kongruenz usw. bilden, oder hier erscheinen, so umgekehrt böse Geister, Schmerz usw. aus Diskrepanz, Feindschaft usw. Der Schmerz ist auf allen Fall Substanz, entstehend bei feindlichen Berührungen.

1190. Sollt ich krank werden, so sind Erbauungsschriften, Romane usw. chymische Experimente, Zeichnen, Musiktreiben, Guitarre, Abschreiben und Exzerpieren, Kochen, Tafeln besehn, Handwerker besuchen, Drechseln, Schnitzen usw., Kabinetter besehn, Beobachtung der Krankheit, akustische Versuche, Fossilienbeschreibungen, Wetterbeobachtungen usw., Besuche, Motion, Ruhe, Gymnastik und Sprachenerlernung, G e d u l d an der Tagesordnung. (Moral und Religiosität in der Krankheit und möglichste Tätigkeit aller Art.) (Auch der Blinde und Taube hat noch eine große Sphäre von Beschäftigungen.)

Editorisches Nachwort

Der Text der vorliegenden zweibändigen Ausgabe der Werke von Novalis beruht auf der Ausgabe der »Schriften des Novalis« in vier Bänden von 1907, herausgegeben von J. Minor.

Zu seiner Zeit konnte Minor für seine Ausgabe beanspruchen, die Schriften von Novalis vollständiger als in jeder früheren Ausgabe zu präsentieren. Seiner »neuen Anordnung« wird hier jedoch nicht in jedem Fall gefolgt; sie wurde auch von anderen neueren Ausgaben revidiert.

Bereits im ersten Band dieser Ausgabe wurde darauf hingewiesen, daß die eindeutige Opposition von Dichtung und philosophischer Abstraktion mit Blick auf die Schriften der Frühromantiker nur mit großem Bedenken vorzunehmen ist; dies gilt besonders für die Aufteilung von Novalis' Schriften. Seine dichterischen Schriften (Band 1) sind in einem hohen Maße philosophisch, wie seine – im weiten Sinne – philosophischen Schriften (Band 2) auch poetisch sind. Die Bezeichnung »philosophisch« ist ein Verlegenheitsbegriff, der für einige der in diesen Band aufgenommenen Texte nur bedingt zutrifft. Er ist hier jedenfalls nicht thematisch zu verstehen, vielmehr charakterisiert er eine spezifische reflexive Haltung der Selbst- und Welterforschung. Wie weit andererseits der romantische Poesiebegriff zu fassen ist, läßt sich am besten durch Friedrich Schlegels 116. Athenaeumsfragment verdeutlichen, eine Art Manifest der frühromantischen Bewegung: »Die romantische Poesie ist eine progressive Universalpoesie. Ihre Bestimmung ist nicht bloß, alle getrennten Gattungen der Poesie wieder zu vereinigen, und die Poesie mit der Philosophie, und Rhetorik in Berührung zu setzen. Sie will, und soll auch Poesie und Prosa, Genialität und Kritik, Kunstpoesie und Naturpoesie bald mischen, bald verschmelzen, die Poesie lebendig und gesellig, und das Leben und die Gesellschaft poetisch machen …«

Es war der Wunsch des Verlegers, die Werke von Novalis in zwei Bänden herauszugeben. Die hier vorgenommene Aufteilung erschien mir trotz der genannten Probleme vernünftiger als jede andere.

Biographische Skizzen

Von Skizzen (Plural) ist hier die Rede, weil die eigenen rhapsodischen Ausführungen zu Leben und Werk des Dichters um Auszüge aus einigen älteren biographischen Zeugnissen und neueren Deutungen ergänzt werden.

Novalis hieß eigentlich Georg Philipp Friedrich von Hardenberg. Er wurde am 2. Mai 1772 geboren, Novalis nannte er sich erst ab 1798. Die Hardenbergs waren ein altes niedersächsisches Adelsgeschlecht, die Vorzüge des Standes und der Geburt bewahrten indes nicht vor häufiger Dürftigkeit der ökonomischen Lage der Familie. Novalis' Vater erhielt 1784 die Stelle eines Direktors der kursächsischen Salinen Astern, Kösen und Dürrenberg, was einen Umzug der Familie von Oberwiederstedt, Novalis' Geburtsort, nach Weißenfels mit sich brachte. In dieser Kleinstadt und ihrer Umgebung, nicht fern den Städten Leipzig, Jena und Weimar, spielte sich fortan das Leben des Dichters ab.

Der Vater war ein religiöser Mann von asketischer Strenge und mit entsprechendem Erziehungsstil, der wenig Nähe zuließ. So übertrug sich die Liebe der Kinder, insbesondere der Söhne, auf die warmherzige Mutter. Sie soll eine kluge, fein empfindende und verständnisvolle Frau gewesen sein. Keine ganz ungewöhnliche Familienkonstellation. Eine weitere bestimmende Gestalt im Leben von Novalis war sein Onkel, der zehn Jahre ältere Bruder seines Vaters. »Sein Verstand hat die Kultur eines alten Weltmannes, aber auch dessen Eingeschränktheit. Von jeher verzog ihn das Glück. Dürftigkeit fühlte er nie ... Er gab mir von Jugend auf Gelegenheit, meine Eitelkeit zu befriedigen, und versprach sich von meiner Lebhaftigkeit einen glänzenden Erfolg.« So sah ihn Novalis, er verdankte ihm viel.

Seine Schulbildung schloß Novalis 1790 mit einem mehrmonatigen Besuch des Gymnasiums zu Eisleben ab. Vorher hatten sich Hofmeister und Lateinschule um seine Bildung bemüht. Hinzu kam die reichhaltige private Lektüre, darunter die großen Namen der zeitgenössischen deutschen Literatur: Lessing, Wieland, Klopstock, Goethe, Schiller und viele andere. Schon in der Schulzeit setzte Novalis' eigenes literarisches Schaffen in der Nachfolge verschiedener Vorbilder ein.

Oktober 1790: Immatrikulation als Student der Jurisprudenz an der Universität Jena. Großes Interesse an Philosophie, Verehrung Schillers. 1791: Wechsel an die Universität Leipzig, seine Fächer dort: Jurisprudenz, Mathematik und Philosophie. Immer wieder der Vorsatz, gegen seine »innere Unruhe und eine schweifende Phantasie« anzukämpfen. 1792 lernt Novalis Friedrich Schlegel kennen. Dieser äußert sich begeistert über Novalis: »Ein noch sehr junger Mensch – von schlanker guter Bildung, sehr feinem Gesicht mit schwarzen Augen, von herrlichem Ausdruck, wenn er mit Feuer von etwas Schönem redet ... die schnellste Fassungskraft und Empfänglichkeit«. 1793 Wechsel an die Universität Wittenberg, wo Novalis 1794 sein Juristisches Examen ablegt. Er sehnt sich »ungeduldig nach Brautnacht, Ehe und Nachkommenschaft«. Im November 1794 tritt er eine Stelle als Aktuarius beim Kreisamt in Tennstedt an. Das Amt stand unter der Leitung von Coelestin August Just, der zum Freund und ersten Biographen von Novalis wurde. In seiner Darstellung von 1805 findet sich folgende Charakterisierung des jungen Kollegen: »Ich sollte sein Lehrer und Führer werden; aber er ward mein Lehrer. Nicht nur, daß ich selbst in denjenigen Fächern, wo ich vielleicht durch Erfahrung und Übung ihn an Kenntnissen übertraf, alle meine Kraft aufbieten mußte, um seinem Forschungsgeiste ... einige Gnüge zu leisten; sondern auch hauptsächlich, daß er mich mit sich fortriß, mich von den Fesseln der Einseitigkeit und Pedanterei … befreite … mich zu den Idealen, die seinem Geiste vorschwebten, so weit es mir meine Schwerfälligkeit erlaubte, erhob, und den fast schlummernden ästhetischen Sinn in mir erweckte … Er wollte das, was er sein wollte, nicht halb, sondern ganz sein. Nichts trieb er oberflächlich, sondern alles gründlich. Dabei kam ihm die herrliche Anlage, das Gleichgewicht aller Geisteskräfte und die Leichtigkeit, womit er alles betreiben konnte, vorzüglich zustatten.« Der nüchterne Amtmann stand mit seiner Begeisterung über Novalis nicht allein.

Im November 1794 lernte Novalis Sophie von Kühn kennen. Sie war zu dieser Zeit noch keine dreizehn Jahre alt. Einige Monate später verlobten sich die beiden inoffiziell. Ende 1795 erkrankte Sophie schwer. In den folgenden Monaten Ansätze von Genesung, Rückfälle, erneute Hoffnungen – schließlich siegte doch der Tod. Sophie starb im März 1797, zwei Tage nach ihrem fünfzehnten Geburtstag »von den Folgen einer Lungensucht«, wie es hieß. Novalis fühlte sich »tot, wüste, taub, unbeweglich, versteinert«, seine Hoffnung, in der Ehe Ausgeglichenheit und Glück zu finden, war zerstört. – Um die Liebe zwischen Novalis und seiner jungen Braut und den frühen Tod der beiden – Novalis starb vier Jahre nach Sophie, ebenfalls an einem Lungenleiden – haben sich viele Mythen gebildet. Daß er ihr voller Sehnsucht nachgestorben sei, heißt es häufig. Allzu buchstäblich wurde die Krankheit als Spiegel der Seele gedeutet. Das Bild der toten Geliebten in den »Hymnen an die Nacht« nahm man als Zeichen der totalen, alles Irdische überschreitenden Liebe. Die Augen fest geschlossen vor allem, was dieser Verklärung entgegenstehen könnte. Zum Beispiel Novalis' Notate über reale Schwierigkeiten: »Sie will sich nicht durch meine Liebe genießen lassen. Meine Liebe drückt sie oft. Sie ist *kalt* durchgehends.« Dagegen stehen Aufzeichnungen, in denen Novalis seine Sophie idealisiert. »Einst wird die Menschheit sein, was Sophie mir / Jetzt ist – vollendet – sittliche Grazie …«, heißt es in einem Gedicht.

Der Tod Sophies ist des öfteren als die Geburtsstunde des romantischen Dichters Novalis angesehen worden. Wenn unbedingt ein bestimmtes Datum gewünscht wird, mag sich dieses anbieten. Man sollte darüber aber nicht vergessen, daß die Jahre 1795/96 im Zeichen eingehender philosophischer Studien, vor allem der Wissenschaftslehre Fichtes, standen. Fichtes Philosophie, welche die empirischen Tatsachen des Bewußtseins auf eine erste, ursprüngliche Tathandlung des reinen Ichs zurückführt, erschien Novalis als eine »Aufforderung zur Selbstthätigkeit«, die auf »Emancipation« von allem Gegebenen abzielt; sie führt auf eine »Freyheit des handelnden Ich«, die sich über das empirische Bewußtsein erhebt: »das Einzig mögliche Absolute, was uns gegeben werden kann und was wir nur durch unsre Unvermögenheit ein Absolutes zu erreichen und zu erkennen, finden.« – Solche philosophischen Erhebungen standen in einem Wechselverhältnis zu der Zauberkraft der Phantasie, die Novalis einige Wochen vor Sophies Tod, diesen vorausahnend, bei sich konstatierte: »Meine Phantasie wächst, wie meine Hoffnung sinkt – wenn diese ganz versunken ist und nichts zurückließ als einen *Grenzstein*, so wird meine Phantasie hoch genug sein, um mich hinaufzuheben, wo ich das finde, was hier verloren ging. Frühzeitig hab ich meine prekäre Existenz fühlen gelernt, und vielleicht ist dieses Gefühl das erste Lebensgefühl in der künftigen Welt.«

Novalis' berufliche Existenz eines Amtmannes, eines Bergwerkassessors in den Weißenfelser Salinen und späteren Amtshauptmannes darf hinter dem »göttlichen Jüngling« (Schleiermacher), dem »ästhetische Wesen« (Steffens), der »reinste(n) und lieblichste(n) Verkörperung eines hohen unsterblichen Geistes« (Tieck), wie er mit Blick auf seine Existenz als Dichter – fast in himmlische Sphären entrückt – genannt wurde, nicht ganz aus dem Blick geraten. Hierzu noch einmal Just: »Wer würde es aber vermutet haben, daß dieser junge Mann, um sich zu einem Geschäftsmann zu bilden, die Mühe nicht scheute, dieselbe Arbeit zwei-, dreimal ganz umzuschaffen … daß er die gemeinsten Geschäfte des Praktikers mit eben dem Fleiße bearbeitete, als diejenigen, die ganz eigens für seinen Geist berechnet waren? ... Von allen suchte Friedrich Hardenberg zu lernen. Darum studierte er auch, nach dem Willen seines Vaters, die Kleinigkeiten und Eigenheiten, die in jeder Saline besondere Aufmerksamkeit verdienen, um sich zu größerer Wirksamkeit in diesem Fache vorzubereiten.«

Als »Mystiker und im Irdischen tätiger Mensch zugleich« (Kluckhohn) wurde Novalis gesehen. Dieser hatte am Grab seiner Geliebten ein visionäres Erlebnis gehabt, was seine »religiöse Musikalität« zum Schwingen brachte: »... das Grab blies ich wie Staub vor mir hin – Jahrhunderte waren wie Momente – ihre Nähe war fühlbar – ich glaubte sie sollte immer vortreten.« Auch für diese Erfahrung von der unsichtbaren Gegenwart des Ewigen im Zeitlichen, die zur metaphysischen Grunderfahrung seines kurzen verbleibenden Lebens wurde, gibt es eine gedankliche Entsprechung in den philosophischen Studienheften: »Das Ewige ist allgegenwärtig ... Kannst du sagen es ist hie, oder dort?« – Noch einmal erweist sich, daß sowohl die Philosophie als auch die schmerzliche Todeserfahrung zu Novalis' Lehrmeistern wurden. »Die zufällige, oder einzelne Form unseres Ich hört nur für die einzelne Form auf – der Tod macht nur dem *Egoismus* ein Ende«, heißt es in einer Aufzeichnung, die sich deutlich von der abstrakten Terminologie der Fichte-Studien abhebt und doch eng mit diesen zusammenhängt. In der tiefen Lebenskrise erhielten Novalis' Gedanken ihre besondere seelische Färbung, ihre poetisch-philosophische Form. Jetzt erst wird die Poesie zum »Schlüssel der Philosophie«, zu ihrem eigentlichen Zweck – weil sie, in einer Vereinigung des theoretischen Erkennens mit dem praktischen Handeln, die »innigste *Gemeinschaft* des Endlichen und Unendlichen«, das »innere Ganze«, die »Weltfamilie« oder die »*poetische Weltform*« auszubilden vermag – allesamt Formeln der Einheit, von der die Frühromantiker beseelt – und auch besessen – waren.

Wenige Wochen nach Sophies Tod starb auch Novalis' Bruder

Erasmus. Ihm hatte er in einem Trostbrief geschrieben: »Die Wissenschaften haben wunderbare Heilkräfte – wenigstens stillen sie, wie Opiate, die Schmerzen und erheben uns in Sphären, die ein ewiger Sonnenschein umgibt. Sie sind die schönste Freistätte, die uns gegönnt ward. Ohne diesen Trost wollt und könnt ich nicht leben … Es mag mir begegnen, was will; die Wissenschaften bleiben mir – mit ihnen hoff ich alles Ungemach des Lebens zu bestehen.« Nach Sophies Tod heißt es in einem Brief an Just: »Die Wissenschaften gewinnen ein höheres Interesse für mich; denn ich studiere sie nach höhern Zwecken, von einem höhern Standpunkte.« Die Neigung zu den Wissenschaften führte zu einem konkreten Ziel: Im September 1797 entschloß sich Novalis zum Studium an der Bergakademie Freiberg. Das war von praktischer Bedeutung für den sächsischen Salinenbeamten, bot aber zugleich die Möglichkeit, gerade die exakten Wissenschaften von jenem »höhern Standpunkt« zu betrachten und sie zu einer »unsichtbaren Welt« in Beziehung zu setzen. In diesem Zusammenhang stand auch Novalis' Beschäftigung mit Schellings »Philosophie der Natur« und den Schriften des holländischen Philosophen Hemsterhuis, dessen Lehre von einem engen, noch längst nicht genügend erkannten Bezug zwischen Körperlichem und Geistigem, Physischem und Metaphysischem ausging.

Die Fragmentsammlung »Blüthenstaub« (Februar 1778) gilt als Novalis' romantische Initialschrift. In der Geschichte der Romantik hat sie deswegen eine besondere Bedeutung, weil sich hier zuerst die romantische Haltung des Blickes nach innen und außen, das Bürgertum zwischen zwei Welten in vermittelnder Reflexion ausspricht. Im Blüthenstaub-Fragment 16 heißt es: »… Wir träumen von Reisen durch das Weltall: ist denn das Weltall nicht in uns? Die Tiefen unseres Geistes kennen wir nicht. – Nach Innen geht der geheimnisvolle Weg. In uns, oder nirgends ist die Ewigkeit mit ihren Welten, die Vergangenheit und Zukunft …« Der älteren Deutungstradition folgend, sah man in diesem Fragment das eigentliche Losungswort der Frühromantik. Dabei wurde übersehen, daß seine dialektische Ergänzung durch die entgegengesetzte Richtung im 24. Fragment erfolgt: »... Der erste Schritt wird Blick nach Innen, absondernde Beschauung unsers Selbst. Wer hier stehen bleibt, gerät nur halb. Der zweite Schritt muß wirksamer Blick nach Außen, selbsttätige gehaltne Beobachtung der Außenwelt sein.«

In ihrem Buch »Blütezeit der Romantik« heißt es bei Ricarda Huch über Novalis: »Er selbst definierte Philosophie als Heimweh, Trieb, überall zu Hause zu sein. Als ein solcher Philosoph war Novalis geboren. Sein Hang, die Dinge in der Art zu betrachten, daß er sich von Ursache zu Ursache tastete und sich daran wie an einer Strickleiter in ihre Tiefen herabließ, macht den echten Philosophen. An der Außenseite eines Dinges haften zu bleiben, war ihm durchaus unmöglich; ein ätherischer Körper, drängte sein Geist sich überall in das Innerste hinein ... Seine Philosophie war wie seine Poesie sein Leben: erlernt im Leben und darin angewandt.« – Feierliche neoromantische Sonntagssprache des ausgehenden 19. Jahrhunderts in der Nachfolge der Novalis-Verehrung Tiecks; sie ist manchmal schwer zu ertragen. Was den Autor dieser Zeilen betrifft, gilt dies – bei aller Wertschätzung – auch für manche Passagen von Novalis selbst.

»Ohne Glauben und Liebe ist es nicht zu lesen«, schrieb Novalis an Schlegel, als er diesem seine Fragmente »Glauben und Liebe« zur Veröffentlichung schickte. Sie standen in Gefahr, als platte Huldigung des Preußenkönigs Friedrich Wilhelm III. und seiner Frau Luise mißverstanden zu werden. Als sie Juni–Juli 1798 erschienen, wurden sie tatsächlich mit Unverständnis aufgenommen. Den König und die Königin hatte Novalis als Symbolfiguren eines glücklich regierten Landes hinstellen wollen, »das Herz und Geist befriedigt«. Manche Formulierungen gerieten ihm dabei so, daß das Mißverständnis politischen Edelkitsches, damals drückte man es anders aus, fast unvermeidlich war: »Wer den ewigen Frieden jetzt sehn und lieb gewinnen will, der reise nach Berlin und sehe die Königin.« Der König selbst fand das

Lob der Königin »abgeschmackt und unsittlich«. Dabei hatte Novalis in der Vorrede auf die »Tropen- und Rätselsprache« der Fragmente hingewiesen. Ohne Verständnis des »Romantisierens«, was Novalis nun immer häufiger – und zwar ganz bewußt – betrieb, war diese Sprache nicht zu verstehen. Auch seine Aufzeichnung »Ich habe zu Söfchen Religion – nicht Liebe« mit der Erläuterung »Absolute Liebe, vom Herzen unabhängige, auf Glauben gegründete, ist Religion« muß in diesem Zusammenhang gesehen werden. Diese Religion ist eine Willensleistung, ein Akt intellektuellen Glaubens, um der Welt und dem Leben nicht nur einen höheren, sondern überhaupt einen Sinn zu geben.

Die Poesie, schreibt Novalis, »mischt alles zu ihrem großen Zweck der Zwecke – der Erhebung des Menschen über sich selbst«. Eben darum geht es in dem Verfahren des Romantisierens. Novalis meint damit alles andere als eine gefühlsselige Schwärmerei. »Romantisieren« bezeichnet ein intellektuelles Konzept und ist – auch im Leben anvisiert – eine willensbetonte Anstrengung: »Romantisieren ist nichts, als eine qualitative Potenzierung. Das niedre Selbst wird mit einem bessern Selbst in dieser Operation identifiziert. So wie wir selbst eine solche qualitative Potenzreihe sind. Diese Operation ist noch ganz unbekannt. Indem ich dem Gemeinen einen hohen Sinn, dem Gewöhnlichen ein geheimnisvolles Ansehn, dem Bekannten die Würde des Unbekannten, dem Endlichen einen unendlichen Schein gebe, so romantisiere ich es – Umgekehrt ist diese Operation für das Höhere, Unbekannte, Mystische, Unendliche – dies wird durch diese Verknüpfung logarithmisiert es bekommt einen geläufigen Ausdruck … Wechselerhöhung und Erniedrigung.«

Zusammen mit Friedrich Schlegels 116. Athenaeumsfragment (siehe oben) stellt dieses Fragment von Novalis die bedeutendste Selbsterläuterung frühromantischer Intellektualität dar. Man könnte ebensogut von frühromantischer Religion sprechen. Ein knapper und zugleich problematisierender Kommentar zu diesem Fragment und dem darin enthaltenen Konzept von Intellektualität findet sich bei Claus Sommerhage, in seinem Buch »Deutsche Romantik« (Köln 1988), der hier ohne Auslassung zitiert werden soll:

»Dies ist nicht nur die denkbar deutlichste und gedanklich klarste Beschreibung progressiven Romantisierens, sondern darüber hinaus ein frappant selbstbewußtes Zeugnis jener Willkür des Künstlers, von der Friedrich Schlegel sagt, daß sie keinerlei Gesetz über sich dulde. Denn einzig dem Künstler bleibt es überlassen, das konventionelle ›Höhere‹, ›Mystische‹, ›Göttliche‹ herunterzuholen ins Alltägliche und Gewöhnliche und die in der theologischen, philosophischen oder auch ästhetischen Tradition verbürgte Transzendenz zu ›logarithmisieren‹, d.h. zu depotenzieren und letztlich in ihrer Verbindlichkeit zu verneinen. Wie er auch umgekehrt zum Transformator des Gewöhnlichen, bloß Immanenten, Wirklichkeitsgebundenen wird, dem er – eben durch den Prozeß der Romantisierung – die Würde des Exorbitanten, Transzendenten und Wirklichkeitsüberwindenden zu verleihen vermag – in der Poesie.

Aller Glanz und die ganze Problematik der frühromantischen Konzeption von Kunst und Künstlertum wurzeln in dieser Wechseldurchdringung von Negation und Position, Erniedrigung und Überhöhung, Nihilismus und beinahe magischem Idealismus. Denn die Magie belebt und beseelt das Wirkliche durch das Göttliche, so daß noch die unscheinbarste Erscheinung zum Träger, ja zur Verwirklichung der Idee werden kann, dann schläft, wie es bei Eichendorff heißt, in der Tat ein Lied in *allen* Dingen.

Das Problem ist nur, daß die Potenzierungsspirale sich dreht, und zwar endlos, in das Unendliche hinein sich dreht ... Was dann womöglich zur Folge hat, daß nicht nur die Orientierung am überkommenen ›Höchsten‹ – Gott, Idee, Kunst usw. – in den Abwertungsstrudel gerät, sondern auch das künstlich durch Potenzierung geschaffene Ideale nach kurzer Frist in den Untiefen subjektiv willkürlicher Depotenzierungsintelligenz scheitert. Je höher jene Spirale sich dreht, desto rasanter wird ihre Umdrehungsgeschwindigkeit, bis sie zuletzt einem schwindelerregenden Gedankenkarussell gleicht, dessen Fliehkräfte diejenigen, die es in Gang gesetzt haben, hinaus ins Nichts zu schleudern droht. Denn da der Prozeß der potenzierenden Reflexion virtuell unendlich ist, kann er kein Ziel und keinen End- oder Ruhepunkt haben. Nichts erwartet denjenigen, der sich auf ihn einläßt: kein Vaterhimmel, kein höchstes Sein, keine Schönheit selbst und an sich. Und es erhebt sich die Frage: wie lange es einer aushält auf dieser atemlosen Flucht nach vorn; ob er nicht einmal verzweifeln wird an seiner Orientierung am Orientierungslosen – nämlich an sich selbst; und schließlich: wann er zusammenbrechen wird unter der Last jener subjektiven Willkür, in deren Zeichen er, der progressiv universalisierende romantische Künstler, einst angetreten ist ...

Novalis starb 1801, im Alter von neunundzwanzig Jahren, an der ›Auszehrung‹, wie es damals hieß; und Friedrich Schlegel konvertierte wenige Jahre darauf, und trat zum katholischen Glauben über.«

Mit dem letzten knappen Abschnitt und der Art, wie er ihn seinem Kommentar anhängt, scheint Sommerhage darauf hindeuten zu wollen, daß Novalis' früher Tod auch mit seinem Konzept von Kunst und Künstlertum zusammenhängen könnte: eine Art Überforderung des Selbst als welt-, zusammenhang- und sinnkonstituierende Instanz. Auch wenn nicht abzuweisen ist, daß künstlerische Autonomie im Sinne unendlich potenzierter Reflexivität grundsätzlich etwas Ruheloses und tendenziell Überspanntes an sich hat und zu Erschöpfung führen kann, bleibt Skepsis angeraten vor einer solchen – selbst wiederum sehr romantischen – Deutung des Künstlertodes.

Daß so viel am frühen Tod von Novalis herumgedeutet wurde, ist freilich kein bloßer Interpretenwahn. Es gibt zahlreiche Hinweise dafür, daß Novalis das Leben nach dem Tod Sophies oft eine Last war. Seine Medizin dagegen waren Selbstdisziplin und ein enormes Arbeitsprogramm. In sein »Allgemeines Brouillon«, eine Materialsammlung für sein Enzyklopädieprojekt (!), notierte Novalis genau die Stundenzahl, die er pro Tag den einzelnen Disziplinen, der »Gravitationslehre«, der »Arithmetika universalis«, den »chymischen Bereitungen« oder der »Enzyklopädistik überhaupt« widmen wollte. »Früh von 6–12 folgen sich diese Stunden. Nachmittags ist, wenn früh keine Stunde verloren gegangen ist, Roman und Lektüre. Briefe unterbrechen alle Stunden. Die übrige Stunde früh kann der Motion und den Pausen gewidmet sein. Von 9–10 zB. wird spazieren geritten oder von 11 bis 12. Wird früh von 6–7 etwa gelesen so wird nachmittags eingeholt.« Bei so viel Zwanghaftigkeit und straffer Lebensplanung muß man ja krank werden, denkt der psychosomatisch geschulte Interpret von heute. Ein rasches Nachblättern in der einschlägigen psychosomatischen Literatur verzeichnet unter dem Problemfeld »Lunge«, an der Novalis im Mai 1798 erkrankte: »Depression, Trauer, Angst, Leben aufzunehmen«. Ein gar nichts beweisen wollender Hinweis, aber sicher nicht abwegig.

Novalis ging es nicht nur um sein eigenes Leiden an der Welt. Seine intellektuellen Ambitionen, sein Interesse an der Vereinigung der Wissenschaften, sein »magischer Idealismus«, in dem Physik und Poesie, Mathematik und Gott zusammengeschmolzen werden sollten, sein Einheits- und Verbindungsstreben überhaupt waren der ganzen Menschheit gewidmet: »Je inniger die gesamten Wissenschaften zur Beförderung ihres gemeinschaftlichen Interesses, des Wohls der Menschheit zusammentreten und die Philosophie zur Vorsitzerin und Leiterin ihrer Beschlüsse nehmen werden – desto leichter wird jener Druck, desto freier die Brust des Menschengeschlechts werden.« Auch hier wird wieder, durch die »Brust«, auf die Luft zu atmen angespielt, die mit dem Lebensglück schlechthin identifiziert wird.

Friedrich Schlegel an Friedrich Schleiermacher: »Hardenberg ist dran, die Religion und die Physik durcheinander zu kneten. Das wird ein interessantes Rührei werden!« Heute, 200 Jahre nach Novalis, befinden wir uns wieder in einer heißen Verschmelzphase der unterschiedlichen Disziplinen. In 20 Jahren wird man erneut von einer »Frivolität gegen die Gegenstände« (Schelling) sprechen. Wiederholung des Grundmusters, aber vielleicht doch spiralförmige Entwicklung, keine ewige Wiederholung des Gleichen.

Im Dezember 1798 verlobte sich Novalis mit Julie von Charpentier. Auch dieses Mal ist es keine offizielle Verlobung. In einem Brief stellte er diese – offensichtlich weniger leidenschaftliche als lebensdienliche – Verbindung so dar: »... Ich sah, daß ohne eine liebende Gehülfin das Leben und jede Teilnahme an weltlichen Angelegenheiten mir eine drückende Last sein und bleiben würde ... Ich wußte, daß ich nie eine treuere, zuverlässigere und zärtlichere Gattin finden konnte – fühlte, daß eine beschränkte, meinen Fleiß aufregende Lage mir vorteilhaft sein und kein Mädchen mir dieselbe leichter ertragen helfen würde ...« In einem Brief an Friedrich Schlegel vom 10. Dezember 1798 heißt es: »Ich fühle, wie nützlich ich noch vielen sein kann, wie Kameradschaft mich zwingt, meine Lieben in diesem verwirrenden Zustande nicht zu verlassen und jede Not dieses Lebens mit ihnen zu teilen. Wenn ihr alle glücklich wärt, so könnt ich getrost von dannen gehn – So aber darf ich mir ein so glückliches Schicksal nicht allein anmaßen. Dringt dies durch, so muß ich bald ein neues Leben anfangen – wo nicht – ein *höheres*. Der frühe Tod ist jetzt mein großes Los – das Fortleben der zweite Gewinn.« Und in einem weiteren Brief an denselben Adressaten ist er ebenso deutlich: »Das Schicksal eines sehr liebenswerten Mädchens hängt an meinem Entschlusse – und meine Freunde, meine Eltern, meine Geschwister bedürfen meiner mehr als je. Ein sehr interessantes Leben scheint auf mich zu warten – indes aufrichtig wäre ich lieber tot.«

»Daraus läßt sich keine hemmungslose Todesträumerei ableiten und ebensowenig eine stille Doppelexistenz zwischen himmlischer und irdischer Braut«, bemerkt hierzu Gerhard Schulz in seiner Novalis-Monographie (Reinbek 1969). Er bietet folgende

Deutung an: »Das seltsame Hin und Her zwischen Lebenswunsch und Todesentschluß in den Briefen aus der Zeit der Verlobung mit Julie von Charpentier läßt sich deshalb wohl nur erklären, wenn man Novalis' gesamte Persönlichkeit ins Auge faßt und bedenkt, daß es Äußerungen eines kranken Menschen sind. Seit 1798 war in Briefen und Aufzeichnungen immer wieder die Rede von Wechselfällen seiner Gesundheit. Was sich also zunächst in den Bekenntnissen Schlegel gegenüber ausdrückt, sind Depressionssymptome. Latente Schwächezustände mochten sogar Zweifel hinsichtlich der Eignung für die Ehe aufkommen lassen. Im Herbst 1799 exzerpierte sich Hardenberg aus medizinischen Zeitschriften eine ganze Reihe von Rezepten für Mittel gegen Schwäche der Schamteile, Impotentia virilis und Geschlechtskrankheiten. Gerade die Schwäche seines Körpers aber ließ ihn auch viel feiner auf die Welt in sich und außer sich reagieren … Friedrich von Hardenberg war kein unbeschwert-heiterer Träumer, und er hat trotz der Hoffnung, sie besiegen zu können, unter den Widersprüchen seines Charakters wie der Welt, in der er lebte, stark gelitten. Es wundert also nicht, daß ihm bei der Voraussetzung seiner besonderen Entwicklung der Tod zuweilen als die tatsächlich einzige feste und unumstößliche Macht erscheinen mußte, die die Pforten zu einer widerspruchsfreien Existenz aufriß.«

Bedenkt man, daß Novalis erst nach dieser Krisenphase seine bekanntesten Werke, die »Hymnen an die Nacht«, seine »Geistlichen Lieder«, »Die Christenheit oder Europa«, »Die Lehrlinge zu Sais« und den unvollendeten Roman »Heinrich von Ofterdingen« (mit dem »Lied der Toten« unter den Plänen zur Fortsetzung des Romans) schrieb, bedenkt man ferner, daß er im Mai 1799 Salinen-Assessor wurde und ihm sein Beruf zahlreiche Dienstreisen nach Artern, Kösen, Dürrenberg und in andere Salinen und Bergwerke Thüringens abverlangte, daß er regen Austausch mit den Brüdern Schlegel, Schleiermacher und anderen in Jena, Dresden und Weimar pflegte und seine philosophischen und poetologischen Aufzeichnungen fortsetzte, all dies in seinen letzten beiden Lebensjahren – so erhält der Ausdruck »Auszehrung« der Lebenskräfte einen ganz realen Hintergrund. Dies alles leistete Novalis bei keineswegs stabiler Gesundheit. Im Herbst 1800 kam es zum Ausbruch der tödlichen Krankheitsphase: Ein Blutsturz warf ihn aufs Krankenlager, von dem er sich nicht mehr erholen sollte. Im Beisein seines Freundes Friedrich Schlegel und seines Bruders Karl von Hardenberg starb er am 25. März 1801.

Über die genannten Hauptwerke soll hier nichts weiter ausgeführt werden. All die ausgereiftesten Schöpfungen des poetisch verwandelten Denkens des Dichterphilosophen Novalis sind so deutungsreich, daß nur auf die unübersehbare Forschungsliteratur verwiesen werden kann. Im übrigen empfiehlt es sich unbedingt, sie im Zusammenhang mit Novalis' zahlreichen Notizen und Fragmenten zu lesen. Auch wenn der Standpunkt, daß in diesen das eigentliche Hauptwerk Novalis' verborgen liege, hier nicht geteilt wird, enthalten sie doch eine solche Fülle an Gedanken, daß sie nicht als philosophische Brosamen oder bloßes Beiwerk charakterisiert und hintangestellt werden können. Das »elementarische« Denken des romantischen Fragments, sein wegweisender oder impulsgebender Charakter – in Form von Anfangs- oder *Stoß*sätzen – würde dabei völlig verkannt.